大教育书馆
ESSENTIAL EDUCATION SERIES

大教育书馆
ESSENTIAL EDUCATION SERIES

陈鹤琴全集

CHENHEQINQUANJI

第一卷

陳鶴琴全集

九八老人许德珩题

凤凰出版传媒集团
江蘇教育出版社
JIANGSU EDUCATION PUBLISHING HOUSE

陈秀云　陈一飞　编

图书在版编目（C I P）数据

陈鹤琴全集. 1/陈鹤琴著. —南京：江苏教育出版社，2008.8（2011.2 重印）
ISBN 978-7-5343-8700-5

Ⅰ.陈… Ⅱ.陈… Ⅲ.①陈鹤琴—全集②教育学—文集
Ⅳ.G40-53

中国版本图书馆 CIP 数据核字（2008）第 131446 号

书　　名　陈鹤琴全集（第一卷）
编　　者　陈秀云　陈一飞
责任编辑　陈爱芳
出版发行　凤凰出版传媒集团
　　　　　江苏教育出版社（南京市湖南路 1 号 A 楼　邮编 210009）
网　　址　http://www.1088.com.cn
集团网址　凤凰出版传媒网 http://www.ppm.cn
经　　销　江苏省新华发行集团有限公司
照　　排　南京前锦排版服务有限公司
印　　刷　中闻集团南京印务有限公司
厂　　址　南京市幕府东路 339 号（邮编 210038）
电　　话　025-83302635　85238065
开　　本　787×1092 毫米　1/16
印　　张　39.25
插　　页　10
字　　数　655 000
版　　次　2008 年 8 月第 1 版
　　　　　2011 年 2 月第 2 次印刷
书　　号　ISBN 978-7-5343-8700-5
定　　价　68.00 元
批发电话　025-83657791，83658558，83658511
邮购电话　025-85400774，8008289797
短信咨询　025-85420909
E-mail　jsep@vip.163.com
盗版举报　025-83658551

陈鹤琴先生

（1892～1982）

一切為兒童

鶴琴識

八十八岁

於北京

1912 年，陈鹤琴在北京清华学堂学习时摄。

1916 年，陈鹤琴在美国霍普金斯大学学习时摄。

1914 年，与陶行知等同船赴美留学时在船上摄。（前排左一是陶行知，后排右一是陈鹤琴）

陈鹤琴的部分著作和主编的刊物。

1935 年，陈鹤琴和夫人及子女在上海寓所。

1949年9月，陈鹤琴参加全国政协第一届会议同教育界代表合影。（左起一排：汤用彤、江恒源、成仿吾、林砺儒、俞庆棠、竺可桢；二排：叶圣陶、叶企荪、戴白韬、柳湜、张如心、钱俊瑞、晁哲甫；三排：江隆基、杨石先、陈鹤琴、葛志成）

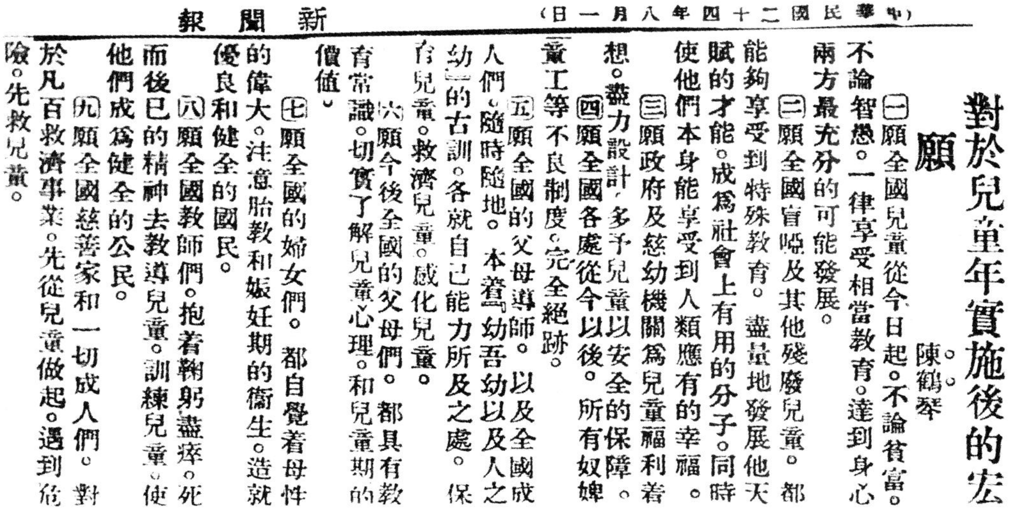
新聞報　中華民國二十四年八月一日

對於兒童年實施後的宏願

陳鶴琴

㈠願全國兒童從今日起。不論貧富。不論智愚。一律享受相當教育。達到身心兩方最充分的可能發展。

㈡願全國盲啞及其他殘廢兒童。都能夠享受到特殊教育。盡量地發展他天賦的才能。成爲社會上有用的分子。同時使他們本身能享受到人類應有的幸福。

㈢願政府及慈幼機關爲兒童福利着想。盡力設計，多予兒童以安全的保障。

㈣願全國各處從今以後。所有奴婢童工等不良制度。完全絕跡。

㈤願全國的父母導師。以及全國成人們。隨時隨地。本着"幼吾幼以及人之幼"的古訓。各就自己能力所及之處。保育兒童。救濟兒童。感化兒童。

㈥願今後全國的父母們。都具有教育常識。切實了解兒童心理。和兒童期的價值。

㈦願全國的婦女們。都自覺着母性的偉大。注意胎教和娠妊期的衛生。造就優良和健全的國民。

㈧願全國教師們。抱着鞠躬盡瘁。死而後已的精神去教導兒童。訓練兒童。使他們成爲健全的公民。

㈨願全國慈善家和一切成人們。對於凡百救濟事業。先從兒童做起。遇到危險。先救兒童。

1935年8月1日陈鹤琴在《新闻报》上发表《对于儿童年实施后的宏愿》。

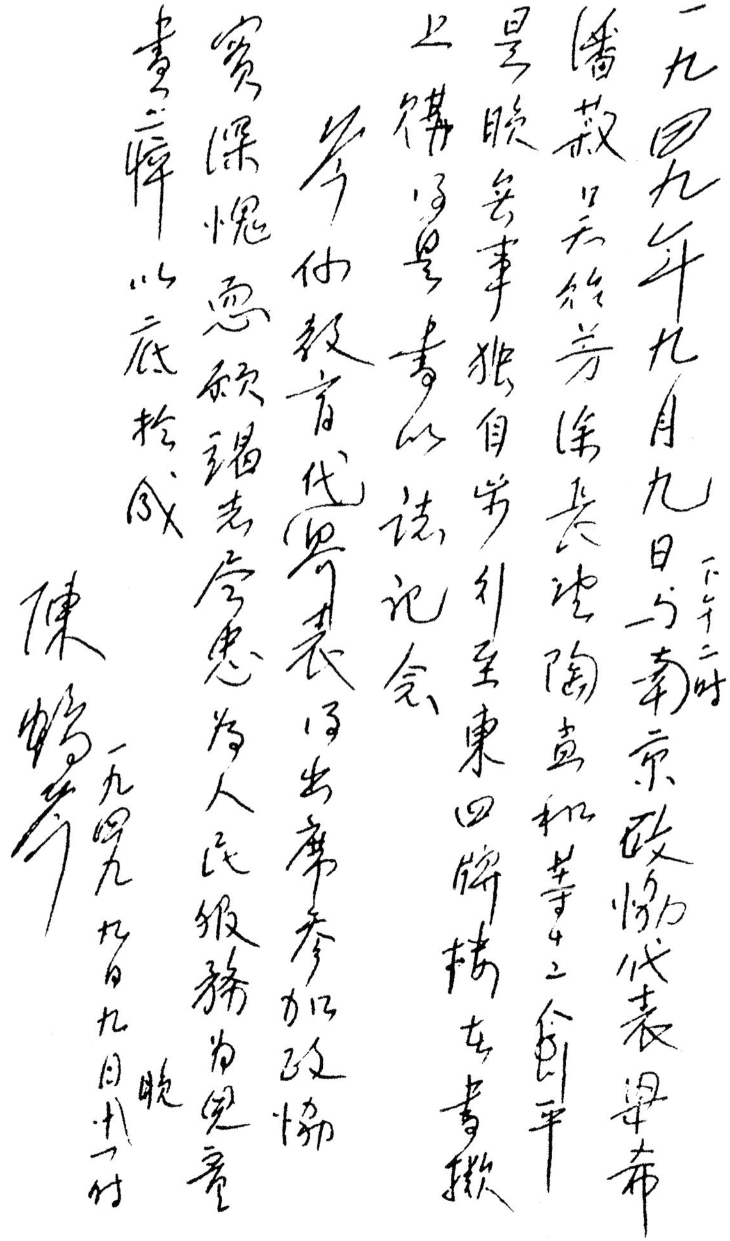

一九四九年九月九日下午二时南京政协代表梁希潘菽吴贻芳陈长蘅陶孟和等[illegible]抵平

是晚会[illegible]自[illegible]引至东四牌楼东[illegible]

上[illegible]以谈话会

琴以教育界代表得出席参加政协

实深惶愧愿竭[illegible]忠为人民服务为[illegible]

[illegible]以底于成

陈鹤琴

一九四九九月九日晚十一时

陈鹤琴 **1949** 年 **9** 月出席中国人民政治协商会议第一届全体会议时，题词自勉。

编辑说明

陈鹤琴(1892～1982),我国现代著名教育家、儿童心理学家和儿童教育专家,我国现代幼教的奠基人。他一生献身教育事业,积极探索适合中国国情、符合儿童身心发展的中国化、科学化、大众化的儿童教育道路。前后近七十年间在儿童心理、家庭教育、幼儿教育、小学教育、特殊儿童教育、师范教育等方面进行了长期的、开拓性的实践、实验和研究工作,创建了"活教育"理论体系。他留下了大量教育论著,这些论著是我国现代教育史中的一座宝库。他的论著大多是他亲自实践的总结,也介绍了一些西方儿童心理和儿童研究的成果。在建设具有中国特色的社会主义教育和促进我国教育科学研究的过程中,具有极大的现实意义,值得借鉴。1987～1992年《陈鹤琴全集》(下称《全集》)六卷问世,我们收集到的有专集、教科书、讲义、论文、实践报告、发言稿、儿童课本及儿童课外读物(包括玩具、教具、设备设计图等)总计三百多万字,除有些专著曾多次出版单行本外,大部分发表于20世纪20年代至50年代的刊物、杂志上。《全集》的出版,对进一步了解并研究陈鹤琴及其教育思想,对我国教育科学研究、教育改革和教育事业的发展具有重大意义,填补了我国教育宝库中的空白,受到了广大教育工作者的欢迎和好评。

但限于当时的条件,全集的印数有限,现已很难找到。为了适应形势的发展,满足各地众多教育工作者的要求,继承、弘扬我国教育家的优秀教育传统,江苏教育出版社决定重版《全集》,同时对其中的论文做一些补遗。

《全集》采取分类编年体例,分编为六卷。第一卷为儿童心理;第二卷、第三卷为幼儿教育、家庭教育;第四卷为小学教育;第五卷为师范教育、活教育理论、智力测验;第六卷为文字改革、在国际会议上的发言、考察欧洲教育报告、自传、青年修养、书信等。各卷篇目按内容及写作发表年代先后排列。各卷卷首均有照片及手迹。第六卷卷末附有作者生平年表。

《全集》的编纂以原稿或印本为据。编者对各篇之间的某些重复做了一些删减,对个别明显有误的地方做了一些修订。其他包括文字、用词、标点等基本上都按原版排印,力求保持原作的面貌,反映出写作的时代特点。对《全集》中的“个案研究”“鼓楼幼稚园的儿童生活写真”等照片都重新进行了制作,编写的儿童读物、课本、教材因数量较多,只选用部分有代表性的篇目、章节。

《全集》初版编辑工作曾请到多位专家、学者及亲友的参与,他们为全集的出版作出了贡献。这次重版是在初版的基础上做修订及补遗,得到了亲属的大力支持和帮助;江苏教育出版社对本书的重版给予了很高的重视,有关编辑人员付出了辛勤劳动,在此一并表示感谢。由于编者水平有限,有欠妥及错误之处,敬请读者批评指正。

编者　陈秀云　陈一飞

序　一

终生不失赤子之心①

潘　菽

陈鹤琴同志在他最早的一本著作《儿童心理之研究》的自序中，开头就说，他很爱儿童，儿童也很爱他。他在平常的场合也常常说这种话。这样的一种话可以基本上概括他一生的为人、工作、科研以及事业。因为热爱儿童，所以儿童也喜欢他，所以他要研究儿童，了解儿童；要讲求幼儿教育，要宣传家庭教育；要办幼儿园，要办小学；要常常谈怎样做父母的问题；要研究儿童玩具；要关心儿童能有一个良好的社会环境；要办师范，要重视师资的培养等。在我们的社会里，确实需要有千千万万像陈鹤琴同志那样热爱儿童的人。为了社会主义现代化建设的伟大事业，我们必须对下一代的身心发育给予极大的关心；要研究他们，科学地了解他们，给他们以最良好、最合理的环境和教育。

有人称赞陈鹤琴同志是一个"不失赤子之心"的大人，这也是对他的一种恰当的印象。我也有这样的印象。他确实是一个很真诚的人，一个很纯朴的人，一个热情洋溢的人。只有这样一个人才能真正热爱儿童，儿童也才能喜欢他。他不仅喜欢自己的几个孩子，也喜欢所有见到的儿童。不仅自己几个孩子喜欢他，所有见到他的孩子也都喜欢他。其实除非别有心肠的人，所有的人也都这样看他。他好像是一个随和的人，但自有他的风骨。正因为这样，他在旧社会里并不怎样顺利，是不容于某些有势者的。他也不顺从于某些有势者。他曾因支持和参加爱国进步文教活动，受到日伪暗杀威胁，解放前夕又遭国民党反动派逮捕拘禁。在旧时代，他的抱负并没有得到

① 本文是原中国科学院心理研究所所长、九三学社中央委员会副主席潘菽于1982年为《陈鹤琴教育文集》出版所写的序，1983年3月13日《人民日报》刊登。现将此文作为本书的序，以纪念这位已故著名心理学家。

怎样的施展。尽管如此,在困难艰苦的条件下,他仍然奋力从事教育的实践和研究工作,写了不少论著文章和其他读物,对我国的教育,特别是儿童教育事业做出了积极的贡献。

在学术上,陈鹤琴同志有一个特点,就是知行合一,即知即行,由行而知。用现在的话说,他能做到理论结合实际。他是一个边知、边行、边写、边讲,即是把研究、实践或发表互相结合在一起的一个人。他同时研究儿童,同时办幼儿园,同时在自己的家庭实施幼儿教育,同时宣讲儿童心理和幼儿教育。他所讲所写大部分是他自身的观察研究所得,是他自身的体会和心得,所以阅读或听讲的人都会感到特别亲切有益。取得了不是仅仅运用书本知识,从概念到概念所能取得的效果。这是很值得提倡和学习的一种学风。

他最受到欢迎的一本著作是《家庭教育》。此书出版以后重版过好几次。最近此书又经过作者的修订而予以再版,仍受到欢迎和好评。可见,此书是经得起考验的,对我们的新社会也仍有价值和需要。这本书大部分是分条论述"怎样教小孩"(书的副标题)的许多切合实际的理论和具体的建议和办法(共101条),而很少空文。它是陈鹤琴同志多年对儿童教育的研究和实践的经验总结,其中有许多是富有启发意义的。给此书原版写序的郑宗海先生阅读过此书后觉得"珠玑满幅,美不胜收,有数处神乎其技,已臻乎艺术的范域"。陶行知先生读后也对书中有些地方有达到"神乎其技"的感觉。这些话应当都非溢美之辞。这里要提的一个问题是,为什么陈鹤琴同志在处理儿童教育的问题上能达到"神乎其技"的艺术境界呢?这是因为他有天生的这种本领吗?当然不是的。我想,他之所以能达到这样高度的成就,主要还是因为他全心全意扑在孩子身上,千方百计为了使他们的身心能得到健康的发展,处处体贴他们,为他们着想,但又决不姑息他们、纵容他们、迁就他们。这就要当孩子们出现问题时精心考虑,仔细琢磨,以求得出正确合理的处理方法,而决不简单粗鲁地予以对待。这样就很有可能会想到一些相当巧妙、出乎意料的解决问题的办法来,而为一般人所不能想到也不能做到的。他又为什么能对孩子们那样地真心诚意、体贴入微,以致能考虑周到、设想精细呢?那又是由于有一颗赤炽的热爱孩子们的心。这颗心是最主要的。所以我们读了陈鹤琴同志的书或文章,要向他学习的主要的应该是他那颗热爱儿童、关心社会、造福人类的"赤子之心"。至于他所曾采用的许多具体办法,在新旧社会很不相同的情况下,当然是不能照搬硬套的,比如今天我们社会的家庭,已很少是陈鹤琴同志那时所写的书中所设想的那种家庭，而是崭新的、许多是双职工的家庭。但从这些方法中所体现的儿童身心发展的规律及儿童教育的基本原理，今天也还是有很好的参考价值和启发意义。

陈鹤琴同志由于他的一颗赤子之心，是能紧跟着时代前进的。他在旧中国不免郁郁于心，到了新中国则光辉焕发了。他的理想正在逐步得到实现。这是由于我国的幼儿教育战线上有了越来越强大的队伍。他在解放后，学习很努力，非常热爱党、向往党，热爱社会主义的新中国。他和我同属于九三学社组织，所以又有了同志的关系。他因高龄，已抱疾卧床，但仍是巍然一老，心热如旧。他嘱他的女儿秀云同志转托我给他的文集写几句话以当序引。我义不可却，于是就写了上面一些话。

1982 年 8 月

序　　二

永不满足　探索前进①

高觉敷

《陈鹤琴全集》(简称《全集》)就要开始出版了。这是继《陈鹤琴教育文集》(简称《文集》)出版之后又一件富有意义的事。《全集》的编者希望我写一篇序言。我和陈老在20世纪20年代开始认识,其后也多次在一起共事,他是我的前辈,又是我的知心好友,关系一直是很密切的。我很高兴接受这项工作,我觉得我有责任向读者推荐这部著作。

陈鹤琴教育思想及其实践是极其丰富的,它包括幼儿教育、小学教育、师范教育、家庭教育、新文字(文字改革)和难民教育等各个方面。特别是幼儿教育,更使陈老驰名国内外,成为东方的福禄培尔,永远活在人民的心中。

陈鹤琴是我国著名的儿童心理学家,他的幼儿教育思想是以儿童心理为基础的。《陈鹤琴教育文集》上卷就登载了他的儿童心理研究的大部分历史文献。下卷《发展幼儿教育的几点建议》,第一条又指出:"儿童不是成人的缩影,而是有他独特的生理、心理特点的。"这就是说,教育者必须掌握其特点,掌握其生长发展的科学规律,才能把幼儿教好养好。而儿童心理学的知识对于进行幼儿教育是异常重要的。

他热爱儿童,热爱儿童教育。在他病危时,潘菽同志和我到他家去看他,当时他已不能说话了,但还是要求用纸笔把他心中要说的话写出来,写好后给我们看,我们只认得出九个字:"我爱儿童,儿童也爱我。"我深受感动。后来听他的夫人俞雅琴师母讲:"六一"节他还抱病前往鼓楼幼儿园,同孩子们欢度节日。所以潘老在《陈鹤琴教育文集》的序文中说:"因为热爱儿童,所以儿童也喜欢他,所以他要研究儿童,了解

① 本文作者是我国著名心理学家、原南京师范大学教授高觉敷,已故。这是他于1987年为《陈鹤琴全集》出版所写的序。

儿童;要讲求幼儿教育,要宣传家庭教育;要办幼儿园,要办小学;要常常谈怎样做父母的问题;要研究儿童玩具,要关心儿童能有一个良好的社会环境;要办师范,要重视师范的培养等。”所可憾者,我们对陈鹤琴教育思想宣传不够,以致在文化教育一向优越的南京市去年还发生了幼儿园虐待儿童的事件。这进一步说明陈鹤琴教育思想有深入研究和广泛传播的必要。

我们应如何研究陈鹤琴教育思想呢?《文集》下卷有一篇《教育史》导言给我们以深刻的启发。他在这篇导言中主张研究教育史应以马克思、列宁、斯大林、毛泽东的理论为指导,也就是以马列主义、毛泽东思想为指导,运用辩证唯物主义和历史唯物主义的观点,研究古今中外的教育家思想。他说:“社会存在怎样,社会物质生活怎样,社会经济制度怎样,教育学说、学校体系、教养、课程、组织内容以及其方法也就会怎样。”所以研究陈鹤琴教育思想也必须考察这个思想的产生和发展的社会历史条件。必须注意陈老前半生是在半殖民地半封建的旧社会中度过的。他留学美国,曾受过美国实用主义哲学和机能主义心理学的影响,接受了在“做中学”(learning by doing)的学习心理学原则。回国以后他没有照搬照抄,而是针对旧中国死读书、读死书的死教育的实际,宣传了婴儿期的意义和儿童不是成人的缩影等正确的主张,肯定了儿童心理学是幼稚教育的基础,提出了注意儿童健康,养成良好习惯,教、学、做合一的游戏式教学法的活教育。他办的鼓楼幼儿园把儿童教活了,这给当时的儿童教育带来了深远的影响。即使在今天,他的儿童教育、师范教育理论也还有其现实意义。

但是陈鹤琴教育思想不是封闭式的、一成不变的,而是随着时代的前进逐步发展的。他在抗战时期提出了非常时期的教育措施。他大声疾呼地指出:“国家到了危急存亡的时期,教育尤其是儿童教育若不能积极地参加国家战时的活动,这教育是无用的、破产的,应该予以解散。所以我们在全面战争开展时,应该针对目前的局势、未来的需要,把儿童教育的设施方法整个地改革一下。”接着他提出了具体改革的要点。他的爱国主义情操跃然纸上,在当时曾引起很多爱国教育家的共鸣。

抗战胜利后的1947年,他又发表了《战后中国的幼稚教育》,提出了战时与战后中国有什么不同的问题。他说:“战时中国的两大任务是坚持抗战与实现民主,坚持抗战的目标是争取民族的自由与解放,是争取国家的独立与民主。实现民主的目标是改进人民的生活,是清除封建的支配。今天抗战虽已结束,而此二大目标仍然未曾实现，中国社会在本质上仍与战时无异。”他的矛头指向哪里是很明显的。他置生命安危于度外，直言不讳，表现出一个大无畏的反法西斯的教育战士的精神，是可以令任何人感动的。

陈鹤琴不论在学术上还是在政治上都是一个有原则的、无畏的战士，这里我还补充两件我亲身经历的事。那是在 20 世纪的 20 年代后期，我们在上海有十来个心理学工作者组织的一个小小的集会，每隔两星期聚会一次，轮推一位专家，主讲一个专题，然后展开讨论。我记得有一次郭任远主讲，讲题是“作为生理学科学分支的心理学”。他在讲演时，抹杀了人的特点，把人的心理学贬低为生理学的一个分支。对他的论点大家很少表示同意，而最有力的反对者则是陈鹤琴。陈先生主张人有意识，不能等同于动物。心理学是要研究人的意识的，我们决不能否定它独立存在的权利。这使我进一步认识到，陈鹤琴先生虽然平时平易近人，在学术上却不是随声附和、人云亦云，而是有一定原则的。

第二件事就是在 1947 年“五・二〇”运动中，我的女儿亦韦在无锡江苏教育学院求学，因写贴爱国标语，宣传“反饥饿、反内战”，被学校开除了。我向该院院长求情无效，只得忍痛让她失学了。有一天，中国教育学会在南京召开会议，我遇到了陈鹤琴先生。我对他说，我的女儿参加学生运动因而失学了，希望能让她到上海幼专上学。出乎我的意外，他满口答应，这不能不使我对他深表感佩。要知道那时在蒋政权统治下，特务横行，鹰犬满街。被开除的革命学生被视为“危险人物”，当校长的怎敢收留呢？陈鹤琴先生不计个人安危，让我女儿同另外三名与她同命运的学生一起进了他的幼专。所以我同这四名学生永远怀念这位富有正义感、具有大无畏精神、热爱爱国学生的老校长。

解放以后，他欢欣鼓舞，心情舒畅，进一步发展他的教育思想，拥护党的教育方针，写出好多篇重要论文，如《幼儿教育的新动向》、《怎样做人民的幼稚园教师》、《加强对儿童和青少年共产主义道德品质教育的几点建议》、《发展幼儿教育的几点建议》等。最后一篇是他 1979 年 11 月在全国幼儿教育研究会成立大会上的讲话。他对党中央领导同志重视幼儿教育深表钦仰，而对“四人帮”摧残幼儿教育非常痛心。他说：“我今年八十八岁了，但热爱幼教事业的心依然十分炽烈，回顾我从事幼儿和儿童教育及师范教育的研究和实践凡数十年，深感幼儿和儿童教育是培养广大的新生一代，是我们社会主义事业的基础部分，关系到我国未来和民族命运的大事，对实现四个现代化影响深远。当前重振幼教、儿童教育事业极为迫切,‘老骥伏枥,志在千里’,我愿以有生之年和同志们一起在党中央的领导下,为祖国教育事业的兴旺而竭尽全力。”肺腑之言,感人至深!所以我深信如果一如他的愿望,他能活到一百二十岁,他一定会随时代的前进而不断发展他的教育思想的。

他这种永不满足、探索前进的精神是值得我们崇敬的。我们必须面向现代化、面向世界、面向未来,本着历史唯物主义观点,给予陈鹤琴教育思想以高度的评价,并通过研究和实践使它进一步发展,为党的教育事业做出更大的贡献。

最后,关于理论联系实际,我还想说几句:陈老热爱儿童、尊重儿童,但他反对溺爱。孔子教育学生也知道不及者过之,过者退之。在提倡计划生育的今天,独生子女有被溺爱的危险时,陈老如果仍活在人世,一定会针对儿童心理特征,用他们可以接受的教学方法,对他们进行共产主义理想的教育以适应党的“四有”号召。总之,陈鹤琴教育思想,也如他本人的政治思想一样是向前看的、发展的,是随社会生活、历史条件的变化而不断前进、永不停止的。陈鹤琴教育思想实质的难能可贵之处就在于此。因此陈老的高风亮节是我们学习的典范,而他的老当益壮,忠于幼儿教育、儿童教育、师范教育的坚定不移的专业思想,尤其是教育者学习的榜样。

1987 年 3 月

序　三

热心扫盲教育和文字改革的老教育家陈鹤琴先生①

倪海曙

我国现代著名的教育家陈鹤琴先生的教育文集即将出版了。

中国的新教育事业是20世纪初开始的。先生是第一代创业的新教育家，也是第一个出国研究幼儿教育的人，可是先生对于中国新教育事业的贡献并不限于幼儿教育，对于普及教育、师范教育也做了大量的创造性的工作。由于先生一贯热心普及教育和文字改革，有过许多贡献，文集中也选有他这方面的论著，编者要我写几句话，我觉得十分荣幸，也感到义不容辞。因为在抗日战争初期，我曾经追随先生从事上海难民收容所的拉丁化新文字教学实验。先生纯朴崇高的教育家品德，他的爱国热情、科学态度和务实精神，曾经深深感动过我们年轻的一代。

各级教育的基础是普及教育，普及教育的主体是语文教育，语文教育的关键是提高语文教学的效率。为了提高语文教学的效率，在“五四”时期，新教育家们首先改革了教科书的文体，由文言文改为白话文。这在中国现代教育史和语文运动史上是件了不起的大事，是经过许多前辈长期坚持斗争得来的。先生在这方面也起了积极的作用。为了使白话文教材读物的编写在字量方面有科学的依据，他在20世纪20年代初就花了三年多时间，统计了九十多万字的白话文材料，编成中国第一本汉字查频资料——《语体文应用字汇》。这不但对当时的文体改革有很大的指导意义，也开创了汉字字量的科学研究。

“五四”时期，为了提高语文教学的效率，新教育家们又推行“国语”(即普通话)，利用“注音字母”(20世纪30年代改为“注音符号”)解决汉字读音的困难，并因此再度

---

① 本文作者是原中国文字改革委员会副主任。他于1982年为《陈鹤琴教育文集》出版写序。现将此文作为《陈鹤琴全集》的序，以纪念这位已故的著名语言文字学家。

提出清末就提出的文字改革的建议。先生站在教育科学的立场上,对于这些进步的措施和建议,都采取赞助的态度。他赞成文字改革,特别表现在 20 世纪 30 年代抗战初期在上海租界主管难民教育的时期。这是我亲自经历和毕生难忘的一段历史。

1937 年 8 月,全面抗战的炮声在上海响起,群众性的抗日救亡活动集中在敌人还无法占领的上海租界上。战前的各界救国会改组为各界救亡协会,原来已被破坏的上海新文字研究会,也作为文化界救亡协会的团体之一恢复活动,举办了拉丁化新文字的讲习班。我本来在大学念书,战争发生后,学校停课,我就到难民收容所当义务文化教员,晚上也参加这种讲习班。我和班上几个同学觉得这种拼音的新文字简便易学,可以作为扫盲和抗战教育的工具,我们就去收容所试教难胞,结果果然很有效,难胞们也很欢迎。后来在七八个收容所都开办了新文字班,由我们担任教师。

1938 年初,战线西移,上海租界成了日本占领区包围的“孤岛”。租界当局为了表示“中立”,以免日本人干预,主动取缔租界上的一切抗日活动,不允许任何抗日救亡团体存在。上海新文字研究会也被看做抗日团体,禁止活动。

上海新文字研究会在党的指示下,经过理事会讨论,决定争取租界知名人士的支持,要求租界当局承认我们为社会教育团体,不作抗日团体取缔,使难民收容所的实验可以继续下去。先生是著名的教育家,又是那时租界华人教育和收容所难民教育的负责人。在他的掩护下,租界上各公立学校吸收了不少爱国教师从事抗日救亡活动,因此我们就想到,要是先生肯出面,替我们向租界当局说话,事情就好办了。于是我们就请王君恒同志去拜访先生,汇报我们的工作,提出我们的请求。先生表示了极大的兴趣和热情。他要我们送他一些新文字的书报,并要王君恒同志第二天起就每天去帮助他学习一小时。大概学了三四次,先生就能够阅读和拼写了。接着他亲自去我们试教的一些收容所进行调查,接连几天,先生研究思考这个问题,最后接受我们的要求,由他作为保证人,请租界当局批准我们为合法的教育团体,不予取缔。他不但赞成在难民收容所进行这个试验,而且决定亲自抓这件事情,大规模来做。不到一星期,王君恒同志再去看他时,他已经动手在编专给难胞用的拉丁化新文字课本了。这种课本叫《民众课本》,分上下两册,由国际红十字会救济会难民教育股出版,第一册在 1938 年 2 月就出了,也就是我们去拜访他的一个月之后。与此同时,他又通过国际红十字会救济会难民教育股划给我们十个收容所作为试点。这时候,可能有些方面向他提了意见,认为与其用共产党提倡的拉丁化新文字,不如用北洋政府教育部公布的学校方面一贯在用的“注音符号”比较现成，也较少阻力。先生为了答复这种意见，就请上海心理学会进行两种方案的教学试验。他亲自教三个小孩子，其中两个学了三星期后，就能够在心理学会表演读写；一个只学了两个星期就能够在会上朗读拉丁新文字拼写的《阿Q正传》。关于这个问题，这年5月底，先生在对上海《大美报》记者的谈话中做了说明。他说：“在普及全民教育的便利上着想，新文字实在比原来的注音符号简易便利得多。新文字的符号比注音符号省略十八个字母，在受教育者的记忆上，无疑省力了一半。注音符号在字体面积上大小相同，难以区别主要和次要，读者消费在字面的注意力，每个字母上完全相等，比起新文字的每个组合，字母有显著的差异与变化，当然感觉前难后易。”因此他认为新文字的扫盲效果，优于注音符号。也就在这个时候，上海正大收容所一位中年难胞殷渥真，用拉丁化新文字给先生写了一封信，汇报自己的学习经过，赞美新文字的简便易学，要求在收容所加紧推行这种教学，这种来自群众的呼声，使先生极为感动。

从此一直到1939年冬敌伪特务迫害先生，先生不能不离开上海去后方为止，将近两年的时间，先生几乎把全部时间精力，都放在难民收容所的教学实验和拉丁化新文字的宣传推广上了。他不论出席什么会议，发表什么演讲，都要谈这个问题，而且常常“即知即传人”，当场从口袋里拿出课本来教。他的热心不但影响了许多社会名流，也大大鼓舞了群众。“陈鹤琴热心提倡新文字”，这是当时上海抗日救亡运动的美谈之一，也是孤岛的头条文教新闻之一。

为了在难民收容所大规模试验拉丁化新文字，先生设计了一种徽章。这种徽章是圆形的，中间画有一柄象征开启知识之门的钥匙，钥匙的柄上有“铲除文盲”四个汉字，周围有一圈拉丁化新文字和汉字对照的话：我能看书写字。收容所的难胞们学会新文字后，就奖给一枚这样的徽章。这年3月，上海新文字研究会假座上海基督教青年会礼堂举行“第一次难民新文字读写成绩表演会”，邀请先生和当时在学术方面热心指导我们的陈望道先生出席讲话。难胞们的读写成绩非常优越，先生就请陈望道先生给每个表演读写的难胞发这种徽章。

也就在这个月，上海地下党主办的《每日译报》出版《难民特刊》，先生发表了长文《新文字与难民教育》。文中谈了拉丁化新文字运动、文字改革以及难民收容所新文字教学的意义。他的思想非常开明，认为拉丁化新文字是一种最合于理想的教育工具，说：“提倡采用新文字就是给文盲一个钥匙，有了这个钥匙，他们就可以自己去开知识之门。”到了4月中,上海新文字研究会召开第二次会员大会,先生和陈望道、张宗麟等著名人士都出席讲了话。先生又谈了这个问题,肯定拉丁化新文字有利于扫盲。

从1938年5月起,难民收容所的大规模教学实验就开始了。国际救济会难民教育股成立了新文字组,专管各收容所的新文字教学工作,举办了收容所新文字工作人员新文字班,培训新文字师资。上海新文字研究会也相应建立了党小组,加强党的领导。6月难民教育股又发布先生起草的《收容所新文字教育草案》,并举行各收容所的第一次新文字总考试。难民教育股编辑出版的难民教育刊物《民众常识》,也用四分之一篇幅辟了一个《新文字专栏》,供学习新文字的难胞阅读。到8月,国际红十字会救济会宣布举办新文字班的收容所已有48所,班数121班,学习人数4 285人,内儿童3 144人,成人1 141人(男381人,女760人)。

先生进行这个实验非常认真。他考虑到难胞学会了新文字,必须立即供给他们读物才能巩固,因此在亲自编了两册新文字课本后,又编写成套的新文字读物。这套读物上图下文,是连环画式的中外历史名人故事,用拉丁化新文字和汉字对照排印。从1938年4月起,出了《岳飞》、《花木兰》、《文天祥》、《郑成功》、《班超》、《爱迪生》、《林肯》、《富兰克林》、《瓦特》、《富尔顿》、《史蒂文森》、《诺贝尔》、《倍尔》、《齐柏林》等14种。其中中国的历史名人,先生选的全是民族英雄。另外他又用拉丁化新文字翻译出版了英国女作家奥维达(Ovida)的有名小说《穷儿苦狗》,还编制挂图《拉丁化国音字母表》,作为教具。

这年12月,先生又在上海的外文刊物《密勒氏评论报》(*China Review*)用英文发表《论拉丁化新文字》一文,向国外宣传。这篇文章的译文后来载在中文刊物《民族公论》上。

在先生的赞助下,这年上海举办了两个与难民所新文字教学有关的展览会:一个是7月由上海红十字会救济会举办的“上海难民学艺展览会”,会上陈列有收容所新文字教学的课本、教材、成绩以及墙报等,会场贴有拉丁化新文字的标语,并有难童表演。另一个是9月由上海新文字研究会举办的“上海第一次新文字展览会”,会上陈列的收容所新文字教学成绩更多。这两个展览会都由先生主持展出,后一个由我筹备。我至今还记得先生笑容满面和群众挤在一起观看的情景。那时先生经常出入难民收容所的芦席棚,和蔼可亲地和难胞讲话,有时还亲自教课。正是从先生身上,我懂得了什么叫教育家，看到了真正的教育家的品德。先生的纯朴，使人常有“大人者不失其赤子之心”的感觉。

这年 7 月，先生和陈望道先生发起成立“上海语文学会”，邀请韦悫、吴志骞、王任叔等著名人士和著名教授参加。先生和陈望道先生被选为正副理事长。我们几个青年人也参加了。上海语文学会成立后，就在《每日译报》创刊一个语文副刊，叫《语文周刊》，由陈望道先生主编；又举行全市新文字教师的鉴定考试，先生和陈望道先生亲自监考，成绩合格的都发给证书。学会还计划发起大规模的新文字扫盲运动，准备筹募经费十万元。可惜后来上海租界环境恶化，敌伪的暗杀活动越来越频繁，这个计划没有实行。

1938 年下半年，先生已经是敌伪注意的人物之一，同时他在上海热心提倡拉丁化，消息传到后方，触怒了国民党政府。国民党政府的教育部长陈立夫对先生非常不满，叫人阻止。可是先生置之不理，仍旧专心进行他的试验，一直到 1939 年春夏各收容所陆续解散，难胞分批就业或回乡为止。

1939 年 8 月，收容所剩下没有几个了，先生又抓社会上的成人教育，在“上海成人义务教育促进会”等团体举办的“民众教师训练班”上亲自教新文字。为了躲避敌伪特务的跟踪，先生经常化装在外活动。当时的形势，大家估计敌伪迟早要占领租界，占领后学校都得教日语。为了对学校师生进行“最后一课”的爱国主义教育，先生又和陈望道先生等用“中国语文教育学会”的名义，在 11 月中举办了一个大规模的“中国语文展览会”，教育人民不要忘记祖国语文。这月底敌伪特务闯到先生家里去杀害他，先生幸外避，未遭毒手。此后，他就再也无法在上海活动，只得抛下家庭去后方了。

到了后方，国民党政府因为先生在上海推行拉丁化新文字，对他极为冷淡，先生也不愿做官，离开重庆到江西的山上，在艰苦的条件下，创办他的幼儿师范教育。

在党的领导下，上海新文字运动在全国产生了很大的影响。在武汉、重庆举行的“国民参政会”上，陶行知、张一麐先生等大声疾呼推行新文字。香港的爱国人士、进步文化界以及新文字工作者成立新文字学会，再一次掀起拉丁化新文字运动高潮。1940 年，陕甘宁边区政府通过法令正式推行新文字。1941 年年底，陕甘宁边区新文字协会召开第一届年会，把先生和张一麐、陶行知等都列为名誉主席团。

1945 年抗日战争胜利，先生从江西回到上海，在上海继续办他的幼儿师范。他还

跟过去一样,全心全意从事他的教育事业。由于上海是国民党的统治区,他不便再出面提倡拉丁化新文字,但是仍旧十分关心文字改革。有一次我去访问他,送给他我编的几本书,他非常高兴。这个时期,他为民主运动做了不少好事,顶住国民党的压力,保护受迫害的进步教师和学生。他的子女全是党员,长媳在解放前被国民党特务逮捕,受尽酷刑。他本人和他所办的学校,不止一次受到恐吓和干扰。由于他支持进步教师的活动和学生运动,曾两次遭受国民党特务逮捕。先生这时已进入晚年,更加显得和蔼慈祥。他在学校每天和学生一起做早操,师生们背后都叫他"外婆"。上海解放,先生兴奋极了,首先出席了上海第一次新文字座谈会。这年 9 月 10 日北京吴老(玉章)等发起成立"中国文字改革协会",先生被选为常务理事。先生一生不会半点作假,他是从心底里拥护革命,拥护共产党的。不久他就调南京工作,主持南京师范学院,以后一直在南京工作。建国三十年来,先生始终是文字改革的促进派,发表过好些文章。1955 年中央召开全国文字改革会议,他是主席团的成员,在会上做了热情洋溢的发言。

先生性格开朗,在任何逆境下都乐观愉快。1980 年夏,全国政协召开五届三次会议,他已八十八高龄,还坐了轮椅出席。我在会场见到他,觉得他的声音笑貌跟四十多年前一模一样。十年动乱中,先生受了不少折磨,年近八十,还去干校养牛,几乎被牛撞瞎眼睛。我听了非常难过,流下了眼泪。尽管在那样的环境中,先生也是乐观愉快的,并不因为一时的乌云密布,而对革命前途和祖国进步失去信心。先生是真诚热爱社会主义的。

我很高兴,在先生一生的第九十个春天看到他的文集开始出版,这是中国现代新教育事业的重要资料。我回忆了以上这段历史,为文集序。

1982 年 5 月

目 录 CONTENTS

儿童心理及教育儿童之方法[①]

常人对于儿童的观念之误谬，以为儿童是与成人一样的，儿童的各种本性本能都同成人一色的，所不同的，就是儿童的身体比成人小些罢了。若诸君以为这句话未免太过，那末我举几个例，来证实证实。我们为什么叫儿童穿起长衫来？为什么称儿童叫“小人”？为什么不准他游戏？为什么迫他一举一动要像我们成人一样？这岂不是明明证实我们以为儿童同成人一样的观念么？儿童既然同成人一样，所以他亦应当穿成人的长衫马褂，不晓得长衫马褂于他的行动大生妨碍，并很违逆他的好动本性。至于叫他端端正正地坐在家里，不得往外游戏，这是愈不对了。但以上所说的误谬观念、误谬教育，到了今天仍是如此。假使我们要收教育的良果，对于儿童的观念，不得不改变；施行教育的方法，不得不研究。

我现在把儿童的心理以及怎样教育儿童的方法，约略说一说。

一、好动心

儿童生来好动的，他喜欢听这样，看那样；推这样，攫那样；忽而玩这样，忽而弄那样；忽而立，忽而坐；忽而跳，忽而跑；忽而哭，忽而笑。没有一刻的工夫能像成人坐而默思的。你要叫他像成人的样子穿了长衫，规规矩矩坐起来，他实在觉得精神上痛苦不堪。你要问我：“儿童虽然生来好动的，但坐坐有什么难处呢？”咳，你不晓得他的心理嗄！儿童为什么好动呢？因为他的感觉与动作很连通的，若他一想到吃，他就去寻东西吃。他一觉得痛，他就哭。他一听得门外欢呼声，会即刻跑出去看。总之，儿童还没有养成自制力，他的行动完全为冲动与感觉所支配。这种心理，米勒（Miller）[②]叫做“心意的动现”（motor flow of consciousness）。从这一点看来，儿童生来好动，不像成人有自制力。或者你又要问我：“这个好动心于儿童的教育有什么好处呢？”他的好

① 本篇原载《新教育》杂志1921年第三卷第二期。

② 米勒（I. E. Miller），美国心理学家。主要著作有《人生教育》。

处是显而易见的。我现在略说一点以供参考。我们晓得一个儿童生来无知无识的,试问他怎样能有知有识呢?他生来并不知冰是冷的,火是热的,铁是坚的,水是弱的,那样东西的性质,这样东西的滋味,他怎样能支配工具,怎样能控制万物,他的身体怎样得着运动,他的道德怎样能发展,他的智力怎样能增进,他的群育怎样能养成?这些就都是他的好动心的功劳,虽然不能完全归功于这个好动心,但是要使儿童得到健康的发展,那这是很要紧的利器。他摸着铁,就觉得铁的坚性;他吃了冰,就知道冰的冷性;他玩这样弄那样,就渐渐儿从无知无能的地步,到有知有能的地步。这样说来,从前我们教育儿童的方法,实在是大错了。我们应当给他充分的机会、适当的刺激,使他多与万物相接触才好。

二、模仿心

这个模仿心,青年老年亦有的,不过儿童格外充分一些。儿童学习言语、风俗、技能等等,大大依赖这个模仿心。他生来不能说方言,到了1岁的时候,就咿唔地要说起来了。到了3岁的时候,一乡的方言就学会了。假使他生在英国,他就能讲英语了;假使生在德国,他就会说德语了。儿童的模仿力实在是大,不仅对于言语是如此,对于一国风尚文化亦莫不如此。这样说来,寻常儿童的优劣智愚,虽有先天的基础,亦决定于后天环境的影响。倘若儿童处的环境是卑鄙龌龊的,那末难望其光明正大的了;倘若环境是奢侈繁华的,难望其能节俭朴实的了。孟母三迁择邻,就是为了这个缘故。那么,儿童的模仿心在教育上有什么价值?我们应如何利用模仿心呢?做父母的要格外留意,因他们的一举一动,都能影响他们的儿童。做师长的,亦须"以身作则",烟酒嫖赌,尤宜戒绝。吾闻友人说某校学生,因为教员吸烟,亦居然效仿,谓教员可吸我们为什么不可吸。做职教员除了要以身作则之外,还宜养成纯美的校风,使得学生在不知不觉中模仿。假使某校学生皆好勤学,凡偷懒的新生进来亦渐渐儿地好学起来了。我对于利用这个模仿心,还有一层意思不得不说的,我们不论在家庭、在学校,当设置极好的环境,使儿童模仿,不过同时要教他鉴别是非善恶,务使他达到"择其善者而从之,其不善者而改之"的地步。诺斯沃思(Norsworthy)说得好:"教育家对于模仿心的责任,就是对于儿童选择模范与法则,发展他们的判断力与分析力,要求他们所模仿的结果与模范相比较,并设置各种模范,使儿童得发展自立心、创造力和发明心。"

三、好奇心

好奇心关于儿童之发展、文化之造就，具莫大势力。儿童凡对于一切新的东西就生出好奇心。一好奇，就要与新的东西相接近。一接近，那就晓得这个东西的性质了。假使儿童与新的境地接触愈多，他的知识愈广。虽然由好奇心所得的知识，一时不发生效力，但后来于实用上很关紧要的。比方他以好奇心的缘故，知道木能浮水，蜂能刺人，火能烧，刀能割，这些经历，这些知识，于他将来很有用处。

好奇心具怎样的性质？

（一）能激起儿童的好奇心，就是新异（novelty）

比方大声、辉耀的色泽、显著的比照（contrast），皆易引起儿童的好奇心。

（二）事物与事物相接触而发生的新异，亦能引起儿童的好奇心

第一条所说的新异，是指事物之本身而言；这条所说的新异是事物与事物相接触而发生的新异。

比方说，儿童放风筝，起初风筝是他的新物，放风筝，为他的新事，所以他对于风筝是很好奇的。但是过了一二星期后，放风筝的事体，不能引起他的好奇心了，风筝的本身的新异已消失了。虽然如此，假使我们对这个儿童说："某儿童亦有一个好风筝，你愿意去看么，你愿意与他比赛放风筝么？"这个儿童对于放风筝这一件事体又发生好奇心了。他的好奇心一方面是要看看某儿童的风筝是怎样的，一方面是要看看他的风筝能否比那儿童放得高。从上说来，我们晓得事物有本身的新异，有与他事物相关系而生的新异。儿童对于这两种新异，皆有好奇心。

（三）好奇心与年岁

儿童的好奇心不是永久不变的，乃是随年岁而发展的。克尔帕屈克（Kilpatrick）[①]在他的《儿童学原理》（*Fundamentals of Child Study*）一书中，对于这一点说得很清楚，我所以把那一段译出来以飨读者。他说："当儿童未能行走以前，他的主要兴趣即在经历新的感觉并注意感觉的关系。但当儿童一能讲话，就要问他所经历过的东西的名词，'这个是什么？''那个是什么？'若得了一个名词的答案那就知足

① 克尔帕屈克（W. H. Kilpatrick，1871～1965），现译为基尔帕特里克。美国教育家。曾任美国哥伦比亚大学师范学院教育哲学教授。1917年到中国讲学。他的设计教学法当时曾在中国一些中小学流行。主要著作有《设计教学法》、《教育哲学》等。

了。等到熟悉各种事物并名词之后，他的兴趣就变了，他现在常常要问：‘这个什么用处?’‘你怎样做的?’或者‘你为什么这样做的?’有时他要追根掘源问：‘这个东西从哪里来的?’”

儿童长到三四岁的时候，他的“为什么”的询问格外多，所问的大抵关于普通公理，比方“天黑暗因为太阳下山了”。他的兴趣常常关于应用真理一方面的，“太阳下山么?”“没有。”“那么为何天如此黑暗呢?”在这个时期，他对于真理的询问必加之以“为什么”三字，而且他一直要问到底始肯息或等到受成人的责骂为止。

儿童究竟爱悦什么样的东西，我们也应当研究的。当七八岁的时候他对于颜色比对于形状有兴趣，对于动物与小孩比对于大人有兴趣。到十二三岁的时候他的兴趣在于理解，迷物(puzzles)推想，在这个时期研究历史的兴趣亦浓厚起来了。年岁再长一点，他对于道德的问题就很有兴趣。总之，好奇心是儿童学问之门径，吾人不得不注意的，不得不利用的。

（四）好奇心与教育

柏拉图曾经说过：“好奇心是知识之母。”可惜我们不会利用这种利器。儿童一到学校，就受注入的教育，没有发展好奇心的余地。所以现在我要请掌教职的，当利用儿童的好奇心，引导他至学问的境界，并不仅以新的经历、新的东西引起他的好奇心罢了。

四、游戏心

儿童好游戏乃是天然的。近世教育利用这种活泼的本能，以发展儿童之个性与造就社会之良好分子。幼稚园教育，即根据游戏本能。中小学校亦以游戏为施教之良器。但是吾国社会对于游戏不加注意，甚有以为学校不宜让儿童游戏的。普通人常以游戏为顽皮。

乡村学校有志的教师就是要引进游戏一门亦觉得困难万分，因许多父母竟反对儿童在校游戏，以为他们送子弟是为读书不是学顽皮的。

（一）游戏的价值

未说儿童与游戏的关系之先，我要把游戏的价值约略地说几种：

1. 发展身体。

游戏是一种自然的、具兴趣的、活泼的运动。游戏时，儿童不自知地将他的全副精神拿出来游戏。因此锻炼他的筋骨，协助他的消化，加速他的血液之循环，增加他的肺之呼吸。工作与体操虽能发展身体，然万万不及游戏。因为工作与体操无所兴趣的，易使人疲劳的。游戏致人快乐，人乐意去玩。

所以欲发展儿童的身体非利用游戏心不可。

2. 养成公民应有的品质。

各种高尚道德，几乎多可从游戏中得来。什么自治、什么克己、什么诚实、什么独立、什么共同作业、什么理性的服从，这种种美德之养成，没有再比游戏这个利器来得快，来得切实。至于公平、信实、尊敬他人的权利、勉尽个人的义务，种种懿行，实为游戏之附属产品。以捉迷藏之游戏为例。蔽目捉人的儿童，不得私自偷看，他一定要有自治的能力；假使他不能自治而偷看，那么，同玩的儿童断断不让他这样偷看的。所以强迫他自治，也不许他与别人串通欺弄其余的儿童，他必定要独立的、诚实的。还有假使某强硬的儿童，被蔽目捉人的所捉着，不肯照例来代替蔽目的，其余的儿童断然不让他不尽他的义务，亦不准他侵犯他们游戏的规则。这种精神除了游戏之外，实在不可多得。我再举一例，以证游戏之效用。比方四人玩网球。二人在一边，这二人各有玩球的范围，不得互相侵犯，且必须共同协济来攻打他们的对敌，在这一点，就可养成尊敬他人的权利之心并共同作业之精神，其余的，我也不必多细述了。总之，游戏是一种发展公民道德之利器，吾人万不可忽略。

3. 能使脑筋锐敏。

游戏亦能发展智力。判断力、知觉力、观察力、想象力、创作心、冒险心皆能从游戏中渐渐地养成。我将棒球游戏来做证据，游戏的人必须眼快手快，而且要冒险，要判断，见有机会可抢家基（home base）①即须冒险前进。玩棒球游戏，一定要刻刻注意，时时观察的。

4. 为休息之灵丹。

人之精神有限，休息与放松是必需的。比方某儿童在学校读了六点钟的书，他的精力一定觉得困疲，那末，最好的休息方法是什么？我们简直可以说，除了游戏之外，没有好的灵丹。一游戏，他的脑筋就得放松，他的心思，就到游戏上去了。所以，要使儿童活泼，非引进适当的游戏不可。

---

① 家基即本垒，起点站。

(二)年岁与游戏的关系

幼时所好的,未必青年之所喜。老年之所爱的,未必儿童之所能。人生一期,有一期之游戏。今略述华特尔(Waddle)[①]在《儿童心理学入门》(*Introduction to Child Psychology*)一书中研究所得的结果,以供参考。

1. 幼稚期(出生～3岁)。

在这个时期儿童所爱的游戏,完全是属于一种感觉的与动作的方面。遇着小的东西,儿童就要捻它,尝它;遇着大的东西,若椅、桌等,他就要推推看、动动看。儿童在这个时候,不但爱触觉的游戏,亦喜欢听觉的游戏。他很爱听声音,他常常以棒敲这样,击那样,有时把桌上的杯碗抹下地去,听那破碎的声音。所以在这个时期,我们应当给他各种会响的玩物,若摇铃、吹箫(一种小的,是专门为儿童玩的)、摇鼓冬、口笛等,一方面可以使得他独自游玩,不致缠绕父母,一方面使得他学听各种声音。

2. 儿童初期(4～7岁)。

在幼稚期,婴儿喜欢独自游戏。到儿童初期,他就要同伴同游。假使没有同伴,那末他就想象一个或几个的同伴,他能与这个幻想的同伴一同游戏,一同起居饮食,但到底他的同伴是幻想的,他终究觉得寂寞的。所以我们一定要使得儿童有良好的伴侣。在这个时期儿童所游戏的,近于模仿,近于戏剧。心理学所谓模仿游戏(Imitative Play)、化装游戏(Dramatic Play),三五儿童,常常群集一隅,同做娶亲或出丧的游戏。从前小的时候只能把凳子推推摇摇罢了。现在二三小儿以两根棒头,抬了这个凳子,抬来抬去,谓"我们抬花轿来了",或者把几个长凳,拖来拖去,谓"火车来了"。这些模仿游戏、化装游戏对于发展儿童是很有价值的。儿童怎样的游戏,对于他本身,学习社会风尚习惯;对于社会,使得文化永续不绝。不过我们最要注意的,就是应当设置适当的环境,使儿童不知不觉地模仿才好。

3. 儿童后期(8～12岁)。

儿童到了这个时候,身体比较初期的时候强健得多,精神亦非常饱满,知识亦渐渐地丰富,运动筋骨亦颇老练。因此从前所喜欢的游戏现在不喜欢了;现在要玩的,当比从前的复杂,若放风筝、踢毽子、斗蟋蟀、拍皮球等等。这些游戏的价值比较初期的初浅模仿,自然来得高。强健儿童的身体,活泼儿童的精神,敏锐儿童的脑筋,发展

---

① 华特尔(C. W. Waddle),美国心理学家。

儿童的道德，大大地可从这些复杂的、具兴趣的、有规则的游戏中得来。

结 论

以上所说的，不过荦荦数端。其余儿童心理若群居心、竞争心、畏惧心、争斗心、嘉许与谴责心等等非这短篇所能尽述。但请读者诸君于这篇中要格外注意的有数点，我再简单地声明于下：(1)儿童不是"小人"，儿童的心理与成人的心理不同，儿童时期不仅作为成人之预备，亦具他的本身的价值，我们应当尊敬儿童的人格，爱护他的烂漫天真。(2)儿童秉性好动，我们不要仍旧用消极的老法，来剥夺他的活泼天性，必须予以适当的环境，能使他充分地发展。(3)我们教育儿童，亦当利用他的好奇心。好奇心为知识之门径，我们当利导之。我们有些父母常常摧残这点好奇心，禁止儿童"多嘴"、"饶舌"，这实在令人痛恨之极。(4)游戏是儿童的生命，游戏具种种教育上的价值，我们更加宜利用的，但是我们也要明白这个游戏是随年岁而变迁的。总而言之，我们应研究儿童的心理，施行教育当根据他的心理才好。

儿童心理之研究[①]

自　序

我素来很喜欢小孩子，小孩子也很喜欢我。不但喜欢小孩子，我也常常同小孩子一起玩，一起生活，所以小孩子的性情习惯在未研究儿童心理以前，我已略知一二。

1919 年我由美回国，掌教南高，担任“儿童心理”一课，从事研究及浏览 Preyer，Baldwin，Shinn，Moore，Dearborn，Stern 诸氏所著之书，益觉研究儿童心理之有味；次年幸举一子，就实地考察，实地试验，而更觉小孩子之可爱。

此书内容泰半取材于这个个别研究的，而借重欧美心理学家所编之儿童心理著作，也在在皆是。

我因特地在此向他们很诚恳很恭敬地表示谢忱。对于我的小孩子一鸣，我也十分感激的，若没有他，这本书恐未必能成，即成，材料未必能如是之多。我的妻子雅琴，也极尽心力，助我研究，我也在此一并鸣谢。

1925 年 7 月 3 日　陈鹤琴

---

① 本书写于 1925 年，曾由商务印书馆以大学丛书分上下两卷出版。1930 年、1933 年、1947 年再版。其中《儿童之好问心与教育》、《我对于儿童惧怕心之研究》和《儿童的暗示性》等内容，于收入该书之前，曾作为专文分别发表于 1921 年、1922 年南京高等师范学校《教育汇刊》和 1923 年《心理》杂志三卷二号。

第一章　照相中看一个儿童的发展

渺茫无知

（1月半）

1. 犹若一个小卧佛。
2. 尚未认识父母。
3. 饮食睡眠为此时生活的要件。
4. 喜欢横卧的姿势。

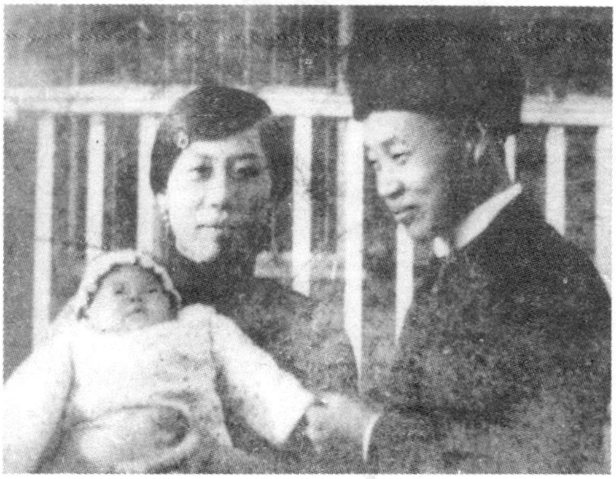

图 1

喜欢坐的姿势

图 2

（第4个月）

稍懂人事了。

千金难买此种笑

图 3

(第 4 个月)

1. 此时他喜与人谈笑。
2. 强健的儿童多笑容。
3. 他常有出声的笑了。

他的臂力实在不小

图 4

(第 5 个月)

1. 拿了一枝甘蔗。
2. 现在他喜欢拿东西了。
3. 不同事物相接触,哪里知道事物的性质和功用。

弓　形　腿

图 5

（第 7 个月）

1. 婴儿的腿每弯曲像弓形。

2. 肥壮的婴儿腿臂多皱纹。

喜欢跳跃了

图 6

（第 7 个月）

1. 现在他的两腿很有力气，最喜欢在你的膝上或板上跳跃。

2. 笑时常露舌尖。

3. 这样天真烂漫的状态惟儿童有之。

爱 玩 水

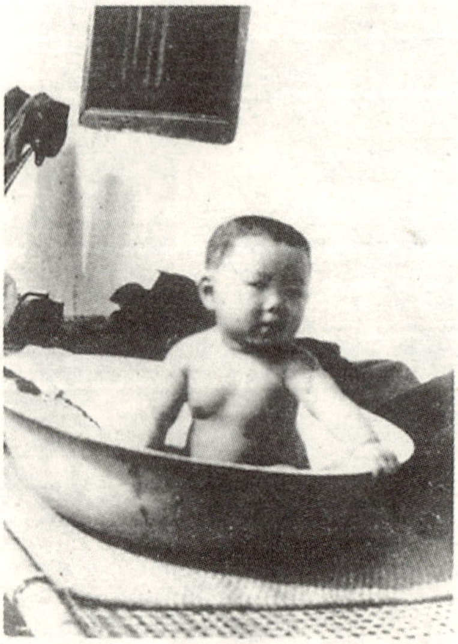

图7

(第7个月)

1. 他爱洗澡爱玩水。

2. 他居然能独坐了。

3. 小孩子刚刚会坐的时候,背脊骨尚未十分强健,不宜坐得太久,以免损脊骨。

4. 小孩子应当天天早晨洗一个澡。

也是一种亲爱的表示

(第9个月)

图8

虽无鼎可染　亦觉味颇浓

图 9

（第 9 个月）

1. 他喜欢放手指在口内。
2. 他也喜欢放东西在口内。
3. 此时做父母的很要注意不要随便什么都给他。

能 独 坐 了

图 10

（第 11 个月）

1. 狗与儿童原是良友。
2. 儿童当有此种伴侣。
3. 不过狗必须要清洁，否则易得疾病。

能匍匐了

图11

(第11个月)

1. 他现在要匍匐了。

2. 两足不能行走,只要拖移罢了。

要立起来了

图12

(第11个月)

1. 此时他喜欢立了。

2. 他的下切牙早已显露了。

3. 行走之初步。

儿童本来喜欢玩的

(第 11 个月)

1. 对于两只小羊、一只母羊,他显出毫无惧怕的样子。

2. 他很喜欢它们。

3. 这两只小羊那时只有二天,但它们能走能跑,较人强得多呢!

图 13

脚骨很健了

图 14

(第 11 个月)

能独自爬起来了

图 15

(第 11 个月)

1. 此时他很喜欢在摇床里爬起爬倒。
2. 爬行是一种很好的运动。
3. 应当适当地任小孩子爬来爬去。

能倚物站立了

图 16

(第 11 个月)

1. 他也要倚物行走。

2. 未能行走时不宜勉强他行走,以免使两腿弯曲终身受累。

爱看图书

图 17

（第 12 个月）

1. 他能翻阅杂志。
2. 个个小孩应看有图画的书籍。

爱骑脚踏车

图 18

（第 12 个月）

看见别人骑脚踏车他也要骑。

喜欢与狗玩弄

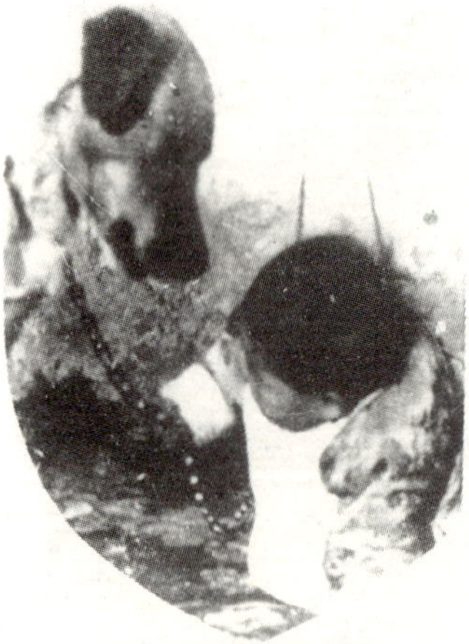

（周岁）

图 19

爱 拉 摇 床

（1 岁 2 个月）

1. 此时他虽不能独自行走，但很喜欢推这样拉那样。

2. 将来就能把摇床当做人力车拉来拉去。

图 20

爱推摇床

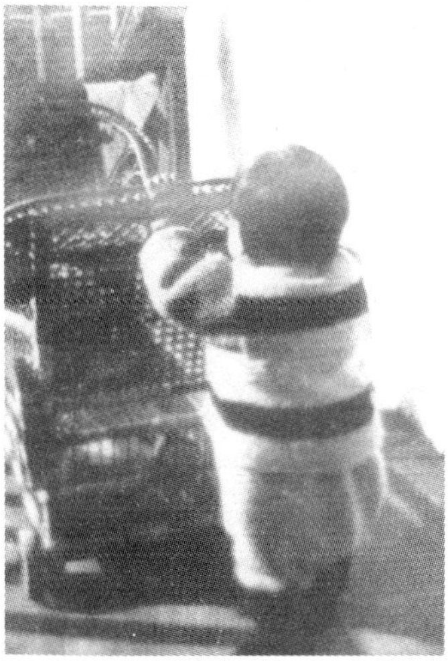

（1岁2个月）
练习脚力的好法子。

图21

能爬阶梯了

图22

（1岁2个月）

1. 此时他喜欢爬楼梯或石阶。

2. 我们应给儿童以此种运动机会，以发展他们的身体。

能倚壁直立了

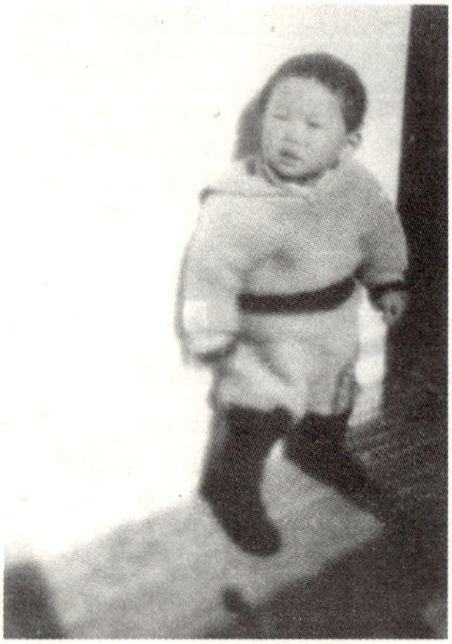

图 23

(1 岁 2 个月)

1. 他慢慢地从四肢匍匐到两足行走的地步了。

2. 这是第一次他能站立起来。

爱坐人力车

(1 岁 2 个月)

1. 他不单喜欢骑脚踏车,也很喜欢坐人力车。

2. 他常用手指指物,以唤起你的注意。

图 24

能独自行走了

（1岁5个月）

图 25

爱 玩 方 块

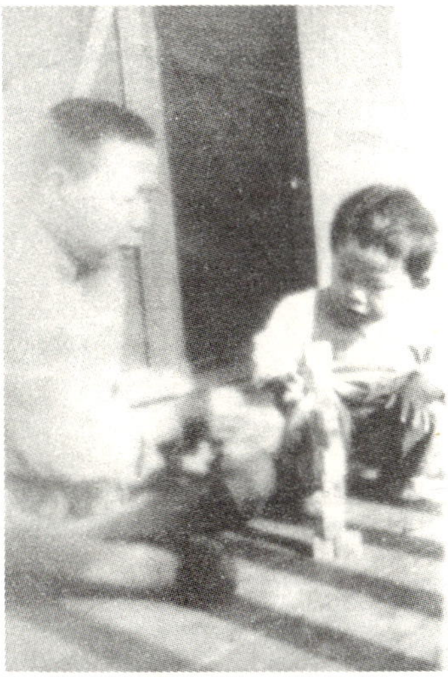

图 26

（1岁5个月）

1. 此时他喜玩积木。
2. 他更喜欢与人同玩。
3. 约玩了2个月，他就不喜欢玩这种积木了。
4. 后来我做了一副大积木，他就有兴趣玩了。

以棒当马

图 27

(1 岁 5 个月)

1. 此时他很喜欢骑马。
2. 棒头、桌脚、枕头、凳子等等都可当马骑的。
3. 这也是一种化装游戏。

奔　跑

图 28

(1 岁 7 个月)

1. 他的手臂姿势与成人跑时不同。
2. 他的上身不是向前的。

隙间刺蛙

图 29

(1 岁 7 个月)

某日见人用小棒刺居在石隙中的蟾蜍,后来他常模仿这种动作。

捉　猫

图 30

(1 岁 7 个月)

他喜欢抱这只小猫,也喜欢追它。

搜集兴趣的表现

图 31

（1 岁 7 个月）

1. 他天天到路旁或草地上拔草，拔后常把草插在瓶内，这种兴趣的表现约有 1 个星期之久。

2. 此是搜集兴趣之第一种。

模 仿 动 作

图 32

（1 岁 7 个月）

1. 他见别人揩车就也要揩。

2. 小孩子很容易受人暗示的。

3. 小孩子看见东西就要拿来玩。

最爱玩水

图 33

（1岁7个月）

1. 此照与去年此时所拍的照比较起来，真可谓有“霄壤之别”。

2. 现在他很爱玩水，我常给以充分的机会使他任性所欲。

3. 手中拿的是肥皂盒子，他把它当做船在水上玩弄。

喜欢到坑里去

图 34

（1岁7个月）

1. 看他的姿势犹若预备赛跑的样子。

2. 其实他是从坑里爬上来。

叫人注意的手势

(1 岁 7 个月)

1. 他若看见一只飞鸟飞过,或看见一辆汽车行过,或看见一件稀奇东西,就要指着叫起来:"ē。"

2. 这种手势后来就没有了。

图 35

也是一种游戏的法子

(1 岁 7 个月)

1. 初生时怕陨越。

2. 现在喜欢别人把他丢上丢下玩。

图 36

学植物学之初步

图 37

（1 岁 8 个月）

1. 用墨水瓶盛了水浇花。

2. 这个法子完全是他自己想出来的。

3. 小孩子应有一两盆花或一两棵树属于他的，使他依时灌溉。

学动物学之初步

图 38

（1 岁 8 个月）

1. 喂猫。

2. 可以教他留意猫的性情和作用。

想象游戏

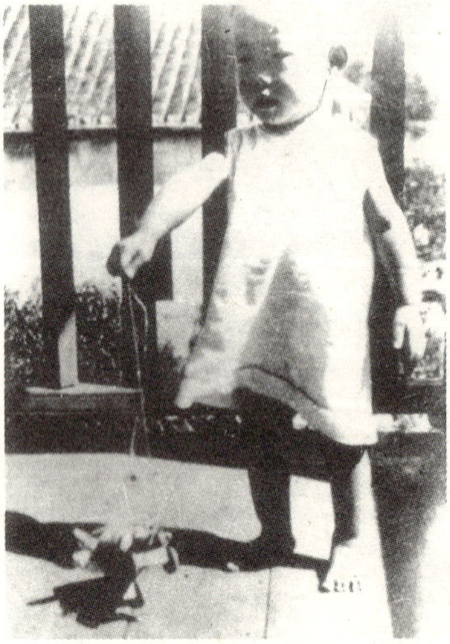

图 39

(1 岁 8 个月)

1. “汽车来了。”他拖了两个卷照相软片的轮子跑着喊叫,说“汽车来了”。

2. 街坊上之洋铅做的汽车,既费钱又不经久,又太机械,只能引起暂时之好奇冲动罢了。

模仿成人

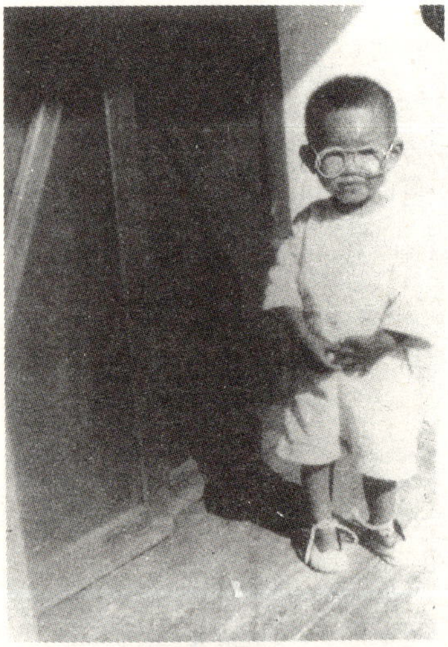

图 40

(1 岁 9 个月)

1. 戴了藤眼镜假装小成人。
2. 他此时深知这种动作可以博人之乐的。
3. 这种天真烂漫的动作岂可多得。

灌溉花木

图 41

（1 岁 9 个月）

1. 教儿童爱护植物的一法。

2. 不但要给以适当的器具，并且要有恳切的指导，小孩子的兴趣多变迁，没有严密的指导扶助断不能持久。

骑　“马”

图 42

（1 岁 9 个月）

我常掮了他到外边游览。

骑"人马"

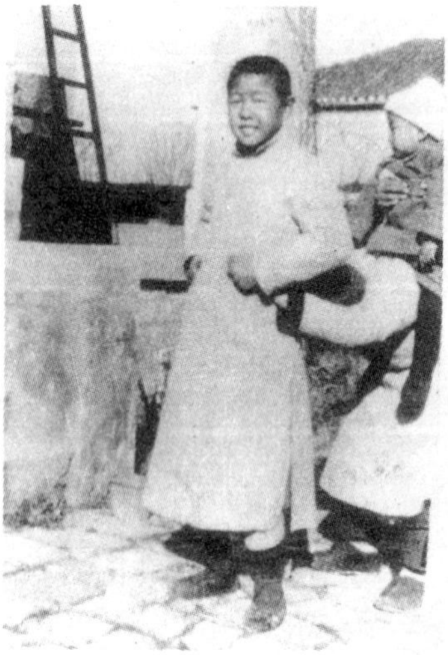

图 43

(1 岁 9 个月)
这也是游戏之一法。

好骑驴、骑牛

(1 岁 9 个月)

1. 小孩子生来好骑,真驴、真牛、真马小孩子固甚爱骑的,但枕头、桌脚、木棒、竹竿也很喜欢当马骑的。

2. 年幼的小孩固甚爱骑驴、骑牛,年大的儿童更爱骑驴、骑牛。

图 44

立　正

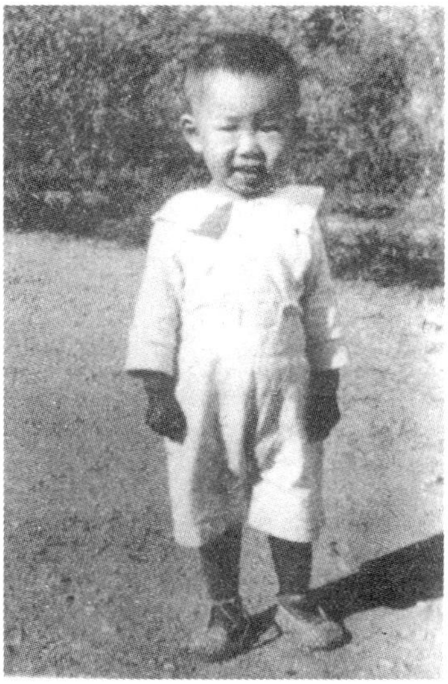

图 45

（1 岁 9 个月）

1. 这是他立正的姿势。

2. 在这个年纪的时候，他就喜欢模仿开步走的动作。

赛　跑

图 46

（1 岁 9 个月）

1. 赛跑的姿势。

2. 跑的连合动作，可说此时已完全养成。

双 脚 跳

图 47

(1岁10个月)

双脚能离地跳起来,但不能跳得很高。

跳 跃

图 48

(1岁10个月)

1. 喜欢从矮椅子上跳下来,但不能独自下跳。
2. 这种跳跃动作,我们应当利用。

学 兵 操

图 49

(1 岁 10 个月)

常负着枪走来走去,并喊叫说:“一二一,一二一。”

你 好 吗

图 50

(1 岁 10 个月)

他捻牢小猫的脚说:“你好吗?”

高坐人力车

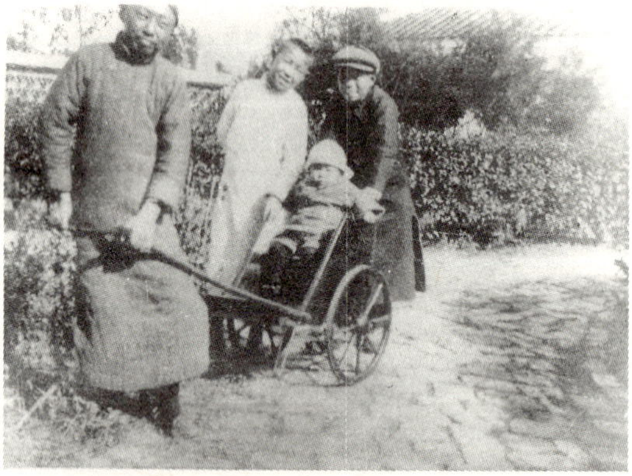

图 51

(1 岁 10 个月)

1. 像这样的玩物,大小儿童都喜欢玩。

2. 他年幼不能拖拉车子时,我们常拉他到外边游玩。

拉车初步

图 52

(1 岁 10 个月)

1. 约半月前看见他的小朋友拉车,现在他自己也有一辆车子可拉了。

2. 脚力不够强健。

独足而立

图 53

（2 岁）

能举起右足了，不过不能举得很高，也不能举得很久长。

能蹲踞了

图 54

（2 岁）

现在能蹲得很稳了。

椅背当马骑

图 55

(2 岁)

1. 从前只能把椅子推推拖拖,现在能把椅子当马了。

2. 这个化装游戏完全是他主动的。

坐人为的轿子

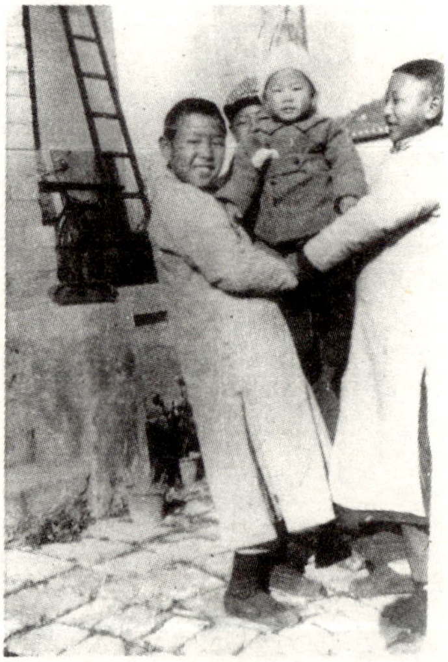

图 56

(2 岁)

1. 两人交错了手,做一乘轿子给他坐。

2. 这也是一种良好的游戏。

哑子宕宕

图 57

（2 岁）

1. 这是一种绍兴地方的儿童游戏。

2. 一鸣从小喜欢这种动作。

一个小车夫

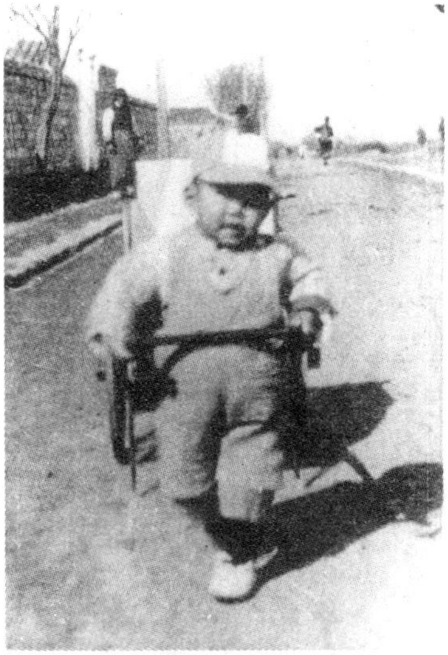

图 58

（2 岁 2 个月）

练习身体之一种极好游戏。

车子不要了

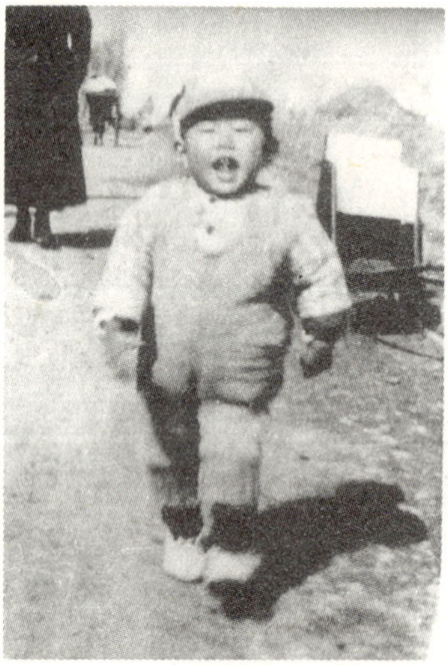

图 59

(2 岁 2 个月)

1. 他看见这张照片对我说:"车子不要了。"这是他解释图形的第一次。

2. 他正对着我奔跑。

野外就是他的乐园

(2 岁 2 个月)

1. 儿童大都喜欢野外的。

2. 他喜欢在此地抛石子,玩泥土。

图 60

玩囡囡

图 61

（2岁2个月）

1. 小男孩也爱囡囡。

2. 他自己时常喜欢裹着毯子，所以现在他也要裹着他的小囡囡。

3. 他的父母常抱了他唱着说“baby”，所以现在他也叫他的小囡囡“baby”。

4. 有时候小囡囡是他的伴侣。

火车来了

图 62

（2岁2个月）

1. 从前喜欢把方块一块一块地堆起来。

2. 后来喜欢把方块一块一块地放在盒子里。

3. 现在喜欢把方块排成一行当做“火车”了。

4. 儿童多创作。

剪　纸

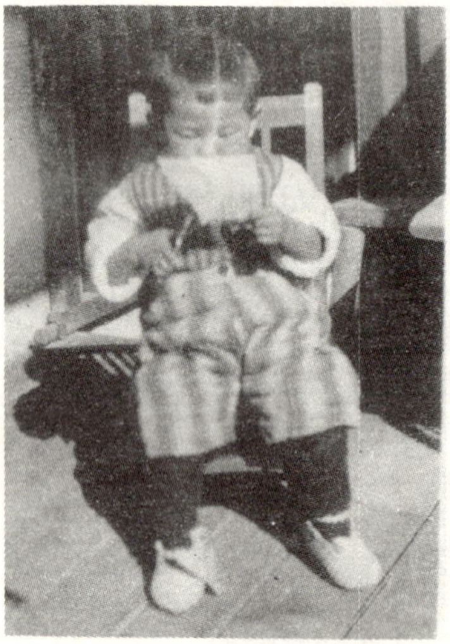

图 63

(2 岁 2 个月)

1. 现在他喜欢剪布剪纸。

2. 恐怕像这样年幼的小孩子,不应练习这种精细动作。

足尖行走

图 64

(2 岁 2 个月)

1 岁 12 个月的时候,他就能以足尖行走,到了此时走得很稳很快了。

敲　钉　子

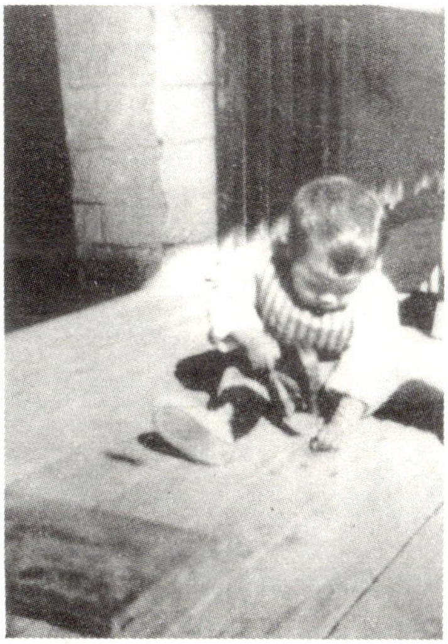
图 65

（2岁2个月）

1. 居然能把钉子敲在木板里了。

2. 不但不会敲着手指，且能次次都敲着钉头。

3. 这种动作并不是遗传的，也不是模仿的，乃是由经验得来的。

小　兵　丁

图 66

（2岁4个月）

1. 现在他很喜欢“放枪”。

2. 他常常模仿士兵用棒当枪，开步走时口里喊着“一二一”。

3. 他也喜欢看兵排队行操。

4. 一见路上行兵就喊叫说“兵兵兵”。

池边观蛙

图 67

(2 岁 4 个月)

1. 此时池中多青蛙。

2. 他常到池边看蛙。

3. 做父母的就可以教他青蛙变迁的历史(把青蛙卵捞来养起来看其变化)。

抛石池中

(2 岁 4 个月)

1. 此时他也很喜欢把石子抛入水中,以听水声,以见水跃。

2. 这种动作与他的身体发展很有关系,一方面可以练习手臂动作,一方面可以享受野外生活。

图 68

玩水之一法

图 69

（2岁4个月）

1. 喜欢玩水。

2. 从此种玩耍，他可以慢慢地知道水的性质。

3. 小孩子应有这种机会，不要因为有所危险的缘故，就夺去他这种应享的权利。

未来之科学家

图 70

（2岁5个月）

1. 我带了他在园子里玩时，他在草上看见了一个虫，我就叫他注意，他看虫的两只角（知觉角）伸缩不已，就告诉我说这个东西能“变把戏”。

2. 我们应当常常带领小孩子到园里、野外和树林里去游玩，随时随地可以叫他们注意各种动物的生活。

3. 这种教动植物的方法，比在教室里、博物院里演讲示范好得万倍。

直观教育

图 71

(2 岁 5 个月)

1. 我带他到野外看花草。
2. 他同时学到了花草的颜色。
3. 他也显出很快乐很自由的样子。

学兵吹号

(2 岁 6 个月)

1. 学兵吹号。
2. 这种兴趣不久就消失了。
3. 号也是一种好的玩具。

图 72

学 锄 地

图 73

（2 岁 6 个月）

1. 他看见别人锄地，也要试试看。

2. 应当给他小锄、小铲，让他有挖地锄草的机会，培养他对种植的兴趣。

练 习 登 阶

图 74

（2 岁 6 个月）

1. 两月前他勉强能上阶下阶。

2. 此时他的上下石阶能力比从前来得大，但尚不能自由上下。

3. 小孩子应当在这时候有这种机会以练习脚力。

露天学校

图 75

(2岁6个月)

1. 在石阶上同母亲看图画,享受天伦之乐。

2. 他妹妹仰卧阶上呼吸新鲜空气,显出异常快乐的样子。

3. 做父母应常有这种快乐生活。

一足独立

(2岁7个月)

1. 此时他能举起右脚并用左脚站立3分钟之久。

2. "举脚"也是一种身体发展的表示。

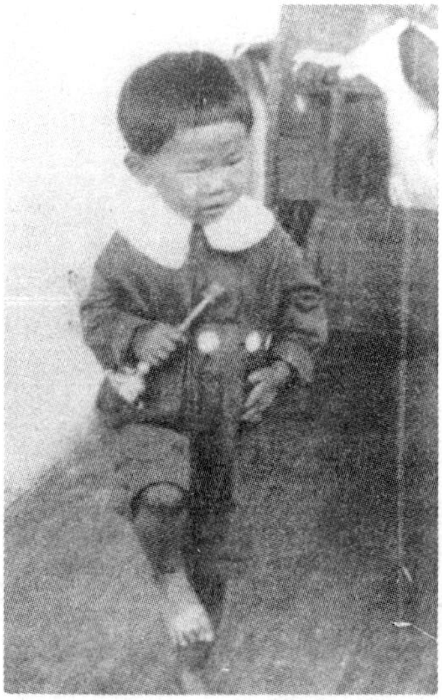

图 76

好 玩 水

（2岁7个月）

1. 他此时非常喜欢玩水。

2. 最好带他到海边或河里去学游泳。

3. 不玩水哪知水性。

图 77

富于冒险性

图 78

（2岁7个月）

1. 看见了一块跳水板伸在池中，就大胆地在板上走来走去。

2. 其实他并不知道十分危险，若知道危险那恐不敢做了。

溜　　板

图 79

(2 岁 7 个月)

1. 倒溜下来。
2. 这种下来动作,他是从幼稚园里学来的。

喜　登　高

图 80

(2 岁 7 个月)

1. 此时很喜欢登高。
2. 在这板上走上走下。
3. 小孩子应有溜板、梯子等玩具,以发展他的身体。

第二章　幼稚期之意义

一、婴孩之柔弱和各种动物之幼稚期

人能驾驭万物，为万物之灵。但初生时，他是非常柔弱的。罗马哲学家卢克里修斯(Lucretius)说得好："初生的婴孩，好像一个被怒涛冲到岸上来的水手。天然的势力把他从他母亲的胎里拿到光明的海岸上边来，此时他既无衣服可以御寒，又乏言语可以达意，真可谓没有一点生存的能力，只能俯伏在地上作悲哀的啼哭而已。"①

鲍威尔(J. W. Powell)②也有相同的论述。他说："初生婴儿并不具有成人所具有的人类区别于其他动物的东西。对于种种美术，他不能欣赏；对于种种法律，他不能明了；对于种种方言，他不能说；对于种种哲学，他毫无意见；对于种种思维，他不能领悟；就是他的身体也不及野兽来得强。但是，随着岁月的过去，从童年到成年，他能把美术、制度、言语、意见、思维，渐渐地都学会了。在许多方面，初生婴儿均不如野兽，在所有高级活动中，他越来越显示其优越性，终于进入完全与野蛮状态分离的大自然的另一王国。"③

若要深明儿童的懦弱非研究动物的幼稚期不可。我们先说变形虫(amoeba)。变形虫没有幼稚期。它生来就是成熟的。它的生殖非常简单。它的本身是一个细胞做成的。它的繁殖是一种分生的方法，就是它把自己分裂为两。这两个分生的变形虫，是一种的机体、不分母子的。换一句说，变形虫没有幼稚期。

我们再看土中的蚯蚓。它从孵蛋生出后就能伸缩蜿蜒，不到几日，就长得很大了。所以我们可以说，蚯蚓的幼稚期不过几天而已。

我们再看远比蚯蚓高点的动物如螺。小螺生后十余天就变大螺。它的幼稚期不过十余天。

再进一步说，比方鱼类。小鱼生后就能追随母鱼之后，以寻食物，不数月就成大

---

① 参看 A. E. Chamberlain：The Child as a Study in the Evolution of Man。

② 鲍威尔(J. W. Powell，1834～1902)，美国地质学家和人种学家。

③ 参看 A. E. Chamberlain：The Child as a Study in the Evolution of Man。

鱼了。所以鱼之幼稚期不过数月耳。

鸟之幼稚期比较鱼虫长些。初生的小鸟不能自食,必须依赖父母的供养。三四月后逐会飞翔;再过三四月,遂算为成熟的飞鸟。

猫的幼稚期比鸟的幼稚期还要长些。小猫生后,懦弱得很。当时若没有父母的养育,它就要冻饿而死。得了养育,一星期后小猫就能爬行,一月后就能跳跃,一载后就能生育。比猴子成熟快得多了。

猴子的发展比猫虽然来得慢,但是比人的成熟已经快得多了。

人初生时,不但比变形虫、蚯蚓、螺、鱼来得软弱,就比猫、猴也柔弱百倍。婴孩初生后所能者"吃"与"叫"及几种简单感觉而已。等到一月后方才能笑,半年后方才出牙,一年后方才能行走,一年半后方才能说话,二十年后方才能自立,二十五年后方可算成人。

看底下的两个表,我们就可以更加明白各种动物的幼稚期了。

表 2-1　各种动物怀胎的期间

动　物	胎　期	动　物	胎　期	动　物	胎　期
游蛇属(coluber)	12　日	鹳　鸟	24　日	野　兔	3　日
鸡	21　日	冠驼鸟	65　日	鼠	5 星期
鸭	21　日	小　鼠	24　日	荷兰猪	7 星期
鹅	29　日	家　兔	32　日	猫	8 星期
貂	8 星期	狮	14 星期	鹿	36～40 星期
狗	9 星期	猪	17 星期	人	40 星期
狐	9 星期	绵　羊	21 星期	马	11 月
鸡　貂	9 星期	山　羊	22 星期	骆　驼	11 月
豪　猪	10 星期	熊	39 星期	犀　牛	18 月
狼	10 星期	猴	39 星期	象	24 月

(引自 Chamberlain: The Child as a Study in the Evolution of Man)

从上表看来,人在胎内的时间除了马、骆驼、犀牛、象四种大兽以外,都比其余的动物来得长。大概说来,人的胎期可算长久了。这种长期的胎内生活,于后天发展有密切关系,人类胎期既长,儿童期尤长。现在把人和动物的儿童期,立一比较表,从这表上,就可看出儿童期之重要。

表 2-2 各种动物的儿童期和生命期

动　物	研 究 的 人	儿童期(幼稚期)	生命期
睡　鼠	霍利斯(Hollis)	3月	4～5年
荷兰猪	佛罗伦斯、霍利斯(Flourens, Hollis)	7月	6～7年
(buch)垂耳兔	爱德华兹(R. O. Edwards)	9月	8年
(see)垂耳兔	爱德华兹(R. O. Edwards)	8月	12年
狸	米伐尔特(Mivart)	1年	15年
猫	詹宁斯(Jennings)	2年	12年
山　羊	佩格勒(Pegler)	1年零3个月	12年
狐	米伐尔特(Mivart)	1年零6个月	13～14年
英国猪	霍利斯(Hollis)	2年	18年
大　狗	达尔齐尔(Dalziel)	2年	15～20年
英国纯种马	霍利斯(Hollis)	4年零6个月	50年
阉　猪	朗、霍利斯(Long, Hollis)	5年	30年
河　马	钱伯斯大辞源(Chamber's)	5年	30年
狮	米伐尔特(Mivart)	6年	30～40年
英国马	布莱恩、霍利斯(Blaine, Hollis)	6年零3个月	35年
阿拉伯马	霍利斯(Hollis)	8年零3个月	40年
骆　驼	佛罗伦斯(Flourens)	8年	40年
人	布　冯(Buffon)	25年	90～100年
英国人	霍利斯(Hollis)	25年	75年
象	达尔文(Darwin)	30年	100年
象	霍尔德(Holder)等	35年	120年

注:"儿童期"对人而言,"幼稚期"对动物而言,"生命期"指自生而死之一生期间而言。

(引自 Chamberlain: The Child as a Study in the Evolution of Man)

看上面的表,我们就可知道各种动物的幼稚期与生命期之比率。

荷兰猪的幼稚期占生命期约 1/12;猫的幼稚期照米伐尔特的研究占生命期 1/12,照詹宁斯的研究约占 1/6;阉猪的幼稚期占生命期 1/6;阿拉伯马的幼稚期占生命期

1/5;象的幼稚期照达尔文的研究占生命期 1/3,照霍尔德的研究占生命期 1/4 有奇;人的儿童期照布冯的意思占生命期 1/4,照霍利斯的意思占 1/3;人生百年不常有的,所以我们可以采取霍利斯的意思。

二、儿童期之意义

这样说来,人之儿童期与生命期的比率较各种动物为大。现在我们要研究人的儿童期为什么有这样长呢?

(一) 对于个人方面儿童期的意义

对于个人而言,儿童期就是可塑性(plasticity)的意思。“人的环境比较各种动物来得复杂”这一句话我们都承认的。我们以变形虫为例,它的环境非常简单,一杯水它就能伸缩行动,一点草它就能生存。蚯蚓的环境和生活就较为复杂了。它居住于泥土之中,必有钻掘之能力方可生活,且有时土洞满水,必具爬行之能力方可远走;环境既然如此,它一定要有适应环境的利器方可活命,不然,难免天演淘汰。

鸟之环境比蚯蚓的环境更为复杂了。居住空中必须具飞翔之能。食物鲜少必须具寻索之技。鸟的环境同生活既变复杂,它的身体和神经也必须复杂,不然不得生存。

猴子的环境生活比鸟还要复杂。居住山林有猛虎毒蛇为之劲敌,必须具有矫健趋避之能力。它的环境生活既如是复杂,它的适应能力也就有相当的发展。

人的环境生活比较猴子的复杂万倍。数千万万人成了一个社会,我们在这种社会里做人,一定要学言语文字,要知风俗人情;什么战争,什么竞争,都要赖我们的武力智力去制胜;什么美术,什么制度,什么道德,都要赖我们的适应能力去学习。我们的环境生活既然这样复杂,我们的适应能力就要大了,要发展适应能力非有发展的时期和可以发展的性质不可。我们的儿童期就含这两方面意思:一方面儿童期是发展能力的时期,一方面儿童期具可以发展的性质,此即所谓可塑性或谓可教性(educability)。

初生的婴儿不像小鱼小鸟。鱼鸟的各种活动可以说生来就能做的。我们人的活动大部分是生后学来的。儿童的身体脑筋都要渐渐地发展;儿童的道德要逐渐涵养;儿童的谋生能力也要渐渐地储蓄;人生一切的活动都要在儿童期内发展的。还有一个意思我们要明白的,就是儿童期是发展个人的最好的机会。什么言语,什么习惯,什么道德,什么能力,在儿童的时候学习最速,养成最易,发展最快。

现在我们人的环境比较从前的环境一天复杂一天了。适应环境的准备期当然也要长些。从前美国和英国的儿童没有一定的教育年限，后来有七八年的强迫教育，到现在 18 岁以内的儿童，虽受过强迫教育，还要受补习教育。日本从前是 4 年的强迫教育，现在也改为 6 年。中国现在对于儿童教育也很注意的，可惜没有充分的经费，不能施行普遍的国民教育。将来经费充足，国民教育当不限于 4 年，恐怕七八年也不为长。这皆是因为环境一天一天地复杂，所以准备的时期不能不加长。

环境既然复杂，学的时期当然要长，如果要全靠先天的遗传，而不加以后天的学习，必不能适应这样复杂的环境。动物的环境很简单，学的时期也就很短；至于下等动物的环境格外简单，它适应环境的能力，可以全靠先天的遗传，因而它的儿童期就格外短了。这样看来环境愈复杂，儿童期愈长，学习的机会愈多；学习的机会愈多，天赋的智力发展愈快，然后才可以适应复杂的环境。所以人的儿童期实在是预备适应环境的重要时期。

（二）对于社会方面和家庭方面儿童期的意义

动物无文化可言，人类是有很高的文化的。文化是由人类用智慧造成，不是生物的遗传，乃是一种社会遗传，就是用人为的能力，一代一代地保持，一代一代地遗传。儿童期就是接收文化的时期。因为成人的学习能力，没有儿童期的大，几千年来文化的传递实在是儿童期的功用。

不但传递文化，而且还要促进文化。遗传下来的能力和动作是固定的，固定的动作就不容易有进步。人类的动作大概是靠后天的培养；人类的知识，完全是靠后天的学习。人类知识愈高，能力愈大，所做的事业愈广，所发明创造的东西也愈多，社会的文化因此也就增高了。

对于家庭方面，儿童占极重要的地位，第一，巩固家庭的团结力，家庭有了儿童就不容易分离；没有儿童，离婚的问题，就容易发生了。第二，有了儿童，家庭生活可以倍增快乐，不致孤苦无味。第三，有了儿童，家庭间的同情心可以格外地发展，牺牲的精神因而得着培养；互助互爱的动作，也可因此养成。所以儿童是一种家庭化和社会化的主要分子；也是一种改进家庭、改进社会和促进文化的原动力。

参考书目

1. John Fiske. The Meaning of Infancy.
2. A. E. Chamberlain. The Child as a Study in the Evolution of Man.

第三章　一个儿童发展的程序

第1月

第1星期

第1天

(1) 这个小孩子是在1920年12月26日凌晨2点零9分生的。

(2) 生后2秒钟就大哭,一直哭到2点19分,共连续哭了10分钟,以后就是间断的哭了。

(3) 生后45分钟,就打呵欠。

(4) 生后2点44分,又打呵欠,以后再打呵欠6次。

(5) 生后的12点钟,生殖器已经能举起,这大概是因为膀胱盛满尿的缘故,随即就小便了。

(6) 同时大便是一种灰黑色的流汁。

(7) 用手扇他的脸,他的皱眉肌就皱缩起来。

(8) 用指触他的上唇,上唇就动。

(9) 打喷嚏两次。

(10) 眼睛闭着的时候,用灯光照他,他的眼皮就能皱缩。

(11) 两腿向内弯曲如弓形。

(12) 头颅是很软的,皮肤带红色,四肢能动。

(13) 这一天除哭之外,完全是睡眠的。

第2天

(14) 这一天的工夫,差不多完全是睡眠。

(15) 嘴唇对于外界的刺激感觉格外灵敏。

(16) 吸乳的动作,已经完全发生(舌头靠着下唇与上唇裹着乳头)。

第4天

(17) 吸乳后打噎。

第2星期

第 8 天

(18) 晚上吸乳后,用指触他的上下唇,他眼睛闭着微笑了几次。

(19) 眼睛开着微笑了几次。

第 9 天

(20) 脐带脱了,脐很大的。

第 13 天

(21) 用胶皮粘在他的耳垂上,后来揭开的时候,他感觉痛了,哭得很厉害。

第 14 天

(22) 睡着的时候,他自己脸上现出笑、哭、皱眉、皱唇种种的样子。

(23) 用指触他的上唇,他的鼻眼都向下皱,触他的下唇,他的鼻眼向上皱。

(24) 他的眼睛能随意转动。

(25) 大便带绿色,是粒状的,比较从前干燥一些,不像从前的稀薄。

第 4 星期

第 23 天

(26) 这天他睡的时候很多。

(27) 大便带黄色。

第 2 月

第 5 星期

第 34 天

(28) 大便渐渐地少了,渐渐地变黄了。

第 6 星期

第 40 天

(29) 下午 1 点 30 分,睡着的时候,忽然大叫起来,声音是很坚强的。

第 7 星期

第 43 天

(30) 下午吃奶后,睡着有鼾的声音,一丈①以内可以听得,共鼾了 10 分钟。

第 8 星期

① 1 丈约为 3.3 米。

第56天

(31) 他做了一种声音如“kŭ-ŭ-ŭ-ü”,又做了一种声音如“a-ko”。

第9星期

第58天

(32) 开着嘴微笑。

第3月

第13星期

第89天

(33) 他的头和嘴唇做声。

第90天

(34) 他能咬着下唇。

第4月

第16星期

第112天

(35) 吃奶后笑着脸对母亲发出一种声音,如要讲话的样子。

第5月

第20星期

第135天

(36) 他从睡梦中惊哭起来,两手向上,眼睛往上开了两次,哭出短而快的声音。

第21星期

第144天

(37) 惧怕稀奇的声音:他听得四五人大声唱歌就大哭起来。

(38) 惧怕黑暗:这天晚上他醒着躺在床上的时候,把门关了,外面的灯光不能射入,睡的房间变黑暗了,他就大哭起来,随即抱他到外面有灯的房间,他看见灯光就不哭了。

第22星期

第149天

(39) 怕小提琴的声音:听见小提琴声音,他就大哭。

第5月底

(40) 他眼睛能追看飞鸟了。

第 6 月

第 26 星期

第 176 天

(41) 他吃奶后，乳头已经脱出，他还是继续地做吸乳的样子。

(42) 他发出“è-è-è”短的声音。

(43) 睡的时候，他哭出声音来。

(44) 听觉非常灵敏，睡时一点微声，就能使他惊醒。

(45) 他要东西的时候，除“ä-ä”之外，又有一种“ng-ng”的声音。

(46) 很喜欢看妇女杂志的图画，看时两手向前，身体向前扑，口里叫喊。

(47) 他抱在父亲手里眼睛闭着哭的时候，听见母亲讲话的声音，他的头手身子，就转向着母亲要她抱（这是显出听觉与身体之动作已经能够连合）。

第 177 天

(48) 他对于人和物，显出有兴趣的样子，常常注目看人和物。

(49) 同时手向上下挥动，口说“ä-ä”的声音，好像叫唤人的意思和要拿东西的意思。

(50) 这天早晨在书架子里看见十个铜做的兵丁，他就口说“ä-ä”，身体向前。

(51) 近来口里吹着口涎做“bōō-bōō”的声音。

(52) 他用拇指和食指放在嘴里，也吹出“bōō-bōō”的声音来。

(53) 看见螺蚌的壳，他就来拿，发出“ng-ng”的声音。

(54) 近来拿东西的动作，还没完全发展，他的手仍旧是不稳固的，而且伸缩很慢，不能像成人的活动。

(55) 来拿东西的时候，大半是右手。

(56) 他躺在床上的时候，用手触他的腿叉，他发出快乐的声音，并举起生殖器。

(57) 遇见三个没见过的人，他都向着他们笑。

第 178 天

(58) 不怕马：当他坐在推车里，很快活的时候，他看见一匹马离他有 5 尺①远，他

① 1 尺约为 33.3 厘米。

看看它,而且对它笑笑。

第 179 天

(59) 这天晚上,父母外出,起初他同两个堂兄玩玩,过 1 点半钟后,他就要母亲,大哭不已,父母在 9 点钟回来的时候,他仍旧放声大哭,见了父母,他就不哭了。这恐怕是两种缘故:第一,饥饿;第二,他不见了最亲爱的人。

第 181 天

(60) 记忆不强:这天早晨替他洗脸,他觉得不舒服,就哭了。几秒钟后,再拿手巾替他洗脸,他一看见手巾就哭;再拿手巾试他,他又哭;5 分钟后,又拿手巾替他洗脸,这次他不哭了。这是证明他已经忘却以前的经验。

(61) 表示欢迎亲人的态度:这天下午看见父亲回来,就张着嘴伸着舌头,对他父亲微笑。

(62) 吹涎做戏:今天他又自己吹口涎玩,不过没有从前的厉害。

第 7 月

第 27 星期

第 186 天

(63) 他盯眼睛看他两个堂兄做投子的游戏,后来把他抱到别的地方去,他还转头向着投子的地方。

(64) 手眼动作的连合:①醒着躺在床上的时候,把一块手巾放在他头上遮着他的眼睛,他就用右手抹开,再放上,他又抹开,第三次他就现出不高兴的样子。②他看见桌上有东西,就伸手来拿。③拿一件东西放在他的眼前,他就伸手来拿,因他动作不很灵敏,不能如成人的活动,所以第一次费了 5 秒半的工夫才拿着那件东西,第二次费了 3 秒钟,第三次费了 7 秒钟。

(65) 惧怕多人及鼓掌声:今天下午他母亲抱他到某女校赴交际会,刚入门时看见许多的人和听见鼓掌的声音,他就大哭。这个惧怕,是下面三种事实激成的:①生疏的环境,②许多生疏的人,③鼓掌的大声。

(66) 他无论拿了什么东西,就要放在口里。

第 187 天

(67) 吹匙做戏:每天用匙灌水给他吃,今天他吃了一点之后,就吹汤匙里没吃完的水做“boo—boo”的声音。

第28星期

第195天

(68) 他很喜欢看他两个堂兄游戏,他自己常常喜欢玩足趾。

(69) 会做瞻猫游戏:这天他祖母抱他的时候,他姨母跑来叫他,他看见姨母立刻就笑,并藏匿他的头在祖母的右边,后来他姨母到右边看他,他又藏到左边。

第8月

第31星期

第212天

(70) 他能利用器物:从前拿了东西就放在口里,或者丢掉;现在东西不放在口里,也不丢掉,拿了东西就敲或摇,给他扇子他就摇,躺在床上的时候,给他一根箫,他拿了也摇。

(71) 喜欢玩箫,两手交换地摇玩。

(72) 辨别的能力:他有一只玩物的狗,他常常咬它的尾巴和脚,并向地板上乱敲。但他看见真狗的时候(新近得了一条小狗,比玩物的狗稍大一些)他不敢咬它了,虽说这只狗很驯服的,他也不敢拿它,这可以证明他知道活的同死的分别。

第33星期

第226天

(73) 喜欢在外游玩:他祖母时常抱他下楼到外边玩耍,今天他抱在祖母手里看见楼梯,身子向着楼梯就要下去,他祖母特意转身向房里走,他就哭了;再抱向楼梯他就不哭,后来抱他下楼去,就很开心了。这里可以表示他:①知道方向,②喜欢到外边玩去,③记得从楼梯可以出去,④意志坚强。

第231天

(74) 他知道楼上楼下和各个房间、父母祖母两个堂兄和三个邻居,对于人和动物,都很有兴趣。

(75) 寻找物件:他有一只狗同一只猫,它们离开他的时候,他就要寻找它们,这点一方面是缺少伴侣的感觉,一方面是失离伴侣的感觉。

(76) 他知道抽屉可以开的:今天他看见抽屉关着,他伸手握着抽屉的环做开的姿势。

第9月

第 36 星期

第 246 天

(77) 可使他快乐的事情:①抱他到外边去看路上的行人。②下楼到邻居的家里去玩。③在草地上游玩。④洗澡。⑤某伯伯每天早晨抱他。⑥晚上睡的时候脱衣服。⑦看见父亲母亲。⑧看见他的两只狗。⑨看见别人吃东西他就要吃。⑩骑在父亲的肩上。⑪被人上下地丢宕。⑫晚间脱了鞋袜在床上滚来滚去。⑬脱湿的尿布。

(78) 可使他不喜欢的事物:①穿衣服。②洗脸。③他看见的东西不给他。④坐在摇篮里时间太长。⑤你紧紧地抱着他。⑥他不要的东西你给他。⑦他要到外面去,不给他去。

第 248 天

(79) 现在能看出事情可笑的地方:看见他堂兄同狗玩,他大笑起来,从前除非你同他游玩他才笑,不会看见别人的事情笑的。

(80) 近来更欢喜到外边立在门口看行人和各种动物经过。

(81) 他一看见某伯伯就要他抱下楼去,这是因为他时常抱他出去的缘故。

(82) 他独自坐在摇篮里玩的时候,忽然叹了一声“hā”。

(83) 知道门的方向:他祖母抱着他走到房门的时候,他就要她开,他祖母不开,他把门敲敲抓抓。

第 37 星期

(84) 辨别冷热:他坐在窗台上看见一把茶壶,就去拿,因为茶壶太热,他立刻就放了。

第 259 天

(85) 今天捉了四只初生的小鼠,长约英寸[①]许,遍身红色无毛,但能稍动,将小鼠放在纸盒内提与他看,起初他看得很注意的,后来将小鼠移近他跟前,他就缩手。

第 38 星期

第 260 天

(86) 今天拿一只小龟养在面盆里,让他看看,他一看见水中能动的小龟,立刻伸右手来捉。

---

① 1英寸为2.54厘米。

(87) 近来他很喜欢撕纸,这恐怕是他喜欢经验撕纸动作的感觉和听撕纸的声音。

(88) 近来他喜欢上下跳跃:你抱他立在膝上,两手扶着他的两肋,并提他一提,他就上下跳跃,以后一抱他立在膝上,他就要跳了。

(89) 他能独自坐了。

(90) 他时常口做声音,如“poo-wȧ poo-wȧ”。

(91) 他喜欢听钢琴的声音,后来看见钢琴就喜欢了。

(92) 非常喜欢骑脚踏车(人扶着他骑在钢条上行走)。

第10月

第40星期

(93) 自做游戏:偶然两手在桌上摩擦出声,他听见了很喜欢,后来就常常这样做。

(94) 笑哭无常:特意把他所看的书拿开,他立刻就来夺回,夺不去就哭;给他,他就转哭为笑。

(95) 闭眼的反射动作:坐在椅子上往后翻下的时候,他的眼睛就闭起来了。这大概是他经验一种特别感觉的缘故。

(96) 玩弄物件:拿着铃,他就要摇摇;拿着棒,他就要敲敲。这里有几点地方我们要注意的:第一,手力和臂力比从前强健。第二,喜欢经验动作的感觉。第三,喜欢听他自己所做的声音。

(97) 记得物件的地位:他常常从父亲衣袋里拿出自来水笔来玩,今天他又拿出来玩,父亲把笔藏在袖子里,他就举起手来向衣袋里寻找。

第41星期

(98) 病时不喜欢玩耍:他病的时候,时时要哭,不喜欢玩耍,也不要玩物,病一减轻,就要玩了。

(99) 能诉苦:他抱在祖母手里,看见父亲进来,就闭嘴而哭,要父亲抱,好像诉苦的样子。

(100) 指示所要的物件:从前他看见要的东西,就往前去拿,近来用右手的食指先指着所要的物件,叫人去拿。

第11月

第44星期

(101) 用言语表示他的意思:约从9月半起常用“m—ma, m—ma”的声音,表示他所要的事情,或是不要的事情。

第 45 星期

(102) 饮食要自理的初步:母亲喂他的时候,他常常来拿碗匙要自己吃。

(103) 辨别利害的轻重:他抱在母亲手里,女佣来抱他,他立刻转身不要她抱,后来女佣对他说:“我们到楼下玩去!”说了就往楼下走,他立刻要她抱了。这表明他喜欢母亲抱,不喜欢女佣抱,但是他喜欢在外边玩比喜欢母亲抱更甚。

第 48 星期

(104) 要匍匐了:到了生后 10 月底他就不做上下跳跃的动作,他喜欢爬了。

(105) 以哭做要挟的利器:他坐在祖母的膝上,母亲喂他牛奶,当时他很快活,后来看见父亲来了,就做要哭的样子,父亲抱他,他就又快活了。大概是因为从前他哭着父亲抱他的缘故,现在他要父亲抱,所以又拿哭来请求父亲。这种动作并非是他特意做的,乃是习惯使然。

第 12 月

第 49 星期

(106) 辨别食物:从前拿了东西不管好吃不好吃就放在嘴里,现在只拿桌上可吃的东西,放进嘴去。

(107) 动辄就哭:现在遇到要的东西,或者不愿意做的事情(如洗脸刷牙),他就要哭喊。

(108) 辨别事物格外精密:他知道橘子可以吃的,这天他不要没剥开的橘子,因为他自己不能剥,剥开的橘子他就要,因为他拿了就可以吃,他知道皮是不能吃的。

(109) 舌头能拣出不要吃的食物:从前他吃了不喜欢吃的食物就张开嘴哭,现在给他吃稀粥,他能用舌头把粥皮拣出。

(110) 表示他的得意:这一天他堂兄抱他在房里走来走去,他很快活地就叫出“hùn—hùn”的声音。

(111) 不明了自己动作的利害:他是不怕猫狗的,这一天他把猫的耳朵拉得很重,他现出很快活的样子。这因为他不明了他这样的动作,猫是很痛苦的。所以当儿童虐待动物的时候,做父母的应当立刻代动物表示痛苦的模样,并且示意他不要再做。

(112) 身体的发展:①他能受人提着行走。②他能从仰天而睡的姿势翻到背天的姿势。③他能扶着东西站起来。④他能稍微运用手臂拉抽屉出来。⑤他能匍匐自在。

(113) 智力的发展:①模仿人的简单动作。②惧怕生疏的人和稀奇的声音。③能辨别简单的事物。④能认识家庭的各人和楼下邻居同常来的几个客人。⑤能够以动作和声音表示他的需要。⑥能看人的神色(他要玩茶壶的盖子,他祖母特意把壶盖子拿开,他就喊出"ä"的声音并转身向着壶盖,后来把壶盖放在茶壶的旁边,他先看看父亲然后去拿)。⑦能够发出骂人的声音("ä—v—wä"短而尖的声音)。⑧他能摇头表示他"不要"的态度(这天给他东西吃,他不要,就摇头示意,这个动作完全没人教过他的)。

1岁1个月

第53星期

(114) 笑:他能把舌头伸出放在两唇中间而笑,又有一次笑的声音,如"hă, hă……"。

(115) 伸手要物:看见他父亲拿着他的鞋子,就伸出手来向着父亲,表示他要的意思。

(116) 学习翻阅的动作:他父亲翻杂志的图画给他看,后来不翻了。他自己用手来翻翻看,这个证明他喜欢看图画,也晓得这本书里有图画,也晓得书是可以翻阅的。

(117) 喜欢和人玩耍:平常晚上8点钟他已睡眠了,今晚看见家人在客房里玩耍,他不肯去睡。

(118) 喜欢模仿:看见旁人做什么,吃什么,他也要做,也要看,也要吃,虽然模仿的动作不能同旁人一样,但是很喜欢模仿的。

(119) 表示亲爱的态度:他抱了人的颈项,口里发出"hă, hă"的声音,身子上下地跳跃。

(120) 给他葡萄饼他不要,给他柿子他要。后来把葡萄饼和柿子放在一处叫他自己拿,他拿柿子不拿葡萄饼。还有他喜欢吃馒头不要吃稀粥。

(121) 藏匿的初步:他常常喜欢爬到祖母的床下。

第56星期

(122) 观察的初步:他爬到桌子的旁边,把抽屉拉出看看里面的东西。

(123) 模仿动作的发展:他看见家里人读书,他也要读书;他看见家人写字,他一定也要写。你不给他,他就要哭。

(124) 独自游戏:他在摇篮里,站起来,坐下去,转到这边,转到那边,手里摇着口里唱着,非常得意,像这样玩了有10分钟之久。

(125) 他能寻找失物:他不留意掉下所拿的一根牙签,他并没看见掉下去,他已经知道东西会下堕的。

第57星期

(126) 他能借人之力以达己之所欲:他看见他所要的东西常常拖人手去拿。

(127) 饮食自理的发展:他拿了一碗饭,把匙插进饭里去,举一匙饭放进嘴里。

(128) "瞻猫游戏"的发展:近来很喜欢同人做瞻猫的游戏。

(129) 出去戴帽的习惯之养成:他拿了一顶帽子,要放在头上去,放好,就要到楼下去。以前因为天冷,出去都要替他戴帽子裹毡毯,今天他要出去,他以为必定要戴帽子方可出去。

(130) 喜欢坐人力车。

1岁2个月

第58星期

(131) 知道自己的名字:别人叫他的名字,他就有相当的反应。

(132) 精细的动作:他能把火柴插在小洞里面,他拇指食指的肌肉,能够做精细的连合动作。

(133) 1岁2个月的总述:①爬的动作减少了。②独自要走了。③扶着东西(如椅桌等)能站起来。④他知识增进些了。⑥喜欢与人游戏。⑥语言上没有什么增进,还是只能发出各种的异样声音。⑦不怕生疏的人,不过不愿意亲近他们。⑧喜欢用手触人的颈项作痒取乐。

第60星期

(134) 他能自己独立片时:他能自己站起并且站得几秒钟工夫。

(135) 不怕竹嗡:从前他怕竹嗡的声音同竹嗡的动作,现在他很喜欢看人玩。

(136) 知道去垢:他看见左手有了污秽,他右手就拿了手帕来擦擦看,这也见得他的左右手能连合动作了。

(137) 咬肥皂:看见一块肥皂,他就要放进嘴去,别人把它夺下,两点钟后,他又看见肥皂,拿来放进嘴里就咬。

(138) 因经验缺乏不能与动物表同情:他看见他父亲宰小羊,听见羊叫的声音并看见羊的鲜血迸出,他站在旁边盯眼看着,并没现出怕惧的样子,也没表示与羊同情的态度,大概他还不知道羊的痛苦。

(139) 他自己能独立片时:把他站在地上不扶着他,第一次站了 3.7 秒,第二次站了 3.7 秒,第三次站了 6 秒。

第 61 星期

(140) 独自言语,独自叫喊。

(141) 饮食自理格外进步:面包上他自己加果酱,要自己吃。

(142) 好讲话。

1 岁 3 个月

第 63 星期

(143) 晚上抱他到露台上看月亮,他父亲指着月亮说“moon, moon”(月亮,月亮),说了好几次后,就问他:“Where is the moon?”(月亮在哪里?)他立刻举起头来看着月亮,这表明他能够把月亮的名字“moon”和月亮的形体连合起来。

(144) 模仿唱歌:他拿了一本音乐书展开来看,他父亲就唱,唱后,他也做唱的声音。

第 64 星期

(145) 模仿读书:拿了一本书坐在凳上,摇头摆身地口里念着,这是模仿他堂兄读书的情形。

(146) 模仿动作:他父亲拿了一本书敲他的头,后来把书丢在桌上,他拿了书敲着自己的头,现在模仿动作和模仿声音皆非常浓厚。

(147) 利用工具:他用自来水笔敲一只鞋子,他又拿了两个罐头盖子做铙钹敲,敲出声音来取乐。

(148) 吹的能力发展:现在能够口吹灯烛。

第 65 星期

(149) 稍知盒子的性质:他现在知道各种盒子可以开的,倘使你给他一个有盖的纸盒子,他就能把盖子开开来看看。

(150) 能辨别东西的用法:他父亲给他一个弹曼陀林(乐器)的拨子(一端是圆的,一端是尖圆的,明角做的小片子),叫他左手捻着,圆的一端向下,他立刻调换右手捻着尖端向下遂弹弹曼陀林。后来再把拨子拿回,再照前的样子给他,他仍旧用右手捻着尖端弹,第三次又是如此,这可以证明他知道弹曼陀林必须用尖的一端弹的,也可以证明他能辨别尖的同圆的分别。

(151) 他能欣赏音乐的节奏:素来他听音乐的时候很多,近两星期来一听见留声机的音乐,他就在地上跳跃并且能符合节奏,音乐的节奏快些,他跳得也快些,音乐的节奏慢些,他跳得也慢些。

(152) 两星期后仍记得“moon”(月亮)这个字:两星期前,教他月亮和“moon”的观念,今天晚上问他“Where is the moon?”(月亮在哪里?)他立刻举头并且用右手的食指指着月亮。

(153) 他也喜欢抱洋囡囡玩:给他一个洋囡囡玩,他拿了就抱在胸上,手里拍着口里唱出“ä—ä”的声音,这种表示亲爱的动作早已发现,到现在格外明显。

(154) 近来格外喜欢玩“读书”:现在他常常拿了书做出朗读的声音,虽然他不识字,但是他读的声调很像读书的样子。

1 岁 4 个月

第 66 星期

(155) 他知道火炉是热的:有一天早上他手触着没生火的冷火炉,就缩手在衣裳上擦着,他的意思是以为火炉是有火的。这里有几点:①他把“火炉”同“热”联系起来。②小孩子容易患错觉的毛病。③他以为手上的热可以擦去的。这种动作他并没看见人做过,人也没教过他,大概是自然发生的。

(156) 不喜欢他的亲人戴眼镜:今天他看见他伯伯戴了一副眼镜,就叫他伯伯除下去。上星期他父亲戴了一副眼镜,也叫他父亲拿下来。他母亲素来戴眼镜的,他并不叫她除去。他平常看见戴眼镜的人也不叫人除去,大概是因为他伯伯和他父亲从前不戴眼镜的,他已经看惯了,现在戴了眼镜,所以表示诧异的态度。

(157) 哈哈大笑:看着一张图画,就发出哈哈大笑的声音。

(158) 知道“daddy”是父亲:今天他听见人叫“daddy”的声音,他就瞻顾他的父亲(daddy 是父亲的意思)。

(159) 辨别清洁与污秽:今天他在地上爬,他的右手染了尘土就举起手来给父母看,这表明他知道染了污秽。

(160) 言语的发展:近来他有几种声音表示他的意思:①“ē”表示惊讶的意思。②“ǎ—吃”表示要吃的意思,“ǎ”就是“要”字。③“kä—kä”就是糕饼的意思。④“ā, hā”是叫人的声音。

(161) 知道东西的所在:他知道糕罐的地方,这可以证明他方向和地位的观念已经发展了。

(162) 知道家庭的用具:如椅子、桌子、电灯、筷子、碗、匙、刀等物,他虽然不能说出名字来,但是你问他以上的东西,他都能指出无误。

(163) 知道食物:bread(面包),tea(茶),egg(鸡蛋),water(水),cake(糕)。

(164) 辨别以下的动物:donkey(驴子),horse(马),dog(狗),cat(猫),bird(鸟),goat(山羊)。

(165) 辨别乐器:知道箫可吹的,曼陀林可弹的,留声机会唱的。

(166) 能够看出人的脸色:别人对他许可和不许可的脸色,他能看得出来;别人对他要求的声音和禁止他动作的声音,他都能领会。比如他动作的时候,他父亲说:"No!"(不!)他立刻停止动作,这里证明他适应环境的能力渐渐发展了。

(167) 推己及人:他不喜欢红的小帽,他堂兄所带的红童子军帽给他戴,他不愿意,他也不愿意他父亲戴。从前他不愿意吃的东西和不愿意做的事情,他自己不吃不做就是了,并不叫人也不吃也不做。现在他不愿意的事情,也叫人不要做,这里有点推己及人的意思。

(168) 缺少音乐的影响:近几个月来,他没有听见什么音乐,他父母也没常教他唱歌,他的态度好像没有从前的快乐。

(169) 看见父母外出他就放声大哭:从前看见父母出去,他并不显出痛苦的样子,近来看见父母外出他就要哭了。这里有几点:①不愿父母离开他,但他离开父母到外边玩去,是很高兴的。②不知道父母离别后回来不回来。③他不晓得父母是到哪里去了,如果父母到别的房间去他并不哭。

第 67 星期

(170) 领会人的言语,格外发展。

(171) 体力的发展,也格外充分。

第 68 星期

第 471 天

(172) 因被烫而怕洗澡:今天洗澡水太热了一点,烫了他的脚,他就大哭,不愿再洗。这次以前,他很喜欢洗澡的,这次以后就怕洗澡,因此发生许多问题,你勉强替他洗澡,他就哭而且不能洗得干净;倘若不洗又有碍卫生,后来因为他喜欢玩水就渐渐地给他玩水,并且用明角做的动物(如鸡、鸭等)及其他的玩具(如船、匣等),同时给他在水里玩,慢慢地诱他洗澡。如此差不多有八个月的工夫,他总不情愿洗澡,所以小孩子受了一次惊吓,就要因惊吓发生持久的反动。

(173) 不喜欢单调的生活:与父母同友人乘马车到夫子庙游玩,起初坐得很高兴,后来因不能动作,就不高兴了。坐马车他是喜欢的,不过时间太长,在车里的生活太简单,他就觉得无趣。这可证明儿童的好动,也可证明儿童缺少忍耐。

第 473 天

(174) 睡眠点灯之坏习惯:今天他要睡着的时候,他父亲把灯熄了,他就哭。如是者试了三次,每次皆哭,这大概是他睡的时候不灭灯的缘故,所以小孩未睡眠以前最好把灯熄灭,不给他养成这种坏习惯。

(175) 现在他懂了几句简单的言语:①“Where is the bird?”(鸟在哪里?)他就能指出无误。②“Kiss daddy, kiss mama!”(亲亲爸爸,亲亲妈妈!)③“Where is your hat?”(你的帽子在哪里?)对于以上的问句,都有适当的反应。

(176) 人人他都称为“爸爸”:所看见的男人,他都称为爸爸,这里并不是他不能辨别父亲和别的人,不过他以为男人的名字都叫爸爸。

第 476 天

(177) 以手指代替言语:晚上 8 点钟,他要父亲抱他到吃饭的地方,他指着茶杯,意思就是要喝茶。这里有两点:①他知道喝水的地方。②他能以手指代替言语。

(178) 喜欢年龄相仿的儿童:这天到某处去玩,看见人群之中有两个五六岁的小孩子,他就要同他们玩。

(179) 知道衣帽的用处:今天他父亲给他看一件睡衣,他就拿起来要穿穿看,穿不进,叫父亲帮忙。他只知道睡衣可以穿的,不晓得不脱别的衣服是穿不进的。对于鞋袜及帽子,他都知道它们的用处。

第 69 星期

第 478 天

(180) 智慧的发展:今天他玩的一个木球滚到椅子下面,他就跪下去拿,不过椅子的档把他挡住了,他拿不着就喊起来,叫人来拿,但是没人去帮他,后来他爬到没有档的一面拿到了。这里可以证明他的智慧已经发展得很高了。从前他拿不着东西就喊叫,并不能想出第二个方法来对付它,现在一个方法不成就想出第二个来,第二个不成又想出第三个来，当儿童智慧已经发展到这样地步的时候，做父母的不应当事事为他代做，以阻止他智慧的发展。

第480天

(181) 辨别人物的图画：这天他翻阅一本有图画的书，翻到一张团体的照片，他父亲也在其中，他就指着他父亲的相，口里喊叫说“爸爸，爸爸”。这证明他能够辨别人的照片与别的图画了。

(182) 辨别图画与歌谱：现在他很喜欢看有图画的书，这天他拿了一本唱歌的书翻开来眼睛盯着，身子摆着，口里就唱，后来换了一本有图画的书，他只看看并不唱了。

(183) 他喜欢看团体的照片，不喜欢单独的照片。

(184) 显出聪明的动作：他用铁叉拨开火炉的门，这种动作大概是看见人做过的。

第483天

(185) 知道发笑的事情：从前他堂兄在家做戏的时候，他看见可笑的地方常常发笑。今天他独自唱歌，唱的声音很尖很高，忽然笑了起来。

(186) 小肌肉的动作之发展：这天他能把摇鼓的柄端，插在摇鼓的小洞里。

第70星期

第484天

(187) 数数目兴趣之发生：今天他能数手指，同时口里说着“一二，一二”，从前曾经教过他数手指，从一到二，不过今天他能够自己数出“一、二”两个数目，他不说“三、四、五”三个数目，恐怕是因为他不能说这三个声音，或者是不记得这三个数目。

(188) 以手指示意：今天他看见一个西瓜在椅子上，就告诉祖母说：ng—，并伸指放在口里，表示他要吃的意思。西瓜前几天曾经尝过的，所以他今天看见西瓜就要吃。

(189) 能运用腿足：他睡在被里的时候，他脚端的被上放着重的东西，他用脚去钩。初生的时候他遇了外边的东西，他脚就要伸缩乱踢，不是一种有意识的动作。现在他的脚筋强健了，智慧也稍稍发展了，所以能做出这种有意识的动作来。

(190) 引人发笑：从前他只管自己游戏，或同别人游戏并不想到旁观的人，近来游戏的时候他的态度显出他觉得自己所做的事体可以引人发笑。

(191)不知利害：他在露台上玩，看见他堂兄在底下，他就伸足到栏杆外边要下去。

(192) 辨别声音的意思:他听见他父亲发出命令式的叫声:“一鸣!”(一鸣就是他的名字)他就停止动作。

(193) 预知所做事体的结果:今天他用右手去拿墙上的一张挂图,他父亲看见,就轻轻地把他那只手打了一下,他现出痛的样子,又用左手来抚摸打的地方,并且嚷叫着“ē—”的声音。后来他又用右手去拿鸟笼,他父亲又打他右手,他现出痛的样子,就缩手。歇了一刻,他又要去拿鸟笼,他父亲又阻止他。第三次他又伸手去拿,但是才伸出去,立刻就缩回来,这恐怕是因为他怕父亲要打的缘故。这里有三点:①他是很好动的,不是做这样就是做那样。②右手受打,左手能来抚摸。③他知道他所做的事体的结果,就是他第三次伸手立刻缩回,他已经知道他父亲要打他了。

(194) 能独自玩耍:近来他一个人独自玩耍,对于新玩物格外有兴趣,而且游戏也不厌,比如绕桌子走,他一匝两匝走个不歇。

(195) 喜欢抚摸身体同腿脚:近来他顶喜欢抚摸自己同别人的身体和腿脚,看见别人的腿,他就是摸,并且同时口里喊出“ē—”的声音。

1 岁 5 个月

第 490 天

(196) 模仿洗衣:他拿了一块肥皂,用右手捻着,在洗衣板上面磨来磨去,模仿他祖母洗衣服的样子。

第 71 星期

第 491 天

(197) 知道敲门:从前他父亲常常教他敲门,今天他要到外边去,他用手背敲门,没有人来开,他就敲别的门。他所在的房子共有三个门,两个门通外边,一个门不通外边,他敲两个通外边的门。

第 494 天

(198) 喜欢同人玩耍:他独自玩皮球的时候,看见他的堂兄同别的邻居玩木球,他就弃了自己的皮球去玩他们的木球。他同人玩的兴趣比独自玩的浓厚,这里可以证明他有乐群的性情。

(199) 寻找失物:他玩球的时候,他父亲乘他不留意把球藏起并问他说:“Where is the ball?”(球在哪里?)他就四处寻找,这里可以证明他有持久的注意能力。

(200) 不怕蚕:他堂兄养了许多蚕,他看见就要去拿,并不惧怕。

(201) 喜欢大洋囡囡:本来有几个小的洋囡囡,他就抱起来亲嘴,他对这个大洋囡囡比对小洋囡囡格外喜欢些,大概是因为大洋囡囡格外像真小孩子。

第496天

(202) 喜欢新奇的玩具:他父亲抱他去赴婴儿比赛会,他看见玩具展览室里的玩具非常高兴,后来他父亲把他骑在三轮木车上推来推去,他也很高兴的。

第497天

(203) 喜欢骑马:今天他骑马,不但不怕而且非常高兴。

(204) 仍旧非常喜欢看图画:从他能够翻阅书籍的时候起,直到现在都很喜欢看图画的。他常常从书架子里拿了几本书坐在地上独自翻阅。他最喜欢看马或人骑马的图画,大概是因为他自己时常骑假马的缘故,他又骑过一次真马,晓得骑马的乐处;其次他喜欢看汽车等会动的东西的图画,这是因为他看见过汽车的缘故;他对于山水树木及房屋等图画,都不加注意。

第501天

(205) 与猫同玩:今天他父亲给他一只小黑猫,他就很喜欢地同它玩耍,并唤它“we—we”。

第四章　一个儿童发展的程序（续）

第 504 天

（206）非常喜欢骑马：在这个时期，无论什么可骑的东西（如桌腿、椅背、人腿、棒头等等）他都拿了当马骑。不但如此，他一听见“horse”这个字的声音或“骑马”两个字的声音，就立刻把身子上下跳动做骑马的样子，并且口里喊着说“ä-ä-ä”。

（207）能变化游戏：三四星期以前，他堂兄拿了一个铁做的骑马的人给他看，并且把骑马的铁人，在床栏上上下跳动，做奔跑的样子，又口里喊着赶马“ä-ä”的声音。今天他在吃饭的桌上，用右手拇食两指，在桌边左右移动，也做跑马的样子，口里也喊着“wōō-wōō”的声音。你看这里他虽有“人骑马的玩物”，不过他能把手指当做马的样子来玩耍，这是一种化装的游戏。为什么他能想起三四星期前的游戏来呢？大概是因为桌边像床栏的缘故。

（208）认识汽车图：他是看见过真汽车的，今天他看见汽车的图就“wōō-wōō”地叫起来了。

第 510 天

（209）能做各种声音：①他看见一张人挑担的图画，就喊出“hā—hō，hā—hō”的声音，这种声音他听见别的挑担人喊过的；他自己挑着担子玩的时候，也是这样叫的。②他看见骑马的图画，立刻做骑马的姿势，身子上下地颠动，并且两手好像捻着缰绳的样子口里喊着“hŏ-hŏ”赶马的声音。③看见鸡的图画就喊出“过各哥——”鸡叫的声音。④看见狗就做“wŏŏ—wŏŏ”的声音。

1 岁 6 个月

第 520 天

（210）模仿化装骑马游戏：前几天他父亲拿了一根棒子，跨着做骑马的样子给他看，今天他拿了一根别的棒子在路上玩，后来把棒子放在地上，两脚跨过去，身子蹲下来把棒子拿起就跑，做骑马的样子。

（211）喂猫：拿了一个空盘给猫吃，这大概是因为他曾经看见别人喂猫的缘故。

（212）领会取笑的意思：他常用指头指食物并喊着“ă—吃”“ă—吃”（就是“要吃”

的意思)。今天他父亲在他面前,指着他所吃的东西说“ǎ—吃”的声音,他就大笑起来。他知道他父亲是模仿他的言语以取笑。

第525天

(213)没有怕羞的态度:今天他父亲带他到幼稚园里去玩,他看见别人唱歌、跳舞,后来他父亲怂恿他同别的儿童跳舞、唱歌,他就很高兴地去做,在这个时候他还没有怕羞的意思。

(214)不受强迫,喜欢诱导:今天他正在很高兴地翻阅书籍的时候,他母亲叫他吃饭去,他不肯去;他父亲叫他,他也不去;后来他母亲想了一个方法,跑到他的面前,蹲下来以背朝着他,对他说:“我背了你去。”他看见这个新的游戏,他就肯去,并且立刻很高兴地扑在母亲背上吃饭去了。这里可以晓得遇到小孩子应当做而不愿做的时候,不要勉强他做,也不要恐吓他,使他哭起来,只要稍微用点心思、想个方法引诱他去做,这样既不违拗他的意志,而且使他对于父母的感情格外浓厚。

(215)模仿图画中的动作:他看见图画中的各种动作就要装装看。比方他看见一个人演说,两只手往上举着,他也学他的样子立刻举起手来;他又看见一队兵正在行走,就要站起来开步走。

第77星期

(216)缺少推想能力:他拿了一支铅笔在墙上就要乱涂,他父亲禁止他,他就在椅子的坐板上乱涂,后来又在地板上、席子上乱涂。他不知道墙壁上不可以乱涂,他不晓得椅子地板皆不可以乱涂,并且他不晓得在墙壁上涂抹是难看的。他一方面缺少推想的能力,一方面缺少美观的见界(这是以成人眼光为标准的)。

第534天

(217)模仿吐痰:今天他看见他父亲从露台上吐了一口痰下去,也就吐吐看。这里有几点我们应当注意的:①他吐痰的缘故是为要和他父亲表同情。②他并不知道吐痰是一件不合卫生的事情,恐怕他以为吐痰是好的。所以做父母的在子女面前,一举一动都要非常当心。好举动他们固然学了,坏举动他们也学的。这是因为年幼的儿童缺少辨别能力的缘故。

第78星期

(218)注意很专:他赤了足坐在椅子上的时候,他父亲给他穿袜子,他不要穿,后来他父亲给他一本图画书看,他就翻翻阅阅,他父亲就乘机替他穿上袜子,袜子穿好了,他好像不觉得。平常心理学家说儿童的注意力很薄弱,"薄弱"是不能持久的意思,并不是不能专心的意思,从上头的一件事体看来,儿童却是能专心的。

(219) 他能敷衍了事:他要他父亲抱下楼去玩玩,他父亲要求他亲一个嘴,他就做一个亲嘴的声音以了事;平常他父亲叫他亲嘴,他实在做的,今天他急于要下楼,不愿意亲嘴,不过他父亲既这样要求,他不得不敷衍一下以了事。

1岁7个月

第81星期

第564天

(220) 夏天身体瘦弱:近来身体很瘦弱,大概是因为天气热和饮食不调匀的缘故。普通小孩在生后第二个夏季的时候,大概是要瘦弱的。

(221) 有点怕羞了:从前你叫他在客人面前唱歌跳跃,如发各种的声音及做简单可笑的动作,他很愿意做的,并且毫不顾忌,现在他有点怕羞了。

(222) 采种草花:近来他喜欢在路旁采集一种草花,名叫"狗尾巴草",他用右手去采,采了捻在左手里,后来插在花瓶里。这里有两点:①他有采集东西的兴趣。②他知道这个东西可以插在花瓶里的,不过他并不知道这草能否种得活。这种动作,大概从前看见别人做过的,现在有了这个刺激就无意地发生这种动作,并不是一种特意模仿别人的动作。

第82星期

第568天

(223) 只知搜集,没有收藏:今天他右手一个一个地采集了许多草花捻在左手,后来有几根花无意地掉脱了,其余的他也就抛掉,并不把它们收藏起来。这种采集的兴趣,约有一个星期的工夫。

第569天

(224) 性欲表现的初步:坐在地板上低着头看自己的生殖器,并用两手玩弄,后来举起头来,看看父亲,并且对他父亲笑笑,他父亲就对他说:"不许弄!"他听了就爬起来奔逃,他父亲追他,他跑到椅子的后面躲着,还用手玩弄他的生殖器,并且对着他父亲笑,他父亲捉住他,打他的手,他就哭了。这里有几层:①他从这种动作中得着快感。②从这种快感的动作慢慢地可以养成到手淫的地步。③他玩的时候纯粹是一种游戏,并不知道是坏的,也并不觉得是坏的,他父亲禁止他、打他,他慢慢地可以知道这种动作是不应当做的了。

第83星期

第577天

(225)堕地作娇:他所请求的事情,父母不如他意,他就躺在地上哭。这里要注意的有两点:①不能因他作娇而允许他,养成他作娇的习惯。②假使他所要求的事情可以允许的,要在他没有作娇以前当允许他的。

(226)动辄即哭:近来他的性情很坏,一个不如意,他就要哭。

(227)骑马的兴趣减少了:从前他很喜欢做骑马的游戏,现在他不很喜欢了。儿童的兴趣不是永久不变的,他有时喜欢这样,有时喜欢那样,倘若他没有变迁就没有进步了。比方他尽管骑马的游戏从小到大皆不变迁,即他差不多不能做别的事体了。因为他的兴趣变迁,他的动作也变迁,他的知识也长进。小孩子时时变迁是一种好的事体。

(228)看图画的兴趣又减少了:从前是极喜欢看图画的,现在也不很高兴了。

(229)游戏方块积木的兴趣也减少了。

(230)喜欢藏匿的游戏:他喜欢藏匿在人的衣裳里。

(231)喜欢玩水。

(232)作娇更甚:要你抱他的时候,闭着眼开着口叫喊,并没有什么眼泪。

(233)应用知识:看见祖母同堂兄用细藤子做了一个花瓶圈套在花瓶上面,他拿了一个圈到别的花瓶上也去套套看。

(234)能认识照片:现在能认识父、母、祖母同他自己的照片。

(235)能发惊叹的声音:看见一把撕碎的扇子,或一个打破的花瓶或其余不完全的东西,他就要喊"ä—yä"的声音,表示可惜的意思。

1岁8个月

第84星期

第582天

(236)扫地:从前他曾经看见别人扫过地的,他今天拿了一把扫帚也要打扫打扫。

第583天

(237)力不从心:今天他的三轮车上边一根横档脱开了榫头,他拿了横档套套看,但是因为手的肌肉还没完全发展套不进去。虽有这个知识,但是没有这个能力。

(238) 运用手段:他在露台上玩弄棒头,看见他父亲就用棒头敲他父亲的头,他父亲立刻对他说:"You should not do it again!"(不许再这样!)他抬起头来看看他父亲,后来用右手遮着他的面孔,约1分钟之久。他从栏杆里看到外边的小山,并指着山上的行人叫他父亲看,他以为这样可以解除困难的情形。这里显出他能用手段了,还有一层,就是他用手遮着面孔,表示他已经知道羞耻了。

第85星期

第589天

(239) 想象游戏:他在房里看见一只藤做的书篮,就拿来放在头顶上,告诉别人说:"Tat!"意思就是"hat"(帽子)。这里可以看出他的想象力了。

(240) 浇水:他拿了一只盛盐的小杯子,从水桶里装了水倒在花瓶里,从前他曾经看见别人用茶杯浇水的,所以现在他要来做做看了。

1岁8月底

(241) ①讲话很多。②很肯叫人。③作娇。④动辄就哭。⑤言语:(a)"yǎ—yǎ"就是叫祖母的声音。(b)"up"就是"get up",起来的意思。(c)"gone"就是"he is gone"(他走了)的意思。

(242) 长久没出去,又怕生了:今天抱他出去望望朋友,从前去的时候,他并不哭,今天他就哭了,不愿意在那里,大概是因为他父亲在外两星期没回家。他在这两星期里,没得到外边玩去,所以见了人有这种情形。做父母的应当时常带领儿童到各亲戚家玩玩,免得有怕生的事情。

(243) 天真烂漫:这个月来,他无论看见什么好玩的东西,口里就叫:"ā—yǎ baby(婴儿)—鸣呀!"比方他看滑稽画,看见大头小身的人,他就这样叫出,这是一种自然叫喊,并不是做作的。当他叫的时候,他天真烂漫的情况,非常可爱,真是一生中不可多得的。还有两点:①他稍能欣赏滑稽画中可笑的地方。②他有人物常态相称的知觉(就是他觉得人的头应当怎样大的,身子应当怎样高的,才不至于不相称)。这种知觉大概是从经验得来的,所以他看见一个人头很大,人与身体不称,他就觉得可笑。

(244) 发噱心的发展:上面已说过他能看出发笑的地方,近来他对于这点格外充分发展:如①你脸上做各种的形状,②可笑的图画,③有兴趣的玩具,④人物可笑的事实,他看见都要发笑。

1岁9个月

第 88 星期

第 610 天

(245) 大呼求救：他眼睛有病，他祖母同母亲带他到医院里去，今天第三次去看了，他一到医院门口，就喊"daddy-wai，daddy-wai"，叫父亲来帮助他的意思。

(246) 骂人：他骂人用"bad kă-kă"的声音，这个声音从 1 岁 6 个月起的，1 岁 7 个月就常用，1 岁 8 个月就经常用这个声音骂人了。这个"bad"，他从别人说"bad boy，bad boy"(坏孩子，坏孩子)听来的，"kă—kă"是他叫糕的声音。

第 612 天

(247) 读书的第二步：读书的兴趣，从前久已有了，当初他读书口里随便乱念，现在他读出像底下的样子：mama(妈妈)，姊姊，哥哥，daddy(爸爸)，daddy，姊姊，哥哥，mama，mama，daddy，daddy。低着头翻着书这样朗声地读，从前他不能讲话，所以只能乱发声音，现在他能说几个字了，他就用这几个字来读，这也是一种很自然的进化。

第 614 天

(248) 他父亲研究他的动作(下午 5 点 40 分至 6 点，共 20 分)：儿童生出后除了睡眠和生重病之外，没有一刻不动的，有时在睡眠中还是动的。一两天的襁褓，醒的时候，手脚就会不定地乱动；假使手脚裹得太紧，不能自由，他的头、眼、口都还是要动的。不过这个时期，所有的动作都是很简单，后来手足强健，他的动作就变复杂了。下面所写是他 20 分钟内所做的事体。

A. 环境

① 在 9×18 英尺[①]面积的露台上，他所能自由运动的地方只有 9×8.5 英尺的面积。

② 有一块长的洗衣板，一把短帚，一个粪箕，靠在墙壁一边的地板上，又有五只鞋子，一把拖帚靠在栏杆上，上边不挂衣服，另外板上还有两把牙刷，一根钉子，这些东西都在 9×8.5 英尺面积里面。

③ 他的三个堂兄，一个小朋友和他父亲都坐着不讲话，看他一人的动作。

B. 他的动作

① 1 英尺约为 30.48 厘米。

动作事实　　　　所需时间

① 看他小朋友手里所捻的照片。(25 秒)

② 玩钟:用右手转钟后面的开钟机关,又玩钟后面转针的机关,拿了两把牙刷去开钟,开不成就用牙刷去刷钟前的面。(2 分 55 秒)

③ 拿了一个刷帚举起来在空中左右挥动。(15 秒)

④ 拿了两把牙刷放在洗衣板上,后来拿回放在地板上,又拿了钉子跑来跑去,又用钉刺地板数次,刺后再刺钟面,后又把牙刷拿到板上。(4 分 15 秒)

⑤ 他拿了两把牙刷,再放在地板上,后把牙刷互相叠起来。(15 秒)

⑥ 他把牙刷又拿到板上。(10 秒)

⑦ 再玩钟:把钟拿到板对面的房间里面。(未计时)

⑧ 再找钉子:他不留意把钉子掉在地板洞里了,他就寻找。(2 分 40 秒)

⑨ 又拿了牙刷在空中摇动立刻又刷地板。(2 分 45 秒)

⑩ 拿了钟放在地板上,又拿起放在板上。(35 秒)

⑪ 用一把牙刷插在地板上或墙壁上洞里边并喊着说。(40 秒)

⑫ 把钟放在板上,又放在地板上用右手刷钟面,再把钟放在板上又放在地板上。(2 分 10 秒)

⑬ 再用牙刷插在地板上洞内,并且说。(20 秒)

⑭ 从小朋友手中另外拿牙刷刷钟面。(10 秒)

⑮ 再用牙刷在空中摇动。(20 秒)

第 615 天

(249) 学骑驴子:他常常在路上看见行人骑驴子走过。今天他父亲雇了两匹驴子,他骑了一匹,显出很高兴的样子。

(250) 能够取笑:他笑着脸叫他父亲说“哥哥”。他父亲就回叫他“daddy,daddy”(爸爸,爸爸),他大笑起来。

第 616 天

(251) 与人同乐:他叫他堂兄来看他的图画,他堂兄走开,他又叫他,如是者二次。

第 89 星期

第 618 天

(252) 辨别花草:他看见父亲在花坛里用手拔青草,也就来拔。他只拔去四五根野草，花坛里的花，他并不拔去。

第619天

(253) 与人表积极同情：近来他吃饭的时候，不喜欢披围巾，今天他看见他父亲剪发的时候，围了一块大白布，他就用手指着，并拉着叫他父亲拿开，他父亲就把布拿开。后来剪发的人又把白布放在他父亲颈上，他看见了就哭，一定要叫他父亲拿开。他父亲拿下来给他，他就掷在地上，不哭了。这里有几点要注意的：①他自己不愿意披围巾，他也不愿意他父亲披，就是与人表积极同情的意思。②他自己觉得不舒服的，他以为别人也不舒服。

(254) 想象力发展的初步：他父亲给他一串钥匙，他拿着一个普通的钥匙对他父亲说“hause”，就是“horse”马的意思。因为钥匙头的形状有些像马头的样子，他明知道这是钥匙不是马，他虽然说“horse”，但并不说它是个马。

(255) 脾气变坏：近来他的脾气很大，意志力很强。倘若他所要求的要求不到就无眼泪地哭喊起来，倘若喊了一歇仍旧得不到所要求的东西，就真哭起来了。

第621天

(256) 玩“骑马”：他堂兄用带子(有马铃的专门做骑马游戏用的)套在自己的颈项上，并扑在地上叫他牵了跑，他就牵了走来走去，后来他也把带子放在他自己的颈上，叫他堂兄牵了跑。

第90星期

第624天

(257) 不受父母的强迫：曾经因为水烫了不愿意洗澡，今天一看见洗澡的盆，他就哭，并且不愿意脱衣裳；勉强脱了，他一定要穿上去；不替他穿上，他逃开躲在手巾架子后面。他父亲强迫他洗澡，他哭得很厉害，后来他父亲打他屁股，他哭得更厉害，他母亲又打他，他又哭得厉害些。他父亲觉得打他无用，就放他在床上。他看见他母亲仍旧有怒容，他还是哭，他母亲骂他，他再哭，后来他父亲抱他起来安慰他，他就慢慢地不哭了。这里有几点要注意：①打是没有用处的，愈打他愈哭，而且伤父母和他的感情。②父母不应该强迫他做他不愿意做的事。

(258) 想象力的发展：他看见一个弯头的青辣椒，就说“cho—cho”，就是鸡的意思。

第625天

(259) 能辨别鞋子:今天他第一次看见他父亲穿布鞋子,他显出惊讶的样子,喊着说“ǎ—ǎ”,并用右手食指指着鞋子。

(260) 他最喜欢看的图画是:①汽车:他看见了就要“wōō—wōō”地叫。②马,马车:他看见就“ǎ—ǎ”地喊。③小孩子。④各种扮人的动物。⑤狗。⑥火车。

他为什么喜欢上面这种种的图画呢?有下面几个原则:①是他所晓得的东西。②很可发笑的动物形状,如动物穿了人的衣服,所以很可发噱。③可发笑的人的形状,如大头矮身各种滑稽的状态。

(261) 他不加注意的图画是:①船:因为他没看见过船,不晓得船是什么东西。②普通男女成人的照片:因为现在他同他们没有什么关系,而且他的兴趣同他们的不同。③风景图画:因为他欣赏美的能力还没发达。④各种建筑的图画:这是他缺少经验的缘故。

第627天

(262) 认识各人的照片:他看见父亲、母亲、他自己、祖母和某伯父的照片,不论大小或哪一张,或穿什么衣服,他都能分辨出来。

(263) 学成人的样子:堂兄做了一副藤眼镜,戴了给他看,他拿来放在自己脸上,站着给他父亲看,好像成人的样子。

(264) 书的正倒的知识:假使他翻开书来是倒的,他就翻正过来,这种位置的知识3月前已经有了。

第628天

(265) 血与痛之连合:今天早晨他看见祖母衣裳上有几点血痕,就喊着说“ā—wōō”,就是痛的意思。

第629天

(266) 喜欢搬运东西:近来他最喜欢把东西拿来拿去,如铁罐、小篮子等物。

(267) 模仿贩卖:拿竹篮盛了一个南瓜,口里喊着叫人来买。这种动作,大概是因为常在门口看见贩卖人的缘故。

(268) 辨别立体与平面:看见一个人掷铁饼的图,铁饼是白色的,他叫铁饼“moon,moon”(月亮)。但是他看见小孩子所玩的皮球的图,就叫球“ball,ball”。

第91星期

第631天

(269) 捉迷藏：一星期以前他堂兄和他做捉迷藏的游戏，今天他看见他父亲，就闭着眼睛向父亲伸手乱摸。

(270) 智慧表示：①今天他开门足踮着脚尖用手转门球，这个证明他知道开门要用手转门球。②他到房间里去，看见门关了就跑到外边站在一个通这间房的门口。

第 635 天

(271) 顾及他人：他堂兄、父亲、祖母和他自己正在吃蜜枣的时候，他看见还有一个堂兄坐在他的旁边看画没吃蜜枣，他就叫他："哥哥，哥哥。"意思是叫他来吃蜜枣。

(272) 能辨别牛马图形：牛马的图形，有角的他叫"牛"，没角的他叫"马"。

第 636 天

(273) 能吹口箫做声：从前他玩口箫只能口里发声，不能吹出声音来，今天他偶然吹出声来，到了晚上他完全能够吹出声音来了。这可以说是"错误试验"学习方法，儿童学习各种东西大概是由这种方法学来的，虽然他听见别人吹过，但他起初只能口里发音，并不能吹出声来。

1 岁 10 个月

第 92 星期

第 638 天

(274) 喜欢数东西：近来他喜欢数图画中的人物，他并不能数得正确，不过是口头无意识地叫数。今天他进了祖母的房间，看见姨母和两个堂兄，他就用手指指着说："七八。"(他并不知道七八两个数目的意思，不过听见别人教他数的)

(275) 能辨别大小：近来他能说"bih"，就是"big"(大)的意思。常常看见一个大狗，他就说"bih dog"(狗)，并且两手张开表示大的意思，这是他有大小的观念了。恐怕这种观念他早已有了，不过到现在才能表示出来，但是他对于东西大小的观念究竟到什么地步，还没研究出来。

(276) 知道"人"的概念：今天他看见他父亲的两个朋友来，就跑进去对母亲说"ning，tao"(ning 是绍兴"人"字土音)，他的意思就是："有人来了，他逃进来了。"

第 640 天

(277) 数数目的兴趣很浓厚：他看见三条鱼的图画，就拿图给祖母看，并数着说"in-ĕr-păn"，意思就是一二三，不过他只是口头叫叫，并不知道一二三的数量，比方他看见两条鱼或四条鱼，他都是说"in-ĕr-păn"，不过这里可以证明他有了数目的观念。

第 642 天

(278) 做出发嚎的游戏:今天他在床上坐着,举起右脚用右手握着说“how do—do”,就是“How do you do?”你好呀的意思,这是他同人握手的时候所说的,现在他居然能这样玩,可见他的智慧已经发展得很高了。

(279) 他知道扫地的意义:今天他拿了扫帚在地板上扫起碎纸、木屑等物。这是他从别人扫地的时候看来的,但并不是模仿,乃是他有清洁的观念;如果他是看见人家扫地也来随便扫扫,那就是模仿了。现在他是自动扫去龌龊东西,他是知道扫地的意思了。

第 93 星期

第 646 天

(280) 诱导他洗澡:自从他受烫怕洗澡以来,每星期都是强迫他洗澡的,今天他父亲拿了几个松香做的鸭子、鱼,放在浴盆的水里叫他玩,慢慢地诱他洗澡,后来他看见往盆里加水就喊着说“pä”(泡,pä 是“烫”的绍兴土音),其实水并不烫。这可以表示他曾经被水烫过的,但以后又渐渐地不怕洗澡了。此地有一点要注意:就是洗澡本是卫生方面重要的事情,小孩子应当至少每星期洗一次澡。普通的儿童大概是喜欢洗澡的,倘使他不愿意洗澡,一定有缘故的,不可勉强他洗,应当用各种方法诱导他。

(281) 辨别力充分发展:①各种常见动物如狗、猫、牛、马、骡子、鸡、鸭等图画或实物,不论怎样小他都能分辨出来。②男孩同女孩的图画,他能分辨清楚;年轻的同年老的图画,他也能分别出来;男人女人他也分别清楚。boy(男孩),girl(女孩),old man(老人),man(男人),lady(女士),woman(女人),上面这些字,他都能叫得不错。

第 650 天

(282) 循环式的游戏:他抛球抛到草堆里去,拿出来再抛进去,如是抛掷不已,独自玩耍。这虽然是简单的玩法,但是每次丢的动作不同,丢到的地方也不同,进去拿的动作也每次不同,所以他很有兴趣,如果各种动作完全一样,恐怕他兴趣没有这样持久。

第 94 星期

第 656 天

(283) 同情的游戏:今天他把磁做的马、牛从桌上拿下放在地板上睡着,后来他自己也静悄悄地睡在地板上,这里有与动物表同情的意思。

(284) 同情的表示:①今天晚上他坐在小凳子上,看见他母亲坐在地上流泪哭泣,他看见她,并且把她的手帕(手帕放在她的膝上)拿给她,叫她揩眼泪,因为以前他自己哭的时候别人拿手帕替他揩眼泪的,所以他现在看见别人哭,拿手帕替别人揩。②第二天他父亲假装打他母亲,他母亲就低了头假哭,他跑到他母亲面前,也就哭起来了。

(285) 买卖的观念:他曾经看见别人在门口用铜元买东西,今天他在路上买东西,他把铜元给贩卖的人,这里可以证明他知道东西是要用钱买的。

第 658 天

(286) 辨别衣鞋:他祖母、父、母、三个堂兄和他自己的鞋子同衣服,他都能分辨无误。

第 96 星期

第 666 天

(287) 知道红色的名字。近来用红、黄、蓝三种皮球教他认识颜色,他并没现出特别的兴趣。今天早晨,他指着樱桃(淡红色)说"red"(红)。儿童认识颜色定是很早,不过能把颜色的名字同颜色连合起来,那是比较迟些。

1 岁 11 个月

第 671 天

(288) 有了初步的社会化:他饥饿或生病的时候,他只要母亲,不过他要玩耍的时候,就要父亲了。这大概是一种习惯,因为饮食和看护是母亲管理,而玩耍多半是父亲带领。这里可以看出他对于人的接触有适当的反应,年纪小的时候,是无所选择的。

第 97 星期

第 679 天

(289) 小肌肉动作的发展:①他用右手把摇鼓的柄拔出来,又插进去,这个摇鼓洞的直径不过两分[①]长。②平常睡眠以前在床上玩彩色的方块(约 1 立方寸)共 16 块,刚巧可放在一个方匣子里,他从前最喜欢搭成宝塔,现在喜欢将方块放到匣子里面;倘若他不能放进去,就叫人帮助。今天他能够放进 13 块了,其余 3 块他叫人帮他放

① 1 分约为 0.33 厘米。

进去的,他放进去的方法差不多是有一定的次序,先放靠自己这边 4 块,后放对边 4 块,再放靠自己这边上面一层 4 块,又放对边上面一层 4 块。这里可以证明他能有一种“顺序”的观念,也可以说他小肌肉的动作发展得已经很强了。

(290) 教他认识钱币:他父亲给他看银钱、双角子及单角子、铜元。给他时说名字给他听,看了几遍之后,就对他说:“给我银钱、角子、铜元……”这样问了几遍后,他能认识无误。

第 99 星期

第 689 天

(291) 有人我的分别:从前你向他讨什么东西(如吃的玩的),他就给你;这月以来,他就不给你了,而且用手把东西藏到后面。这个藏的动作,从来没有人教过他的。这里可以看出:①他表现出东西是他的态度。②有人我的分别。

1 岁 12 个月

第 101 星期

第 701 天

(292) 欺骗式的游戏:他把他父亲的自来水笔拿下藏过,他父亲特意问他:“笔呢?”他说:“没有。”这种游戏并没有人教过他。严格说来这种动作是欺骗,但是他不过当做一种游戏罢了。

第 703 天

(293) 冒险性的表露:今天他父亲带他到对面空野的地方去玩,他就爬到坟上去,又走到小潭里去玩,并且在从前没到过的地方乱走乱跑,叫他回来他不肯。

第 705 天

(294) 能够通报:今天他看见两个客人进来,他就跑到寝室里去告诉他母亲说“nin,nin”(人),他母亲问他:“几个?”他说“in-ĕr-thĕn”(一、二、三)。

第 102 星期

第 709 天

(295) 小肌肉动作格外发展:今天他能够把 16 块方块独自放进匣子去了。

第 710 天

(296) 事成快乐,不成发怒:他今天能够将 8 块方块柱子接连堆积起来,他一堆好就拍手跳跃,显出很快乐的样子,后来他要把其余的 8 块也来堆堆看,堆不起来,他就发怒叫着说:“Daddy(爸爸)! Daddy!”这里有两点:①事体做成功发生快乐。②做不成功发怒。第一恐怕是后天养成的,因为他以前做成一件事,别人都拍手鼓励他,所以他无形中学得事成快乐的表示,至于事做不成功而发怒,这是从来没人教过他的,也没有看见人做过这种因事做不成功而发怒的事实,所以第二种表现完全是他自动表现的。

(297) 辨别衣服的新旧:今天他穿了一件新衣服,看看衣服现出快乐的样子。他从前穿新衣服,是不注意的,就是人叫他看,他也不注意的。这里有两点要注意:①他能辨别衣服的新旧。②恐怕他有美的观念了。

第 712 天

(298) 能用“我的”:他看见他堂兄坐在他的椅子上,他走过去对他说:“我格。”(“我的”绍兴土音)意思就是:“这个椅子是我的。”并且他用手指着椅子,叫他起来。

第 103 星期

第 721 天

(299) 知道钥匙功用的初步:他父亲给他一个钥匙,他拿了就跑到门前将钥匙在钥匙洞里放放看。这里不能断定他知道钥匙的用处,不过可以说他知道钥匙是放在钥匙洞里的。

第 104 星期

第 722 天

(300) 化装的游戏:他自己用铅笔在他的右脸上画了几画,对父亲说:“胡须。”这里表示他知道胡须是在脸上的。

(301) 知道取巧:你向他讨他所吃的糖,他不全给你,他自己要留一点,并且总是把小的一块给人。

第 727 天

(302) 教他守秩序:今天他父亲做了一个书架子给他,架子的下面有三个抽匣,可以放玩物,架子上面两格可以放书,最上面一格放别人的书,下面一格放自己的书,比方他把自己的书放在别人的格子里,他父亲就对他说:“这是父亲的。”并指着下格说:“放在这里。”这样可以养成他守秩序的观念。

2 岁 1 个月

第 105 星期

第733天

(303)学习各种形状:今天他父亲做一个机巧板(goddard form board),共有10块小板,形状各异,有圆的、长的、长方的、方的、三角的等等,大板上有和小板形式符合的10个小潭,刚好装10块小板,他父亲教他半点钟后,他就能把小板放在小潭里去。他最容易认得是圆的,其次方的、椭圆的、长方的、六边的、三角的、半圆的,最难的是十字形的、菱形的。教他形状的时候,也教他各形状的名字。

第735天

(304)取笑:现在教他学26个英文字母,他能随着他父亲依次从头说出来,说不出的时候他就说别的声音以取笑。

(305)妒嫉心的发生:他看见祖母抱邻居家的小孩子他就哭,后来他父亲抱邻居家的小孩子,他就要父亲抱。

2岁2个月

第109星期

第763天

(306)骂人:看见祖母骂他的堂兄,他也就骂他,并且叫他"牛、猴子、狗"等等,那时他祖母并没用这些字骂他的堂兄。这里可以表示他已经了解骂人的意思。

(307)能双脚跳起:他今天能双脚同时离地跳起来,但是不很高。

第110星期

第768天

(308)能够发问:①右手拿了一把剪刀,左手拿了一块布,问母亲说:"ŏh?""ŏh?"意思就是"我可以剪么?"②拿了一个口箫伸到露台的栏杆外边,问母亲说:"ŏh?""ŏh?"意思是"我丢下去好不好?"③右手拿了一个锤子,左手拿了一个钉,在地板上放着问父亲说:"ē?""ē?"意思是"我可以钉么?"关于问句的格式有几种:①为什么?②怎么样?③什么?④请求的问句,如"我可以做么?"⑤哪里?如"帽子在哪里?"他现在所问的是请求的问句,其余的问句恐怕要年纪大些、知识稍开些才能发问。

第769天

(309)常常骂人:近来凡他不愿意的人,常常乱骂说:桃子、猴子、驴子。或者随便说什么他知道的名词。

(310)喜欢炫耀衣服:他祖母给他披了一块黄的毡子,他就跑出来对他堂兄说:

“哥哥看。”这种炫耀的事情，他现在常常做。

第 770 天

(311) 喜欢玩洋囡囡：抱了一个洋囡囡，把他自己的睡衣裹着，抱了它走来走去，拍拍它，亲亲它，恐怕这种喜欢洋囡囡的兴致，不是女孩子独有的。

第 111 星期

第 775 天

(312) 容易受暗示：他父亲要试验他的暗示性，就问他两只狗的大小，大的一只狗叫“Bat”，小的叫“Brownie”，这两只狗是邻居家的，常常和他玩耍。他父亲问他说：“Is Bat bigger than Brownie? Which is bigger，Bat or Brownie?”(Bat 比 Brownie 大么？哪一只大呢，是 Bat 还是 Brownie?)他说：“Brownie. ”再问他：“Which is bigger，Brownie or Bat?”他说：“Bat. ”再问他：“Which do you like better，Bat or Brownie?”(你喜欢哪一只，Bat 还是 Brownie?)他说：“Brownie. ”再问他：“Which do you like better，Brownie or Bat?”(你喜欢哪一只，Brownie 还是 Bat?)他说：“Bat. ”这里可以显出他很容易受人暗示的，他明知 Bat 是比 Brownie 大，但他总是随人所说的末了一个字回答。

(313) 能唱音阶：某伯伯长于音乐，有时教他唱音阶(scale)，他能够唱“do re me fä so lă”六个音，并且能唱得不错。

(314) 做请客的游戏：同他堂兄做请客的游戏，用小杯子(玩物)当茶杯，团坐在小桌子上，做各种吃饭的举动。

(315) 整齐的观念：他把两只小杯子放在桌上同边的两角上，看看就鼓掌，现出很快乐的样子。

第 112 星期

第 778 天

(316) 炫耀动作：他母亲抱了他在椅子上坐着，他的头和身子向地下翻仰，叫他父亲同别人看他。从前他穿了好看的衣服就叫别人注意，现在他能做出动作来叫别人注意。

2 岁 3 个月

第 113 星期

第 791 天

(317) 对于他小妹妹的态度：新近他有了一个小妹妹，但是他对她如对洋囡囡的模样,摸摸她,看看她,亲亲她,但是他摸得很重,有时用手指头去触她的眼睛,或者她睡的时候硬要拉开她的被来看,又有时要把小妹妹放在地板上来骑她。这样看来,他待她好像很粗鲁。这大概是因为他缺少经验和知识的缘故。

(318) 能问"哪里"的问句:他祖母抱着他站起来的时候,他问祖母说:"hǎ-li-tsü?"就是"哪里去"三个字。

(319) 妒嫉心更甚:看见母亲抱他妹妹,他也要母亲抱,还有一次他看见母亲抱他妹妹,他就要父亲抱他。

(320) 想支吾了事:他不喜欢洗鼻子,今天他母亲替他洗鼻子,刚洗了一刻,他就说"m-mě-tsě",就是"没有者"(绍兴土话)三个字,同时就要逃开。从前他不愿意洗就哭,现在他能用言语来支吾了。

(321) 能背10个数目:现在他能随口背诵10个中文数目字,11个英文数目字,但是音不很正确。

第114星期

第795天

(322) 不能辨别数量:近来随便多少东西,你问他几个,他总说"two"。

第798天

(323) 复式的反应:今天他用火炉的铁钩把灰盘钩出来,煤灰因此倒在地板上,但他就用手去拿灰放到灰盘里去,他父亲阻止他,他就用火铗去钳灰,钳不起来,就用火铲去铲起来。这里显出他的各种反应,一种不成就用第二种,也显出他的智慧。

第115星期

第801天

(324) 能擤鼻涕:他能够用手帕擤鼻涕,这种动作是很不容易做的。

(325) 一个好习惯:从来他一哭,别人就用手帕替他揩眼泪,眼泪揩过之后,大概他的哭就停止了,到了现在,这个习惯已经养成了。有时他自己说:"不要哭了。"就是他要你替他揩眼泪。

(326) 现在能受人的指挥做下面的事体:①能开不锁的门户。②能关闭开着的门户。③拿东西来。④拿东西去。⑤叫人来:他父亲叫他去"叫堂兄来",他堂兄正在间壁的房里,他进去对他堂兄说:"哥哥 out!"说了之后又回来,后来他父亲再叫他去叫,他进去把他拖出来。

(327) 能拿凳子:他能拿起他的小凳子走来走去,至少能连续地走三次。

(328) 能跨门槛:能跨过 2 寸[①]高的门槛。

(329) 能通知撒尿:从来他撒尿不能预先通知,今天他预先通知你说:"撒尿者。"但是他已经撒出来了。

(330) 能用"感叹"言语:①他看见玩的小船丢进水盆里,喊着说:"Boat! Boat! ho tsee tsĕ."就是:"船! 船! 下去者。"②乘他偶不留意,把他所玩的面盆拿走了,他回头看面盆不见,就喊着说:"ä yo 拿去者。"感叹的声音发生很早,在初生的时候就有了,不过感叹的言语是现在发生的。

(331) 言语发展:现在能说五个字的句子,能说很难讲的话,如"难过",而且也懂得这两字的意义。

(332) 教他侍奉长辈:今天他坐在小凳子上,他祖母在他旁边站着,他父亲看见立刻对他说:"拿把椅子来给祖母坐。"他立刻就去拿了一把椅子。这里固然是教他尊敬长辈,而且也是给他练习动作的机会。

(333) 强占别人的东西:他一定要睡在小妹妹的摇篮里,他一看见妈妈抱小妹妹到摇篮的时候,他立刻跑到摇篮里睡着。

(334) 善恶观念的发生:①他要大便的时候,他就说"nün-nün 者",意思就是要大便了。"nün-nün"是他大便时口里所发的声音,今天他大便后同他父亲玩的时候,对他父亲说:"nün-nün."立刻又笑着说:"Naughty boy."就是"坏小孩"的意思。②倘若他父亲对他说:"You are a naughty boy."(你是一个坏小孩子。)他定回答说:"Good boy."(好小孩子。)倘若他父亲再叫他"坏小孩子",他就哭了。这里表示他善恶的观念已经发生了,并且喜欢听人的好话。

(335) 他知道哭是坏的:善恶的观念,他当然是很薄弱,不过他知道"哭"是坏的,"不哭"是好的。

(336) 生死观念的发生:家里养了六尾红金鱼,有一天死了两尾,他父亲就把两尾死的鱼同活的鱼给他看,并且对他说:"你看! 这两尾鱼死了。"后来他看见玩物的鱼,他就说:"死了。"他并没有死生的感触,这大概因为他不晓得死生的利害,他以为东西不会动就是死了。

---

① 1 寸约为 3.33 厘米。

(337) 疾病的观念:他知道生病的人是有病的,比方他看见母亲睡在床里生病,他说:“生病者。”

(338) 模仿的游戏:他堂兄拿了棒头闭了眼睛,做瞎子行走,他也要学。

(339) 教他作伪:他父亲不给他再多吃糖,但是他祖母因为爱惜他的缘故,所以等他父亲走开以后,拿了一块给他并且叫他“不要做声”。这是家庭中所常见的事情,小孩子要吃东西,父亲不给他吃,别人拿了给他吃;有时父亲不准小孩子多用钱,母亲私下给他;这种事情与小孩子前途很有影响,一方面教小孩子违悖父母之命,一方面是间接教小孩子作伪。

第 116 星期

第 807 天

(340) 他能用计:今天晚上他同堂兄在堂兄寝室里玩耍,他父亲抱他回房去睡,叫他不要再玩去,但他仍旧要去,他父亲不给他去,后来他要下床来看看他妹妹(他妹妹睡在同房间的摇篮里),他父亲才许他下床来看看他妹妹;他下来瞻了一瞻立刻就跑到隔壁房间又同堂兄玩了,他父亲又把他追了回来。

第 808 天

(341) 记忆力:13 天以前,他祖母、父亲、三个堂兄,同他坐马车到下关去看龙灯会,今天他们谈起龙灯的事,他说:“母亲同妹妹不去。”而且能说出去看的人来。

(342) 学跳远:他喜欢在地上跳来跳去。今天他父亲在地板上放了两个垫子,相距约 5 寸,他从这个垫子跳到那个垫子,他的左脚跳了 1 尺远,右脚跳得四五寸,每次都是左脚先跳,而且跳得远。

(343) 好看的观念:今天他穿他妹妹的一件长背心,是蓝格子的,他穿起来走来走去,显出自以为很好看的样子。

(344) 预先通告撒尿:昨天晚上第一次告诉要撒尿。

(345) 他的演绎的思想:他看见一张几个裸体野人的图画,就说“m-mě-tsě”(没有了),意思就是他们的衣服没有了。他不知道野人是不穿衣服的,他以为人人都要穿衣服的,现在看见这几个人没穿衣服,所以他说没有了,这里可以看出他的演绎的思想。

(346) 不怕黑暗:他素来喜欢亮光的,不过黑暗他并不怕。今天他从客厅里走进寝室,把门关着,躲在门后,寝室里并没有点灯。

(347) 他知道螺旋瓶的盖可以旋开:今天他拿了一个盛粉的螺旋瓶,把盖旋开,这也是一种小肌肉能力的发展。

(348) 喜欢涂粉:他喜欢用粉涂脸,这大概是因为看见别人这样做的,他现在以为涂脸是很好玩的。

(349) 新旧的观念:今天他父亲拿了一双新鞋子给他看,并且告诉他说:“我们把旧鞋子脱去,把新鞋子穿上。”教他新旧的观念。

(350) 记忆6个月前的事情:去年9月,他在东南大学农场看见一只猴子,现在他看见一张猴子的图画,他能告诉你,他曾经在农场里看见过一只猴子。从那时到现在差不多有6个月了,但他还能记得当初的经验。

(351) 表示大小的观念:从前他能说“大”的时候,已经有大小的观念了。他现在看见小的东西,就用小指头伸出给人看,并且说:“一滴滴。”看见大的东西他伸出拇指并说:“大。”

(352) 能顺逆唱八个音:他现在能够将八个音倒唱顺唱背诵得很娴熟,虽然有几个还是唱得不对。

(353) 对于各种颜色的兴趣:从前给他各种颜色的球、珠子和方块玩,他并没有现出什么兴趣的样子,教他各种颜色的名字也不很注意。到了现在,他喜欢用颜色方块来拼颜色花样,又教他用蓝色的一面向上排成一行,但他自己喜欢用黄、蓝两色合拼的一面向上排成行数玩。

(354) 时间的观念:他饿了要吃的时候,他父亲对他说:“给你拿牛奶去了,你等一会。”这里他知道等的意思,有将来的观念了。后来他吃面的时候看见一个梨子,他就要,他父亲对他说:“面吃过了再吃。”他就不要了。

第五章　儿童身体之发展

一、生长

(一) 生长之途径

1. 儿童生长最快的时候是在胎内。方下地的婴孩身上的细胞比初成形的胚胎大500万倍。

2. 自生后一直至中年,生长最快的时候就在第一年。1岁的婴孩比初生时大3倍。

3. 从1岁至13岁,生长的速率渐渐地减慢了。

4. 从那时起,儿童的生育期发生了。身长加速比体重加速来得早;女孩发育比男孩来得早;骨骼加长的时候,则不甚加粗;骨骼加粗的时候,亦不甚加长;约到20岁的时候,生长停止。

(二) 身长

儿童的身长比较重量、力量、动作、能力等等影响来得最少。所以身长是生长的最好标准。关于这一点杰克斯(Jackes)①有一种试验。他特意把白鼠(albinorats)食不适当饲料且不充足,但是这个白鼠的骨骼生长与平常的白鼠骨骼一样。霍尔(G. S. Hall)②也曾说过:"各种单独测量之中,身长是最有价值的。"

儿童身长增长速率如下:

1. 从2~4月,每月加增1英寸。

2. 从5~12月,每月加增0.5英寸。

3. 从2~3岁,每年加增4英寸。

4. 从4~5岁,每年加增3英寸。

---

① 杰克斯(L. P. Jackes, 1860~1949),英国教育家。曾任牛津大学和曼彻斯特学院教授,后任曼彻斯特学院院长。著有《全人类的教育》、《娱乐教育》等。

② 霍尔(G. S. Hall, 1844~1924),美国心理学家,是美国心理学会的早期领导人。1883年,他创建了美国第二个心理学实验室,是美国儿童心理学研究的先驱,被称为"儿童心理学之父"。他创办了《美国心理学杂志》、《教育学报》、《应用心理学杂志》,1892年创办了美国心理学会,主要著作有《青春期》等。

5. 从6岁～成人，每年加增2英寸。

（三）体重

体重是最容易受环境影响的，假使儿童不得充分的休息与适当的营养，那就要变瘦弱，为了这个缘故，医生常视体重为一种康健的标准。照多诺德森（Donoldson）的意思，人从生后到成熟增长不过3.37倍，但加重有多于20倍的。

加重的速率如下：

1. 生后第1星期，婴儿的重量反要减轻。

2. 从第1到第4星期，每日加重1两①。

3. 第2个月，每日也加重1两。

4. 第3个月和第4个月，每星期加重5.8两。

5. 到第5个月，儿童的重量比初生时已加倍了。

6. 第5个月和第6个月，每日加重2/3两。

7. 从第7个月到第12个月，每月加重1磅②。

8. 到1岁的时候，儿童的重量已3倍于初生时了。

9. 从3岁到7岁，每年加重4磅。

10. 到了9岁，几停止加重了。

11. 不过女孩到了12岁，男孩到十四五岁，加重的速率比从前还要大些。

12. 女子到了十五六岁时，几停止加重而男子仍能加重。

适度的增长和加重：

对于身长，儿童不宜过高过矮。对于体重，也不宜过重过轻。

新近爱荷华（Iowa）③儿童幸福研究所主任鲍德温（Baldwin）④，写了一本《儿童身体之发展——自生后至成年》（*The Physical Growth of Children from Birth to Maturity*），书中多披露他所研究儿童的结果。现在我介绍一二，以资参考。

① 1两为50克。

② 1磅约为454克。

③ 爱荷华（Iowa），美国中部的一个州。

④ 鲍德温（J. M. Baldwin，1861～1934），美国心理学家，儿童心理学和社会心理学专家。曾任多伦多大学、普林斯顿大学教授，后又在霍普金斯大学及墨西哥国立大学任教。他的主要著作有《心理学手册》、《儿童和种族心理发展》、《心理学史》等。

1. 关于婴儿身体之发展。

下面的表格是鲍德温几年来在爱荷华所研究的结果。他所研究的虽完全是美国儿童,然未始不可以做我们的参考,故详述之。

表 5-1　爱荷华儿童之身长体重表

年龄:生后至 6 岁　男孩:18 780　女孩:18 188　总合 36 968

女		孩		
年　龄	婴儿数	长	重	重长指数
初生时	24	53.87	4.25	.079(.44)
1 月内	95	53.34	3.98	.075(.42)
1 月~2 月	278	56.21	4.63	.082(.46)
2 月~3 月	345	58.88	5.39	.092(.51)
3 月~4 月	392	61.23	6.04	.099(.55)
4 月~5 月	380	63.36	6.58	.104(.58)
5 月~6 月	355	64.39	7.00	.109(.61)
6 月~7 月	363	67.12	7.54	.112(.63)
7 月~8 月	351	68.58	7.97	.116(.65)
8 月~9 月	378	69.35	8.19	.118(.66)
9 月~10 月	321	70.23	8.34	.119(.67)
10 月~11 月	393	71.40	8.61	.121(.68)
11 月~12 月	369	72.03	8.77	.122(.68)
12 月~13 月	348	73.15	9.17	.125(.70)
13 月~14 月	300	74.16	9.16	.124(.69)
14 月~15 月	281	75.21	9.32	.124(.69)
15 月~16 月	308	76.23	9.54	.125(.70)
16 月~17 月	286	77.21	9.68	.125(.70)
17 月~18 月	302	78.07	9.93	.127(.71)
18 月~19 月	297	79.28	10.20	.129(.72)

续 表

女		孩		
年 龄	婴儿数	长	重	重长指数
19月～20月	298	80.80	10.56	.131(.73)
20月～21月	280	81.28	10.61	.131(.73)
21月～22月	261	82.43	10.80	.131(.73)
22月～23月	279	82.89	11.06	.133(.74)
23月～24月	264	83.45	11.14	.133(.74)
24月～25月	306	83.94	11.41	.136(.76)
25月～26月	281	84.68	11.44	.135(.75)
26月～27月	315	85.91	11.72	.136(.76)
27月～28月	310	86.46	11.89	.138(.77)
28月～29月	295	86.83	11.97	.138(.77)
29月～30月	310	87.85	12.21	.139(.78)
30月～31月	315	88.61	12.41	.140(.78)
31月～32月	291	89.70	12.59	.140(.78)
32月～33月	267	90.13	12.66	.140(.78)
33月～34月	321	90.51	12.77	.141(.79)
34月～35月	276	91.28	13.00	.142(.79)
35月～36月	293	91.48	13.06	.143(.80)
36月～37月	305	92.35	13.34	.144(.81)
37月～38月	274	92.92	13.45	.145(.81)
38月～39月	264	93.96	13.69	.146(.82)
39月～40月	280	94.23	13.57	.144(.81)
40月～41月	308	95.57	13.75	.145(.81)
41月～42月	297	95.31	14.06	.148(.83)
42月～43月	300	96.16	14.15	.147(.82)
43月～44月	262	96.42	14.24	.148(.82)
44月～45月	282	97.29	14.30	.147(.82)
45月～46月	277	97.76	14.52	.149(.83)

续　表

女		孩		
年　龄	婴儿数	长	重	重长指数
46月～47月	292	98.33	14.73	.150(.84)
47月～48月	307	98.42	14.62	.149(.83)
48月～49月	265	99.89	15.00	.150(.84)
49月～50月	273	99.88	15.10	.151(.84)
50月～51月	262	100.47	15.25	.152(.85)
51月～52月	258	100.93	15.29	.151(.84)
52月～53月	263	101.08	15.39	.152(.85)
53月～54月	277	101.70	15.43	.152(.85)
54月～55月	244	102.12	15.58	.153(.86)
55月～56月	196	102.95	15.77	.153(.86)
56月～57月	229	103.77	16.05	.155(.87)
57月～58月	202	104.25	16.01	.154(.86)
58月～59月	232	105.13	16.47	.157(.88)
59月～60月	248	105.13	16.37	.156(.87)
60月～61月	98	105.31	16.54	.157(.88)
61月～62月	56	105.95	16.94	.160(.89)
62月～63月	64	105.49	16.65	.158(.88)
63月～64月	70	106.39	16.61	.156(.87)
64月～65月	64	107.16	17.08	.159(.89)
65月～66月	62	107.38	17.07	.159(.89)
66月～67月	50	106.99	17.48	.163(.91)
67月～68月	47	108.30	17.54	.162(.91)
68月～69月	42	108.74	18.16	.167(.93)
69月～70月	36	110.84	18.27	.165(.92)
70月～71月	33	110.30	17.91	.162(.91)
71月～72月	41	109.73	18.14	.165(.92)

续　表

男		孩		
年　龄	婴儿数	长	重	重长指数
初生时	29	52.38	4.00	.076(.43)
1月内	124	53.83	4.15	.077(.43)
1月～2月	307	57.93	5.15	.089(.50)
2月～3月	341	60.50	5.92	.098(.55)
3月～4月	408	62.81	6.49	.103(.58)
4月～5月	364	64.76	7.10	.110(.61)
5月～6月	393	66.58	7.50	.113(.63)
6月～7月	399	68.38	8.03	.117(.66)
7月～8月	413	69.25	8.36	.121(.68)
8月～9月	368	70.62	8.68	.123(.69)
9月～10月	370	71.94	8.95	.124(.70)
10月～11月	394	72.60	9.11	.125(.70)
11月～12月	376	73.80	9.40	.127(.72)
12月～13月	396	74.69	9.54	.128(.72)
13月～14月	285	75.96	9.80	.129(.72)
14月～15月	306	76.56	10.01	.131(.73)
15月～16月	301	77.70	10.09	.130(.73)
16月～17月	310	79.09	10.42	.132(.74)
17月～18月	307	79.39	10.61	.134(.75)
18月～19月	307	80.36	10.76	.134(.75)
19月～20月	292	82.06	11.12	.136(.76)
20月～21月	284	82.87	11.25	.136(.76)
21月～22月	278	83.73	11.52	.138(.77)
22月～23月	293	84.52	11.72	.139(.78)
23月～24月	327	84.85	11.72	.138(.77)

续 表

男		孩		
年 龄	婴儿数	长	重	重长指数
24月～25月	316	85.84	11.92	.139(.78)
25月～26月	302	86.67	12.23	.141(.79)
26月～27月	305	87.00	12.27	.141(.79)
27月～28月	287	87.77	12.34	.141(.79)
28月～29月	312	88.25	12.56	.142(.80)
29月～30月	339	88.59	12.76	.144(.81)
30月～31月	305	89.35	12.87	.144(.81)
31月～32月	273	91.18	13.26	.145(.81)
32月～33月	270	91.34	13.48	.148(.83)
33月～34月	321	91.85	13.44	.146(.82)
34月～35月	300	92.45	13.67	.148(.83)
35月～36月	307	92.77	13.71	.148(.83)
36月～37月	301	93.74	13.98	.149(.84)
37月～38月	293	94.11	13.96	.148(.83)
38月～39月	293	94.84	14.19	.150(.84)
39月～40月	296	95.47	14.32	.150(.84)
40月～41月	292	95.77	14.42	.151(.84)
41月～42月	304	96.33	14.62	.152(.85)
42月～43月	285	97.62	14.94	.153(.86)
43月～44月	284	97.98	15.01	.153(.86)
44月～45月	285	98.82	15.04	.152(.85)
45月～46月	295	99.29	15.44	.156(.87)
46月～47月	285	99.28	15.35	.155(.87)
47月～48月	324	100.14	15.52	.155(.88)
48月～49月	266	99.93	15.86	.159(.89)

续 表

男		孩		
年 龄	婴儿数	长	重	重长指数
49 月～50 月	248	100.77	15.59	.155(.87)
50 月～51 月	229	101.64	15.82	.156(.87)
51 月～52 月	238	101.70	15.94	.157(.88)
52 月～53 月	267	102.10	16.10	.158(.88)
53 月～54 月	252	102.74	16.27	.158(.89)
54 月～55 月	248	103.16	16.22	.157(.88)
55 月～56 月	247	104.01	16.34	.157(.88)
56 月～57 月	232	104.99	16.73	.159(.89)
57 月～58 月	246	105.28	16.85	.160(.90)
58 月～59 月	253	105.52	16.95	.161(.90)
59 月～60 月	248	105.80	16.94	.160(.90)
60 月～61 月	100	106.35	17.19	.162(.91)
61 月～62 月	79	106.65	17.27	.163(.91)
62 月～63 月	61	107.72	17.51	.163(.91)
63 月～64 月	57	106.95	17.26	.161(.90)
64 月～65 月	60	107.23	17.51	.163(.91)
65 月～66 月	76	108.82	17.74	.163(.91)
66 月～67 月	46	109.55	18.22	.166(.93)
67 月～68 月	46	109.83	18.33	.167(.93)
68 月～69 月	40	110.36	18.57	.168(.94)
69 月～70 月	37	111.49	18.85	.169(.94)
70 月～71 月	29	112.11	18.63	.166(.93)
71 月～72 月	29	112.02	18.58	.166(.93)

(引自 Baldwin：*The Physical Growth of Children from Birth to Maturity*，第 60～64 页。表中身长体重按磅、英寸计算的)

现在把上面的事实,画成曲线如下图。

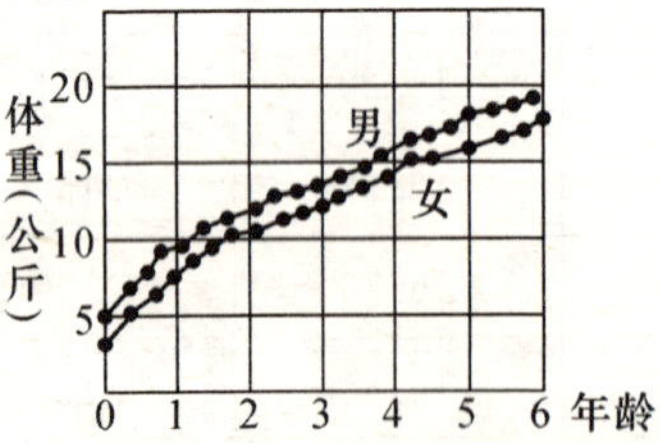

图5-1 爱荷华儿童体重之曲线

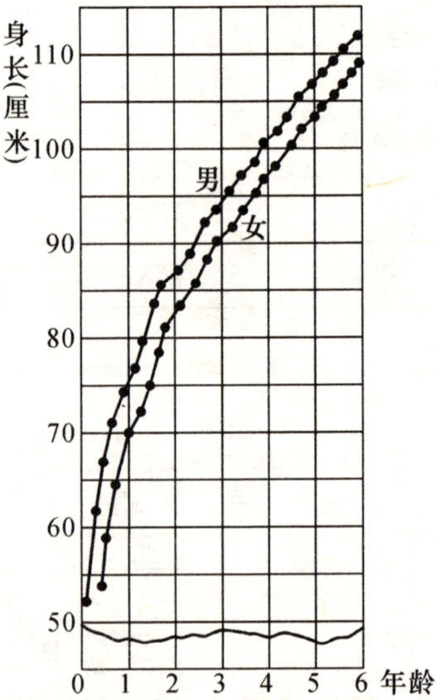

图5-2 爱荷华儿童身长之曲线

从以上两图可以看出儿童到了6岁的时候,身长比初生时增加1倍,体重增加4倍。

2. 变差系数(coefficient of variability)。

要测验各年龄儿童生长之变差,非用变差系数不为功。变差系数就是用一种平均数(average:中数、众数或均数皆可)去除一种平均数差数(average deviation:四分差、标准差、中数差或均数差都可)所得的系数。从这个系数我们可以看出各年龄中的儿童生长之差别。

求变差系数的公式如下:

$$变差系数 = 100 \times \frac{均数差}{平均数}$$

鲍德温从120个儿童测验的结果中,求出一个变差系数表来。这120个儿童每年受一次测验的,所以有的受过六次测验的,有的受过八次测验的,甚至有受过十次测验的。变差系数之均数差,鲍德温是用标准差算的。他所得的结果如下:

从下面一表看来,我们可以得到以下的结论:

表5-2　变差系数

（男女儿童之体格检查）

年龄(岁)			7	8	9	10	11	12	13	14	15	16	17
身长	厘米	男	5.923	4.932	5.669	5.388	5.242	4.929	5.166	5.796	5.273	4.408	3.933
		女	4.248	4.107	4.259	4.650	5.122	5.426	5.141	4.871	4.320	4.209	4.080
体重	公斤	男	17.529	13.776	15.642	15.719	16.247	16.051	16.479	17.752	15.844	12.918	11.500
		女	13.620	13.519	17.657	18.147	18.335	20.279	19.917	17.463	15.730	14.806	15.978
肺量	分升	男	23.239	17.182	18.416	17.907	18.181	18.922	16.775	21.613	19.338	16.852	15.348
		女	23.430	19.305	15.477	15.578	15.667	21.676	16.532	15.564	14.767	14.705	14.144
坐高	厘米	男	5.759	4.430	5.178	4.919	4.932	4.679	5.340	5.882	5.548	5.059	4.067
		女	4.564	6.799	4.361	4.770	4.757	5.422	5.452	5.157	4.412	3.867	3.865
胸围	厘米	男	7.625	5.780	6.207	6.010	7.065	6.571	7.508	7.518	7.518	5.341	5.583
		女	5.850	5.351	7.147	7.801	7.963	7.985	8.460	7.235	6.794	6.468	6.214
右臂力	公斤	男	30.182	27.702	23.688	18.715	16.062	18.923	12.949	21.101	20.845	17.274	17.226
		女	30.276	20.392	22.598	18.949	17.500	17.719	13.866	14.930	14.149	14.865	12.430
左臂力	公斤	男	28.985	23.947	53.543	20.374	17.587	18.258	20.008	19.572	21.636	17.268	16.859
		女	27.777	18.518	22.556	17.421	19.371	18.669	16.211	16.576	16.631	14.352	12.713
上背力	公斤	男	35.763	35.107	27.777	29.885	26.472	27.341	24.507	25.781	28.051	22.572	22.745
		女	38.523	30.872	30.000	23.297	22.906	22.916	22.235	21.681	20.124	22.232	18.148

(1) 对于身长,12 岁和 17 岁的女孩比同年的男孩变差来得大。13 岁的男女儿童身长的变差是相等的。此外从 7 岁至 17 岁男孩的身长变差都比女孩来得大。

(2) 对于体重胸围,从 9 岁至 13 岁和从 16 岁至 17 岁,女孩的变差率比男孩的大;其余都是男孩的大。

(3) 对于肺量除了 7 岁、8 岁、12 岁三个岁数外,男孩的变差率都比女孩的来得大。

(4) 对于坐高除了 8 岁、12 岁、13 岁三个岁数外,男孩的变差率都比女孩的大。

(5) 对于上背力除了 7 岁、9 岁两个岁数外,男孩的变差率都比女孩的大。

3. 每年男女儿童生长的比率。

鲍德温所得的结果从下两表看来,我们可以说:

(1) 不单男女是有分别,就在同性各年龄中也有很大的差别。

(2) 男孩生长特别快的时候是:身长在 9～10 岁;体重在 8～9 岁和 12～13 岁;肺量在 7～8 岁和 12～16 岁;坐高在 15～16 岁;胸围在 12～13 岁和 14～17 岁;右臂力在 8～9 岁、12～13 岁和 14～15 岁;左臂力在 7～9 岁和 15～16 岁;上背力在 7～9 岁和 12～13 岁。

(3) 女孩生长特别快的时候是:身长与体重在 8～10 岁和 12～13 岁;肺量在 8～9 岁和 13 岁;坐高在 12～13 岁;胸围在 8～9 岁和 12～13 岁;左右臂力和上背力都在 7～10 岁。

这样看来,女子从 8～9 岁和 12～13 岁生长得最快。

(四) 牙齿

婴儿初生时平常只有牙床,而并没有牙齿。大概到六七个月时始有乳牙萌出,到六七岁时长第一恒磨牙。乳牙共有 20 粒,恒牙共有 32 粒或不足 32 粒。各种牙齿之萌出虽时间不一,然大抵照下面的程序。

乳牙萌出之程序	时　期
下颌中间的 2 粒门牙	6～8 月
上颌的 4 粒门牙	8～10 月
4 粒前磨牙和下颌的 2 粒侧门牙	12～16 月
4 粒单尖牙	16～20 月
4 粒后磨牙	24～30 月

恒牙萌出之程序	时　期
4粒第一恒磨牙	6～7岁
4粒中门牙	7岁
4粒侧门牙	7～8岁
4粒第一双尖牙	9～10岁
4粒第二双尖牙	10～11岁
4粒单尖牙	10～12岁
4粒第二恒磨牙	12～13岁
4粒第三恒磨牙(智齿)	17～25岁

二、觉官之发展

(一) 视力之发展

视官、听官、触官是儿童发展智力之主要利器。儿童所得的知识大概从这三条路进去的,这三种知觉发展虽有迟早,然大体不相上下的。我把各个人所研究的结果摘录于表5-5。①

视力发展之途程,下面是我所研究的结果:

第1天

生后21分钟,双眼开了几秒钟工夫。

第2天

两眼开了1分钟左右就闭。

第3天

开了很久,醒时两眼能转动。不过睡时我看不出他的眼睛转动。目能闪了,不过我把铅笔慢慢地向他的眼睛移过去,一直移到离目约1厘米之遥,他仍旧不会闪目。晚上我用蜡烛光试验他能否追看灯光,他不能够看灯光。

第4天

① 参看Hall:Aspects of Child Life and Education。

表 5－3　每年身体发展之速度

(7 岁～17 岁)

年龄(岁)		7～8	8～9	9～10	10～11	11～12	12～13	13～14	14～15	15～16	16～17
身长	男	4.14	5.02	4.75	4.80	4.54	6.15	6.03	6.15	6.10	3.63
	女	4.12	4.97	6.35	5.09	5.01	6.14	4.29	3.70	1.84	0.20
体重	男	1.81	2.81	2.41	2.72	2.89	4.54	4.45	5.36	5.10	4.17
	女	1.65	3.34	3.66	2.95	3.61	5.71	4.42	5.30	1.98	0.32
肺量	男	1.63	1.74	1.58	1.93	1.96	2.68	3.32	4.30	4.73	3.72
	女	1.00	1.91	1.83	1.82	2.25	2.83	2.11	2.74	1.48	0.48
坐高	男	1.73	1.81	1.63	1.83	1.81	2.51	2.60	3.12	3.95	1.54
	女	1.46	2.60	2.49	2.30	2.40	3.25	2.58	2.42	1.46	0.06
胸围	男	1.54	2.28	2.06	1.63	1.96	3.44	2.56	3.99	3.90	3.59
	女	1.69	3.16	2.41	2.44	2.32	4.33	2.94	3.55	0.98	0.14
右臂力	男	2.21	2.93	2.04	2.02	1.99	3.95	2.60	4.69	6.66	3.60
	女	2.01	2.69	2.54	1.53	2.01	3.23	2.89	2.26	1.90	0.11
左臂力	男	2.05	2.36	2.02	1.74	1.46	3.13	3.61	3.79	5.75	2.10
	女	1.80	2.75	2.59	1.88	1.79	2.55	2.50	3.32	1.70	0.07
上背力	男	1.56	2.33	1.89	2.06	2.08	3.62	2.85	3.79	4.89	4.15
	女	1.22	1.55	2.16	1.50	1.74	2.24	2.27	1.96	1.17	0.00

表 5－4　每年身体发展之速度(百分比算)

(7 岁～17 岁)

年龄(岁)		7～8	8～9	9～10	10～11	11～12	12～13	13～14	14～15	15～16	16～17	平均数
身长	男	3.4	3.9	3.6	3.5	3.2	4.2	3.3	3.9	3.7	2.1	3.48
	女	3.4	4.0	4.9	3.7	3.5	4.2	2.8	2.3	1.1	0.1	3.00
体重	男	7.9	11.3	8.7	9.0	8.8	12.7	11.1	12.0	10.2	7.5	9.92
	女	7.2	13.6	13.1	9.3	10.5	15.0	10.1	11.0	3.7	0.5	9.40
肺量	男	12.6	11.9	9.6	10.8	9.8	12.3	13.5	15.4	14.7	10.1	12.07
	女	8.3	14.7	12.3	10.9	12.1	13.6	8.9	10.6	5.2	1.6	9.82
坐高	男	2.6	2.6	2.3	2.5	2.4	3.3	3.3	3.9	4.7	1.7	2.93
	女	2.7	3.9	3.4	3.2	2.7	4.2	3.2	2.9	1.7	0.07	2.60
胸围	男	2.6	3.7	3.2	2.5	2.9	5.0	3.5	5.3	4.9	4.3	3.79
	女	2.9	5.2	3.8	3.7	3.4	6.1	3.9	4.5	1.2	0.1	3.48
右臂力	男	17.5	19.7	11.5	10.2	9.1	16.6	9.3	15.4	19.0	8.6	13.69
	女	17.8	20.3	15.9	8.2	10.0	14.6	11.4	8.0	6.2	−0.3	11.21
左臂力	男	17.4	17.1	12.5	9.5	7.3	14.6	14.7	13.4	18.0	5.5	13.00
	女	17.8	23.1	17.7	10.9	9.3	12.2	10.6	8.9	6.0	−0.2	11.63
上背力	男	21.4	26.3	16.9	15.7	13.7	21.0	13.6	16.0	17.8	12.8	17.52
	女	19.5	20.8	24.0	13.4	13.7	15.5	13.6	10.3	5.6	0	13.64

眼睛仍旧不能追看灯光。

第5天

能看灯光了,但不能追看。

表5-5 儿童视力之发展

研究者	只能觉得光	不自主的熟视	第一次转动自由	眼睛看着人物而转动	对于颜色有兴味	目力发展完备
希恩女士(Miss Shinn)	第1天	第2星期末	25天	1月	1岁	8星期
普莱尔①(Preyer)	—	第11天	23天	23天	23天	8星期
蒂德曼(Tiedemann)	—	—	13天(?)	—	—	—
霍尔夫人(Mrs. Hall)	—	第2星期末	23天	32天	3星期	8星期
达尔文②(Darwin)	—	第9天	6星期	—	6星期	—
摩尔夫人(Mrs. Moore)	—	—	—	28天	15和20天	—
陈氏③	—	第5天看灯光,第34天看火	23天	63天	23星期	5星期(?)

第2星期末

醒时两目不停地转动。

第23天

今天他能追看灯光了,他的头也随目转动。

第27天

① 普莱尔(W. T. Preyer, 1841~1897),德国生理学家和心理学家。耶拿大学生理学教授。他对自己的儿子进行了3年观察,写成《儿童心灵》(*Die Seele des kindes*)一书,影响很大。普莱尔把心理学应用到儿童教育方面,推动了现代儿童心理学的发展。

② 达尔文(C. R. Darwin, 1809~1882),英国自然科学家,进化论的学说——达尔文主义的创造者,科学的进化生物学的奠基人。

③ 陈氏,即陈鹤琴本人。

当他看人物的时候，双目都往里相斗了。迪尔博(Dearborn)的孩儿在生后第 52 天的时候，也发生斗眼。这是因为眼肌没有发展完全的缘故。

第 34 天

他食奶的时候，双目对着我看。

第 63 天

双目能追看人了。他坐在我的膝上，他的母亲立在他的面前离他约 2 尺之遥。她慢慢地、轻轻地走到右边，他的眼睛和头也转到右边；她走到左边，他的眼睛和头也转到左边。这样做了两次。

第 64 天

他坐在祖母的膝上的时候，我对着他的眼睛震动我的拳头(拳头离面约 1 尺)，他的眼睛就闪，他的口就张开，并做含笑状。每次震动拳头，他每次闪目。做这种动作的时候，我没有把我拳头的反影映在他的眼睛上。

第 66 天

双目能追看东西了。儿童大概先能追看灯光转动，其次能追看人转动，再次能追看普通东西移动。今天我用一块白的手帕来试验他的视力。他坐在母亲的膝上，我拿了这块手帕(离他约 2 尺)在他的前面慢慢地移动，他的眼睛也慢慢地追看着我的手帕。后来我把手帕拿开了 2 尺再如前移动，他也能追看自如。

第 76 天

爱看灯光了。当他正盯着眼看灯光的时候，我用手遮住灯光，他就要哭起来了。后来我把手拿开，他就不哭再看灯光。如是试验了 4 次，4 次的结果都是如此。

第 77 天

他能盯眼似的看物了。从前他忽而看这样，忽而看那样，忽而看这里，忽而看那里，几乎没有一刻停的。今天他能够盯眼看东西了。

第 115 天

看月——远景。今晚明月当空，我抱他出来看看。他居然能看见这样远的东西了。

第 156 天

爱颜色。今天他看见一把红玫瑰花，就显出很快乐的样子。后来他看见黄的花，他也很快乐。不过对于碧绿的树，他不甚注意。次日他看见一把彩色的小纸扇，他觉得非常高兴,他的手足乱打乱踢,他的头和上身往前扑,他的眼睛和嘴开得很大。这种姿势明显显出他的兴趣来了。

(二) 听觉之发展

初生的婴儿都是聋子。不过到了几时才有听觉呢?这个问题也没有一致的答案。库斯莫(Kussmaul)用种种大声刺激许多初生的婴儿,而婴儿仍不显出听见的样子。费尔德鲍施(Feldbausch)试验 3 天大的婴儿。婴儿睡眠时,他一鼓掌,婴儿就惊醒。我现在把研究者所得的结果表之于下(见表 5-6)。

表 5-6　儿童听觉之发展

研　究　者	第一次听得之声音	第一次听见声音显出快乐的态度	能转头去寻找声音了
希恩女士(Miss Shinn)	第 3 天	第 27 天	第 3 月
普莱尔(Preyer)	第 4 天	第 8 星期	第 11 星期
蒂德曼(Tiedemann)	—	第 40 天	—
霍尔夫人(Mrs. Hall)	第 3 小时	第 6 星期	第 21 星期
达尔文(Darwin)	—	第 6 星期	第 49 天
摩尔夫人(Mrs. Moore)	第 2 天	第 20 天	第 30 天
陈氏	第 14 天	第 120 天	第 124 天

听觉是知识之门。婴儿听觉发展的程序大概如下:第一步,发生听觉。婴儿一有听觉,就进了声音的世界。第二步,能感觉到各种平常的声音。有几种声音如音乐声或钟声他起初不喜欢听的;有几种声音如口吹出来的声音或说话的声音他素来喜欢听的。不过一般说来,婴儿大概喜欢听音乐的。第三步,听觉的发展是寻找声音。儿童到后来能转眼运头去寻声音了。第四步,他能辨别声音。如听见父母的声音,他就晓得父母来了。第五步,他能辨别声音的性质。什么低声高声,什么大声细声,他能渐渐地分别了。

现在把我研究的结果述之于下,以供参考。

1. 耳聋期。

第 1～13 天

从我的小孩生后,我就试验他的听觉。不论他睡时醒时我总试验他。试验的东西有二:一弹指,一吹指(我以右食指吹作如小鸟惊吓求救声)。生后到第 7 天,他并没有显出听闻的表示。

第 7 天

我摇炉灰的时候，把摇铁打击了火炉，他就立刻举起双臂。后来我轻轻地走过去站在他的后面使他看不见我，那时我就吹出尖声来，但他一点没有什么表示。当初之所以双臂举起者因为他感觉震动的缘故，并非他有听觉了。

2. 听觉之发生。

第 14 天

当他睡眠时我吹指，他微微地开了一眼，并且他的头向发声处一转。我又吹，他又开了一眼。不过我吹第三次，他不再开眼了。这因为此时我的吹声不能惊醒他了。

第 19 天

当他正要睡熟时，我又吹指，此时我吹指离他的左耳约 5 尺之遥，他就大开一眼。如是者再。不过对于第三次吹声，他没有反应。

3. 听觉敏锐。

第 27 天

当他半醒半睡时，他的祖母稍微说得响一点，他就惊动。是晚当他睡眠时，我一吹指，他就立刻举起双臂，开了两眼，并稍稍举起头来，不过立刻他又闭眼睡了。从此他的听觉一天敏锐一天了。

第 31 天

他的母亲关门太重一点，他就惊哭。

第 118 天

他听了他母亲吹的口哨就微微地笑。

4. 惧怕声音。

第 108 天

当他很快乐的时候，我吹起口琴来。我吹 C 和 D 高音的时候，他就不做声，不动手，盯眼看着我，静悄悄地听我吹，不过歇了一歇他就紧紧地闭着眼大哭起来了。我一看见他哭起来了就停吹，他也停哭；不过我再吹，他再哭。如是者三。

是晚我又试验他。他看见我吹指，就显出很快乐的样子。后来我吹起口琴来，他又哭了；我再吹，他再哭。

这个惧怕一直到了第 125 天方才消失。

5. 寻找声音。

第124天

第一个试验:当他垂了头、低了眼坐在我的膝上的时候,我忽然做了一声,他就举起头开眼看我。如是者再。

第二个试验:当他仰卧摇床时,摇弄其手,我站立门口(离他约10尺)对他说:"Hello!"(喂!)他立刻停止摇手向我看,并转移眼睛和头,一看见我就微微地笑。我再试他,他又是如此。

第三个试验:他坐在我的膝上,他的母亲在他的右上边摇起摇铃来,他就显出注意的态度,并转头移眼寻找摇铃。后来在他的左边摇,他又转眼移头寻找铃声。

(三) 触觉之发展

视觉、听觉是专门的觉官,惟触觉乃是普遍的觉官,全身可以说都是有触觉能力的;不过不是处处一样敏锐的。现在我们讨论这个触觉与全身关系的问题。

1. 最灵敏的触觉。

舌的上面与舌尖是触觉最灵敏的地方。库斯莫用玻璃条触着初生婴儿的口,婴儿就发生反应,倘使玻璃条触着舌尖,两唇立刻前伸,舌头含住玻璃条,成了吸乳的姿势。倘使玻璃条触着舌头的后部,婴儿就发生呕吐状。

2. 鼻孔。

鼻孔的薄膜也有灵敏的触觉,第一天的婴儿就有这种触觉。

库斯莫说,你若用羽毛一触婴孩的鼻孔,婴孩就会皱眉闪眼。

3. 眼。

眼毛、睛衣、明角三部分中以眼毛的触觉为最灵敏,库斯莫说,假使当婴儿醒的时候,你把玻璃条触着他的明角,他的眼尚不会闭,不过你若稍微刺激了眼毛,眼睛立见闭合。但吉斯默和普莱尔,都以为明角的触觉比眼毛灵敏得多。

4. 手掌、足掌、臂腋、膝弯、腰部等处,也具灵敏的触觉。

参考书目

1. Baldwin. Physical Growth of Children.
2. Preyer. The Senses and the Will.
3. Hall. Aspects of Child Life and Education.

第六章　一个儿童动作的发展

现在把我的研究结果摘录于下，以资参考。

一、口的动作

第 1 天

(1) 吸乳反射动作尚未发生：生后 10 分钟我用手指触他的嘴角，他并不转头或做声。

(2) 生后 45 分钟打呵欠。生后 2 点 44 分钟又打呵欠，继续打了六个呵欠。打喷嚏两次。

(3) 睡时做吸乳动作：①睡眠时嘴唇微动做吸乳的动作。②睡时我用铅笔的头触他的上唇，他就做吸乳的动作，不过他并不左右转动(那时生后 5 点 13 分)。③睡时触他下唇同嘴角，他并没有什么反射动作(生后 7 点钟)。从上几点看来，他的上唇比嘴角同下唇来得灵敏。④吸乳的动作完全发展了。生后 17 点半，他发生完全的吸乳动作，就是两唇裹着舌头，做成一个小洞的样子。

第 20 天

咬的动作发生：吃了一点奶之后，他用上下牙盘咬了乳头。

第 63 天

弹唇做声：近两星期来，他饥饿时不像从前把嘴向左右转动，而是弹唇做声而已。

第 80 天

咬的动作：今天晚上，他吃奶后，我和他玩。我用手指触他下颌，他就张嘴来咬手指；咬过后，他的头向左右转动；后来我把我的手指放进他的嘴里，他就用上下牙床把我的手指咬住。

第 95 天

(1) 饥饿时做吸乳的动作：近两星期来饥饿的时候，不但哭而且嘴做出吸乳的动作和声音来。

(2) 睡眠时做吸乳的动作：近来他睡熟的时候，也时常做出吸乳的动作。这恐怕他肚里饥饿的缘故。

第 101 天

常常要咬人：近来吃奶之后，我用头触他的额，他就张嘴来咬我，咬不着就哭。又在第 120 天，他吃奶之后，我抱着他再用头触他额，他立刻低着头闭着眼睛做出“nŭn-nŭn”咬的声音，后来就张着嘴来咬我，我把他的拳头举起，他就咬拳头。到了第 30 星期（206 天）他常常要咬人，这大概是因为他要出牙齿的缘故。

第 105 天

咬的动作：今天晚上他饿的时候坐在我的膝上，我用嘴触他的下颌，他就低头张嘴来咬。后来把他躺在床上，我再触他下颌，他举起头和手来，并张着嘴来咬我。

第 112 天

(1) 咬人：祖母抱着他坐在膝上，我用拳头慢慢地对着他的面孔伸去，他张着嘴来咬拳头，且嘴里做出“nŭn-nŭn”的声音来。

(2) 咬乳头：奶吃饱后，咬了乳头往后拉。

第 114 天

吸左手：今天他常常吸左手。

第 118 天

吸手：近来他不论吃饱或饥饿，都常常吸手；吸的时候，他总是两手举着，不过同时他只能吸一只手。今天他捻了他祖母的食指就要放进嘴去，但是他反吸了自己的拳头。

第 119 天

错吸乳头：今天早晨饥饿的时候，他就吸着母亲的乳袋并没有吸着乳头。

第 120 天

咬唇：他醒着躺在床上的时候，他自己用上牙盘咬着下嘴唇，约咬了三四次。

第 129 天

舐的动作之发生：今天我轻轻地咬着他的下颌，他就伸舌来舐我的鼻头。

第 144 天

吹的动作：他看见别人吹灯，他也能闭唇吹着，并且口里发出声音。

第 150 天

吸拳：吃饱奶之后，他还是要吸他自己的拳头。这可见得吸拳不是完全因为饥饿的缘故。不过有时因饥饿的缘故也吸吸他自己的拳头。

第 161 天

受吃的暗示：他一看见我吃茶，他的嘴巴就做吃的动作。这就是别人吃的动作能够引起他吃的动作。

第 167 天

口尚不能呼吸：我把他鼻子捻着，使他不能呼吸，他就手足乱颠，不能用口来呼吸。

第 172 天

饥饿要咬：他饥饿的时候，他就要捧住你的面孔咬咬。

第 260 天

咀嚼能力的发生：今天他咬了一点梨子的皮，他就咀嚼，不过他吞下去的时候就噎住了。此时他磨牙已经有了，不过他的咀嚼动作在磨牙未发生以前已经有的，而咽物的能力，那时还没有发展。

第 376 天

拍口做声：现在他能拍口，同时嚷出“ä-a”的声音。

第 403 天

口舌的动作：他能用舌头紧紧地抵着上腭，后用力往下脱开做声。这个是他当初曾经看见别人这样做过的。

第 418 天

吐物的动作：这一星期他能用舌把嘴里的东西拣出来，但是吐痰的动作还没有发生。到了第 2 个星期，他能吐物了。

第 426 天

吹气：他先看见我吹热茶使冷，后来他拿了茶碗盖放进口边也吹吹看。

第 452 天

吹烛：别人先吹烛给他看，后来叫他吹，他吹不灭只能吹出“p $\overline{\text{oo}}$-p $\overline{\text{oo}}$”的声音。

第 480 天

吹的动作完全发展了：近来他都要把牛奶或热水吹冷后再吃，而且他能吹得几乎同成人一样好。

第 501 天

吹的动作:能够吹一种玩物的叫子出声。

二、头的动作

第 18 天

头能支持不垂:直抱的时候把他的头扶正了,他的头就能稍微支持片刻。

第 20 天

摇头的反射动作:今天给他吃牛奶。我们用橡皮乳头叫他吸,因为乳管太大,牛奶来得很多,他吃得来不及,就不要吃,并且摇头两次。

第 27 天

要举头:抱的时候,他要举起头来,但是举不起来。

第 89 天

头能左右转动:现在直抱的时候,他的头能够向左右转动。他项颈后面的肌肉已经能够支持头颅了。

第 96 天

头颈肌肉之发展:今天把他背天躺在床上,他能举起头和腿来。他的面孔因此不会贴着枕头。

第 98 天

头颈肌肉之发展:把他裸着体,背天放在床上,他自己把左右手伸得很直好像着力的样子,他头转到左边举起了一点。我把他的头转过来再贴着枕头,他立刻把头转到左边,他的右手推着褥子,两足乱踢,并且他的右腿伸缩得更加厉害,他并不哭,不过做了几种简单声音表示不舒服或表示不得起来的意思。

第 99 天

头能支持不堕:我把他裸了体,直地抱着,他的头能够支持不堕,不过还是不能随意转动。

第 103 天

头手的连合动作:我把他抱着坐在膝上,他母亲替他洗眼睛,他不愿意洗就哭,头往后仰,手向前推。

第 104 天

仰天躺着举头:把他仰天地躺在祖母膝上,他举起头和足好像要起来的样子。这里他背脊和头颈的肌肉已经稍稍发展了。

第 114 天

简单的反应动作：今天他正在吃奶的时候，我把他的手掌打了一下，他立刻转头，口里脱出乳头，几秒钟后，他低了头张了嘴，立刻找着乳头并没有错乱动作。这可以证明他有记忆的能力和空间的感觉。

第 118 天

头颈转动自由：起初我抱他看灯，后来把他的头转过来搁在我的肩上，他转过头去看灯，又把他转过来，他又转过去看灯。这里有几点：①他喜欢看灯。②有视觉记忆，就是他看了之后，还要转过头来。③抱他的时候，他头颈能够自由转动。

第 119 天

举头能力的发展：把他背天躺在床上，面孔伏在枕上，他举起头来约举了一分钟的工夫，那时他并不哭。这可见他举头的能力格外充分发展了。

第 131 天

头眼的连合：我拿了一颗花生米，放在他的面前，他低头就要来吃。这里眼睛看的知觉同头的动作能够连合起来。

第 143 天

口、头、眼的连合：我先用匙子喂杨梅汁给他吃，后来拿了汤匙近他嘴的时候，他就张开嘴来吃。如是者四次。这证明他已经学得吃的事情了。口、头、眼的各种动作都能连合了。

第 150 天

藏脸的动作：他母亲用左手抱着他的时候，我先看看他，同他讲话，他立刻低头往下，向他母亲的怀里躲着脸，不过一躲后就举起头来看看我，对我笑笑，笑后又低了头去躲脸，如是者四次。这里可以证明他头颈转动的动作格外发展了。

第 169 天

身和头能转动自如：现在抱他的时候，他转身、转头很自由了。

第 231 天

运用东西当家伙：他坐在摇篮里的时候，我拿了两根短棒和一个地鸽子放在他面前的靠板上。他就用右手捻了一根棒把地鸽子拨来拨去。这里证明他能用一个东西来弄别的东西了。从前他只能拿东西敲敲，他的动作不能像现在的复杂。

第 371 天

他能摇头了:现在他常常摇头。不过不是向上下摇的,乃是向左右摇的。

第 376 天

点头:现在他也能点头,并且点头的时候,上身也同时点动着。

三、手的动作

第 1 天

(1) 偶然他把他的手指放进嘴里:生后 20 分钟,他自己偶然把左手几个指头放进嘴里,不过并不吸。

(2) 后来他吸自己的右食指。

(3) 吸指做声:生后 1 点半钟,他吸自己的右手并且吸出声音来。

第 22 天

左手玩时右手举起:他躺在床上的时候,玩弄他的左手,并且举起他的右臂来。

第 28 天

握力:今天早晨洗澡时又试验他握的能力。据华生(Watson)的试验结果,儿童小的时候,能够握住东西全身能够支持起来。我的小孩生后 12 小时,就试验他这种握力动作。不过我试验不出来,后来虽常常试验他,但是总是试验不出。到了第 28 天,他能够紧紧地捻住我的自来水笔笔杆,但是不能够全身宕起来。试验的时候,身子完全裸体的。虽然他不能捻住笔杆宕起来,但是他捻东西的动作,可以说从生出就有的。第 102 天洗澡后先把细棒放在右手使他捻着,并且托着他的身子使他悬在空中,后来慢慢地把他身子放下来。那时他右手仍旧能够捻牢棒头。不过他的身子还没有完全放下来,使得他身子悬在空中以前,他就脱手掉下来了。

第 34 天

拇指发展:从前他的左右手捻拳头的时候,他的拇指总是在四指里边的,今天他捻拳头的时候,他的拇指放在四指的外边了。要晓得拇指放在里边,拳头不能十分着力的。

第 39 天

左右臂动作的试验:吃奶后把他躺在摇篮里,使他的手足可以自由运动无所阻碍。我用针触他的耳朵，用手触他的手臂和面孔，要试验他是否有左右臂动作的分别，详细的试验如下：

(1) 触他左颊，他就举起左臂来。

(2) 触他左颊，他先举左臂，后举右臂。

(3) 触他右颊，他先举右臂后举左臂。

(4) 再触他右颊，他先举左臂，后举右臂。

(5) 用手抓他右颊，他举起双臂。

(6) 再抓他右颊，他举起右臂。

(7) 抓他左颊，他举起右臂。

(8) 再抓他左颊，他举起双臂。

(9) 用针触他的左耳，他举起双臂。

从这个试验看起来，左边发生的刺激，可以引起左边动作；右边发生的刺激，可以引起右边动作。第(1)、第(6)的反应就是如此。从第(3)、第(4)、第(7)、第(9)条看来，以前的反应能够影响当时的动作。

第 96 天

能够手捻摇铃：今天他两手都能捻牢摇铃捻了一分钟之久，并且把摇铃无意识似的摇摇。

第 99 天

坐时四肢能连合动作：今天抱他坐在膝上，他要往前扑，两足乱踢，两手在空中游水似的展动(上下动并稍向外)。从小他的四肢就能同时“乱动”(“乱动”这两个字是表明有范围的动作，并不是毫无秩序的)，不过没有现在的活泼。

第 108 天

抓的动作：睡在床上的时候，他用脚踢着，用手来抓他自己的衣服。

第 109 天

(1) 用手来辅助嘴巴：他吃饱了奶不要再多吃的时候，就用右手推着母亲的胸部，使他自己的嘴巴脱出乳头(右乳)。

(2) 左手动作的发展：他吃左边奶乳的时候，他能举起左手抚着左乳。这里我们可以看见他的左手能单独动作了。不过从前他手足的动作，皆是并行的，就是右手动一动，左手也动一动。

第 110 天

握的能力:给他穿了一件绒的背心躺在褥子上,并且把他的两手捻着我的两个食指,我往前挪他,他居然坐起来了,如是者 3 次。

第 115 天

(1) 放物进口:他吃奶后在床上躺着,我给他一个摇铃,他捻了就放进嘴里去。我把摇铃拿出来他又把铃放进去。如是者有好几次,第二次他把铃放进嘴里去吸了很多工夫。

(2) 摇摇东西:今天他捻了摇铃有 3 分 28 秒的工夫,并且捻的时候,能够稍会把铃摇摇。这种摇东西的动作是他生来第一次。

第 116 天

(1) 吃手:近来常常吃他自己的两手。

(2) 两手接触:他自己能够把两手的手指互相接触。

(3) 提东西的动作:他用左手把他的前襟提起来。

第 118 天

捻摇的动作:他捻了摇鼓冬有 3 分钟之久,并且能够摇得做声。

第 119 天

又试验他左右手的动作:他吃饱后在床里仰天熟睡着,我用鸡毛轻轻地触他右鼻子,他立刻举起双手,左手几乎碰着他的鼻子。稍歇,我再用鸡毛触他左鼻孔,他又举起双臂来,两腿每次都动。

第 134 天

手鼻的连合:他今天鼻子塞住了,用左手揩他的鼻子。

第 136 天

(1) 手口的连合:他吃我的食指的时候,举起两手来,捻着我的拳头,每次试验都是如此,他的手同嘴能够连合了。

(2) 要拿东西:他祖母抱着他的时候,我拿了一支笔,在他面前悬空提着,他举起两手要来拿的样子,但是他终究不能拿着。

第 144 天

手嘴的连合:你用拳头触他的嘴,他就用手来捻你的拳头,并且把拳头拿到他嘴里去,假使拳头不触他嘴只放在他面前,他并不会抓你的拳头到他的嘴里去。

第 144 天

(1) 能抛东西:我给他一只鞋子,他拿来抛在床上;再给他,他再抛上去。

(2) 他很喜欢震动东西:①看见捧盘搁在墙边,他拿来捻着盘边把盘震动。②捻了晒尿布架子的一根横档,也震动起来玩着。

第 146 天

看见东西还不能够拿:今天晚上,我站在离他 4 尺远的地方,提了蜡烛,他就看看我同烛光。后我把蜡烛渐渐地提过去,等到离他 1 尺远的地方,他笑微微地挺着身子,两手往后。我又把蜡烛拿过去与他的口相平,离他的脸约 4 寸许,他只能看看,笑笑,不能来拿。

第 150 天

拿物的动作:他横躺在我的右臂上,我左手拿了表,挂在他的面前,相距约 4 寸许,他双手举起来触着表,如是者两次,他的右手单独地举了好几次,捻着表有三次,现在他的右手比左手强壮多了。近来他拿东西的动作发展得很快,他醒的时候,就要拿这样拿那样。他拿了东西玩弄玩弄,并不如从前只管看看罢了。

第 158 天

拿东西的动作:今天晚上我在他面前放了一块糕饼,他就张口低头,并且举手来拿。这里是证明他眼、手、口三部分的连合动作。

第 159 天

左右手动作的分别:我用两手在他的后边扶着他的腰部,并且把他坐在地板上使他两手能够自由运动。在他的面前(相距 8 英寸)放了一根棒头,他就要来拿。第一次先用右手来拿,后来用左手,不过因棒相距太远,都拿了一个空,第二次也是如此。第三次先右手来拿着,后来他的左手拿着棒头了。第四次也是先右手拿着,第五次他只用右手来拿棒头。这个试验是试验他的左右手动作的分别。他小的时候,他的手足总是交换动的,没有什么强弱的分别,到了现在他左手动作没有右手的多,也没有右手的强。

第 160 天

吸指:近一星期来,他不吸右手食指而吸右手拇指,到第 161 天他吸了左手拇指。有一次他同时吸了双手的拇指。

第 161 天

手眼连合的动作:他祖母抱了他靠着方桌,他看见桌上各种蔬菜,他身子和头向前扑,两手挥动,眼睛盯着碗碟,口里喊出“ng-ng”的声音,后来看见我的茶杯他就要爬过来拿。

第 165 天

手脸的连合动作:他用右手背擦他脸上痒的地方。这证明他手脸连合的动作已经发展得很好了。

第 167 天

不能完全支配两手:今天我再把手帕放在他脸上遮着他的眼睛,他举起手来,但是仍旧不能把手帕拿开,只能抓住他的胸襟。虽然如此,但是比从前只能两手在空中展动强得多了。

第 194 天

(1) 好拿东西:近来吃饭的时候,他要拿杯匙,不过他总是用右手来拿的,左手很少用的。

(2) 自己能抓痒:今天晚上他被蚊子咬了,他用右手抓他的右腿痒的地方,他抓得很重,皮肤都抓破了。

第 209 天

眼手连合动作:今天再用手帕遮他的眼睛,他能用右手拿开了,左手虽然举起来帮助右手,但是不拿的。现在每次试验他,他每次都能用右手把手帕拿开。眼手连合动作,居然能够成功了。

第 212 天

运用东西:他坐在摇篮里时,我给他一个杏子,他就用右手来拿。他拿了之后,就在他面前的盘内敲下来,一敲下来杏子滑脱了,他再去拿了,又如前地敲下来。后来我把他的杏子拿下放他左手里,他又敲下来,不过他未敲之前,杏子已经从他手中掉下来了。把杏子给他右手,他也如左手的样子敲了一个空。后来杏子掉到地上,他伸头向地上寻找,这里他已知道寻找失物了。那时第 2 天,他站在祖母的膝上靠着书桌,他伸出右手来在桌上拿了一个大墨水瓶,举起来就敲下去。这里是他运用东西当家伙了。

第 215 天

用手指抓头:从前他抓头都是用手背的,现在他能用手指了。

第216天

手指动作的发展：他能从桌上用右手抓起银钱铜元。

第250天

拿杯进口：今天吃了菠萝蜜汁后，我给他盛菠萝蜜汁的杯子，他拿了茶杯的柄近他的嘴，从前杯子近嘴他才能到口，现在他能把杯子拿到口边了。

第300天

不能拍嘴做声：他母亲先拍嘴，同时口说“ä-wä-wä”给他看，又拉他的手拍他嘴，后来他口里喊着“ä—ä”，右手只能在空中挥动，不能拍嘴。

第301天

手指精细的动作：他现在能在桌上拾起牙签并且用拇指食指捻着。

第313天

手腕的动作：他母亲做一种手腕的动作给他看，先将右手屈指手腕放在桌上，立刻手向右转使四指第二节逐个地敲桌做声，又反过来，把手还原，如是再敲，这个动作很精细，他只能够转手，不能逐个指头敲桌。

第320天

饮食的动作：近来他吃饭要自己吃，吃牛奶的时候，他拿汤匙放进牛奶杯中，不过不能舀起来。

第326天

喂人的动作：从桌上拿了一块糕，给父母吃。

第327天

取食进口：今天他饿了，看见桌上的糕，就用右手拿来，咬了一口，剩下的捻在左手；吃完了再咬，咬过还是左手捻着。这里有三种动作：(1)看，(2)拿，(3)放进嘴去。

第335天

(1) 手指有按东西的能力：今天他也能够按蝉(玩物)做声(蝉腹下有弹力的铁片，按下能上弹做声)。

(2) 指的动作：现在他右手能把拇指挺起来，不过食指仍旧伸着不能如其余的三个指头捻拳的样子。证明他能支配拇指同其余的三指，惟有食指还不能支配。

第 362 天

自己翻书:他能够把书一页一页地翻阅。

第 376 天

能摇手送别:我出门的时候,总对他上下泛手,同时对他说:“再会。”他现在也能够用右手上下泛动表示再会的意思。

第 380 天

手指精细的动作:现在他能用右手拇食两指拾起牙签。

第 388 天

烫手擦衣:他用右手触着一个热度不高的手炉,他立刻缩手在他的裤子里摩擦。这种动作是从来没有教过他的。

第 406 天

拍手的动作:近来他看见一件东西,一定自己要拿。比方看见一个李子在桌上,他就要拿了来吃。这种动作包含“专有”的意思。在这个时候,对于东西的主权,他并不知道有尔我的分别,可以说样样东西是他的。

第 430 天

手指动作的发展:他用右手的拇食两指捻着一双筷子,从饭碗里挑起两三颗饭来。

第 468 天

握手行走:近来顶喜欢握着一只手行走,同时也喜欢爬行。两星期前,要两手握着始能行走。

第 474 天

推拉动作发展得很甚:近来无论什么东西,如桌子、椅子、凳子他都喜欢推推看,拉拉看。

第 490 天

钳物:他用火钳夹起一团棉线。

第 501 天

(1) 抛球动作的进步:他现在能够将球用力地抛到地上,使球跃起高过他的头。

(2) 用锤敲钉:他能用大锤子敲钉了。他左手扶着钉,右手敲着,并且不会敲空,也能把钉敲牢。

第 800 天

宕手的习惯:他如兵开步走的时候,他的右手向左手宕动得很厉害。

四、臂的动作

第 1 天

四肢上下动作:他哭时,手臂往上交换地互相展动,同时两腿上下伸缩。

第 96 天

运用手臂:现在他不要吃奶的时候,就能举起头来,并用两手推开母亲的胸部。从前他吃饱了,只能把乳头吐出。现在能用手来表示他的意思。

第 114 天

不能如意支配他自己的手臂:他穿了一件绒衬衣、一件棉袄仰天躺在床上。我把一条手帕盖住他的面孔,他两手上下乱抓,足也乱踏,但是终究不能用手把手帕拿开。

第 116 天

举身:今天把他仰天睡在床上,他的头抵着床板,足抵着我的手,他能把身子举起来如圆桥的样子。

第 132 天

手臂运动的发展:把他背着天放在床上,他立刻把右手拿起来,放在头的旁边,手臂成尖角形;后他举起左手来也放在旁边并且举起头来。后来我把他的右手拿下去放在身子左边,他立刻把左手举起来又放在头旁边,我把他右手拿下来放在身子右边,他仍旧拿上去放在头旁边。从前把他背天躺的时候,他两手只能放在身子旁边,不能举起来。

第 362 天

四肢能够撑起:今天把他扑在地上,他起初用两臂很直地撑住,两膝跪在地上,后来用足趾撑着地板把身子完全举在空中,同时他口里喊叫,表示很快乐的意思。

第 455 天

四肢撑起爬行:今天他的四肢在地上伸直撑住,往前爬行。

第 460 天

推拉的动作:他现在能把摇篮(下面有四个轮盘可以推动)向前推着行走,又能扶

着摇篮的横边拉着向左右行走。

五、坐的动作

第 98 天

喜欢坐的姿势:我把他横放在我的手臂上的时候,他能屈身向前挺起来。

第 109 天

就要坐起来了:他躺在床上的时候,他要直起身子来;我用右手两指(食指同中指)在他背上托了一下,他就坐起来了。

第 119 天

背尚未直:你抱他坐在你的手上的时候,他的背还是驼的,不能直起来。

第 120 天

坐的发展:我今天把他坐在桌上,他的头同身子只能向前弯曲,不能挺直起来。他用右手在桌上撑住不致侧倒,如是他撑了 14 秒的工夫。到了 147 天,把他坐在桌上,他上身也仍旧向前弯曲。第一次他坐了 10.5 秒工夫,第二次坐了 2.5 秒工夫,第三次坐了 4 秒工夫,第四次坐了 3 秒工夫,第五次坐了 3.3 秒工夫。

第 193 天

坐的发展:今天早晨他穿了一件单衣,裹了一块尿布,正是很快乐的时候,把他坐在小床(布绑的)上。他倒了,我再把他扶起来坐着,如是试验六次,每次所坐的时间如下:

次数	时间	
1	2 秒	手里没有玩物
2	4 秒	
3	4.5 秒	
4	6.5 秒	手捻着玩物玩弄
5	9.5 秒	
6	13 秒	
(后来把他坐在地板上)		
7	5 秒	
8	27 秒	
9	14 秒	

他从前坐的时候，身子是不直的。现在他的身子是直的了，并且两手能在左右挥动。

第196天

能靠着坐了：现在他背靠着垫子能够独坐许久工夫。

第201天

坐的发展：把他坐在桌上，坐了四次，每次的时间如下：

次数	时间
1	8.5秒
2	20秒
3	43秒
4	6秒

到了第35个星期，我又把他坐在地板上，又坐了3次，所坐的时间如下：

次数	时间
1	35秒
2	27秒
3	31.5秒

到了第36个星期，我又把他坐在桌上。第一次坐的时候，因为他到旁边去抓东西跌下来，所以只坐了33秒工夫。第二次他坐了2分3秒之久。

第216天

坐又进步了：他现在可以独坐在摇篮里，不用什么东西靠背了。

第266天

坐的发展：他直了背，坐在地板上，上身稍许向前，所坐次数时间如下：

次数	时间
1	1分45秒——向左倒时，左手立刻伸出撑住。
2	40秒
3	2分15秒——因他伸手来拿我的足，就侧身而倒。
4	4分——此时与小狗玩。
5	1分59秒

六、立的动作

第 45 天

立的初步:今天早晨洗澡后早餐前,我抱着他的腰立在我的膝上,他立了 18.5 秒的工夫之后才屈膝。

第 118 天

不能直立:到现在他还是不能立直像成人的样子。他的上身还是向前弯曲,同两腿成 150 度的样子。

第 136 天

喜欢站立:他祖母把他抱在膝上,他头往后,手在前上下挥动,肚皮往上举,后来全身往下,溜到地上立着,到了八九个月之后,你把他抱在膝上坐着,他总是要站起来。

第 150 天

立的进步:抱他立在桌上,他立了 37 秒工夫才屈膝。

第 266 天

喜欢站立:近来他最喜欢扶着床背站着。这恐是行走的初步。

第 269 天

能够扶着东西站立:近来自己从地板上扶着椅子的靠手板站立起来了。

第 292 天

自己站立:今天他自己能扶着摇篮站立,并不屈膝。

第 363 天

独自倚凳立起:他正在爬的时候,抓了一个椅足把身子一拖做跪的姿势,又用左手拿住了椅板,右足举起放在地上,后来把左足举起,身子才立起来。

第 370 天

能在坐板上站起:他现在能在车里一块坐板上爬起来了。

第 371 天

站立的发展:现在能扶着摇篮的边站得许久。

第 432 天

站的动作:他起初背天笔直地躺在床里,后来手足撑着床站了起来。如是者凡 3

次，每次有几秒钟工夫。这种站的动作也是他自己做出来的。

第 503 天

站的进步：他现在从地上站起来很容易了。

七、爬的动作

第 115 天

移动身体的初步：今天他裸体仰天躺在床上的时候，我把他身子从右到左翻转来，把他的两手放在身子旁边，手掌向上。他立刻把头转到右边，后来再举起头来，同时两腿乱踢，又用左手与左臂推着床褥并同时左足乱动，右手、右臂与右足没有像左边的动得灵活。约 1 分钟之后，他头转到左边，两足踢得更加厉害，左手的手指举着向前推，同时就哭了，如是他身子向前推得半寸多点。

第 146 天

爬行动作的发展：把他裸体地背天躺在藤床上，把他两臂伸直放在身子旁边，他立刻举起右手来，放在头的旁边；后来再举起左手，我就把两手抵住他的足，使他两足撑着，他就把身子往前撑过去；撑过后他足缩起来，我把手移上去撑着他的足，他又把身子撑过去，如是他撑上了 1 尺多。

第 248 天

向后匍匐：把他背天放在地板的席上，他要用两手向前爬，并且能够把上身用两手撑起来，但是他的两足太弱，不能把身子撑起来，或者把身子推过去。这样，他手往前一撑，他身子还是往后退，退后他手又撑起来，撑起又退。如是他还往后退了 3 尺多。从此地看起来，儿童要爬的时候他先往后退的，等到他两足强健，才能向前爬呢，这里对于匍匐的动作，可以说他手的气力比足来得大。

第 265 天

独自爬行的初步：今天把他背天地放在床上，在他的头前放了一个玩物去诱他爬行，他先一只脚缩起，一只脚拖着，缩起的脚一撑，身子就往前去，后来把拖的一只脚缩起，撑的一只拖着又来撑住爬行，如是就能爬行了。

第 278 天

爬行的发展：今天又把他背天地放在床上，他先缩右腿，推动身子，后来同时两腿弯曲，同时推动，身子就往前进，如是他爬行了 3 尺。

第 300 天

爬行的动作发展更甚:他扑在床上两手撑起他身子,两足交换地推动,如是头和身子向前移动。

第 364 天

爬过门槛:3 寸高的门槛,他能爬过去了。他爬到门边,看见门稍开着,就用右手一推,门就开了。他身子搁在门槛上的时候,再把门推开爬过去。

第 376 天

爬行动作的变迁:现在他很喜欢在地上爬行,而且他最喜欢爬到床下、桌下躲着。爬的姿势当初是两手在前撑着,两足在后一撑,身子向前,两手同时前后提起再向前撑着;后来两手在前一先一后地前进,同时两膝拖在地上,也是一先一后地前进;手足前进的时候是交错的,就是左手在前时,右膝在前,右手在前时左膝在前;到现在两手在前一先一后地爬得很快,两膝拖地而行。

第 420 天

爬梯子:现在他很喜欢爬梯子。他爬的时候先提起一只足来跪在梯子的横档上,两手在高一档上扶着,后来两手一撑,另一只足就跪在梯子的横档上,这样爬行上去。

第 489 天

(1) 倒爬:现在他能往后倒爬。

(2) 扶物踮足:他现在能够两手扶着椅子把足踮起。

第 503 天

在这两星期中,因为无处爬行没有爬得。回了家,爬行的动作差不多没有了,行走的动作比从前多。此地他不爬是否因为两星期内没有练习的缘故,还是因为他要走了,爬的动作就无形取消了,这两个原因不知哪个对。

第 505 天

爬行动作停止了:到了今天爬的动作没有了。但是专门地学走。

第 523 天

在椅床上爬上爬下:他现在能够在矮床上或椅子上爬上爬下。

八、足的动作

第 1 天

保卫性的反射动作：用冷的激刺（金属尖笔）触他足底，他足就立刻缩起。

第 96 天

脚踢的动作：今天把一条围裙放在他的身上到胸部为止，他能把围裙缓缓地踢掉。

第 129 天

交互举足：我在他肋下把他扶着立在桌上，他就举起右足来，立刻放在左足的左边，后来举起左足放在右足的右边，如是交互举足。

第 191 天

玩足：今天晚上他仰天躺在床上时，举起两胫来双手捻住了右脚玩。这是自己用手玩足的第一次。以后他常常这样举足玩。

第 360 天

举起右足：他站在地上的时候，能够举起右足来，并且能够屈膝踢物。

第 454 天

交足行走：扶着他能用左右足交互地行走。

第 455 天

踢的动作：自然的踢的动作发生得很早，可以说生出就有的。不过要用意志的踢的动作现在才发生。今天他看见一只猫在床下，他两手捻着床边的横档，举起右足去触它一下，后来我扶住他的腰部，他两足交换地举起来去踢那只猫。

九、走的动作

第 398 天

行走的动作：他近来能够扶着东西开步行走 2 尺远。到了今天，他最喜欢行走。假使在他腰里用带子拉住，他能走得更多了。

第 427 天

喜欢绕圈行走：近来他喜欢扶着摇篮、桌子绕圆圈。

第 480 天

独自行走：今天他第一次独自开步行走，不过走了几步就跌倒了。

第 490 天

从地上站起来行走：他自己要从地上站起来，走了几步就跌倒。从前他只能在床上爬起来站着。现在从硬的地板上也能爬起站着。

第 493 天

走比爬多:现在爬的动作仍旧还是很多,不过行走比爬还来得多。

第 512 天

走的动作进步:他现在能够走二三十码①远的路了。

第 610 天

往后行走:现在他不但能够向前行走得很好,而且也能够向后行走了。

第 612 天

向左右行走:他又能向左右行走。

第 720 天

踮足行走:他现在又能踮了足行走。这种踮足行走不是向人学来的,乃是自己做出来的。

十、跳的动作

第 121 天

跳跃的初步:把他立在我的膝上,我的两手在他腰部叉着,他就屈膝蹲下去;后来站起来,又屈膝蹲下去,再站起来。这是跳跃的初步。

第 169 天

喜欢跳跃:现在你一把他站在地上、板上、桌上或席上,他就要一上一下地跳跃。

第 511 天

跳舞的动作:现在别人一叫他在地上跳舞或他一听见留声机的音乐或看见别人跳跃,他能够两脚跳跃,身子和手上下颠动。

第 650 天

扶着下跳:现在他两手扶着别人的手,能从 1 尺高的凳子上跳下来。

第 662 天

跳高:他能够双脚从地上跳起来,不过双脚不是平跳起来的,乃是一高一低的,两足离地总是很低的。

---

① 1码约为 0.9 米。

十一、腿的动作

第 96 天

跨步连合动作：我扶着他的肋下，把他立在桌上，他就能举起左足在空中做跨步的样子，后来左足偶然踏在我的围巾上，他立刻举起右足来。

第 150 天

举腿擦痒：他的左腿发痒，他就把腿举起来搁在他母亲的腿上擦擦痒。

第 155 天

跳跃动作的发展：近来他最喜欢在人膝上跳跃。

第 160 天

弓形腿：他的两腿仍旧像弓的样子。他的两腿伸直坐在地上的时候，他两足的前后和中间各部一起都能碰着，但他两膝相离很远。

第 315 天

学习骑马的动作：今天我先骑在他堂兄身上做骑马的动作给他看，后来他骑在我的身上也上下地颠动。

第 440 天

翻筋斗的初步：近来他一看见他堂兄翻筋斗，就很高兴地模仿。他把他的头抵着睡床上，两手在头颈两旁撑住，背屈着，两足在后边踮着；后来将后足一颠，身子向左一侧，这样约翻了 90 度的距离。

第 468 天

蹲的动作：两手扶了桌腿蹲着。

第 474 天

蹲的发展：现在能不要扶着东西蹲了。

第 540 天

跨的动作：现在 3 寸高的梯子他能够跨得上；2 寸高的门槛他能够跨得过。

第 568 天

跑的初步：他现在稍微能够两膝不屈地跑了。

第 576 天

跑的动作：从前他刚学走的时候，就有跑的姿势；今天他赤了足跑。第一次他用 7

秒钟工夫跑了22尺,第二次只费了6.6秒钟工夫就能跑完。

第625天

站着踢物:他用右足游戏似的踢他堂兄。

第690天

他现在能够踢地板上的皮球,不过他的膝并没有弯曲。

第七章　模　　仿

这个模仿动作，青年老年亦有的，不过儿童来得格外充分一些。儿童学习言语、风俗、技能等等，一部分是由模仿别人而来的。儿童生来不能说方言，到了1岁的时候，就咿唔地要说话了。到了四五岁的时候，一乡的方言，差不多学会了。假如他生在英国，他就能讲英语，假使生在德国，他就会说德语。儿童的模仿力实在是大，不仅对于言语是如此，对于一国风尚文化亦莫不如此。所以我们做父母的，不可不格外留意。因为我们的一举一动，最能影响儿童。我们的行为好，儿童的行为大概也是好，反之也是如此。做师长的，亦须"以身作则"。烟酒嫖赌，尤宜戒绝。吾闻友人说某校学生，因为教员吸烟，学生亦居然仿效，谓教员可吸，我们为什么不可吸。做教职员除了以身作则之外，还宜养成纯美的校风，使得学生不知不觉地模仿。假使一校学生皆好勤学，凡偷懒的新生进来亦渐渐地好学起来。我对于利用这个模仿心，还有一层意思不得不说的，就是我们不论在家庭在学校，当设备极好的环境，使儿童模仿，不过同时要教他鉴别是非善恶，务使他达到"择其善者而从之，其不善者而改之"的地步。

模仿动作之分类与发展

(一) 模仿动作的分类

模仿是人类的普遍动作。没有一个儿童不能模仿的。然模仿的性质究竟是怎样的？是否个个儿童都有同等的模仿能力？儿童的模仿是否有分别？模仿于儿童究竟有什么好处，于社会有什么好处？究竟什么东西儿童模仿的？这些问题我们应当研究，现在我逐条写出来，以资讨论。

照克尔帕屈克的意思，儿童的模仿动作可分为五类：

1. 反射模仿(reflex imitation)。

儿童对于别人的举动有一种生理的模仿趋势，别人哭笑，儿童不知不觉地也会哭笑起来。儿童到半岁的时候，这种反射模仿就发生了。这个模仿虽然一生都有，不过1岁半以内的儿童恐怕只有这种模仿且很发达。成人之一笑一怒，儿童有时能如镜子似的反照出来。这样说来,儿童之性情和礼貌大受环境的影响了。做父母的岂应终日皱眉无笑容呢?

2. 自然模仿(spontaneous imitation)。

反射模仿是完全根据感觉的刺激的(sensory stimulus),自然的模仿是根据知觉的(perception)。自然的模仿范围也比反射模仿来得大。凡鸟叫、鸡鸣、猫走、狗跑、讲话、作业等等,他无意之中都要去模仿的。凡儿童脑里所知觉的,就要去模仿。这种模仿到1岁半的时候已很强了。所以我们成人要很注意自己的言语举动。

3. 化装模仿(dramatic imitation)。

化装模仿与自然模仿不同。化装模仿有代表经验的性质。自然模仿是完全仿效经验的。儿童三五成群模仿出殡娶亲或假斗等事。这个化装模仿儿童到了两岁的时候就有了。到了四五岁时候,儿童想象力已发展得很浓厚,能够以小土堆做泰山,小池潭做大洋,凳子做轿子。这个时候,我们当教他们各种神话故事了。

4. 自主模仿(voluntary imitation)。

自主模仿不是有模仿本身的目的,乃是有别种主旨在其中,比方儿童模仿某某人的姿势使大家取乐。

5. 理想的模仿(idealistic imitation)。

到三四岁的时候,这个理想的模仿就渐渐地发生了,儿童就要模仿他的伴侣。后来,模仿家庭中的人。再后来就模仿世上的人物了。对于这一点,我另有详细的讨论。

(二)模仿何时发生的

1. 普莱尔(Preyer)的试验。①

他的小孩生后第10天当洗澡的时候自行皱唇(突出口唇)。

第7星期时看见生疏的人就会皱唇。

第15星期将末时,普氏皱了唇给小孩看,小孩居然能模仿。模仿皱唇的动作虽不像原来的动作,但确有模仿的动作样子。

---

① 参看 Preyer:The Senses and the Will。

2. 鲍德温(Baldwin)的试验。①

他的小孩到了第9个月时始发生有意志的模仿。鲍氏先把一串钥匙敲击花瓶给他的小孩看。他的小孩也能做敲击花瓶的动作。

3. 迪尔博(Dearborn)②的试验。③

迪氏的小孩在59天的时候,就能模仿做漱口声音。

在87天的时候,他能模仿握手动作。

模仿复杂的动作:当231天时,他屡次用棒敲枕头给小孩看。这样,那个小孩子也敲了5次。

4. 摩尔(Moore)④的试验。⑤

他的小孩到了第38星期时,发生有意识的模仿。

5. 我的试验。

我的小孩第112天时发生笑声的模仿。当他仰卧在床上哭的时候我特意对他笑,他也出声回笑。我停笑他也停笑。我再笑,他也再笑,如是者四。这种模仿近乎反射性的。我的小孩在94天时就能出声笑,不过当时别人的笑不能引起他的笑来。

第153天

模仿唱歌:今天我先唱起乐调来,他也就唱,虽然他所唱的音只一个是"ǎ"音,然"ǎ"声有高低大小之别,他唱的时候似乎还是有调子。我先唱了一息就停止了,他居然也停止,后我再唱,他也再唱。

第154天

证明模仿歌唱之趋势:今晚洗澡时,他毫不做声。不过他一听我歌唱,他又歌唱起来,后来我停唱,他也就停唱,我再唱,他又再唱。我再停唱,他就也停唱。后当他哭喊时,我再歌唱,他就转哭为笑。我再停唱,他又停唱,我再唱,他又唱。

第42星期

有意志的模仿:模仿吹钱。今晨他仰卧床上,他的母亲吹着手里所拿的一块银钱

① 参看 Baldwin: Mental Development。

② 迪尔博(Dearborn, 1905~?),美国心理学家,在哈佛大学任教。

③ 参看 Dearborn: Motor-Sensory Development。

④ 摩尔(Moore, 1915~?),英国心理学家,主要研究儿童心理发展、家庭关系等方面的问题。

⑤ 参看 Moore:Mental Development of a Child。

给他看。吹后她给他，他拿了也就用口吹着那块银钱。如是者三。

第 42 星期

模仿声音：凡听见外边的狗叫、羊叫、人声，他就要模仿。

第 45 星期

模仿摇手：现在他一看见你摇手，他也摇手，不过所模仿的不真确。

第 47 星期

模仿敲桌：我用手敲桌，他也敲桌子。

第 51 星期

(1) 模仿刷牙：他看见我用牙签剔牙，就要牙签。我给了他一根，他捻了放进口里。次日又试验他，他又如是模仿。

(2) 模仿怀抱：我与我妻先后抱了一个洋囡囡，拍拍它、闻闻它以表亲爱的意思，后把这个洋囡囡给他，他也闻闻它。

(3) 模仿再会的摇手姿势：他居然能模仿“再会”的摇手姿势了。

(4) 模仿舌声：他的堂兄和他的母亲做舌声给他听，他也开口做了几声舌声。

第 53 星期

喜欢模仿：看见旁人做什么，看什么，吃什么，他也要做，也要看，也要吃；虽然模仿的动作不能同旁人一样，但是很喜欢模仿。

第 54 星期

(1) 模仿翻转一个玩物：他的祖母用右手的食指压着一个玩物的边以使翻转。如是翻了数次。他遂用左手的食指也来翻这个玩物。后来他用指去翻一个摇铃。

(2) 模仿动作发展得很大：他看见家里人读书，他也要读书；他看见家里人写字，他一定也要写字；你不给他写，不给他读，他就要哭。

第 63 星期

模仿唱歌：他拿了一本音乐书展开来看，我就唱，唱后他也做唱的声音。

第 64 星期

(1) 模仿读书：拿了一本书坐在凳上，摇头摆身地口里念着，这是模仿读书的样子。

(2) 模仿动作：我拿了一本书敲他的头，后来把书丢在桌上，他拿了书敲着自己的头。现在模仿动作和模仿声音的兴趣都是非常的浓厚。

第 71 星期

模仿洗衣：他用右手拿了一块肥皂，在洗衣板上面磨来磨去，模仿他祖母洗衣服的样子。

第 75 星期

模仿化装骑马游戏：前几天我拿了一根棒子，跨着做骑马的样子给他看。今天他拿了一根别的棒子在路上玩，后来把棒子放在地上，两脚跨过，身子蹲下来把棒子拿起就跑，做骑马的样子，他还不能直接地跨过。

第 76 星期

模仿图画中的动作：他看见图画中的各种动作，就要学学看。比方他看见一个人演说，两只手往上举着，他也学他的样子立刻举起手来。又比方他看见一队兵正在行走，就要站起来开步走。

第 85 星期

(1) 扫地：从前他看见别人扫地的，今天他拿了一把扫帚，也要打扫打扫。

(2) 浇水：他拿了一只盛盐的小杯子，从水桶里装了水倒在花瓶里。从前他曾经见别人用茶杯浇水的，所以现在看见树就想到从前别人所做的事情来，他就也会做的。

第 90 星期

学成人的样子：他堂兄做了一副藤眼镜，戴了给他看，他拿来放在自己脸上，站着给我看，好像成人的样子。

第 91 星期

模仿贩卖：他拿竹篮盛了一个南瓜，口里喊着叫人来买，这种动作，大概是因为常在门口看见贩卖人的缘故。

(三) 怎样可以作为真确的模仿

1. 鲍德温说："单独的动作不是真确的模仿；除非这个动作能在类似的境地内被激起发生的。"鲍氏的意思是要免掉偶然的模仿动作。①

2. 克尔帕屈克(Kilpatrick)说："在模仿一方面说来，儿童要动的意思大约是从他觉得别人所做的动作而发生的。"克氏举了一个比喻以解释他的意思。说一个饥饿的

---

① 参看 Baldwin：Mental Development，第 124 页。

小孩看见别人吃,他也吃,这种吃的动作不是模仿的动作。这个小孩知道“吃”是什么东西,也知道怎样吃的,而且已有一种要吃的趋势。别人所“吃”的动作,无非引起他要吃的趋势而已。吾恐怕他不必因为看见别人吃就要吃,即使他听见别人说“吃”那一个字和别人敲吃饭的钟,他也要发生“吃”的动作。倘若这个小孩吃起来好像别人,这种动作可以说模仿动作;或者他不在饥饿时看见别人吃而发生相像的一种“吃”的动作,那么这种动作可算为真确的模仿动作。[①]

3. 普莱尔说儿童要达到模仿动作的地步,必须要达到以下的三种条件:

(1) 他必须以觉官(senses)觉得别人的动作。

(2) 他必须从觉到了别人的动作后发生一个观念(idea)。

(3) 他必须依照这个观念发生一种动作(imitation)。[②]

以上所说的是指有意志的模仿而言。

4. “桑代克(Thorndike)[③]对于模仿的意义发生许多批评。他以世人所用之“模仿”一词无一定的意义,遂将模仿的真谛详加讨论一下,他把模仿分为两大类:(1)普通的模仿(general imitativeness),(2)专特行为式的模仿(the imitation of particular forms of behavior)。

从普通的模仿说来,模仿究竟是什么意思?他把模仿别人的动作分为以下几种:

(1) 同样的动作(identical movements)。

(2) 类似的动作(similar movements)。

(3) 发生类似动作之趋势(tendencies to make similar movements)。

他把模仿别人的姿势、声音、容貌等也分为三种:

(1) 同样的姿势、声音和容貌(identical position, sound and looks)。

(2) 类似的种种(similar ones)。

(3) 发生同样或类似动作之趋势(tendencies to make movement resulting in

---

① 参看 Kilpatrick:Fundamentals of Child Study,第 129 页。

② 参看 Preyer:The Senses and the Will,第 282 页。

③ 桑代克(E. L. Thorndike, 1874～1949),美国著名心理学家,动物心理学的开拓者。他在教育心理学、儿童心理、教育心理训验等方面都进行过研究,并著书立说,对西方心理学产生很大的影响。他的主要著作有《教育心理学》等。

indentical or similar ones)。①

(四) 模仿是否是本能

1. 桑代克详细研究这个问题之后,否认模仿是一种本能,他认为本能者如以下的动作:“人对你微笑,你也微笑;人大笑,你也大笑;人叫嚣,你也叫嚣;人看什么,你也看什么;人听什么,你也听什么;人奔跑,你也同他们或向他们奔跑;人溃散,你也从溃散起点奔跑;人饶舌你也饶舌;人变缄默,你也变缄默;人蹲踞、追赶、攻击,你也要蹲踞、追赶、攻击。”

2. 汉弗莱(Humphrey)②认为模仿是一种交替反射动作(conditional reflex),他以模仿之发生有三点:

(1) 循环动作(circular action)。比如儿童号哭。起初因痛而哭,后因哭而再哭,所以愈哭愈要哭。这样第一次哭是痛的反应,第二次哭是第一次哭的反应,第一次哭变为第二次哭的刺激。第一次以后的哭不过是第一次的交替反射动作,第一次的哭变为第二次哭的刺激罢了。

(2) 直接的模仿(direct imitation)。布里德(Breed)报告他的试验说,一笼之鸽见他笼之鸽啄食物,地上虽没有食物,也要啄啄看。这样他鸽啄食物之动作变为引起此鸽啄食之交替刺激(conditional stimulus)。

(3) 第三种模仿。本来的副刺激(original secondary stimulus)来自外界的。比方儿童方做漱口声时,他的母亲也偶然做起漱口声来,儿童一听他的母亲做漱口声益发高兴做了。

总说起来,汉弗莱以模仿是一种交替动作,不是本能。

3. 坦纳(Tanner)根据詹姆斯(James)③的意识是动的(all conscious is motor)意思来解释儿童模仿的现象。④ 米勒(Miller)也曾有意识是动的意思。在他所著的《人生教育》(*Education for the Needs of Life*)中略述心意的动现(motor flow of

---

① 参看 Thorndike: Original Nature,第八章。

② 汉弗莱(G. Humphrey 1889~?),美国心理学家。曾在牛津大学、莱比锡大学、哈佛大学任教。

③ 詹姆斯(W. James, 1842~1910),美国心理学家、哲学家和著名的思想家。曾任哈佛大学教授。1894 年与 1904 年被选为美国心理学会主席。是机能主义心理学派的创始人。主要著作有《心理学原理》、《心理学简编》、《对教师讲话》等。

④ 参看 Tanner: The Child。

consciousness)的学说。照这种学说讲来,儿童对于反应外界之刺激是比成人来得敏捷。一听到外边的鼓声,就要跑出去看;一看别人做工,就也要去做工。这种动作凡普通儿童都有的。"模仿"就是一种反应动作,不过这种动作与所受的刺激动作相仿佛而已。年幼儿童既乏后天的经验,遂乏充分的联念(associations)和互相抵触之观念(conflicting ideas)。因此,儿童的模仿趋势较成人为尤强。

(五) 什么东西儿童善于模仿

弗赖尔女士(Miss Friar)曾经研究过这个问题,①惜未读得原文为恨。兹将坦纳采取他所研究的结果转述于后。模仿成人者在3岁儿童中占85%,在7岁儿童中占80%。这样看来,成人之一举一动于儿童之前途有莫大之影响,还有儿童模仿动作比模仿言语来得浓厚(见表7-1)。

(六) 总结

1. 模仿的动作与所模仿的动作不是一样的。

比方儿童模仿成人说话,成人说"爸爸",儿童模仿的声音,恐怕是像"罢罢"。成人说:"拿来。"儿童恐怕是要说"乃理"(方言)。所以儿童当初说话的时候,音是不正确的,要到后来逐渐正确了,别人才能懂得。儿童学写字,他所握笔的位置和姿势,不能照成人一样。就是你教他如何握,他也还是有很多错误。所以当儿童模仿的时候,做父母的要格外当心,看他有错误,要立刻去校正他。要知错误还没成习惯的时候,容易改正的,如果起初不去校正,那就要养成错误的习惯,而且要难改了。

2. 模仿只在初做的时候。

从前人以为儿童由模仿所做的全部动作皆是模仿。其实模仿只在初做的时候,后来继续所做的动作,是感觉这个动作的快乐而做的,并不是模仿了。如果对一种动作没有兴趣,他模仿一刻就不再做了。比方一个儿童看见别的儿童拿了一个喷壶灌花,他也要拿喷壶去灌花。这个动作,是模仿动作,后来他再要水以及灌很多的花,这以后的动作就不是模仿了。他后来所做的动作,皆是由起初模仿动作发生乐感而引起的动作。假使模仿动作所发生的乐感愈浓厚,他继续的动作愈持久;假使模仿的动作所发生的兴趣薄弱,他继续的动作当然不能持久。譬如两

---

① 参看 Friar: Imitation。

岁的小孩子，看见成人用针缝纫，他也要针缝纫，因为他不能拿针缝衣，不能发生快感，所以这种动作不久就停止了。这层理由，可以用下面的图式来表明。

表 7－1

儿童所模仿的东西	3 岁	7 岁
1. 动物	5%	10%
2. 儿童	10%	10%
3. 成人	85%	80%
模仿之类型		
1. 直接的模仿	35%	15%
2. 游戏	50%	80%
3. 观念	60%	75%
所模仿的特点		
1. 言语	15%	10%
2. 动作	70%	80%
3. 动作、言语、声音	75%	60%

$$S\leftrightarrow R(S_1)\leftrightarrow R_1(S_2)\leftrightarrow R_2(S_3)\leftrightarrow R_3(S_4)$$

S＝别人所做的动作，R＝儿童所模仿的动作，S_1 就是由 R 动作发生乐感而变成的。R_1 就是 S_1 的反应。S_2 就是 R_1 变成的。R_2 就是 S_2 的反应。余可类推。

看上面的图式，R 是反应 S 的，所谓模仿就是在这一节，后来由 R 的动作得到一种乐感，就引起 R_1 的动作，所以 R 变作 S_1，倘若 R 动作所得的乐感很薄弱，R_1 就没有了。有时兴趣浓厚，愈做愈乐，直到疲倦了才停止。

还有一层我们要明白的，就是乐感有两种：(1)生理的，(2)社会的。生理的快乐就是从肌肉筋骨以及其他觉官所得的乐感；社会的快乐，就是他模仿的时候，别人称赞他鼓励他的乐感。因此我们应当利用这种心理。凡不能发生两种快感的事情，不要给他模仿，凡能发生两种快感的事情做给他看，给他模仿。

3. 模仿是包含模仿的能力。

儿童如果没有模仿的能力，绝对不能模仿。所以四五个月的小孩，不能模仿写字、读书、缝纫等事，只能模仿声音。所以不要勉强儿童模仿他所不能模仿的东西。

4. 儿童模仿是无选择的。

儿童善恶的观念很薄弱,所以他不能选择事物去模仿的。比方他看见父亲吐痰,他也要吐;看见父亲吃烟,他也要吃。他模仿这种动作,并不知道有什么坏结果。他之所以模仿,不过是要与人表同情,并没有什么别的意思。所以我们成人在家里和在学校里,皆要以身作则,切不可以不谨慎处之。

参考书目

1. 陈鹤琴:儿童心理及教育儿童之方法,新教育卷三,二期。
2. Preyer. The Senses and the Will.
3. Baldwin. Mental Development.
4. Dearborn. Motor-sensory Development.
5. Moore. Mental Development of a Child.
6. Kilpatrick. Fundamentals of a Child.
7. Thorndike. Original Nature.
8. Humphry. Imitation and Ambitioned Reflex, Ped. Sem. , March, 1921.
9. Tanner. The Child.
10. Friar. Imitation, Ped. Sem. , 1896 - 7.
11. Norsworthy, Whitley. Psychology of Childhood, Chap. III, IV.
12. Watson. Psychology, Chap. VII.
13. G. Stanley Hall. Aspects of Child Life and Education.

第八章　暗示感受性

暗示和模仿，看起来是一样的东西，不过模仿是从儿童一方面着想，暗示是从环境一方面着想。对于儿童模仿是主体，对于暗示环境是主体。比方说：儿童因为看见别人骑马，也要骑马。“别人骑马”这个动作是给儿童一种暗示的意思。他看了别人骑马也要骑马，这种被外界刺激的心理，就是“暗示感受性”(suggestibility)。他受外界刺激愈容易，他的受暗示性愈大。暗示分内外的。由外界刺激而引起动作的叫“外暗示”，即普通所谓“暗示”。内部自己引起动作的刺激是“内暗示”(autosuggestion)。对于“暗示感受性”约略述之于下：

一、儿童是易受暗示的

有一天，我拿了一条马缰(是一种儿童玩具)给我的小孩。起初我以为他一定是喜欢玩的，所以我拿来就把这条马缰挂在他的头颈上，不料他不喜欢玩，竟哭起来了。我一看见他哭，立刻把这马缰绳拿去，放在我侄子的头颈上。我的侄子就往前跑，我牵了马缰在后面追。过了一会，我的小孩子居然也要这条马缰了。后来我把这条马缰放在他的颈上，一放好他就往前奔跑。这件事有许多地方我们可以讨论的：第一，起初我的小孩因为不明了这条马缰的用处，不明了我的意思，就发生了一种惧怯的态度；第二，后来他看我们追跑，他就也要做。这样说来，一方面我们不要贸贸然任一己之欲，迫儿童做不明了的事情；一方面儿童既然是很容易受人的暗示，我们可以利用这种心理去支配他的动作。我再举一个例，我要我的小孩刷牙齿。他小的时候，很欢喜洗嘴的。后来他有了牙齿就不愿意洗，我就想了一个法子。一日，我特意用一把牙刷刷给他看，他看了之后也就要刷，后来他慢慢喜欢刷牙了。对于刷牙这一层，我们也可以用图画来暗示小孩子。比方我们有一张图画，画了三四个儿童在一间很美丽的洗脸房里，各人拿一杯水一把牙刷，欢欢喜喜地在那里刷牙；旁边有个母亲笑嘻嘻地看着他们。儿童看了这种图画恐怕也要刷牙了。假使这张图画只有一个母亲在那里叫一个儿童刷牙，房里也并没有什么点缀，儿童看了恐怕不会受多大的暗示，或者儿童看了反不愿意刷牙，也未可知。

桑代克在他的《儿童心理摘要》(*Notes on Child Study*)书上引证斯莫尔(Maurice H. Small)的暗示研究。斯氏用盛香水的瓶子,盛了清水并几张香味很少的香水片,去试验了第九级学生,第九级有四班中学生,一共试验了559个学生。他先拿了一张香水片递给学生,叫他们闻闻看不要说出来,并且告诉他们春景的可爱以及各种花卉之悦目,后来在教室里洒了几点清水对他们说:“我现在洒香水,你们倘若闻到香气的,举起手来。”这样他找得许多学生受暗示。有的说是玫瑰香水,有的说是樱花香水,年级愈低的学生受暗示的愈多,平均说来,学生有73%受暗示,看下面表8-1可以格外明白了。

表8-1 斯莫尔试验统计表

年级	闻着香气的						闻不出香气的		
	人数 S.	百分比 S.	人数 F.	百分比 F.	人数 N. S	百分比 N. S	人数 O.	百分比 O.	G. C.
1	93	98	—	—	—	—	2	2	1
2	62	95	—	—	—	—	3	5	1
3	54	83	—	—	—	—	11	18	1
4	55	63	11	13	—	—	19	23	4
5	20	50	8	20	—	—	12	30	2
6	19	27	7	9	10	14	35	50	3
7	4	13	—	—	—	—	27	87	1
8	—	—	—	—	23	67	11	33	2
中学	—	—	25	47	—	—	28	53	4
总数	307		51		33		148		19
	391						167		

“S.”指香气浓厚的;“F.”指稍有香气的;“N. S.”指不确定的;“O.”指没有气味的;“G. C.”指香味在香片里的

比奈(Binet)①、斯特恩(Stern)②、本斯特(Berst)、温奇(Winch)③和惠普尔

① 比奈(A. Binet,1857~1911),法国心理学家。他在心理学方面研究范围极其广泛。最主要的贡献是对智力的研究和对智力测验方法的创新。1904年他和西蒙共同创造了心理学史上第一个科学的智力量表——“比奈-西蒙智力测验”。

② 斯特恩(W. Stern,1871~1938),德国心理学家、哲学家。他重视心理学的实用问题。主张儿童的发展是由遗传和环境两个因素决定的,是二因素论的代表。著有《儿童语言》、《早期儿童心理学》。

③ 温奇(William Henry Winch),英国剑桥圣约翰学院学者。著有《教育问题》、《德国学校课程和教学方法调查报告》等书。

(Whipple)①等等都曾研究过儿童的暗示感受性。他们都找得儿童的暗示感受性很大。现在我介绍温奇所试验的结果,以资参考。②

温奇采用斯特恩所试验的一张图画,名叫“早餐图”。这个图中有一个母亲在饭堂小桌上切面包给他的小孩儿吃。温氏把这张图画给儿童看 1 分钟后,便叫他们把画中的东西一一说出来。迨一星期后,将图中的东西一一复问儿童,叫儿童务捋所晓得的都说出来。儿童说后,再把图画给他们看,并且叫他们自己矫正说错的东西。问句中有许多具暗示性质的,如“那个妇人戴什么帽子?”“地毯是什么颜色?”其实那个妇人并没有戴什么帽子,那间食堂没有什么地毯。这种问句无非要试验儿童的“暗示感受性”。易受暗示的儿童恐怕就要说:“那个妇人戴了一顶黑帽,地毯是红色的。”现在我把关于试验“暗示感受性”的结果录之于下,以资参考。

下面表内的八个问句,都是暗示的问句,表中数目指点不受暗示的百分比,比方表 8-2(1)第一问 3 岁儿童第一次的百分数是“0”,意思就是 10 个儿童完全受暗示的,第二次是 1%不受暗示。

从下面这四个表看来,我们可以说:(1)年长的儿童比年幼的儿童暗示感受性来得薄弱(见表 8-2);(2)年长的女孩比年长的男孩暗示感受性来得强,但年幼的女孩(年级第二、第三、第四)比年幼的男孩的暗示感受性来得弱[见表 8-2(3)(4)]。

还有一种暗示,就是儿童常常随着人末了一句话或者一个字说的。

如我两岁左右的小孩,有一天我试验他的“暗示感受性”,问他两只狗的大小,大的一只狗叫“Bat”,小的叫“Brownie”,这两只狗是邻居家的,常常和他玩要的。我问他说:“Bat is bigger than Brownie, which is bigger, Bat or Brownie?”(Bat 比 Brownie 大,哪一只大呢,是 Bat,还是 Brownie?)他说:“Brownie。”再问他:“Which is bigger, Brownie or Bat?”他说:“Bat。”再问他:“Which do you like better, Bat or Brownie?”他说:“Brownie。”再问他:“Which do you like better, Brownie or Bat?”他说:“Bat。”这里可以显出他很容易受暗示的,他明知“Bat”是比“Brownie”大,但他总是随人末了一个字回答。但到了 2 岁半的时候,这种暗示性就没有了。

---

① 惠普尔(Whipple),美国心理学家。在个别差异及各种能力测验方面有重要贡献。

② 参看 Winch: Children's Perceptions。

表 8－2　幼儿的“暗示感受性”

（1）学校 A（年岁 3～7）

问句	正确答案人数									
	3 岁男女孩 10 人		4 岁男女孩 10 人		5 岁男女孩 10 人		6 岁男女孩 10 人		7 岁男女孩 10 人	
	第一次	第二次	第一次	第二次	第一次	第二次	第一次	第二次	第一次	第二次
（1）那个妇人戴什么帽子？	0	1	4	3	4	6	5	7	10	10
（2）除了面包或面饼之外还有什么东西在那妇人手内？	3	3	8	9	7	8	9	9	10	10
（3）那个小孩穿的什么靴？	0	0	1	3	4	3	2	4	8	8
（4）你看见窗外有什么东西？	0	0	7	7	4	5	3	4	7	7
（5）你看见门外有什么东西？	3	2	4	5	2	4	6	6	6	7
（6）你看见一个窗么？	0	0	6	7	3	4	3	3	8	9
（7）地毯是什么颜色？	0	0	1	3	2	4	6	6	7	7
（8）你看见一张地毯么？	0	0	3	3	2	4	5	5	7	7
总数	6	6	34	40	28	38	39	44	63	65
拒绝暗示％	7	7	42	50	35	47	49	55	79	81
平均数	7		46		41		52		80	

（2）学校 B（年岁 4～7）

问句	正确答案人数							
	4 岁男女孩 10 人		5 岁男女孩 10 人		6 岁男女孩 10 人		7 岁男女孩 10 人	
	1	2	1	2	1	2	1	2
（1）	6	5	6	9	10	10	10	10
（2）	9	10	9	9	10	10	8	8
（3）	2	2	3	4	6	5	5	5
（4）	4	6	6	6	6	6	9	8
（5）	5	6	6	7	9	8	10	9

续　表

问句	正确答案人数							
	4岁男女孩10人		5岁男女孩10人		6岁男女孩10人		7岁男女孩10人	
	1	2	1	2	1	2	1	2
(6)	5	5	7	7	8	7	10	9
(7)	1	1	1	2	6	8	6	6
(8)	3	3	3	4	8	10	8	7
总数	35	38	41	48	63	64	66	62
拒绝暗示%	44	48	51	60	78	80	83	78
平均数	46		56		79		80	

(3) 学校C(年岁8～13)

问句	正确答案人数											
	二年级女生34人		三年级女生30人		四年级女生51人		五年级女生41人		六年级女生20人		七年级女生16人	
	1	2	1	2	1	2	1	2	1	2	1	2
(1)	16	14	12	22	36	36	30	37	19	19	13	16
(2)	25	24	24	20	45	40	35	38	15	18	15	16
(3)	3	5	4	5	12	7	11	15	10	10	10	12
(4)	6	7	5	5	17	33	21	29	17	16	11	15
(5)	10	7	8	6	28	35	27	33	16	16	14	13
(6)	11	10	9	6	26	32	31	33	16	17	15	14
(7)	3	10	5	10	27	29	23	34	17	20	12	14
(8)	10	15	19	19	33	35	35	39	19	20	15	14
总数	84	92	86	93	224	247	213	258	129	136	105	114
拒绝暗示%	35	34	36	39	55	60	65	78	81	85	82	89
平均数	32		37		58		72		83		86	

(4) 学校 D(年岁 8～13)

问句	正确答案人数											
	二年级 男生 50 人		三年级 男生 42 人		四年级 男生 41 人		五年级 男生 33 人		六年级 男生 26 人		七年级 男生 10 人	
	1	2	1	2	1	2	1	2	1	2	1	2
(1)	46	47	27	23	28	26	22	28	17	20	8	9
(2)	35	43	23	29	29	32	27	27	21	22	9	10
(3)	13	12	13	9	13	19	9	10	5	10	4	6
(4)	27	22	16	25	19	27	13	17	22	24	7	7
(5)	25	25	18	15	23	19	15	17	16	12	3	3
(6)	16	22	13	20	24	28	18	14	19	22	7	9
(7)	11	15	20	23	27	27	25	25	22	23	9	8
(8)	22	24	24	25	31	28	26	27	26	25	9	9
总数	195	210	154	169	194	206	155	165	148	158	56	61
拒绝暗示%	48	52	46	50	59	63	58	62	71	76	70	76
平均数	50		48		61		60		74		73	

上面所说的都是积极的暗示。还有一种消极的暗示,比方儿童跌了一跤,做母亲的把他抱起来对他说:“不要哭！不要哭!”他一听见反哭起来了,或者在教室内做教师的对学生说:“你不要讲话,你不要向窗外看。”学生不知不觉地或者不能自主地反要讲话和反向外看。这是因为他当初并不觉得,后来你暗示他一个意思,他有了这个意思就要现之于事实了。所以有时我们切记不要用消极的暗示去矫正小孩子的错误。

二、暗示的影响

儿童最易受暗示,上边已经说过了。现在讲它的作用。

(一) 关于良好举动、习惯风俗等,我们都可以利用暗示来养成的

比方说,我们要养成儿童好的礼貌,如“谢谢”和“请求”的表示,假使有一个朋友给我的小孩一块糕,我应当先对那个朋友说“谢谢”,我的小孩就会说“谢谢”,倘若第一次不成,第二次再做,后来我的小孩一定会养成说“谢谢”的好习惯。再举一个例,

我要养成小孩的“信实”观念，我可以讲“华盛顿斫树”那个故事给他听，讲后可用暗示性的问句问他说：“你看华盛顿不是很可佩服么？他这样诚实我们不应当学么？”儿童听了这种问句，就说“华盛顿是很可佩服的，这种诚实行为我们也是应当学的”。这样说来，我们可以利用儿童的暗示性来影响他的行动和习惯。不过有一层我们要注意的，就是对于儿童思想，我们应当少用暗示为妙，否则儿童思想恐怕不能独立，且在教室中教员是要养成儿童独立的思想，故当避去暗示性的问句。

（二）暗示可以增加儿童的痛苦

儿童有时受了一点痛苦，因为环境的暗示觉得痛苦更加深重。比方儿童的手指被刺出血来，当初并不觉怎样痛，不过后来他母亲看见，现出痛苦的样子，并且慌忙地替他包裹，而且问他说：“痛不痛？”再叫他“不要哭！不要哭！”儿童受了这种暗示，当然要痛哭起来了。有时一个儿童在路上跑的时候，跌了一跤，旁人看见立刻匆忙地跑过来把他扶起问他：“跌了哪里？哪里痛？”儿童受了这种暗示，当然要觉得跌痛了。假使他哭了，他的父母替他揩眼泪，抱着他，抚他说：“是痛的！是痛的！”这样儿童一定哭得更厉害了，其实他并没什么痛。假使你不理会他，他看看没有人来，他自己就要爬起，假使你能够鼓励他说：“喔！你跌了一跤！你很勇敢的！不要紧！爬起来！”假使他跌得很厉害，头上出血，膝上发青，你切不可惊慌，当从容地走过去把他扶起来，用积极的言语安慰他，代他抚痛治伤就是了，何必大惊小怪去暗示他痛苦呢？

（三）要注意戏剧的暗示给儿童的影响

人的动作很容易暗示儿童的，如戏剧中有系统的动作格外容易暗示儿童的。近来影戏影响儿童的动作非常之大，儿童常常看见影戏中各种欺诈抢掠的事情，也就在社会上发生欺诈抢掠的行为。现在美国影戏所引起儿童罪犯的案件非常之多。略举数例如下：

有一个14岁的儿童，某天晚上在某影戏院看影戏，电灯一开他就跳起来把他两个伴侣推到走廊中，从裤袋里拿出一把手枪就对着他们，并且叫他们跳舞。戏院中200多个看戏的人，其中女子和孩子最多，看见这种情况就惊慌起来，管理员跑过去阻挡他，他就把手枪对着他说：“举手！”

后来他看见警察跑来追他，只得把手枪缴出来，警察捉了他送到警察厅，发现手枪没有子弹。他之所以要这样做，无非是模仿影戏而已。

又有一个13岁的儿童在影戏中看到做贼的方法,某天晚上把糖果店的门锁撬开,偷了八块钱的糖果,后被侦探捕捉,审得偷窃的行为,是从某影戏院看戏所学来的。

如上面所说因受影戏恶劣的暗示而犯罪的儿童现在非常之多,这皆是暗示的影响。近来影戏也到中国来了,闻说我们上海一般无知的青年已经受着许多坏影响了。所以一方面我们应当竭力禁止败坏风化的影片,一方面采取或制造良好的影片,务使青年得到良好的暗示。

参考书目

1. Winch. Children's Perceptions.
2. Whipple. Manual of Physical Mental Test, Part II.
3. Tanner. The Child.
4. Baldwin. Mental Development.
5. Sidis. Psychology of Suggestion.
6. Freeman. How Children Learn.
7. E. L. Thorndike. Notes on Child Study.
8. E. J. Swift. Youth and Race.
9. G. C. Myers. Control of Conduct by Suggestion. *The Journal of Applied Psychology*, March, 1921.

第九章　游　　戏

儿童好游戏是天然的倾向。近世教育利用这种活泼的动作，以发展儿童之个性与造就社会之良好分子。幼稚教育，根据游戏动作的地方格外来得多。但是我国普通社会对于游戏不加注意，甚有以为学校不宜让儿童游戏的。普通人常以游戏为顽皮。乡村学校的教师就是要提倡游戏亦觉得困难万分，因为许多父母竟反对儿童在校游戏，以为送子弟到学校去是为读书不是学顽皮的。

一、游戏的价值

未说儿童与游戏的关系之先，我要把游戏的价值约略地说几种。

（一）发展身体

游戏，是一种自然的、有兴趣的、活泼的运动。游戏的时候儿童不知不觉地会将他的全副精神拿出来的。因此游戏可以锻炼他的筋骨，辅助他的消化，促进他的血液循环，增加他的肺之呼吸。

（二）培养高尚道德

各种高尚道德，几乎都可从游戏中学得。什么自治，什么克己，什么忠信，什么独立，什么共同作业，什么理性的服从，什么纪律，这种种美德之养成，没有再比游戏这个利器来得快、来得切实。至于公平、信实、尊敬他人的权利、勉尽个人的义务，种种懿行，亦为游戏之附属产品。以捉迷藏之游戏为例。蔽目捉人的儿童，不得私自偷看，否则一定没有自治的能力。假使他不能自治而偷看，那么，同玩的儿童断断不让他这样做的，而且要强迫他自治；也不许他与别人串通欺弄其余的儿童，所以他必定要独立，要诚实的。假使某强硬的儿童，被蔽目的人所捉着，不肯照例来代替蔽目，其余的儿童断然不让他不尽义务，亦不准他侵犯游戏规则。这种精神除了游戏之外，实在不可多得。我再举一例，证明游戏之效用。比方四人玩网球，二人在一边，这二人各有玩球的范围，不得互相侵犯，且须共同协力去攻打他们的对方。在这一点，就可养成尊重他人权利与共同作业之精神，其余的，我也不必细述了。总之，游戏是一种发展儿童道德之利器，吾人万不可忽略。

(三) 能使脑筋锐敏

游戏亦能发展智力。如判断力、知觉力、观察力、想象力、创作心、冒险心,皆能从游戏中渐渐养成的。我以棒球游戏来做证据。游戏的人必须眼快手快,而且要冒险,要有决断;见有机会可抢家基(homebase)即须冒险前进不可踌躇。像玩棒球游戏,一定要刻刻注意,时时观察,方能获胜。

(四) 为休息之灵丹

人之精神有限,不能经年累月地勤劳。休息与放弛是必需的,比方某儿童在学校读了6点钟的书,他一定觉得有点困疲。那么,最好的休息方法是什么?我们可简直说,除了游戏之外,没有好的灵丹。一游戏,他的脑筋就得放松;他的心思,就到游戏上去了。总上说来,假使我们要发展儿童活泼的精神,非介绍适当的游戏不可。

二、游戏的学说

(一)"力量余剩"学说

这个学说是德人席勒(Schiller)主张的,由英人斯宾塞(Herbert Spencer)[①]发挥并提倡的。席勒在关于人类美术教育的书信上面说到这个学说,他说:"自然赐给一切动物(甚至于无思想能力的动物)的东西,不仅仅限于生活之需要而已,并且'自然'也放入一线光明给生在最黑暗地方的动物的。我们晓得狮子无饥饿的痛苦,如无别的野兽同它争斗的时候,它所未用过的蓬勃气力,就要从别的地方发泄出来,或是在旷野中狂吼,做种种无谓的动作。昆虫因生活之快乐,群集于日光之中。飞鸟感生活之有余,而为快乐之歌唱。这种都是表示自由的现象。不过这种自由,不是说在种种需要中都能自由,乃是在固定的外界需要中自由而已。动物动作的时候,必定有一种需要,为动作的目的,游戏就是动物所余剩的力量而动作的目的。"

从这段文字看来,动物将一部分的力量,花费于保持生命的动作,余剩的力量要激起动物做各种无谓的动作。愈是低级的动物,所费于保持生命的力量愈多,所余的力量愈少,所以游戏亦愈少。愈是高级的动物,所费于保持生命的力量愈少,所余的力量愈多,所以游戏亦愈多。

对于这个学说,心理学家素有如下的评论:

---

① 斯宾塞(H. Spencer,1820~1903),英国哲学家、心理学家、社会学家和社会心理学先驱。主要著作有《教育论》、《心理学原理》等。

1. 第一个批评是:“照这个学说说来,力量有余剩始有游戏,何以人疲倦的时候也能够游戏?”这个评论是不对的。假使人疲倦到万分的时候,没有余剩的力量,如何能游戏?普通所谓疲倦,其实并不十分疲倦,当然有余剩的力量做别种有兴趣的动作。

2. 帕特里克(Patrick)[①]批评这个学说说:“力量余剩学说是假定人为工作而生存的,游戏是他的例外动作而已。要知儿童终日动作,无所谓游戏,无所谓工作,所以这个学说不能应用到儿童的游戏上去。”[②]这种批评,也是不对的,因为儿童维持生活的动作,有父母替他做的,他的余剩的力量极多,所以他的动作皆是游戏。席勒的学说,何尝不能引用到儿童的游戏上去?

3. 格罗斯(Groos)[③]批评这个学说说:“这个学说,不能解释游戏的种类,如人为什么喜欢渔猎、赛跑等等游戏?既是余剩的力量发之于游戏,应当随便什么都可以游戏,何以只喜欢渔猎、赛跑?”他又说:“力量满溢只能解说动物要做的动作,不能解释同类动物,发现同样的特殊游戏。这种游戏并且与别的动物的游戏异样的,比方狗所游戏的与猫所游戏的是不同的,人所游戏的与狗所游戏的也是不同的。”[④]这个批评也是不正确的。照格氏的意思,人类应当有同样的特殊游戏;不过事实上不然,譬如现在学校里各种通行的球戏,中国素来没有的,是从西方输入的,因为球戏能引游戏的人各种的快感,所以人人喜欢它,就是猫狗看见球也很喜欢的。总之,游戏的种类当然为动物的本身和动物的环境所支配的,动物的本身,有老幼的分别,动物的环境,有时代的变迁,游戏当然亦随老幼和时代而变迁。

上面三个批评,都不能成立。依我看来,这个学说,确实有点道理,游戏当然要靠力量发生的,力量是游戏的主因。

(二)“休养”学说(recreation theory)

“休养”学说是与“力量余剩”学说相仿佛的。“力量余剩”学说是讲余下来的力量用之于游戏,“休养”学说的意思是:用游戏来恢复身体和精神上的各种损失。德人斯坦撒尔(Steinthal)说,人的身体和精神上的损失,固然可以用睡眠和饮食来恢复,但是

---

① 帕特里克(G. T. W. Patrick),美国心理学家。

② 参看 G. T. W. Patrick: Psychology of Relaxation,第二章。

③ 格罗斯(K. Groos, 1861～1946),德国心理学家。研究儿童的游戏及发展,创游戏的生活预备学说。著有《人之游戏》一书。

④ 参看 K. Groos: The Play of Animals,第 12 页。

以游戏来调剂为最容易恢复的。同时又有穆斯(Guts Muths)同拉扎路斯(Lazarus)等提倡这个学说。

这个学说当然不能成立,因为身体上的和精神上的损失,只有睡眠同饮食可以恢复。游戏只可以调剂疲劳,不能恢复损失;游戏的功能,不过使人减少疲劳的感觉,却不能减少疲劳。所以他这个学说,不能风行后世。

(三)"生活预备"学说

格罗斯觉得"力量余剩"学说和"休养"学说都不完备,就有"生活预备"学说的倡说。他说,"力量余剩"固然是游戏的要素,但是不能解释游戏的种类,并且游戏对于动物进化上,是一种动物生活的预备。他引苏立安(Paul Sourian)的话说:"幼年时代的动作是格外重要的,因为这些动作,可以锻炼动物的筋骨和发展动物的运动能力。我们知道凡动物都有利用它的一部分力量的趋势。这种趋势不是因偶然的需要而定的,乃是依动物种类的需要而支配的。……幼年动物大部分的游戏是为保存它自己生命而做的。"照苏立安的意思,游戏是本能的动作,也是保持动物同类生活的动作。在年幼时期所发生的游戏动作,与年幼的动物并没有什么用处,不过是预备将来的生活罢了。如男小孩喜欢玩当兵,女小孩喜欢玩洋囡囡做母亲。因此他说:"年幼时代,是为游戏而生存的。动物好游戏,这不是因为他们年幼的缘故。他们之所以有年幼时期者,因为他们必须要有游戏的缘故。"[①]看了上边这段意思之后,让我们来批评"格氏"的学说。他以为:

1. 游戏是一种本能动作。

2. 本能动作,对于动物有保持的作用。

3. 在年幼时,游戏没有用处的,不过作为将来生活之预备及练习罢了。

按之事实,游戏是不是本能动作,到今天还是一个疑问,即使游戏是本能动作,我们也不能说各个本能与动物的将来生活都有用处的。本能是依现在的环境而发生用处的。他说男孩喜欢玩兵,女孩喜欢玩洋囡囡,这全是后来环境的影响,做兵的当然是男子,做母亲的当然是女子。儿童对于性别方面没有了解的时候,也有时乱玩的,如2岁的男孩喜欢抱洋囡囡,自做母亲的样子,女孩子也有做当兵游戏的。所以女子玩洋囡囡,男子玩兵,也不是一种固定的事实,常常依环境而变迁的。试问,儿童做

---

① 参看 Paul Sourian: Play of Animals,第22页。

狗、做猫的化装游戏，是不是预备他将来做狗做猫的？所以“格氏”的“生活预备”学说，不攻而自破。

（四）“复演”学说（recapitulation theory）

霍尔（Hall）以为席勒-斯宾塞（Schiller-Spencer）的“力量余剩”学说及格罗斯的“生活预备”学说都不能解释游戏的意义。他说，游戏是我们祖先的动作习惯。游戏中所有的态度和动作，都是遗传下来的，我们无非复演祖宗的动作和生活而已，所以青年喜欢游戏比别的动作来得浓厚。他引证格里克（Gulick）的话说：“为什么城里人喜欢终日坐在河边钓鱼，不觉得疲倦呢？这是因为钓鱼的兴趣是从往古遗传下来的，我们是钓鱼的儿子，我们祖宗的生活就是在河的旁边以鱼为食的。为什么我们对于各种游戏的兴趣浓厚呢？这是因为我们祖宗生活是不同的缘故。”①

这个学说，是没有证据的，人喜欢钓鱼，不是因为我们祖宗钓鱼为业的缘故，乃是因为钓鱼发生快感的缘故。我们喜欢玩打拳、角力各种游戏，不是因为我们祖宗有战争生活的缘故，乃是因为打拳、角力自身与环境发生快感的缘故。我们普通的游戏，看起来好像与我们祖宗生活有关系的，其实是偶然的。现在有许多游戏，与我们祖宗的生活是不相关系的，如玩气球、飞艇、火车、无线电等等。这些东西是我们祖宗所梦想不到的，何以我们小孩子喜欢玩呢？所以我们把游戏说是复演祖宗的生活是不通的。

（五）“放弛”学说（relaxation theory）

这个学说是帕特里克（Patrick）提倡的。② 我们照他的意思，先研究他的立脚点：

1. 游戏就是自由发展的动作，并且是专为自己本身的。这样说来，差不多儿童所有的动作和成人一大部分为愉快而发的动作，如各种球戏、打弹子、旅行、渔猎、跳舞、各种比赛、看戏、听讲、各种游艺、音乐、唱歌、作诗及其他美术上的动作，都可以算为游戏。工作不是为本身而做的，乃是有别的“目的”的。工作大概要用力，要专心，要有抑制，要有被动的注意。

2. 儿童的游戏与成人的游戏是联络的，并且可以用同样的原则来解释。

3. 一方面儿童的游戏与成人的游戏是相像的，一方面与原始人的生活是相像的。

---

① 参看 Hall：Youth，第六章。

② 参看 G. T. W. Patrick：Psychology of Relaxation。

4. 从生理一方面讲来,我们脑筋中有两类神经中枢,第一类是对付在世上做各种重大的事体的,第二类是不容易疲劳的,而且这种神经的动作,能补助第一类神经所做的事情。第二类神经所做的动作是粗浅些,在历史上长久些,容易做些,我们就叫做游戏,或叫做“放弛”(relaxation)。“放弛”就是休息的意思。①

5. 第一类各种神经中枢比较第二类各种神经中枢发生得迟。

6. 在儿童期中第一类各种神经中枢还没有发展,但第二类各种神经中枢已经先产生了。第二类比较粗浅,所以只能做游戏的事体。成人所有的第一类神经虽然已经发生,但是不能在一天之中用得过度,所以要有第二类神经的动作游戏来调剂。

7. 我们所做的游戏动作,在历史上的地位愈久长,休息的价值就愈大。

他的学说在教育方面的价值有如下几种:

1. 这样说来,儿童不应当做工太早,因为他的第一类神经还没发展。

2. 我们只要对他的动作善为指导,比方他喜欢掷东西,我们不要让他掷石子打人,教他掷球做戏就好了。

这个学说依我看来有不妥当的地方:

1. 照帕特里克的意思,游戏是第二类神经的作用,在人类历史上与个人发展上,发生得很早。工作在历史上是一种较迟发生的神经作用。我们现在要研究如赛跑、游泳、跳跃、渔猎这种大肌肉游戏的动作,虽是第二类神经的作用,不过受第一类神经支配的。试看着棋、绘画、看戏、打球等等动作,何尝不受第一类神经的支配。着棋的时候,我们要用注意力,要专心,要用记忆力,要思想,要费许多的脑力,才可以着。照帕氏的意思说来,着棋不能算是游戏了,但他自己曾讲着棋是游戏。这可见得他的自相矛盾的地方。

2. 他说我们若用第二类神经,我们就不容易疲倦,但用第一类神经时,我们就容易疲倦。这一点是不是事实,我们应当研究的。我们可以用着棋同赛跑两种游戏来比方。着棋当然要用第一类神经多,赛跑当然用第二类神经多,但是着棋可以着一天也不觉得怎样疲倦,而赛跑 10 分钟的工夫就觉得很疲倦了,所以他说,若用第二类神经是不容易疲倦的,这话未必正确。

① 这里所讲的第一类神经和第二类神经,并不是帕特里克的原文。帕特里克说:有几种神经中枢是司高深智力动作,有几种神经中枢是司基本动作。现在用第一类,第二类是为文字上便利起见。

3. 照他的意思，只有游戏可以休息。倘使他说游戏是一种休息，那是很对的，假使他说只有游戏是休息，那就错了。从休息方面讲来，肌肉同脑力是可以互相调剂的，如我们脑力的工作疲劳了，可以用肌肉动作的游戏来解除疲劳，如果肌肉的工作疲劳了，也可以用脑力的游戏来解除疲劳，所以休息不限制用第二类神经，也可用第一类神经的。对于这一点，他却没有想到。还有一层，不但肌肉疲劳可以用脑力的动作来调剂，脑力疲劳可以用肌肉的动作来调剂，就是肌肉上的疲劳，也可用肌肉上类似的动作来调剂。至于不类似的动作，那格外可以调剂，如上山的人走得很疲倦了，但是他立刻在平地上走，疲倦就减少了。至于不走而用手的动作，那就格外容易减少了。脑力的疲倦也可用脑力上类似或不类似的动作来调剂，如做笔算之后看报纸或写字，或看别的书，或着棋等等，就觉得疲劳减少了。这样说来，换了一种工作就可以减轻疲劳，不限定肌肉的疲倦要用脑力的动作来调剂，脑力的疲劳要肌肉的动作来调剂。这里还有一点要注意的，就是改换工作，并不能减少疲劳，不过疲劳的感觉减少了，这一节克雷佩林(Kralpalin)曾经说过的。①

4. 儿童幼时，他的第一类神经还没有发展，所以只能做游戏的动作。但是一岁多的儿童，他都能很专心地游戏，甚至于废寝忘食，这是他第一类神经已经发生了。到了七八岁时第一类神经，已经发生得不少，何以还是只管游戏，这一点要在生理上研究。帕特里克讲儿童只能游戏，不能工作，我们要问他，所谓儿童，还是只指两岁以内的，而两岁以外的不算呢？其实儿童在一天醒的时候，只是动作，无所谓游戏，无所谓工作，他的游戏就是工作。这一点帕特里克自己也承认的，他说工作是为将来的，有另外的“目的”的；游戏是现在的，为本身快乐的，但是儿童的眼光不远大，他的游戏，未尝不认为是他自己的工作。这一层帕特里克也失于检点。

5. 这样说来，疲倦一事，不论神经的、身体的，都是受快感影响的。假使所玩的游戏，不能发生多大的快感，那就容易疲倦，倘使所做的工作，虽然要费很多的脑力，但是快感很大，那就不容易疲倦。所以帕特里克以为游戏的动作，是不容易发生疲倦，工作的动作是容易发生疲倦，这层意思是不能成立的。

6. 帕特里克说游戏的动作，如赛跑、玩球、渔猎等，皆是原始人生活的动作。他又说第一类神经动作在历史上看来是后来发生的，这一层完全是帕特里克设想的。我

① 参看 Groos: Play of Man, chapter on Theory of Play，第 365 页。

们要问谁看见过原始人的生活动作的?各种游戏的动作是不是纯粹用第二类神经而一点不用第一类神经的?试看原始人的发明,如弓、箭、各种工具和艺术品,何尝不要用第一类神经。

总之,帕特里克的“放弛”学说,无非是“复演”学说的变相,并没什么多大贡献。

(六)“补足”学说(compensation theory)

这是鲁滨逊(Robinson)①所提倡的。他认为儿童由遗传的或后天的各种欲望发生一种感情的冲动,这种冲动因社会的限制,往往不能实现,以满足其欲望,所以用游戏来补足。

比方一个儿童喜欢骑马,但是没有真马骑,所以看见一根棒头,拿来就当马骑,以补足他骑马的欲望。儿童又喜欢打猎,但是既没有枪,又没有机会到外边去打猎;所以只好拿了一根棒头,对着一只家猫当枪放,以满足他的欲望。骑马打猎是他本来的欲望,因为社会限制,不能满足,就在游戏中表现出来。这种外界的限制,实促成他假装的游戏。还有一种限制能促成游戏的,就是儿童自己的许多欲望,互相冲突起来,到了不能自已的地步,因而发生一种假装的游戏。如某儿童一方面喜欢用棍子打他同伴的头颅,一方面他觉得不可打他,若打了他恐要闯出祸来,反为不美,所以这个儿童就同他的同伴假打做戏,以满足他的欲望。又比方某儿童想做个力士,但他自己觉得这是不可能的事情,因此他就做做力士的游戏以满足他的欲望罢了。

鲁滨逊还有一层意思要介绍的:他说,有时我们教儿童各种化装游戏。这种游戏实为将来补足欲望的先导。如教儿童骑木马,儿童果然觉得很高兴,但儿童不明了骑真马假马的关系。到了后来,儿童看见真马不得骑,那他骑木马就格外快乐了。这样说来,一种补足欲望的动作,可以在欲望不能实现以前发生的。

有时所玩的游戏,看起来与事实相冲突的,比方一个小孩做被火车压死的游戏,或被枪毙的游戏。“火车压死”同“枪毙”,表面看起来,与他的欲望是冲突的,因为他绝对不喜欢被火车压死或枪毙,但是他为什么要做这种游戏?是因为他一方面喜欢被火车压死及枪毙,一方面不希望被火车压死和枪毙的痛苦,所以做出这种假托的游戏。

假使社会没有限制,儿童要什么就给他什么,以及教育上的设备完全能充分满足

---

① 鲁滨逊(E. S. Robinson,1893~1937),美国心理学家。芝加哥大学心理学教授。

儿童的欲望，同儿童自己本身也是完全没有冲突。这样，恐怕就没有补足欲望性的游戏了。但是以上三点，断断不能成为事实，小孩子不能为所欲为，教育上的设备，当然不能完备，他的本身当然不能依照他的欲望，所以儿童总有补足欲望性的假托游戏。鲁滨逊的补足学说现已约略说完。我们可以仔细考究考究看，究竟他的学说对不对，不过这个学说也有缺陷的地方，恐怕不能成立。[①]

三、我对于游戏的看法

游戏是一种很复杂的动作，我们可以把它的要素分析出来：游戏有简单的，有复杂的，所谓简单的如四五个月的小孩子摇铃做戏或敲棒做声，复杂的如各种球戏，各种比赛。

（一）简单的游戏必须要有下面的几种条件

1. 要有游戏的力量：比方小孩子“吸指”、“吃拳”，必须要有吸的能力方能“吸指”、“吃拳”。

2. 要有反射动作：比方说你把一个棒子放在他手里，要他有捻的反射动作。

3. 要有连合动作：比方他捻了棒子之后，必定要摇才是游戏，这个摇的动作起初或者纯粹是一种随机动作，如果摇的动作是纯粹随机动作，他不止一摇就算了，必定要摇好几次。若他拿了东西之后，去再摇摇看，那这种再摇的动作就算是简单的连合动作。稍许复杂点的连合动作，如小孩子看见桌上有个摇铃，就要去拿。这种动作比较复杂得多了，因为“看见”是一件事，“去拿”又是一件事，“拿来再摇”又是一件事，这里有三种动作的连合。

4. 要有好动的天性：儿童生来好动的，除了睡眠同重病以外，无时不动的。这种好动的天性是他自己主动的，也是表示他有充分力量的。如果他要受外界的刺激而始能动，那就是被动了。

（二）复杂的游戏也要有下面几种条件

1. 要有游戏的力量。

2. 要有连合的动作。

3. 必定要有智慧。如记忆力和想象力，如儿童模仿“出殡”的游戏，一定要记得所

---

① 参看 E. S. Robinson：The Compensatory Function of Make-believe Play. *Psychology Review*，Nov. 1920。

看过的“出殡”情形;如做“请客”的游戏,拿木碗当碗,拿草当菜,拿水当茶,这种种动作都是要用想象的。

4. 也要有好动的天性。

以上两种游戏,还要靠着快感和应用两种因子的。比方儿童第一次玩弄摇铃,或者是纯粹出于随机动作而成的,不过后来他看见摇铃又去拿来玩,即是因为他第一次玩的时候发生快感的缘故。假使他第一次玩摇铃,得着痛感,下次看见摇铃,不能记得当初的痛感,恐怕还要去拿,如果是记得第一次的痛感,一定就不拿了。所以快感同游戏有密切的关系。不但如此,假使从这个游戏中所得的快乐愈多,他对于这个游戏的兴趣也愈浓厚;快感少,兴趣也少。如玩皮球,因皮球多变化,儿童所得的快感也多,所以喜欢玩它的人也多。如玩泥人,泥人变化少,儿童只能看看它,而不能十分玩弄它,所以快感少,玩它的人因此也少。应用一方面说,假使第一次看见摇铃而去拿来玩,那他第二次看见摇铃时就再要去拿来玩了,而且这一次玩比较第一次就容易了;第三次玩比第二次更容易,愈容易做就愈喜欢做,一直到了太容易做而不能发生兴趣时为止。

上边所说的快感究竟是怎样的,现在分析如下:

1. 生理上的快感:(1)觉官的:各种觉官与事物相接触,都可以发生感觉,感觉不外乎快乐与不快乐两种,如儿童喜欢把东西放在口里,喜欢听音乐的声音,喜欢看鲜明的图画,这皆是快感的表示。(2)身体上各种动作,除了激烈的之外,差不多都能发生一种快感,如跳、跑、舞拳、摇摆等动作,都能发生很浓厚的快感。

2. 心理上的快感:儿童玩球得胜了,就觉得很快乐,这是因比赛而得胜的快感。还有因成功而快乐的,如小孩用木块搭成宝塔,用泥土做成人形,儿童因为看见做成功了,就显出很快乐的样子。游戏不外团体和个人两种,团体游戏发生比赛的快乐,个人的游戏就发生成功的快乐。

3. 社交上的快感:人和动物都喜欢合群的,小孩也是喜欢同别人和物(狗猫)玩的。同人玩而发生的快感,就是所谓社交上的快感。为什么与人玩会发生快感呢?这是因为两方面都有刺激和反应的缘故,而且人的刺激同反应是变化的、活的,所以发生的快感格外多;如果刺激同反应来得少,快感也少。比方一个小孩同一个年龄相似的小孩玩,两方都很活泼,都有无穷的刺激同反应,发生的快感也是无穷了,游戏的时间也能持久了。上面所说的快感来源,是择其大者而言,其余小的很多,不及详载了。

总起来说,游戏是一种复杂的活动,必须靠下面两个条件才能发生。

1. 游戏的力量(energy)。

2. 游戏的能力(ability)。

另外,也有两个附加的条件:

1. 要有快感。

2. 好动的天性。

四、游戏的种类

游戏分类的方法,各有不同,帕默(Palmer)把游戏分做五大类。①

1. 关于发展身体的游戏,这又分为两小类:

(1) 觉官游戏——如听的、看的、触的、嗅的各种游戏。

(2) 动作游戏——如儿童自己动作的游戏。

2. 关于发展社交的游戏——凡各种团体游戏,如捉迷藏及各种比赛。

3. 关于发展言语的游戏,又分两小类:

(1) 言语游戏——讲故事、读童谣等游戏。

(2) 歌唱游戏——如表情唱歌。

4. 关于发展手的游戏,这又分为两小类:

(1) 手工游戏——如积木、图画、折纸等游戏。

(2) 球戏——如各种颜色球、皮球、木球等游戏。

5. 关于发展人生观的游戏,这又分为两小类:

(1) 化装游戏——如装做父母、装娶亲的游戏。

(2) 手指游戏——如以手指在灯光下做各种形状的游戏。

五、游戏与年龄的关系

幼年人所好的,未必青年人之所喜。老年人所爱的,未必儿童之所好。人生一期有一期之游戏。今略述华特尔所研究的结果,以供大家参考。②

---

① 参看 L. A. Palmer: Play Life in the First Eight Years。

② 参看 C. W. Waddle: An Introduction to Child Psychology,第六章。

(一) 幼稚期(生～3岁)

在这个时期,儿童所爱的游戏,完全属于感觉与动作方面的。儿童遇着小的东西,就要捻捻它,尝尝它;遇着大的东西,如椅、桌等,就要推推看,动动看。儿童在这个时候,不但爱触觉的游戏,也喜欢听觉的游戏。也很爱听声音,常常以棒敲这样,击那样,有时把桌上的杯碗抹到地上,听那破碎的声音。所以在这个时期,我们应当给他各种会响的玩物,若摇铃、箫(一种小的,是专门为儿童玩的)、摇鼓冬、口笛等,一方面可以使他单独游玩,不致缠绕父母,一方面使他听各种声音以发展他的听觉。

(二) 儿童初期(4～7岁)

在幼稚期,婴儿大概喜欢独自游戏的。到儿童初期,他就要伴侣同游了。假使没有同伴,那末他或者要想象一个或几个同伴与他游玩。他能与这个想象的同伴一同游戏,一同起居饮食。但是他的同伴到底是幻想的,他终觉得寂寞的,所以我们一定要使得儿童有良好的伴侣才好。在这个时期儿童所游戏的,近于模仿,近于化装,心理学所谓"模仿游戏"、"化装游戏",三五儿童,常常群集一隅,同做娶亲或出丧的游戏。从前小的时候只能把凳子推推摇摇罢了。现在二三小儿以两根棒头,抬了这个凳子,抬来抬去,说"我们抬花轿来了",或者把几个长凳,拖来拖去,说"火车来了"。这些模仿游戏、化装游戏对于发展儿童的个性与学习社会是很有关系的。因这种游戏使儿童无形中学习社会上的风尚和习惯,所以要紧者就是我们应当设置良美环境,使儿童不知不觉地模仿才好。

(三) 儿童末期(8～12岁)

儿童到了这个时候,他的身体比较初期时候强健得多了;他的精神也充沛得多了;他的知识也渐渐地丰富了;他的运动筋骨也颇老练了。因此从前所喜欢的游戏,现在以为太容易而不喜欢玩了。现在所喜欢玩的,当比从前要复杂得多了,如放风筝、踢毽子、斗蟋蟀、拍皮球等等,不比推推拉拉容易做了。

克罗韦尔(Crosswell)研究了2 000个儿童所喜欢的游戏。他找得儿童喜欢玩"玩物"的游戏,与儿童的年龄适成反比例,就是年龄愈小,愈喜欢玩"玩物"。男孩喜欢玩各种球戏与年龄成正比例。女孩对于球戏没有年龄分别。对于各种追赶赛跑游戏,男女儿童从6岁到9岁,是有很浓厚的兴趣,9岁到14岁还是喜欢玩的,不过没多大的增进,14岁以后,所有的兴趣就渐渐减少了。

六、游戏与性别的关系

男女儿童在游戏上，没有多大的分别。男孩喜欢赛跑，女孩也喜欢赛跑，女孩喜欢玩洋囡囡，男孩也喜欢玩洋囡囡，但是后来儿童年纪大了，社会上的影响和所受的教育不同，所玩的游戏因之也异。克罗韦尔研究伍斯特(Worcester)地方学童的游戏，找得从7岁以后，男孩喜欢各种竞争游戏比女孩多。麦基(McGehee)研究了15 718个儿童所喜欢的游戏，从9岁到18岁，女孩赛跑游戏的兴趣渐渐减少。从10岁以上男孩都极喜欢竞争游戏。从9岁以后，女孩喜欢"随机游戏"的比男孩多，13岁以内，女孩喜欢模仿游戏比男孩多。总之，男孩喜欢"竞争游戏"和"合作游戏"比女孩多。①

七、一个儿童游戏的发展

第82天

玩笑：现在我的小孩渐渐喜欢与人玩笑。今天早晨他吃乳后，卧在床上，我拿一条领带与他玩，他开着口转过头来向着我微笑，同时手臂和腿乱动。

第92天

今日下午我捏了他的手颤动，并摩擦他的额角与下颌，他显出很快乐的样子，嘴巴开着，做无声的大笑。

第110天

喜闻声音：他正坐在他祖母膝上，我站在他前面1尺远处鼓起掌来，他就对我舞着手、踢着足地笑。

第111天

发声谈讲：今日吃乳的时候，忽然中止，并且发出"ng，o"细微的单音，同母亲谈讲。

第121天

他坐在我的膝上，我忽然用两手叉住他的腰部，把他举在空中，他并不觉快乐，且显出有些惊讶的模样，我就把他放下来；稍停，复如前把他举起来；一共举了七次，每次举止的时间与动作都约相同。到了第三四次他就哈哈大笑，以后在每次未举起以前，他即显出欢迎我做的样子。

---

① 参看C. W. Waddle: An Introduction to Child Psychology，第141～144页。

第 125 天

藏匿面孔:今日早晨他坐在母亲膝上,看见我走进来,就对我笑,并立刻将头转向后边低着;不一刻,转过头来望着我又一笑;笑了,复转过去藏着。这种动作,从没有人教过他做的,他也没有看见人做过,可以说完全是他自己发现出来的。

今日他醒着睡在床上的时候,我用手帕盖住他的眼睛,他两手乱抓,两脚乱踢;后来我把手帕拿开,他就即刻愉快起来,好像知道我是同他玩的。

第 152 天

我拿了一张新闻纸,放在他的右边,他就用右手来拿,并且双脚乱踢,显出很快乐的样子;后来我把他全身用纸盖牢,他就格外显出有趣的样子。

第 158 天

近来他喜欢看颜色鲜明的东西,并且喜欢抓拿东西。今天他睁着眼睡在床上的时候,我用一个垫子把他眼睛、身子都盖住,他就抱牢垫子,快乐非常。

第 159 天

他吃饱乳后,躺在地板上,我同他玩耍,转过头来对他说“hohkih”(恶葛),他就大笑起来,如是者有好几次。到了后来,只要我转过头来向他望望,并不说什么,他也大笑。这样我共转头二十余次,每次他均做笑状。等到后来,只要我转头向他看看,他就笑。这里有一点我们要注意的:就是当初我转头对他说“恶葛”,他笑,后来只要转头他就笑,这是起初用完全刺激所引起的反应,经过多次以后,这种反应,渐成习惯,只需用刺激的一部分就可引起其同样的反应了。

第 161 天

玩纸:他睡在床上,我给他一片新闻纸,他两手拿着把它弄皱,且把它撕破,他虽玩了许多工夫,并不显出厌倦的样子。

第 181 天

吹涎做戏:今天他又自己吹口涎玩,不过没有从前的厉害。

第 187 天

吹匙做戏:每天他母亲用匙灌水给他吃。今天他吃了一点之后,就吹汤匙里没吃完的水做“boo-boo”的声音。

第 192 天

他坐母亲膝上的时候,堂兄在后边叫他,他就转过头来去寻找,等他向左边转的时候，堂兄就向右边躲，再叫他，他立刻向后边再寻，一旦寻着，就大笑非常，这样他们共玩了3分钟的工夫。

第195天

会做瞻猫游戏：这天他祖母抱他的时候，他姨母跑来叫他，他看见姨母立刻就笑，并藏匿他的头在祖母的右边，后来他姨母到右边看他，他又藏到左边。

第205天

他睡在床上的时候，给他一个转照相片的小辘轳玩，他用手来接着，仔细看了许久，玩一会，才把它的一端放进嘴里。从前他玩东西，一拿着就放进嘴里，现在却多借用手了。

现在他不仅欢迎人和他玩，且自动地抓这样拿那样，自己玩了。就是躺在摇篮里面，也要举起足来用手玩弄。

他把自己左手的中指叠在食指上面玩弄。这样玩法已经发现过3天了。

第215天

喜欢玩箫，两手交换摇玩。

第226天

喜欢在外游玩：他祖母时常抱他下楼到外边玩耍，今天他抱在祖母手里看见楼梯，身子向着楼梯就要下去，他祖母特意转身向房里走，他就哭了；再抱向楼梯他就不哭，后来抱他下楼去，就很开慰了。这里可以说明他：①知道方向，②喜欢到外边玩去，③记得从楼梯可以出去，④意志坚强。

第238天

把“摇铃”(塑料做的)摇得很厉害，他对玩一种玩物的兴趣，似乎不能持久，玩了一种以后，就要换玩别种。倘若你把他玩厌的玩具重复给他，他一拿上手就要把它抛掉。

第245天

抛掷东西：今天早晨，他坐在摇床里面，用两手玩弄摇床面前板上的两根4寸长的小棒与一个小玩物。不久，他用右手不留意似的把它们一件一件地抛在地上，他母亲每次均替他拾起来，仍旧放置板上，过了一歇，他靠着摇床的右边，右手把玩物提到摇床外边垂着，且一件一件地放落地上，他母亲又把它拾起来，他复把它抛掉。在这个时候，他似乎特意这样抛掷作玩的。

今晨醒来,自己玩弄手指。对于此种玩法,到第 10 个月的时候,显出更加浓厚的兴趣。

第 255 天

玩弄做声:从前他常常吹口液做戏,今天他坐在摇篮里,独自玩弄,口里发出“ā-ā”(哀)的声音。

第 260 天

近来他很喜欢撕纸:这恐怕是因为他喜欢经验撕纸动作的感觉和听撕破的声音。

近来他喜欢上下跳跃:你抱他立在膝上,两手扶着他的两肋,并提他一提,他就上下跳跃。以后他一立在你的膝上,就要跳跃起来了。

第 266 天

喜欢玩水:他看见面盆里有一只小乌龟,就立刻伸手去抓,同时他的左手也放在水里打水做戏,显出很快乐的样子。

第 39 星期

独坐久玩:现在他能够坐在地板上独自玩许久时间。

第 274 天

自作做戏:他的两手在桌上偶然摩擦出声,他听了很喜欢,后来就常常这样做。

玩弄物件:一拿着铃,他就要摇,一拿着棒,他就要敲。这里有几点地方我们要注意的:第一,手力和臂力比较从前强健。第二,喜欢经验动作的感觉。第三,喜欢听他自己所做的声音。

第 296 天

用头触东西:他俯卧床上时,看见一个玩物(小狗)在他头的前面,他就用头去触弄它。

第 329 天

骑马游戏:身子上下举动,两手向左右伸开上下乱动,口里叫着“hā—hā”(哀)的声音,做赶马状。这种动作,当然是从看见人骑马、赶马学来的。

第 352 天

欺骗式的游戏:他祖母抱住他的时候,他手里捏了一块洋钱,邻居某摊着手向他索取,他就把洋钱放在他手里,不过一放下就立刻把它拿回藏着。后来我向他要,也是这样做,这样带有欺骗色彩的游戏,没有人教过他,也没有看见人做过。

第370天

喜欢和人玩耍:平常到了晚上8点钟的时候,他已睡眠了。今晚看见家人在客房里玩耍,他就不肯去睡。

第387天

想出各种游戏的方法:在地上爬的时候,用一手推摇铃;推过之后,接着又推;这样推铃与匍匐,已成游戏的动作了。

第389天

吹笛:给他一根竹管,他用口吹着说"wǎ—wä—wä"。

第391天

弄舌做戏:用舌头抵着上腭做出"r—lo"的声音。这种游戏,我们从来没有教过他。

第392天

独自游戏:他在摇篮里,站起来,坐下去,转到这边,转到那边,手里摇着,口里唱着,非常得意。如是玩了10分钟之久。

第396天

瞻猫游戏的发展:近来很喜欢同人做瞻猫的游戏。

第403天

化装游戏:今天他坐在桌上的时候,他的母亲给他一只空杯和匙子。他假意把匙子放入杯里一舀一舀地送进嘴里去,并且对着母亲笑笑。这种饮汤的动作,他虽然看见人吃饭时做过,但并没有看见人把匙子在空杯内戏舀过。

第60星期

模仿游戏:我拿了一只小杯子放在他的嘴唇边,他立刻把杯子拿来,并叫出"hā—hā"的声音,表示喝茶的意思。这种游戏,他母亲昨天曾经做给他看的,所以今天他看见杯子,就重做出这种模样来。

最喜欢与人游戏:从前他能独自坐在摇篮内玩,不觉讨厌;现在他很喜欢看别人游戏,也很喜欢同别人游戏;对于自己独自游戏的兴趣就减少了,而且他同儿童游戏比同成人游戏更觉有味。

早晨他拿了一块肥皂,咬了一口,给人看见,把它夺去,两点钟后,他又看见了一块肥皂,又要放进嘴里去,幸被人看见,叫他停止,后来又要放进嘴里去,又被阻止。

如是几次以后,他特意假做去咬肥皂的模样,与人戏弄。

第 63 星期

瞻猫戏:你一抱他到洗脸房间,他就要同你玩"瞻猫戏",就是他把门开开,将身子仰转门后,使你在门的前面看不见他,旋又转过来望着你笑,笑后又转过去。

第 64 星期

转眼做戏:他对着我把他自己的眼睛向上和向左右转动,共转四次方停止。

第 65 星期

起初他从纸篓里拿出一张纸来,复投进去;过了一刻,他伸手入篓拿纸,特意空抓一下,又空投进去,如同真正抓纸、投纸模样一般,这样共做了好几次。

第 67 星期

他拿了一把小刀,特意向前空刺一下,并同时望着我笑,后来低头张嘴,亲着果子酱瓶的口,假做吃的样子。

第 70 星期

我给他一副 12 块英文字母的方块,他看见很高兴。后来我用方块搭成东西,如塔、桌、凳等给他看,他就要人同他一起搭或搭给他看。后来常常等人搭成了一样东西,他来推倒,叫人重搭,搭好,又推倒,如是乐玩不倦。

第 494 天

喜欢同人玩耍:他独自玩耍皮球的时候,看见他的堂兄同别的邻居玩木球,他就弃了自己的皮球去玩耍他们的木球。他同人玩的兴趣比独自玩的浓厚,这里可以证明他有乐群的性情。

第 497 天

喜欢骑马:今天我给他骑真马,他不但不怕,而且非常高兴。

第 71 星期

喜玩皮球:我把皮球给他,他把球抛在地上。后来我给他玩颜色线球(红、黄、蓝、绿、紫、橙六种)。给他的时候就告诉他球的名称"red ball"、"blue ball"等等,每球的名字,约说了五遍给他听。

第 501 天

与猫同玩:今天我给他一只小黑猫,他就很喜欢似的,同它玩耍,并"we—we"地叫唤它。

第504天

非常喜欢骑马：在这个时期，无论什么可骑的东西(如桌腿、椅背、人腿、棒头等等)他都拿了当马骑。不但如此，他一听见“horse”或“骑马”的声音，就立刻把身子上下跳动做骑马的样子，并且口里喊着说“ä-ä-ä”。

能变化游戏：三四星期以前，他堂兄拿了一个铁做的骑马的人给他看，并且把骑马的铁人，在床栏上上下跳动，做奔跑的样子，又口里喊着赶马“ă—ä”的声音。今天他在吃饭的桌上，用右手拇食两指，在桌边左右移动，也做跑马的样子，口里也喊着“wōō—wōō”的声音。你看这里他虽有“人骑马的玩物”，不过他能把手指当做马的样子来玩耍，这是一种化装的游戏。为什么他能想起三四星期前的游戏来呢？大概是因为桌边像床栏的缘故。

第510天

今天他自己能搭起4块方块来。但欲再加搭上去，始终不得成功，后就叫母亲替他代搭。

能做出各种声音：①他看见一张人挑担的图画，就喊出“hā—hō, hā—hō”的声音，这种声音他听见别的挑担人喊过的；他自己挑着担子玩的时候，也是这样叫的。②他看见骑马的图画，立刻做骑马的姿势，身子上下地颠动，并且两手好像捻着缰绳的样子口里喊着“hǒ—hǒ”赶马的声音。③看见鸡的图画就喊出“过各哥——”鸡叫的声音。④看见狗就做“wǒǒ—wǒǒ”的声音。

第519天

他能够叫同伴来做游戏：今天早晨他堂兄做马给他骑，他很快乐；后来他看见他的堂兄要走开去了，就叫他回来再玩。

第520天

模仿化装骑马游戏：前几天我拿了一根棒子，跨着做骑马的样子给他看，今天他拿了一根别的棒子在路上玩，后来把棒子放在地上，两脚跨过去，身子蹲下来把棒子拿起就跑，做骑马的样子。

第526天

两星期前，我替他松了地上沙土给他玩，他很喜欢。昨天我抱他到幼稚园里看见儿童玩沙，今天我买了一担沙给他玩，并且给他一匙一盆，他就要用匙子舀沙送进嘴去，我没有留意，他就尝了一点沙土。

第 527 天

近来喜欢捉迷藏游戏:他顶喜欢藏匿,叫人寻找,就是躲在你的衣服里边,他也是很高兴的。

第 575 天

他拿了一张新闻纸铺在沙场上面,大风吹来,没有把它吹掉,他就鼓掌大笑。

模仿游戏:他看见许多小学生在路上经过,头一个学生拿了旗子在前引导,步伐齐整;他立刻举起手上所拿的小棒也开步行走。

第 578 天

喜欢玩水。

第 589 天

想象游戏:他在房里看见一只藤做的书篮,就拿来放在头上,告诉别人说"tat",意思就是"hat"(帽子)。这里可以看出他的想象力了。

第 616 天

与人同乐:他叫他堂兄来看他的图画,他堂兄走开,他又叫他,如是者两次。

第 621 天

玩骑马:他堂兄用带子(有马铃的,专门做骑马游戏用的)套在自己的颈项上,并扑在地上叫他牵了跑,他就牵了走来走去,后来他也把带子放在他自己的颈上,叫他堂兄牵了跑。

第 625 天

拖小凳子做火车:火车他曾经看见过;拖凳子做火车,是他自己想出来的。

第 631 天

捉迷藏:一星期以前他堂兄和他做捉迷藏的游戏,今天他看见我,就闭着眼睛向我伸手乱摸。

第 636 天

能吹口箫做声:从前他玩口箫只能口里发声,不能吹出声音来,今天他偶然吹出声来,到了晚上他完全能够吹出声音来了。这可以说是"错误试验"学习方法,儿童学习各种东西,大概是由这种方法学来的,虽然他听见别人吹过,但他起初只能口里发音,并不能吹出声音。

第 642 天

做出发噱的游戏：今天他在床上坐着，举起右脚用右手握着说“how do-do”，就是“How do you do?”你好呀的意思。这是他同人握手的时候所说的，现在他居然能这样玩，可见他的智慧已经发展得很高了。

第 650 天

循环式的游戏：他抛球抛到草堆里去，拿出来再抛进去，如是抛掷不已，独自玩耍。这虽然是简单的玩法，但是每次丢的动作不同，丢到的地方也不同，进去拿的动作也每次不同，所以他很有兴趣，如果各种动作完全一样，恐怕他兴趣没有这样持久。

第 656 天

同情的游戏：今天他把磁做的马、牛，从桌上拿下放在地板上睡着，后来他自己也静悄悄地睡在地板上，这里有与动物表同情的意思。

第 665 天

装马游戏：今天他在地上爬行装做马状，并时常用右手策马似的打他自己的后股。这种游戏，当然他从别处看来的。

第 701 天

欺骗式的游戏：他把我的自来水笔拿下藏过，我特意问他：“笔呢?”他说：“没有。”这种游戏并没有人教过他。严格说来，这种动作是欺骗，但是他不过当做一种游戏罢了。

第 722 天

化装的游戏：他自己用铅笔在他的右脸上画了几画对父亲说：“胡须。”这里表示他知道胡须是在脸上的。

第 791 天

他拿了一个杯子和一个破热水瓶，瓶里盛了一点水，他把瓶里的水倾注杯中，又复倒进瓶里，这样倒进倒出，共玩了 20 分钟工夫。

第 799 天

模仿的游戏：他堂兄拿了棒头闭了眼睛，做瞎子行走，他也要这样做。

第 808 天

学跳远：他喜欢在地上跳来跳去。今天我在地板上放了两个垫子，相距约 5 寸，他从这个垫子跳到那个垫子；他的左脚跳了 1 尺远，右脚跳得四五寸，每次都是左脚先跳，而且跳得远。

八、总结

1. 儿童以游戏为生活的:儿童生来好玩。外界的刺激与内部的冲动,都能引起他的动作。除了睡眠和疾病之外,无时不动作的。照柯蒂斯(Curtis)的研究,就是在睡眠的时候,儿童也有许多的动作,所以我们应当给儿童充分的机会,使他得到完美游戏的生活。

2. 适当的游戏:儿童既然以游戏为生活,我们应当依儿童的年龄,给以各种游戏的工具,使他有适当的游戏。

3. 儿童喜欢团体的游戏:两三岁以内的儿童,固然能独自游玩的,但也很喜欢与人共玩。独自游戏固然可以发展个性,但关于儿童的社会生活与社会道德的发展,小团体的游戏是不可缺少的。

4. 儿童当与动物做伴侣:狗、猫、兔子,种种动物,是儿童很好的玩物,也是儿童很好的伴侣。儿童有了这种伴侣,一方面可以发展他的同情心,一方面可以学得动物的性情,并且可以使他不致寂寞。不过动物必须清洁、驯服,最好是从小豢养的。

5. 游戏最好有音乐为之鼓兴:节奏动作,儿童非常喜欢的。音乐是有节奏的,儿童素来喜欢听的。假使把儿童的游戏同音乐结合起来,儿童的兴趣一定格外浓厚。这个原则,近来幼稚园已经采用了。

6. 父母当做儿童的游戏伴侣:做父母的应当忘记年龄,来和儿童游戏,做他的伴侣。这样一方面儿童对于父母的感情可以格外浓厚,一方面父母对于儿童的性情、习惯、能力等等,亦可以格外明了。

7. 游戏性的教育:儿童既喜欢游戏,我们就可以利用游戏来支配他的动作,来养成他的习惯。比方小孩到了晚上应当去睡眠的时候,做父母的不要不问他愿意不愿意,就把他领到寝室里去睡眠,也可以不必用命令的手段叫他去睡眠,因为不问他的意思而领他去睡眠,他若不愿意,恐怕他就要哭了;你命令他,他若不去,就违背你的命令,两者都不妥当。最好你可以用游戏式的方法叫他去睡,比方叫他骑在肩上,做骑马的样子,骑到寝室里去休息。再比方儿童不愿意洗鼻,你强迫他,他一定要哭。你可以告诉他说:"你晓得门是很脏的,我们要洗洗它,房子里的灰尘很多,我们要扫扫它。你看我这个门(指着自己的鼻孔)干净不干净,房子里面有没有灰尘?我已经把它们弄干净了,现在看看你的门看(指着他的鼻孔),哎哟!很脏呀!我们把它洗干净。"照这样做法，小孩子不但愿意洗鼻，而且很高兴做的。这种游戏性的教育，可以应用到儿童种种动作上面去，以养成他的种种好习惯。

参考书目

1. E. D. Claparede. Psychologie de L'Enfant.
2. H. S. Curtis. Education Through Play.
3. Paul Sourian. Play of Animals.
4. G. E. Johnson. Education by Play and Games.
5. J. Lee. Play in Education.
6. L. A. Palmer. Play Life in the First Eight Years.
7. G. T. W. Patrick. Psychology of Relaxation, chap. II.
8. M. L. Read. The Mothercraft Manual.
9. E. S. Robinson. The Compensatory Function of Makebelieve Play. *Psychology Review*, Nov., 1920.
10. H. G. Stanley. Youth: Its Education, Regimen and Hygiene, chap. VI.
11. C. W. Waddle. An Introduction to Child Psychology, chap. VI.
12. Hall. Youth, chap. VI.
13. K. Groos. Play of Man.

第十章　玩　　具

玩具这种东西，一般人的心理总觉得不过是儿童的一种娱乐品，好像无讨论的必要。但是仔细研究起来，玩具对于儿童有直接的关系，很有讨论的价值。所以现在我把它分几层来说一下。

一、玩具的界说和范围

普通人都把街坊上所卖的一种供儿童玩的东西叫做玩具，但是我觉得这种玩具的界说，范围太狭，是不十分确当的。玩具在英文中有两个名词：一为“toys”，一为“playthings”。“Playthings”这个名词以我看来比较妥当些，因为玩具这一种东西，不仅仅是供儿童玩笑、快乐的，这实在含有科学游戏的性质。我平常对于玩具，亦稍稍注意的。我有一个孩子，当他生后第 5 天，竟能盯眼似的看着灯光，后来渐渐地能追看人物移动，到了后来，非常喜欢到外边去在路上看行人和各种动物，同时也很喜欢看彩色的图画。这是就他的视觉一方面说。至于听觉一方面，普通小孩子喜欢听音乐，即是平常玩的摇铃，小孩子也是喜欢听的。关于动的一方面，小孩子到了四五个月的时候，一看见东西，立时就要用手来拿，倘若拿不到，就显出不快活的样子；一拿到了，就显出很高兴的样子。到了八九个月的时候，小孩子很喜欢拿了东西敲敲。到了 1 岁光景的时候，很喜欢用手去推凳子和去拉椅子。照这样看起来，上面所说的灯光、人、物件、凳子、椅子和声音都是孩子拿来当做玩具看待的，所以换句话说，“大凡把儿童看的、听的和触的，笼统可以叫做玩具”，“不是单指街坊上所卖的一种供儿童玩的东西”。

好的玩具是适合儿童心理的。儿童六七个月的时候，看见一种玩具在他的面前，没有不用手来拿的；如果不用手来拿，这种儿童，绝对不是普通的，因为儿童的天性本来好动，所以我们给他种种好的玩物，教儿童实地去练习，使他们的视觉、听觉、嗅觉、味觉、触觉，种种的机能以及智力和身体得有发展之机会。可是，我们家庭里的父母，往往禁止儿童玩耍。冬天里逼迫儿童穿长衫，限制他们的动作，到了下雪的时候恐怕他们把身体冻坏，衣服弄污，加倍地不让他们出门一步，好像监禁囚犯一样。夏天的时候，又恐怕儿童淹死，禁止他们去泅泳，其他种种游戏的事情都是用限制的手段，使他们不能充分地运动。总而言之，我们做父母的没有给我们的小孩子充分的运动机会，以发展身体、智力和德性。

我们的玩具仅仅能够使得儿童快乐和嬉笑，除此以外，并没有多大的价值。这是什么缘故呢？就是因为取材不好。我们玩具取材的质料，大概分为六种：

1. 由泥做成的。例如泥人、泥狗等是。

2. 由纸做成的。例如纸人、纸蝴蝶等是。

3. 由铁皮做成的。例如铁皮笛子、喇叭等是。

4. 由毛做成的。例如毛狗子、毛鸡子等是。

5. 由竹做的。例如弓箭、箫、胡琴、竹嗡等是。

6. 由木做的。例如各种人物、模型等是。

以上六种，第一、第二两种容易损坏并且不能洗刷，第三种是容易上锈而且有毒并能发生危险，第四种是容易堆积灰尘，不合卫生，第五、第六两种虽有好的，但大抵做得不牢。总括起来，能合用的，百不得二三，所以可说差不多失去了玩具的价值，并且所有的玩具也是不多。还有一层，我们的玩具很少变化，不能够教儿童发生很浓厚的兴趣，甚至于转足以限制儿童的活动；然有几种玩具，如风筝、毽子、地鸽子、竹嗡等确是极有价值的。现在欧美的教育家把玩具视为儿童的生命和小学教育上的必需品，所以他们都拿它实施到小学教学上面去。细考他们所制的玩具，虽大部分也实是不好，但其中确有许多玩具是合乎儿童生理和心理的，不仅仅能够使儿童快乐和嬉笑罢了。

二、玩具的分类

玩具的分类很多，大概可分三种：

1. 依照玩具的性质而分的。如人类、禽类、兽类等是。

2. 依照玩具的质料而分的。如木类、竹类、铁类等是。

3. 依照儿童的年龄而分的。如 3 岁的儿童所用的一类，4 岁的儿童所用的一类等是。

上面所说的三种分法，照我们看起来，当以第三种的分法算最好，但是很不容易做到。非要预先加一种精密的研究不为功的，不然勉强分下来一定是不准确的。

玩具优劣的标准,现在把它列在下面:

1. 优等的玩具。

(1) 可以引起儿童发生兴趣的。如洋囡囡、活动物等是。

(2) 质料坚固不易损坏的。如木类、橡皮类等是。

(3) 可以刺激儿童想象力和发展儿童创造力的。如象棋、积木等是。

(4) 儿童自己玩弄而能拆开的。如弓、机械等是。

(5) 能适应儿童的能力,发展儿童的智力和发生兴趣的。如纸鸢、地铃等是。

(6) 能洗濯而颜色不退,形状也不丑陋,足以发抒儿童美感的。如赛璐珞(Celluloid)[1]所做的各种小孩、鸡、马等是。

(7) 有变化而活动的。如皮球、琴、沙盘等是。

2. 劣等的玩具。

(1) 要发生危险的。如各种洋铅做的摇铃、刀等是。

(2) 不合卫生的。如毛鸡、毛猴、毛狗等是。

(3) 不能引起儿童兴趣的。如泥老人、石狮子等是。

(4) 声音嘈杂,没有好听的声音的。如响盒、泥老虎等是。

(5) 只能使儿童旁观呆看而不能发展儿童创造力的。如不活动的火车、电车等是。

(6) 质料薄弱不能洗濯的。如纸人、泥人等是。

(7) 无变化而不活动的。如军舰、五色彩球等是。

三、玩具教育的原理

(一) 玩具从性质上看来有两种:一种是活的,一种是死的

活的玩具儿童玩之不会讨厌的,死的玩具儿童一玩就不要玩了。举例以明之,玩具如积木、玩梯、马铃、皮球等等是活的,儿童玩之不容易生厌的,这种玩具随儿童所欲而变迁的。譬如积木,儿童可以拿它们做床、起屋、造桥、制桌、建塔、筑城,种种东西;又譬如皮球,儿童可以将它做种种游戏,儿童可以用手拍,用足踢。玩具如各书馆所仿造的六面图、活动影片,是死的。譬如六面图,儿童把画图的方块木头照死图的

① 赛璐珞(Celluloid),一种化工原料,常用以制作各种儿童玩具。

样子凑合起来，变成一图，这个玩具共有六张图，所以儿童只有六种方法可玩。儿童玩了几天之后，把六张图都学会了，就不要再玩了。活动影片也是这样的，他只有几种呆板的法子，儿童一看过一玩过即就置之高阁不问了。

还有一层不得不说的，这种玩具，大概很少教育的价值，如六面图，儿童所得教育无非服从、模仿几种消极的能力而已，至于儿童的发明心、创造力，或者还要反被打消了。

（二）玩具的目的不仅娱乐儿童之身心，也要使他因此得着自动

我们在街坊所买的玩具，大抵只能娱乐儿童之身心。譬如竹做的、洋铅皮做的、泥土做的、木头做的种种玩具，大半都是使儿童快乐快乐罢了。因为儿童要哭要吵，我们成人遂买了一二玩物给他们玩玩，使他们不哭不吵。这种玩物没有多大的价值，所最要紧者就是玩物能激起儿童的自动心，如皮球、豆囊、洋囡囡等等都能使儿童发生种种动作。如洋囡囡，儿童得了后，就给它食，给它穿，同它沐浴，同它游戏，以引起种种动作，在动作中儿童可以得着许多的快乐。我们知道儿童是喜欢做东西的，不单就喜欢看看罢了，并且做成之后，他又是一种快乐，还有做成了之后，能够发展他的自信和自尊。

（三）凡玩具儿童能自做的当鼓励自做

有许多玩具儿童可以自做的，比方水枪、弓箭、风筝、洋囡囡等等，若让他们自己去做，这在教育上有很大的价值。譬如做水枪，儿童必先寻找竹竿；寻得后，用锯锯断或用刀斩断；锯断后，又要在节底处钻一洞；若洞太大，那么水流出来不急，儿童就要研究它的原因；研究后，或能明白小洞的压力大，因此稍知物理的性质。还有一点，就是儿童自己所做的玩具比较买来的爱护得多。

（四）玩具不宜太多，只要少数精巧的是了

有时父母对于子女太宠爱，不问子女的心理如何，尽管买给他们许多的玩具。当初儿童看了这些玩具，当然很高兴，不过因为不能玩，或者不知道如何玩，他们就不要玩了，甚至于把玩具弄坏。要知道玩具儿童固然要有的，不过我们只要买几个好的、合乎他的动作和年龄的就够了，何必买了许许多多不合宜的玩具，使儿童任意弄坏，以养成一种损物的习惯呢？

（五）玩具必须叫儿童善为保存

儿童玩了玩具之后,当必须把玩具放好。这一层我们是要注意的,凡东西都要有一定的地方,不能玩了之后,随便乱摊。做父母的应当做一只箱子给他收藏玩具,以养成他的清洁、整齐、秩序等各种良好习惯。

四、玩具和年龄

至于玩具和年龄一层,里德(Read)曾有详细的讨论,兹择译之于下,以资参考。①

1~8 月

1. 简单的感觉游戏:看看,听听,摩摩。

2. 四肢的游戏:手臂、手、腿、脚趾,执住物件,吸吸,拿物件,捻提牢物件,推推,摇摇,踢踢。

3. 可以时常把婴儿的四肢做各种节奏的动作。

4. 简单的玩具游戏。

5. 玩具:玩笔,玩物。

8~12 月

1. 婴儿试验声音:把纸捏碎,敲物,拉铃。

2. 利用婴儿的骇异和再认力:玩"张猫"(peekaboo)②。

3. 四肢的游戏:"拍饼"(pat-a-cake),点着脸上各部分做戏(touching features)。

4. 拿物件,开锁,关闭门户。

5. 模仿:微笑,做声,简单手工。

6. 滚球:球滚过来时就接着。

7. 有脚档的椅子秋千,有小椅子可以攀缘推拉;有低栏杆可做站立行走的动作;有三级低而且阔的阶梯(约 6 英寸高,12 英寸深)可以匍匐。

1~2 岁

1. 儿童的感觉和动作试验更加来得多。

2. 探寻,摩抚。

3. 开闭门户和其他物件,拿放物件,开锁。

4. 掘地,倒水。

---

① 参看 Read: Mothercraft Manual,第十三章。

② 张猫(peekaboo):躲躲猫,用手掩脸,一隐一现以逗小孩的一种游戏。

5. 敲物做声，撕纸。

6. 藏匿。

7. 简单的指戏(以手指玩的)。

8. 自由滚掷皮球。

9. 简单的游戏，与成人滚掷皮球。

10. 玩恩物、洋囡囡、塌车、小火车、动物。

11. 椅子式的秋千(有摇宕的板或墙可以踏脚)，有栏杆的低阶级，低小的梯子，12英寸阔，6～10英尺长的木板平放地上(离地4英寸许)以构成低格柜子、橱子、抽屉、游戏室等等，以备寻探试验之需。

2～4岁

1. 寻探动作更加广阔，注意人、动物、机器的种种动作。

2. 验查物件:常把东西解开和凑合。

3. 掘地，倾倒东西，玩沙、土、水等。

4. 喜敲击，以验各物的声音。

5. 用木块来做种种的建筑:把木块堆起拖倒做各种东西。

6. 简单的球戏:追赶，滚球，接球。

7. 手指玩的小技。

8. 跳，溜木板，短跑。

9. 依篱笆横走，荡秋千。

10. 发生模仿成人的动作:模仿家庭生活和普通职业。

11. 喜欢藏匿，但不能久藏。

12. 制作泥形，染色，绘画，缝纫。

13. 搜罗石子、棒头以及各种光彩的东西。

14. 玩有颜色的流质。

15. 爱看图画，对于动物画和人画尤为喜欢。

16. 饲养小动物，种植花草。

17. 玩洋囡囡、动物玩具以及能活动的玩具。

18. 有背的秋千板(秋千面前当有很低的木板或墙壁以便儿童借力，粗索一端挂在树上，一端打一结以便儿童攀缘)，此外还有一坑青草、稻草木屑或沙土以便儿童跳越;游玩室以大木箱为之,室内有窗户可以出入,木棍两端挂在树上,离地比儿童稍高,以便儿童自由前后悬荡;另外当有浅涧、蓄水池、水盆,以便儿童玩水之需。

19. 教儿童跳法,跳时必先屈膝,落下来时,必先以足尖抵地。

20. 在此时期当给儿童以充分发展身心的机会,即须有适当的玩具和宽大的游戏场。

4~6岁

1. 感觉和肌肉动作。

2. 化装模仿:模仿各种工作和动物的动作。

3. 想象的化装游戏。

4. 发生团体的游戏,但无甚组织。

5. 发生各种歌唱和圆形游戏的兴趣。

6. 各种手指游戏。

7. 攀缘,跳,滚,溜木,悬荡,直线行走。

8. 军式行走,单足跳越,跳舞,游泳,溜冰。

9. 手工:木工,漆工,图画,土工,粘贴图画,堆积木块以及各种机械式的建筑。

10. 倾倒,装载,权衡,度量。

11. 玩水、沙。

12. 栽花,灌溉花卉,看护爱物。

13. 搜罗物件:石子、棒、树叶、飞虫、图画、旗子、纽扣以及各种鲜明颜色的布和纸。

14. 玩洋囡囡(男的和女的)。

15. 藏匿,寻找人物。

16. 简单的追随游戏,短路赛跑。

17. 简单的猜想游戏,惊骇性的游戏,玩手诀。

18. 辨别声音,学习歌唱。

19. 辨别颜色和形状,选择,对照,比较,着色。

20. 观察有历史和故事表演的图画。

21. 试验浅近的理化。

22. 扩充接触的环境。

23. 玩具和设备:田场,花园,菜园,草地,树林,海滩,沙堆,沙箱,合度的秋千,溜板,跳坑,游戏室,悬挂铁圈,绳索,梯子(6寸长,梯下有草毡),2寸阔的长木条,蓄鱼池，收藏物件的箱。

在此时期，儿童应有相等年龄的伴侣，俾能发生团体生活，以养成宽大、同情、忍耐、自制种种高尚之风，更与以化装游戏充分的机会，以促进其想象力的发展。

6～10 岁

1. 感觉上的兴趣，在此时期稍形减少。

2. 能遵守游戏规则。

3. 团体游戏，圆形歌唱的游戏，球戏，团体竞争。

4. 赛跑的游戏，追赶游戏。

5. 玩洋囡囡：大概关于女孩的，在此时期之末，喜欢纸做的洋囡囡。

6. 男孩最喜欢球戏。

7. 跳舞，游泳，溜冰，攀缘，悬荡，溜板，翻筋斗。

8. 技术的养成：接球，掷球，打靶子，打球。

9. 有系统的化装游戏：关于各种职业上的生活，如家事、商店、学校的生活，旅行、打猎、模仿种种成人社会的生活。

10. 手工：木工，图画，制模型，纺织，缝纫，粘纸（手工），剪纸。

11. 修饰：装饰花样，个人装饰。

12. 权衡，度量，计数。

13. 家事：烹饪。

14. 搜寻，储蓄。

15. 各种复杂的藏匿和寻找的游戏。

16. 搜罗的兴趣在此时期很浓。

17. 园艺，看护动物。

18. 关于各种智力和身体的游戏。

19. 发生文字上的兴趣：做诗谜、双关戏语。

20. 与成人比赛机智、忍耐心、人格、记忆力，参观各种实业状况和博物院，考察各种机器的动作。

21. 游览草地、树林、山洞和郊野。

22. 表演个人美感上的天然能力。

23. 玩具与前期同，外加栏杆、赛跑场所、攀缘器以及各种团体的游戏和伴侣。

第十一章 好奇心

好奇心对于儿童之发展，具莫大的作用。儿童凡对于一切新的东西就生出好奇心，一好奇就要与新的东西相接近，一接近那就略晓得这个东西的性质了。假使儿童与新的境地相接触愈多，他的知识必愈广，虽然由好奇心所得的知识，一时不发生什么效力，但后来于实用上很关紧要的。比方他以好奇心的缘故，知道木能浮水，蜂能刺人，火能烧，刀能割，这些经历，这些知识，不但于他将来很有用处，就是于他现在生活也是非常重要的。

一、怎样可以引起好奇心

（一）能激起儿童的好奇心，就是事物的新异（novelty）

比方大声，辉耀的色泽，显著的对比（contrast），皆易惹起儿童的好奇。

（二）事物与事物相接触而发生的新异，亦能引起儿童的好奇心

第一条所说的新异，是就事物之本身而言；这条所说的新异，是事物与事物相接触而发生的新异。比方说，儿童放风筝，起初风筝是他的新物，放风筝为他的新事，所以他对于风筝是很好奇的。但是过了一二星期后，放风筝的事体，不能发生他的好奇心了，风筝本身的新异已消失了。虽然如此，假使我们对这个儿童说："某儿童亦有一个好风筝，你愿意去看么，你愿意与他比赛放风筝么？"这个儿童对于放风筝的一件事体，又发生好奇心了。他的好奇心一方面是要看看某儿童的风筝是怎样的，一方面是要看看他的风筝能否比那儿童放得高。从上说来，我们晓得事物有本身的新异，有与他事物相关系而生的新异，儿童对于这两种新异，皆有好奇心。

二、好奇心与年岁

儿童的好奇心不是永久不变的，乃是随年岁而发展的。克尔帕屈克（Kilpatrick）在他的《儿童学原理》(*Fundamentals of Child Study*)中对于这一点说得很清楚，我所以把那一段译出来以饷读者。他说："当儿童未能行走以前，他的主要兴趣即在经历新的感觉并注意感觉的关系，但当儿童一能讲话，就要问他所经验的东西的名词：'这个是什么？''那个是什么？'若得了一个名词的答案那就知足了。等到熟悉各种事物并名词之后，他的兴趣就变了，他现在常常要问'这个什么用处？''你怎样做的？'或者

‘你为什么这样做的?’有时他要追根掘源问:‘这个东西从哪里来的?’”①

儿童长到三四岁的时候,他的“为什么”的问句格外多,所问的大抵关于普通公理,比方“天黑暗因为太阳下山了”。他的兴趣常常关于应用真理一方面的“太阳下山么?”“没有。”“那么为何天如此黑暗呢?”在这个时期,他对于真理的问句,必加“为什么”三字,而且他一直要问到底始肯息,或等到受成人的责骂为止。

儿童究竟爱悦什么样的东西,我们也应当研究的。当七八岁的时候,他对于颜色比对形状有兴趣,对于动物与小孩比较对于成人有兴趣。到了十二三岁的时候,他的兴趣在于理解,迷物(puzzles)推想,在这个时期研究历史的兴趣亦浓厚起来了。年岁再长一点,对于道德的问题就很有兴趣。总之,好奇心是儿童学问之门径,吾人不可不注意的,不得不利用它的。

三、史密斯与霍尔的研究

(一) 研究的方法

史密斯(Smith)②和霍尔(Hall)用间接问答法(questionnaire)研究儿童的好奇心与兴趣,他们在1895年印了一种小本子,其中有许多问句叫人回答的。他们把这些小本子分送学生的教员和父母等,请他们把下面关于好奇心的问句详细答复,所得的答案共有1 247件,现在我把所问的句子写出来如下:

1. 婴儿初次所显出的好奇心或兴趣的事情。

2. 婴儿初次所显出的主动的观察(active observation)或好奇的试验(experiment)。

3. 详述破坏的好奇,若破坏玩物等以研究他们的性质和构造。

4. 录述好奇心的问句。

5. 录述旅行的欲望,这种旅行兴趣曾否推之于观览旅行书籍?

(二) 研究的结果

我现把1 247个答案依照上边的问句分别写在下面:

1. 观察

(1) 属于凝视的观察 ………………………………………………… 163件

① 参看Kilpatrick: Fundamentals of Child Study。

② 史密斯(M. E. Smith),美国心理学家,对学龄前儿童语言进行研究,有字量调查报告。

(2) 属于自动的观察 …………………………………………………… $\frac{108\text{件}}{271}=21.73\%$

2. 试验 ………………………………………………………………………… 78 件=6.25%

3. 问句 ……………………………………………………………………… 477 件=38.25%

4. 访寻 ………………………………………………………………………… 69 件=5.62%

5. 破坏的好奇心 …………………………………………………………… $\frac{352\text{件}}{1\,247}=28.38\%$

(三) 举例

1. 凝视观察。

男的,2 星期　周视房间并凝视物件。

男的,3 个月　他听见声音的时候,他就转移头颈并牵动眼眉。

男的,5 个月　能凝视灯光。

我把我的小儿的视力好奇也写一二条出来。

第 5 天

他能熟视灯光。

第 23 天

他的眼睛能随灯光转移。

第 34 天

他吸奶的时候,他的眼跟着看我。

第 63 天

他的眼睛能随人转移。

第 96 天

他很喜欢看灯光,我用手把灯光遮蔽,他就哭,我把手拿开,他就不哭,这样共有四次。

2. 自动的观察。

女的,4 岁　走进房来看见一个盒子,等人出去之后,她就要启盒子,不过开不开,因此就拿来问人了。

男的,4 岁　当探访友人的时候,他很喜欢看蜜蜂,他敲那个蜂巢,遂被蜂刺。

我的侄子,10 岁　凡我所买来或借来的杂志,他总要问我给他看看,他喜欢看图画。

日前，美国俄百林大学地质学教授赫伯德博士在高师用幻灯演讲地质，他就同我来看幻灯影片，不料看后因为不懂它的内容，觉得没有兴趣，下次就不要来了。他来因为受好奇的冲动；他不再来，因为好奇心没有满足，并不能从演讲得着兴趣之故。

3. 试验。

男的，14 个月　咬了一口肥皂，三星期后又咬了一次，以后再不尝了。

女的，6 岁　吃了未成熟的苹果，要试验能否害病。

女的，5 岁　每天把园里所种的红萝卜掘起来，要看看它怎样生长的。

男的，5 岁　他要把狗的口开开来看看，并且要知道口里边有什么使得这狗会叫的。

4. 问句。

女的，3 岁半　“为什么太阳会发光呢？谁把这些明星放在太空中呢？”

女的，7 岁　“雪从哪里来的？太阳在晚上哪里去了？”

男的，6 岁　“这个龟能到岸上来睡眠么？”

男的，3 岁　“姑母！你的表里边有什么东西？”

5. 破坏的好奇。

男的，3 岁　把他自己的木枪敲断了，要寻出来为什么枪会响。

男的，4 岁　把一只钟拆得粉碎，因要晓得它为什么会敲的。

男的，4 岁　把他妹妹的洋囡囡的头发剪掉，看它能否再生出来。

男的，6 岁　斩断一只田鸡的脚，因为他要看田鸡能否独脚跳跃。

男的，8 岁　把一只乌鸦的舌头剪开，因为他要晓得以后乌鸦能否学话。

四、我之好问心研究

关于儿童好问的问题，除史密斯和霍尔二氏略有调查外，其余寥若晨星，就是他们所得结果，也不甚正确。从他们所调查的结果看来，儿童的问句，关于天然的势力与生命之来源，占 465 个问句中一半有余。10 岁以内的儿童所问的 465 个问句之中，有过半数是关于天然势力与生命来源的。

对于“怎样的”同“为什么”的问句，凡儿童皆有的。对于机械的兴趣，男孩比女孩多一半，而且这个兴趣的发现是很早的；对于生命之来源，几乎只有从 3 岁到 8 岁的儿童问的，8 岁以外的儿童，是没有的。这个事实霍尔氏说是重要的，而且对于教学儿童的材料，具密切的关系。

关于宗教的兴趣,儿童也很浓厚的,他常要问“上帝是谁?”“谁是上帝的父亲和母亲?”对于死亡的问题,从3岁到7岁的儿童无特别的兴趣,仅显好奇而已。以上所述,不过是霍尔氏所报告的大略,若要详悉他的研究,非看原文不可。

儿童为什么缘故好问呢?问什么东西?怎样问的,问的东西,问的方法,与儿童的年龄、知识、经验有没有关系?儿童的好问心与他的智力的发展有没有关系?这几个问题,非有精心的研究、实地的试验是不能解答的,因此我研究这儿童的好问心,现已告一段落。现将研究的结果报告读者诸君,希望引起诸君的兴趣,以多得几个同志,来研究这个重要的问题。

(一)研究的材料

先说我所研究的儿童:我有甲乙两个侄子,甲儿虚岁12,其实只有10岁零8个月;乙儿虚岁10岁,其实只有9岁零1个月。这二位侄儿,今年寄居我家,因此我得着良好机会,研究他们的心理。他们早晨上学,傍晚回家,我亦如此,所以我们晨夕同在一起。

他们的智慧,依照特曼①的比奈-西蒙智力测验方法(intelligence tests)②是不相上下的,乙儿的智慧度数(intelligence quotient)③是105,甲儿是103,所以他们的智慧是寻常的。不过他们的交际能力,大相上下的,甲儿不善辞令而且稍有口吃,其弟不然,善于辞令,工于应对,有客人来乃兄含羞缄默,他则应答如流,招待有礼,初次遇见他们的人,总说乃弟胜于乃兄。其实不然,乃兄的知识、经验、思想,远胜其弟,谓予不信,请看下文。

(二)研究的方法

我所研究的方法,与霍尔氏不同,霍尔氏所用的是问答法,我所用的是直接观察法,他是间接的,我是直接的。我把每日两个侄子所问的问句记录下来,一共记录了270天,所记录的共有357句。我现在要把记录的方法略略说一说。我备了一本空白

---

① 特曼(L. M. Terman,1877~1956),美国心理学家,斯坦福大学教授。以修订“比奈-西蒙智力量表”而驰名于世。他曾应用他所修订的智力量表来研究天才儿童,并于1925年发表了《天才的发生学的研究》一书。

② 比奈-西蒙智力测验方法(intelligence tests):是指法国心理学家比奈、西蒙于1905年根据法国教育部的意见,为解决法国教育工作中面临的低能儿童的教育问题,共同制订的第一份智力测验量表。其后,又提出了第二个测验量表和修订表。自此以后,智力测验作为一种方法便盛行于欧美各国。

③ 智力度数,即智力商数。智力测验者用以标示智力发展水平。它是依下列公式求得的:智力年龄(MA)÷实足年龄(CA)=智力商数(IQ)。如智力商数等于100,即标示其智力相当于中等儿童的发展水平。智商120以上的称为“聪明”,80以下的称做“愚蠢”。

簿子，凡他们问我一句，我就照他们所问的抄下来。晚餐时，我把这本簿子和笔，放在桌上，他们一问我，我就放了碗筷把它记下来。饭后我同他们一共读书阅报约需 1 点半钟之久，在这个时期内，我亦把他们所问的抄写下来。他们问不问，我一点也不管，我没有用种种方法使他们问我，我也没有使种种方法禁他们不问。他们所问的，完全出乎自然的。不过其中有一点，他们始终不懂的，就是为什么缘故，我把他们所问的句子记录下来。起初他们常常问我："小伯，你写下来做什么用呢?"我始终没有回答他们，所以到了后来，他们也不以为奇，也不问了。他们也并未因为看见我记录他们的问句，特意多问我几句，或特意少问我几句。凡他们所问的句子，我能答的，我一定详细解答；凡我所不能答的，我教他们去问他们的教师。这样他们的好问心得着满足，他们的知识也渐渐长进。

（三）问句的次数

未研究这个好问心问题之先，我猜想乙儿定比乃兄问的多，但这个猜想与事实正相反，在第一天，乙儿问的比甲儿多，但除了第一天外，以后都是甲儿问的多；在这 270 天内，甲儿共问了 250 句，乙儿只问了 119 句，还不及甲儿的一半。

表 11－1　问句的次数

日	甲	乙	日	甲	乙
1	21	31	15	13	1
2	9	7	16	15	3
3	2	2	17	7	5
4	26	10	18	7	2
5	10	7	19	1	3
6	9	4	20	13	2
7	14	9	21	3	0
8	12	6	22	11	3
9	7	3	23	5	4
10	16	2	24	4	0
11	8	4	25	4	0
12	5	1	26	3	1
13	9	4	27	5	1
14	11	4	总　数	250＋119＝369	

从上表看来,问的次数不是天天一样,也不是同一比例的,有几日问得多,有几日问得少。

这个怎样解答呢?它的原因很复杂,最大的就是环境关系。假使今天他们在外边看见了新的东西,他们就多问。还有我们晚上休息的时间,也没有一定,有时因为身体困倦就早点去安息;有时因有特别事故休息较迟,因此问句的多寡受着影响。不过同一环境为什么甲儿比乃弟问得多呢?他们两人同在一校一级读书,同在一家居住,起居饮食也皆相同,何以一多问、一少问呢?是否因为年龄的缘故呢?这个我也不敢说。是否因为儿童的性情的缘故呢?这个我也不敢说。平常讲起来,乙儿饶舌得多,何以对于问句反为较少?是否因为知识经历的缘故?这个缘故我想对的。

(四) 问句的体裁

从甲乙两儿看起来,知识浅近、经历薄弱的儿童,没有多少可问的材料,所问的无非关于东西的性质方面。比方儿童问"这样是什么?""那样是什么东西?"比较问"这个东西为什么缘故会动的?"那就容易得多。现将我的研究结果列表如下:

表 11-2 问句的体裁

体裁	甲儿	乙儿	差别	甲儿百分比	乙儿百分比
什么	124	95	29	52.54	78.51
为何	84	19	65	35.59	15.70
怎样	28	7	21	11.86	5.78
总数	236	121	115		

儿童的问句,大概可分为三类:"什么"的问句,"为什么"和"怎样"的问句。"这是什么东西?""那个叫什么名字?"属于"什么"的问句;"衣服为什么这样长呢?""你为什么不吃饭呢?"属于"为什么"的问句;晓得这个是什么东西,方才问"这个东西为什么会动的?"例如问"脚踏车为什么不会翻倒?"儿童一定晓得这个脚踏车,而且也知道脚踏车能走的性质。知识丰富的儿童,看见世界中天然和人为的现象较多,因此愈晓得愈要问;知识较为浅近、经验较为薄弱的儿童只能问"什么"的问句而已,这一层我们将底下的问句体裁与性质看过后,愈加明白了。

"你骑的脚踏车为什么不会翻倒呢?"这类的问句属于"为何"问句;"煤怎样会烧的?""轮船怎样会走的?""肚子怎样会痛的?"这种问句,都属于第三类。现在,我们要晓得的就是怎样的儿童问怎样的问句。霍尔氏对于这一点却没有统计，但克尔帕屈克(Kilpatrick)在他的《儿童学原理》(*Fundamentals of Child Study*)中曾经说过："当儿童未能行走以前，他的主要兴趣，即在经历新的感觉，并注意感觉的关系；但当儿童一能讲话，就要问他所经历过的东西的名词，'这个是什么?''那个叫什么?'若得了一个名词答案，那就知足了。等到熟悉各种事物与名词之后，他的兴趣就变了，他现在常常要问'这个什么用处?''你怎样做的?'或者'你为什么这样做的?'①儿童长到三四岁的时候，他的为何问句格外多。"②

从上面的一段看起来，儿童的"什么"问句，比他的"怎样"和"为何"问句，发生来的早，这个与我所研究的，不相符合。乙儿的"什么"问句，固然比他的"为何"和"怎样"的问句多；甲儿的"什么"问句，也比他的"为何"和"怎样"的问句多。克氏谓"儿童长到 3 岁的时候，他的'为何'问句格外多"，似与我所研究的结果不合。问句的体裁与儿童年龄究竟有否关系？克氏说：儿童先问"什么"，后问"为何"与"怎样"。照我的研究结果看来，年龄与问句，只有多少的关系，并没有问句先后的关系。乙儿虽然有 95 个"什么"的问句，但也有 19 个"为何"的问句和 7 个"怎样"的问句；甲儿同样也有 84 个"为何"的问句和 28 个"怎样"的问句，但是，他的"什么"问句也达到 124 个。故问句的体裁，虽没有若克氏所说的先后界限，然而与儿童年龄很有关系，乙儿比乃兄年较幼，他的"什么"问句占 79%，他的"为何"和"怎样"问句，只有 15.7%和 5.78%；但甲儿的"什么"问句，只占 53%，"为何"问句占 36%，"怎样"的问句占 12%。这样看来，乙儿的"什么"问句比他的"为何"和"怎样"问句相差甚远。从这样看来，年幼的儿童，对于"什么"问句比其余二类为多；年岁较大的儿童，对于"什么"问句，比较少一点，但"为何"和"怎样"的问句，比较的增加一点。儿童的年龄与问句的体裁，虽然有这样的关系，但儿童的智力与问句的体裁的关系，我以为更加密切。问句中"为何"和"怎样"，比较"什么"难得多，"这个什么东西?""那个什么东西?"这种问句，了然显出问者的不知不识和他的好奇心。若要问"这个东西为什么是这样?""为什么这样做的?"则非先知这个东西不可，例如"大炮的管子，为什么这样长?"比"这大炮的管子，是什么东西?"难得多了。这样说来，甲儿的智慧经历和观察力，比乙儿强得多。在这

① "怎样"和"为何"的问句，从此就发生了。

② 参看 Kilpatrick：Fundamentals of Child Study。

一点，我要声明的，就是现在乙儿的知识经验，虽不及乃兄，然安知来日赶不上呢？

（五）问句的性质

从问句的性质，我们可以知道儿童的兴趣，因而可以晓得施教的方针。我把两儿的问句分为19类，每类的数目和百分比，详列在表上，并附原问的句子，以供参考。在问句中有几类的性质，与两儿的兴趣的表现很有关系，不妨举出来与阅者研究研究："人事"指关于人所做事体以及人之动作的问句，这类问句，两儿所问的比其余来得多，一占问句全数30%，一占37%。关于"物理"和"机械"的问句，甲儿比乃弟多12%，这里可以显出甲儿的兴趣所在，可以证明他知识的高深，施教者可以知道怎样施教和应施的教材了。对于动植物的兴趣，甲儿也比乃弟来得浓厚。对于顾虑他人的幸福，乙儿却比乃兄来得周到；又因他的特长，如态度谦恭，招待殷勤，遂足以颠倒他人的判断以为比乃兄聪明了。

附问句举例：

人事（包含他人之举止）

乙1. 你为什么来的这样晚？

乙2. 你大炮有没有看见过？

甲3. 紫金山上边兵怎样能上去呢？

甲4. 中国人吃酒厉害呢，还是外国人吃酒厉害？

甲5. 为什么日本人穿木鞋？

人物（物指人造之物）

乙1. 这个什么东西？（机巧板）

甲2. 汽车后边为什么有一块牌子？

甲3. 这本什么东西？（银行折子）

甲4. 涂先生是什么地方人？

物理

甲1. 酒为什么比水轻？

乙2. 火车将开时为什么要倒退几步？

甲3. 大钟寺的钟怎样挂上去的？

甲4. 这个车子（脚踏车）为什么不会翻倒呢？

表 11－3　问句的性质

项　目	甲儿	乙儿	甲儿百分比	乙儿百分比	问句差	百分差
人　事	72	44	30.25	37.60	28	—7.35
人　物	43	11	18.07	9.40	32	8.67
物　理	23	7	9.66	5.98	16	3.68
机　械	22	1	9.24	0.85	21	8.39
动　物	19	2	7.98	1.71	17	6.27
植　物	9	3	3.78	2.56	6	1.22
政　治	9	2	3.78	1.71	7	2.07
顾虑他人	6	9	2.52	7.69	—3	—5.17
天　然	7	8	2.94	6.83	—1	—3.89
营　业	6	0	2.52	0	6	2.52
数　目	5	3	2.10	2.56	2	—0.46
字　名	5	11	2.10	9.40	—6	—7.30
地　方	2	5	0.84	4.27	—3	—3.43
物之来源	2	3	0.84	2.56	—1	—1.72
生命之来源	2	2	0.84	1.71	0	—0.87
生　理	2	1	0.84	0.85	1	—0.01
天然现象	1	0	0.42	0	1	0.42
宗　教	1	0	0.42	0	1	0.42
时　间	2	5	0.84	4.27	—3	—3.43
总　数	238	117	100	100	121	0.03

机械

甲 1. 无线电怎样听得出呢?

甲 2. 大炮的管子为什么这样长?

甲 3. 井怎样掘的?

甲 4. 怎样可以使得脚踏车停止呢?

甲 5. 为什么汽车会爆呢?

动物

甲 1. (臭虫)为什么好活三年(虽饿三载亦不死)?

甲 2. 松鼠的尾为什么是这样的?

甲 3. 狗为什么能懂人的话呢?

甲 4. 大水时老鸦会沉死吗?

甲 5. 鹅有翅翼为什么不会飞呢?

植物

甲 1. 石头上为什么可以生菌呢?

乙 2. 树根怎样可以吃呢?

甲 3. 葵花的头为什么这样大?

政治

乙 1. 中国人这样多,大总统怎样选举呢?

乙 2. 中国总统是谁?

甲 3. 为什么共和党诋责威尔逊呢?

甲 4. 为什么要选举这一个人?

天然

甲 1. 大山为什么出烟头?

甲 2. 海里一直有浪头么?

营业

乙 1. 脚踏车要多少铜钱?

甲 2. 为什么有这么多的广告?

顾虑他人

乙 1. 当兵的人苦不苦?

甲 2. 你冷不冷?

甲 3. 你为什么饭吃不下去?

字名

乙 1. 这个什么字(挖)?

乙 2. 是北,那么为什么不叫北京?

乙 3. 什么字?

地方

乙 1. 下关过去是什么地方?

乙 2. 浦口热闹吗?

甲 3. 莫愁湖比紫金山远呢还是近呢?

物之来源

乙 1. 茶几谁发明的?

乙 2. 灯谁造的?

生命之来源

乙 1. 毛头(婴孩)从哪里来的?

乙 2. 毛头什么东西变成的?

生理

乙 1. 小舌头有什么用处?

甲 2. 脚为什么麻木呢?

天然现象

甲 1. 近来为什么月亮没有了?

宗教

甲 1. 古时候有没有教会?

时间

乙 1. 现在是几点钟了?

乙 2. 今天是几号?

(六) 结论

这个研究的缺点很多:第一,研究的材料只有两个儿童。第二,研究的日期只有270天。要补救第一个缺点,非试验多数的儿童不可;要补救第二个缺点,非继续较长日期不可。现在我所以汲汲地把这一个不完全的研究报告读者,就是希望引起诸君的兴趣,把这一个儿童好问心的重要问题,大家来精心地研究一番,于儿童教育上,多少有点补助。从这个研究看来,我们可以得着下列的新观念。

1. 从问句可以知道儿童的知识和经验:问句若“这个什么东西?”“那个什么东西?”是显出问者知识缺乏;问句若“水是怎样成功的?”“吃蟹为什么用醋?”“中国字为

什么从右边写起呢?”是显然表明问者有些学识和经验。所以做他的教师和父母的,可以晓得他子弟的学识到什么程度了。

2. 从问句可以见出儿童的兴趣:教室中有一事,使教师害怕的,就是学生的不注意;做教师的常常想出种种方法来引起儿童的兴趣,但是没有晓得儿童的兴趣在何处也无用的。大凡知识相等、年龄相同的儿童,他们的兴趣相仿佛,平日试一留心他们的问句,就可以晓得他们的兴趣在何处了。譬如甲儿之于物理机械,乙儿之于人我事物,看他们的问句,就可以知他们的兴趣。

3. 好问心乃输入知识之门:儿童生而无知,后来长大起来,逐渐与环境相接触,他的好动能力和模仿能力逐渐滋长,而好问心也渐渐起来;常人对于儿童的好问,恒厌恶之,斥之为饶舌,甚有禁止询问者,做父母者实不应如此;苟能利用此种好问心,则儿童见一新事物就要问,一问就可得到一件新知识,这样日积月累,虽极笨劣的儿童亦决不至菽麦不辨了。有时儿童的问句常有为成人不能置答的,或非受问者之学识所能解决的,如“我的妹妹从哪里来的?”“妹妹是什么东西变成的?”但是不可断然答道:“不知。”最好用动植物的遗传道理来解释给他听,若连这点动植物遗传性也不知,那可没法了,不要假作聪明,牵强附会,颠倒儿童的思想。

总说起来,好问心这件事,在儿童方面是为启迪知识的关键;从儿童的父母和教师方面,是为施教的钥匙。我们现在要研究的,就是怎样来利用这固有的关键,配合适当的钥匙。很希望读者诸君,大家起来穷究这个要题,补救我不完全的地方!

参考书目

1. Smith and Hall. Curiosity and Interest. *Aspects of Child Life and Education*.
2. Kilpatrick. Fundamentals of Child Study.

第十二章 惧 怕

有时候一个活泼的小孩，为什么要怕狗怕猫呢？为什么要怕生人怕声音呢？为什么要怕雷电怕海洋呢？为什么要怕鬼怕黑暗呢？为什么要怕这样怕那样呢？这种惧怕是先天生来有的呢，还是从后天的经验得来的？我们有什么方法可以免掉这些无谓的惧怕呢？还有一层，我要问的就是是否个个小孩有上边所说的惧怕呢？还是几个小孩子有的？若几个小孩有的，那么是否这几个小孩都怕上边所说的东西呢，还是只怕几种？还有小孩的惧怕是否不会消灭的？若会消灭，是怎样消灭的？这种问题在教育上是很重要的，现讨论如下。

一、学说

为什么儿童怕黑暗与幽僻呢？

为什么儿童怕雷电与风雨呢？

为什么儿童怕鬼怕动物呢？

为什么儿童怕异常声音呢？

儿童的惧怕怎样解释呢？

对于这种种惧怕的问题，有一种学说来解释它，这就是“复演学说”(recapitulation theory)。

主张这种学说者首推霍尔(G. Stanley Hall)、里波特(Th. Ribot)[①]和张伯伦(A. F. Chamberlain)[②]。霍尔说：“惧怕是我们灵魂中的一部分东西。在这个惧怕部分里，我们可希望寻得从前世界上种种生物时代之回光返响与世界的大震动、大变迁，生物久受特别环境约束的境地，以及生物与地球、海洋、天空接触的境地。青年人的惧怕对于这一点尤其如此，他的种种惧怕，比较致怕的缘由过分得多……夜间算为最平安的

---

① 里波特(Theodule Ribot，1839～1916)，现译为利鲍。法国心理学家。任巴黎大学、法兰西学院教授。是法国第一个心理学实验室的领导人。他的著作和思想对法国心理学的发展曾产生积极的影响。著有《感情心理学的问题》、《生命的无意识与运动》、《记忆的疾病》等。

② 张伯伦(A. F. Chamberlain，1865～?)，英国心理学家。英国克拉克大学人类学讲师。著有《儿童——人类进化的研究》等书。

时候了;蛇已不足为致死我们的仇敌了;生疏的人以及巨目利牙,并不加危险于我们了。何以他仍旧害怕呢?”在复演学说者看来我们所以怕黑暗,因为我们祖宗怕黑暗的缘故。我们所以怕雷电,因为我们祖宗怕雷电的缘故。我们所以怕野兽,因为我们祖宗怕野兽的缘故。我们祖宗或因无知或因危险发生这种惧怕。这种惧怕,慢慢地遗传下来,使得人类不致为种种危险和种种野兽所侵害。这是复演学说解释惧怕的大意。依我看来,这个学说有点不完全的地方,我们要知道惧怕的构成,有三大种要素:一是从遗传来的,一是从经验来的,一是因无知生的。

我先把这三种惧怕说明后,再来批评这个学说。

(一) 天赋的惧怕

普莱尔用人为的孵鸡方法,孵了 33 只小鸡,这些小鸡一听老鹰的声音,就寂静不做声,并注意环境以察危险,后一见老鹰就四散逃匿。你看,这人孵的小鸡,从前并没有看见鹰鸟过,现在不学而能地惧怕起来,这不是先天遗传的么?①

道格拉斯·斯波尔丁(Douglas Spalding)也有同样的试验和同样的结果。

初生的婴儿对于骤然发生的声音或震动常显出惊吓的态度。达尔文(Darwin)试验他的孩儿的惧怕心。他的小孩子到了 4 个半月的时候,他做了各种熟悉的声音给小孩子听,小孩子听了毫无惊吓,不过达尔文后来忽然做了一个大声音(大鼾声),他就狂哭。这种惧怕是一种生理的反射动作。②

以上几个例子是证明天赋的惧怕。

(二) 经验的惧怕

儿童惧怕黑暗,究其原因不外后天之经验与想象。儿童喜听人讲说鬼怪故事,但儿童的想象非常活泼,因此灯下所听鬼怪奇兽在黑暗的地方都显现了。这种黑暗惧怕心,不单儿童有,就是成人也难免,有许多成人明知黑暗之不足畏,但因幼时所受刺激太深,仍不免临事而惧。

还有一种惧怕就是惧怕动物。华生(Waston)③试验某 108 天的孩儿,受了玩物

---

① 参看 Preyer: Development of Senses and Will。

② 参看 Darwin: Expressions of Emotions in Men and Animals,第六章。

③ 华生(J. B. Watson, 1878~1958),美国心理学家,行为主义学派的创始人。他根据对动物心理和婴儿心理的研究结果,主张心理学是研究行为的自然科学,反对心理学研究意识。主要著作有《行为:比较心理学引论》、《行为主义心理学》。

(动物)的惊吓,以后看见别的动物也就非常惧怕。[1]

我们有些做母亲的人,常常恐吓小儿,使得这些脑筋薄弱、经验浅缺的儿童,变成胆小的雏鸡。小儿哭的时候,做母亲的吓他们说:"狗来了！猫来了！狼来了！老虎来了!"无怪儿童不敢亲近狗猫牛马等动物。足见惧怕是受后天经验与想象的影响之大。

(三) 无知识的惧怕

这种惧怕是因为无知识的缘故,现举例以解释之。

达尔文带了2岁零3个月的小孩子到动物园里去游玩,小孩看见囚笼的野兽(狮虎)就惊吓不堪。这种惧怕,不是因为我们的祖宗惧怕野兽的缘故,乃是因为儿童以这样的动物很古怪的缘故。某3岁的女孩,看见一根羽毛飘浮空中,遂大起畏惧,这是因为她不明物理的缘故。[2]

又如儿童惧怕生疏的人,这也是因为儿童不知道这个生疏的人是怎样性情的缘故。

看了上边的三种惧怕之后,我们就可以知道霍尔氏的复演学说不能成立。他把从经验与无知识来的惧怕,也归在天赋的惧怕之内,他以为儿童的惧怕都属于遗传的,其实遗传的惧怕是很少的,即上边我所说的几个惧怕声音的例子,也不必以复演学说来解释。婴儿之所以怕声音者,因为声音震动他们的柔弱神经的缘故。这样说来复演学说对于儿童惧怕是无关紧要的。

还有一层我不得不说的,照复演学说的意思,惧怕是使人逃避危难的利器,所以我们看见野兽或听见雷电的时候,我们的惧怕心使我们往后退避逃匿;不过这一点也不是正确的,对于平常的惧怕,我们的有机体固能退避,然假使我们受特别惊吓的时候,我们不但不逃避,反鹄立不动如木鸡一样(所谓吓昏),仇敌的加害更为便利。这样说来,惧怕不单无益,反见有损。复演学说更加不能成立。

二、一个儿童惧怕心的研究

下面的报告是关于我小孩一鸣的惧怕心的研究。一鸣生后我就天天观察他,时时研究他,现在且把一部分的研究报告读者。

---

① 参看 Watson: Psychology from Behaviorist's Point of View。

② 参看 Darwin: Expressions of Emotions in Men and Animals,第六章。

第 7 天

惧怕的雏形:当小孩安睡时,我偶然以铁棍击着火炉致房子震动,小孩立刻举起双臂,举臂虽是一种简单的反射动作,然也是表示惧怕的初步。

第 26 天

骤然来的声音也能引起惧怕:是日当他睡眠摇篮时,我忽然做起尖的声音来,他就举起手臂开了眼睛,表示一种惊吓的态度。

第 34 天

牵动被服而引起惧怕:当他晚间睡眠时,我轻轻地把他的盖被展开一点,不料他立刻举起手臂。

第 81 天

因身体坠下而发生惧怕:是晨我妻把他从摇篮里抱起来的时候,一不小心,把他仍旧坠下摇篮里,他虽没有一点受伤,但惊哭不息了。

第 83 天

今晨我放他在大盆里洗浴,忽然一个脱手,他的身子往下坠了一点,他就惊喊起来。

第 91 天

惧怕悬荡空间:从出世至此日,他的体重每星期称的,因为他的身体弱小,我用大被裹之而称,不料今日,他忽然大惊哭起来。

第 100 天

惧怕陨越:我要试验他的握持本能,我用一根细而圆的棒头使他的右手捻住,后来我要把他悬空起来。不久他的右手就将棒头放掉了。我就试验他的左手,他的左手捻着棒头的时候,他就大哭起来了。

第 108 天

尚未怕生疏的人:到今天对于生人他并没有显出惧怕的态度。

第 112 天

不怕狗:今天我抱他出来,到外边草地上坐坐,邻舍的家狗也来与我们玩玩,他毫不显出惧怕的态度。

第 117 天

怕生疏的人:友人美国女士常常来访问的,不过今天他对着她看了一息就大哭起来,以后一看见她,他就哭。但后来我们与这位美国友人住在一起,不久他见她不怕了。

第130天

怕异常的声音:当初醒时他听见一声异常的音就惊哭了。

第132天

怕异常的笑声和不了解的境地:今晚他的祖母正抱他玩时,他的两个堂兄弟忽然狂笑,他就惊哭。

第133天

睡中惊喊:睡眠中他忽然惊喊。

第135天

惧怕喧哗:今天我们全家往外游览,我抱了他与车夫论价,不料车夫讲话太响,他遂惊吓大哭。

第143天

惧怕大声歌唱:他醒时,我们四人大声唱起歌来,他遂惊哭。

第149天

怕小提琴的声音:他听见小提琴的声音,遂大哭。

第158天

小提琴的声音他不怕了,不过显出注意音乐的态度。

第159天

怕生人:他看见一群儿童在他的面前的时候,就大哭起来。

第160天

他看见一个异颜戎服的外国妇人遂大哭。

第178天

不怕马:他欢欢喜喜地坐在推车里的时候,一人牵了一匹马慢慢地走过,当马离他不过5尺之遥时,他举起头来,笑微微地看看这个从未见过的大动物。

第200天

怕异常的声音:他的母亲不留心把灯罩坠破地上,他遂惊哭。

第208天

怕异常的人面:友人的父亲新从湖北来,他面生长须,两眼如大潭,我的小孩一见

他就惊哭，约三四天后，他始打消这个惧怕。

第 218 天

怕雷声(异常的声音)：他被大雷惊醒而哭。

第 35 星期

怕生人和异境：今天我们全家第一次去望望某友人家，我们一到他们的家里，他就哭起来。我抱他进了客房，他就转眼四顾，显出惊异的态度；后来他看见了一位 70 余岁龙钟的老太太，又大哭。

第 52 星期时，我们又带他去望望他们，他仍旧怕这位老太太。

第 36 星期

怕报纸的声音：饮食后，他的祖母抱着他，不知因何事，他哭起来了，此时我拿了一张报纸，在他的旁边把报纸乱振动起来，他一看立刻回头而避。

第 38 星期

试以新生的小鼠：今天捉了四只初生的小鼠，长约寸许，遍身红色，无毛，但能稍动，我将小鼠放在纸盒内提与一鸣看，起初他熟视之，后我将小鼠移近他前，他遂缩手。

试以小龟：今天我将一只小龟养在面盆里让一鸣看看，他一看水中的能动小龟立刻伸右手来捉。

第 39 星期

惧怕皮毛：我把他放在毛毯(有长毛)上边，他立刻举起左手且要倒爬逃避，对于皮毛，他从前并没有惧怕的经验。

第 40 星期

怕鸡：有卖鸡者肩负春鸡一担，每三只束为一群，我抱了一鸣走近鸡担旁边，鸡稍做微声，他藏首而避。

第 44 星期

怕张开的雨伞：今晨他的母亲给他一把紫色的雨伞玩玩，起初他握了这把雨伞玩弄，后来将伞张开，他抬头一望，就显出怕的样子，他不敢摸它，也不敢看它。

第 51 星期时又试验他，我把雨伞拿出来给他，他并不怕，不过我将雨伞张开时，他显出惧怕的态度。

第 55 星期时，我又试验他，他仍旧怕。

第60星期时，我再试验他，他仍旧怕。

第45星期

他的母亲抱他到阳台上去游玩，忽而一群飞鸟"呼呼"似的飞过，他一看立刻去藏匿，后举首而寻。

第46星期

清晨邻妇某披了发，穿了睡衣，骤然而来，一鸣是时不甚快乐，见之生惧，不过他一听她叫他，他回首再顾，始认识她是他的好友。当初他之所以惊吓者因其披发异服之故耳。

第48星期

不怕猫：拿了一只小猫给他看，他毫不惊异，伸手来捉猫耳，显出快乐的态度。

第51星期

1. 不怕皮毛了：我从北京买来许多狗毛毯，他一见就玩，后来我又抱他到从前所怕的毛毯上边，他也并不显出一点惧怕的态度。

2. 惧怕小气球的声音：今天我买了一个红的小气球，是橡皮做的，若用气吹大了，它就发生一种单调的尖声。起初我以为一鸣必定欢喜这个玩物，我遂在他的面前把气球吹大，我吹的时候，他盯着眼看我，不过他一听气球发声，立刻显出恐惧的态度。我把这个气球给他，他也不要，次日他仍旧怕这个气球的声音。

第4天

日中他一见气球就怕，给他，他缩手不来拿，后来我特意放在他的手里，他立刻丢掉；是日下午5时，我再试验他，他仍旧怕这个气球。

第5天

他玩我的曼陀林(mandolin)乐器的时候，我特意给他那个气球，他不要，后来我把气球放在他的颈上，他就哭起来了。后气球虽不在他的颈上，然他仍去空抹数次。稍息，我将这个气球给他，他就拿了玩，但他看我再吹时，他又显出惧怕的样子，气球发声时，他遽然又哭。我又把空气球给他，他又拿了，后来我远远地数次吹着气球，他也不哭。

第7天

早晨他一看见我吹球，就转身回首说"eng - eng"(不要的意思)。是日日中时我又试验他，他仍怕吹球声。

6 星期后,我又试验这个气球。一鸣同他的祖母、四伯等乘马车至夫子庙游览,是时我买了一个红色气球,所发的声音也是单调的尖声,一鸣看我吹气,听气球发声,毫无惧怕,但后来回到家里时,我又吹起来,他一看见我就缩身转向他的母亲,然气球发声时,他毫无惧怕的样子。

3. 怕嗡声:南京每于新年时,儿童玩"嗡嗡"。嗡嗡以竹为之,用绳拉之,则发"嗡嗡"之声。他的母亲抱了他去看某友人拉嗡,起初他见之很注意,不过一听嗡做声,他忽转身,移时转首又来看看,他又回首而避。后又试验竹嗡,他又怕嗡声,虽怕嗡声,但他很欢喜看他人放"嗡"。后来过了 9 个星期,我又试验他,他不但不怕嗡声,而且很喜欢玩竹嗡。

第 54 星期

我们捉了一只小麻雀,系以绳索给他,他不来拿,并说"e-e"声,后来把麻雀系在他的坐车上,任其飞翔,渐渐地他去玩麻雀了。

第 57 星期

生疏的人他不怕了。

第 58 星期

不怕雷声:2 月 10 日雷声大作,初作时,我们特意镇静,并不显出丝毫惊异,一鸣仅听雷声也不惊异,后来且以为乐。

第 59 星期

怕轮船上的汽笛声:2 月 16 日由湖州回宁,船将驶行时,汽笛声忽然大作,他立刻停止游玩,静听之,并回顾他的父母,汽笛声再作时,他即向他们避匿。

第 60 星期

不怕竹嗡:从前他怕竹嗡的声音同玩竹嗡的动作,现在他很喜欢看人玩了。

第 63 星期

1. 受暗示的惧怕:炉上炖着的罐头,因烧的时间太长,里面所煮的东西溢出来了,四个家里人见了,急来揭罐头盖,并且现出匆忙的样子;他见了这种情形,叫出"ē—"的声音,现出一些惊恐的样子,后来看见人弄好了,他也就不惊恐了。这证明他看见人惊慌,所以他也惊慌。

2. 惧怕的迁移:

(1) 近来他母亲用黑墨涂在乳头上断了他的奶,他看了黑乳头就不要吃奶了。今天给他吃他素来喜欢吃的葡萄饼干，他看见饼里有黑的葡萄就怕，也不要吃；后来把葡萄取出，他就要吃了。

(2) 邻居妇人，穿了黑衣，戴了黑帽，进来远远地站在他面前，他一时不认识她就怕，并哭起来了。这个邻居妇人他是认得的，常和她玩，不过今天她穿了黑衣服，所以他怕她。

(3) 给他一块巧克力糖，他看它是黑的，就不要吃。

(4) 看见桂圆的核子是黑的，他就害怕。这些皆是因为他怕黑乳头的缘故，迁移到怕旁的黑东西。这种迁移的惧怕，差不多有五六个月之久。

3. 不怕火车：我把他放在推车里，推到靠近铁路(约 20 码之遥)叫他看火车经过，我一点不做声，也不现出惧怕的样子。他盯着眼看火车经过，毫不惧怕。

第 64 星期

还是怕雨伞：我把雨伞给他，他就来拿；后来我把伞撑开，他就害怕，不要了。

第 65 星期

不怕猫：今天拿了一只大猫给他玩，他一点没有显出怕的样子，而且很喜欢看它；听见别人“mē - mē”唤猫，他用两唇做声“bŭh - bŭh”唤猫。第二天，他看见这只猫，就喜欢捉它，抱它，同它玩。

第 66 星期　3/30/22(数字指月、日、年，即 1922 年 3 月 30 日，其余类推)。

怕惊动：他的女佣抱了他行走的时候，一个不留意，扭了一下，不过没有跌下，虽然他并没有受伤，但是他哭得不得了。

预防惧怕：今天带他到东大附小去看小学生做戏，看戏的小学生共有 300 多人。戏做得好，大家都拍掌，在这个环境，他应当发生惧怕，但我自从抱他进门来就笑嘻嘻地对他说“你看这里有许多小孩子”，以减少他的惧怕。后来看见小孩子要拍掌的时候，就对他说：“我们拍掌。”听见小孩子拍掌，他也欢欢喜喜地拍掌。

第 68 星期

还是怕气球。

第 71 星期

他不怕张开的伞了：(1)我们全家到鸡鸣寺去玩，因太阳厉害，抱了他打了伞，他没有惧怕的样子。(2)我抱他打着伞坐人力车到街上去买东西，他也不怕伞了。(3)把伞在他面前张开来，他也不怕，但是一张开伞，他就不要它，要出去。

怕奇异的装束和举动:他堂兄画了满口的胡子,戴了一顶帽子,又戴一副玳瑁眼镜,扇着扇子大笑着进来;其余的人看见不禁大笑,他起初很惊讶的,后来大哭起来;他堂兄立刻转身外出,歇一刻又进来,这次他又哭;后来我抱他去找他的堂兄,寻到时他堂兄的眼镜、帽子都除去了,胡子还没有除去,他此刻看见他堂兄虽然不怕,但是还不喜欢他。

不怕蚕:他堂兄养了许多蚕,他看见蚕就要拿,并不惧怕。

第 83 星期　7/19/22

怕黑云雷声:我同他在草地上拔草,他看见黑云集聚,雷声隆隆,他就跑到我旁边,现出惧怕的样子。

第 84 星期　7/27/22

不怕闪电:今天雷电交作的时候,他母亲用手指着闪电对他说:“你看! 你看!”他就看闪电,也用手指着现出很快乐的样子,毫不惧怕。

7/28/22

不怕雷:他在露台上玩的时候,忽然打起雷来,他听见雷响,一点不怕。这里有要研究的,为什么 19 日在草地上玩的时候,怕黑云同雷声,为什么在 27 日不怕闪电,今天连雷也不怕了。大概在草地上玩的时候,看见头上有大块的黑云,并且雷声很近,所以害怕;后来不怕的缘故,一方面因为在房子里,他觉得有所倚恃,又隔得远,一方面他母亲笑着,对他指着闪电说:“你看! 你看!”这皆是他受了暗示而不惧怕。

第 94 星期　10/8/22

怕凶恶的玩物:今天有人送他一只瓷器做的绿马,张口露齿竖着耳朵,样子很凶,他一看见就显出怕的样子说:“咬! 咬!”马本来是他顶喜欢骑的,马的图画,也顶喜欢看的,别种马的玩物,他也顶喜欢玩的,他怕这只马完全是因为样子凶恶的缘故。

怕蟾蜍:今天我同他在草地上游玩,他独自在草地上看见一只大蟾蜍,立刻举起手来,身子往后退着,并说:“咬! 咬!”我走到他的旁边看见蟾蜍,就捉住用棒头刺刺说:“喂! 蟾蜍!”后来他拿我的棒也刺刺看,但是一触就缩回。素来他并不怕蟾蜍,常用棒在石缝里刺了玩的,今天因为这只蟾蜍太大,又在草地上,所以害怕,但是我的暗示方法解除他的惧怕不少。

怕牛叫:我抱他到邻近的牛房里去看牛,牛房里共有三头牛,用木架格着头颈,所以不能走出来。我们将进门时,一头牛叫起来,进了门就大叫起来,一鸣就稍现出惧怕的样子。后来我抱他到两头小牛旁边，他说："怕！怕！"牛，他本是很喜欢的，不过他靠近牛旁，听见牛叫，所以害怕。

第98星期　11/8/22

声音会增加他的惧怕：今天他不愿意洗澡，他父母勉强他洗了一个澡，因此哭得很厉害；洗好了，他母亲抱了他出去，不料在门口被一壶热水绊了一跤，他母亲不觉大声喊了起来，他也惧怕似的大哭起来，同时有人在客厅加炉煤有声，他听见声音格外惊骇。这里有几点要注意的：(1)他母亲跌时，他受震动；(2)看见母亲跌了一跤；(3)听见母亲叫喊；(4)外边的声音增加他的惧怕。这样看来，儿童惧怕的时候，不要有旁的声音。

2岁2个月

第112星期　2/16/23

怕形状凶恶的玩物：(1)旧历新年，我带他同许多朋友到夫子庙去玩，夫子庙门前有许多纸灯、纸龙、纸马、纸狮子以及各种纸做的玩具，他看见纸狮子的嘴上下开合，他就喊着说："不要！不要！"同时缩身退回。后来我笑嘻嘻地对他说："看！狮子！狮子！狮子！"这几个字他是知道的，而且在书上看见过，所以慢慢他就减少惧怕了。(2)他又在一个摊上，看见了许多"假面具"，他有点害怕，并且不敢去看它；但是他堂兄买了一个假面具回家，在路上拿出来戴起来，并且唱了一支歌，唱后就把"假面具"放在他脸上，他就不拒绝。他后来之所以不怕假面具，是因为他堂兄戴着唱了一支歌的缘故。

结论：现在我把小孩所怕的东西总结一下。

(一) 他曾怕：

1. 骤然来的声音
2. 下坠
3. 悬空
4. 生人
5. 口琴的声音
6. 异常的笑声
7. 众人喧哗
8. 大声歌唱

9. 小提琴的声音

10. 雷声

11. 人家的环境

12. 皮毛

13. 气球的尖声

14. 竹嗡的尖声

15. 张开的伞

16. 群鸡和它们的声音

17. 一群飞鸟的声音

18. 异服的外国人

19. 汽笛声

20. 小麻雀

21. 暗示的惧怕

22. 黑云

23. 凶恶的玩具

24. 牛叫

25. 蟾蜍

在这 25 种所怕的东西中,声音是我的小孩所最怕的。

(二) 不过这 25 种东西,是否他一直怕的呢? 对于他所怕的种种声音,有几种迁移时他就不怕了;有几种隔了几天,他就不怕了;对于生人从 5 个月起,一直到周岁,他怕的,周岁以外他就不怕了。

至于陨越和悬空,初生时他怕的,后来就不怕了。对于鸡雀移时他就不怕。惟有对于张开的雨伞,虽过了四个月,他仍见之生怕,然不久这种惧怕心,定见消灭。这样说来,我的小孩所发生的惧怕,是一种很暂时的东西。

(三) 他所不怕的有几种:马、猫、狗、小龟、蚕、钢琴的琴声和闪电。

(四) 现在我要问:为什么我的小孩怕上边所述的东西? 先天生来的呢,还是生后发生的? 一细看惧怕所发生的日期,大约就知道惧怕不是先天生来的,乃是后天发生的。不过这些惧怕是否是一种本能的表现? 依我看来,这些惧怕是因五种缘故发生的。

1. 第一种惧怕是生理的反应:比方小孩睡时,被大雷惊醒而哭;或小孩睡时,身被震动而发生惧怕;或小孩醒时,忽听骤然来的大声。此种惧怕皆可称为反射动作,有了生理上的刺激始发生这种简单的反应。

2. 第二种惧怕是因为那种小孩所害怕的东西,对于那个小孩具新异(strange)或觉古怪性质的缘故。比方小孩怕气球的声音,这是因为一方面他不明了为什么那个气球会发出这样尖锐的声音来,一方面这种尖锐的声音,他从来没有听见过的缘故。小孩为什么怕小鼠呢?这并不是霍尔氏所谓“我们祖宗当初怕老鼠的缘故”,乃是因为这个小鼠的形状和动作,从他的眼光看起来,是很古怪稀奇的。有了这种观念,他发生了惧怕的反应。

再问为什么怕生人呢?在回答这个问题以前,我要问:为什么他初生时不怕生人呢?为什么他现在(1岁零2个月)也不怕生人呢?当初之所以不怕生人者,是因为他尚不能辨别父母与外人之故。后来他认识父母,既知父母之可亲可爱,而不知外来的和未曾见过的生人为如何人,这些生人既与他平常所见的亲人不同,他见之奇异,因此发生惧怕的样子。现在他之所以不怕生人者,因其所见者很多,而向之所谓奇异者,今则大加减少了,况且每日与生人相接触,他并没有得着什么痛苦和危险,因此惧怕之心无形打消了。假使不令外出,不与外人相接触,虽到了二三岁,一见生人,必发生惧怕的,此种怕生人之儿童,我们也常常看见的,我所以也不另举例了。

3. 第三种惧怕是受人暗示而发生的:比方打雷的时候,儿童看见父母现出惊骇的样子,就也要怕;或者儿童看见人怕虫子,也要怕;看见人对于何事现出惊骇的样子,他也要怕。儿童是很容易受暗示的,看见人惧怕,他也要惧怕。像我的小孩,看见许多惊恐的样子,他也怕起来。所以我们在儿童面前,不要现出无谓的惧怕,不过对于有些东西,如毒蛇等,应当现出戒备的样子,以引起他的警惕。

4. 第四种惧怕是知道事物之厉害而发生的:如我的小孩子怕玩物的马,他知道马张着嘴要咬人的,虽然他没给马咬过,不过他看见别的动物咬过东西的,因此他推想到马张着嘴,恐怕要咬人的。因想象的缘故,他就惧怕,或者儿童曾经被马咬过,或被别的动物咬过,他看见了马当然是要怕的。所以儿童有了直接的惧怕经验,或者有了推想的能力,下次一遇到同样的经验就会发生怕惧。

5. 第五种惧怕是一种迁移惧怕:如我的小孩因为怕他母亲的黑乳头,因而怕葡萄干、怕桂圆核以及怕别的东西。华生(Watson)对于这种迁移的惧怕,曾经有一个详细的实验,载在美国实验心理杂志,陆志韦①译成中文,名叫《交代的激动反应》②。

参考书目

1. Preyer. Development of Senses and Will.
2. Ribot. The Psychology of the Emotions, Chap. II.
3. Darwin. Expressions of Emotions in Men and Animals, Chap. XI.
4. Chamberlain. The Study in the Evolution of Man, Chap. VII.
5. J. P. M. Gonigal. Immobility-Fear Reaction. *Psychological Review*, Jan., 1920.
6. Sully. Studies of Childhood, Chap. VI.
7. Ray C. Beery. Practical Child Training, Part VII.
8. Watson. Psychology from Behaviorist's Point of View.
9. Henry S. Courtis. Children's Fears. *Pedagogical Seminary*, June, 1921.
10. Watson. Conditioned Emotional Reflex. *Journal of Experimental* Psychology, Feb., 1920.
11. 兼看心理杂志一卷三号陆志韦译:《交代的激动反应》。

① 陆志韦(1894~1970),中国现代心理学家、语言学家。浙江吴兴人。留学美国,获芝加哥大学哲学博士。历任南京高等师范学校、东南大学等校教授,燕京大学校长。1937 年中国心理学会成立,被推选为主席。曾两次修订比奈-西蒙智力测验,为发展我国心理学做出了贡献。心理学界素有"南潘(菽)北陆(志韦)"之称。解放后任中国心理学会会长。主要著作有《社会心理学新论》、《调查中国儿童的无限制联想的经过和结果》、《遗忘的条件》等。

② 见《心理》杂志第一卷第三号。

第十三章　哭与动作的抑制

一、哭

第 1 天

我的小孩生后 2 秒钟就能“ng—ä，ng—ä”地闭眼大哭，一直哭了 10 分钟之久，不过没有眼泪。

12 点 11 分钟后又大哭，是时他的左眼有点泪珠。

17 点钟时因饥饿而哭，两眼皆有泪珠。哭声与前不同，此时的声音如“ä—ēk，ä—ēk”，“ēk”是后音。

第 5 天

他哭起来，一时不肯停止。哭声如“ă——ă”，到了今天他的哭声似有区别了。这一天他母亲替他洗身体换脐布，他就大哭。哭的声音，非常之长，非常之大，每声分三段：首段 ä 音，中段无音，末段 ă 音，如下图：

(ä ———— ă)

首段　中段　末段

这种哭声不是表示饥饿，乃是表示“不舒服”。饥饿的哭声很短很快：ă—ă—ă—ä；a—a—ă—ä；ă—ă；ă—ă。痛觉的哭声是很长很大的。

第 21 天

他醒后忽哭如歌唱，轻而低，长而悲声，如“a—ng—ä—ă—ă；ng—ă；ng—ă；ng—ă—ă—ă—ă；ng—a—a”。

第 26 天

他偶然哭出“m—mä”的声音。

第 35 天

又发生一种哭声，短而快。如“kēh，kēh(克)”，这是表示他的饥饿。

第 36 天

醒后做种种哭声，其中有一个新的声音，如“ē—ē”。

第 40 天

从睡眠中他忽然做一尖锐的声音，英文所谓“shrill cry”。

第 46 天

他饥饿时发生“ma”的声音，从此以后“ma”音就渐渐地多了。到了第 3 个月，时发此音。

第 58 天

因受噎而哭。他忽而受噎，自己把乳头吐出，头转开。三四秒后，始有哭声，声如“ka—kǎ—ǎ—ǎ—ä”。

是日他的祖母抱他的时候，我无意走到他的旁边，他就喊如“yā”。

第 65 天

求食的哭声变为“hǎ—hǎ—hǎ”。

第 78 天

哭声如“ya—ha”(害音)。

第 83 天

发畏惧的哭声，很尖很高的。

第 110 天

从前他的哭声是很响的，现在他哭起来似有声调了，如“ǎ—ǎ”，并且哭的时候，没有眼泪。

第 22 星期　149 天

一个小女孩子在路上哭泣，他看见也哭起来了。

第 25 星期　173 天

他要母亲，母亲不来就哭；他要看灯，不给他看就哭；哭的时候，两唇紧闭，做“poo—poo”声。

第 29 星期　196 天

他的哭声又变了，现在他哭的声音如“ä—woo—woǎ；mä—yā；m—mä—vā”。

第 33 星期　230 天

他现在哭的时候，声音好像是从喉咙里榨出来的，很尖很响，哭的时候眼睛紧闭，到了 36 个星期，如上面哭的样子和声音都没有了。

第 36 星期

他的哭声拖得很长,如“ă——ă”。

第 45 星期

他现在哭变做“ē,ēē——”和“ā——ă——”的声音。

有时候他饿了,看见了父亲,他就要爬过去,并且喊出“ă—ă—ă”短而且快的声音。

第 45 星期　11/13/21

今天早晨他要从寝室到外边去就哭起来了。他游戏厌倦了或坐在一个地方太长久了(姿势不变),他也就哭了。

11/11/21

他大哭以前,先有一种短而捷的声音,如“hă—hă—hă”,假使你再不理他,他就要大哭了。

第 47 星期

近来他要东西我们不给他,他就闭着眼喊叫。

第 57 星期

他哭的声音像“ă—woo,ă—woo”的样子。

第 63 星期

他听见楼下小孩子哭,他也哭起来了。

哭的总结:哭是小孩子维持生命的利器,小孩子不哭一定不能生长。哭也是恐吓父母的工具,有许多父母不问儿童哭的缘由,就给他吃奶,吃了奶还是哭,就摇摇他,抱他走走,做种种无谓的动作,养成各种坏的习惯。对于儿童的哭:

(一)我们应当找出他哭的缘由来。普通说来哭的缘由,可以分做两种:1. 生理的,包含(1)饥饿,(2)疲倦,(3)寒冷,(4)太热,(5)睡眠不足,(6)缺少新鲜空气,(7)各种疼痛,(8)缺少必须的动作;2. 心理的,包含(1)习惯,(2)不如意,(3)受暗示的。所以我们必须先找出儿童之所以哭的缘由,然后再用适当的方法去对待他。

(二)不要引诱小孩子。小孩子对于吃的东西总是很想吃的,做父母的,不应把东西随便乱放,使他看见就要讨;假使这个东西,他可以吃的,而且也应该吃的,你最好就给他,不要等到他哭了才给他。假使他哭了你才给他,那以后他要东西就哭了,我们常常看见有的小孩子要吃东西就向母亲哭,这种坏的习惯,大概是做父母的养成的。

(三)小孩子哭的时候,不要禁止他哭,假使你对他说“不哭”,他还是哭,乃是你叫他不听你的话,你应当用别的方法来抑制他的哭。

(四)不要用暗示引起他的哭。如小孩跌了跤,你对他说"不要哭"或"可怜"等话,倒反引起他的哭了。假使你不看见他,或者你不去睬他,或者就去睬他,而不去讲"不要哭"这一类的话,他不一定就哭的。

(五)倘使你不允许儿童的要求,儿童就哭,你也断断不要允许他。

(六)儿童因怒而哭了,最好随他哭去,不要睬他;因为你去睬他,安慰他,他反倒哭得厉害些,你不睬他,他哭了一刻就不哭了。

(七)小孩子刚要醒的时候,做父母的最好在他旁边,他一醒,就笑嘻嘻地和他说说笑笑抱他起来,否则等他哭了再抱他起来,那就养成醒了就哭的坏习惯。

(八)儿童生后几个星期内,做父母的最应当留心,不要一哭就抱他,摇他,或者喂他,因为他一哭你就这样做,就养成他的坏习惯了,以后非抱他、摇他不行了。常有许多母亲,夜半起来抱着小孩走来走去,要他停哭。也有许多小孩,要摇才睡着。这种坏习惯,全是由做父母的养成的。

(九)不应当在日间给小孩子受剧烈的刺激。常有好玩的小孩子终日被人玩弄,使他神经不安,晚上当然要多哭。

二、动作的抑制

儿童生来好动的,他喜欢听这样,看那样;推这样,拉那样;忽而玩这样,忽而弄那样;忽而立,忽而坐;忽而跳,忽而跑;忽而哭,忽而笑。没有一刻的工夫能像成人静坐默思的,你要叫他像成人的样子穿了长衫,规规矩矩坐起来,他实在觉得精神上痛苦不堪。你要问:"儿童虽然生来好动的,但坐坐有什么难处呢?"咳,你不晓得他的心理嗄,儿童为什么好动呢?因为他的感觉与动作很连通的,若他一想到吃,他就去寻东西吃,他一觉得痛,他就哭。他一听得门外欢呼声,便即刻跑出去看。总之,儿童在此时还没有养成抑制力(inhibition),他的行动完全为冲动与感觉所支配,他的言语上的动作也是很多的。奈斯(Nice)曾经把10个儿童在一天内所讲的话平均起来,每人每日说2 686句,计10 511字。不但在醒的时候,儿童的动作是很多,就是在睡眠的时候,也有许多动作。[①] 柯蒂斯(Curtis)研究儿童在睡眠时的动作,他说研究的人中有

① 参看 Margare Morse Nice: Concerning All Day Conversation。

75%都找得儿童在睡眠时候有许多动作,如牵嘴、皱眉、伸手、屈足等等。[1] 总之,儿童不是静的,是动的;少思想的,多动作的;多冲动的,少抑制的。

儿童既然是好动少静,他的动作是否合乎社会的情形和个人的需要,这是一个很重大的问题。他这样动、那样动是否妨害别人的自由,比方家庭中有病人,他当然不应叫嚣喧哗;看见可吃的东西,他当然不应随便取食;在路上行走,他当然不应自由乱走乱跑;在公共地方,他当然不应随地涕唾;看见街上别人的东西,他当然不应随便取食。

家庭间社会上有种种限制个人动作的规范和设备,使得个人的动作,不得妨害他人和集体。现在我们的教育问题,就是要培养儿童适应周围环境的能力,懂得哪些是应该做的,哪些是不应该做的。

现在我把摩尔(Moore)、迈尔斯(Myers)[2]和我自己对于研究这个抑制问题的结果,略述如下:

(一) 摩尔曾把他小孩子的抑制动作做如下详细记载,现把它摘译出来,以资研究。[3]

第 3 天

他(指摩尔的小孩子)时常起初哭得很响,后来不很响了。

第 24 天

钟敲的声音能使他停哭。

第 38 天

他父亲的声音,能够使他停哭。

第 41 天

有趣味的景象,能够使他停哭。

第 46 天

敲汤匙的声音,能够使他停哭。

第 55 天

---

① 参看 Curtis: Education Through Play。

② 迈尔斯(G. C. Myers, 1884~?),美国克里夫兰学院家庭教育系主任、心理系主任。著有《儿童人格的形成》、《现代家庭》等。

③ 参看 K. C. Moore: The Mental Development of a Child. *The Psychological Review Monograph*。

在生后第2个月,抱他的时候,比第1个月来得多,到了第55天,一放下床去就要哭,不过没有人去睬他,他也就不哭了。

第11星期

他饥饿而哭的时候,看见他母亲解胸,就不哭了,张大了眼睛,呼吸很快。

第18星期

近来用布包他的拇指,使他不能够吸,他吸了一次之后,觉得没趣,所以就不吸了。

第7月

他喜欢玩汤匙,敲桌子,他玩疲倦了就把汤匙放在嘴里,常常噎了。1个月后,他虽仍旧用匙放在嘴里,但是他不噎了。

第39星期

现在他能够独坐了,他坐在地板上,向前屈去拿玩物,因为向前太过,就倾跌了,鼻子跌得很痛,以后他再不敢屈向前去拿东西了。

第79星期

他刚伸手到洗脸桌上去拿东西的时候,看见母亲来了,他就缩手;这因为他母亲曾经屡次禁止他自己拿东西的缘故。

1岁半以后:他哭的时候,人叫他不要哭,他就停哭了,并没用什么体罚。

(二) 迈尔斯关于他两个小孩的抑制力,曾有详细的记载,把它介绍出来,以供参考。①

第1天

B儿生后就哭,用手按着他的头顶,就不哭了。这样试验了几次,所得结果相同,但是用手指点着他的头,他就要哭。J儿脸上轻轻地抚着或腰部轻轻地敲着,他就停哭。

第2天

J儿听见我吹口曲就停哭。B儿听见特殊的声音凡3次,每次停哭。

第7天

我做各种声音的时候,B儿就停止吃奶。

---

① 参见C. C. Myers: Infants Inhibition, A Genetic Study. *The Pedagogical Seminary*。

第 8 天

奏钢琴的时候，J 儿就不哭，钢琴停奏他就哭起来，如是凡七次。B 儿听见一种新声音就停哭，不过听见重复的新声音，他未必停哭。

第 25 天

他的寝室门开了，B 儿就停哭。

第 27 天

J 儿独自睡在床里哭的时候，我进去他就停哭，他听见钢琴，也停哭，过了几次之后他就很好了。

第 30 天

J 儿听见我唱歌不但不哭，而且就要睡着。

第 48 天

J 儿看见我对他摇头，做脸，就停止吃奶了。

第 64 天

J 儿差不多哭了半点钟之后，一听见他母亲对他说话，就停哭了。

第 77 天

B 儿立刻停止吃奶，看新亮的电灯。

第 96 天

J 儿听见楼钟打着，就停止吃奶并且转身向着窗子，等钟敲过以后，他才继续吃奶。一直到 120 天的时候，他听见姨母切面做声，也要停止吃奶。

第 146 天

J 儿注意东西的时候，就非常地稳静，B 儿也是如此。

第 174 天

别人给 J 儿听表做声，就能稳静不动，所以专心，可以说是停止动作的意思。

第 177 天

J 儿刚要吃奶的时候，我站在离他 6 尺的地方喊起来，他就转过头来对着我笑。

第 180 天

楼钟打的时候，他总是停止动作。

第 182 天

J 儿今天卧在地板上，第一次两足完全放松，以后几天，他睡着都是两脚放松，毫不着力。

第 234 天

B 儿正用拇指吸着的时候,他母亲叫他说:“手指拿出来!”他立刻把手放松,他的拇指像机械式地拖下来了。

第 247 天

J 儿听着一个熟悉的声音,就停止游戏向门看着。还有叫他听气管所做的声音,或者别的声音,他就停止动作。

第 281 天

他正要把梳妆台布往地下拖下来的时候,我叫他,他就放手,并且诉苦似的看着我。

第 298 天

有时 J 儿正在自己动作的时候(如抛球),忽然地停止,并没有明显的理由。

第 313 天

我替 B 儿用方块搭塔给他敲倒的时候,我说:“等一等!”他就举着手不敲了。

第 315 天

J 儿有一次因为去拿书被我打了一下手,今天他要去拿书,看见他的母亲,他母亲说“不! 小孩子”,他就不拿了。

第 318 天

J 儿有时听见别人叫他,或者看见一杯吃的水,或者一片面包,他就把他手中所捻的玩物丢掉,并且拍拍手表示欢迎。

第 324 天

J 儿在 100 尺以外听见音乐队的声音,就立刻停吃。他听见人说“不”一字他就放手,不敢去拿他正要拿的东西。

第 327 天

我的书籍无论在什么地方,J 儿都不敢翻弄。

第 339 天

今天他在电车里很镇静地转眼回顾。

第 358 天

J 儿向前爬的时候,忽然回转来拿他所遗弃的东西,他第一次看见机器动作,有

10 分钟的工夫他静看着不动。

第 361 天

J 儿对于洋囡囡，不像别的玩物随便乱抛。近几个月来他把他不要吃的面包，轻轻放好，不是随意乱抛。有时玩弄方块同别的玩物的时候，他忽而停止玩弄，但拿出几块来细细审察。

第 438 天

J 儿能够在地板上躺着几分钟不动。

第 450 天

J 儿因为曾经受了一点体罚，不敢随意损坏家中木器，他已经知道应做的与不应做的事情了。

第 471 天

J 儿举着手用玩物敲椅子的时候，他先看看我，他看见我不动声色，就把玩物慢慢地放下来了。

第 473 天

J 儿听见我说："不，不。"他不敢把方块所搭的塔敲下来，但是慢慢地一块块地把方块拿下来。

第 533 天

J 儿受了伤正要哭的时候，假使有人对他说："Where is Fido? Or where is Kitty?"(Fido 是他的小狗，Kitty 是他的小猫)意即：小狗在哪里？小猫在哪里？或者把狗、猫给他看，他就不哭。

第 573 天

J 儿晚上醒了，他要讨东西吃或要人抱的时候，假使你告诉他他所喜欢的人或动物，他就不要吃不要抱了。B 儿也是如此。

第 594 天

J 儿抛球给 B 儿，掷过之后，他忽而自己举着手停掷。

第 755 天

J 儿游戏的时候，他忽而掷了玩物，跑去吃水，并没有人暗示他。

第 872 天

J 儿因为吃了一块生肉，受了我一顿骂，后来我未看见，他又拿了一块吃，不过他自己忽然掷在原地方了。

(三)我对抑制的动作也稍有研究,现述之于下以资参考。

第2星期末

现在他(我的小孩)哭的时候,把他抱起来摇摇,他就不哭了。

第19天

他哭的时候,在他的额上摩抚他,他就不哭了。

第45天

他哭的时候,我唱起歌来,他就不哭了,这样有好几次。

第81天

晚上他正要哭的时候,我把他的围裙打开,捻了他的腿轻轻地推了两推,他就不哭了,如是者好几次。

第95天

他哭的时候,我抱了他,把他上下地旋转,他就不哭了。如是者两次。

第96天

他哭的时候,我摇起铃来,敲起鼓来,他就不哭了。

第123天

某邻友抱他,他就哭;又有个邻人抱他,他又哭;但我抱他,他就不哭。这并不是他认识我的缘故,揣想起来,他觉得我抱他,比较邻人抱他来得舒服,或者是因我常常抱他,现在别人抱他,抱的方法不一样的缘故。

第125天

近来他刚要哭的时候,假使你对他讲话或者唱给他听,他就不哭了。

第148天

与他快乐有关系的事物可以抑制他不快乐的动作。他快乐的时候,我在他面前做出群狗相争的声音,用左手握拳,靠近口边,右手放在拳下摩擦,口里发出"waw、waw"的声音,他注目看着我,就闭嘴要哭。我一看见他要哭,立刻对他说他常听见的"hello"(喂)这个字他就转哭为笑。他之所以哭,因为看见我用手同嘴做出那样大声音的缘故;他之所以笑,因为看见我笑嘻嘻地对他说"hello"声音的缘故。假使他要哭的时候我不说"hello",我以怒脸骂他,他一定要大哭了。从这点看来,和蔼的态度同熟悉的声音(这种声音从前能够引起他的快乐)能够抑制他哭的动作。

第153天

用歌唱抑制他的哭。从今天起，他哭的时候，一听我歌唱，就会停哭，并且也唱出歌调似的声音来。

第173

他一得着所要的东西就立刻停哭。今天祖母抱他的时候，他要母亲抱。正哭着的时候，他母亲来了，母亲看见他哭立刻特意往外走，他就哭得格外厉害；后来母亲再进来抱他，他就立刻停哭，显出很快乐的样子，并且对祖母"讲谈"，不过他母亲就再让祖母抱他，他又哭。

第55星期

禁止初次打人：他抓我的面孔，我就把他手拿来打了几下，他就哭，并且要到他母亲地方去；过了一歇，我招他来，他就来，和好如初。时常有无知的父母任他们小孩子打骂，甚至于以小孩打骂取乐，我们知道有时候做母亲的，特地怂恿他的小孩子，叫他打他的父亲，他的父亲也觉得快乐；或者做父亲的，叫小孩子骂他的母亲开玩笑；或者有时小孩子当初真打骂父母，做父母的以为他年小，并不抑制，任其打骂，到后来势必至于不可收拾。要紧者，当初发生骂人打人的行为，做父母的急宜禁止。尤要紧者，父母绝不可叫子女以打骂自己取乐。

第57星期

知道人骂他：小的时候，他对于笑骂，没有什么分别，你对他笑，他也笑；你对他骂，他也笑，不能辨别人的笑骂的态度。到了现在，他很能辨别笑骂了。今天我装了脸骂他，他看看我后慢慢地哭起来了。

第66星期

能够看出人的脸色：别人对他许可和不许可的脸色，他能看得出来；别人对他要求的声音和禁止他动作的声音，他都能领会。比如他动作的时候，我说："No!"（不！）他立刻停止动作。这证明他适应环境的能力渐渐发展了。

第70星期

预知所做事体的结果：今天他用右手去拿墙上的一张挂图，我看见，就轻轻地把他那只手打了一下，他现出痛的样子，又用左手来抚摸打的地方，并且嚷叫着"ē—"的声音。后来他又用右手去拿鸟笼，我又打他的右手，他现出痛的样子，并且就把手缩回；歇了一刻，他又要去拿鸟笼，我又阻止他。第三次他又伸手去拿，但是才伸出去，立刻就缩回来,这恐怕是因为他怕我要打的缘故。这里有三点要注意:(1)他是很好动的,不是做这样,就是做那样;(2)右手受打,左手能来抚摸;(3)他知道他所做事体的结果。就是他第三次伸手立刻缩回,他已经知道我要打他了。

总结:

1. 用觉官的刺激,可以抑制儿童的动作。

2. 用儿童所喜欢的东西,可以抑制他的动作。

3. 看见从前他曾经经验发生快感的东西,就会停哭。

4. 他回忆不快乐的经验,他的动作就可以抑制。

5. 惧怕可以抑制他的动作。做父母的常常利用这种心理来支配儿童的动作,例如儿童晚上要哭,做父母的吓他说:"狗来了,猫来了,老虎来拖了。"这种恐吓手段虽然能抑制他的哭,不过这不是教育上良好的方法。

6. 用谴责抑制儿童动作:有时做父母的常常说儿童,骂儿童,打儿童。起初这种说、骂、打恐怕有些效力;到了后来就失其作用,因为儿童受这种刺激,到后来没有从前的来得深。最重要的就是不要经常责罚他,倘若责罚他,那就要使他明了所以要责罚他的理由,并且不要用意气来责罚他。从上面几个记载看来,起初抑制的动作,是一种刺激的反应,后来慢慢地变做有意志的动作了。起初这种抑制的动作很少,后来儿童从经验中慢慢地学得在什么地方、在什么时候,他应当动作或不应当动作。有时要学得很长久的时候才算学会。有时一种很剧烈的刺激,就可以发生抑制的动作。

参考书目

1. G. C. Myers. Infants, Inhibition: A Genetic Study. *The Pedagogical Seminary*, Sep., 1922.
2. B. B. Breese. On Inhibition. *The Psychological Review Monograph*, May, 1899.
3. K. C. Moore. The Mental Development of a Child. *The Psychological Review Monograph*, Oct., 1896.
4. M. V. O'Shea. Mental Development and Education. Chaps. VII, IIX.
5. Margere Morse Nice. Concerning All Day Conversation.
6. Curtis. Education Through Play.

第十四章　知　　识

儿童的知识这个问题与心理学和儿童教育是有密切关系的。心理学者和教育学者都须知道的，就是儿童的知识与儿童的年龄有没有关系，与儿童的性别有没有关系，与儿童的智慧有没有关系。对于日常的事物年幼的儿童是否比年长的儿童晓得一样多呢，还是少一些？若晓得少一些，那么究竟少几何？还有愚笨的儿童是否比聪明的儿童晓得一样多呢，还是少一些？若晓得少，那么我们要问究竟少几何？还有男孩是否比女孩晓得多一些？若晓得多一点，那么究竟多几何？还有住在城里的儿童是否比住在乡下的儿童晓得多一些？若晓得多一些，那么究竟多几何？

不但知识的数量问题应当调查，就是知识的质量问题，亦应更加研究的。年幼的、愚笨的、男性的、住在城里的儿童所晓得的未必与年长的、聪明的、女性的、住在乡下的儿童晓得一样多，以上诸问题与教育是有密切关系的。学校的教材和教法理应以儿童已有之知识为依据。

一、研究这个问题的历史

研究这个问题最早的就是柏林的调查。在 1869 年柏林教育报(*Berlin Pedagogical Verrin*)刊布一种通告，请柏林各中等学校教员调查初入学的儿童之个性。通告内附有 72 个问句。这些问句都是关于日常的事物，例如"你看见过天上的云么"、"你知道你父亲的名字么"等等。调查的结果如下：

下边表中的数目以 1 万个儿童为标准的。比方知道事项内第一项"数目 4"，1 万个男孩中有 7 279 个，1 万个女孩中有 7 247 个，1 万个从家庭来的儿童中有 7 224 个，余可依此类推。

从下面的一表看来，有许多平常的事物我们以为儿童知道的，其实儿童并未知道。编教科书的与教育儿童的当知所适从了。

关于这个重要问题，浪格(K. Lange)博士也曾研究过初入普劳恩(Plauen)城的 500 个学童以及邻近的乡村学校之 300 个儿童。从他所得的结果看来，曾经看见过日出的城市的儿童只有 18%，乡村的儿童也只有 42%；对于百灵鸟，城市的儿童知道的很少,而乡村的儿童大半都知道。这样看来,城市的儿童宜常到乡下去旅行、去居住才好。

较以上二种调查稍有系统的,要推霍尔(G. Stanley Hall)的研究。霍尔于1880年9月内借四个幼稚园教师之力,调查了波士顿(Boston)城的200余个学童。调查的方法略述之如下。霍尔先采取柏林所用的词句,并酌量美国的情形稍加更改。如是他共做了一百三四十个问句。这些问句都是关于儿童常识的。后来他专请四位幼稚园教师叫他们去试验儿童。这四位教师同在一室施行试验,并只准3个儿童同时受试。这个试验是在波士顿城施行的。堪萨斯(Kansas)城之视学格林伍德(Greenwood)采取霍尔的方法调查了该城678个学童,其中有47个是黑种儿童。从调查的结果,我们可以知道霍尔之言不无根据。他说:(1)儿童所最需要的就是对象,书本教育实多危险。(2)凡为父母的若要其子女得良好的学校教育,当使其子女在家时熟悉天然的对象与乡下的风景。(3)凡为教师的当先究察儿童已有的知识,而后再定教材与教法。(4)儿童的知识以环境而变迁的。所以此乡儿童的知识不足为教彼乡儿童的标准。

表14-1

事　项	男孩	女孩	在家庭的儿童	在幼稚园的儿童	侨民的儿童	总平均的儿童
数目“4”	7 279	7 247	7 224	8 258	7 061	7 265
三角形	4 274	4 036	4 078	5 484	4 111	4 182
圆平面	4 750	5 312	4 818	6 645	5 081	4 991
圆　体	7 684	7 576	7 576	8 516	7 483	7 623
立方体	6 971	6 970	6 800	8 064	7 189	6 957
月	6 043	6 438	6 067	8 000	6 144	6 215
日　出	3 410	2 590	3 194	2 710	2 633	3 052
日　落	4 925	4 237	4 739	4 516	4 226	4 635
风雨天	7 613	8 209	7 776	9 226	7 760	7 873
露　水	2 331	2 395	2 455	2 323	2 032	2 364
云	6 090	5 711	5 727	6 581	6 443	5 925
冰　雹	6 606	7 544	7 055	7 677	6 628	7 015
雨　雪	2 847	2 037	2 382	2 194	3 025	2 493

续 表

事　项	男孩	女孩	在家庭的儿童	在幼稚园的儿童	侨民的儿童	总平均的儿童
虹	7 708	7 851	7 667	9 355	7 598	7 770
晚　景	5 567	5 148	5 303	6 065	5 450	5 384
朝　景	3 497	3 715	3 545	4 128	3 580	3 592
兔	2 482	2 446	2 473	3 097	2 217	2 466
松　鼠	3 878	3 193	3 170	4 903	4 665	3 579
杜　鹃	3 545	2 610	3 048	4 129	3 118	3 137
青　蛙	5 551	4 482	4 879	6 323	5 427	5 085
鱼	6 825	4 565	5 691	6 968	6 074	5 883
香　菌	3 204	2 405	2 539	3 419	2 610	2 855
青　苔	2 688	2 221	2 867	3 355	1 963	2 484
Gensdarmen Markt	3 450	2 221	2 915	3 032	2 841	2 909
皇　宫	3 180	2 508	2 788	3 613	3 002	3 886
博物院	3 450	2 927	2 982	3 935	3 880	3 222
军器局	2 165	1 689	1 855	2 839	2 032	1 957
省议院	3 703	3 501	3 412	5 935	3 557	3 615
动物园	4 346	3 685	3 727	6 323	4 503	4 053
植物园	452	624	497	1 161	416	527
公　园	1 301	922	964	1 355	1 709	1 135
一群绵羊	4 005	3 695	3 739	4 323	4 203	3 870
玉黍田	4 322	3 726	4 012	4 194	4 203	4 062
乡　村	3 672	2 989	3 364	3 419	3 345	3 374
锄	3 283	1 801	2 570	3 290	2 656	2 635
收　割	2 744	1 883	2 315	2 323	2 587	2 368
父　名	9 120	8 905	9 103	9 335	8 612	9 026
山	8 652	9 324	9 194	8 968	7 991	8 945
树　林	4 036	3 142	3 555	4 194	3 418	3 646
牧　场	5 004	4 096	4 467	4 645	5 127	4 607
湖	2 451	1 586	2 055	2 000	2 171	2 078
河	1 126	1 115	1 194	968	901	1 122

同时在德国研究这个问题的有哈特曼(B. Hartmenn)博士。哈特曼的意思是要为安纳伯格城(Annaberg)学校编辑一、二年级学生所应用的教材。他所用问题共有100条。在1880年施行初次调查,以后每年施行调查一次。如是继续者凡五次。在这五次内共调查得1 312个儿童,其中男的有660个,女的有652个,年龄都在5岁9个月与6岁9个月这一岁间,试验者为各校教师。

最近研究这个儿童的知识问题,就是瑞典国之奥尔森(I. Olsen),他也有100条事项。不过研究的方法稍有不同,他用谈话式的方法研究的。他的目的是要使得儿童尽量发表所有的意思。如是他共调查得5 600个儿童。所得的结果与以前所研究的相仿佛,故不赘述。

对于研究这个儿童知识之历史大略如是。若要详细了解,请看霍尔所著《儿童生活和教育的诸方面》(*Aspects of Child Life and Education*)中一篇文章《儿童的思维要旨》(The Contents of Children's Mind),上边所说的一段历史完全是根据此文的。

二、知识测验的性质

对于研究儿童知识之历史,我们已经约略知道了。现在我要把我新近所做的一个知识测验介绍给读者。这个知识测验与以前诸研究者所做的稍有不同。这个测验内的100件东西虽大半取之于柏林的研究和霍尔氏的调查,然其问句之结构以及核算之方法完全与前人不同。

内容分:

1. 动物类　从1至26种,共26种。
2. 植物类　从27至39种,共13种。
3. 生理类　从42至49种,共8种。
4. 天然类　从50至56种,共7种。
5. 普通物类　从57至91种外加第94、95两种,共37种。
6. 时节类　从96至100种,共5种。
7. 杂类　如图形、时间、颜色、度量,共4种。

上边七类事项共分为100种。这100种事物印成知识测验上、下二编,上编共有41种;下编共有59种,每编包含136个问题,每一问题若答得对的做一分算。上下二编共做272分算。现在我先介绍这个测验于下,以资讨论这个知识测验有所依据。

上边的测验有几个要点我不得不指明的。

1. 受试者不得随意乱猜：测验中所有的问句都不容受试者的猜测和假借。若受试者能够回答某种问句的，他定能回答无误。若他不知怎样答的，他难以猜得正确。比方第六“老鼠”的第一问“你看见过老鼠么”——“在什么地方”——“老鼠比你的头小呢还是大”，若受试的儿童没有看见过老鼠，他不知道老鼠为何物，也不知老鼠之所在，更不知老鼠之大小。若儿童乱猜，说他曾经见过老鼠，但他断不能猜得着底下“在什么地方”和老鼠之大小二个问句。

2. 可知受试者之知识程度：测验中的问题有难答的，有容易答的。再以第六“老鼠”一种内的问题做比。有的儿童曾经看见过老鼠的，或也知道鼠毛的颜色，或也知道鼠尾形状。有的儿童还要知道多一点的，他也知道老鼠与人之关系，并知道老鼠之牙齿和牙齿之排列。再看第十四“母鸡”，有的看见过母鸡而没看见它孵小鸡；有的儿童曾经看见过母鸡孵小鸡，而不知道孵了几天后小鸡才能出来。有的儿童都能解答上边的三个问题而不知道小鸡怎样出来的。有的知识丰富的儿童都知道这四个问题。这样，儿童的知识用这个测验的方法才可尽量地测验出来。

3. 百种事物中的问题各自独立的：儿童知道此题的未必知道彼题。能答彼题的未必能解此题。请举例以明之。比方第二十六“蟋蟀”一种内的问题，儿童看见过蟋蟀的未必知道蟋蟀的雌雄。看见蟋蟀为一事，知道蟋蟀的雌雄另为一事。知道蟋蟀的用处又另为一事。再看第三十一“蚕豆”一种内的问题，看见过蚕豆为一事，知道蚕豆的种植时候另为一事。知道蚕豆的收割时候又另为一事。这个测验的计分方法就是根据此种各自独立的性质的。问题既变成单位，因此凡每题答对的做一分算。

4. 核算分数之便利：凡问题答对的，你就在右边长方格子内画一直，凡问题对答错的，你就不要去计算，也不要在空格画什么。这样，你若把空格内直数相加就得那页内各种问题的分数。后你把各页的分数加起来，你就得着一个总分数。

测验的手续：

对于高小的学生，你可以团体测验的，就是一级学生同时受测验。未测验以前你先叫他们把册子面上的表格填好。填好后对他们说：“这本小册子内有许多问句。你若知道的就在问句底下的线上填写你的回答，你若不知道的，就不要填写什么东西。你的回答必须要简单。比方我们看第一个问题‘你看见过狗么？你若看见过的，只要在下面的线上写一个‘见’字就够了。还有一层我要预先声明的，在这个册子内字句你有不懂的，可以举手问，我们可以告诉你。你若有写不出的字，也可以举手问（主试一见儿童举手，立刻轻轻地走向前去，低声地告诉他，以免泄漏）。现在你们可以做了。”

测验的时候，最好除主试外另有二三人相助。这个测验须以两次试好。每次约费 50 分钟。至于测验初等小学生，那只能一个一个地测验。你把他的答案简单地填写在空线上。

总　结

这个测验我已与我的学生试验了 568 个儿童，试题和结果印在后面，每个问题的正确答案已填写在每个问题后面线上。

陈鹤琴
南京高师

知识测验上编

姓名＿＿＿＿＿＿＿＿＿＿＿男女＿＿＿＿＿＿＿＿＿＿＿

＿＿＿＿＿＿＿＿＿＿＿省＿＿＿＿＿＿＿＿＿＿＿县

住在城里还是住在乡下？＿＿＿＿＿＿＿＿＿＿＿＿＿＿＿

＿＿＿＿＿＿＿＿＿学校＿＿＿＿＿＿＿＿＿＿＿＿＿年级

＿＿＿＿＿＿＿岁＿＿＿＿＿＿＿月＿＿＿＿＿＿＿日生

＿＿＿＿＿＿＿年＿＿＿＿＿＿＿月＿＿＿＿＿＿＿日试

	题　目
1. 狗	(1) 你看见过狗(或小狗)吗? ______在什么地方? __________
	(2) 狗有什么用处?(看门,守夜,打猎)______
2. 猫	(1) 你看见过猫么? ______在什么地方? ______
	猫比狗小还是比狗大?(小)________________
	(2) 猫夜里做什么事体?(捕鼠)________________
	(3) 猫一看见狗就要怎样做?(叫,怕,逃,跑)______
	(4) 你看见过猫吃水么? ______怎样吃的?(舌舐)______
3. 马	(1) 你看见过马么? ______在什么地方? ______
	马比狗大呢还是比狗小?(大)________________
	(2) 马有什么用处?(挽车,耕田,骑,负物)______
	(3) 你看见过马车么? ______马车有几个轮子?(4、2)______
4. 驴子	(1) 你看见过驴子么? ______在什么地方? ______
	驴子比狗大呢还是比狗小?(大)____________
	(2) 驴子有什么用处?(骑,负物,拖磨)______
5. 羊	(1) 你看见过一群羊么? ______在什么地方? ______
	羊毛是什么颜色?(白,黑)________________
	(2) 羊毛有什么用处?(制衣、笔、毯、毡)________________
	(3) 你看见过小羊吃奶么? ______怎样吃的?(跪吃)______
6. 鼠	(1) 你看见过老鼠么? ______在什么地方? ______
	老鼠比你的头小呢,还是大?(小)________________
	(2) 老鼠的毛是什么颜色?(灰,黑)____________
	(3) 老鼠尾巴是怎样的?(细长)________________
	(4) 老鼠在你的家里做什么事体?(偷食物吃,咬坏东西)________________
	(5) 老鼠对人有什么害处?(传染病,鼠疫)________
	(6) 老鼠有几个牙齿?(共 16 个,门齿 4 个)________
	(7) 老鼠的牙齿怎样分配的(排列的)?(上 8 下 8,门齿上 2 下 2)____________

续 表

题　目
(8) 老鼠的鼻子有否特别的地方？（尖，凸出，耸出，耸起）______
7. 水牛　(1) 你看见过水牛么？______在什么地方？______
它比狗大呢还是比狗小？（大）____________________
(2) 水牛的皮是什么颜色？（黑，灰）______
(3) 水牛有什么用处？（耕田，挽车）______
(4) 水牛吃什么东西？（草，水）______
8. 兔子　(1) 你看见过兔子么？______在什么地方？______
(2) 兔子的眼睛是什么颜色？（褐，棕，红）______
(3) 兔子的耳朵怎样生的？（竖立，向上，直立）______
(4) 兔子怎样跳的？（前二足先跳，后二足后跳，二足合跳）________________
(5) 兔子最怕什么东西？（狗）________
9. 松鼠　(1) 你看见过松鼠么？______
在水里呢，在天空中呢，还是在别的地方？（树上）________
(2) 松鼠的尾巴是怎样的？（粗大，长大）________
(3) 松鼠是什么颜色？（灰黄色，灰色）________
(4) 松鼠吃什么东西？（水果，果子，松子）________
10. 蛇　(1) 你看见过蛇么？________你看见的蛇是死的呢，还是活的？__________
(2) 你看见过什么蛇？____________________
(3) 蛇的舌头是怎样的？（舌头分叉，长细，长而分叉）________
11. 黄鳝　(1) 你看见过黄鳝么？______在什么地方？________
黄鳝住在什么地方？（田洞里，石洞中，水里，塘里）____________________
12. 蜈蚣　(1) 你看见过蜈蚣么？______在什么地方？______
比蛇长呢比蛇短？（短）____________________
(2) 你若捻了它，它要怎样做？（咬你）________
(3) 蜈蚣怎样行走的？（爬）________________
13. 燕子　(1) 你看见过燕子么？________

续 表

题目	
	在水里呢,在土中呢,还是在别的地方呢? ____________
	(2) 你看见它做窝么? ______在什么地方?(屋檐下,梁上)____________
	(3) 它用什么东西做的?(泥,草)________
	(4) 什么时候它来了,什么时候去了?(春来,秋去)____________
14. 母鸡	(1) 你看见过母鸡么? ______在什么地方? ______
	(2) 你看见过它孵小鸡么? ________在什么地方?(鸡窝内)__________
	(3) 孵了几天后,小鸡才能从蛋里出来?(21天,3星期,20余天)________
	(4) 小鸡怎样从蛋里出来的?(小鸡啄蛋壳而出)________
15. 麻雀	(1) 你看见过麻雀么? ________麻雀是什么东西?(鸟)__________
	(2) 它对人有什么好处?(吃害虫)________
16. 雄鸡	(1) 雄鸡的头上有什么东西?(红冠,冠,肉冠)______
	(2) 每日天将明的时候,它怎样做?(叫,啼,鸣)____
17. 鸭子	(1) 你看见过鸭子么? ______在什么地方? ______
	(2) 它的嘴巴是怎样的?(扁,长而扁)________
	(3) 什么东西它最喜欢?(蚯蚓,水,小鱼)________
18. 喜鹊	(1) 在什么地方,你看见过喜鹊? ________
	(2) 它叫的时候,它的尾巴怎样做?(高起分叉,动,翘,上举)__________
19. 蜜蜂	(1) 在什么地方,你看见过蜜蜂? ________
	(2) 假使你捻了它,它就要对你怎样做?(刺你,叮你)__________
	(3) 它的窝,你看见过么?(见,多孔)________
	在什么地方?(树洞内,蜂桶内,蜂房内)________
	(4) 它与人有什么关系?(酿蜜)________
	(5) 它怎样把采取的花粉拿到窝里来的?(置腿足上带回)__________
	(6) 蜜有几种? ________哪几种?(黄,白)____

续　表

题　　目
20. 蚂蚁　(1) 你看见过蚂蚁么？______在什么地方？______
比你的指头小呢，还是大些？(小)________
21. 蚊子　(1) 你怕蚊子(虫)么？______
为什么怕的？(刺人，吸血，传染病)为什么不怕？________
(2) 用什么法子可以灭绝蚊子？(用火油浮水缸中和沟渠中、水面上使蚊
不能发生)____________________
(3) 有一种蚊子能传染一种毛病，你晓得这种毛病叫做什么？
(疟疾，寒热病)____________________
(4) 患这种病的若吃了什么药就可以得着痊愈？(金鸡纳丸)______________
22. 蝴蝶　(1) 你看见过蝴蝶么？______在什么地方？______
它会做什么？(吸取花中蜜汁，飞，花媒)______
(2) 它怎样变的？(由虫成蛹，由蛹成蝶，由幼虫成蛹成蝶)________________
23. 鱼　(1) 你晓得水里的鱼怎样游的？(用鳍)________
(2) 它为什么不会沉下去？(因有气囊)________
(3) 它背上的翅有什么用处？(分水，身体平衡)______
(4) 它的尾巴有什么用处？(转弯，同船舵的用处一样)____________________
(5) 它怎样呼吸的？(用鳃)________
24. 红金鱼(1) 你看见过红金鱼么？______在什么地方？______
(2) 它同平常的鱼有什么分别呢？(眼大突出，三尾，身短)________________
(3) 它有什么用处？(赏玩)________
25. 苍蝇　(1) 你晓得苍蝇有几只翼膀(翅)？(2个)________
(2) 苍蝇对人有什么害处？(传染霍乱症，传染疾病)________
(3) 苍蝇怎样变的？(由蛆成蛹，由蛹成蝇)________
26. 蟋蟀　(1) 你看见过蟋蟀么？______
在什么地方？(土穴中，石洞中，石下，墙缝中)____________________
(2) 你怎样晓得这只蟋蟀是雌的，那只蟋蟀是雄的？(雄的二尾，雌的三尾；

续 表

题　　目
雄的会叫,雌的不会叫)________
(3) 蟋蟀有什么用处?(玩,斗)________
27. 小麦　(1) 你看见过田里小麦么?________
小麦成熟的时候是什么颜色?(黄)________
(2) 什么时候种的?(秋,冬,阴历九、十月)______
(3) 什么时候收割?(夏,阴历四月)________
28. 杨柳　(1) 你看见过杨柳么?______在什么地方?______
(2) 它的皮有什么特别的地方?(皮与木质容易离开,质粘而韧)________
(3) 它的枝条有什么特别的地方?(下垂,长细)____
29. 松树　(1) 你看见过松树么?______在什么地方?______
(2) 它的叶子是什么形状?(如针)________
(3) 冬天的时候,它的叶子是怎样的?(绿,青,不落,不变)______________
30. 桃树　(1) 你看见桃子生在树上么?________
怎样生的?一球一球生的呢,还是两个两个生的?(一个一个生的)_________
(2) 桃花什么时候开的?(阴历三月)________
(3) 桃子什么时候结的?(阴历四月)________
31. 蚕豆　(1) 你看见过蚕豆么?______在什么地方?______
比你高呢还是比你矮?(矮)________
(2) 蚕豆什么时候种的?(秋,冬,阴历九、十月)____
(3) 什么时候收?(春,夏,阴历三、四月)________
32. 桑树　(1) 你看见过桑树么?______在什么地方?______
(2) 桑叶有什么用处?(饲蚕)________
33. 玉黍　(1) 你看见过种在田里的玉黍么?________
玉黍的竿子比你的手臂长呢,还是短些?(长)________
(2) 玉黍有几种?(二或三种)________哪几种?(红、白、黄)________________
34. 蔷薇花(1) 你看见过蔷薇花么?________

续　表

题　　目
这蔷薇花比你的头小呢还是大些？（小）________
(2) 它的竿子上有什么东西？（刺）________
(3) 什么时候花开了？（夏，阴历四月）________
35. 樱桃　(1) 你看见过樱桃生在树上么？ ________
一球一球生的呢，还是一个一个生的？（球生）______
(2) 樱桃是什么颜色？（红）________
(3) 什么时候樱桃花开了？（阴历二月）________
36. 竹园　(1) 你看见过竹园么？ ________
竹比你高呢，还是比你矮？（高）____________________
(2) 竹的竿子有什么特别的地方？（中空，有节）______
(3) 竹有什么用处？（编竹器，做东西）________
37. 西瓜　(1) 你看见过西瓜么？生在树上呢，还是在别的地方？（藤上，田地中）
____
(2) 你晓得西瓜有几种？（二或三）________哪几种？（长，圆；白瓤，黄瓤，红瓤）
____
38. 梅子　(1) 梅子有什么滋味？（酸）________
(2) 梅子在阴历几月里有？（阴历四、五月）______
39. 兰花　(1) 你看见过兰花么？ ______
在什么地方，在山上呢，在田里呢，还是在别的地方？（山上，花园中，花瓶中）________
(2) 兰花在阴历几月里开的？（正月，二三月；四季）__________
40. 颜色　(1) [红] 这个叫做什么颜色？（褐、赭、红）______
(2) [深黄] 这个叫做什么颜色？（橘色，橙色，蛋黄，深黄，老黄）________
(3) [蓝] 这个叫做什么颜色？（蓝）________
(4) [淡黄] 这个叫做什么颜色？（黄，淡黄）________
(5) [绿] 这个叫做什么颜色？（绿，青）________
(6) [紫] 这个叫做什么颜色？（宝蓝，莲青，紫色，深蓝）________

续　表

题　　目
（7）灰 这个叫做什么颜色？（灰）________
41. 图形　（1） 这个叫做什么图形？（圆）________
（2） 这个叫做什么图形？（方）________
（3） 这个叫做什么图形？（三角）________
（4） 这个叫做什么图形？（矩形，长方）______
（5）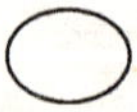 这个叫做什么图形？（椭圆，蛋圆）________
（6） 这个叫做什么图形？（斜方，菱形）________
（7）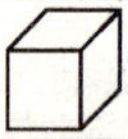 这个叫做什么图形？（立方）________
（8） 这个叫做什么图形？（圆锥体，锥圆体，漏斗形）__________
42. 眼睛　（1）你的眼睛在哪里？（头部，额下，眉下，鼻上，面上）________________
（2）你从黑暗的地方走到光明的地方，你的眼珠改变大小么？
变大呢，还是变小些？（小）________
（3）怎样改变的？（眼帘收缩，瞳孔收缩）________
43. 肚肠　（1）你的肠子（肚肠）在哪里？（肚里，腹中）______
（2）肠子有几种？______哪几种？（大，小）_______
（3）肠子有什么用处？______（储藏食物，消化食物）________
44. 胃　（1）肚里的胃的形状是怎样的？画一个样子在旁边______ 
（2）胃有什么用处？（储藏食物，消化食物）______
45. 心　（1）你的心在哪里？在头上呢，在胸部呢，还是在肚里呢？（胸部）
____
（2）心有几房？几室？（2房，2室）________
（3）心有什么用处？（清洁血液，血液循环中枢）________

续　表

题　　目
46. 手腕　(1) 你的手腕在哪里？(手之上部，小手臂下部，手与臂之间)____________
(2) 手腕里有几块骨头？(8)________
47. 肋骨　(1) 你的肋骨在哪里？(胸部)________
(2) 你有几根肋骨？(24)________
(3) 肋骨有什么用处？(保护肺脏种种)________
48. 肺　(1) 你的肺在哪里？(胸部)________
(2) 肺有几个？(2)________
(3) 肺有什么用处？(呼吸)____________
49. 皮肤　(1) 你的皮肤在哪里？(肉的外面，身的外部)________
(2) 皮肤有什么用处？(保护筋肉，保护身体)______
50. 冰　(1) 你晓得冬天的冰是什么东西变的？(水)________
(2) 那样变冰的东西要冷到什么地步才会变冰？
(0℃以下，25℉，-4℃，3.2°R)________
(3) 冰比水轻呢，还是比水重些？(轻)________
51. 露水　(1) 你看见过露水么？在什么地方？(草上)________
(2) 在什么时候？(早上，晨)________
(3) 露水怎样变成的？(温度达饱和点，湿汽便凝成露；湿汽遇冷凝成)
____
52. 雹子　(1) 你看见过天落冰雹么？________
冰雹大概有多大；比你的拳头小，还是大？(小，豆大)______
(2) 在什么时候天落冰雹的？________________
(3) 冰雹怎样变成的？(空中水汽先水后冰，温度0℃以下凝成)____________
53. 太阳　(1) 你看见过太阳出来么？______当太阳出来的时候，看起来比太阳行到
天中的时候，大呢还是小些？(大)____________________
(2) 太阳从什么方向出来？(东)________什么方向去？(西)______________
54. 打雷　(1) 你听见过打雷么？______在哪里？(空中)______
(2) 在什么时候？(下雨时)____________

续表

题目	
	(3) 打雷的时候,你还看见什么?(闪电)________
55. 天气	(1) 春天的时候,草木怎样的?(绿青,萌发,生长)______
	(2) 春天的时候,天气怎样的?(暖,温)________
	(3) 夏天的时候,天气怎样的?(热)________
	(4) 秋天的时候,草木怎样的?(渐枯凋,渐黄)____
	(5) 秋天的时候,天气怎样的?(渐冷,渐寒,凉)____
	(6) 冬天的时候,天气怎样的?(寒,冷)________
56. 下雪	(1) 你看见过下雪么? ____在什么时候?(冬)____
	雪是红的,还是绿的?(白)____________
	(2) 雪怎样变成的?(温度在0℃下凝成,水汽直接凝成固体)______________
57. 斧头	(1) 你看见过斧头么? ____什么东西做的?(铁)____
	(2) 斧头有什么用处?(剖柴,伐木,砍树)________
58. 钟	(1) 你看见过时辰钟么? ______在什么地方? ____
	(2)  你能够看钟上的时间么?比方现在是3点半钟了,你能在旁边画一个图表明这个时间吗?
59. 邮票	(1) 你看见过邮票么? __________画一个图在旁边表明它的大小。
	(2) 邮票有什么用处?(寄信,寄包裹)________
60. 皮鞋	(1) 你晓得皮鞋的皮是什么东西做的?(牛皮,猪皮)______
61. 锯子	(1) 你见过木匠所用的锯子么?什么东西做的?(钢铁)______________
62. 布	(1) 你身上所穿的布衣是什么东西做的?(棉花)______
63. 面粉	(1) 你晓得你所吃的面(面包)是面粉做的,面粉是什么东西做的?(麦)______
64. 砖头	(1) 你晓得砖头是什么东西做的?(泥土)________

续 表

题 目	
	(2) 砖头有什么用处?(砌墙、造房)________
65. 桌子	(1) 桌子是什么东西做的?(木)________
66. 酸醋	(1) 你晓得酸醋么? ___什么颜色?(红,红黄、深黄)________
	(2) 酸醋是什么东西做的? ________
67. 黄酒	(1) 黄酒(老酒)是什么东西做的?(糯米)________
68. 烧酒	(1) 烧酒是什么东西做的?(高粱,麦粟)___
69. 豆腐	(1) 豆腐是什么东西做的?(黄豆)________
	(2) 怎样做的?(磨后煮熟按配方榨压即成)___
70. 油条	(1) 油条是什么东西做的?(面粉)________
	(2) 怎样做的?(搓成面条放油锅内煎成)________
71. 扫帚	(1) 扫帚有什么用处?(扫地)________
	(2) 什么东西做的?(竹枝,芦杪)____
72. 麻油	(1) 麻油是什么东西做的?(芝麻)____
73. 蒸笼	(1) 你看见过蒸笼么? ________
	(2) 什么东西做的?(篾,竹)________
	(3) 有什么用处?(蒸食品)________
74. 锅子	(1) 你看见过锅子(镬子)么? ___在哪里? ___
	(2) 锅子有什么用处?(煮食物)________
	(3) 锅子是什么东西做的?(生铁)________
75. 雨伞	(1) 你用过雨伞么? ___什么时候用的?(雨天,大晴天)____
	(2) 什么东西做的?(油纸,竹,布)________
76. 茶叶	(1) 你看见过茶叶树么? ___在什么地方? ___
	(2) 你晓得我们吃的茶叶怎样做的?(摘下炒、烘干即成)
	________
77. 酱油	(1) 你看见过酱油么? ___什么颜色?(红黑,黑)___
	(2) 有什么用处?(调味,吃)________

续 表

题　　目
78. 盐　(1) 我们吃的白盐是什么东西做的?(咸水,海水)______
(2) 怎样做的?(煮,晒)______
79. 指南针(1) 你看见过指南针么? ______在什么地方? ______
(2) 什么东西做的?(磁铁)______
(3) 有什么用处?(指示方向)______
80. 照相　(1) 你照过相么? ______在哪里? ______
81. 电车　(1) 你看见过电车么? ______在哪里? ______
(2) 电车怎样会动的?(电力)______
82. 电灯　(1) 你看见过电灯么? ______在哪里? ______在什么时候?(晚)______
(2) 电灯的灯泡是什么东西做的?(玻璃)______
(3) 灯泡里边有什么东西?(钨丝)______
83. 汽车　(1) 你看见过汽车么? ______在哪里? ______
(2) 汽车怎样会走的?(烧煤,点煤油,点汽油,借汽力而行)______
84. 人力车(1) 你看见过人力车(胶皮车)么? ______人力车有几个轮子? ______
85. 火柴　(1) 你用过火柴么? ______有什么用处?(取火,点火)______
(2) 火柴是什么东西做的?(磷、硫磺等,火药)______
(3) 火柴有几种?(2)______哪几种?(红头,黑头;安全,不安全)______
86. 火油　(1) 你看见过火油么?有什么用处?(点灯)______
(2) 火油从什么地方取来的?(油矿)______
87. 毛笔　(1) 毛笔的杆子(管子)是什么东西做的?(竹)______
88. 墨　(1) 你看见过黑墨么? ______有什么用处?(磨墨写字)______
(2) 墨是什么东西做的?(烟煤,松烟)______
89. 脚踏车(1) 你看见过别人骑脚踏车么? ______脚踏车有几个轮子? ______

续 表

题　　目
(2) 怎样可以使得脚踏车停止行走？(紧按车刹)______
90. 棉花 (1) 你看见过棉花么？________
在什么地方？田里呢，山上呢，还是水里？(田)____________________
(2) 棉花什么时候种的？(春)________________
(3) 什么时候收摘？(秋)____________________
(4) 它喜欢旱天呢，还是下雨天？(旱天)________
91. 火车 (1) 你看见过火车么？______在哪里？________
(2) 平常火车每一点钟走多少里①？(80～100)______
(3) 走得最快的时候，每一点钟走几里？(150～200)______
(4) 火车的轨道有多阔？(4尺8寸半，4尺5寸，4尺余)________________
92. 度量 (1) 你晓得几寸为1尺？(10)____________________
(2) 几两为1斤？(10)____________________
(3) 几两为1磅？(12)____________________
(4) 几磅为1吨？(英2 240，美2 000磅)________
93. 时间 (1) 你晓得1分钟有几秒？(60)________________
(2) 你晓得1点钟有几分？(60)________________
(3) 你晓得1天有几点钟？(24)________________
(4) 你晓得1个月有几天？(新历:31,30,28,29,旧历:30,29)____________
(5) 你晓得1年有几个月？(新:12,旧:12,13)______
(6) 你晓得1年有几天？(新:365)________
94. 石灰 (1) 你看见过石灰么？______什么颜色？(白)______
(2) 石灰有什么用处？(粉墙，肥田)________
(3) 石灰放在水里，石灰就要怎样？(化开，起泡，生热)________________
95. 寒暑表(1) 你看见过寒暑表么？______在哪里？__________
(2) 寒暑表主要是什么东西做的？(水银)________
(3) 有什么用处？(看寒暑，测天气，看冷热，看温度)________

① 1里为500米。

续 表

题 目
96. 清明节 (1) 清明节在哪一个月里(阴历二、三月)________
97. 端午节 (1) 端午节在什么时候?(阴历五月五日)________
98. 重阳节 (1) 重阳节在什么时候?(阴历九月九日)________
(2) 在重阳的那一天,你做什么特别事体?(登高)______
99. 中秋节 (1) 中秋节在什么时候?(阴历八月十五日)________
(2) 你吃什么特别的东西?(月饼)________________
(3) 你做什么特别的事体?(拜月,赏月)________
100. 元宵节 (1) 元宵节在什么时候?(阴历正月十五)________
(2) 元宵节你吃什么特别的东西?(元宵)________
(3) 你做什么特别的事体?(做灯,玩灯)________

试验结果①

高 一			高 二			高 三			合 计		
人 数			人 数			人 数			人 数		
男	女	合	男	女	合	男	女	合	男	女	合
140	136	276	116	71	187	83	22	105	339	229	568
百 分 数			百 分 数			百 分 数			百 分 数		
男	女	合	男	女	合	男	女	合	男	女	合
73	98	85	99	78	91	99	100	99	88	92	89
71	99	85	100	99	99	100	99	99	88	99	92
97	95	96	98	100	98	100	100	100	98	97	98
94	91	93	96	100	97	100	100	100	96	95	96
82	61	71	86	82	84	89	100	91	85	71	79
54	37	45	56	62	58	60	72	61	56	48	52
97	86	91	98	97	97	100	99	99	98	90	95
95	91	93	97	99	97	96	99	96	96	94	95
80	86	82	95	99	96	97	95	96	89	90	89
97	92	94	94	98	95	98	100	99	97	94	96
85	74	79	93	92	92	95	99	95	90	81	86
94	95	94	93	98	95	99	100	99	95	96	95

① 试验结果本书选印一页,以资参考,余均从略。请参阅《儿童心理之研究》1925 年版,第 105～139 页。

第十五章　学　　习

"学习"这个问题异常复杂，非这短篇所能尽述，我们只可把几个重要点的问题讨论讨论罢了。

一、学习途径

普通说来，起初学习一种动作的时候，学习的进步是很快的，到后来，差不多没有进步了，倘若能够过了这个无进步的阶段，那么学习的进步又加速了。这个无进步的阶段，我们叫做"高原期"(plateau)。现在先略略地把它说一说。

在成人学习途径中，高原期时常发生的，所谓高原期者，就是学习缺少进步的一段途径。高原期普通在进步较快的初期后发生的。①

这种高原期当然与学习有莫大的关系。世人常因学习没有什么进步遂停止学习。

现在我们要问：(1)儿童学习的途径中，有否高原期的现象？(2)如其有的，是否个个儿童学习途径中有这种高原期？(3)是否各种儿童学习途径中有这种现象？(4)有何方法可以免除这种现象之出现？

这几个问题都非常重要，所可惜者就是我们没有详细研究。底下所报告的不足以奉作为圭臬。

弗里兰(Freeland)②在《教育研究》(*Pedagogical Seminary*)1921 年 6 月发表《对六个儿童每日学习情况的一年研究》(A Year's Study of the Daily Learning of Six Children)。他的研究在儿童学习的研究中算为有价值的。他从第一年级至第六年级，每级中选择一个智力普通的儿童，共得了六个儿童。每个儿童每天上午学习打字十分钟，每星期五次，假期内停止学习。如是共有一年之久，内有一个儿童学习了四年。

下面的几个表格可以代表他所研究的结果，下面的曲线中几皆有高原期的现象。

---

① 参看桑代克：《学习心理》第二卷第 92 页。

② 弗里兰(George Earl Freeland)，美国心理学家。美国加利福尼亚州立教育学院教育和师资训练部主任。著有《现代小学教学实践》、《小学四、五、六年级课程和教学方法的研究》。

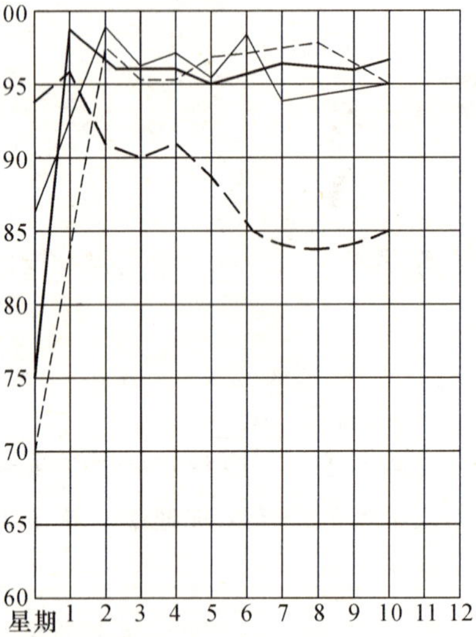

图 15－1 四个儿童的正确率曲线——3 个月功课

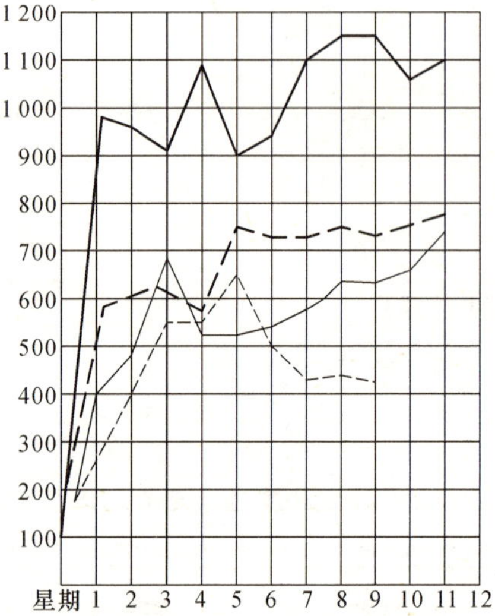

图 15－2 10 分钟内所打的次数 四个儿童的时间曲线——3 个月功课

高原期既是学习途径中之不好现象，是否有方法可以免除高原期的出现？

弗氏研究这个问题之后，找得高原期是可以缩短的。他特用奖励的方法，鼓励一个 6 岁的被试儿童。

下面一表是试验的结果。

表 15－1 弗里兰试验

试验日期	速度 （每 10 分钟所打的字数）	错　误
11 月 29 日	183	12
11 月 29 日	183	10(许以特别的奖赏)
12 月 1 日	217	7
12 月 2 日	168	2
12 月 3 日	167	2
12 月 4 日	214	3(奖赏)
12 月 5 日	174	7
12 月 6 日	181	2
12 月 7 日	242	4(奖赏)
12 月 8 日	260	3(奖赏)
12 月 9 日	309	3(奖赏)

二、学习时间之分配

每次学习的时间应当多长才算适当？比方儿童习字，每日学习15分钟所得的效率比每星期学习1点半钟多呢，还是来得少？柯比（Kirby）用加除两种算术，试验三、四年级的1 300个学生，每次学习的时间是不等的。对于除法，有的学生每次学习20分钟，有的10分钟；对于加法，有的每次学习22.5分钟，有的15分钟，有的6分钟，有的2分钟。其结果如表15－2。

解释：每次做15分钟的，比每次做22.5分钟的在加法上多21.1%；每次做10分钟的，比每次做20分钟的在除法上多10.5%，余可类推。照桑代克的意思，在每次2分钟试验内，所得的结果是受外界影响的，所以不甚正确。

表15－2　柯比加法除法试验

加　法		除　法	
每次所用的时间	每次加法较22.5分钟的结果多的百分比	每次所用的时间	每次较20分钟的结果多的百分比
22.5			
15.0	21.0	20	
6.0	1.0	10	10.5
2.0	46.5	2	77.0

布鲁克斯（Flower D. Brooks）①试验了三个学校中三班七年级学生之书法。甲校每星期学习50分钟；乙校每周学习75分钟；丙校每周学习100分钟。每校三级学生如此学习书法共有四月半之久。

布氏用弗里曼（Freeman）②书法测验评判学生的书法成绩，试验的结果，三校学生的成绩总合起来，得以下的比例：

	均衡分数	中数
甲校	2.37	2.52
乙校	2.08	1.85
丙校	2.13	2.70

① 布鲁克斯（F. D. Brooks，1885～?），美国心理学家。主要著作有《儿童心理学》、《青少年心理学》等。

② 弗里曼（Freeman），美国心理学家。著有《小学各科心理学》。

从上看来,甲校(每周学习 50 分钟)比其他两校的成绩都来得好。

结论:上边的试验以被试的人数不多,试验的时间不久兼三校学生的未试以前的程度不等,恐难引为圭臬。

三、重学

照弗里兰研究,长期休止后,你要学习到休止以前的地步,必须再下一番工夫。

假期或暂时停止学习,于学习之速度和正确,究竟有何影响?现照弗里兰的研究,短期的休止(从 1 日至 15 日)很少影响学习,但 4 个月长期的休止于学习的进步影响很大。看下面的结果,就明白了。

(一) 短期的休止……8 天

10 分钟内打的字数	错误 (以百分比计算)
6 岁的儿童——第一年级	
11 月 1 日……162	7.0
11 月 9 日……288	8.0
7 岁的儿童——第二年级	
11 月 1 日……264	2.2
11 月 9 日……297	8.4
8 岁的儿童——第三年级	
11 月 1 日……331	5.7
11 月 9 日……336	8.0
12 岁的儿童——	
11 月 1 日……245	3.7
11 月 9 日……219	1.8

(以上两天内每人所用的打字材料是一样的)

从上看来,6 岁、7 岁、8 岁三个儿童在休止 8 天的成绩比未休息以前来得好,就是每 10 分钟内所打的字数反打得多,虽所有的错误稍微多一些。从这小小的试验结果看来,短期的休止不会影响成绩。

(二) 长期的休止……4 个月

6 岁儿童

5 月 25 日………………………	285	26.4
9 月 23 日………………………	234	56.0
7 岁的儿童		
5 月 25 日………………………	750	1.8
9 月 25 日………………………	102	26.0
8 岁的儿童		
5 月 25 日………………………	660	10.8
9 月 23 日………………………	131	55.0
12 岁的儿童		
5 月 25 日………………………	414	1.2
9 月 23 日………………………	475	7.7

(以上两天内每人所用的打字材料是一样的)

从上看来,长期的休止影响学习的速度和正确率。假使这个试验是可靠的,是可代表别种学习的,那么我们就不应有太长的寒暑假期。

四、继续学习与交替学习

比方现在有甲、乙两种动作我们要学习的,我们应当先将甲种动作学习好后,再学习乙种动作呢,还是甲、乙两种动作同时交替学习来得经济?前者为“继续学习”,后者为“交替学习”。所谓“交替学习”者,就是甲种动作在规定时间之内学习了一点后,学习乙种动作;乙种动作学习一点后,再学习甲种动作。如是两种动作交替学习一直至学会为止。现在我们要问儿童学习动作应当采取哪一种方法。达书(J. F. Dashiell)①曾经研究过这个问题。② 他用迷津试验老鼠、儿童及成人,本篇所介绍的只限于儿童的学习而已。

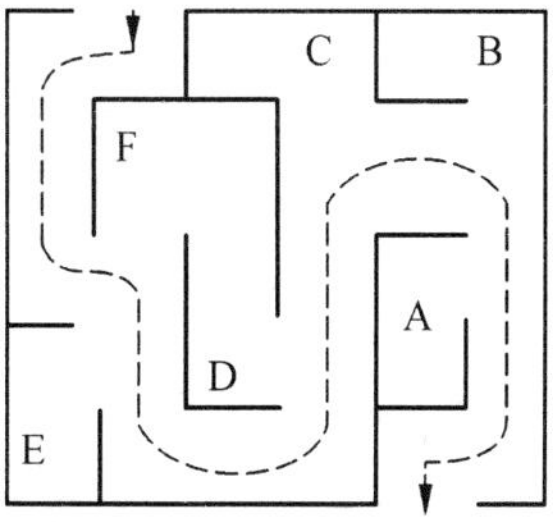

图 15-3 迷津

用屏风当板壁隔成一个迷津图如右。

① 达书(J. F. Dashiell, 1888～1975),又译为达希尔。美国实验心理学家,曾任明尼苏达大学、北卡罗来纳大学教授。他以其对学习、合作思想以及工作的速度与正确性中社会因素的影响等方面的研究而闻名。主要著作有《客观心理学原理》、《心理学实验手册》等。

② 参看 J. F. Dashiell: A Comparison of Complete Versus Alternate Methods of Learning Two Habits. *Psychological Review*, March, 1920。

他的8个幼稚生年龄约5岁左右。

他把他们分为二组。一组继续学习甲、乙迷津(甲种迷津从入箭处进去出箭处出来,乙种迷津适相反),一组交替学习甲、乙迷津。儿童从入箭处跑,一直等跑出出箭处为止。倘若三次无误,那么,那种动作就算已经学会了。达氏所得的结果:

继续学习的		交替学习的	
儿童	次数	儿童	次数
甲	33	戊	34
乙	32	己	37
丙	28	庚	30
丁	23	辛	35

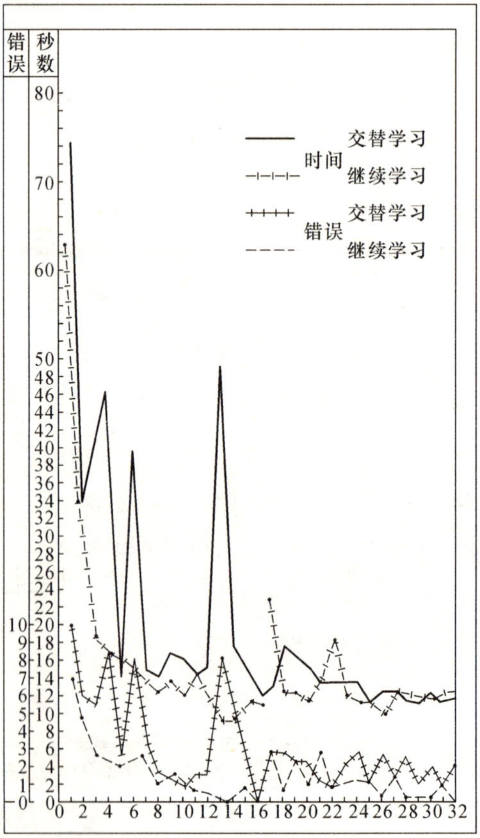

图15-4 两种学习曲线图

从上边的结果看来,继续学习法比交替学习法稍为经济一些。但被试的儿童只有8个,所试的材料非常简略,所费的时间也不甚久。因此对于继续学习与交替学习两种方法,我们当有充分的试验,而有正确的结果后,才可断定“谁是谁非”。达氏的试验,只可做一种“楔子”罢了。

五、专学与分学

比方儿童要学习一物,我们教他一气(在一时候)学会好呢,还是教他分期学习好?这个问题关系教育儿童甚大。照心理学家的精心研究说,一气学习法比较分期学习法来得不经济。因此教育儿童当以下列各项为标准:

1. 儿童的年岁愈小,分期愈多。
2. 每天1小时一课的功课,不妨分做二课二期上。
3. 前后两课的性质不宜太近。性质相近,容易误会,容易淆乱。

六、全体法与分段法

全体学习是否比较分段学习来得经济?据研究结果,全体学习法比较来得经济,不过对于教育儿童,全体法未必尽善尽美。其缘故有三:(1)儿童因一时不能收效,遂有点灰心;(2)所学习的材料有难易之处,若全体学习之,易点早已学得而难点尚无头绪,这样就是不经济;(3)全体的东西太多太长,欲利用回忆以襄助学习甚为不易。为此三因,我们对于教育儿童若并用二法较为妥当。先用全体法把所要学的材料细细讲解,后把难处用分段法特别注意。末了,再用全体法把材料联结起来以做最后之学习。

七、布克与诺埃尔的研究

布克(Book)①与诺埃尔(Nowell)二氏新近做了一个试验,试验学习的主要条件,他们一共试验了124个大学生,其中48个是男的,76个是女的。

布、诺二氏给他们四种测验:

1. 划去“a”字就是代表一种简单动作。
2. 在西班牙字单内寻出某种字母把它们划去。这个试验,比上面的稍为复杂一些。
3. 学习一种再比较复杂些的心理试验。
4. 两位数的乘法。

---

① 布克(W. F Book, 1872~?),美国心理学家。著有《学习工作效率的研究》等。

他们又把被试者分为两组,一组叫做试验组(stimulus section);一组叫做备试组(control section)。他们对于试验组给了几种特别条件。

1. 使试验组的人立刻知道试验的结果。

2. 用言语鼓励他们,使得他们对于试验,自己相信每次一定比上次做得好。

3. 每次试验,初做时,叫他们竭力做去。

对于备试组,不用上面三条鼓励的方法。单单叫他们做试验罢了。比方做划去"a"字试验,他们每人每次做就后,主试的就把那张"a"字纸折了藏好,他们完全不知道做了多少好。备试组与试验组所分别的就在以上几点。不过在一个试验内,主试的把备试组改为试验组和试验组改为备试组。如第一个试验共有75次练习,假定甲组为试验组,乙组为备试组,在首先50次练习的时候,试验组得了许多鼓励,备试组毫不知道试验的结果,也并没有受到什么鼓励,但到了要试验第51次练习的时候,甲组(试验组)改为备试组,把种种鼓励方法,都应用到乙组上去了,使得乙组(本来是备试组)变为试验组了。这样我们很容易看出试验的结果来,我们看下面的几个曲线图。[①]

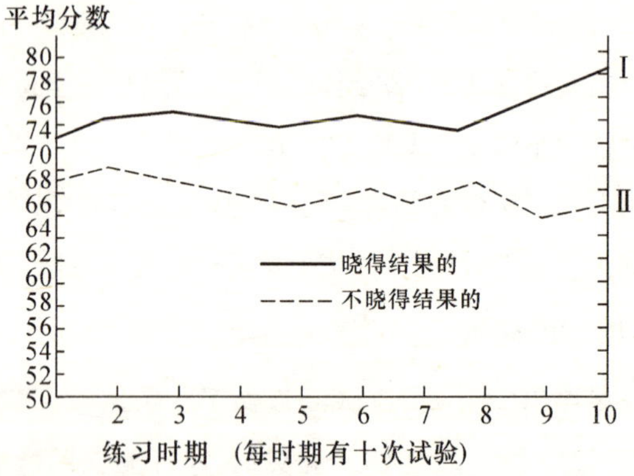

图 15-5 布克与诺埃尔试验曲线

从上面几个图看来我们可以得到以下几个结论:

1. 试验组比备试组进步来得快。

2. 试验组一改为备试组,他的进步就停止。

3. 备试组一改为试验组,他的进步就骤然加速。

① 原著共五个曲线图,现录其中一图——编者注。

4. 以上的情形不但男的是如此，女的也是如此；不但一组是如此，每组都是如此；不但第一个试验是如此，4 个试验个个都是如此。

5. 不但试验组的进步比备试组的进步快得多，就是错误也是来得少。

上面所说的几种结果，大概从以下的几种原因来的：

1. 因为试验组对于学习上的进步具有特别兴趣的事实，这种兴趣在学习上发生一种选择的动作。当初被试的人既然对于所学的东西有特别兴趣，并且注意到在学习时进步与退步的地方和考究致学习进步与退步的原因。以这样态度来学习，那致学习退步的因子就能打消，致学习进步的因子就能继续地采用，因此他的进步就更快了。

2. 还有一层，这种兴趣使被试人容易发生乐感与非乐感。被试人既然巴不得学得极快，所以凡对于进步快的学习步骤就容易发生乐感，凡对于阻挠学习进步的步骤，就容易发生不乐的感觉。要知乐感容易引起以后的动作，不乐的感觉，就要阻挠以后动作之发生。

现在我们可以把上面那个试验总结起来说，倘若学习的人要学习快，那下面的几个条件是必须要有的：

1. 使学习者知道学习的目的。

2. 使学习者最好能立刻知道自己学习的结果。

3. 使学习者对于所学的发生兴趣。

4. 使学习者对于学的东西具自信心，就是使他相信自己一定在学习的东西上有迅速进步的。

5. 使学习者知道他自己所做的错误。

6. 在学习时，常有新的方法不知不觉地被发现，其中有可以帮助学习的，也有可以阻挠学习进步的，那么对于那种好的方法要使学习者格外留心。

八、我所做的两个初步试验

一个叫“镜画试验”，关于感觉动作学习方法的；一个叫做“理解性学习法”，关于儿童的理解能力的。

(一) 镜画试验

镜画试验(mirror-drawing experiment)首行采用的要推亨利(V. Henri)，在 1898

年亨利用镜画试验肌觉(muscular sense)与触觉(tactile space perception)。迪尔博(Dearborn)在1905年也不约而同地施用镜画试验。后来,贾德(Judd)、斯塔奇(Starch)、希尔(Hill)利用镜画以试验动作习惯之养成,试行错误学习法等等;又有伯特(Burt)、约克姆(Yoakum)、卡尔弗(Calfee)以镜画试验研究性别智慧与学习之关系;近来弗里曼制造一种特别镜画仪器,研究感觉动作。①

以上所说的试验几皆限于成人,间有试验儿童的,然试验期间甚短,次数甚少,欲求一个长期儿童试验,实不可得。现把我的试验报告于下:

1. 受试的儿童。

受试的为我的两个侄子,长侄年13岁,幼侄年11岁,智力皆平庸,皆为本校高小二年级生;惟长侄小有技能,对于木竹各种技艺以及各种机器知识,较胜乃弟。

2. 试验的手续。

甲乙二侄常受我试验的,他们也很高兴做各种试验。

这个试验所用的材料,是很简单的。桌子一张,圆凳一只,8寸长的镜子一方(镜子是椭圆形,有架子能自立)。图画板一块,长16.2寸,阔12.2寸,厚4分,图画钉数粒,单线星形图1 000张。

3. 试验的时间。

在每天早晨7～8时之间试验,间有几次以早晨天气太暗,在晚上灯光下试验的。

4. 试验的方法。

把星形图用图画钉钉在图画板上,把镜子的架子刚刚放在受试者的对面和图画板的外边,镜子与桌面约成80度,把上边的东西都安置桌子后,叫受试者看镜中星形图,并叫他用铅笔从星形图的横线处画起,一直画到横线处为止。所画的线,必须刚刚在星形的外边,但所画的线,终是曲曲弯弯,很难依样画葫芦的。

请看下面的例子:

照下边所说的画法,每天早晨每人先用右手继续画10张,后用左手画1张,不过在试验的第1天,左手先画的,如是甲儿共画了57天,乙儿共画了53天。

从1921年9月18日起,一直到12月17日止,其中有33天的长期休止。详细的试期以及试验的结果,录之于下,以资参考。

---

① 参看《实验教育》(*Experimental Education*)。

5. 试验的结果(见表15-3、15-4)。

表中的时间,都以秒计算。右手每天画10次。欲得一个代表数目,非平均不可;所以表中有平均时间、平均错误。

镜画的错误,非常难定,我武断地定了一个标准:凡离开星形线过2厘米者,不论内外,都做错误算。

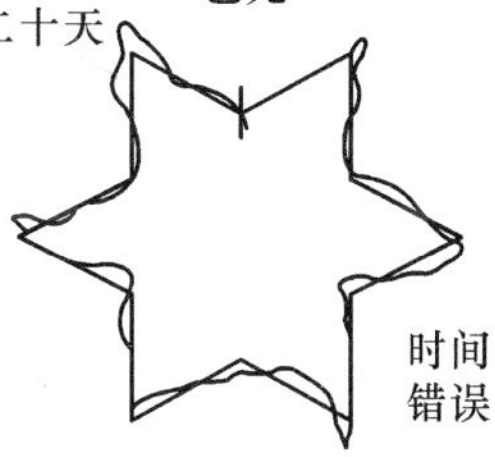

图15-6 镜画

看了底下的时间和错误曲线图,对于上边的结果,可更加明白了(见图15-7、15-8)。

对于上边的试验,有几点我要特别声明的:

(1) 两侄儿对于这个镜画试验,可说始终很高兴做的,不过到45天以后,他们的兴趣稍为减少了。

(2) 这个镜画试验有两种要素:①时间要愈短愈好;②错误要愈少愈好。但两儿大概注意时间,而忽略错误的。他们始终要画得快,这种片面的态度,恐怕是试验的手续养成的。比方我在旁用测验表记时,他们画一张,我记一张,他们每次绘画的时间就比上次短。对于镜画的错误,则不然。错误待画好后,方计算的。因此他们对于减少错误的心,就薄弱了。

(3) 这个试验,除了几天在晚上试验的外,都在我的寝室内进行。

(4) 对于这个试验,我得我妻的帮助很多。这个试验的时期,共有57天之久。天天早晨,不论有事无事,总要试验的。其中大部分试验,是我妻主持的。

表15-3 甲儿镜画试验记录表

被试者:甲 儿

13岁(12月23日生)

试验日期	日数	左手		右手	
		时 间	错误	平均时间	平均错误
1921年 9月18日	1	77.00″	22	51.42″	14.10
9月19日	2	50.00″	9	49.80″	6.90
9月20日	3	52.00″	9	57.20″	6.50
9月21日	4	55.00″	8	38.10″	7.00

续 表

试验日期	日数	左手		右手	
		时　间	错误	平均时间	平均错误
9月22日	5	50.00″	10	39.00″	5.10
9月23日	6	32.60″	11	32.72″	5.10
9月24日	7	39.00″	11	29.54″	7.80
9月25日	8	41.70″	10	33.13″	5.60
9月26日	9	32.00″	13	24.29″	6.30
9月27日	10	22.30″	8	22.94″	6.00
9月28日	11	24.40″	8	20.87″	7.10
9月29日	12	22.00″	11	23.90″	7.70
9月30日	13	17.00″	12	19.81″	7.20
10月1日	14	22.40″	13	18.01″	7.50
10月2日	15	20.00″	12	18.20″	8.40
10月3日	16	22.00″	13	19.01″	7.00
10月4日	17	22.40″	9	18.60″	6.90
10月5日	18	21.00″	13	15.99″	7.80
10月6日	19	18.60″	9	13.90″	6.60
10月7日	20	19.20″	12	13.88″	6.90
10月8日	21	13.00″	11	12.66″	7.40
10月9日	22	16.80″	9	10.54″	8.00
10月10日	23	12.70″	11	9.53″	8.00
(休止33天)	★	★	★	★	★
11月13日	24	17.30″	10	12.39″	6.70
11月14日	25	21.20″	10	12.89″	7.40
11月15日	26	17.00″	11	10.62″	7.60
11月16日	27	22.80″	11	12.88″	7.40
11月17日	28	14.10″	8	10.30″	5.70
11月18日	29	16.60″	7	13.35″	6.70
11月19日	30	24.00″	13	11.97″	6.60

续 表

试验日期	日数	左手		右手	
		时　间	错误	平均时间	平均错误
11月20日	31	26.40″	8	13.52″	5.90
（休止1天）	★	★	★	★	★
11月22日	32	25.00″	7	13.11″	6.40
11月23日	33	18.00″	10	11.21″	7.50
11月24日	34	25.00″	8	13.66″	6.50
11月25日	35	13.80″	9	8.80″	8.30
11月26日	36	12.50″	7	8.69″	9.00
11月27日	37	14.90″	11	8.43″	8.90
11月28日	38	19.30″	11	11.30″	8.40
11月29日	39	13.10″	12	9.11″	9.00
11月30日	40	14.40″	7	11.07″	8.60
12月 1日	41	13.00″	9	8.93″	9.10
12月 2日	42	10.70″	8	7.07″	8.30
12月 3日	43	9.40″	12	6.26″	10.30
12月 4日	44	15.80″	13	8.30″	10.30
12月 5日	45	15.80″	11	9.23″	9.50
12月 6日	46	13.00″	10	12.01″	8.30
12月 7日	47	11.70″	10	11.44″	9.00
12月 8日	48	17.80″	13	11.95″	7.00
12月 9日	49	17.70″	7	11.98″	7.80
12月10日	50	15.00″	12	8.72″	8.10
12月11日	51	15.00″	10	8.22″	9.30
12月12日	52	14.00″	8	8.28″	8.30
12月13日	53	14.10″	13	8.22″	9.10
12月14日	54	15.00″	14	8.41″	8.40
12月15日	55	15.20″	9	10.31″	6.30
12月16日	56	17.20″	9	12.23″	6.90
12月17日	57	13.50″	9	10.27″	7.40

表 15－4　乙儿镜画试验记录表

被试者:乙 儿

11 岁(8 月 14 日生)

试验日期	日数	左手		右手	
		时　　间	错误	平均时间	平均错误
1921 年　9 月 18 日	1	90.00″	19	118.00″	13.30
9 月 19 日	2	70.00″	20	66.00″	8.40
9 月 20 日	3	43.00″	13	62.90″	6.80
9 月 21 日	4	54.00″	13	48.60″	7.40
9 月 22 日	5	44.00″	11	52.20″	6.70
9 月 23 日	6	38.40″	13	37.80″	6.70
9 月 24 日	7	34.40″	12	34.92″	8.20
9 月 25 日	8	30.00″	11	29.76″	5.60
9 月 26 日	9	26.00″	13	25.75″	7.40
9 月 27 日	10	21.50″	13	26.71″	7.80
9 月 28 日	11	19.20″	10	25.38″	8.80
9 月 29 日	12	21.60″	10	22.96″	7.00
9 月 30 日	13	17.20″	14	19.85″	5.90
10 月 1 日	14	23.00″	14	19.28″	6.80
10 月 2 日	15	19.40″	9	17.75″	7.60
10 月 3 日	16	22.20″	11	17.84″	7.20
10 月 4 日	17	24.00″	11	17.20″	6.40
10 月 5 日	18	19.00″	10	18.32″	7.00
10 月 6 日	19	19.60″	10	17.57″	6.60
10 月 7 日	20	16.40″	15	14.56″	8.60
10 月 8 日	21	21.40″	13	14.82″	7.90
10 月 9 日	22	17.60″	10	14.77″	7.80
10 月 10 日	23	20.00″		12.91″	
(休止 33 天)	★	★	★	★	★
11 月 13 日	24	17.80″		14.19″	
11 月 14 日	25	20.00″		16.45″	
11 月 15 日	26	13.90″		13.61″	
11 月 16 日	27	18.00″		13.61″	

续 表

试验日期	日数	左手		右手	
		时　间	错误	平均时间	平均错误
11月17日	28	14.90″		13.13″	
11月18日	29	14.70″		13.39″	
(休止1天)	★	★	★	★	★
11月20日	30	21.40″		14.02″	
11月21日	31	16.80″	8	14.73″	8.20
11月22日	32	17.00″	14	14.69″	8.90
11月23日	33	18.20″	11	12.82″	6.50
11月24日	34	17.80″	11	13.09″	8.20
11月25日	35	12.50″	12	10.99″	8.40
11月26日	36	18.10″	12	11.41″	8.80
11月27日	37	16.30″	12	10.78″	8.90
11月28日	38	18.80″	8	11.61″	8.40
11月29日	39	11.70″	13	10.49″	8.60
11月30日	40	18.30″	12	13.38″	10.30
12月1日	41	16.00″	10	12.34″	8.40
12月2日	42	8.00″	14	8.47″	9.90
12月3日	43	11.00″	15	7.55″	9.00
12月4日	44	14.80″	16	10.47″	10.50
12月5日	45	12.60″	11	8.92″	9.10
12月6日	46	21.80″	9	14.49″	7.30
12月7日	47	10.30″	14	9.42″	9.90
(休止1天)	★	★	★	★	★
12月9日	48	16.60″	13	10.58″	8.90
12月10日	49	11.00″	11	12.05″	8.30
12月11日	50	13.50″	15	13.80″	8.40
12月12日	51	15.70″	13	14.31″	8.60
12月13日	52	13.00″	12	10.39″	16.4
(休止2天)	★	★	★	★	★
12月16日	53	14.80″	12	11.37″	7.70

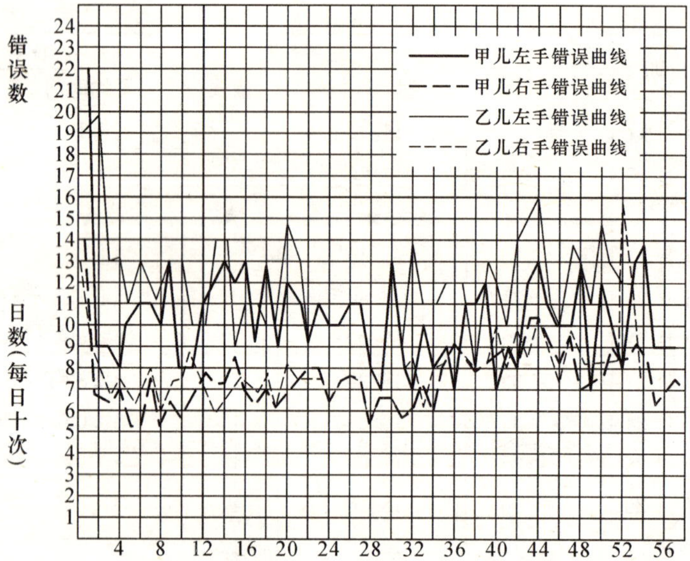

图 15-7 错误曲线图

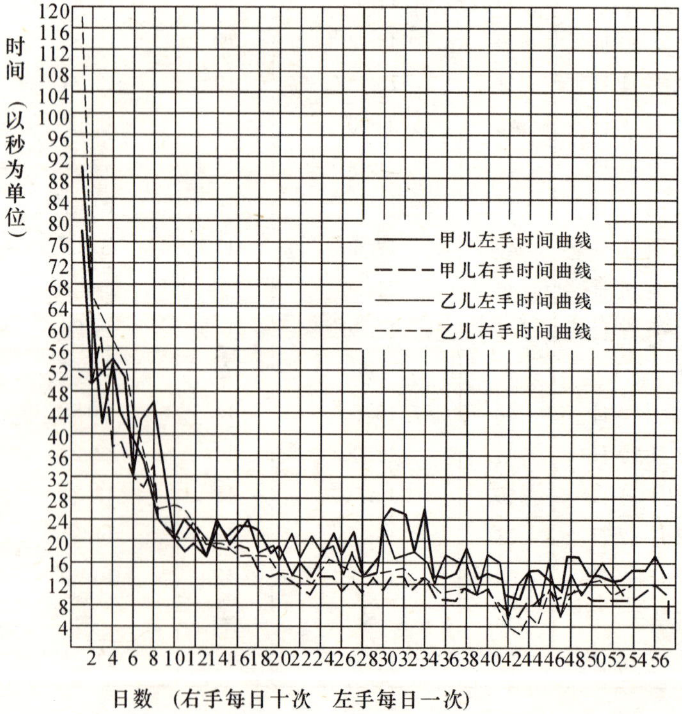

图 15-8 时间曲线图

6. 结论。

(1) 两儿的左右手时间曲线,看起来是很好的学习曲线。从第 1 天到第 45 天,这四根曲线都显出进步的现象;从第 45 天以后,曲线反往上了,显出退步的现象。

(2) 从第 1 天到第 13 天,时间的进步是非常快的。以后忽进忽退,就没有如前的进步了。

(3) 从错误曲线看来,我们简直可以说,除第一天和第四、五两天外,错误反见加多。换言之,在镜画的质量上,被试的没有多大进步。

(4) 错误没有减少是因为试验时我的两侄儿没有十分注意到错误方面的缘故。对于错误,他们在试验时并不知道。试验后也不立刻知道。他们所最注意的就是时间。他们画的时候,我记时间,他们画一张,我记一张,因此他们画第二张就要比第一次画得快,画第三张就要比第二张画得快,如是他们不知不觉地注意到快慢方面去了。

(5) 长期的休止与工作的效力,似乎并没有十分影响。看时间和错误曲线,从试验的第 23 天到第 24 天,其中停止了 33 天。这 33 天的休止,与镜画的成绩,没有多大影响。

倘使试验时他们不知道时间只知道错误,我想他们的错误就会渐渐地减少了。所以儿童凡做事读书务必随时使之知道做事读书的结果,否则少兴趣少注意,进步也就少了。

(二) 理解性之学习法(rational learning)

美国毕保德师范学院(Peabody College for Teachers)教授彼得森(Joseph Peterson)新近做了一种"理解性学习法"测验。当初他做这个测验的目的是要研究人们学习的方法,后来施行了一下,他觉得这个测验对于试验人的智力很有价值。这个测验的施行方法和试验结果,彼君曾在《心理学报》(*Psychological Review*, 1918, pp. 443~467),《教育心理杂志》(*Journal of Educational Psychology*, March, 1920)和《应用心理杂志》(*Journal of Applied Psychology*, June-September, 1920)诸报上发表过。我现在根据这个测验的方法,与我的学生在本校附属小学亦试验了一下。所试验的人数不过 172 个,其中因被试者不守试验规程而其试验结果作为无效者有 7 人。

1. 测验的性质。

彼得森用 A,B,C,D,E,F,G,H,I,J 十个英文字母与 1,2,3,4,5,6,7,8,9,10 联对起来使得每个字母就有一定的数目。后来他叫被试者将十个字母依次猜测。所规定之字母与数目如下:

A，B，C，D，E，F，G，H，I，J

9，6，2，10，8，1，5，4，7，3

这个测验可以试验被试者之记忆力和理解力。比方说被试已经猜着 A 和 B 两字之对数，现在他正猜 C 字。此时他一方面要记得 AB 的对数，一方面他应知 9，6 两数对于 C 字是无用的。此次在本校附小试验时我用父、母、伯、叔、兄、弟、姊、妹八个字来替代。八字之对数如下：

父，母，伯，叔，兄，弟，姊，妹

(1) 3，8，4，7，2，5，1，6

不过初试这个测验的时候，我曾用以下的两个标准，后因用之不适，遂改用上边的第一个标准。

父，母，伯，叔，兄，弟，姊，妹

(2) 5，8，3，7，4，1，6，2

(3) 4，8，3，7，5，2，6，1

2. 测验的手续(理解性学习法说明)。

主试先将被试的姓名、年龄、年级、性别等等填写后，即对被试说：“你晓得父、母、伯、叔、兄、弟、姊、妹这八个字么？父是父亲，母是母亲，伯是伯伯，叔是叔叔，兄是哥哥，弟是弟弟，姊是姐姐，妹是妹妹，就是父、母、伯、叔、兄、弟、姊、妹八个人。这八个人有八个数目。这八个数目就是 1，2，3，4，5，6，7，8。每一个人有一个数目。不过这八个人同这八个数目，不是依照次序排的。不是像父第 1，母第 2，伯第 3，叔第 4 这样排的。假使是这样排的，那么就太容易猜了。所以我把这八个人同这八个数目特意颠颠倒倒地排起来的。但是每一个人总有一个数目，这个数目是一定的，而且只有这个人有的，别人没有的。比方说：“父亲的父是 6，那么别人就没有 6 这个数目了，这八个人我一个一个说出来，你一个一个地猜，你若猜着了，你要记牢。现在我说第 1 个字给你猜。你若猜不着，我说不对，你若猜着了，我就说对的。那么你就把这个字和这个数目记牢。你现在懂了么？”若被试尚未了解做法，那末举下面一例。主试就对被试说：“你知道这天、地、人三个字么？主试先将这三字写在纸上，比方‘天’字的数目是‘2’，‘地’字的数目是‘1’，人字的数目是‘3’。假使现在我说‘天’字，那末你猜它的数目，比方你猜‘1’，我说不对，那么你再猜，此次你猜‘2’，我说‘对了’；天字如是猜过后，我就说‘地’字，那么你再猜，比方你猜‘2’，你看这个天字的数目(指着天字)已经是‘2’，其余‘地’‘人’二字就不会有‘2’；所以现在猜‘地’字的数目，你不应当猜‘2’；你应当猜‘1’或‘3’。每字有一定数目。现在你懂了么?”被试猜错了，主试立刻说“不对”，被试若猜着了，那么主试说“对的”；被试一面猜测，主试一面记述。记述的方法也是根据彼得森的。

试验时所要记载的有三点：一时间，一错误，一次数。记载时间就是从主试将测验做法说明说毕后开口说出“父”字叫被试猜的时候记起，一直到试验毕时为止。记载错误就是将被试所猜的错误一一在各字行下记述出来(见表 15－5)。错误分为三种，一种普通错误，一种大错，就是前行所猜着之对数再用之以猜以后他字，比方“父”字数目是“3”，“母”字的数目当然不是“3”，但被试仍旧用“3”来猜“母”字；一种特错，就是在同一字下两字猜错之数目，比方“母”字的数目不是“5”，不过被试者两次猜用，第二次所猜用之“5”就作为一个特错。记载次数，凡八字全体猜对作为一次，凡四次完全无错作为学成。

3. 核算的方法。①

表 15－5　理解性的学习法记录表

姓名：某生　性别：男　年龄：16 岁　6 月 5 日生
学校：南高附小　年级：高小二年级　1921 年 11 月 15 日试验 10 次
时间：从 2:50:10 到 3:6:10　错误：153

	父	母	伯	叔	兄	弟	姊	妹	错误				
	3	8	4	7	2	5	1	6	普通	大错	特错	总计	
1	3	2,4 6,7 8	2,1 4	5,6 7	5,6 1,2	5	6,8 4,1	6	14	2			
2	3	2,6 5,7 2,8	2,4	5,3 7	5,6 2	6 5	1	6	11	1	1		
3	3	8	5,2 4	5 7	1,3 2	1 5	9 1	6	7	1			

① 原著介绍了彼得森的理解性学习法之标准、方法及作者对 160 个从 8 岁至 16 岁的学生所做的详细统计，本书从略。请参阅《儿童心理之研究》1925 年版，第 183～202 页——编者注。

续 表

	父	母	伯	叔	兄	弟	姊	妹	错误				
	3	8	4	7	2	5	1	6	普通	大错	特错	总计	
4	3	6,7 4,2 5,6 7,8	6,2 4	2,7	5 2	2,4 5	4,2 5,7 8,6 4,5 2,1	8,7 5,4 2 6	27	15	5		
5	3	7,8 5,4 2,1 6,7 8	4	2,6 7	5 2	5	7 6 4,2 1	8 7 6	17	5	2		
6	3	6,4 3 8	4	2,2 5,6 7	6,3 2	3 2 8,7 6,5	7 1	4,5 6	17	9			
7	3	8	4	7	6,5 8,2	1,7 6,5	6,4 2 1	2,7 8 6	12	7			
8	3	8	4	7	5,6 2	5	1	6	2				
9	3	8	4	7	2	5	1	6					
10	3	8	4	7	2	5	1	6					
普通错	7	27	7	12	16	12	21	12	107				
大错		1		1	3	7	16	12		40			
特错		5					3				8		

第十六章　言　　语

一、一个儿童言语的发展

下面说的是我的小孩子一鸣的言语发展的情形。

第 99 天

今天他醒时自己"谈说"发出"ā——"长而低的声音，近来快乐的时候常常自己说话。

第 101 天

同他堂兄玩的时候，他喊叫说"ǎ—yee"。

第 102 天

今天早晨他喊着说"tsā，tsā，tsā"。

第 109 天

他自己唱出"m-pǎ"的声音，就是将来变为"pä-pä"声音的初步。

第 110 天

现在他听见人唱，他也要唱；唱的虽不能和成人一样，但也有一种曲调。

第 111 天

他同我说"hêh-hêh"的声音。

第 112 天

他偶然喊出"m-pä"的声音。

第 114 天

他醒时说"m-bo"的声音。

第 116 天

喊出很尖的声音"kēh-k$\overline{ee}$"，喊的时候他的口是张开来的，眼睛是缩小的。

第 118 天

近来他能继续发出四五个异样的声音，并且常常喜欢喊"ya-ya-ya-ya"的声音。哭笑的时候也喊"pǎ"的声音。

第 119 天

睡在床上哭喊如歌唱的样子:ä-yā-hā-hā。

第 120 天

近一个月来,他喜欢喊出尖的声音:ǎ—,如从口中榨出来的,并且常常说“ēh-”的声音。

第 122 天

发出“kō—”的唇音。

第 129 天

喊出“ǎ—”的声音。

第 132 天

吹涎:今天他醒时,两唇闭着,发出“p$\overline{\text{oo}}$-p$\overline{\text{oo}}$”的声音两次。

第 139 天

1. 表示不舒服的声音:他能自由动作的时候,就手足乱动,口里说出“n”的声音,有时说“n-yai-yai”的声音。

2. 表示快乐的声音:他快乐的时候,尖声喊出“ǎ-”的声音来。

第 140 天

他闭着嘴发出“m”的声音。

第 146 天

近来他没有眼泪哭的时候,常常闭着嘴吹涎做“p$\overline{\text{oo}}$-p$\overline{\text{oo}}$”的声音。

第 149 天

他睡在床上的时候,我用手帕遮着他的眼睛,他喊叫说:“ǎ-hō-hō-wā-ō-hā, ō-hā”;后来吹“b$\overline{\text{oo}}$-b$\overline{\text{oo}}$”两次而哭。

第 151 天

今天晚上,他坐在我的膝上,吹“b$\overline{\text{oo}}$-b$\overline{\text{oo}}$”的声音,并吹出口涎。

第 153 天

他喊出有声调的长而响的声音,如“hǎh-”。

第 162 天

他睡在床上,他母亲屈身看他的时候,他就说出“ä-yee-hā”的声音。

第 164 天

他用“â-â”的声音同人讲话;他不要东西的时候,也用“â-â”的声音。

第 172 天

吹涎的进步:近来时常独自睡在床上,两唇闭着,下唇较上唇突出一些,吹出“po͞o”(布)的声音。

第 175 天

“ng”这个声音表示他的需要、拒绝和厌恶三种意思。

第 195 天

今天晚上他要母亲抱他,说出“ng”的声音。

第 210 天

吹涎最盛时代:近来他吹涎很有力,而且很响很长,今天第一次他吹了 5 分钟的工夫,第二次他吹了 3 分钟的工夫。

第 212 天

他同某伯父玩的时候,他喊着说“ä-ya-ya-ya-ya”。

第 239 天

今天早晨玩皮球的时候,他常常喊“hē”的声音。

第 241 天

他喊出“ä-wōō-wōō”和“ä-wōō”的声音,并且又发出“hä-hä”的声音。

第 243 天

他看着人或玩物或手拿着东西开慰的时候,笑着说“ā-k-ēē”,并且还常常上齿咬着下唇,发出“woo-va”的声音。

他快乐的时候,叫出声音如“gēē—”来。

他常常独自发出“ē-”尖的喉音。

第 9 个月

近来他的声音比较从前硬些,他在摇篮里坐着,独自玩的时候,时常榨出长而且粗的“ā-”的喉音。

第 249 天

近来他所发的声音很复杂,不容易记载,并且所说的大概都是复音。醒的时候常常不歇地自己讲谈,如“ȧ-ya-yeė, ȧ-woo, ä-yȧ-yä”。

第 39 星期

他同他的小狗坐在地上的时候,他要去拿狗的脚,就喊叫说“ng-nĕ”;后来别人要把他抱起来的时候,他用“p̄ōō—wĕ”的声音表示不要抱的意思。

第 40 星期

他同祖母玩的时候,开着嘴唱出一个长的喉音“hä-”(如绍兴音“鞋”字)。

第 42 星期

他在快乐的时候就喊出“ä-vä, ä-vä”的声音。

第 44 星期

快乐的时候喊出“ă-yoh”的声音。

第 45 星期

现在发出“ä-fȧ, ä-fȧ”的声音。

第 46 星期

快乐的时候发出“chēē”的声音。

发出“ä-tä, tä-tä”的声音。近来他独自讲得很多,不过他叫喊同歌唱差不多是没有了。

第 47 星期

他不愿意的时候,就发出“boohȧ”的声音。

第 51 星期

他要东西的时候,就叫“m-mä”。

看见有兴趣的东西,如彩球、彩花等等,他就要喊出“ă-hă, ă-hă”的声音,并且时常用手指着东西,口里喊叫“ē-”。

看见人或对人说话就喊出“vävä”的声音。

第 53 星期

现在他常常喊叫讲谈,看见祖母来,他就喊着“ā-”的声音。近来他独自常叫“tă-tă”的声音。

第 54 星期

教他说“daddy”,他说“tā-tā”(把舌头尖子放在上下齿之间);次晨又教他说“daddy”,他说“da-da-da”;说后他自己说“n-nun, nun-nun”。

自己喊着说“tee”(帝)。

第 55 星期

今天他从地板上扶着椅子爬起来喊出“ȧ-yā”的声音。

第 57 星期

他用“ăn”表示不要东西的意思。

第 58 星期

他要奶吃的时候，口叫“m-mȧ，m-mä”。

第 61 星期

发出“th-s”的声音。

第 62 星期

教他说“哥哥”，他能说得不错。他自己喊出“pä-pä”的声音；说的时候上齿咬着下唇。

第 64 星期

早晨醒来，他自己喊着说“bā-bā-bā”，又说“ă-kȯh-kȯh，kȯh—kȯh，ä-kȯh-kȯh”。以后，你说“ā-kȯh”，他也说“ä-kȯh”。

第 65 星期

别人先说“baby”给他听，他说“babe”。他看见一颗糖就要吃，“m-mŏ，m-mŏ”喊个不停。

3/26/22　今天早晨，他两腿在摇篮里夹住不得出，就喊叫“baba-baba”，求人帮助。

第 66 星期

他要人抱或者要出去就“m-mă，m-mä”地喊。他看见某伯伯来就举着手臂，并用右手指着他口里“ă—，ă—”地喊。

他现在说“ä-tsoh，ä-tsoh”，就是吃的意思。又说“kä-kä”，就是糕饼的意思。每天早晨醒时，他都要吃点糕饼的。这两个声音是从祖母学来的。

他看见一包花纸，就喊出“ă-ma-vā”的声音，这表示要的意思。

近来他要东西总是用下面几种声音：n，m，am，m-ma。

他现在能够模仿说“pa-pa”，模仿说“娘娘”叫“yä-yä”。

第 69 星期

1. “bō”这个声音他是指的“birds”(鸟)，他还不能讲“birds”。

2. “bā”，他是指的“ball”(球)。

3. “bao-bao”(抱抱)就是要你抱的意思。这两个字是从祖母学来的。

第 70 星期

1. 近来他一听见火车的声音,就说“hō-kōh-kōh-kōh-kōh”。

2. 他能叫“papa”和“大伯伯”。

3. 你问他:“Where is your ear?”(你的耳朵在哪里?)

“Where is mamma's ear?”(妈妈的耳朵在哪里?)

“Where is daddy's ear?”(爸爸的耳朵在哪里?)

他指出无误。不过你问他:“Where is your head?”(你的头在哪里?)他尚未确实知道答复。

4. 问他:“Where is your tongue?”(你的舌头在哪里?)他就伸出舌头来。

5. 问他:“Where is your hand?”(你的手在哪里?)他就伸出手来。

6. “nose”(鼻子)和“eye”(眼睛)两个字虽然屡次教他,他还不能辨别清楚。

7. “clock”(钟),“leg”(腿),“shoes”(鞋子),“stockings”(袜子),“dog”(狗),“toy-dog”(玩具狗),教他几遍,他就指出无误。

第 71 星期

1. 他知道“drum”(鼓),“stool”(凳子),“sit down”(坐下)。

2. “sit on stool”(坐在凳子上),“get up”(起来)的意思,他也知道了。

3. 教他“toast”(烤面包),“dog's tail”(狗尾),他也能指出无误。

4. 他晓得自己的名字了。问他:“Who is 一鸣?”(谁是一鸣?)他就能指出自己无误。

5. 他知道“lamp”(灯),“flower”(花),“up”(起),“cake”(糕)这四个字的意思。

第 72 星期

1. “bicycle”(自行车),“horse”(马),“pillow”(枕头),他晓得这三个字的意思了。

2. 他能够说出“p”的拼音,如“泼”。

3. 他能够叫“daddy”了。

4. 他晓得“cat”(猫)的意思。

5. 能够说“o”的读音,但不能说“u”同“i”。

6. 他知道“chair”(椅子)的意思了。

第 73 星期

1. 他知道“chopsticks”(筷子),“spoon”(匙),“button”(纽扣),“nose”(鼻子),

“eye”(眼睛),“mouth”(嘴巴),“foot”(足)的意思了。

2. 他知道“you read”(你读),“daddy read”(爸爸读)的意思了。

3. 他晓得“duck”(鸭子)同“chick”(小鸡)为何物了。

第 74 星期

1. 他晓得“cocoon”(茧),“newspaper”(报纸)。

2. 他晓得“napkins”(饭巾),“bread”(面包)。

第 75 星期

1. 他用“hā-hā”叫门;他把“dog”(狗)叫“gogo”。

2. 他把鸡叫“kō-kō”。

第 77 星期

1. 他把“uncle”(叔叔)叫“ŭnk”。

2. 叫他“whisper to me”(悄悄给我说),他就低头附耳做声。

3. 他知道下面各字句的意思:“rickshaw”(人力车),“rice”(米饭),“congee”(稀饭),“Do you want to go out?”(你想要出去吗?)“you sing”(你唱),“you read”(你读),“bird's nest”(鸟窠),“laugh”(笑),“cry”(哭),他把“donkey”(驴子)叫“gonkey”,把“cow”(牛)叫“cäw”,把“cat”(猫)叫“tat”,把“horse”(马)叫“hause”。

第 78 星期

1. “egg”(蛋),他叫“agg”。

2. 他知道“peach”(桃子)的意思。

3. 他常常对你说“anpoch”,就是“go out”(出去)的意思。

4. 他叫“boop”,就是“book”(书)。

1 岁 7 个月

1. 他看见东西掉下来或跌破了,就喊“a-yä”。

2. 他说“kä-kä”,就是揩眼的意思。

3. 他若拒绝你的要求或不要你,就说“mă-mă-mă-mă”。

4. 他知道“mustache”(胡子)。

5. 能够叫“哥哥”同“姊姊”了。

6. 能叫“doo-tzee”(桃子),狗,há(鞋)。

1 岁 8 个月

1. 他能叫“mamma”和“daddy”,叫得很清楚了,而且知道这两个字的意义。

2. 他依东西的声音而取名的趋势比前更加充分了,假使你问他“auto”(汽车)呢?他就说“woo-woo”;假使你问他火车怎么叫的?他就说“ō-kōh-kōh-kōh”。

第88星期

1. 他给人东西的时候,常常说“n-ngä”。

2. 9/3/22　今天他能说“book”了,不过到晚上他仍旧说“boop”。

3. 他把“clock”叫“cock”。

4. 他用“ĕ-ĕ”的声音表示叫你注意。他能说“boy”(男孩)。

第89星期

1. 他能说“bye-bye”(再见),我每次离开他到学校去,总招手对他说“bye-bye”,他也说“bye-bye”了。

他能说句子了。近来他要母亲抱他,就对母亲说“mamma bao-bao”。

他说“go”(去),就是“go out”(出去)的意思。

2. 学“good night”(晚安):自从他稍懂人事以来,每晚去睡的时候,我们总对他说“good night”。今天特地教他数十遍,他把“good”叫“gōōd”,“night”仍说不清楚。

9/12/22

3. 他看见我的人影在墙上,就用手指着说“daddy,daddy”。

4. “ā-yoh”,表示不舒服的意思。

5. 今天晚上他同我看图画的时候,他忽然叫他堂兄也来看,喊着说“哥哥”,就是“哥哥来看图画”的意思。

6. 他指着所要的东西说“me-me”,就是把这个东西给我的意思。

第90星期

1. 教他“yes”(是),“no”(不)两个字的意思。他看照相簿的时候,我特意指着我的相片问他说:“Is this daddy?”(这是爸爸吗?)我立刻就替他说“yes”;后来我指着别人的相片问他说:“Is this daddy?”我又替他说“no”,如是教了十几遍之后,他就能回答无误。

凡路上或相片上他所看见的有胡子的人,他就叫他“ol pan”,就是“old man”(老人)的意思。

2. 现在仍旧把“dog”叫“gog”,“donkey”叫“gonkey”,“cat”叫“tat”。字首“d”字和

“k”字比在字尾的难说。不过他能够说“good”同“cake”。他说“tsih-kih”，就是“这个”的意思。能够说“old”和“th”的声音，“s”的声音他不会说。“ā-woo”就是“no”的意思，这个字完全是他自己想出来的。他叫你走开，就说“tseu”（走）。

9/19/22

3. 吃饭的时候，他要菜，就敲着桌说“pā-pā”（摆摆），意思就是“拿来摆在这里”。

他把“fish”（鱼）叫“isch”。

第 91 星期

1. 他能说“eggs”（蛋）同“book”（书），说得不错。他把“old man”说成“olman”。

他把“一二三”说成“ih r pǎn”。叫他数数目，不论多少他总是“ih r pǎn”。他把“bicycle”（自行车）叫“bycocō”，把“lady”（女士）叫“eddy”。“下去”的声音他能说了。

一看见鸡，他就叫喊鸡的声音说“kō-kō-kō”。你问他狗怎样叫的，他就说“wow-wow”。问他 horse（马）怎样叫，他就说“a—， a—”。问他猫怎样叫，他说“mew, mew”。

2. 他若要你抱，他就说“抱抱”。“gihyee”就是“给伊”（绍兴土话“给他”的意思）。

3. 他能把“hello”叫“haillow”，说的时候，他也对人招招手。

4. “a-yoh-va”是表示痛的声音。

9/30/22

现在他不能说字首“s”、“l”、“r”、“f”的声。

1 岁 10 个月

1. 现在能够说两个字的句子了。如“moon cake”（月饼），“han-tse”（好者，绍兴土话）。

2. 他把“coat”叫“toat”，把“mamma's coat”叫“mamma toat”。

3. 现在他对于“yes”、“no”两个字的意义很明白，这两个字音，他也能读，惟“yes”的“s”音不能说得很清楚。

4. 他能明了“why”的意思。今天问他：“Do you like to go to see the pagoda again?”（你喜欢再去看看塔吗？）他说“no”（不）；我问他“why”（为什么）他说“p-ā”（怕）。

第 95 星期

1. “回转”这两个字，他用得很广，走路回转，翻书同筷子掉转，他都说“回转来”。并不是他不能分别掉转筷子、走路和翻书，乃是因为他只晓得“回转”两个字的缘故。

2. 他能说“hot”（热），“pä”（泡），“dirty”（脏），“paper”（纸），“dool(door)”（门）。r

的音发不准。

1 岁 11 个月

11/13/22

1. 他今天早晨吃鸡蛋的时候,再向母亲讨鸡蛋吃,他就说“more egg, mamma, more egg”(多多鸡蛋,妈妈,多多鸡蛋)。这里可以看出他所用的文法,他不用“I want more egg”(我要多多鸡蛋),他只用主要的两个字。“I want”(我要)这两个字他若不说出来,别人也知道的;假使他单说“I want”,别人就不懂了。

2. 他能说“lady go”(ready go)(这是他玩球的时候用的),同“big ants”,“daddy eat”这些字。“daddy eat”这个字意思就是“daddy please eat”(爸爸请吃),现在他能说二三个字的短句了。

3. 近来快乐的时候(如看见好看的图画),他总喊着说:“ä-yo baby 一鸣呀!”“ä-yo baby 一鸣呀!”这种天真烂漫的快乐表示,一生中不可多得。到了两三月后就没得了。

4. 今天某姨母给他一只小猫,我问他说:“Who gave you this cat?”(这只猫谁给你的?)他回答“aunty-me”,意思就是“aunty gave it to me”(姨母给我的)。“aunty-me”这两个字就很清楚,人一听就懂。

5. “Daddy olman”,意思就是说“daddy is an old man”(爸爸是个老人),“is”与“an”两个字在句子里没有多大用处,都是文字的装饰品。

6. “一鸣拿”,意思就是“一鸣拿这个东西”。

7. “一鸣 here”,意思就是“他要写在这里”(纸上)。他为何不说“一鸣写”,因为他曾经拿着笔写字,现在要写在这张纸的这边,所以他说“一鸣 here”,“here”这个字就能表示他的目的了。“写”这个字在这里是没有多大用处的。

8. “一鸣 pull(拉)”,他坐在小车子里我拉他走,后来他要自己拉,对我说“一鸣 pull”。他不说“一鸣车子”,因为车子已在这里,他不必说了。所要注重的就是“pull”这个字。

9. “一鸣 va(画)”,“daddy va”,他自己画就说“一鸣 va”,他要我画就说“daddy va”。倘使他单说“va”手指着自己,这个当然没有“一鸣 va”来得好,因为用手来代替没有说的经济。

1 岁 12 个月

1. 他说“ank you”,就是“thank you”(谢谢你)的意思。

2. “hä-me-nooă-yä”，表示他的不愿意或愤怒，比方他要某种东西，你不给他，他就要这样说了。这个字是当初他学唱歌的时候学来的，在英文就是“hale-luya”，原意本是快乐的意思，但他并不明了。

3. “一鸣 uncle down the stairs (downstairs)”，这是他的伯父抱他下楼的时候，他对我说的话。这句话就是“一鸣 and uncle are going down stairs”(一鸣和伯父正在下楼)的意思。这句句子里的“and”(和)同“are going”(正在走)比较起来是不大要紧的。

4. 他把“please”(请)叫“eathse”，虽他能单独地说出“p”音，但他不能把“p”字同别的字连说。

2 岁 1 个月

1/1/23

1. 今天教他说 26 个英文字母，他能说：A, B, C, D, E, F, G, H, I, J, K, M, N, O, P, T, U, V。

1/16/23

2. 今天他能说“fish”(鱼)，从前他说“ish”。

1/18/23

3. 他能说“the”、“dog”、“donkey”，并能说四五个字的简单句子，如：

(1) “娘娘走过。”

(2) “敲的东西呢?”他问母亲要锤子，他不能说锤子，所以用“敲的东西”来代替。

(3) “拿得来”，就是“拿来”的意思。

2 岁 2 个月

1. “Gun”(枪)意思就是“Where is my gun?”(我的枪在哪里?)“where”同“哪里”两个字他都不会说，所以他只说“gun”一个字。“fatty”这个字，他很明了，他在相片中指着胖人说“fatty”，这个字从前他母亲也指着肥胖的人告诉他说的。

2. “一鸣看看”，意思就是“让我看看”，“这本好看”，意思就是“这本书”比那本书好看。“讨厌”这两个字他能用得不错。

3. 他问“哪里”的问句问得很多，如“刀呢?”“Pencil 呢?”“剪刀呢?”等等。

“哥哥！打仗去!”意思就是“我们大家去玩打仗”。“车子不要了”这句话同成人所讲一样，同英文不同，照英文说来，应该颠倒过来，像“我不要这个车子了”这句中文比英文来得好，很可以表示个人的意思，语气也比较庄严，没有英文的文弱。现在他能用“了”字的口气,而且用得不错。“了”字,就是完成的意思,就如上面他决定不要这个车子的意思。

4. “here water”(这儿水),他拿了一杯水对我说的话,意思就是“here is a cup of water”(这儿有一杯水)。

5. “open it”(打开),无论什么东西,他要开开来,都叫“open it”,比方叫人替他拉抽屉,他也说“open it”。“还有”如“还有 pencil 呢?”

6. “mamma’s, daddy’s”,母亲的东西,他说“mamma’s”,父亲的他说“daddy’s”。

7. 这个“sō séé hă?”(这个什么呀? 绍兴话)他现在能够问什么的问句了。

8. “一鸣一个”他几个堂兄正讲谈纸球和炮竹,他听见了也要一个,说“一鸣一个”。这句句子里的动词和东西的名字都没有了。

9. “骗我”,他问我杯子在哪里,我告诉他说:“It is in the toilet room.”(在洗脸间)他以为是“bedroom(寝室)”,就跑到寝室去寻,寻不着走出来对我说:“骗我。”

2 岁 3 个月

1. “r”的声音完全发生了。他说“老头儿”,说得很清楚很正确。

2. “讨厌东西。”他说得很好,并且用得很妥当。

3. “一鸣吃”,“一鸣扛”,“一鸣拿”,“一鸣做”。这里可以看出他是“主人翁”了,事事以他为中心。

4. 问“谁”的问句了,“sā-nĭn”这个字(绍兴话)就是他问人的意思。

5. “我格”(的)。

6. “一鸣看看”,意思就是“让我看看”。

7. “kĕ ko book”,意思就是“这个 book(书)”,他常把中西字合说的。

8. 他对他的哥哥说:“哥哥鞋子脱脱。”就是“哥哥! 把我的鞋子脱脱”的意思。

9. 他要他母亲抱他走走,就对她说:“抱抱走走。”这种字句虽然很简明达意,但大概是从他母亲学来的。

10. “m”就是“是的”或“oh, yes”的意思。今天他问他母亲,他玩的船在哪里,他母亲就拿出来给他看,他一看见就说“m”!

11. “关起来好。”他堂兄与他玩耍,用桌椅当房屋,他要把自己关在房子里面,他堂兄不关,说:“关起来不好。”他立刻回答说:“关起来好。”

这时候(2 岁 3 个月)他能说出的字语约有以下几十种:

1. “走开。”叫他堂兄走开，并同时用手推他。

2. “坐坐。”

3. “变把戏。”

4. “面包。”

5. “Big. ”他看见许多水，就说“big”。

6. “饭饭来者”，意思就是“饭来了”。

7. “Girls，hands。”

8. “kĕh-kĕh”，就是“这个”二字。

9. “关起来。”

10. “还有。”

11. “外国人。”

12. “吃饭者。”

13. “一鸣。”

14. “哥哥呢?”就是“哥哥在哪里?”的意思。

15. “看过者。”

16. “可怜啊!”

17. “兵。”

18. “人。”

19. “打仗。”

20. “放枪。”

21. “死者。”

22. “一滴滴。”(说时，他用右手小指举起来给你看)

23. “大的。”就是他表示大船的意思(说时他举手扛开来给你看)。

24. 他能连续唱“雪球，雪球，我们大家都来玩。软球，圆球，哪个掷得快”。

25. “歪的。”他把他的歪手指给我看，说“歪的”。

26. “下去。”

27. “不要。”

28. “里面去。”

29. “拿出来。”

30. “难过。”这两个字他能用得很当。

31. “不皮的。”

32. 能够从“一”数到“十”。

33. “坏者。”东西破了,他也说“坏者”。

34. “m-mě 头格。”(没有头的)这是他看见一支断头铅笔对我说的话。

35. “硬的。”

36. “炮的。”(烫的)

37. “冷的。”

2 岁 4 个月

1. “翻转来。”这是他要翻书页时候说的话。从来他总说“回转”,这可见得他的言语进步了。

2. “爬起来。”他叫他母亲把书竖起来,他说“爬起来”。

3. “哥哥剥阿呜吃。”他堂兄剥西瓜子给他吃,所以他说:“哥哥剥阿呜吃。”

4. “会响的。”“空的。”他指着木鱼对我说“会响的”。后来看见木鱼是空的,他就对我说“空的”。

5. “水里去者。”他看见鱼进水里去了。

6. “欢喜这个。”他祖母问他欢喜哪一张图,他指着一张说:“欢喜这个。”

“是猫。”他看见一只狮子图告诉母亲说“猫”。他母亲回答他说“狗”,他就说“是猫”。

7. “Go this way. ”(这儿走)“Pagoda(塔)去。”就是到 pagoda 处去看看。“Daddy play. ” “That's good. ”

2 岁 5 个月

8 小时内所说的话:

5/10/23　今晨他 6 点 40 分醒来,下午 3 点 15 睡觉,在这 8 小时内他所说的话,我都详细地记下来,现在写在下面以资参考。

(一) 上午 6 点 40 分醒来,就在床上玩耍(今天天气非常畅快)

1. “饼干! 饼干!”他要饼干吃。

2. “Julia! Julia!”拿了饼干后就叫他的妹妹。

3. “妹妹。”再叫她。

4. “外头。”这是他回答他母亲问他“Where were mamma and daddy last night?”(妈妈和爸爸昨晚在哪儿?)的话。

5. “Daddy!”这是他回答我对他说“You have not call daddy yet.”(你还没叫叫爸爸。)的话。

6. “All right!”(很好)这是他答复我问他“How are you?”(你好吗?)的话。

7. “Ink.”(墨水)他手上有墨点,我问他:“What is it?”(这是什么?)他回答说“ink”。

8. “Daddy!”

9. “还有饼干!”他还要饼干吃。

10. “Daddy, some more!”(爸爸还要点。)

11. “Mamma!”他看见母亲进来,就叫她。

12. “hā”,母亲对他说“起来了”,他回答说“hā”。意思就是“是的”。

13. “抓抓!”他身上有痒,叫母亲抓抓。

14. “把戏哎! 把戏哎! 把戏哎!”

15. “翻筋头! 翻筋头! 翻筋头! 翻筋头! 翻筋头! 翻筋头! 翻筋头!”

16. “一鸣。”这是他答复母亲问他“谁撒的尿”的话。

17. “被服。”

18. “困者。”意思就是“睡觉了”。

19. “痛哎!”他母亲给他穿鞋子,他觉得有点痛,所以如此喊的。

20. “吃茶去!”他要去吃茶。

21. “被头(服)湿者!”他母亲倒了一杯茶给他吃,不过吃得不当心,茶滴在被服上。

22. “变把戏了。”茶吃后他要变戏法了。

23. “Monkey”(猴子),他攀上床档说自己是“monkey”。

24. “Lady”(女士),他看见床对面挂着一张“梅兰芳”的图。

25. “Hollow lady! (喂,女士)Hollow lady! Hollow lady! Hollow lady!”他就请她安。

26. “Lady! Lady! Lady! Lady! Lady!”再指着图说。

27. “慢慢叫。”(“叫”字是语尾口气),意思就是不要忙,慢慢儿。

28. “哎。”

29. “Uncle(叔叔),梅兰芳! 梅兰芳!”这是他指着图对某伯说的。

30. “这个啥人格?”(这个谁的?)这是他指着一条手帕向人说的。

31. “寻 mamma!”

32. “骑马。”他骑在某伯身上。

33. “汽车来者。”

34. “a, b, r, c, e.”看见墙上校旗的英文字。

35. “Roster.”某伯把校旗英文名“worcester”读给他听,他就说“roster”。

36. “骑马! 骑马! 骑马! 骑马! 骑马!”此时他正骑在某伯身上。

37. “眼睛闭牢。”叫某伯闭起眼睛来。

38. “困者。”他就睡倒了。

39. “痛哎! 痛的!”某伯打他的屁股,他说“痛的”。

40. “屁股。”

41. “玻璃打着者。”

42. “妹妹洗澡。”

43. “Cup 拿得来!”此时最欢喜一只洗眼的小杯子,差不多终日不离手的。

(二) 此时他父母给他洗早澡了

44. “炮。”他看见热水说的。

45. “一头。”就是“这里”。

46. “Dirty!”(脏)

47. “Daddy!”

48. “Good!”(好)他母亲问他说:“Do you feel good?”(你感到好吗?)他说“好!”

49. “慢慢地,慢慢地,慢慢地,慢慢地。”

50. “痛格(的),痛格,痛格,痛格。”给他洗耳时喊叫的。

51. “奶奶!”摩抚他自己的乳头。

52. “脚膀下去了。”他在浴盆里要掉下时说的。

53. “慢慢地。”叫母亲轻轻地洗他。

54. “炮的。”母亲叫他坐下来，他说“炮的”。

55. “跌跤！”

56. “这个好。”

57. “Mamma 洗！ Mamma 洗！”

58. “慢慢地，慢慢地，慢慢地。”

59. “Mamma 抱！”他要母亲抱。

60. “毯子裹裹！ 毯子裹裹！ 毯子裹裹。”

61. “这个不要。”

62. “外头去！ Mamma！ Mamma 外头去！ 外头去！”他要到外边去。

63. “打球去！ 打球去！ 打球去。”

64. “这个不要，这个不要，这个不要。”到此时，澡已洗好，衣服已穿好了。

（三）在寝室内随意玩

65. “Warm！”（暖和）

66. “慢慢地，慢慢地，慢慢地。”

67. “蝴蝶？”他指着面上有蝴蝶的盒子问的。

68. “Two.”“蝴蝶？ 蝴蝶？ 蝴蝶？”

69. “痛格。”

70. “哎！”回答某伯叫他的口气。

71. “龌龊！”“lo-tso（垃圾）。”他看见被上许多水粉说的。

72. “好者！”把粉用手拂掉后说的。

73. “痛格。”

74. “kä 许多！”（这样多！）他看见日光中的灰尘而说的。

75. “tsǎ-ā tsǎ-ā，tsǎ-ā，tsǎ-ā，tsǎ-ā。”赶马的口气。

76. “ě！”他的手帕掉下了，叫人拾起来。

77. “外头去者！ 外头去者！ 外头去者！ 外头去者！”这是他对母亲说的。

78. “妹妹！ 妹妹！ 妹妹！ 妹妹！”他叫他的妹子。

79. “拿手来！”叫他妹子手拿过来。

80. “买糖吃！”对他妹子说买糖给你吃。

81. “一,二,三,六,七,八,九,五,六,七,八,九,十,一,二,三。”这是他数他妹子的手指说的。

82. “抱抱!”他要我抱他出去。

83. “困哧嗄!”“等哧嗄!”叫他妹子睡着,等着。

(四) 到客厅去玩

84. “一,二,三,四,五,六,十三,十四,十八。”

85. “坐汽车。”坐在椅子上。

86. “汽车来者! 汽车来者! 汽车来者!”坐在椅子上喊着说的话。

87. “啊嗳,痛哎!”他母亲给他梳发,他觉得有点痛,所以他这样喊的。

88. “不要了。”叫他母亲不要梳了。

89. “汽车来者!”

90. “还要这个,还要这个,还要这个。”看见许多玩物,给他一个,他还要一个。

91. “逃!”

92. “讨厌!”他母亲还要给他梳发,他就觉得讨厌。

93. “铜锤!”“鸭!”看见一个木头锤,一只玩鸭。

94. “鸭跌落者。”玩鸭掉下了。

95. “Daddy 看!”他把两个玩物放在椅上叫我看。

96. “hă!”

97. “讨厌!”看见玩物掉在地板上了。

98. “骑马! 马来者!”坐了三轮小车。

99. “摆进者。”他把一只小杯放在别的东西里边。

100. “拿得来!”

101. “马来者!”

102. “Moon cake.”(月饼)看见我头上的黑痣说。

103. “a, b, c, d, e, f, g.”

104. “这个什么?”(他说 sō-chē)指着他自己所画的东西问我说的。

105. “nun-nun 者!”告诉母亲他要大便了。

(五) 在洗脸室大解

106. “这个拿牢。”“Mamma 拿牢。”“Overall.”(他穿的衣服)“尿来者，撒尿者。”

107. “铜锤，这个铜锤。”

108. “一，二，三，四，五，六，七，八，九，十，二，三，四，五。”

109. “这个什么?”没有。

110. “好者！好者!”大便解好了。

111. “大大！Big big!”看见大便说的。

112. “阿呜拾起来！拿牢嘎！na!”

113. “拾起来!”“Mamma 拾的!”(别人要去拾起他所掉落的东西，他要母亲拾)

114. “Book！Book！Book 拿得来!”他要书看。

115. “Aunty 给我，还有还有。”

116. “ka-sü-tō 房子。”就是说“这样多的房子”。

117. “Mamma 这个什么?”

118. “火车，火车来者，两个火车，这里也是火车。”

119. “有水，还有还有，回转，还有还有。”

120. “什么？这个什么?”

121. “Pocket(口袋)呢?”

122. “This good!”(这个好)“Too big.”(太大)，他玩物可以在衣袋里放进去。

123. “藏这里。”

124. “一二一，一二一，一二一。”在客厅内自行开步。

125. “Brownie 来者，Brownie，Brownie。”

126. “Come in!”叫 Brownie(小狗名)进来。

(六) 早餐

127. “Eat！吃啊!”看麦糊就向母亲要。

128. “炮!”麦糊太烫。

129. “一点点。”还要放一点糖在麦糊里。

130. “流一流!”因为麦糊太热所以要用匙调一调。

131. “Brownie eat!”叫狗也吃。

132. “还有牛奶！还有牛奶！还有牛奶!”“Oatmeal！Oatmea！Here!”他还要牛

奶放在麦糊里。

133. “面包！面包!”他要面包吃。

134. “Bread.”看见了面包就说“bread”。

135. “ărk you.”我给了他一块面包,他说谢谢。

136. “不要吃了。”

137. “Mamma dirty!”看见他的桌子,掉了许多麦糊和碎面包等。

138. “牛奶罗!”把牛奶提给母亲。

139. “No!”回答母亲问他说“Do you want some more oatmeal?”(你还要点麦糊吗?)

140. “kä k$\overline{\text{ee}}$。”看见一本日本书说的。

141. “Daddy read!”叫我读日本书。

142. “吃饭者!”

143. “hā-hō！hā-hō!”他肩了一本图画书喊着到客厅去。

144. “撒尿者！撒尿者！撒尿者!”

145. “这个什么?”指着一碗菜。

146. “菜!”

147. “Daddy 拿!”叫我把他的书拿牢。

148. “回转。”叫把书掉转头来。

149. “瓶!”

(七) 在客房内与小弟玩耍

150. “Daddy!”叫我把他扶上椅子。

151. “外头去!”他要到外边去。

152. “奶奶噢！好吃的!”

153. “爬起来！爬上起者!”爬进他妹妹的床里。

154. “小弟！小弟！小弟！小弟!”叫小弟(伴侣)来玩。

155. “推车子！回转!”

156. “宝宝！困!”“困咗嗄!”抱他洋囡囡放在床里。

157. “头 m 没。”他洋囡囡的头被盖住了。

158. “宝宝困困！宝宝困困！宝宝困困！宝宝困困！”同时他用手拍拍它。

159. “Baby 困！Baby，baby，baby！抱抱困呀！”叫他妹妹困困。

160. “抱抱困！”

161. “小哥！”叫小弟来玩。

162. “Baby！Baby！Julia baby！”

163. “回转！Two babies！两个 baby！”

164. “一头来者！还有一头！”“又来者！”

165. “困去！”“这个 baby 好。”(指着他妹妹)

166. “一呜！”他要把妹妹睡床从客房拖到寝室里去，我说“let me pull”(让我拉)，他说“一呜”。

167. “这个好。”

(八) 与小弟(他的伴侣)玩弄玩物

168. “小弟 ngǒ。”他把妹妹床拖进寝室内后，就与小弟玩弄他的玩物；他把抽屉内的一件一件的玩物拿出来给小弟看，他拿了一件玩物叫小弟拿，“ngǒ”是叫小弟拿的口气。

169. “Ball！球！Baby！Cow ngǒ！Cow 来者！Cow 来者！不倒翁！”

170. “吊死者！”一个小洋囡囡有一根线在颈上吊着，他就把线绕起来，喊着说：“吊死者！”

171. “压死者！”这是他坐在别个洋囡囡上说的。

172. “骑马！骑 cow！牛！鱼！小弟！鱼！Cup(杯子)呢？Cup 呢？(寻找此时他所最爱的玩物)小弟寻 cup！啊嗄！”我问他说：“Is it in your pocket?”(它是不是在你口袋里?)他说：“No！”“哪里去者？来带者！Cup(杯子)来带者！”他找到了。

(九) 玩弄缸内的活红金鱼——玩后他跑到客房内去看鱼

173. “鱼！鱼 ngǒ！”这是他指点玩鱼，不是活鱼。

174. “爬上去！”他要爬上椅子去看鱼。

175. “这里！小弟！来者！”意思就是小弟，我来了。

176. “鱼 ngǒ！Big fish(大鱼)！”这是他指点活的鱼。

177. “浮浮看！”(“浮”字他用绍兴音“teon”来替代的)他要把小玩鱼在水上浮

浮看。

178. “痛格!”“小弟抱去!”“小弟抱!”“看鱼去!”

179. “Mamma!”“坐坐!”“花!”“这个什么?”“花!”“一头(这里)也有金鱼。”

180. “没吃! 吃!”叫鱼吃面包。

181. “冷极!”他手指浸入水内说水是冷的。

182. “这个鱼大格。”“红格! 白格!”

183. “马。”他把“玩马”浮在水上。“会走者!”玩马在水上浮动。

184. “翻转! 翻转者!”看见玩马在上面侧倒了。

185. “藏哧!”(把玩物藏起来)“袋!”。

186. “这个好!”(指着一条鱼)“大鱼。”

187. “浇花来!”“揩去!”(把杯子揩干)

188. “爬起来!”叫金鱼从水底里浮起来。

189. “逃去者!”“一二三,一二三。”“没!”“咬!”(要去咬在水面上浮的玩鱼)

190. “鱼,水吃吃!”叫鱼吃水。

191. “吃面包者!”(看鱼吃面包)“吃吃嘎。”(叫鱼吃面包)

192. “破坏者!”转头看见水缸旁边的花瓶内一张破叶子。

193. “这个花!”就是浇这瓶花的意思。

194. “还有一头。”(这里)“一鸣看看!”“燥死者。”(看见鱼缸旁边的一个养蝌蚪的杯子内没有水)

195. “This frog 田鸡! 一鸣嘎!”

196. “Baby 呢?”(问他洋囡囡在哪里?)

197. “里向。”这是他回答小弟问他的话。

198. “来带者!”(意思就是在这里)“还有一个?”(意思就是还有一个洋囡囡?)

199. “撒尿者。”(把洋囡囡手腿拉开)

200. “麻鸟 ngǒ。”指着洋囡囡的下部。

201. “撒尿者! 撒尿者! 撒尿者! 撒尿者! 撒尿者!”

202. “Mamma,一头(这里)来!”

203. “还有一个?”(他问门球在哪里?)

204. “Daddy,一头!”他找着掉下的门球。

205. “小弟！小弟！小弟！小弟！小弟！小弟！小弟！小弟！小弟！”此时小弟已在楼下，他叫小弟来同他玩。

206. “看小弟去！”“下底去！”“看小弟去者。”“下底去，看小弟。”

（十）在草地及门外游玩

207. “红格，白格。”看见一条红白色的测量木杆，“一、二、三。”他就数红白色的木杆。

208. “花开者！”“一档。”（下石阶来说的）

209. “一，二，十一，十二。”

210. “煤。”（叫煤灰）

211. “Bat，monkey.”看见狗（bat）跳来跳去，所以叫它“monkey”（猴子）。

212. “Bat！Bat！Bat！Bat！”叫狗，Bat来了，他对它说“hollow，Bat”。

213. “This old man，this is old man.”

214. “Donkey.”看见驴子在门口经过。

215. “坐坐，坐坐，坐坐！”把洋囡囡放在地上，他自己坐在洋囡囡上边。

216. “Brownie，hollow Brownie，baby，Brownie hollow Brownie，Brownie，hollow Brownie.”（Brownie是另一只狗的名字）

217. “桑梗。”“棒头。”“这个什么？”“下去。”“水。”“慢慢地！”

218. “一鸣有！”看见别个儿童有箫，就说他也有的。

219. “花！”他采给我一朵花，同时口说“花”。

220. “雪球雪球，我们大家都来玩！”这是他常唱的歌。

221. “这个花。”“这个一鸣格。”

222. “这个呢？”他问一块小石子是什么东西，其实他明知这是石子，问问我取笑而已。

223. “火车来者！”听见火车汽笛声。

224. “这个sō人？”（sō就是“什么”的意思）他看见一个童子军问我他是谁。

225. “火车来者！嗄！”这时候看见火车来了。

226. “花ngǒ。”采了一朵花递给他母亲。

227. “Soldier！”听见吹号声。

228. “晒晒去!”采了一根冬青枝并把它晒在日光下面。

229. “Bat! Bat! Hollow, bat!”“Bat go!”“Bat go!”

230. “坐坐。”

231. “楼上去者,楼上去者。”“娘娘! 娘娘来者!”

232. “Baby here.”看见一个洋囡囡在窗槛上。

(十一) 再在客房内玩,此时已10点钟了,先吃点心

233. “摆一头(那里)去。”“摆摆!”(叫母亲摆东西放在这里)

234. “茶! 茶! Mamma茶! 茶! 茶!”要茶吃。

235. “一呜! 一呜! 一呜拿!”母亲拿了一杯茶给他吃,他要自己拿了吃。

236. “爬上来者,爬上来者,爬上来者。”“刷牙齿者。”看见他的牙刷,拿来,浸在杯水内。

237. “摆摆!”“拿去!”(意思就是“去拿去”)

238. 他祖母给他几块饼干,他不表谢意,我就对他说:“How would you say?”(你要说什么?)他立刻领会我的意思就跑到祖母跟前说“谢谢”。

239. “跌跤者!”此时某伯进来与他玩耍,他几乎跌跤。

240. “一呜格。”“m-没者。”“m-没者。”意思就是没有饼干了。

241. “娘娘? 娘娘呢?”他寻娘娘还要饼干。

242. “Good?”问他“Which is good?”(哪个好?)他回答说:“This good.”(“这个好。”他手指着饼干)

243. “m-没者! m-没者! Gone! Uncle, m-没者!”(说饼干没有了)“一头有。”(这里有。)

244. “羊爬上去者!”望出去看见对面小山上有一只羊。

245. “Daddy! Daddy! Daddy!”他要到露台上去玩,就往外去。

246. “Daddy来!”“Daddy来!”叫我也去。

247. “这个干净,这个dirty。”“Brownie come.”“Cherry come.”(樱桃来)“Funny!(好玩)Funny!”看见两粒并生的樱桃,就以为奇,所以说“funny”。

248. “This way.”(“到这里来”的意思)“Daddy, daddy, this.”“一,二,三,四,五,六,七,八,十,十一,十二,十三,十四,十五,十九。”(数樱桃)“Little one.”(看见一粒

较小的樱桃)“红格红格,白格白格,红格白格,白格红格。”(指着樱桃说的)

249. “糖。”

(十二) 在楼下邻居客房内坐着看图画

250. “老虎。”“冬冬罢!”“冬冬罢!”(模仿打锣鼓的声音)“Daddy 看!”

251. “Some more! Some more! Some more, candy!”(他向我讨糖吃)

252. “No!”“Aunty.”某伯母进来了。

253. “Here, this candy, aunty!”

254. “Candy.”他母亲进来看见吃东西,问他说:“What are you eating?”(你在吃什么?)他回答说“candy”。

255. “Aunty some more!”向某伯母讨糖吃。

256. “No more, thank you.”(他又得了一颗糖)

257. “ăn shïh 会。”就是同某姨母说“再会”。

258. “Up down, up down.”(上下上下)

259. “蛇 bone。”他此时又看图画书,看见一张蛇骨骼图,他说“蛇 bone”。

260. “船 ngo! Boat!” “Daddy! Daddy! Boat!” “Uncle.”“没有。”“Monkey!”“立牢!”“摆牢!”“还转!”“Monkey! Monkey!”“This monkey.”“Hollow monkey!”

261. “No! No!”某姨母说:“一鸣 is monkey。”(是猴子)他回答说:“不是,不是。”

262. “Aunty monkey.”(姨母猴子)“This monkey.”

263. “Bad boy.”(坏孩子)“坐坐。”“上头坐。”

264. “Cry.”(哭。)回答我问他说“last night what did you do”(昨晚你做什么)。

265. “敲破者!”

266. “Broken, too bad.”(敲破了,真糟。)

267. “Monkey 呢?”“不是 monkey。”(意思是“不是这个 monkey”)“Brown monkey.”(棕色猴子。)“ka.”

268. “那 n 那 n 哝!”看见一张娶亲图,所说的是代表娶亲时所有鼓乐声。

269. “雪球,雪球,我们大家都来玩;圆球,软球,哪个掷得快。”这是他所常唱的歌儿。

270. “Some more!” “Some more!” “Some more!”他还要歌舞。

271. “汽车来者!”

272. “do me fa so.”

273. “哥哥坐坐,一鸣坐坐,daddy 也坐坐。”

274. “Daddy! Daddy! 骑马嘎!”

275. “什么?”(他说绍兴音“sō shih”)“老虎来者! 逃! 逃!”

276. “龌龊! 龌龊! 龌龊!”

277. “一头(这里)干净。”意思就是这张椅子干净。

278. “立上去者。”立在椅子上去。

279. “One, two, three, go!”(一,二,三,跑!)跳到别的一只椅子上。

280. “kä-tsě.”身上有痒。

281. “don.”他听见他脚从椅子上走下来所发生的声音,就说“don”。

282. “Daddy 抱抱! Daddy 抱抱! Daddy 抱抱!”

283. “一鸣要!”“Cup(杯子),cup 呢?”“要格,要格。”

(十三) 再下楼到园内游玩

284. “外头去!”

285. “南瓜。”看见在地上种的南瓜秧。

286. “瓶 ngǒ!”“哥哥来。”看见他哥哥从外边来。

287. “旗 ngǒ! 旗 ngǒ! 旗旗 ngǒ!”拿了一张小纸旗叫人看。

288. “dön-dön-bä, dön-dön-dä, dön-dön-bä!”负了旗口里喊着敲鼓的声音,回家来了。

289. “Flag! Flag!”

290. “讨厌!”叫他上楼去吃午餐,他不愿意,就说“讨厌”。

291. “一二一,一二一,一二一。”走步时说的。

292. “哥哥!”“dön-dön!” “Uncle 去嘎?”

(十四) 吃午餐,此时已 12 点钟

293. “Flag 呢? Flag 呢?”问他的旗在哪里。

294. “Flag 来带!”看见了旗子就说在此。

295. “一鸣看!”“这个什么?”(指着笋问我,其实他知道的)

296. “尾巴 ngǒ。”指吃的鱼尾。

297. “Hollow fish!”

298. “撬起来。”说笋是从地下掘起来的。

299. “Fish bone（鱼骨头）！Fish bone！Fish bone！”

300. “Back bone（脊骨），back bone，back bone.”

301. “撒尿者！撒尿者！”

302. “Flag(旗)呢？Flag 呢？”

303. “Poon！Poon！”(就是 spoon，匙)

304. “不是。”“冷格。”“骨头。”“Bone.”“Ka 许多 bone ngǒ！”(就是“这许多骨头！”的意思)。

(十五) 此时饭吃好了

305. “抱。”“眼睛。”“两个。”(樱桃)

306. “一头摆东。”“Two.”(两个樱桃)

307. “这个烂者。”(这个樱桃烂了)

308. “两个。”“Dirty.”“Seed.”(樱桃核)

309. “这个烂者嘎？”“好玩！”

310. “Two，three，four，seven，Ka 许多；一，二，三，四，五，六，七，八，九，十，十一。”(数樱桃)

311. “拜拜，恭喜恭喜，恭喜恭喜你。”

312. “慢慢地，摆东一头(摆东这里)，慢慢地，好者，好者。”

313. “干净者！”他的手洗干净了。

314. “No！”“好玩。”

315. “Here big one，here big one。”(这里大的，指樱桃)

316. “一二三，many。”(许多，指樱桃核)

317. “下底去者！下底去者！下底去者！”

318. “Daddy 的，mamma 的。”

319. “外头去！”

(十六) 到外边去种樱桃

320.“小弟!”叫小弟来同他玩。“Daddy 的。”

321.“板要的,虫 ngǒ,这个什么?”(看见黄蜂)

322.“m-没者!”(说黄蜂飞去了)

323.“哪里去者?”“掉落者。”(指樱桃)“不是。”“有带呢。”(这里还有)“掉落者!”

324.“种种!”(种樱桃核)“种种!”

325.“小弟种者。”看见小弟种了。

326.“这个烂者。”“一呜看!”“一些些。”(说一些些水)“侬吃。”“还有。”“一头好者。”

(十七) 玩水

327.“还有,还有。”“杯子。”“一滴滴。”“一头有。”“ha ha! hā-hō.”

328.“Open it! 开开!”(开门)

329.“一头 m-没。”“水!”“一呜有的。”

330.“Fish ngǒ.”看见水桶里一条活鱼。

331.“Two fish.”另看见一个玩鱼。

332.“讨厌!”“讨厌!”

333.“揩揩!”他哭了,叫人把他眼泪揩揩。

334.“鼻涕!”意思还有鼻涕。

335.“Big cup.”(大杯子)指面盆。

336.“Fish,老鼠来者!”“m-没老鼠。”“一呜要格,这个一呜格。”“关牢!”“Mamma格,慢慢。”

337.“Frog,烧火炉格,wä-yee!”(“不要”二字)

338.“棒头要格。”“wä-yēē 困。”(不要睡)

(十八) 看图画

339.“Horse(马)打仗,这个什么? 马打仗,马 ngǒ! 马 ngǒ!”

340.“Two horse(二只马),four horse(四只马).”“mamma 有,奶奶。”“Mamma? Mamma?”“Here horse(这里马)! Big horse(大马),small horse(小马),big one,马,马。”

341. “船 ngŏ。”mamma 说:“Boat.”(船)他就也说“boat”。

(十九) 画图画

342. “Funny cat.”(滑稽猫)“mamma 画。”“画 baby。”“还有 cat。”“Yellow cat.”(黄猫)“耳朵忘记者。”(猫的耳没有画)

343. “画 daddy。”“这个 daddy。”“画 daddy。”“画 daddy。”“Two daddy.”“Daddy ngŏ.”“脚,画 daddy 脚。”“画 auto,画哥哥。”

344. “耳朵画掉者。”mamma 画汽车时,一个不留意把一只马的耳朵画掉了,所以他就喊起来说“耳朵画掉者”。

345. “这个 auto(汽车)。”“还有 auto。”“Other auto.”(另一辆汽车)

346. “Crayon.”(蜡笔)“一头头 m-没者。”“一头有,一头有格。”“Tree, house, knee,(膝盖)脚膀。”“Other auto.”“坐坐,好者。”

347. “买去。”(就是去买的意思)

348. “船 ngo。”“人,人,two heads old man(两个头的老人),two old man(两个老人)。”这是他看见图画说的。

346. “新秧,新秧。”看见青草图,他说“新秧”;后来他母亲说“不是新秧”,他说“是新秧”。

350. “Orange crayon.”(橘色蜡笔)“x, y, z, a, b, c.”“Magpie.”“八哥。”(鸟名)

361. “Daddy,困者!”(他要睡了)“Daddy 困者嘎?”“Daddy 困者!”“Many, many koh-tung.”

(二十) 到寝室去画图画,睡午觉了

352. “妹妹掉觉者。”他进去看见妹妹醒了。

353. “Crayon.”“No.”“来带者。”(在这里)“来,来!”(要把粉笔给他)

354. “困!”“眼睛闭牢!”叫我眼睛闭牢。

355. “Get in.”“爬上去!”

356. “会讲者!”听见他妹妹做声,所以说她会讲话了。

357. “走上来! 来!”“逃,逃,逃!”“逃,逃,逃!”“逃,逃,逃!”

358. “发痴。”

359. “阿中华,阿中华。”(唱中华歌)“一头,一头。”“一,二,三。”“等带,等带(等一等)一头去。”“一，二，三。”“还有。”“阿妹来!”“一头好!”“一，二，三。”“来来。”“紫金山。”“一，二，三。”“一，二，三。”“Oh，oh，马车来者!”“一头来的。”意思就是从这里来的，“Oh，oh，死者!”“会响的。”“阿鸣写。”“Two.”“画 cup。”“画杯子。”“两杯子。”“这个杯子。”“画这个。”“三个。”“画 monkey。”“Big monkey.”“好!”“这个一样的。”“还有手。”“a，b，c，f，g.”“嗳。”“Fish bone.” “Monkey.” “Mamma 脚。”“画蝴蝶。”“这个蝴蝶。”“会飞的。”“飞飞!”“外头去。”“外头飞。”“会飞的。”“爽快来!”“会飞的。”“会飞的。”“马车来者!”“阿中华，阿中华，阿中华，阿中华。”“woo-woo.”“啱。”“啱—啱。”“啱。”(骑了三轮车时说的)

360. “爬上去。”(爬上床里去)“阿中华，阿中华，阿中华，阿中华。”

361. “一鸣爬上去。”

362. “抓抓!”(身上有痒叫人抓抓)

363. “爬起来。”“一根棒头。”“鼻子。”“脚蹄。”“娘娘。”“粘牢。”“一鸣弄弄看。”“一鸣 m-没。”“毯子裹裹!”“红的毯子。”“抱得去。”“不去!”“去!”“买豆去! 去! 去!”“Go! Go!”此时已经是下午 3 时了，不久就睡中觉了，我记载他的言语也就告终了。

这个小孩子在 8 小时共说了 922 句句子，其中共有 27 句问句，共合 2 368 个字，每个句子平均计有 2.6 个字。

总结：

1. 儿童初次说话，大概要说错的，如“book”说“boop”，“egg”叫“agg”，“oldman”说“olpan”。

2. 虽然他当初说得不对，不过你不要因为他说得不对就不去矫正他。常常有许多父母因为小孩子说错的话，说得很好玩，就以说错的话做取乐的材料。如一鸣说“old man”叫“olpan”，他某伯以为“olpan”，听起来似乎比较“old man”好玩些，就教他说“olpan”。

3. 所说错的声音很容易矫正。儿童当初学话的时候，屡次要说错。做父母的应当立刻矫正他的错误。如我的小孩起初说“book”叫“boop”，我总是同他说“book”。对于“old man”这个字，当初他只能说“olpan”，到后来他说惯了，虽然能说“old man”，他还是说“olpan”。这是习惯的缘故。儿童说话虽然有了发音的能力，第一次所说的音，大概总不很对，所以你应立刻就矫正他的。矫正了三四遍，他就能说对了。

4. 从我的小孩的学话结果看起来，小的时候中国话比英国话容易说。原因是：英文多“s”同“th”的声音，“s”这个音我的小孩到了 2 岁 4 个月还说不清楚。至于字用“s”做首音的，他简直不能说；比方他叫“stone”说“tone”，叫“spoon”说“pone”，“stick”叫“tick”，虽然我屡次矫正他，他总是说不出来。有时我叫他先说“s”的声音后再说“stone”，他勉强说出“thstone”。“th”这个声音，在字的尾还容易说，在字首就很难，他说“thank”叫“ank”。英文中有“th”同“s”声音的字很多，所以小孩子就不容易说得对。英文字母大多数是复音的多，而中国字则是单音的(广东例外)，譬如“桌子”，中国只是两个字可以分开来读，就是拼成一个字也不过两个音。英文“table”是有“ta-b-l”三个音了。简单声音的英文字如“cow, moon, boy, man, ink, look, dog”，那就很容易了，但在英文中像这种单音字是不多的。

5. 以身作则。

(1) 假使你要你的小孩讲话讲得很清楚而且很有礼貌，那你自己对他说话的时候也要说得清楚，也要有礼貌；比方我的小孩听见别人对他说“走！”“走！”以后他要人走开，也用命令式的语气了。

(2) 假使你要你的小孩讲话讲得很清楚而且很有礼貌，那你在他的面前对别人说话的时候，你应当说得清楚和对别人有礼貌。比方说你的朋友递给你一件东西，你就要很客气地说：“谢谢。”对于佣人，你也应当客客气气的，因为你怎样待佣人，他也就要怎样待佣人的。

6. 他骂人也常常用他所能说的话来骂的，如“halleluya”(英文原意本是快乐的意思)。

7. 叫父亲“爸爸”，叫母亲“妈妈”：这都是习惯的关系，并非小孩子生来就知道这样叫的。

8. 三四个月小孩子就要咿咿呀呀做声，好像要说话的样子。

9. 到了五六个月的时候小孩子就能独自“说话”，独自“歌唱”，并且也最喜欢与人咿唔“讲说”。

10. 一鸣有许多声音和字语常常发生了不久，就抛弃不用了。如“boo-boo”，“ă-hă, ă-hă”，“ä-yoh, baby 一鸣啊！”

11. “Mamma”是从需要时所喊叫的“m-ma”声音变来的。比方小孩子当初饥饿时喊叫“m-mä”，母亲来了，于是后来便叫母亲为“m-ma”，再由“m-ma”变到 mamma。

12. 英文“t”“th”和“s”声音，小孩子很难说。

13. 在字前部的“k”声似比“t”来得难说。一鸣说“cat”叫“tat”。

14. 他1岁多点的时候，很喜欢模仿各种声音。一听见鸡叫，他就要做鸡叫，虽然他所叫的声音不很正确，但有几分像鸡叫的样子。

15. 2岁以后，他的言语发展得非常之快。

16. 他常以物所发之声名物，如以“koko”名鸡，“mewmew”名猫。

17. 2岁以前，他所说的话大概限于一字。如他要书，他说“book”；如他要出去，他说“go”。

18. 快2岁时，能说两三字的句子，如“aunty-me”意思就是“aunty gave it to me”，“daddy olman”意思就是“daddy is an old man”。

19. “一鸣吃”，“一鸣拿”，“一鸣扛”，“一鸣写”，“一鸣看”，他常以自己为主体。假使一句句子的动词下面没有宾语，那主语放在前面的。

20. “蛋不要者”（“者”字就是“了”字的意思），“水不要者”，“凳子不要者”，“鞋子不要者”，上面几个例子证明，凡一句句子有宾语的，即将宾语放在前面，而将主语隐藏不说了。

21. 儿童初起学话的时候，中西字语不能分辨。两岁半以后就能辨别了。当初他会说“这个 book”，“egg”，“摆”，“看”，“fish”种种中西合璧的句子的。

22. “唱歌”可以说比“说话”发生得早，并且来得容易。四五月的时候，一鸣就能独自“歌唱”（歌唱当然不像成人的来得好，不过他也有一种上下高低的调子）。到了八九个月，他就很高兴学人歌唱，虽然学得不对，但却是有点像的。到了两岁二三个月的时候，他能背唱五六句短短的童歌，虽然字音唱得不对，但能把个个字唱出来，并且唱的调头也是有点相像的。

23. 言语有时说得不正确。如翻书他说“回转”，或把书掉过头来，他也说“回转”，走路转弯，他也说“回转”；又如把书竖起来，他说“爬起来”。

最后，还有一点要附带地说明一下，就是在我的记录中，包含着许多英文和拼音，我所以这样做，是由于这样两个缘由：第一，我想从小教他英文，到长大后对于英文便容易学会；其次，小孩子（大人也未尝不如此）说话时，有许多音绝非中国字所能正确表达的。因此，为了要存真起见，便利用了许多拼音。

二、婴儿为什么不能说话

特雷西(Tracy)①曾经研究这个“婴儿为什么不能说话”的问题。照他的意思，婴儿之所以不能言语，因婴儿的生理与心理皆没有发展完备的缘故。我们现在先讲生理的发展。

(一) 生理上的条件

我们人之所以能言语，因生理之构造来得完备。其结构可分为三部：

1. 接音部：就是耳和听觉神经末梢。

2. 联音部：脑之听觉区(auditory centers)和言语动觉区(motor speech centers)。

3. 发音部：就是咽喉、气管、腭、舌、唇、齿。

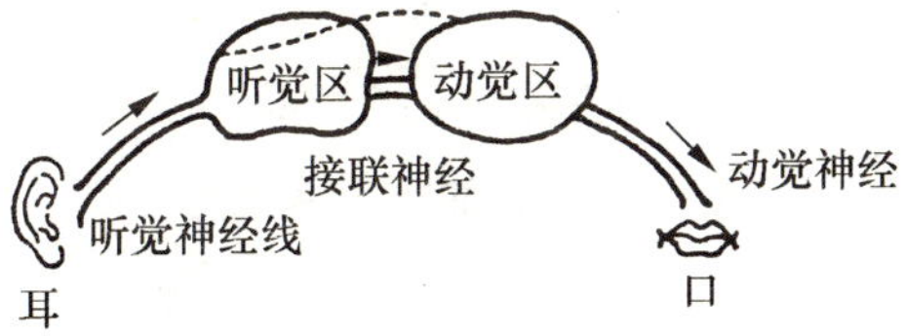

图 16-1 言语听觉反射示意图

我们的耳与听觉神经之末梢(peripheral auditory nerve endings)接受外界的声浪后，遂由听觉神经线传至大脑的听觉区再传达至动觉区。最后由动觉区传达至发音器。一看上图就容易明白了。

假使接音部发生毛病，那就变为耳聋。假使听觉处内部的联念神经发生毛病，那就变做“字聋”(word-deafness)，就是字的声音虽能听得，然不解其意义。假使听觉处与言语动觉区之接联神经发生毛病，那就不能发声。外边的声音虽能承接，虽能解其意义，然不能因此发声。假使言语动觉区发生毛病，那就完全不能发声了。这样说来，人之所以能言语是因为其生理上之言语器官完全无缺。试问初生的婴儿有完全无缺的言语器官否？

1. 婴儿之呼吸器尚未发展完备。

胎儿的肺小而实，内无空气。生后，始有空气内入血液流行，然要发音自由一时不易得。

① 特雷西(Fredrick Tracy 1862～?)，美国心理学家。多伦多大学伦理学教授。主要著作有《儿童心理学》、《青少年心理学》等。

2. 咽喉。

咽喉是发声之主要器官。共分九段,以软骨为之,内有声带二条。初生时,小而弱,做声不易。

3. 气管。

气管之软骨,初生时非常柔弱,不足以供言语之用,必须渐渐发展而后可。

4. 牙齿。

说话必须牙齿之辅助,婴儿既无牙齿,言语自然不易。

5. 舌。

婴儿之舌肌也是柔软不堪,所以言语是不可能的。

6. 大脑。

婴儿之脑筋大有缺欠。后天的各种接联神经尚待时机发生。上边的各种生理的言语器官,都要渐渐地发展。婴儿一时不能言语者就是为此。

(二) 心理上的条件

言语之所以发表情绪与思想,婴儿所有情绪非常之少,至于思想,可谓完全阙如。所以婴儿不独因生理上之缺欠不能言语,即使能言,头脑中也没有东西可言。

三、言语发展之途径

下面所说的言语发展之顺序,也是根据特雷西和华特尔(Waddle)的研究。①

(一) 生后6个月

1. 印象。

婴儿生后虽如耳聋不能听闻,然约过1星期后,就有听觉了,从此以后,渐渐能听外界的各种声音,看外界的各种举动。这种动作,都储存在他的脑里以成来日言语之资料。

2. 哭。

起初哭声是没有分别的。因饥饿而哭的声音,因痛苦而哭的声音,因身体不舒服而哭的声音,完全没有区别。不过不多时哭声就有分别了。因痛苦而哭的声音比较因饥饿而哭的声音来得短且高。

① 参看 Tracy: Psychology of childhood,第五章。

3. 发音。

婴儿不久就能发音。母音(vowels)比子音(consonants)发生得早。照洛比斯契(Lobische)的研究,母音如以下的程序发生的:a-e-o-u-i。

至于子音,b-p-m 三个唇音发生最早,然有时喉音(g, k)比唇音发生早。最后发生的子音就是"r"与"l"(我的小儿发生喉音"k"与"g"比唇音"m"与"p"来得早)。"m"音常与"a"相联发生"ma"的声音,"p"与"a"相联合就变成"pa",后来因婴儿喜欢说重音,"ma"遂变成"mama","pa"遂变成"papa"。这二音"mama, papa"既然容易发生,而且最早发生,做父母的就利用之以代己名。

(二) 半岁~1 岁

从半岁至 1 岁,儿童的言语发展更速了。他的注意力也比从前强健,知解力也比从前来得强。模仿声音之趋势也在此时发生。他不独模仿人声人言,就是动物所发的声音他也要模仿。鸡啼狗叫,汽笛鸣,钟声响,他都要模仿了。他不独喜欢模仿声音,也喜重说一种声音,如 mamma, papa, gaga, babanana 之类。

(三) 1 岁~1 岁半

当儿童学走的时候,他的言语似属迟迟不进,待到能走之后,言语发展得就很快了。

1. 在此时期,儿童的知解能力比说话来得好。"字句"也能说了。

2. 重音的字现在是最喜欢说的。如"爸爸"、"妈妈"、"猫猫"、"人人"、"quack-quack"等等。

3. 模仿心亦非常浓厚。凡所听得的,就要模仿。

4. 名字之淆乱。

儿童在此时对所有的概念不甚清楚,不过我们也可以知道他的联念方法(association methods)。他叫明月曰"灯",叫橘子、帽子以及其他圆物都曰"球";我的邻人的小儿叫狗、兔、牛曰"马";我的友人的小儿凡见男子的相片都叫"daddy",凡见女子的相片都叫"mamma"。不过这些儿童并不叫马曰"mamma",也并不叫人曰"bowwow"(狗),也并不以对待父母的态度对待别人。这可见儿童已具甄别人物的能力了,也可见儿童之联念方法。

(四) 1 岁半~两岁

在这个时期儿童的言语,进步最速。至两岁的时候,儿童能说简单的短句使人明了了。

四、儿童之字汇

欧美各国研究儿童的字汇已有百余。可惜我们中国并没有一个研究。下面的字汇表格是从华特尔(Waddle)所著的《儿童心理学》摘来的。

表 16-1　儿童的字汇

年　龄	儿童的数目	每个儿童所有平均字数	字　　数	
			最　少	最　多
1 岁	10	8.9	3	24
2 岁	20	528	115	1 127
3 岁	8	1 407	681	2 282
4 岁	6	2 171	1 020	3 915
5 岁	1	2 837		
6 岁	1	3 950		

我根据这个表,画了一根曲线使得年龄与字汇的关系看起来格外来得显著。

因上边一表,只能表明儿童的字汇数目与年龄之比较,所以我再抄一表以证明字汇之分配。字汇普通总共分八类,就是名词、动词、形容词、副词、代名词、介词、联词、感叹词等等。

表 16-2　字汇之分配

(以百分比算)

儿童的数目	年龄	总平均字汇数	名词	动词	形容词	副词	代名词	介词	联词	感叹词
10	1	89	65.3	8.9	5.1	18.8	0	0		9.8
20	2	528	58.9	26.8	9.79	4.88	1.9	1.44	0.21	1.87
8	3	1 407	53.59	23.1	10.8	5.1	2.2	1.4	0.6	0.1
6	4	2 171	53.6	25.0	12.0	5.1	1.45	1.0	0.66	0.9
1	5	6 837	56.8	16.3	21.8	21.8	21.7	2.17	2.17	2.17
1	6	3 950	4.8	24.0	10.0	3.4	0.9	0.9	0.2	0.5

1. 从上面一表看来，儿童用名词比别的词都来得多。

2. 其次动词，再其次形容词。

3. 年幼的时候名词用得多，动词与形容词比较地用得少，不过到后来名词用得少，而动词与形容词却比从前用得多。

五、言语与智慧

言语发生早的儿童是否比言语发生迟的儿童来得聪明？米德（Mead）曾经研究过这个问题，他把 25 个男孩、25 个女孩同 56 个男的低能儿、56 个女的低能儿做一个比较，所得的结果如下：

从下表看来，常态儿比低能儿早说 18.6 个月。芳衡博士（Dr. Clara H. Fown）在林肯州立学校和居住区研究 28 个白痴同低能儿童，所得结果与米德的结果相仿。这样说来，言语发生之迟早与智慧之强弱是有密切关系的。

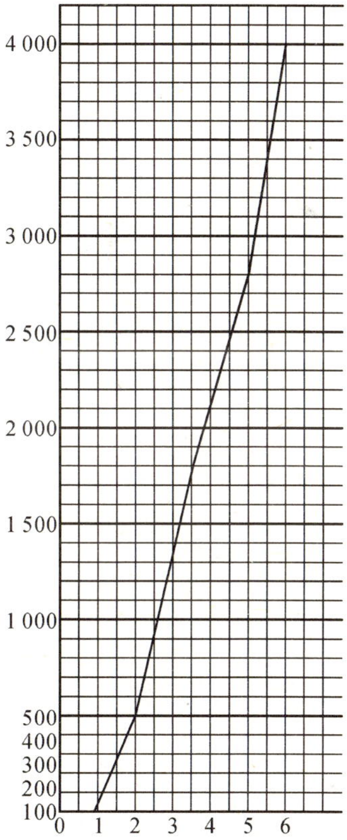

图 16－2 儿童字汇与年龄的曲线

表 16－3 儿童初说话的年龄

智慧的地步	言语发生之均数年龄	常态儿优于低能儿
	以月数计算	以平均月数算
常态儿	15.8	18.6
低能儿	34.44	
常态的男孩	16.5	19.26
常态的女孩	15.5	14.50
低能的男孩	35.76	
低能的女孩	30.00	

六、研究儿童的言语之方法

儿童如何能言？儿童如何学习说话？学习言语的途径如何？儿童的言语与儿童的年龄有何关系？与儿童的智力有何关系？与儿童的性别有何关系？与儿童所受的教育有何关系？这种问题都很重要，很有兴趣。所以欧美各国心理学家研究这个儿童的言语问题已属不少。在1907年的时候，多兰(Doran)已经搜集了36个关于儿童言语的研究资料。到了1910年的时候，裴尔斯马(Pelsma)搜集得73个研究资料。到了1915年的时候格兰特(Grant)搜集得85个研究资料。① 现在心理学家研究这个儿童言语问题的兴趣仍很浓厚。以我猜测起来，关于这个问题的研究到了今天至少必在百余。所惜者，我们中国对于这个问题毫无研究，所以不揣冒昧，把我所知的述之于后以供参考。

(一) 长期的研究法

德国之普莱尔(Preyer)与美国摩尔(Moore)等皆用此法研究儿童的言语。他们把他们的小孩所发生的声音、字句从生后就记起。普莱尔一直记到3岁为止，摩尔一直记到2岁为止。凡小孩发出一个新声音，或一个新字或一句新句子，他们就记下来。不但如此，他们把小孩所发生的声音字句之动境(situation)也详细记载下来，譬如小孩快乐时发什么声，说什么字；饥饿时发什么音，讲什么话；遇见危险时做什么声；看见父母时，发什么音；听见别人问他，他怎样回答。诸如此类。现在我把摩尔所研究的结果摘出来以资研究者有所适从。

儿童的言语可以做三段研究：1. 声音：第一个声音，摩尔的小孩所发的就是哭声"a"。这个小孩到了第12天的时候显出一种对于声音的兴趣；到了第33天的时候，他看见人讲话；到了第12个星期的时候，他就用他的舌头来了；到了第4月的时候，对于普通应用声音就已具备。2. 单字：凡儿童所发之各种声音，起初大抵属于单音，如"ä、hā、ē"等；后来逐渐达到复音的地步，如"m、mä、ā、hā"等等。这种单音复音纯出自然的。摩尔的小孩在第11星期内饥饿时就做"eng"的哭声；当惊吓时或当患难时，就用"mā-ä-ā"声。在第26个星期内，当快乐时，就做歌唱声。在第29个星期内时说"bob-ba"声表示舒服，"mamma"表示饥饿与不乐。到第40星期时他能用"papa"和

① 参看 Waddle：Introduction to Child Psychology，chapter on Linguistic Development。

“mamma”二字，虽此二字非仅指父母而言。这个“mamma”一字到第 52 星期时只限以下三种境遇发生的，即：(1)他母亲离开他的时候；(2)他再看见他母亲的时候；(3)当他饥饿的时候。第二个字他所学得的就是“dog”(狗)。对于应用单字，摩尔有一点地方叫我们要注意的。他说儿童虽常以一字用于各种境遇的，但我们不能以儿童所说之字相同，遂谓各种境遇在儿童之脑筋中也都是相同。儿童虽叫男人都曰“papa”，叫妇人都曰“mamma”，叫小女子都曰“dorothy”，但儿童对于他的父亲和对于别个男子的态度相啻天壤；儿童若遇见一妇女并没有如遇见母亲时之亲爱。儿童之所以叫男子曰“papa”，叫妇人曰“mamma”者，因其字汇缺少的缘故。3. 字句：到了第 66 星期的时候摩尔的小孩第一次说出一句子来。这句句子就是“papa gone”，意即父亲去了。后来他以“rsh”一字代表“where is he/she/it”。如“amarsh”意即“Grandma, were is she?”(奶奶，她在哪儿？)从第 66 至第 79 星期，摩尔的小孩所发现的语句都属直说和询问两类，到了第 86 星期，他始用命令词如“mamma, wash it all dirty (his hand)”，意即“妈妈，洗干净(指他的手)”；“pull napkin”意即“把我的餐巾拿去”。

起初儿童的语句中之动词常遗落的，如“mamma book”，意即“mamma is reading a book”。①

（二）逐期的研究法

长期的研究法以方法论，好虽好，然未免太耗时间精力，因此我们有逐期的研究法之出现。何谓逐期的研究法？就是于儿童生日前后两三星期内将儿童所发的字语详细记载下来。记载的方法与记载的材料，我们可以根据裴尔斯马(Pelsma)的研究略述于下。② 对于应用这个方法有四点我们要立刻把他们记载下来的，就是：1. 凡儿童对人闲谈时所用的字语，而且这些字之意义儿童确实知道的。2. 凡儿童答对他人询问时所用的字语，而且这些问句必须没有暗示的性质。3. 凡儿童遇见外来的事物时所用的字语，这些事物研究者特意设备的。4. 凡儿童同别儿童谈论时所用的字语。把儿童在以上四种动境所发生的一切字语，分门别类，编成一种统计式的样子，使阅者易于了解。奈斯(Margaret Morse Nice)曾用此法研究他的小孩之字语。他将

① 参看 W. Preyer: The Devetopment of the Intellect。K. C. Moore: The Mental Development of a Child。

② 参看 Waddle: Introduction to Child, Psychology，第 164 页。

他的小孩从第18月起一直研究到6岁为止。他的整理所研究的结果之方法大有可观。他把他的小孩之字语分做八段，每段中分许多小节，每节中再以年龄来分别。[①]

(三) 一天的研究法

还有一种儿童字语研究法就是研究者选择一个日子，在这个日子内某儿童所做的事，类皆平常非有特别情形的。研究者就将某儿童从早晨醒时到晚间睡时所说的话记录下来，凡一字一句记述无遗。记述时研究者不可使儿童对于记述有所注意。用此法研究儿童之字语者至今只有10人之数，欲知整理结果方法，请看下表。

以下三表都是从奈斯所著的论文摘取的。[②]

表16-4 在一天内每小时儿童所说的话

时 间	7时	8时	9时	10时	11时	12时	1时
单 字	903	832	1 061	1 333	464	925	1 052
每分钟平均字数	10	13.9	17.7	22.2	7.7	15.4	17.5
句 子	224	227	287	344	121	227	234
每句平均字数	4	3.7	3.7	3.4	3.8	4	4.5
问 句	34	17	13	33	16	21	17
单 字	870	531	444	760	611	715	10 501
每分钟平均字数	14.5	8.8	7.4	12.8	10.2	11.9	13.1
句 子	215	119	123	219	169	177	2 686
每句平均字数	4	4.3	3.6	3.5	5.6	4	4.0
问 句	11	7	34	35	29	31	298

(四) 研究句汇意义之研究法

儿童之能言语与否不仅看其所用之字语多少与否，且必视其所用之字语适当与否，亦必视其对于所用之字语明了与否。因此研究儿童字语者，亦必须研究儿童对于字语之知解能力。研究这个儿童字语问题者要推比纳(Binet)、肖(Shaw)、巴恩斯

① 参看 Margaret Morse Nice: The Speech Development of a Child, Ped. Sem. June 1917。

② 参看 Margaret Morse Nice: Concerning All Day Conversation, Ped. sem, 1917。

(Barnes)、钱伯斯(Chambers)、张伯伦(Chamberlain)等等。近来基埃特(Cephas Guillet)把他所研究的结果在《*Pedagogical seminary*》, 1917 年第二十四卷第一期披露出来,标题叫《一个儿童思想的成长》(The Growth of a Child's Concept)。今将他所研究的方法略述梗概以尽介绍之意。基埃特将张伯伦教授和张伯伦夫人(Professor and Mrs. Chamberlain)所集得 1 200 个字摘取了 400 个。当他的小孩将到 4 岁 2 个月的时候,他就用此 400 字逐一问他的小孩,三年后又将 400 字中的 200 个字问他的小孩,再过三年后,他将 200 字中摘取了 90 个去问他。这样看来,这 90 个字已经受了三次的试验,不过我们急须要知道的,就是每次儿童对于那种字是否彻底了解。

表 16-5　10 个儿童在一天内所说的话

研　究　者	性别	儿童	年龄	总字数	异样字	问句
盖尔(Gale)	男	C	2	10,507	855	
盖尔	男	S	2.5	9,290	751	
盖尔	女		2.5	8,992	629	
奈斯(Nice)	女	D	3	7,600		2 018
布兰登伯格(Brandenburg)	女	G	3	11,628	859	1 973
贝尔(Bell)	女	A	3.5	15,230		
奈斯	女	R	4	10,511	731	2 686
布兰登伯格	女	G	4	19,930	999	1 967
贝尔	女	B	4.5	14,992		
奈斯	女	E	5	10,500		1 702

表 16-6　在一小时内儿童用得次数最多的词

ByE	ByR	ByD	共 用 的 字
I ………… 56	I ………………… 90	I ………………………… 69	I ……………… 72
The ……… 30	Mamma ……… 35	My ……………………… 36	Mamma ……… 24
To ……… 23	This ………… 24	Want ……………………… 31	To …………… 23
It ………… 23	Baby ………… 19	It ………………………… 31	It ……………… 22
Mother … 21	To …………… 17	Father …………………… 31	My …………… 19

续 表

ByE	ByR	ByD	共 用 的 字
You ……… 20	Don't ………… 16	Yes ……………………… 30	Want ………… 18
Is ………… 18	You ………… 16	To ………………………… 29	You …………… 17
Me ……… 15	Here ………… 16	A ………………………… 29	Don't ………… 13
Want …… 14	Want ………… 13	up ………………………… 22	
My ……… 11	Going ………… 13	There …………………… 18	
Don't …… 11	Gone ………… 12	That (pronoun) ……… 18	
She ……… 11	See …………… 12	Here ……………………… 17	
Am ……… 11	Did …………… 12	Mother ………………… 16	
A ………… 11	It …………… 11	You ……………………… 15	
And ……… 11	My …………… 9	No ………………………… 14	
Want …… 10	Get …………… 9	Don't …………………… 13	

参考书目

1. Kathleen C. Moore. The Mental Development of a Child, chap. on Language.
2. W. Preyer. The Development of the Intellect.
3. Margaret Morse Nice. Concerning All Day Conversation, Ped. Sem., 1917.
4. Mirium E. Oatman. A Boy's Development at Eighteen Months, Ped. Sem., March, 1921.
5. Waddle. Introduction to Child Psychology, chap. on Linguistic Development.
6. Cephas Guillet. The Growth of a Child's Concepts, Ped. Sem., Marcb, 1917.
7. Margaret M. Nice. The Speech Development of a Child, Ped. Sem. June, 1917.
8. Tracy. Psychology of Childhood, chap. V.
9. Sully. Studies of Children, chap. V.

第十七章　美　　感

对于研究儿童的颜色美感，我们可以从两方面着想：一方面我们要研究儿童生长到什么时候遂发生各种颜色的知觉，一方面我们要研究儿童对于颜色的兴趣，就是什么颜色儿童喜欢的，什么颜色不喜欢的。前者纯粹是一个心理问题，后者不单是一个心理问题，也是一个教育问题。若我们知道儿童对于各种颜色的兴趣，我们就可以利用这种心理来施行适当的儿童教育。比方儿童喜欢红色，那么我们把儿童用书中的图书多用点红色，我们也可以把儿童所穿的衣服、所用的物品多配些红色。

一、历史

现在我先把关于儿童的颜色知觉力的各种研究介绍给读者。研究这个问题最早的要推德之普莱尔，他把他自己的小孩的颜色知觉力详细研究了一下。在这个颜色问题中，他最注意的，就是他的小孩究竟在什么年纪能够辨别红黄蓝绿等色。他说他的小孩生长到了第 23 天的时候，看见红色的门帘就笑起来并露出一种快乐的态度。他的小孩生长到第 86 星期的时候，他把蛋形式的红色玩物与绿色玩物给他的小孩看，同时他说出颜色的名字给他听。比如，他给小孩红色玩物的时候，就说“红”；给绿色玩物的时候，就说“绿”。这样教后，他就问他的小孩说：“红在哪里？绿在哪里？”当小孩在 86 和 87 星期的时候，他的颜色试验完全没有结果。不过到了第 763 天的时候，他的小孩于 16 次试验中只有一次答错的，在那日的第二天，他的小孩于 10 次试验中完全无误。这样看来，这个小孩能将“红绿”二字的声音与红绿二物的颜色联系起来了。这个红绿二色试验试过后，普氏除用红绿二色外，另加黄色。其结果如下：

在第 110 星期内之试验：	对的	错的
红色……	26 次	10 次
绿色……	24 次	7 次
黄色……	23 次	5 次
总……	73 次	22 次

他的小孩生长到了第 111 星期的时候,普氏除用红绿黄三色外,又加了一样蓝色,其结果如下:

	对的	错的
红色	32 次	14 次
绿色	31 次	8 次
黄色	34 次	2 次
蓝色	27 次	12 次
总	124 次	36 次

后来普氏又逐渐加用紫、灰、玫瑰红、棕、黑、橙各色,所得的结果如下表。

表 17-1　普莱尔颜色试验

颜　色	辨　别		辨别(百分比)	
	对　的	错　的	对　的	错　的
1. 黄色	232	8	96.7	3.3
2. 棕色	79	8	90.8	9.2
3. 红色	235	36	86.7	13.3
4. 紫色	139	24	85.3	14.7
5. 黑色	39	7	84.8	15.2
6. 玫瑰色	26	29	72.4	27.6
7. 橙色	47	23	67.1	32.9
8. 灰色	35	33	51.5	48.5
9. 绿色	101	123	45.0	55.0
10. 蓝色	61	151	28.8	71.2
总　数	994	442	70.9	29.1

从上一表看来,普氏小孩认识黄红比认识蓝绿来得早。[①] 对于上面所说的研究方法,鲍德温(Baldwin)大有不满意的地方,他说普氏所用的方法至少包含以下四种异样问题:(1)儿童同时能辨别所习见之各种颜色,意即儿童的颜色感觉器官必须完全发展;(2)儿童一看某种颜色之后下次就能认识;(3)儿童必须能把所看见的某种

① 参看 Preyer: The Sense and the Will。

颜色与所听见的颜色名字在脑筋中联合无误；(4)儿童也必须将他所认识之各种颜色名字能述说无误。[1] 这样说来，普氏之试验实不足以试验儿童。对于颜色的知觉之发生还有一种方法，是比奈(Binet)所发明的，里弗尔(River)和加比尼(Garbini)曾经采用的。这个方法叫做“认识法”(méthode de reconnaissance)。就是主试者一方面把某种颜色，比方红色，给儿童看，一方面叫儿童从各种颜色中选出与所看见的同样颜色来。这一种方法鲍德温又不认为有多大的价值。他说儿童所看见的一种颜色，与在各种颜色中那种同样颜色，从儿童的眼光看起来未必相同。

鲍德温自己施用一种实验，名叫“dynamogenesis method”，这个方法一方面利用手臂之动作，一方面免除言语之困难。儿童的手臂动作照鲍氏的意思确是一种感觉力之表示，儿童一受感觉就要动作。这些动作中以手和指的动作为最多。所以鲍氏利用这种假定学说，以儿童手臂之动作，作为试验儿童对于颜色感觉力之标准。其法如下：他将他的女孩坐在椅上，小孩的手臂可以自由伸缩。椅背的旁边加了一根木棒，这根木棒与女孩的肩膀适成直角，并且这根木棒上刻了尺寸。在这根木棒前端上又加了一根木棒。这两根木棒适成直角。不过这第二根木棒可以在第一根木棒上随便伸缩的。鲍氏把各种颜色纸一张一张地放在第二根木棒上，看他的女孩去不去拿。他的女孩若看见某种颜色而常常去拿的，那末他推想说他的女孩喜欢那种颜色，若不去拿的，那末不喜欢那种颜色。当他的女孩生长到第 9 个月的时候，他就天天试验，一直试验了 6 个月的工夫。他所得结果可以表之于下。

表 17－2　鲍德温颜色试验(一)

距度时	9	10	11	12	13	14	15	总　数	比例 $\frac{A}{N}$
	R. A	R. A	R. A	R. A	R. A	R. A	R. A	R. A. N	
蓝	0—1	0—4	0—5	1—3	2—4	1—5	3—1	7—23—30	0.766
红	0—1	0—3	2—2	1—4	1—7	1—7	5—1	10—25—35	0.714
白	0—0	0—0	0—0	0—1	0—5	1—1	3—0	4—7—11	0.633
	R. A	R. A	R. A	R. A	R. A	R. A	R. A	R. A. N	

① 参看 J. M. Baldwin: Mental Development in the Child and the Race，第二、三章。

续　表

距度时	9	10	11	12	13	14	15	总　数	比例$\frac{A}{N}$
绿	0—0	0—1	0—1	2—1	1—4	1—2	2—0	6—9—16	0.60
棕	0—1	0—2	2—1	3—2	0—3	3—1	2—0	10—10—20	0.50
总	0—3	0—10	4—9	7—11	4—23	7—16	15—2	37—74—111	0.66
比例$\frac{R}{N}$	0	0	0.30	0.39	0.15	0.30	0.90	总 0.33	

鲍德温颜色试验(二)

距度时	9	10	11	12	13	14	15	总　数	比例$\frac{A}{N}$
	R. A	R. A	R. A	R. A	R. A	R. A	R. A	R. A. N	
新闻纸				0—17	0—28	1—33	25—2	26—80—106	0.76
颜　色	0—3	0—10	4—9	7—11	4—23	7—16	15—2	37—74—111	0.66
总　数	0—3	0—10	4—9	7—28	4—51	8—49	40—4	63—154—217	0.71
比例$\frac{R}{N}$			0.30	0.20	0.07	0.14	0.91	总 0.29	

上边表内的R代表“不去拿”;A代表“去拿”;9,10,11,12,13,14,15等是代表各种颜色与女孩相隔之距离。从上面两表看来,鲍德温的女孩对于颜色喜欢蓝红远胜绿棕,喜欢新闻纸较多五种颜色。马斯顿(Marsden)采用鲍德温的方法所得的结果亦相仿。在175次试验中马斯顿的儿童去拿各种颜色次数如下:

表17-3　马斯顿颜色试验

事　项	新闻纸	黄	红	蓝	白	灰	黑	棕
次数(去拿)	138	127	122	121	113	114	114	107

上面所说的鲍德温和马斯顿两种试验所得的结果虽相仿佛,然并不能证明颜色感觉之发生。所证明者,亦不过儿童对于某种颜色比较对于某种颜色喜欢不喜欢而已。

麦克唐加(McDougall)①变用鲍德温的方法,把同形异色的东西一对一对挂在儿

① 麦克唐加(William McDougall,1871～1938),现译为麦克杜格尔。英国心理学家。曾在剑桥、牛津、伦敦各大学及哈佛大学任教。在英国建立心理实验室。主要著作有《社会心理学概论》、《身体和心灵》、《心理学大纲》、《变态心理学大纲》等。

童的面前给儿童看。儿童对于颜色之喜恶纯以去就为标准。这样他共试验了两个小孩,一个小孩正在第21和第22星期的时候,一个小孩正在第8、9、10个月的时候。对于第一个小孩,他用各种颜色的绒毛与纸张,对于第二个,他用各种颜色绒球。他所得的结果如下:

从表17-4看来,小孩对于红、绿、蓝三色比较灰、白喜欢得多。还有小孩到第5个月的时候,确已能欣赏红色,到第6个月的时候,蓝、绿二色的美感确已有了。这种试验方法虽较鲍德温的为优,然披露各种颜色的次数,麦克唐加并没有划一的规定,这诚是一种缺点。披露颜色理应划一,若披露红与蓝该小孩看50次,那么红与绿或蓝与绿等,均应披露50次。这样小孩对于各种颜色之喜恶显然可见。

表17-4 麦克唐加颜色试验

	颜色与次数										
第一个小孩	红—蓝 30—26	红—绿 32—16	蓝—绿 32—31	红—白 36—21	绿—白 35—15	蓝—白 32—22	红—灰 30—4	绿—灰 25—7	蓝—灰 34—5	白—灰 33—15	
第二个小孩	红—蓝 14—13	红—绿 6—9	蓝—绿 0—2	红—白 4—0	黄—白 6—2	黄—红 6—2	黄—蓝 5—3	红—灰 22—12	蓝—灰 27—11	绿—灰 6—3	黄—灰 16—5

迈尔斯(Myers)也曾经研究这个颜色问题。他用木头做的各种颜色方块(大小33 mm×20 mm×15 mm),每次试验的时候,他把两个方块放在桌上。若小孩拿了某种颜色方块后(比方说绿色的方块),迈尔斯遂与一点蜜糖;若小孩错拿了另外一个颜色方块,那么没有什么食;这样颜色与报酬在小孩脑筋中或者可以联合为一。以后若同时在小孩前披露各种颜色,恐小孩就要选择那种与报酬联念的颜色。迈尔斯以此种方法试验一个小孩。他试验了两星期(从第24至第26星期)后,觉得那个小孩因年龄太小不得联念颜色与报酬。后来迈尔斯又试验那个小孩,不过这次试验与从前的稍有不同,此次凡小孩任择其一就得奖品。其结果如下:

迈尔斯总结他的试验于下:(1)儿童在第6个月以前就能感觉到颜色光辉度(brightness)之差别。(2)在此时候,小孩喜欢红、黄二色似比别色为重。(3)物之新异

(novelty)对于小孩选择颜色很具影响的。瓦伦丁(Valentine)[①]又曾研究这个颜色问题。上边所说的几个方法,有的是依赖儿童的言语而辨别颜色的,如普莱尔和比奈所用的;有的是依赖儿童的执持能力(grasping ability)的,如鲍德温和麦克唐加所用的。普通说来儿童到了一岁半的时候,始能言语,到了六七个月时候,始有意识的执持能力。瓦伦丁认为儿童到了二三个月的时候,已发生颜色感觉力。因此他不采用普莱尔和鲍德温的试验方法,而利用儿童的视力。照瓦伦丁的意思,凡儿童对于某种颜色已发生感觉并喜欢它的,那么若我们把那种颜色给儿童看,儿童必注意看的。根据这个意思,他试验一个三个月大的小孩。他亦在每次试验时用两种颜色给小孩看,要研究小孩在2分钟内喜欢注视哪一种颜色。他把小孩对于注意那两种颜色所费的时间记录下来,做一个详细研究,其结果如下:那个小孩最喜欢黄色,其余的顺序是白色、粉红、红色、棕色、黑色、绿色、蓝色、紫色。要知这个详细结果请看下表。[②]

表17-5　瓦伦丁颜色试验

颜　色	浅灰—深灰	黄—白	蓝—白
次　数	101—75	27—8	35—43

表17-6　瓦伦丁颜色试验

										总数		总数		百分比	
	黄	白	粉红	红	棕	黑	绿	蓝	紫	+A—		+B—		A	B
黄		76	17	106	31	88	133	50	24	525	137	282	48	79.3	85.4
白	42		48	70	104	53	153	22	188	680	246	487	108	73.4	81.8
粉红	4	96		46	79	19	77	102	53	476	186	280	68	71.9	80.4
红	23	24	26		40	45	6	39	39	242	283	75	153	46.1	32.8
棕	8	3	0	28		33	4	37	38	151	275	65	276	35.4	19.0
黑	0	38	39	10	18		3	31	4	143	263	152	109	35.2	58.2

① 瓦伦丁(Charles Wilfrid Valentine, 1879～?),英国贝尔法斯特奎斯大学教育学教授。著有《早期儿童心理学》、《美育心理学试验概论》等。

② 见徐佩业:《儿童颜色知觉的研究》,教育汇刊第五集。

续 表

										总数		总数		百分比	
	黄	白	粉红	红	棕	黑	绿	蓝	紫	＋A—		＋B—		A	B
绿	23	9	19	20	0	0		0	94	165	421	54	276	28.2	16.3
蓝	37	0	37	3	3	13	22		4	119	414	18	106	22.3	14.5
紫	0	0	0	0	0	12	23	133		168	444	9	287	27.4	3.0
总数	137	246	186	283	275	263	421	414	444						

对于上边一表的意义恐读者不易了解，略作说明于下：

我们先看第一行黄色与别色之比，黄色的横边白色下面有76个数目。这76意即76秒，表明小孩注视黄、白二色中的黄色有76秒钟之久。这个76旁边的17数目表明小孩对于黄色与粉红二色注视黄色有17秒钟之久。其余如106、31、88等等数目可以此类推。你若把这些数目总计起来，你就得总数525。这个525数目表明小孩注视黄色的总时间。现在我们要问，那个小孩对于注视与黄色同时所披露的它种颜色究竟费多少时间？在黄色下白色右的那个42数目表明小孩注视白色的时间。那个4就是表明小孩注视粉红色所需的时间。若把42、4、23等数目加起来，我们就得137。在总数“A”行下正负数目包括：凡小孩注视颜色过3秒钟以上的一切时间；在总数“B”行下正负数目包括：凡小孩注视颜色过8秒钟以上的一切时间。对于研究儿童的颜色感觉力，上已约略说了。现在我要介绍关于试验儿童的美感之几个研究。对于这一点默曼(Meumann)经试验许多从7岁至14岁的男女儿童。儿童所喜欢的不外蓝、红、黄三种颜色。温奇(Winch)用一种笼统的抽象方法把白、黑、红、绿、蓝、黄六字写在黑板上，叫儿童按照各人的美感将他们依次填写纸上。结果：女生最喜欢蓝色，最不爱黑色，红色常列第二、第三。黄色对于年幼的儿童位居第三，对于年稍长的位居第五。绿色正在末座上。白色终在第三、第四之间。以男生论，蓝居第一，其次红色，末次黑色。关于颜色的美感一方面，研究的寥寥无几。

二、我的研究

(一) 试验的材料及手续

1. 材料。

我先把无光的颜色纸十四种截成长方形(长6厘米，宽2.2厘米)，再把这些长方的颜色纸条，一条一条地分粘在厚且白的纸片中心上(纸片长 12.6 厘米，宽 7.5 厘米)。又把各种颜色的名字和号数记在纸片的背后以便稽考。兹将 14 种颜色及其号数录之于下：

号数	颜色	号数	颜色
1.	朱红	2.	橙黄
3.	红	4.	浅黄
5.	橙	6.	浅绿
7.	黄	8.	绿蓝
9.	绿	10.	蓝
11.	深绿	12.	深紫
13.	深蓝	14.	紫红

2. 手续。

这个试验是一种个人试验。试验室的光线必须充足，试验的桌子必须与儿童的高矮合度，使儿童能观览自由。若桌子太高，那么桌上之 14 种颜色儿童不能个个看得清楚，且主试者与被试者必须对坐。当被试者未入门之先，主试把各种颜色乱陈桌上，不过不得互相遮盖以使各种颜色不得尽露目前。被试儿童来前时，主试者对他说："你看这里有许多很好看的颜色。你看这张、这张。"(同时主试以手指一张一张地慢慢儿指点着)这样一张一张地看，看完后再领他看一遍。后来再对他说："这许多颜色，你都喜欢么？(假说被试者对曰'我都喜欢的')你最喜欢哪一张？"假定被试选出一张来，主试即问他说："这张你最喜欢么？"被试答曰："是！"(若答"不是"，那么主试即问他说："那么你最喜欢哪一张？")主试就说："好，你把这一张放在这里。"(主试指着桌上)又对他说："现在在许多颜色中你最喜欢哪一张？"这样被试把 14 种色一气选完后，主试再问他说(同时指着颜色)："这样排的次序对不对，是不是这一张比这一张好(又指着)，这一张比这一张好(指着)？"若被试答曰"对的"，那么不必叫他再排。若答曰"不对"，那么当然要问他："应当怎样排呢？"如此试验后，主试把颜色的次第填写表内，就算了结。

(二) 被试验的儿童

依照上边所说的试验手续，我同我的八九个学生到本校附属小学和暨南第一义务学校去试验了数次。被试儿童 73 人，其中男生 54 人，女生 19 人；一年级 29 人，二年级 21 人，三年级 21 人，四年级 2 人。

对于计算所得的结果，最好记性别、年龄等依类分别出来。不过所试验的人数多，难以分类计算，只得笼统地报告读者。

(三) 计算的方法和试验的结果

这个试验的颜色共有 14 种。这 14 种的美恶之评判虽各有不同，然儿童分配 14 种颜色为 14 等级则一。因此我武断地把儿童所选为第一美观的颜色算为 14 分，第二美观的颜色算为 13 分，第三美观的颜色算为 12 分，最不好看的颜色算为 1 分。看下表，就可以明白这一点。

这 73 个儿童最喜欢的是朱红、深蓝、橙黄、红、紫红等等，而比较不喜欢的为深绿、蓝、浅绿、黄、浅黄，换言之，他们喜欢七色景(spectrum)两端之颜色较胜七色景中段之颜色。

结论：

对于上边的一个试验，有几点意思不得不声明的：(1)这个试验，因被试的人数太少，无甚价值，不过略为引起国人对于这个颜色问题之注意耳。(2)我们所用之长方形的颜色纸条中，有比所规定之尺寸稍为过大或过小的。(3)试验的方法间与规定的手续稍有出入的。

表 17 - 7

分数 号数	14	13	12	11	10	9	8	7	6	5	4	3	2	1	总人数	总分数	分数次第	分数顺次	种类颜色	颜色
1	18	10	5	9	4	8	2	2	7	1	3	4	2	4	73	726	1	1	1	朱红
2	9	11	6	9	8	4	5	3	4	4	7	4	5	0	73	687	4	2	10	深蓝
3	2	2	5	6	7	3	6	6	7	9	4	1	7	6	73	515	9	3	4	橙黄
4	10	11	3	8	6	4	8	3	1	2	4	6	0	2	73	700	3	4	2	红
5	1	2	8	0	2	3	5	6	5	6	4	7	18	6	73	404	12	5	14	紫红
6	3	2	2	2	9	2	1	6	5	6	4	7	9	18	73	402	13	6	13	深紫
7	0	4	2	3	8	2	2	8	5	5	15	6	6	7	73	431	10	7	11	蓝绿
8	2	2	7	6	2	5	5	8	11	9	6	8	2	0	73	528	8	8	8	绿
9	7	2	1	2	2	8	9	6	4	7	10	7	6	8	73	420	11	9	3	橙

续 表

分数 号数	14	13	12	11	10	9	8	7	6	5	4	3	2	1	总人数	总分数	分数次第	分数顺次	种类颜色	颜色
10	15	10	9	5	3	7	6	1	5	3	1	4	2	1	73	724	2	10	7	黄
11	5	5	5	4	9	7	2	3	5	7	7	6	1	7	73	549	7	11	9	深绿
12	0	0	3	2	2	5	6	7	10	5	7	10	6	10	73	585	14	12	5	浅黄
13	3	5	5	8	7	3	8	9	5	6	4	2	3	5	73	572	6	13	6	浅绿
14	4	7	7	7	4	12	8	4	5	3	3	1	6	2	73	622	5	14	12	蓝
总人数	73	73	73	73	73	73	73	73	73	73	73	73	73	73	1 022					
总分数	1 022	949	876	803	730	657	584	511	438	365	292	219	146	73		7 665				

徐佩业新近也做了一个试验,试验的结果写成《儿童颜色知觉的研究》一文,已在《教育汇刊》第五集上发表过,可资参考。

凯茨(Katz)和布里德(Breed)试验了 2 500 个从 5 岁到 15 岁的儿童,现将他们的试验结果介绍于下,以资参考①:

1. 从 5 岁到 15 岁的儿童最喜欢蓝色,2 500 人中占 47%,其次为绿色,又次为红色、紫色、黄色,最次为橙色。

2. 年纪愈大,就渐渐喜欢绿、蓝、紫三种短波的颜色,对于红、橙、黄三种长波的颜色,就渐渐地不喜欢了。

3. 青年期前后的儿童都不喜欢橙、黄二色,在青年期的时候,不喜欢绿色,后来才渐渐地喜欢。

4. 男女对于颜色没有什么分别。

5. 都喜欢正色,不喜欢深色和浅色。

研究儿童的颜色美感,我们有了这种儿童对于颜色好恶的知识,对于儿童的衣服、玩具、读物等事,就有了许多的见解,可以适合儿童的爱好和要求,无形中于他们身心上有所裨益。

① 参看 Katz and Breed: The Color Preference of Children。

参考书目

1. 徐佩业:儿童颜色知觉的研究,教育汇刊,第五集。
2. Rusk. Expermental Education. *Color Pereeption of Children*.
3. Rusk. Experimental Education, chap. Ⅹ.
4. J. M. Baldwin. Mental Development in the Child and Race, chap. II, III.
5. Parsons. An Introduction to the Study of Color Vision, Part I, chap. IV.
6. Preyer. The Senses and the Will First Part, chap. I.
7. Katz and Breed. The Color Preference of Children. *Journal of Applied Psychology*, Sep., 1922.

第十八章　儿童的绘画

一、概论

凡属人种都有图画之贡献，凡属儿童都有绘画之兴趣。绘画是言语的先导，表示美感之良器。要知儿童心理，不可不研究儿童的绘画。考诸欧美，研究儿童绘画者，已有多人，惟独吾国研究的人很少。所以我们宜急起直追，以助教育儿童之不及，现在为绘画之价值，胪列如下：

1. 绘画可以表现儿童的美感。

2. 绘画可以发展儿童的思想。

3. 绘画可以增进儿童的知识。

4. 绘画可以练习儿童的目力与手力。

二、儿童的图画之特质

普通来说，图画的特质有六：

1. 儿童起初所画的，就是人形和动物。

2. 对于万物，儿童先注意能动的、有生命的，所以绘画能动的和有生命的东西。

3. 儿童的图画大概不完全、不均匀、不适度的，兼乏远景的。

4. 儿童的图画不受约束而独出心裁的。

5. 年幼的儿童多图形的绘画而少装饰的绘画。

6. 绘画与性别之关系：男女儿童所画的图画，其特点有无区别，这个问题，凡研究儿童图画的，都异口同声，谓性别也可以从图画中见之。哈特(Hart)找得男孩喜欢战争图画，女孩喜颜色画比男孩来得长久。克尔胜斯带讷(Kerschensteiner)[①]找得男孩比女孩对于远景图的观念，要早二三年。霍尔(Hall)找得男孩多独创的图画，女孩喜仿成规的图画。

---

① 克尔胜斯带讷(G. M. Kerschensteiner，1854～1932)，又译为克申施泰内。德国教育家。他认为儿童的能力不是靠一般性的培养，而是在实际活动中养成的。

三、发展的途径

1. 对于人形部分方面，帕特里奇(Lena Partridge)曾有详细的研究。他研究儿童的年龄与儿童所绘画的人形之关系，其结果请看下表(表内数字系按各年龄儿童人数求出其百分数来做比较)。

2. 关于代表动作的图画，朗马(Rouma)说有四期。

第一期：儿童只能描呆板或死的图画。这种图画没有代表动作的地方。所以图画中所必须的动作，儿童就以笔舌[①]说明。

第二期：简单的表示。如画一直线于一狗一屋之间，以指狗往屋而行。

第三期：动作在图画中用几划描绘。

第四期：全图代表动作。

3. 儿童绘画之发展途径。

最普遍、最精细的研究儿童的绘画，恐怕首推德国克尔胜斯带讷了。他费了7年的工夫，察看5.8万儿童的绘画之发展。他共研究了30万张画图。对于发展的途径，所得的结果如下：

表18-1

Lena Partridge 年龄与人画										
学龄 / 项别	4	5	6	7	8	9	10	11	12	13
躯	50	82	92	93	98	99	98	99	100	100
足	39	83	92	93	94	98	98	97	98	98
臂	45	67	71	80	76	75	93	90	95	95
颈	8	22	20	37	51	63	79	79	90	93
发	6	26	27	32	36	58	70	65	73	82
须	1	12	15	12	18	34	40	36	60	51
足侧面	15	54	66	73	78	87	83	85	79	85
鼻侧面	6	34	46	65	76	79	81	81	77	76
躯侧面	1	5	7	16	30	36	41	50	59	62
帽　子	32	57	59	76	78	81	84	89	85	80
纽　扣	30	37	37	52	55	66	64	81	79	83

① 笔舌，即以纸笔代口舌。

第一期:实验之前的时期(pre-experimental stage)。2～4 岁儿童在此期内,只能绘画人物之局部,且将各部图画随便绘画,既无系统,又无秩序,需要儿童自己说明是什么东西。华特尔(Waddle)称此期为“涂鸦期”(scribble stage)。

第二期:图式之时期(stage of the schema)。儿童在此时稍能绘画,不过所绘画的,大概一个图式,如以圆圈代表人面、动物面,以两直线代表两腿。什么图画之内外面、远景、空间之关系等等,儿童毫不知悉。且目所不能看得见的地方,儿童也竟能描绘出来,如人骑马一图,他的两腿都画在一面。其实只有一腿可以看得见的。

第三期:线与形色之时期(appreciation of line and color)。对于怎样长的线,怎样大的形色,渐渐能甄别了。

第四期:依据外观,从前所不能见的部分,儿童竟能绘画出来,现在儿童只绘他眼所能见的部分了。不过对于远景、大小、明暗等精巧处,儿童尚不能画。

第五期:能辨别高深阔三边之形式。在此时期,儿童能绘三边形的图画了。

四、初步团体研究

下边的几张图画是我研究的初次报告。

(一) 研究的方法

我先请学校内的图画教师叫儿童画四种图:(1)一个人(或小孩子);(2)一条狗;(3)一个人骑一马;(4)自由画(任儿童选择毫不加约束和暗示)。这四种图画分四期画好。画的时候,儿童没有模范图的。

依此方法,共得了 6 040 张图画,这许多图是 1 510 个儿童画的。

(二) 图的说明

下边的 42 个图是从 512 张儿童的图画中摘取的。这 42 个图的支配如下:从 1～15 是关于人的画,从 16～29 是关于狗的画,从 30～42 关于人骑马画。摘取的方法,任凭我个人的主观的。我以年岁和学级为选择的标准。笼统说来,图画之优劣,以年岁学级为衡。

(三) 图画之特质

1. 关于“人”画的。

(1) 头:①以圆圈形代表人头,试看 3、4、5、7 图。②眼、鼻、口三种人面上的东西,最惹起儿童的注意,试看 3、4、5、8 图。③对于耳、眉、发、须,大抵儿童不甚注意。

(2) 鼻:普通以一直代之,如图 5,或以三角形代之,如图 7。

(3) 颈:儿画中常没有显出头颈,如图3、4、6、7。

(4) 躯干:以两直线代之,如图3,或以曲线代之,如图4、5。

(5) 臂:①以直线代之,如图7。②地位在头颈处,如图6、7。③在躯干上,如图4。也有在头上的。

(6) 手:似梅花,看图5。有似钯子的,也有似扇子的。

(7) 腿:①以两直线代之,如图7。②腿显出行走的姿势,如图6、8、11。

(8) 足:①两足往外的,如图3、4。②两足同方向的,如图6、8。

2. 关于"狗"画的。

狗是一种很普通的动物,凡儿童皆曾见过的。

(1) 儿童常不能画出人和狗的区别来,图25的狗面与人面相仿佛。第19图的狗头也不能与人头有大区别。

(2) 狗画大概都是行走的。如图20,21,22,23等等。

(3) 年幼的儿童,所描绘的狗,都似直立不活动的,不过年纪大的儿童就能画出活泼的狗图来。

3. 关于"骑马"画。

骑马画可以显出儿童的写生描绘的能力。

(1) 人立在马背上,如图32,34,35。

(2) 两足都显出的,如图33,36。

(3) 年幼儿童所画的马,好似"飞"的。

(4) 马的两眼都显出的,如图30。

图1 人
女生 3岁

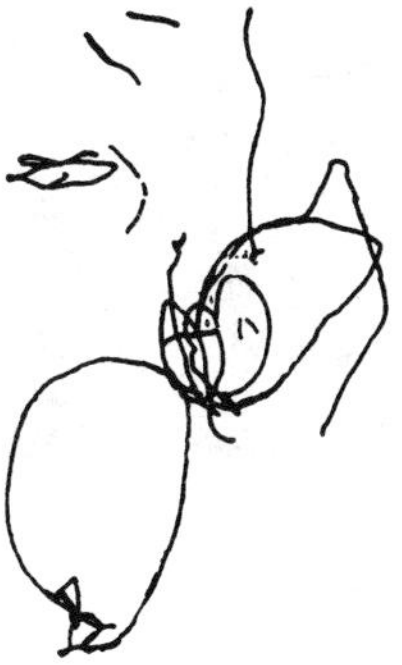

图2 人
男生 4岁

图3 人
女生 5岁

图4 人

男生 6岁

图5 人

男生 7岁

图6 人

男生 8岁

图7 人

男生 9岁

图8 人

男生 10岁

图9 人

女生 11岁

图10 人

男生 12岁

图11 人

男生 13岁

图12 人

男生 14岁

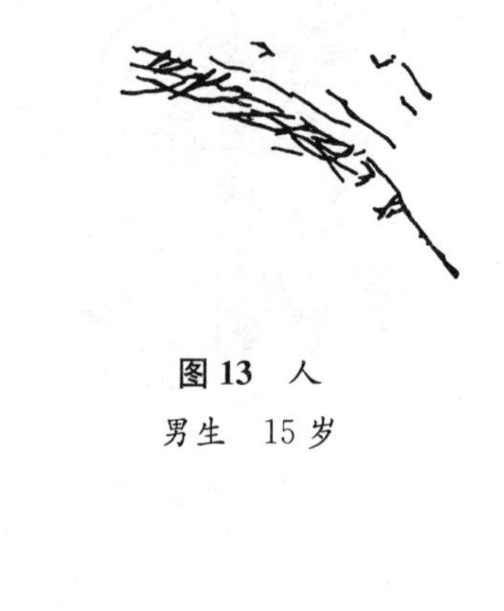

图13 人

男生 15岁

图 14　人
男生　16 岁

图 15　人
男生　16 岁

图 16　狗
女生　3 岁

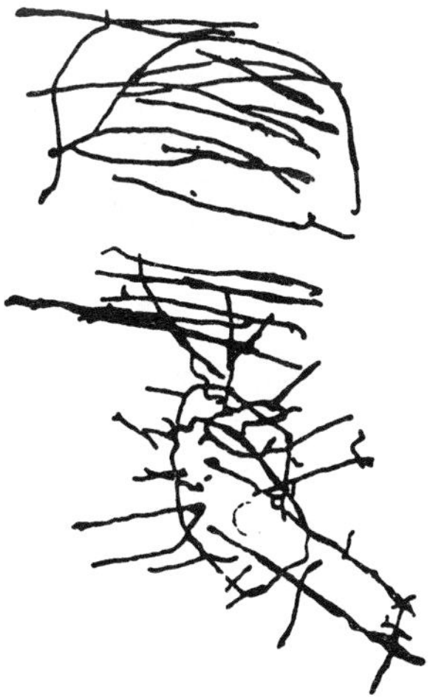

图 17　狗
女生　4 岁

图 18　狗
女生　5 岁

图 19　狗
女生　6 岁

图 20　狗
男生　7 岁

图 21　狗
女生　8 岁

图 22　狗
男生　9 岁

图 23 狗

男生 10 岁

图 24 狗

男生 13 岁

图 25 狗

男生 14 岁

图 26 狗

男生 14 岁

图 27 狗

男生 15 岁

图 28 狗

男生 16 岁

图 29 狗

男生 17 岁

图 30 人骑马

女生 4 岁

图 31 人骑马

女生 5 岁

图 32　人骑马
女生　6 岁

图 33　人骑马
男生　7 岁

图 34　人骑马
女生　8 岁

图 35　人骑马
男生　9 岁

图 36　人骑马
男生　10 岁

图 37　人骑马
男生　12 岁

图 38　人骑马
男生　13 岁

图 39　人骑马
男生　14 岁

图 40　人骑马
男生　15 岁

图 41　人骑马
16 岁

图 42　人骑马
16 岁

(四) 人形画与年龄

我仿照帕特里奇的方法,对 1 382 张人形图进行研究所得的结果,从下表可以看出。

说明:

1. 本成绩系根据儿童所画人图分别年龄按部分计的结果。

2. 本成绩对于各年龄的儿童数不一,比较不易,现按各年龄儿童人数求出其百分数来做比较。

3. 各年龄儿童所画人图,均按全身正面的标准统计。凡画半身、侧面或反面者,所未画出之各部,均照欠缺计算,阅者请留意。

4. 各年龄儿童所画人图,头部最为完备;次为身躯、目、口、鼻、腿、臂等等。须、趾、衣袋三项画出者极少。

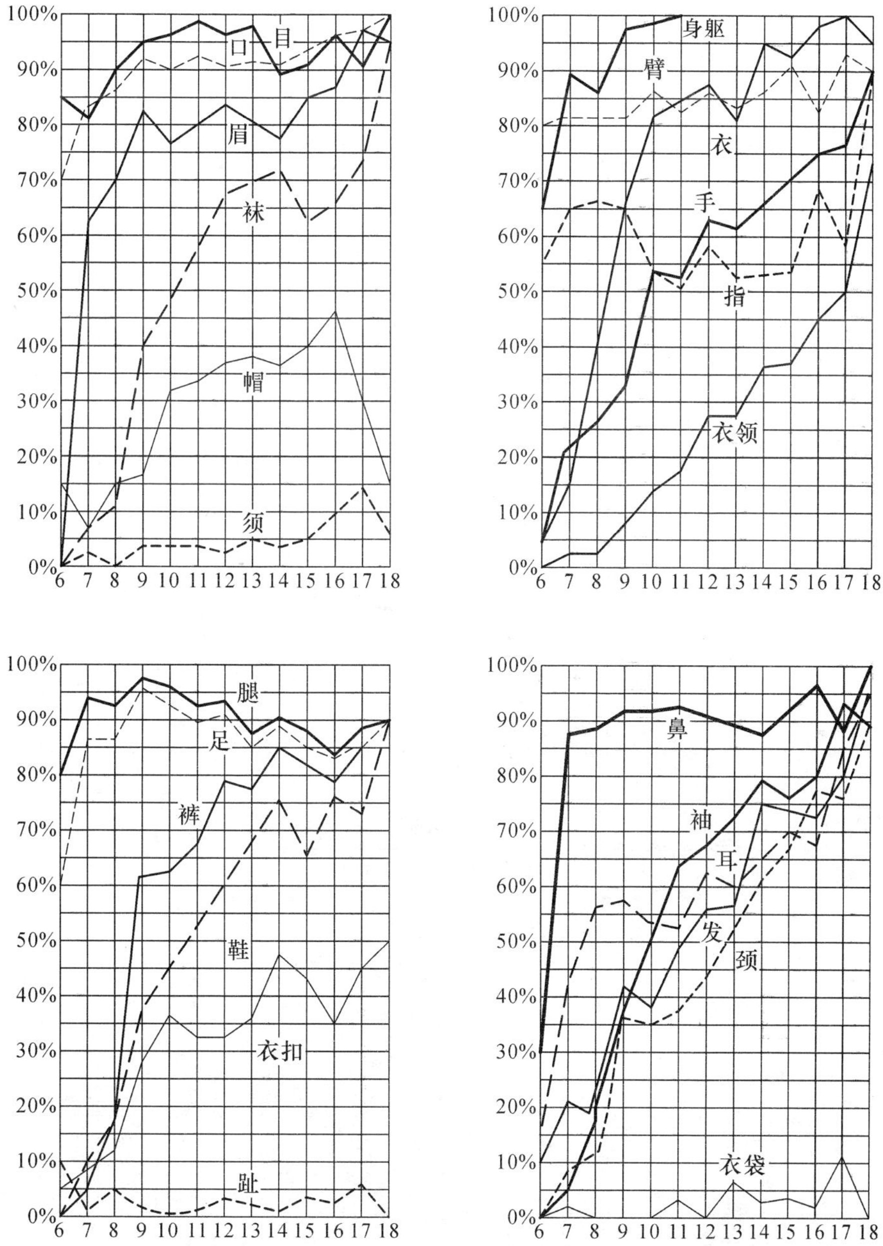

100%
90%
80%
70%
60%
50%
40%
30%
20%
10%
0%
6 7 8 9 10 11 12 13 14 15 16 17 18
口
目
眉
袜
帽
须
身躯
臂
衣
手
指
衣领
腿
足
裤
鞋
衣扣
趾
鼻
袖
耳
发
颈
衣袋

图 18-1 人形画与年龄

表 18－2　儿童图画成绩(人)

项别＼年龄	六	七	八	九	十	十一	十二	十三	十四	十五	十六	十七	十八	
头	100	100	100	100	100	100	100	100	100	100	100	100	100	
耳	15	41	57	57	54	54	63	59	64	71	69	86	95	
目	85	82	92	95	91	94	92	93	90	92	97	91	100	
口	70	83	87	92	90	92	91	91	90	94	97	91	100	
鼻	50	86	89	91	91	92	91	90	90	92	97	89	100	
眉	5	63	69	83	77	81	85	80	75	86	88	91	95	
发	10	21	19	43	38	49	56	57	75	77	73	86	95	
须	0	3	0	3	4	4	2	5	4	5	11	14	5	
帽	15	6	14	16	32	34	37	39	38	40	47	29	15	
颈	0	8	14	38	35	35	45	53	64	68	78	71	90	
身躯	65	90	87	97	99	100	100	100	100	100	100	100	100	
臂	80	82	88	82	86	84	86	85	86	92	83	94	90	
手	5	21	26	35	54	52	64	61	67	72	75	71	90	
指	55	65	66	64	54	51	60	53	54	54	69	57	90	
衣	5	17	43	66	81	85	87	81	96	94	98	100	95	
衣扣	5	8	13	28	36	34	35	36	48	43	34	46	50	
袖	0	6	16	38	52	63	67	72	79	77	80	94	90	
袴	0	6	19	62	63	67	79	78	85	81	80	86	90	
腿	80	95	95	98	96	93	94	88	91	89	84	89	90	
足	60	87	87	96	94	91	92	86	90	86	84	86	90	
趾	10	1	5	2	0	1	3	3	2	4	3	6	0	
鞋	0	8	17	39	53	60	68	63	75	66	77	74	90	
袜	0	6	16	39	49	56	67	60	73	63	66	74	90	
衣领	0	1	2	6	14	17	28	29	37	38	45	51	75	
衣袋	0	1	0	0	0	3	0	6	3	5	5	11	0	
人数	20	78	111	101	153	164	145	202	181	107	65	35	20	1 382

5. 头部各项百分数，高年儿童有较低年儿童反低者，因高年儿童多画侧面或反面的缘故。

6. 帽、须、衣袋三项与人画关系甚少，故三项百分数的高低，没有一定秩序。

7. 足趾一项，与完全人图关系亦鲜，因所画图穿鞋袜者多，赤足者少，故此项为分数极低，且复有一定的秩序。

8. 腿部各项，高年儿童多画半身，故此项百分数也比低年儿童来得低。

9. 许多图有画手掌而缺手指者，有画手指而缺手掌者，故此两项百分数不同，臂与手指的分数不一样之理同。

10. 足一项百分数甚高，趾一项百分数特低，因足趾实赤足人图画，有足趾人数的统计画，有鞋袜者均计足而不及趾，故两数相差很远。

五、一个儿童的图画

我的小孩从 1 岁半起，到 2 岁 4 个月，差不多每月总画几张图。下面几个图是摘出来的。

图 1
第一次钢笔画
第 77 星期

图 2
1 岁 1 个月

图 3
1 岁 1 个月

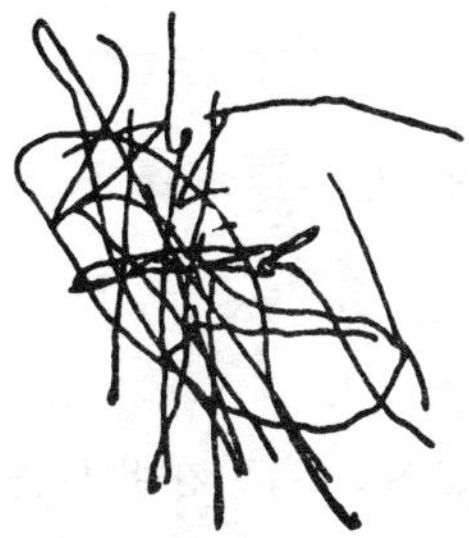

图 4
1 岁 7 个月

图 5
1 岁 10 个月

图 6
1 岁 11 个月

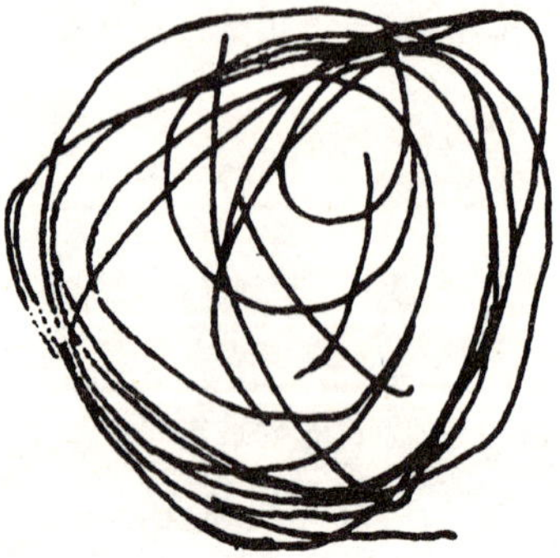

图 7
1 岁 11 个月

图 8
面包
2 岁

图 9
桃子
2 岁

图 10
一鸣画自己
2 岁

图 11
靴子
2岁 2 个月

图 12
桃子
2 岁 2 个月

图 13
他的 26 个英文字母
2 岁 2 个月

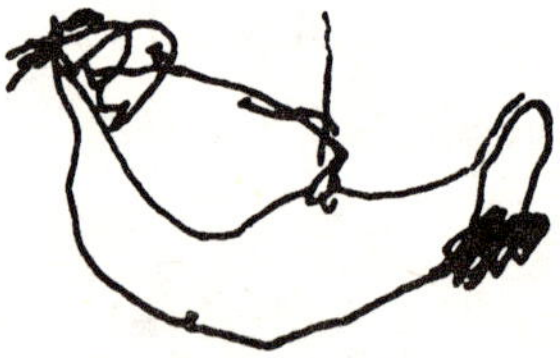

图 14
2 岁 4 个月

从上面几个图看来，我们可以说他绘画能力是由以下几种步骤渐渐演进的。

1. 随意乱画，毫无规范。如图 1、3。

2. 向左右动作。

1 岁将满时，我就叫他握铅笔绘画，那时候他有向左右动作的趋势，4 天后，他画的动作可说完全是左右的。这种向左右动作来得容易。

3. 绘画圆圈的动作。

到了 1 岁 10 个月，他居然能画圈了。再到了下个月，他的连续圆圈画得很好了。

4. 图式期的初步。

到了 2 岁的时候，他能画出图来，有一点像真的东西，如图 8～12；在此时他的图式稍为代表他所要画的东西。到了 2 岁 4 个月的时候，他的图式比从前画得好了，看第 14 图。现在他能画出头、身、尾三部分了。

参考书目

1. Sully. Studies of Children, chap. X.
2. Ayer, C. Fred. Psychology of Drawing.
3. Baldwin. Mental Development, chap. V.
4. Waddle. An Introduction to Child Psychology, chap. Ⅷ.

第十九章　思　　想

一、概论

思想是最高的智力作用，也是支配万物、创造文化最紧要的利器。不过人的思想不是生来就有的，也不是成人所能独占的，乃是生后渐渐地发展的。发展的途径非常复杂曲折，不易分析，现在我且勉强把它分析一下。

1. 儿童生后茫然无知无识，论到思想，不过渐渐地能注意人物和视察环境耳。他与环境相触日多一日，因此慢慢地他的经验丰富起来了。对于他的环境，如形状、颜色、声音、物质等等，到了 1 岁的时候，他稍为有些熟识了。此时他就有许多单独的观念（single ideas）以及少数联属的观念。

2. 后来他的记忆力渐渐发展了，他就能把各种单独的观念或联属的观念积记脑中。

3. 言语一学到，儿童就能以言语表达他的意思了，从前他只能用符号式的言语（sign language）来表白他的简单意思，现在他能言能语，思想力自然大有进步了。

4. 知解力（comprehension ability），后来儿童能比较人物了。比方他自己与桌子比较长短，他看父母的照片与父母的人格之不同。他的好问心亦渐起来了。所谓“概念”亦显雏形了。

5. 到了 3 岁的时候，他的想象能把单独的经验变成有系统的。比方儿童不明白草上的露珠，不过明白人的眼泪，而且他自己对于流泪也有过经验，现在他看见露珠而不知道为什么草上生露珠，他就想这露珠就是草的眼泪。这种联想虽不如论理的思想来得重要、确切，但对于儿童，这是不可缺少的东西。

6. 儿童的经验日见充足，知识逐渐丰富，他的思想力也因之日渐发展。

二、儿童的思想与成人的思想之区别

有三大区别：（一）关于思想的数量；（二）关于思想的准确性；（三）关于思想的内容。

（一）关于思想的数量

普通人不大用脑筋的，他一天所做的几皆关于机械的性质，大抵为习惯所支配。虽然如此，儿童的思想比成人的思想，普通说来，还要少些。这是因为什么缘故呢？简单说来，有三：

1. 儿童的生活是关于知觉和生长的方面的。他一方面要学习坐立、行走、跑跳、攀缘、抛掷种种动作；一方面要发展目力、听力和触觉等等，因此应用思想的机会就减少了。

2. 儿童的思想常为环境所抑制的。我们知道思想是智力最高的作用，养成这种作用很为迟缓，儿童思想能力当然很薄弱的，不过我们做成人的，常常讥消他，以为他所思想的是很不合理性。我的侄子现年 11 岁了，不过他的思想仍难免错误。某日我问他为什么他最爱吃呢？他说多吃多力气。我问他怎样多吃多力气呢？他说吃下去身上的细胞多起来了。你看他所想的从他的眼光看来是很有理性的，不过以我们的眼光看来，他的思想不完全对。多吃未必多力气，多吃未必能多增细胞。如我自己一多吃就要患积食病，假使我听了这种不合理性的话，我就说他骂他，你想他下次还敢多饶舌吗？我们一般家庭的长辈和学校里的教师常常以儿童的不合理性的思想，作为他们的讥消品。做师长虽或无意害儿童，而儿童的思想就大受影响了。

3. 儿童没有机会可以发展思想能力，思想是怎样发生的呢？照杜威[①]的意思，[②]我们人的思想，平时无故不会发作的。思想发作必定在我们遇见新动境、新问题的时候。新动境或新问题，是引起思想之主要条件。现在我们要问做父母师长的，有否设置新动境、新问题呢？我恐他们不单没有设置，反要打消新动境、新问题呢！谓予不信，请举例以证之。我常看见做父母的，对于孩儿的动作饮食起居等，差不多都管得很严。比方今天下雨，做母亲的就拿出雨鞋、雨伞给他的孩儿穿戴。你看这是一桩很平常的事，不过这些溺爱儿女的动作，一方面使儿女养成依赖的惯性，一方面减少他们的思想机会。天下雨是一种新动境，对于这种动境，儿童不得不发生思想的，就是

---

① 杜威(John Dewey，1859～1952)，美国哲学家、心理学家和教育家。曾在密执安、明尼苏达、芝加哥、哥伦比亚等大学任教。在哲学上是实用主义的观点，试图把实用主义哲学同心理学、教育学、伦理学以及社会问题结合起来。在教育上主张“教育即生活”、“学校即社会”，要把教育的重心从教科书、教师或任何别的方面转移到儿童。他在 1919～1921 年间曾来中国，他的学说在旧中国有一定影响。主要著作有《我的教育信条》、《明日之学校》、《民本主义与教育》、《经验和教育》等。

② 参看 Dewey：How to Think。

怎样可以走到学校呢?不过做母亲的不待他们的思想之发生而立刻代他们来解决这个问题,适应这个动境,这种溺爱实在是厉害。我再举几个例使得我所要说的充分些、明白些。孩儿吃饭后常把他所用过的饭碗放在桌子的边上,假使他或别人一个不小心,就要把这个碗碰落地下的。但这个儿童因为缺少经验和知识的缘故,把他的饭碗这样安置的。现在我要问你,假使你看见他这样做,你怎样做呢?我曾经看见做父母的,代儿童把饭碗移进,也有叫儿童自己移进那只饭碗的。你想这两种方法对不对,依我看来,第一种是与下雨而给他鞋伞的方法同样的,所以我不多说了。第二种与第一种也是相仿佛的。若你只叫儿童把碗移进一点,儿童照你所说的去做了,这样儿童仍不明白为什么要这样做呢,或者你不仅教他这样做,而且解释所以叫他做的理由,他虽然明白这样做的理由,不过仍旧是你替他想的,他仍旧没有机会可以发展他的思想。那么你应怎样做呢?你应当叫他注意那只碗,并问他这只碗放在这桌边稳固否?有危险否?你要任他自己想到那不稳固的地步。若他因年幼仍看不出那只碗的危险,你可以假设种种动境使他明了所以危险的理由。

如以上的例子很多,想读者也能类推,这儿就不多述了。

(二)关于思想的准确性

儿童也能思想的,不过他的思想不能正确,举例如下:

1. 如父亲回来就是要吃饭了。

2. 有一个3岁的小孩子,吃饭以前母亲总替他洗手洗脸的,并且替他刷头发。有一天来了一位女客,他跑过去对她说,请你把我的手脸洗洗,头发刷刷,我肚里饿了。

3. 如一个2岁零5月的小孩子说:“桂西(他的妹妹)不能走路,因为她穿了很小的鞋子,倘使她穿了我的鞋子,就一定能走了。”这个小孩子,以为一穿大鞋子就能走路的。

4. 又有一个7岁的女孩子,怕吃苹果的子,因为怕苹果子在她肚里生长起来。

5. 又有一个3岁的小孩子,从他姨母那里得了一角钱,就跑到外面去,不多时就欢欢喜喜地回来对母亲说:“妈妈,我们就要发财了!”母亲问他是什么缘故,他说:“我已经把一角钱种在地下,不久就有许多钱长出来了。”

6. 还有一个5岁的小孩子,他想天上的雷同工场里放的嗡是一样的东西。

儿童思想不正确的缘故,大概因为:

1. 儿童的知识尚未充足的缘故：小孩子的知识多半是片面的，如上面所说的小孩子不充分了解洗脸洗手是卫生的缘故。

2. 儿童所有知识也多谬误的缘故：比如上面所说的小孩子把钱种在地上，他以为就可以长出钱来了。

3. 儿童的注意力太薄弱的缘故：思想一物，必要一直注意思想的目的。儿童忽而注意这样，忽而注意那样，把原来的意思变更了。

4. 儿童的智力没有系统的组织：他的经验都是零零碎碎的、没有系统的，因此他所想的，也是零乱无组织的。

5. 儿童缺少甄别选择的能力：思想要准确，一定要有审慎的选择。譬如发生一个问题，脑筋中就有一个观念发生，不过这个观念未必一定是对的，一定要有很精细的判断才靠得住。如我看见一个小孩子哭，我就想是他母亲打他的，后来走过去看看，他头上有血，我就想他母亲不会打得这样厉害，仔细一看，才晓得是跌的缘故。所以第一个观念是靠不住的。小孩子不能判断，就以第一个为对的。

（三）关于思想的内容

成人因为要顾家谋生的缘故，所想的大概关于谋生问题。小孩既然不要顾家谋生，所做的大概都是游戏的事情，因此所想的都是关于游戏的问题。

三、发展思想的教育方法

1. 儿童自己能思想到的，你切不可代他思想。

2. 使儿童得到充分的思想机会。当特意设置种种新动境、新问题，叫儿童来适应、来解决。

3. 使儿童得到丰富经验，经验是思想之根本。

4. 教儿童善用言语文字以及学习种种美术。言语是思想的利器。

5. 改正儿童谬误的思想。

参考书目

1. Norsworthy and whitley. Psychology of Childhood.
2. Miller. Psychology of Thinking.
3. Dewey. How We Think.

第二十章　道德问题

一、研究儿童道德问题之历史

下面所说的几个研究，只可做为研究本问题的参考。

（一）19世纪末，玛格丽特（Margaret）用下面一个假定的故事，叫3 000多儿童去评判。故事如下："瑞丽有一盒画图画的颜色。某天下午，他母亲到外边去了，他把客厅的椅子画了许多东西，以为他母亲看到了就会很高兴的。后来他母亲回来了，瑞丽跑出去欢迎她，并且对她说：'哦，妈妈！你来看，我把客厅里弄得多好看。'但是他母亲把他的颜色拿去了，叫他到房里去。倘使你是瑞丽的母亲，你要对他怎么做，或对他怎么说？"

3 000儿童所作的回答，有下面的14条：

1. 随他去。
2. 解释给他听。
3. 叫他不要再做。
4. 要他允许下次不做。
5. 恐吓他。
6. 骂他。
7. 叫他把椅子弄干净。
8. 把他关起来。
9. 饿他一餐。
10. 把他颜色拿去。
11. 叫他到房里去。
12. 打他。
13. 责罚他。
14. 特别的责罚他。

上面回答的1、2、3、4四种办法，是承认瑞丽是好意的。以后各种都是报复的意思，就是不管瑞丽的用意，只看瑞丽所做的坏的结果。桑代克把玛氏所研究的结果重新核算，以“报复”和“看用意”两方面为根据，他所得的百分比表如下：

表 20－1

性别	年龄 项别	6	7	8	9	10	11	12	13	14	15	16
男	报　复	87.5	80.9	80	84	77	75	73	67	49	49	33
	看用意	8	9	7	9	12	9	14	16	32	36	59
女	报　复	92.5	82.5	81	70	67	34	60	55	49	37	36
	看用意	3	9	9	10	17	21	24	33	36	48	46

从上表看来，年纪小的儿童，单看做事的结果，不顾用意的好坏；年纪大了，就不单看结果，也要看用意的好坏。

（二）1910 年希尔（David Spence Hill）研究儿童所模仿的人物，他用一张纸，上面写着一个问句，叫儿童回答。问句是：“哪一个（你所看见的或者听见的、想到的、读到的）是你最喜欢模仿的？为什么？”

希氏一共得到 1 431 个儿童的答案。据所得的结果和图 20－1 看来，年纪小的时候，父母是他所喜欢模仿的人；年纪大了，就喜欢模仿历史上和社会上的人物。对于小说上和宗教上的人物，年纪大小没有什么分别。女孩小的时候，喜欢模仿父母比男的多；大了喜欢模仿历史上和社会上的人物比男的少。

普通的小孩子，在家不知道外边的人，当然以父母及亲戚为模范人物。进了学校，就要模仿教员了。十三四岁，就要模仿他同伴中强有力的人物。到十八九岁，随着他能力的提高，知识的丰富，他就要模仿宗教上或社会上的人物了。

（三）1917 年坦纳（Amy E. Tanner）研究儿童对于道德的观念，①他假设三类儿童所做的坏事，叫儿童去评判，共试验两校 528 个儿童，其中男 270 人，女 258 人，年龄从 8 岁到 14 岁，三件假定的故事如下：

1. 张生每天早晨上学校去，必须经过一个苹果园，他很爱吃苹果，所以每天总要进园去偷吃。倘使你是园主，看见张生偷你的苹果，你怎样对待他？

2. 一日，秀珠（女生）上课时，以为老师没顾着她，就对旁人讲话，老师听见了，就

① 参看 Amy E. Tanner：Stealing Fruit and Deceiving the Teacher. *Pedagogical Seminary*，vol. 24，1917。

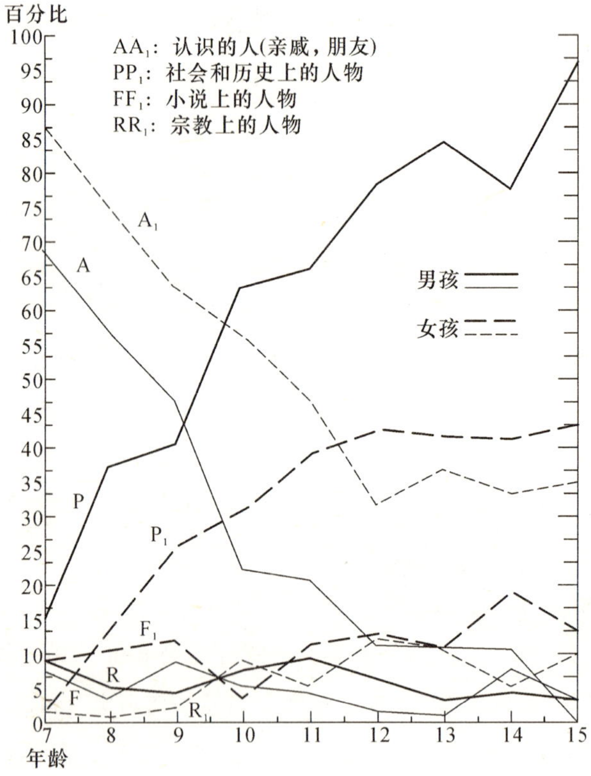

图 20－1　儿童的模仿人物

问她说："秀珠，方才讲话的是你吗？"秀珠回答说："不是，我没有说。"倘使你是那位老师，你怎样对待她？

3. 考试的时候，有一道算题陈生做不出，她看见别人已经把问题算好了写在纸上，她就偷着眼抄袭了。倘若你是主考老师，看见她偷抄旁人的东西，你怎样对待她？

结果：儿童对于第一个故事的意见如下表：

表 20－2

学生的意见	学校乙		学校甲	
	男	女	男	女
叫他不要拿	15%	17.8%	15%	30%
赶他出去	15.6	9	3	2

续 表

学生的意见	学校乙		学校甲	
	男	女	男	女
叫他出去	10	15	3	2
敲打他	12	8	9	1
捉牢他	13	4	12	3
责罚他	4	5	10	19
告诉他的父母	6	15	8	6
叫他先来请求	3	6	18	
让他摘	4	7	5	4
让他吃几个	2	0	2	1
罚　钱	4	0	0	0
其　他	9	16	10	12

从上表看来，他们的意见是不责罚张生，叫他不要再拿，叫他出去；也有一部分儿童，觉得应当打张生，或者告诉他的父母。

儿童对于第二个故事的意见如下表：

表 20－3

学生的意见	学校乙		学校甲	
	男	女	男	女
责罚她	15.5%	18%	13%	28%
骂　她	9	12	7	6
使她在班上丢脸	7.5	13	5	10
叫她承认说谎	6	7	4	2
迟放课	9	14	15	15
告诉她父母	7	6	15	4
敲　她	9	11	6	2
惩戒她	8	3	2	8
打手心	4	3	4	4
叫她出去	2	3	7	4
送她去见校长	4	3	1	0
其　他	13	9	15	15
不明了	3.5		4	3

从上表看来,大概是要责罚她,骂她,或者要迟放课,要使她在班上丢脸。

儿童对于第三个故事的意见如下表:

表 20-4

责 罚	学 校 乙		学 校 甲	
	男	女	男	女
把她的卷子丢掉,给她零分或不及格	31%	36%	53%	54%
那个算题不算数	3	2	1	10
叫她做别的算题	7.5	11	13	11
放课后再叫她做	3.5	6	1	3
减少分数	3	2	3	1
迟放课	2	0.4	1	4
骂 她	4	4	2	0
责 罚	5	3	7	5
敲 她	16	14	5	4
打 她	3.13	4	0	0
惩 戒	2	4	0	0
告诉父母	1	2.5	0	0
告诉校长	2	2	1	2
容她悔过自新	2	0.6	0	0
其 他	11	11	12	17
不明了	2	0	0	0

二、谎骗问题

儿童未能说话以前,就能欺骗人的。我的小孩 11 个月大的时候,就发现他会一种欺骗性的游戏。他手里拿着一块洋钱,邻居某向他索取,他就把洋钱放在他手里,但一放手立刻拿回藏着。这样年幼的婴儿,就有这种欺骗色彩的游戏。到了能说话的时候,欺骗的举动当做格外多了。

说谎欺骗是人类通病,不独小孩子才有。但是诚实是一种极美的道德,谎骗是一种卑鄙的行为。我们应当竭力设法铲除谎骗,培养诚实。这就要求我们必须从儿童时代做起。

未讲铲除谎骗方法之前，我们应当研究谎骗的缘由。

照伦纳德(Leonard)的意思，谎骗的缘由[①]不外以下几种：

1. 儿童不能辨别事实与幻想。幼年小孩子的脑筋，常充满许多幻想。忽而装狗、忽而装猫、忽而装虎、忽而装猴。有时小孩子发生想象的伴侣。有时小孩子辨不出梦幻与醒境，因此就发生了许多想象的谎言。

2. 儿童因言语不准确，所说的话，我们成人看起来近乎谎言之类。

某日我侄告诉我："某地方铁路烧掉了。"其实所烧掉的是铁路上的一根枕木。我侄儿明知所烧的是枕木，但他辞不达意，以致听者误会。

有一次，我的两岁的孩子看见一条蜈蚣，告诉我说，他看到一个很大的会爬的东西。问他有多大，他用手比着有1尺多长，其实不过三四寸而已。有一天，他在外边看见一头牛，问他多大，他用手比着也不过1尺多长。这并不是他不晓得蜈蚣之小，牛之大，但他证明大小的能力，尚未发展。像这种小孩子所说的，并不是谎言欺骗。

3. 惧怕的缘故：惧怕责罚，惧怕讥笑，惧怕别人不赞成他的意思，惧怕别人剥夺他所喜欢的东西，惧怕别人晓得他所隐藏的事情。

小孩子因为上面各种惧怕的缘故，所说的谎很多。

有一天，王母刚要出去的时候，把一筐子很好吃的樱桃放在桌上，用手摇着，对她的9岁的小孩子说："你不许偷吃，你吃了我就要打你。"她的小孩子本来不注意这一筐子樱桃的，被他母亲这样一说就看见了。见一筐很美丽可口的樱桃，他自己想，这样好的樱桃，我一定要尝尝看。等他母亲出去了，他就吃了一些，并且把筐子里的樱桃装得很好，使筐子里面空的地方看不出来。后来他母亲回来了，看出破绽，问他说："我告诉你不要偷，你还是要偷，现在我一定要打你。"小孩子急忙说："我没有吃，我没有吃，筐子倾倒了，我把它放好的。"他母亲说："何以少了许多呢？一定是你吃的，你走过来。"就把他打了一顿。打过之后，对他说："你把樱桃一齐吃了我也不可惜，但你说谎，我顶恨的。"

上面这段故事，证明王母不但是暗示她的小孩子偷吃，而且促使她的小孩说谎。一方面证明小孩子怕受责罚而说谎。假使王母出去的时候，把樱桃藏起，不使小孩子知道，就没有偷吃和说谎这回事。或者王母给小孩子吃一点，恐怕也不会偷吃。回来

① 参看 Smith and Hodges：Moral Training at Home and in school。

不先恐吓他,而用很和蔼的口气、亲热的态度问他,恐怕也不至于说谎。所以孩子有时说谎和欺骗是父母激成的。

有一个十一二岁的孩子,一次偷了家里几个钱,到外边买东西吃。后来他父母知道了,问是不是他偷的,他始终不承认。他哥哥和姐姐问他,他也不承认。后来他的二哥私下用亲爱的样子问他,他就承认了。这里有几点,我们应当晓得的:(1)小孩子不愿意在大众面前承认他的错误。(2)我们应当用温柔的态度去问小孩子,使他不至于因为怕羞耻而谎骗。上面那个例子证明小孩子是怕丢脸的。

4. 因为要人称赞和同情而说谎。小孩子时常自己说他家里有什么东西,或他能做这样做那样,以博取他人的称赞。

5. 为达到他的目的而说谎。我的两岁半的孩子,走路时鞋里偶然有了几颗沙泥,叫母亲帮他脱了鞋子把沙泥倒出,后来他回家就不要穿鞋子,说里面有沙泥。母亲是在不知道的情况下替他脱的,以后他要脱鞋就说鞋里有沙泥。这种谎骗,也是很自然发生的,小孩子以为这样就能达到目的,但不知道谎骗是很坏的。假使做父母的,因为他说谎不允许他,孩子知道说谎无用,就可以不说谎了。我们对于小孩子就是这样做的,以后他要脱鞋子,不说有沙泥了。

上边所说的几条,是小孩子说谎的普通缘由。

三、道德训练方法

(一) 父母要以身作则

小孩子往往以父母的言行为标准,所以要小孩子不谎骗,先要自己不谎骗。否则,小孩子就很难诚实。试举一例:

有一次,有一个母亲要到外边去,对小孩说,妈妈到外边去去就来,买糖给你吃,你好好在家不要哭,不要吵。过了半天,这位母亲才回来,但没有带糖,小孩向她讨糖,她说:“忘记了,下次买给你吃。”后来孩子邀他邻居的小孩来同他玩,就喊着邻居小孩子说:“你到这里来玩,我这里有糖。”他母亲听见了就责问他说:“你没有糖怎么说有糖呢?你要他来就叫他来,何必要骗他。”小孩子回答说:“这个不要紧,他来了就说我吃下了!”这个小孩子所以说谎,就是受他母亲的影响。他母亲不要孩子说谎,是很好的,但是她自己却说了谎,怎能要她孩子不说谎呢?像这样的母亲还算好的。还有一些做母亲的,以为小孩子能谎骗是聪明,并且很得意地赞扬他。所以最紧要的,做父母的自己先要诚实,然后才可以培养子女诚实。

(二) 不要任意摧残儿童的动作,施行种种消极性的束缚

小孩子生来是好动的、好奇的,以游戏为生活的,父母不应当事事禁止他,使他不得已而发生谎骗的行为。比如你禁止他,他又做了,你以后再问他,他只有谎骗你了。

(三) 利用故事以暗示儿童的动作

对于这一点史密斯(Smith)同霍奇斯(Hodges)说得很详尽,古来圣贤教人,常常利用故事,在故事之中,可以寄托种种的好行为,赏善罚恶等事,使听众无形中受一种好行为的暗示。如华盛顿砍树的故事,小孩子听了,就知道诚实的可贵。

不过对于利用故事进行教育,有几点要注意:

1. 故事不应有消极的暗示。故事中描摹坏的行为,原意是讲作恶受罚,但是小孩子看不到结果,他只看到坏的行为,如诲盗、诲淫的影剧、戏剧。

2. 讲故事给儿童听的时候,不必像牧师把用意显明地说出来以教训孩子,应当让孩子自己去结断就够了。因为你明显地去教训他,他就不愿意听了。

(四) 利用暗示

如前例王母暗示儿童偷樱桃吃,这是坏的暗示,但是我们可以利用好的暗示以教导儿童。如用各种箴言,每月或每星期换一次,灌输一种好的印象给儿童,他的行为自然可以变好。这种箴言可以写好贴在房里,古所谓座右铭是也。念诵各种格言,以为警惕。如"今天我一定比昨天好,所说的话要诚实,所做的事体要诚恳,要使得别人快乐……"等等。这样每天都有一种好的训练,自然就可以趋于善了。但是不可以牵强,否则不但没有好处,还要得到坏的结果。

(五) 实地教导

教导儿童,要实地去做才好。如现在教他爱国爱民等事,他不能领会,无益于事,最好在发生事实的时候教导他,他才能了解。如孩子的朋友病了,你就叫他去送花、问候,这样他们的友谊就更加密切。这就是实地教他,否则你凭空教他友谊,他是不懂的。

参考书目

1. *Pedagogical Seminary*, 1910.
2. Amy E. Tanner. Stealing Fruit and Deceiving the Teacher. *Pedagogical Seminary*, Vol.

24,1917.

3. Smith and Hodges. Moral Training at Home and in School.
4. L. A. Leonard. A Parent's Study of Children's Lies, Ped. Sem. Vol. 27,1920.
5. R. C. Beery. Practical Child Training, Book IV.

第二十一章　男女性的分别

男孩的天赋与女孩的天赋究竟有否分别？曾经研究这个性别问题的人很多。我把主要的录述于下：

一、游戏

谢福勒（Scheifler）用简单问答法研究儿童的游戏。他共得 3.5 万个儿童的答案。谢氏把游戏分为（1）模仿游戏，如玩洋囡囡与假战等；（2）运动游戏，如赛跑、各种球戏；（3）智力游戏，如下棋等；（4）职业游戏，如缝纫、读书等。照这四种游戏分起来，女孩多喜欢模仿游戏，男孩多喜欢运动游戏；至于其余两种游戏，没有什么男女的分别。

二、理想

我们现在要问男女的人生理想有没有分别？这个问题已经有人研究过。布兰道尔（Brandall）研究瑞典的儿童。希尔（Hill）和霍尔什（Holsch）研究美国的儿童。他们所得的结果，都说女子选择熟悉的人做他们的模范人物比男子多。但男子选择历史上的名人和小说中的英雄做他们的理想人物比女子多。

三、记忆力

从研究记忆力的种种试验结果看来，女子的记忆力似比男子强得多。

四、变化率

从桑代克的研究看来，变化率（variability）男的比女的大得多。就是男子中的下愚和上智都比女子中的来得多。可绘曲线以明之。

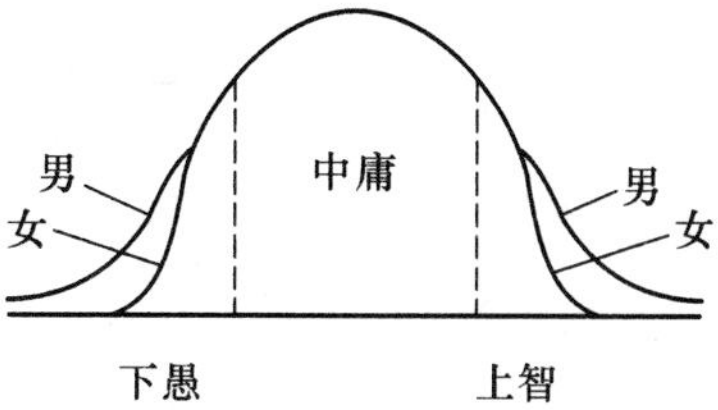

不过霍林沃思（Leta S. Hollingworth）[①]不承认桑代克的说法。她以为桑代克所根据的材料

① 霍林沃思（L. S. Hollingworth，1886～1939），美国教育家和心理学家。曾在哥伦比亚大学教育学院任教。著有《弱愚儿童心理学》。

(从低能儿院、贫儿院、神经病院等采取的),不足以代表男女的实情。霍氏曾在纽约私妓中找出患神经病和低能的很多,足见下愚的女子也不比男子少了。

五、动作

斯塔奇(Starch)把麦迪逊(Madison)城学生的书法都测验了一下。从速率、形式和秀丽三层看来,女生的书法都比男生好。

伍利(Woolley)①用测验方法研究劳动的儿童。在用力的工作上,男的比女的来得好。在精细的工作上,女的比男的来得好。

总结起来,男女是有差异的。有的地方,女子较好一点;有的地方,男子较好一点。我们不能够说女子亚于男子,也不能够说男子亚于女子。

六、智力

特曼(Terman)曾经研究905个男女儿童的智力商数(IQ)。从5岁到13岁,女的智力商数比男的稍微高一些。在14岁,男的智力商数比女的稍微高一些。男女的智力商数的分配曲线差不多相仿佛的。这样看来,男女性在智力上没有多大分别。看下面的曲线分配图可以格外明白了。

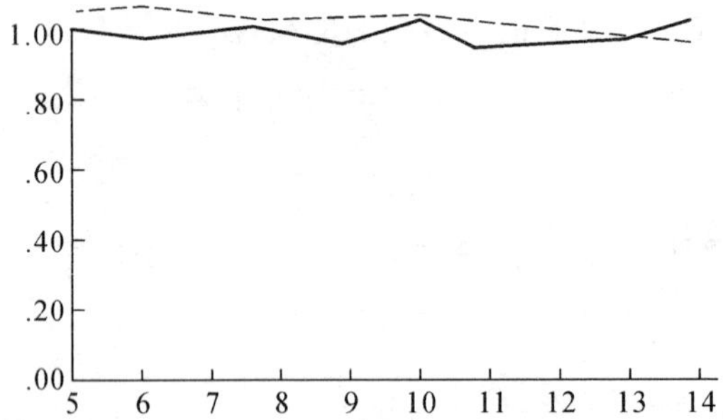

男孩	1.00	0.99	1.01	1.00	0.98	1.03	0.96	0.97	0.96	1.00
女孩	1.04	1.05	1.03	1.02	1.02	1.03	1.01	0.99	0.97	0.96

实线代表457个男孩智力商数的中数,虚线代表448个女孩智力商数的中数。男

① 伍利(Mrs. Helen B. Woolley, 1874～?),著有《对14岁至18岁儿童在劳动和学校中情况的研究》等书。

女生的年龄，都是从5岁到14岁。①

普雷西(Pressey)②在1918年研究了2 544个男女学生的性差异。普氏所用的材料，是十种智力测验，就是(1)机械式的记忆(记字)；(2)论理选择(如椅子的一腿、靠手、摇椅、垫子、坐板，在这五个答案中，叫儿童选择两个椅子最不可少的东西)；(3)应用算术；(4)对偶(如天对地，上对下)；(5)论理式记忆(如记故事)；(6)填字；(7)道德分类(例如四种事情，如耳语、行善、吸烟、赌博，叫儿童判别四种事情好坏的次第)；(8)词句重组(把字句颠倒且掺入一字，令儿童将所多之字划去)；(9)应用知识；(10)比喻测验(如冷—热；短—长，长字叫儿童填出)。他所测验的结果如下：(1)在任何年龄，女生中数比男生中数稍高一些；(2)在任何年龄，愚笨的男生比愚笨的女生多一些，但是聪明的男孩却比聪明的女孩多一些。从10岁到13岁，这四岁最可靠的年龄里面，有10%是最聪明的，其中3%大概是男生，1%完全是男生。见下表，就明白了。

		男	女
最聪明的	10%	51	49
	3%	81	19
	1%	100	0

		男	女
最愚笨的	10%	55	45
	3%	69	31
	1%	100	0

从一个一个的测验看起来，有三个测验男生比女生好；有七个测验女生比男生好。男女性的差异在各个测验上不同，有三个测验男女性的差异是一样的。这样看来，男女性的差别，不在普通的能力，而在各种特殊能力，就是说，有的地方，男的好；有的地方，女的好。不过最聪明的和最愚笨的，都是男孩。

他又用“划去余物”测验(crossout tests)试验12、13岁的787个儿童，得的结果如

① 参看Terman：The Measurement of Intelligence，第68～72页。

② 普雷西(S. L. Pressey)，美国心理学家。美国俄亥俄州立大学心理学教授。著有《标准测验使用指南》等有关智力测验方面的著作。

下表：

		男	女
最聪明的	10%	48	52
	3%	43	57
	1%	50	50
最愚笨的	10%	60	40
	3%	67	33

七、情绪

普氏又研究男女性在情绪方面的差异。他试验了101个大学生，其中男的49人，女的52人。所用的测验是一行一行做成的。每行有5个字，皆包含情绪性质的，如战栗、闲步者、竞争者、丑陋、侮谩，做的时候叫学生把不满意的事划去。所得的结果是女子划去不满意的事，比男子多55%。后来再叫被试者重看一遍，把最不满意的划去。普氏把划去次数最多的那件事，当做常模。这样算来，女子趋离常模比男子多9%，就是女子的情绪比男子多的意思。总起来说，普氏研究的结果是：在情绪方面，男女性的差别很大；在智力方面，男女性无甚差别。

八、智力与学力

去年本校教育科同人往无锡、苏州并在南京，用六种学力测验和一种智力测验，计16类，共测验了2 000多个学生。现在我把所有各种测验，依据男女性的分类重新整理。凡同校的男女学生因其人数太少一律不算。凡受各种小学测验之11、12、13三种年龄学生一概算入。受中学默读测验之学生，年龄必须在14岁、15岁、16岁的方可归入比较之列。所得的结果，详述之于后，以资研究。①

说明：

(一)

1. 智力测验查验儿童先天智慧。表中所说的团体智力测验属于此类。教育测验查验儿童的后天所受教育，表中除团体智力测验外，所举的测验均属此类。

2. 本表成绩系测验无锡、苏州、南京三处学校学生的结果，教会学校不在其内。

① 以下(一)(二)(三)节开头应有表，继之说明，但原书缺表。

3. 男女学生系男女异校的男女学生，同校的男女学生不在其内。

4. 本表成绩系就年级罗列比较的，与年龄无关。

5. 表中人数指该年级被试儿童的共数。总数指该级学生合得的分数。均数指该级学生平均每人所得的分数。差数指男女两行平均数的差数。相差的差数记于数目较少的一栏内，如初小默读测验第一类女生均数比男生少1.1，此差数即记在女生栏内，余类推。

6. 从本表内的教育成绩看来，一、二年级的男生比女生弱；但是三年级的男生比女生强；四年级的男生比女生更强。

7. 从本表内的智力成绩看来，四年级的男生比女生弱，三年级的更弱。

（二）

1. 在常识上比较起来，高一男生比高一女生弱；余均男生强，预科男生比女生更强。

2. 数学能力男生强女生弱。

3. 在默字上女生的能力亦较逊。

4. 至于默读能力，女生来得优。

5. 从本表教育成绩的平均数看来，一年级女生比男生弱，但差数甚微，无甚关系，二、三、预三级则均女生强，且有递进趋势。

6. 从智力的成绩看来，各级均是女生弱。

（三）

1. 从第一类默读测验成绩看来，男生的能力较强，且系递增的。

2. 在第二类，也是男生强。

3. 总数也是男生强女生弱。

结束：就上面几个表看来，应注意之点有四：

1. 女生的智力原比男生的来得强，不过渐长则渐减。我国因为现在女子教育非常幼稚，女生的环境比较男生的简陋得多，所以当他们初进小学开始受学校教育的时候，发展智慧的机会大略相同，他们禀赋高低的地位仍能保持。不过从小学起，男生所有的发展的机会，比女生的来得充分，所以男女生禀赋高低的地位，就渐渐迁移了。试看没有受过教育的男女的智力，比较受过教育的都来得低些。这样说来，我们最应当注意的，就是提倡女子教育，使女子得到同等的教育机会，以发展她们的禀赋。

2. 女子的智力原比男子的高些,所以在小学时期,女生的平均成绩比男生的来得优;但至中学期间因男生的教育机会比较充分些,所以男生的成绩比较好一些,女生的成绩都来得逊些。

3. 至于默读教授一方面,小学对于男生应特别注意,中学对于女生应特别注意。

4. 女子学校应注重数学,尤应注重常识。

男女生在初入学时所得的教育无甚差异,以后则均男生好些。

结束:由下二表看来,也有四点应该注意的:

1. 男女智力发展的机会,自小无甚差异,渐长渐殊;至于年长后相差更远了;所以我们应当给年长的女生以发展智慧的相当机会方好。

2. 当按年龄所生之影响,按时施以相当之补救。

3. 对于常识和数学,女生应按年龄比较男生格外注重。

4. 默读在低年龄时应男女并重,以后女生则应侧重一点。

表 21-1 (四)智力测验

年龄	性别	班 数	人 数	总分数	均分数	差 数
8	男	2	270	67	33.5	
	女	2	54	67	33.5	
9	男	2	279	77	38.5	
	女	2	100	69	34.5	4
11	男	2	287	104	52.0	1
	女	2	57	106	53.0	
12	男	2	352	108	54.0	
	女	2	58	108	54.0	
13	男	2	423	111	55.5	
	女	2	75	109	54.5	1
14	男	2	76	142	71.0	
	女	2	43	129	64.5	6.5
15	男	2	93	140	70.0	
	女	2	47	127	63.5	6.5

(1) 班数就是表内各项教育测验合计的项数;总分数就是表内同年龄的各项教育测验分数之合计;平均数就是按班数平均总分所得的分数;差数即男女均分相差之

数。下表同。

(2) 从表21－1和表21－2看来，更可知男女生的智力发展的缓急与年龄大有关系，年龄愈小愈无分别；愈大则差别亦愈大。

表21－2 （五）教育测验

年龄＼性别		班　数	人　数	总分数	平均分数	差　数
7	男	2	339	92	46.0	
	女	2	147	92	46.0	
8	男	4	534	171	42.7	
	女	4	254	166	41.5	11.2
9	男	6	848	263	43.8	
	女	6	361	251	41.8	2
11	男	9	1 060	460	51.1	
	女	9	396	442	49.1	2
12	男	10	1 298	524	52.4	
	女	10	412	498	49.8	2.6
13	男	10	1 457	534	53.4	
	女	10	532	517	51.7	1.7
14	男	2	111	102	51.0	
	女	2	65	93	46.5	4.5
15	男	2	158	101	50.5	
	女	2	127	99	49.5	1
16	男	2	237	105	52.5	
	女	2	178	99	49.5	3

参考书目

1. Norsworthy and Whitley. Psychology of Childhoodl, chap. I.
2. Conklin. Heredity and Environment, chap. II, IV.
3. Hollingworth. Psychological Bulletin, Oct. 1916.

4. Helen Thompson Woolley. Psychological Bulletin, Oct. 5, 1914.
5. Woolley. Psychological Bulletin, 1910.
6. Thomson. Heredity.
7. Terman. Measurement of Intelligence.
8. L. W. Pressey. Sex Differences. *The Journal of Applied Psychology*, Vol. II, No. 4.
9. S. L. Pressey and L. W. Pressey. Minor Studies from the Psychological Laboratory of Indiana University, IX. Further Data with Regard to Sex Diffrences. *The Journal of Applied Psychology*, Vol. V, No. 1.

第二十二章　特殊儿童——耳聋和口吃

一、耳聋

耳聋的儿童是否比耳明的儿童愚笨一些？耳聋的儿童能否学习普通学识和技能？生来聋的儿童与生后聋的儿童比较起来相差多少？还有耳聋的儿童是否一样愚笨的？这许多问题都和聋儿教育有密切的关系。怎样教育聋儿的方法，怎样对待聋儿的历史以及怎样研究聋儿的方法与历史等问题，当另参考专书，非此短篇所敢妄论。下面所介绍的只是几个主要的研究结果。

平特纳(Pintner)①和佩特森(Paterson)②于 1914～1915 年间试验了 481 个耳聋的儿童③。

(一) 聋儿的记忆广度

首先我们要问的，聋儿的记忆广度比常儿的记忆广度如何？平、佩二氏仿照斯梅德利(Smedley)试验常态儿的记忆广度之方法，试验了许多聋儿。其所得结果如下表：

从下边的两个表看来，聋儿的记忆广度比常儿的处处都是不及。

表 22-1　耳聋的儿童

字数(个) \ 年龄	7	8	9	10	11	12	13	14	15	16	17	18	成人
0	4	10	12	2	1	1	1	2					
2	10	8	9	16	14	10	8	4	2	7	7		2
3	1	7	7	20	30	18	18	7	9	18	10	6	19
4			2	5	1	11	10	9	14	13	20	10	18

---

① 平特纳(Rudolf Pintner，1884～1942)，美国哥伦比亚大学师范学院教育学教授。著有《教育心理学》、《心理学史》、《智力测验》、《对修订的斯坦福-比奈量表的使用指南》等。

② 佩特森(Donald G. Paterson，1892～1961)，美国明尼苏达大学、堪萨斯大学心理学教授。主要著作有《体格和智力》及《测验指南》等。

③ 参看 Pintner and Paterson：A Comparision of Deaf and Hearing Children in Visual Memory for Digits. *Journal of Experimental Psychology*，Feb. 1917。

续　表

年龄 字数(个)	7	8	9	10	11	12	13	14	15	16	17	18	成人
5			1	3	4	2	3	3	6	10	6	7	7
6						1	2	1	1	3	2	3	3
7								1	1		1		2
人　数	15	25	31	46	50	43	42	27	33	51	46	26	51
平均字数(个)	1.5	1.5	1.7	2.8	2.8	3.1	3.2	3.4	3.9	5.6	4.1	4.3	4.4
75%	0	0	0	2	2	2	3	3	3	3	3	4	3
中　数	2	2	2	3	3	3	3	4	4	4	4	4	4
25%	2	3	3	3	3	4	4	4	5	5	4	5	5

(根据 Pintner 和 Paterson 的研究)

表 22－2　常　儿

年　龄	7	8	9	10	11	12	13	14	15	16	17	18	19
记忆广度数字的平均数	5	5	6	6	6	7	7	7	7	7	8	7	8

(二) 生来聋的儿童与生后聋的儿童

平、佩二氏找得生后聋的儿童,对于记忆广度和形数交替之学习能力,几乎岁岁都比生来聋的儿童来得好。请看表 22－3 就易明白了。①

表 22－3

年　龄	视　记　忆				形　数　交　替			
	生来聋的		后来聋的		生来聋的		后来聋的	
	人数	中数	人数	中数	人数	中数	人数	中数
7	10	1.5	5	1.6				
8	13	1.1	12	1.7	5	5.0	4	0
9	15	2.1	12	1.3	8	3.0	8	3.3
10	25	2.7	20	2.9	22	7.4	15	9.8
11	22	2.7	24	2.9	22	10.6	21	12.2

① 参看 Pintner and Paterson: Learning Tests with Deaf Children. *Psychological Monograph*, Vol. 20, No. 4, February 1916。

续 表

年 龄	视 记 忆				形 数 交 替			
	生来聋的		后来聋的		生来聋的		后来聋的	
	人数	中数	人数	中数	人数	中数	人数	中数
12	21	3.1	19	3.2	16	16.9	22	10.7
13	15	3.1	19	3.4	11	20.4	22	19.3
14	11	3.2	13	3.6	16	16.7	17	20.0
15	14	3.3	17	4.4	15	18.8	24	20.5
16	23	3.4	22	4.0	24	23.4	19	21.8
17	15	3.6	25	4.1	10	20.9	28	21.0
18	9	3.8	17	4.4	11	25.4	21	24.6
成 人	14	3.9	28	4.1	14	19.0	32	24.0

（根据 Pintner 和 Paterson 的研究）

（三）男女的比较

耳聋的男女儿童在记忆上有否分别？

从表 22－4 看来，我们看不出有什么分别。

表 22－4 男女聋儿记忆力比较

年 龄	聋的男孩		聋的女孩	
	人数	均数	人数	均数
7	7	1.6	8	1.5
8	14	1.3	11	1.7
9	23	1.9	8	1.1
10	23	1.8	23	2.8
11	33	2.8	18	2.9
12	28	3.1	14	3.2
13	18	3.6	24	2.9
14	13	3.5	14	3.3
15	15	4.1	18	3.8
16	31	3.8	20	3.5
17	22	3.6	25	3.9
18	11	4.4	15	4.2
成 人	21	3.8	17	4.4

（四）口授的与手授的聋儿

耳聋的儿童，初入聋哑院时，在美国先教以口授法（就是教他说话），若口授法教不成，乃用手授法(就是做手势教他)。由此可见，口授的儿童比手授的似乎来得聪明些。平、佩二氏所得的结果，正是证明这一点。他们从记忆试验中得到以下的结论：

1. 口授的聋儿比手授的聋儿平均来得好。

2. 耳聋的儿童在记忆上，远逊于耳明的儿童。

3. 生后聋的比生来聋的来得好。

4. 男女的记忆没有什么上下。

平、佩二氏以前曾以形数交替和数形交替两种测验试验过 2 041 个聋儿。他们所得的结果如下：

1. 对于联合数目与图形一种心理作用，耳聋的儿童与耳明的儿童相比差 3 年。

2. 耳聋的男孩与耳聋的女孩有相等的学习能力。

3. 生来聋的与生后聋的在学习上没有什么分别。

理墨在平氏指导下，以六种智力测验、八种教育测验，试验了 2 500 个聋儿。结果与平、佩二氏所得的相吻合。(1)以学业论，耳聋的儿童与同年龄的耳明的儿童相比，差 5 年程度。(2)以智力论，耳聋的儿童比耳明的儿童低 2 年。为什么智力年龄相差 2 岁，而教育年龄相差 5 岁呢？这恐因为耳聋的儿童受语言限制的缘故。(3)男女儿童的智力和学业程度没有区别。①

(五) 关于聋哑教育

理墨所做的测验聋哑一书，曾略述聋哑教育的历史。现在我简单地把它写出来，以资参考。

表 22-5　口授的

年　龄	7	8	9	10	11	12	13	14	15	16	17	18	成人
人　数	15	22	20	38	33	27	27	13	20	28	17	13	26
平均数	1.5	1.6	1.9	2.8	2.9	2.9	3.5	4.2	4.2	4.2	4.5	4.5	4.5
75%	0	0	0	2	2	2	3	3	4	3	4	4	4
中　数	2	2	2	3	3	3	3	4	4	4	4	5	4
25%	2	3	3	3	3	4	4	5	5	5	5	5	5

① 参看 J. C. Reamer：Mental and Educational Measurements of the Deft. *Psychological Monograph*，Vol. 29，1921。

表 22－6　手授的

人　数	3	11	8	17	16	15	14	13	23	30	13	19
平均数	0.6	1.3	2.4	2.6	3.0	2.7	2.7	3.5	3.0	3.3	4.0	3.1
75%	0	0	2	2	2	2	2	3	3	2	3	3
中　数	0	0	3	3	3	3	3	3	3	3	4	3
25%	2	3	3	3	4	3	4	4	3	4	5	3

我们中国人没有想法去教育聋哑，欧美各国对于聋儿教育甚为注意。他们不单能够使聋哑用手达意，也能使聋哑用口说话。“哑子能说话”这是一种事实。我亲自到过聋哑学校与聋哑说过话的。这种聋哑教育，究竟在什么时候发生的？

在 691 年，彼得（Venerabl Bede）说约翰（Bishop John of York）曾教一个聋哑说话。阿哥瑞可拉（Rodolphus Agricola，1443～1485）曾教一个聋哑说话。在 16 世纪，卡达尔诺（Giroramo Cardano）曾发明一种“手势字母”，并主张“口言”。在 1620 年帕波罗（Juan Pablo）发明一种“手势字母”，现在我们所用的就是根据他的。德人海尼克（Samuel Heinicke）约在 1778 年创立一个学校，专为教育聋哑，他极力主张采用“口言”方法。

法国最著名的聋哑教育家，要推米歇尔（Charles Michel），他创设学校，著述《聋哑教育之指南》。美国对于聋哑教育比较欧洲诸国算为后进，但近百年来，积极进行，非常发达。康涅狄格（Connecticut）州之哈特福特（Hartford）城，于 1817 年首先创立一个永久的聋哑学校，主办者为一个女子名科格斯韦尔（Alice Cogswell）。到 1919 年，美国已有 78 个公立聋哑学校、一个聋哑大学。

教育聋哑的方法，约分三种：(1)“手言”（以手势代言）；(2)“口言”（以口说话的）；(3)二种兼用的。

二、口吃

口吃的儿童，在家受父母的谴责，在校受同学之讥诮，以致终日缄默不敢发言，心中痛苦不可言喻了。口吃的儿童百人中究占多少？丹麦、加利、比利时、美国曾有调查，[①]现将特曼（Terman）所列的一表介绍于下：

① 参看 Terman：The Hygiene of the School Child。

(一) 口吃何时发生的

奥土佛斯基(Oltuszewski)调查了535个口吃的儿童。

表22-7 口吃病发生的时期和人数

口吃病发生的年龄	2	3	4	5	6	7	8	9	10	11	12	13	14	15
人数	7	50	67	64	47	32	39	16	24	6	6	7	2	6

从上边一表看来,口吃病大概在8岁以下发生的。

(二) 口吃的特别心理

斯威夫特(Walter B. Swift)[①]同海德里克(Jennie Hedrick)研究口吃的心理特征,他们把口吃分为二种,一种积极的,乐观的,一种消极的,悲观的。

积极的一种,说话很快,不过终究期期难言,为惧怕心所约束;消极的一种,明知口吃易遭非笑,不肯发言,不愿与人结交。现在介绍斯威夫特与海德里克所总结之特别心理如下:(1)言语简单;(2)神经灵敏(易受刺激的);(3)含羞;(4)抑制自己的动作;(5)言语太急;(6)言语漫无限制(随便乱说);(7)思想杂乱;(8)易于疲劳;(9)不善于交际;(10)沉默寡言;(11)失意;(12)葸缩。[②]

(三) 口吃之原因

研究口吃最有心得的,首推美人弗莱彻(John Madison Fletcher)。他的研究报告曾于1914年在美国《心理杂志》(*American Journal of Psychology*)发表过。他的学说,极为合理。汤姆金斯(Tompkins)在《教育研究》(*Pedagogical Seminary*)把他的学说重行说明。

现我简略地把口吃学说介绍给读者。

口吃者为什么口吃呢?是否是先天遗传下来的,还是后天学来的?口吃一症,是从后天发生的,是因为未口吃以前,口吃者偶遭阻力,使所要说的字句,忽而说不出来,以后就怕说那个字句。一怕说,寻常说话的机械动作大受阻挠,而还要用力去战

---

① 斯威夫特(Walter B. Swift 1868~?),美国心理学家。研究学习心理学。著作有《学童的语言缺陷及其矫正办法》等。

② 参看 Swift and Hedrick: A Note on Mental Peculiarities as Symptoms in Stuttering. *Journal of Applied Psy.*, 1918。

胜它，说话的机械动作一受阻挠，说话因此不易，而惧怕益甚。

口吃不是因为字音难说的缘故，有时口吃的人唱歌唱得很好，或唱戏唱得很好。有一个口吃的，不能说"yes"（是），虽费尽力气，终期期难说。后来他自己咒诅说："Damn it, I can't say'Yes'."（该死！我不能说"是"。）不过他此时毫不费力，竟能说出"yes"一字。我听说有一个口吃者，一日往姐处报母丧。一见姐，一字不能说，惟顿足敲手而已。其姐见之不胜悯怜，遂叫他把他的意思唱出来，他因得报告来意。

还有一种致口吃的原因，就是模仿。常有儿童，因模仿口吃者而发生口吃。

（四）矫正口吃病之方法

口吃儿大抵因惧怕发生的。所以矫正之法，不外使口吃的儿童有自信心，使他战胜他的惧怕心。最好常教以唱歌，与以独自低说。

参考书目

1. Pintner and Paterson. A Comparision of Deat and Hearing Children in Visual Memory for Digists. *Journal of Experimental Psychology*, Feb. 1917.
2. Pintner and Paterson. Learning Tests with Deaf Children. *Psychological Monograph*, Vol. 20, No. 4.
3. Reamer. Mental and Education Measurements of the Deft. *Psychological Monograph*, Vol. 29, 1921.
4. Terman. The Hygiene of the School Child.

第二十三章　研究儿童的历史[①]

儿童学在现代心理学中占一个很重要的地位，考其历史不过百余年耳。近五六十年来研究儿童学的兴趣更觉浓厚。自 1628 年夸美纽斯[②]的《儿童图画世界》(*Orbis Picture Comenius*)一书出世，世人研究儿童的兴趣，遂被唤起。但儿童在社会上的地位，仍旧很低。1762 年卢梭(Rousseau)[③]的名著《爱弥儿》(*Emile*)出版，儿童教育遂大受影响。卢氏谓儿童本性是善良的，社会是万恶的。普通所用教育的方法，足以摧残儿童本性。这样不懂儿童心理和摧残儿童固有灵性的教育，我们应当竭力革除，使儿童本性得以自由发展，脱离万恶教育的束缚。当时学者韪之，研究儿童学的兴趣，于是大起。

研究儿童个性的发展最早，且有简略的记载者，厥惟裴滋德洛齐(Pestalozzi)[④]。他在 1774 年研究他的 3 岁小孩，他的记载并非关于儿童心理的研究，乃是一种教育儿童的日记，其中间涉儿童心理而已。裴氏所以研究儿童的缘故，无非要把所了解儿童的性情和能力，来做教育儿童的根据，所以他的研究，单从教育儿童便利方面着想，以为儿童不过是未成熟的成人罢了。

---

① 摘择马蒂尔(Mateer)的《儿童行为》(*Child Behavior*)第一章。

② 夸美纽斯(Johann Amos Comenius，1592～1670)，捷克教育家，为捷克的独立奋斗一生。他曾任兄弟会的牧师、主教。主办过各种类型的学校，并任普热罗夫拉丁学校、摩拉维拉兄弟会学校校长。他尖锐抨击中世纪的学校教育，探索改革教育的道路。主张所有的人都应受教育，是外国教育史上最早提出普及教育的思想家。他设计一套学校系统，提出一系列教学原则，如直观原则、系统性原则、量力性原则等。他的教育思想和主张，为近代教育理论奠定了基础。他的主要著作有《母育学校》、《语言与科学入门》、《大教学论》、《世界图解》等。

③ 卢梭(Jean-Jacques Rousseau，1712～1778)，法国启蒙运动思想家、哲学家、教育学家、文学家。他的教育理论以“归于自然”为依据，他主张教育的目的是培养自然人，教育应顺应儿童的天性，使身心自由地发展，形成教育史上的自然主义，对近世的教育改革和教育科学发展产生影响。主要著作有《民约论》、《爱弥儿》、《论人类不平等的起源和基础》、《忏悔录》等。

④ 裴滋德洛齐(Johann Heinrich Pestalozzi，1746～1827)，今译裴斯泰洛齐。瑞士教育家。曾在诺依霍夫、斯坦兹创办孤儿院，从事贫苦儿童的教育，后又创办学校进行教育实验。在 25 年里主要进行改革初等教育的试验。他的教育思想对英、法、美等国的影响很大。对中国的初等教育也有影响。主要著作有《林哈德和葛笃德》、《论教学方法》、《葛笃德怎样教育她的孩子们》等。

研究儿童学的鼻祖非夸美纽斯、卢梭、裴滋德洛齐等，乃泰德曼（Dietrich Tiedemann）。他把他研究自己小孩的结果，在1787年发表出来。他的研究，可谓纯粹从心理方面着想的，但世人对于他的报告，视为无足轻重，嗣由米歇尔兰姆（Michelam）把他研究的结果译成法文，在1863年登于《公共教育杂志》（*La Journel Géněralde L'Instruction Publique*），得传于世。

福禄培尔（Froebel）①的《人的教育》（*Die Menschen-Erziehung*）在1826年出版。这种研究，也是因为要求一种儿童精确的心力发展和程序，作为制裁教育的依据。他的研究，处处杂以哲学上的推想，不过有一点我们要注意的，就是他认为婴儿、儿童、青年各期不是间断的而是继续的。1828年奈克尔·德·绍休尔（Mme Necker de Saussure）的《前进的教育》（*Education Progressive*）第一卷问世，书中详论4岁以内的儿童心理。1832年第二卷书继起，详论4岁以外的儿童心理。奈克尔研究儿童的目的，不过要晓得儿童道德心能的发展和历程而已。在他的观念中，也以为儿童是将来的成人。

从卢梭以及到奈克尔所有的研究，其焦点都是要谋教育儿童适当的根据，所有的发表大抵缺乏科学的精神。

1851年洛比什（Löbisch）的《儿童心灵的发展》（*Die Entwicklungs geschichte die Seele des Kindes*）出版。洛氏原是一个医生，专治婴儿病症。他的书后来对研究儿童的学者影响很大。其次，关于儿童研究的报告要推西格斯芝德（Sigismund）的《儿童与世界》（*Kind and Welt*）。此书于1856年即成卷帙，书中记载他研究自己小孩的成绩，从儿童生后，即逐步考察儿童各种能力的发展：哭、笑、行动、言语等，这样研究的方法，实从前所未有。后二年又有海菲尔德（Heyfelder）研究儿童言语的结果，报告诸世。1859年库斯莫（Kussmaul）贡献他所研究的初生婴儿的种种结果。从此以后，研究儿童学者日多，研究的结果也就日臻繁密了。1873年吉斯默（Genzmer）证实库斯莫研究婴儿方法之确当，此种生理、心理的研究，以后逐渐兴起。坎内斯特里尼（Canestrini）研究了70个儿童，还有本尼迪克特（Benedict）和塔尔博特（Talbot）共研

① 福禄培尔（Friedrich Wilhelm August Froebel，1782～1852），德国学前教育家。1837年在布兰肯堡开办学前儿童教育机构（1840年命名为幼儿园），并组织训练幼儿教师，创立了一套幼儿园教育体系。他强调早期教育、儿童的自我活动和自动性原则，重视游戏和手工活动等，他的幼儿教育思想对后世有很大的影响。著作有《人的教育》等。

究了100个初生婴儿的生理。

1869年柏林教育社发出通告,叫各小学校教员调查入学儿童的知识和经验。他的调查方法,固多欠妥处,但其结果大可耐人寻味。常有最浅近的事物,我们以为儿童知道的,其实儿童茫然不知,如日落月出,儿童常有未曾见过的。后来美国霍尔(Hall)、俄国奈夏杰也夫(Netschajeff)有同样的研究。

1876年法国泰因(Taine)也有儿童和种族的言语发展种种简单的研究。同时英国达尔文(Darwin)在《心理》(*Mind*)杂志中发表《一个儿童的传略》(Biographical Sketch of an Infant)一文,此文写成在37年前,嗣因达尔文读了泰因的著作,有所感触,遂将此文发表,此即英人对于婴儿研究的创著。1878年佩雷兹(Perez)的《儿童的最初三年》(*Le Trois Premieres Années de L'Enfant*)亦行付梓,盛传一时。1882年普莱尔(Preyer)所撰的《儿童的心灵》(*Die Seele des Kindes*)一书出世,较之佩雷兹的著作更饶有兴致,因普莱尔所研究的不单依赖着普通观察法,且博用实验方法,其结果所以比较的来得更加切实可靠。现在我把各国对于儿童研究的历史,简单地写出来以资参考。

德国普莱尔(Preyer)把1880年到1897年说成是在德国对儿童研究最著名的时代。普拉斯(Plass)用德国人民研究科学的精神来研究关于影响儿童的社会、风俗、习惯种种问题。维尔罗特(Vieroedt)的著作,虽似纯粹关于解剖学和生理学,但直接对于人种学有莫大的贡献,间接对于儿童学有莫大的影响。

阿门特(Ament)对于儿童言语和儿童心理学的历史,很有研究。默曼(Meumann)对于未入学的儿童稍有研究。斯特恩(Stern)却能彻底地研究儿童,实为德国最主要人物。他的著作非常丰富。近来又增许多研究儿童学者,如:史密特(Die Schmidt)、柏克纳(Buckner)、苏宾(Seupin)、戴乐夫(Dyroff)、格罗斯(Groos)、卢特曼(Ruttmann)等皆是。将来他们的研究,能够超出于前人,也未可知。

比国国内所有儿童心理学的著作,大抵均关于已入学的儿童;所研究的问题,大抵均关于教育方面。

法国佩雷兹(Perez)对于儿童学研究很深,生平著作甚富。不过最后的著作,偏重论理方面,略于事实。康佩里(Compayre)的《儿童的智慧和品德发展》(*L'Evolution Intellectuelleet Morale de L'Enfant*)一书,实超过佩雷兹的著作,为法国最重要的名著。试阅《心理学年鉴》(*L'Annee Psyehologique*)就可知道法人研究儿童学的异趣。

比奈(Binet)、亨利(Henri)、西蒙(Simon)对于测验儿童的智慧,要算世界上的鼻祖。

法人所有儿童学的著作,强于论理,但研究方法,时有错误。德人著作富于事实,精于研究,惟运用已得之结果,远不及法人之灵敏。

意国弗里(Luigi ferri)读了达尔文(Darwin)和泰因(Taine)二人关于儿童的著作,才研究一个儿童的知觉、注意、模仿等项的发展。阿托兰希(Attolenghi)研究触觉。加皮尼(Gabini)的著作,可算最有系统的和特别的了。他研究儿童声音,如声音变迁,颤动的多寡,哭声的久暂,种种都有详细的记载;且于儿童色觉的发展,也有精细的研究。他先后一共研究了557个儿童。他的嗅觉著作,也很有价值。此外,朗布罗索(Paolo Lombroso)也有《儿童自卫本能》(*L'Instints de la Conservation Chez les Enfants*)和《儿童心理学在意大利》(*Die Kin Psychologie in Italien*)等著作。

俄国奈夏杰也夫(Netschajeff)于儿童学曾有著作,1904年且创设儿童研究院于彼得格勒锡科斯基,著有《儿童的心灵》(*Die Seele des Kindes*)一书,亦风行一时。

英国自达尔文试验自己小孩的言语发展一文发表后,研究儿童学者骤然增多。波洛克(Pollock)、钱普尼(Champney)、萨里(Sully)等精心研究婴儿的言语,萨里的《儿童之研究》(*Studies of Childhood*)实为当时名著。沃纳(Warner)对于研究方法,颇有贡献,在1887年著有《如何研究儿童》(*The Children: How to Study Them*)。他研究的方法,注重教育方法方面的;研究的事实,注意生理、心理方面的。曾发明一种测验儿童手臂自然动作的仪器(spontaneous movements)查出儿童自然动作,可以用光和声音来阻止。

德拉蒙德(Drummond)的著作,大致关于初学儿童,看英国儿童研究会所出的《儿童研究》(*Child Study*)一书,可以洞悉。

麦克杜格尔(McDougall)的《两个婴儿色觉的研究》(*Investigation of the Color Sense of Two Infants*)一书,对于儿童色觉的发展,贡献很多。总之,英人对于儿童学,没有特别创新,所用方法,大概多属模仿他国的。

美国和英国不同,美国首先研究儿童学且负有盛名者,实推霍尔(G. Staney Hall)。1877年霍特尔(Holder)虽有儿童字汇发表,1880年汉弗莱(Humphrey)也有同样研究,但对于儿童之大运动,乃从霍尔起。1880年霍尔先调查初学儿童的知识,后复创办《教育研究》杂志(*Pedagogical Seminary*),组织儿童研究会,研究儿童之声势从此大振。并将佩雷兹(Perez)、普莱尔(Preyer)二氏之著作,译成英文,充做研究资料,迨 1893 年希恩(Shinn)的《关于一个儿童发育成长的笔记》(*Notes on the Development of a Child*)发刊,研究个别儿童心理的兴趣又起。1903 年鲍德温(Baldwin)著《儿童的心理发展和种族》(*Mental Development in the Child and the Race*),此书为用进化方法(genetic method)研究儿童的名著。巴恩斯(Earl Barnes)的著作,虽仅涉及儿童教育,但颇能引起当时人研究儿童的兴趣。伯纳姆(Burnham)专研究儿童生理。张伯伦(Chamberlain)专研究儿童进化历史。坦纳(Tanner)却精心研究儿童心理对于教育的关系。特雷西(Tracy)的《儿童心理》(*Psychology of Childhood*)、柯克帕特里克(Kirkpatrick)的《儿童研究之原理》(*Fundamentals of Child Study*)和《形成中的个体》(*The Individual in the Making*)、吉赛尔(Gesell)的《常态儿童与初级教育》(*The Normal Child and Primary Education*)、帕特里奇(Patridge)的《个案研究大纲》(*An Outline of Individual Study*)等书,都是当时研究儿童学的重要著作。

此外,研究心理学者有奥本海姆(Oppenheim)、雅各比(Jacoby)、金(King)、梅杰(Major)、桑代克(Thorndike)等。就希恩(Shinn)一派看来,霍根(Hogan)、霍尔(Hall)、摩尔(Moore)等声誉亦著。若论增进儿童幸福的著作,那末曼格拉德(Manglad)的《儿童福利问题》(*Problems of Child Welfare*)和佩恩(Payne)的《人类进步中的儿童》(*The Child in Human Progress*)二书,实当推为巨擘。

近来美国对于儿童学,大有注重方法和分条研究的趋势,对于智慧测验兴趣的浓厚,更为他国所不及。

除上举各国外,如瑞典波希米亚(Bohemia)等,亦多儿童学的研究,但因文字困难的缘故,不能把他们所有的一一介绍出来。近来中国和日本对于这种学问,也有研究的动机了。

第二十四章　研究两岁以内儿童之方法[①]

研究儿童心理是一种最有趣的事，也是在儿童教育上算为一种最紧要的事情。不知儿童心理，哪里可以教育儿童？所以欧美各国对于研究儿童的心理非常注重。但我国研究者寥寥，而一般教育家空谈教育，却不去实地研究被教育者之心理，无怪教育之不见日进。

研究儿童心理之方法非常复杂，将来有暇另著。现在我把法国心理学家西蒙(Simon)[②]博士所著的研究两岁以内的婴孩之表格，由英文转译成中文，以介绍国人。其中有与中国情形不合的地方，我已删去。其中有不易了解的地方，我稍稍改了一点，另外再加上我研究我小孩时所采用的许多方法。

对于采用这张表格的人，我现在先要说几句话：

第一，研究儿童者之资格：

凡研究儿童的人，必须具有以下资格：

1. 知科学的方法，具科学的精神。

2. 对于儿童有敬爱之心。

3. 曾经研究过普通心理学。

4. 必须有恒心和细心。

5. 与儿童接触的机会要多。

第二，表格说明：

表格中的日期，第 3 天、第 3 个月等等，是指普通儿童在那个时期内发生某种现象。这种心理现象发现的时期，仅作为我们参考。

表格如下：

---

① 此篇是法国心理学家西蒙博士(Thomas Simon)原著，由美国爱荷华大学教授雷默特(Martin L. Reymert)摘译成英文(见 Pedagogical Seminary, June, 1920)，复由陈鹤琴根据中国情形，重行修正，并增加了其研究小孩的方法。

② 西蒙(Thomas Simon, 1873～1961)，法国心理学家、精神病医生。1905 年他和比奈合作，为解决法国教育工作中面临的低能儿的教育问题，共同制订了第一份智力测验量表。

婴孩的姓名：

生日：________年____月____日____午____时

性别：

生产后之重量：

在研究那一日，婴孩之重量：

在研究那一日，婴孩之牙齿如何：

晚间婴孩每次睡眠之时间(注明钟点)：

晚间共醒几次(从下午6时到次晨6时)：

日间共醒几次：

曾患何病：

父的职业：

婴孩有兄弟姐妹否(详细注明)：

现同谁居住：

与婴孩同居人的性别和年龄：

研究的日期：

研究者的姓名和地址：

研究者是否与婴孩相识：

下面是表格的内容：

一、视觉

(一) 婴孩的眼睛能开否？(第1天)

(二) 他的眼睛是否常常注视天花板？(生后几天)

(三) 能否双眼聚集视线于一物？(第7天)

(四) 婴孩的眼睛能追看下面的东西吗？

1. 白纸或自来火(把白纸或自来火放在婴孩的面前，又从这边慢慢地移动到那边)(第30天)

2. 移动的东西(第3个月)

3. 从此处走到彼处的人(第3个月)

4. 从外边抛掷过来的皮球

5. 飞鸟

(五) 你用拳头(或手指)假击他的眼睛,他眼睛能闪吗?(2个月)

(六) 他爱看灯光吗?(2个月)

(七) 他爱看颜色吗(注明颜色)?

(八) 他的眼睛是否转动不息,有若寻探的态度?(第2个月)

(九) 假使有棉线、头发在地上,他能否看出来?(第8个月)

二、听觉

(一) 婴孩觉得人声否?声音否?(第3天)

(二) 他能否转头向发声处,如狗叫,钟鸣?(第3个月)

(三) 他能否寻找叫他的人?(第3个月)

(四) 对于下面各种音乐他有什么表示?

1. 箫

2. 大锣

3. 笛子

4. 钢琴

三、认识

(一) 婴孩对于下列各项有否特别的反应?

1. 母亲的容颜(第3个月)

2. 熟悉的声音

3. 对于以下的几种动境,他有否显出惊讶的态度

(1) 当他从镜中看见他自己的时候(第7个月)

(2) 当他看到他的父母的照片的时候(第7个月)

(二) 他能注意人物否?

(三) 对于生疏之人,他有否显出稀奇的样子(目大口开)?(第7个月)

(四) 听见门开的时候,他有否显出稀奇的态度,如转头向门?(第7个月)

(五) 他是否反复验视他手里所执住的东西?(第9、第10个月)

(六) 他的眼睛是否跟从他所坠落的东西?(第9、第10两个月内)

(七) 他能否看着你或别人所做的连续的动作(比如:你预备早点心、移凳子、放碗

筷、一步一步地进食物,婴孩能看你做这些动作)?(第12个月)

(八)他能从许多照片中捡出他父亲的小影否?(第12个月)

(九)你向他拍手的时候,他能伸开两手,表示要抱的意思吗?(第8个月)

四、情绪的表示

(一)以稍许冷水刺激他的颜皮的时候,他是否皱颜?

(二)在温水里洗浴的时候,他是否显出快乐的态度(张开眼睛和展开手指)?(生后几天)

(三)对于节奏的动作(如摇摇他),他有否显出快乐情形?

五、同情

(一)你向他笑的时候,他能回笑否?

(二)你先用手蒙着你自己的眼睛,后把手拿开,看着他,对他说一种简单声音,如"mǎ-wōō"。照这种样子,你与他玩了几遍,他有快乐的表示吗?(第3个月)

(三)他哭时,你向他笑,他能转哭为笑吗?(第3、第4个月)

(四)他笑出声否?(第8个月)

(五)别人在旁笑的时候,他亦笑否?(第10至第12个月)

六、欲望

(一)他是否张开眼睛和前伸嘴唇?(第7天)

(二)喜欢看颜色图和鲜明的东西?

(三)他是否伸展手臂,来表示他的欲望?(第5个月)

(四)他手要捻着东西敲敲做声了?(第6个月)

(五)他手要捻着纸弄弄撕撕了?(第6个月)

七、惊吓

(一)他睡在床里的时候,你若牵动他的床褥,他会举起手臂吗?(生后几天)

(二)他睡在房里的时候,你若关门关得太重,震动房子,他会举起手臂,张开眼睛或哭出来吗?(生后三四天)

(三)骤然来的大声音,能够引起他的惧怕吗?(生后半个月)如醒着睡在床里时,你忽然在他后边拍手做起声来,他会举臂张眼表示惊吓的样子吗?

(四)假使有人以恐吓的态度,如手指他的眼睛,他会举起手臂否?(第5个月)

（五）他认识怒颜否？倘若你做怒容给他看，他是否牵动口角要做哭状？（第 6 个月）

（六）对于猝然来的声音，他的手臂战栗否？（第 30 天）

（七）对于猝然来的声音，他要闪目否？（第 8 个月）

（八）假使你用一根羽毛或头发，接触他的手臂，他的手臂会缩回否？（第 8 个月）

（九）对于从未见过的东西（如牛、马、狗、猫等等）他有畏惧否？（第 12 至第 18 个月）

（十）惧怕

1. 怕雷电吗？

2. 怕黑暗吗？

3. 怕皮毛吗？

4. 怕露体吗？（生后几天）

5. 怕各种动物吗（如狗、猫、马、牛、羊等）？

6. 怕黑衣服否？（第 12 至第 18 个月）

7. 怕戴手套的手否？（第 12 至第 18 个月）

8. 怕衣服改换之人否？（第 12 至第 18 个月）

八、动作

（一）假使你以手指接触他的嘴唇，他能吸指否？（生后几天）

（二）假使你轻轻吹他的一眼，另一眼闭合否？（生后几天）

（三）假使你接触他的鼻尖，他的眼睛自会闭合否？（生后几天）

（四）假使你轻轻地用火柴搔他的脚掌，他的脚趾会往外展开否？（生后几天）

（五）假使轻轻刺激他的脚掌，他会将全腿缩回否？

（六）他的手指能否慢慢地做伸缩的动作？（生后几天）

（七）执握

1. 假使你以手指放在他的手掌中，他会闭手否？（生后几天）

2. 假使你把玩具放在他面前，他能来拿否？设若不成，他要再来拿否？（第 5 个月）

3. 假使你丢掷给他一件小东西，如小洋囡，他就能立刻执牢否？（第 9、第 10 两

个月)

4. 他会以拇指和食指执住小物否?(第12个月)

5. 他能从口中拿出一样不曾尝过的东西否(比如面包)?

(八) 举首

1. 他的头偶然地举起而能支持不堕否?

2. 假使把他的头扶起来,他能支持一息否?(第4个月)

(九) 坐

1. 他睡在枕上时,能否举起头来?(第3个月)

2. 他能从摇床举起他的身子否?(第6个月)

3. 他能否靠枕坐牢不倒?(第8个月)

4. 他能否不待扶持,独自坐牢?

(十) 行走

1. 你若扶住他的身子(在腋下扶牢),把他的脚立在地上,他的脚会不会做行走的姿势(一足前一足后和一足踏在别足上)?

2. 或者他的腿虽仍弯曲,但他的两足的底能否安放地上?(第9、第10两个月)

3. 他能在地板上匍匐否?(第9、第10两个月)

4. 他能独自站立片刻否?(第11个月)

5. 他能否以近旁东西的护助,站立起来?(第12至第18个月)

6. 你若提携他的两手,他能否开步?(第18个月)

7. 他能否不要别人帮助,独自站立起来?(第12个月至第18个月)

8. 他能行走否?

(1) 行走太快,而且头向前冲(第18个月至2岁)

(2) 慢慢地走到目的地(第10个月至2岁)

9. 他能否独自登上阶级(石阶或楼梯)?

(十一) 动作

1. 他能否以全臂仿效“再会”手势(举臂摇手的姿势)?

2. 他能否把他所得着的东西,不先戏弄,立刻拿到口里?(第9至第10个月)

3. 他喜欢把东西相互碰撞,或把椅桌乱击吗?(第9至第10个月)

4. 所得到的玩物,仍旧掷落不顾吗?

5. 他能否把以下动作，当做消遣？（1 岁后）

（1）击水

（2）装载盒子和捣空盒子

（3）带纸帽

（4）藏球

6. 他能否对人伸出舌来？（1 岁后）

7. 他能握住东西不放否？（第 12 个月）

8. 他能否模仿下边动作？（第 12 至第 18 个月）

（1）缝纫

（2）写字

（3）交臂

（4）咳嗽

（5）吸乳

（6）看书

（7）喂洋囡囡和动物

（8）扫地

（9）擦鞋

（10）你对他唱歌，他也能做唱的声音吗？（第 5 个月）

（11）能够模仿人声和羊叫、狗叫、猫叫等各种叫声吗？（第 10 个月）

（12）模仿成人走路（1 岁半）

（13）模仿贩卖，如卖菜、卖点心（1 岁半）

9. 他能否帮助父母预备饭桌？（第 12 至第 18 个月）

10. 他能否帮助父母理家？（第 12 至第 18 个月）

11. 他能否做以下所列各项的动作？

（1）吹熄蜡烛火光

（2）用软木塞瓶

（3）开闭门户

（4）吹号

（5）用两手汲引线索

(6) 放铜元于盒内

(7) 启开箱盖

(8) 鞠躬

12. 他要自己试行穿衣否?

13. 他要自己试行吃饭否? 他怎样吃的?(第18个月至2岁)

14. 嘴

(1) 能吐东西(1岁)

(2) 看见食物近嘴时,能伸头张嘴来吃(第4个月)

15. 头

(1) 你教他摇头他能否就摇?

(2) 直抱的时候,他头能否左右转动?(第3个月)

(3) 背天躺着时,他头能举起5分钟之久吗?(第4个月)

16. 手

(1) 常常吸指否?(第3个月)

(2) 能否执住木条把身子(露体的)悬空荡起来?(生后至第3个月)

(3) 握拳时,拇指能否靠在四指外面?(第2个月)

(4) 试验右手性的发展,看他左右的动作有否轻重和多寡的分别?(生后至第7个月)

(5) 捻着玩物(如摇铃等)有一分钟的工夫?(第3个月)

(6) 捻着玩物有10分钟的工夫?(第5个月)

(7) 你用食物触着他的嘴巴,他就能用手来拿食物否?

(8) 拿了玩物悬在他的面前(相离约6寸许),他能向前用手来拿吗?(第6个月)

(9) 他仰天躺在床里时,你把手帕盖住他的眼睛,他能用手把手帕拿掉吗?(第6个月)

(10) 把他背天躺在板上,并把他两手伸直放在身边,他就能举起左右手来放在头边吗?(第6个月)

17. 爬

(1) 能够两腿跪着,两手撑着,在地爬行否?(第9个月)

(2) 能够四肢撑起爬行否?(1岁)

(3) 能够爬楼梯否？(1 岁半)

18. 立

(1) 两腿能够在桌上直立 1 分钟吗？(第 3 个月)

(2) 两腿能够直立 5 分钟吗？(第 6 个月)

(3) 独自倚靠凳子站立起来否？(1 岁)

19. 踢

(1) 能够站着踢东西(皮球)，左脚右脚有何分别？(1 岁半)

(2) 能够踮了脚行走(就是用脚指行走的)？(2 岁)

20. 跳跃：把他立在膝上，他就能上下跳跃否？(第 7 个月)

21. 跳高：能够两脚跳起来吗？(2 岁)

22. 踢：能够不扶东西做踢的动作吗？(1 岁 3 个月)

23. 跨：能够独自跨过两寸高的门槛否？(1 岁半)

24. 跑

(1) 能够两膝不屈地跑吗？(1 岁半)

(2) 能够屈膝地跑吗？(1 岁 8 个月)

25. 走

(1) 能够向后行走否？(2 岁)

(2) 能够向左右行走否？(2 岁)

26. 坐：能够独坐吗？(第 7 个月)

27. 转圈：能够背天躺在床上，用玩物放在他的旁边，他能转圈来拿否(转一个圈)？(第 7 个月)

28. 翻筋斗：能够在地板上翻直的(180 度)筋斗否？(1 岁 3 个月)

九、言语

(一) 独语

1. 咿唔(第 5 个月)

2. 叫喊何时发生？(第 6 个月)

3. 各种母音(vowels)何时发生？

4. 各种子音(consonants)何时发生？

5. 能发出“m—mäm—pă”（第 3 个月）

6. 能说重复的声音，如“ya—ya—ya—ya”（第 4 个月）

7. 常常独自歌唱（如歌唱调子）（第五、六个月）

8. 他几时能叫妈妈？

9. 他几时能叫爸爸？（第 11 至第 12 个月）

10. 他几时能以东西的声音叫东西，如喊火车叫？

（二）了解事实

1. 别人叫他名，他能表示回答否？（第 12 个月）

2. 问他：（第 12 至第 18 个月）

（1）头在哪里？

（2）灯在哪里？

（3）门在哪里？

（4）爸爸在哪里？

（5）你的帽子在哪里？

（6）爸爸的眼睛在哪里？

（7）姐姐的或妈妈的头发在哪里？

（8）你的鼻子在哪里？我的鼻子在哪里？

（9）你的耳朵在哪里？还有一只呢？

（10）把你的手臂交叉起来。

（11）拾起这样或那样东西。

（12）举起你的手帕。

（13）你把那桌上的手帕拿到这里来，放在椅子上。

（三）学语

你照我说：妈、爸、爹爹、罗罗、潘潘、洋奶、一块、兵丁、城马（第 18 个月至 2 岁）

（四）学说话

1. 他用动字抑用实字来表示他的欲望？（第 18 个月至 2 岁）

2. 他用一个字略表示他的意见吗（比如冷等）？

3. 他用动物的“叫声”指明动物吗？抑或还是叫动物的名字？

4. 你叫什么名字?(第 18 个月至 2 岁)

5. 这是什么东西(比方椅子)?

6. 这个东西有什么用处?

7. 这个怎样做?

8. 你要什么?

9. 能够问“哪里”的问句,如“小囡囡在哪里?”

10. 能够问“谁”的问句,如“谁叫你来的?”

11. 能够问“什么”的问句,如“这个是什么东西?”(1 岁半)

12. 能够问“怎样”的问句?

13. 能够问“为什么”的问句?

14. 能够说四五字的短句?

15. 能够用手势代表意思?

未达学龄的儿童之研究[①]

我们为什么要研究那些未达学龄的儿童呢？以我看来，至少有两个缘由：第一，从研究心理方面说，我们不研究则已，若要研究，我们应当研究心理之如何发生及其如何养成种种基本问题。在未达学龄的时候，儿童的心理正在发生、正在养成，若不去研究此时期之心理而专研究成人之已成熟的心理，那成效必少，恐怕还要发生许多的错误。凡研究一事，我们必须探求其发源与成因才好。是以我们要研究人的心理，最好先研究未达学龄的儿童始。第二，从实施教育方面说，我们若要教育之有成效，非明了受教育者之心理不可。若不顾受教育者之心理而妄教之，那么有不失败的。未达学龄的时期，从心理上看来，是养成习惯的基本时期，也是树立人格的基础时期，若于此时不加注意，不加良好的教育，听任自流，等他大起来就不容易感受良好的教育了。总上二由，我们不得不彻底研究那些未达学龄的儿童之心理。

对于此种儿童之心理，我曾有一个小小的研究，就是把我的小儿一鸣从生后所表现的心理详细观察，详细记录，间亦用许多实验方法去研究。所获的结果，曾有一部分在拙著《儿童心理之研究》发表过。兹又选择数种心理披露于此，以供参考。

一、笑

第 1 星期

第 4 天

有一点笑容：今天他吃饱了之后，闭着眼睛稍为有一点笑容。

第 5 天

笑了两笑：今天我用棉花浸了牛乳给他吮的时候，他半醒半睡地闭着眼睛，笑了两笑。

① 本文原载《教育杂志》1926 年第十八卷第七期。

第 2 星期

第 14 天

开眼而笑:今天晚上吃乳以后,他开着眼睛继续地笑了 10 次。

第 8 星期

第 43 天

出声笑的初步:今晨吃乳后,他张开眼睛醒着,我用手拨他的下颔,他就微微地笑了,并且发出“ğ”的声音。以前是他自己自然而然笑的,今天是我弄他笑的。

第 9 星期

第 58 天

大笑的初步:近两星期来,他笑的时候常有“rēē kōō”一种很微细的声音,并且眼睛眯着,嘴巴大大地开着。从前他笑的时候,嘴和上唇都向上牵起的。

第 12 星期

第 94 天

出笑声:今天他吃乳之后,很快活地坐在床上,他的背靠着枕头,我用手叉住他的腰摇,他就出声地笑了一声。后来我用手在他腋下呵痒,他又出声笑了一笑。后来我又在他颈上呵痒,他没有什么反应。

第 13 星期

第 99 天

伸舌而笑:今天他笑的时候,伸出舌头来。

第 14 星期

第 101 天

“ē”声的笑:今天他快活的时候,出声地笑了两次,笑的声音似“ē”。

第 15 星期

第 104 天

怕痒的笑:今天我用指节来摸他的脊骨,他就出声地笑了两声。

第 16 星期

第 109 天

睡后出声大笑:昨夜他醒来,自己出声地大笑了一声。这里可以看出他在日里是很快乐的。

第 17 星期

第 112 天

反射性地笑:今天他哭的时候,我站在他的面前出声大笑,他也出声大笑;我再笑,他也再笑,如是者有四次。这种动作是反射模仿的初步。

第 18 星期

第 123 天

欣赏歌乐而笑:我把他放在床上,替他换尿布,他不愿意换,就哭。后来我一面换一面唱歌,他听了就不哭,而且出声地笑了起来。此可证明他能欣赏歌乐了。

第 22 星期

第 148 天(5/21/21)(数字指月、日、年,即 1921 年 5 月 21 日,其余类推)

回笑 3 次:今天晚上我对着他笑了 3 笑,他 3 次回笑。

第 29 星期

第 199 天(1/14/21)

"ě-hě"笑声:今天早晨他坐在桌上自己玩,他显出很高兴的样子;后来他看看我同别人,发出一种短的笑声,如"ě-hě"。

第 9 个月

喜欢笑:现在他常常很高兴地笑。

第 36 星期

以笑讨情:有一天,他要祖母抱他到外边去,祖母未抱,他就对祖母"hě-,hě-"地笑。

半哭半笑:还有一次,他要到外边去,你不给他去,他就半哭半笑地闭着嘴巴,颊上的肌肉往下牵着,哼哼地笑了两声,就哭起来了。这种半哭半笑的情形,他不愿意换尿布或要东西的时候,是常常有的。

1 岁 3 个月

第 61 星期(2/26/22)

假笑:他看见他堂兄做抽签之戏,他先笑了几次,后来装出假笑的样子。

小结:从上边的记录,我们就可看出笑是怎样发展的,也就可知道笑的缘由是不同的。激引笑的原因有好几种,或是饱食而笑,或是得到满足而笑,或是怕痒而笑,或是与人玩而笑,或是见人笑而笑,或是心中快乐而笑,或是讨人之情而笑,或是做游戏而假笑，诸如此类，不一而足。至于笑的发展程序，大概先微笑，后有出声笑，又有伸舌笑、模仿笑以及冷笑、假笑等等。总之，笑也是一种心理表现，看了小孩子的笑容，就可以断定孩子的心理。

二、快乐的表示

第 98 天

伸舌，快乐的表示：今天早晨他快乐的时候，就两次伸出舌来。

第 110 天

脚踢手敲，喜欢到外边去：我抱他到外边去，他就显出很快活的样子，两脚乱踢，两手乱敲，而且脸上笑着。

第 115 天

喊叫：近来他快活的时候，就伸出舌头来，而且脚踢手敲，口里喊叫。

第 118 天

转头：今天早晨他坐在他母亲的膝上，看看我就微微地笑着，并转过头去，扑在他母亲的肩上。这种转头的动作并没有人教他。

第 24 星期

第 161 天

伸舌喊叫：今天他快活的时候，就伸出舌头约有 3/10 英寸长。舌尖向下，上下唇紧紧地闭着，上身向前弯着，两手在空中敲着。后来口里炸出尖锐的“â—”声。

第 166 天

闭眼摇头：今天我同他玩，在面前鼓起掌来，他就闭着眼睛，张开嘴巴，伸出舌头，鼓动双臂，并把头摇摇以显出快乐的样子。

第 25 星期

第 175 天

在膝上跳跃：近来他高兴了，就站在你的膝上上下跳跃。

第 8 个月(8/25/21)

“ä-kēē，ä-kēē”地喊：现在他看见了或得到了他所喜欢的东西，他就对着那东西说：“ă-kēē、ă-kēē”。

第 9 个月：

快活时的声音:近来他快活的时候,口里发出许多声音,其中最普通的如“ă—”的尖锐声,和“hā—”的长缓声。

第 40 星期

快活敲桌子:近来他快活了,两臂在空中敲着,假使他靠近了桌子,那就在桌上乱敲了。

第 41 星期(10/15/21)

踢足表示快乐:今天早晨他坐他祖母膝上,两脚荡着,他母亲给他一块糕,他就笑嘻嘻地两脚上下前后乱踢。

第 54 星期(1/13/22)

喜欢与不喜欢的表示:他欢喜的时候,就尖声喊叫说“ē—”。他不喜欢的时候,比方替他换尿布的时候,就有“m—”的声音,并且同时两手乱敲,两足乱踢。

(5/10/22)

拍手表示快乐:今天晚上,他在楼下邻人的家里,看见他的堂兄辈及其所熟悉的人,也就很高兴地鼓起掌来。此事完全没人暗示他。

1 岁 9 个月

看见图画的表示:近来他看见他以为有趣的图画,就立刻喊叫说“á—yoh, baby,——呜呀!”这种天真烂漫的表示,可惜只有两个月的工夫就没有了。

小结:快乐的表示有以下几种,如伸舌、脚踢手敲、喊叫、转头、闭眼摇头、跳跃、拍手。其中有几种不久就消失了,如伸舌、摇头。其中有几种长大了还是留存的,如喊叫、跳跃、敲手等。

三、要的表示

第 24 星期

第 165 天

显出要吃的样子:今天早晨他看见他祖母吃面包,他就抓住自己的衣服,并且动唇摇舌显出要吃的样子。

要吃的表示:他看见我拿一茶杯喝茶,他就动嘴巴。我把茶杯靠近他嘴边的时候,他就举起他的左臂,张着他的嘴巴要来吃。他的饭食观念已经明显了。

第 24 星期

第 169 天

伸手要抱:今天他伸着手臂要你抱了。

第 171 天

认人抱:今天他看见他的母亲,就伸手向前,而且嘴里发出要抱的声音。后来他祖母拍手要抱他,他转头不要她抱。

第 171 天

要东西:近来你抱了他的时候,假使他看见所要的东西,就用手推你,弯身向前去抓,抓着而且向东西喊叫。但是因为联合动作没有发展得充分,所以总是不容易拿到。

第 28 星期

第 195 天(7/9/21)

要抱的样子:今天他坐在摇篮里,看见我站在他的旁边,就显出要我抱的样子,口里发出"ng-ng、ă-ĕ-ä-bōō"的声音,并且两手在空中敲着。

第 31 星期

第 213 天(7/27/21)

伸臂摊手要人抱:他现在要人抱,就伸出两臂,摊着手掌。

第 8 月底

看见东西就要:近来他看见东西总要来拿;倘使不给他,他就哭喊。

第 9 个月

第 35 星期

第 245 天

要吃的表示更加复杂了:

1. 他最小的时候,要吃就哭。

2. 到了第 8 月底,他看见好吃的东西,就看着抱他的人笑笑,动他的嘴唇,伸他的手臂,而且他自己把他的身子向前表示他要吃的意思。假使不给他,他就哭了。

第 9 个月

第 35 星期

第 245 天

见人哭喊表示要抱。

1. 出生后他在摇篮里躺着要人抱的时候,他只能哭哭,只能手足乱敲乱踢。

2. 到了第 9 个月的时候,若没有人去抱他,他仍旧在小床上哭哭。不过一看见人来,他能伸手向他,表示要抱的意思。

第 9 个月

第 252 天

一种欲望的新表示:今天他发生了一种新的声音来表示他的欲望。他要什么东西,或者不要什么东西,他就闭着嘴巴,发出"hǔn"(哼)的鼻音。今天晚上他要他母亲抱,就发出"hǔn,hǔn"的声音。

第 9 个月(9/22/21)

以"m-mä"这种声音表示他的欲望。近来他要什么东西,他不哭,却喊叫"m-mä"。这种叫"m-mä"的表示,一直到第 63 个星期还有。这里见得"m-mä"当初并不是指点母亲的,无非是表示他欲望的一种声音。不过因为他喊叫的时候总看见他母亲来了,所以慢慢地"m-mä"这种声音就变做他母亲的名字了。倘使他每次喊叫的时候,来的不是母亲,乃是父亲,那么他见父亲,必定叫"m-mä"了。

第 11 个月

哭喊要东西:他要东西不是哭,就是炸着喉咙喊。

第 44 星期

动唇做声表示要吃的意思:他看见他祖母预备他的牛乳的时候,就做声,至于瞪着眼睛看,伸着手来拿要吃的东西早已发生了。

第 45 星期

饿的表示:他饿的时候,不但要哭吵,而且常把右手的食指放到嘴里去。

1 岁末又是一种要吃的表示:近来他饿时,看见他母亲的胸脯或看见他母亲解襟,他就瞪着眼看她,向前扑去,发出一种短而急的"hă-hă-hă"声音。

1 岁 1 个月

第 54 星期

以挖襟表示他要吃:他早晨醒来就要吃,当母亲把他抱来坐在膝上,他就挖他母亲的胸襟,以表示要吃的意思。

第 55 星期

以同一字音的长短,来表示要和不要:近来他"不要了",就说短促的"ăn";他要东西了，就说长缓的“ăn-”。此地以声音的长短来表示他的要和不要。

第 56 星期(1/25/22)

叫人去拿东西的表示：近两星期来，他看见要的东西，就对着东西说“n-nùn”、“n-nùn”，叫人去拿。他要东西吃，就向人讨，并发出重唇音“pà”的响声。

1 岁 2 个月

第 60 星期

改换要东西的表示：到了 58 个星期的时候，他“n-nùn”的一种声音已经没有了。但是他看到他要的东西，还是抱着你的手臂去拿，并同时说“ĕ-”、“ĕ-”叫你注意。他所用的各种声音，完全是他自己发出来的，忽来忽去，不可捉摸。如“n-nùn”、“n-nùn”这种声音，只存在了一个月的光景就没有了。其实这种声音，他并非不能说，不过不用就是了。小孩子一天一天地长进，他的言语当然也应该一天一天地发展。倘使他到了五六岁看到他所要的东西，还是仍旧对着东西向人说“n-nùn”、“n-nùn”，那岂不是笑死人吗？

1 岁 2 个月

第 61 星期(2/26/22)

用手招呼东西的表示：他今天在桌上看见了他所喜欢的一支铅笔，就用右手捏捏去招呼，并叫堂兄拿来给他。

第 62 星期

又发生要东西的一种表示：近来他要东西，对着东西向你说“ăn”。

第 63 星期(3/8/22)

又用从前所要东西的表示：他现在要东西，向着东西对你说：“m-mă”、“m-mă”。

第 64 星期

指口表示要吃的意思：有一种绍兴土话“不要吃”叫“ă-tsoh”，他后来听人说了几种声音，就以它来表示要吃的意思。说的时候，他右手的食指指着嘴巴。

1 岁 6 个月

第 70 星期

摊手要物：现在他要东西，总是伸出手来摊着向人要。

2 岁 11 个月(11/29/23)

教他说“please”(请)。

1. 他到今天还没有学会说"please"(请)这个字,所以我特地要叫他用这个字。今天早晨他穿好衣服要到外边去,但是房门关着不得出去,他并不叫别人替他开,只以脚踢门,口里"哼哼"地做声。我叫他说"mamma, please open the door for me"(妈妈请你替我开门);但是他不肯说,还是硬推。后来居然把门推开了。谁知道过了一门还有一门,他仍"哼哼"地做声叫他母亲。叫他说"please",他又不肯说,后来我走到他面前强迫他说,他就哭起来要"mamma"了。歇了一歇,门外有事,他母亲把门开了,他就乘机出去了。他吃了早饭,叫我替他把围巾拿掉,我就问他说:"你应该同我怎样讲?"他回答说:"Yes, please."实在他只说"please"就够了。他所以说"yes, please",是因为我昨天关于别的事叫他这样说的。就是我昨天问他说:"Do you want some potatoes?"(你要吃蕃芋吗?)他说:"要。"我要他用英文回答,就教他说"yes, please"。因为这个缘故,所以他今天就回答我"yes, please"了。

2. 中饭后,他又要到外边去,但是门关着,他不得出去;他又把门推着,口里"哼哼"地喊着。他母亲就对他说:"你应该怎样说?"他就说:"Please open door."(请开开门)他祖母站起来替他开门。未开门前,我再叫他对祖母说:"娘娘,请你替我开开门。"他就说:"娘娘开门。"他祖母把门开了。我再叫他说"谢谢",他也就说"谢谢"。

3. 等了一歇,他要进房去拿铜鼓,他母亲替他开了门,他又对他母亲说"thank you"(谢谢你)。

小结:小孩子要东西的表示可以分做两大类:(1)姿势,(2)声音。先从姿势一方面来说,小孩子当初看见他所要的东西,只能盯着眼看看,或者张着嘴哭哭。到后来看见人来,伸手要抱;看见食物伸手去拿,鼓唇辨味。

从声音一方面说,小孩子在未说话以前看见他所要的东西,不是哭就是喊。一鸣小时总是以哭表示他的需要。到第7个月时,他发出"ng-ng-ă-ē-ä-bōō"表示要抱。到第9个月,用"hŭn,hŭn"(哼哼)的鼻音表示要抱,不久用"m-mă"的声音来表示他的欲望。到后来,用"ăn,n-nŭn,pă"种种声音来表示他的要求。到了1岁零3个月的时候,他始能发出"ă-tsoh"的字句。以后就慢慢用言语来表示他的需要,但请求的语气非得由成人的暗示与教导不会有的。

四、"不要"的表示

第5个月

以“ng、ng”表示不要。近来他不要东西的时候，他就说“ng”、“ng”。

第 6 个月

第 171 天

仰头表示不要吃。不要吃柠檬水的表示：今天他看见一只盛柠檬水的杯子，就动唇搭味，后来给他吃，他就把头往后仰着不肯吃。

第 7 个月

第 213 天

不要人抱的样子：他父亲抱他的时候，他母亲拍拍手去抱他，他就扭转头并说“ag”，表示不愿意的意思。

第 8 个月(9/8/22)

以“ă-yeo”表示“不要”：以前他不要一样东西，就叫“ă-yeo-”；但是现在他要这东西拿不到，也发生“ă-yeo-”的声音来。

第 11 个月

第 44 星期(10/31/21)

以手乱敲人：我今天伸着两手去抱他，他不要我抱，并且他的右手向着我上下乱敲。

第 11 个月

第 45 星期

打人：从前你要他做什么事，他不愿意就发出“ng”、“ng”的一种声音。现在他说“ă”、“ă”了。倘使你要勉强他做他所不愿意做的事，他不但口里喊着“ă”、“ă”，还要用手来打你。

1 岁

第 52 星期

摇头表示不要：他在 45 星期的时候，对于不要的东西，已经有了一种“ă”、“ă”的声音和用手来推他所不要的东西，而且把头摇摇以表示他不愿意要这东西的样子。这种摇头的表示，完全由他自己做出的，从没有别人暗示过他。

1 岁 1 个月

第 57 星期

拒绝的表示：倘使你去夺他手里的东西，他就把东西紧紧地拉住，并且同时发出低而且沉的声音"ǎ—"。假使你把他夺去,他就要哭了。

1岁2个月

第62星期(3/6/22)

以"m—"表示不要东西:在54星期的时候,他已有了"m—"、"m—"的声音,表示他"不要"的意思;到了现在,这种声音又重新来了。小孩子所用的声音,忽而又来,忽而又去,真是出没无定的。

1岁7个月

摇手来表示"拒绝":以摇手来表示他不愿意要的东西,这是从前已经有的,不过现在慢慢地成为习惯了。

1岁7个月

以"m-mǎ"的声音,来表示不要的东西;他近来不要东西的时候,也说"m-mǎ"、"m-mǎ"来表示。

小结:小孩子在幼稚时,对于"要"和"不要"所发的声音常常是相同的。"ng"、"ng"及"m-ma"都是表示"要"和"不要"的。不过声音虽相同,而所出现的姿势是不相同的。他要东西的时候,口里虽说"m-mǎ",身子却往前扑,手臂往前伸,眼睛往前看。他不要东西的时候,口里虽说"m-mǎ",却转身向后摇头示意,一种"不要"的情形显然可见。至于表示"不要"的姿势,我们可以说有几种姿势差不多个个小孩子都有的,而且这些姿势都是他们自己做出来的,如打人、摇头、转头往后藏匿等等。

五、怒的表示

第45星期以前

不发怒的时期:从出生到第45星期(约11个月),在这段时期,他并没有发怒的机会。所谓机会,就是触怒的动机,比如他要东西,我们不给他,他就有发怒的动机了。自出生到现在,因为调养适宜,所以他没有发怒的机会。

第11个月

第45星期

咬人:现在假使你刺激他,如他不要东西,你一定要给他,或者他要东西,你不给他,那么,他就要哭、喊。当他哭的时候,你放你的手指在他的口里,那他就要咬了。

骂人:此时他也能"骂人",骂的声音是很急而且沉的,如"hǎ"、"hǎ"。

第 45 星期

抓人：今天他母亲抱着他吃东西，后来他不要吃了，母亲还要给他吃，他就用右手来抓人；抓不到就用左手来抓。

第 47 星期(11/25/21)

震头：今天他在地板上乱爬，后来要爬到火炉旁边去的时候，我把他拿开，不准他爬过去，他就伏在地上，他的头在空中如“捣蒜”似的敲着。

摇头：有时他发怒的时候，把自己的头左右乱摇。

第 47 星期(11/26/21)

喜怒无常：今天别人不随他的意思，他就尖声地喊叫。叫的时候是没有眼泪的。后来他一见了猫，他就同猫玩，立刻不哭了。

此地可以看出小孩子的怒是没有像成人的持久，也可以看出小孩子是“喜怒无常”的。

1 岁 2 个月

第 60 星期(2/22/22)

怒的表示：近来他很容易发怒，动辄就哭。闭着眼睛炸出“hǎ—”的喊声；他的头上下前后如铁锤敲打钉似的震动。有一天早晨，他在寝室里不愿意到外边去，我抱了他要出去，他就哭；我把他放在地板上，他就伏着，把头上下震动号哭；后来他面孔贴在地板上，大约有几分钟的工夫。

1 岁 4 个月

第 69 星期(4/18/22)

以咬来抵抗人：今晚他正要到客房那边去玩，他的女佣拉住他的左手，他就咬她的手。昨天晚上我同他玩，我假咬他的脚，所以他今天才有这种举动。

1 岁 7 个月：

掷物：近来他发怒的时候，就把东西丢在地上。

小结：怒的表示如咬人、骂人、抓人、震头、摇头、掷物等等都是他自己做出来的，并没有看人做过。这种姿势恐怕也是小孩子的自然趋向，他的身心发展到某种程度的时候，这种趋向就会表现出来。究竟怎么样，那非待精细的实验来取决不可。

六、问语举例

2 岁 1 个月

问他母亲说:“万呢?”“Pencil 呢?”“剪刀呢?”等“哪里”的问语。此为最早之问语。

2 岁 4 个月(4/10/23)

能问“谁”的问句:他看见一张图画,问他母亲说:“鞋是画东格?”这是上虞土音,意思就是“谁画的?”

2 岁 5 个月

问他母亲说:“这瓜子从哪里出来的?”

2 岁 6 个月

开始问“谁”(who)的问语了,如“谁做的?”“谁吃的?”等等。

2 岁 8 个月

开始问“什么”(what)的问语了;如有一天他看见他妹子的下身,他问他的母亲说:“妹妹没有麻雀的,我不晓得妹妹的什么东西。”

2 岁 11 个月

问“怎样”(how)的问语了。如:今天我买了一篓桔子回来,他问我说:“哪格开的?”(在绍兴土音“哪格”就是“怎样”,就是“怎样开的?”)

4 岁 9 个月

问生命之来源:1925 年 10 月 18 日早晨独自来到我的床里与我同睡;稍息,问我说:“Baby(婴儿)从哪里生出来的?”

4 岁 10 个月

又问“怎样”:是日雷鸣下雨,雨后虹见于东。一鸣那时正在凉台内玩,听见雷鸣,看见虹,即问张先生(宗麟)说:“哪格会有雷的,哪格会有虹的?”

4 岁 11 个月

问“为什么”:今日他向他母亲要水喝说:“妈妈,我要吃茶。”我听见了,就对他说:“You ought to say: mamma, please give me some water.”他答说:“你为什么不说 please 呢? 你对妈妈也是这样说的,没有说 please。”

小结:问句可分为三大种:“什么”、“怎样”以及“为什么”。“什么”问语又可分为三种,如“什么地方”(where)、“什么东西”(what)以及“什么人”(who)。小孩子开始问人的时候,总是问“什么”的,如“这是什么东西”、“那是什么东西”。到后来,知识渐开,就要问:“这个东西怎样做的”、“那个东西怎样来的”了,又要问“这个东西为什么是这样的”、“那个东西为什么是那样的”。我们可以从问语中看出小孩子的知识。智力薄弱的小孩多问“什么”的问语，少问“怎样”及“为什么”的问语。从教育一方面着想，我们应当利用小孩子好问心理去教导他，不过不要“有问必答”，以养成他依赖的习性。

总　结

上边所提出的共有六个问题：“笑”、“快乐的表示”、“要的表示”、“不要的表示”、“怒的表示”以及“问语”等。这六个问题都很有研究价值。最好把这几种表示用留声机及照相机保存起来，待后来详细地分析，以成一种有系统的研究。用留声机、照相机（最好活动影戏机）去研究儿童的心理，这种方法比较可靠。我很希望这种方法不久能够在中国实现，以彻底地来研究未达学龄儿童之心理。

关于感动性的学习之两个试验[①]

学习有两种：一种叫感动性的学习（sensory-motor learning），一种叫理解性的学习（rational learning）。近年来关于这两种学习的试验，在心理学上已经得到不少的成绩，并且有不少的结论。不过都限于成人的或后期儿童的，并没有6岁以下儿童的成绩。我们常常说，儿童有可塑性，可以学习的。但是他的学习是怎样的？是否与成人的学习相同呢？各种学习是否有相同的成绩？年幼的儿童是否受生理上的限制，对于学习有何影响呢？等等，都是这期儿童心理学上没有解决的重要问题。最近我们得到试验6岁以下儿童的感动性的学习成绩两种，就在这专号里来见见世面。

一、第一个试验——影画学习

（一）试验用的材料

所用的材料很简单，小椅一把，小桌一张，都是适合儿童身材的。镜子一面，有架，椭圆形，长1英尺，阔8英寸；木板一方，长14英寸，阔11英寸，厚6分半；图画钉数枚，蜡笔一支，马表一只，以上各物都是从开始到终了固定不换的。并且试验的房子，儿童坐的方位，主试者坐的方位，也都始终不变。此外，还有方形双边图几百张，每天用十张（样子及尺寸见下图）

（二）主试者与被试者

主试者陈鹤琴。被试者陈一鸣，男孩子，试验时，恰恰5岁。两人的关系是父子。一鸣常常接受各种试验，并且常常很喜欢做试验。

（三）试验的时间

每天吃过中饭以后，在午后1至4时之间。有时早些，有时迟些，不过终不出这个时间。

---

① 本文系陈鹤琴与张宗麟合著，发表于1926年《教育杂志》第十八卷第八期。

（四）试验的方法

用四方形图数张，钉在图画板上，把镜子的架刚刚放在被试者的对面和图画板的外面，镜子与桌面的角度约成 80°，使被试者坐在椅上能很明了地看到镜子里的图为限。把上面的东西都安放适当以后，叫被试者看镜中的四方形图，并用右手拿蜡笔，从起点开始，依照指示的方向画，画到终点为止。主试者同时用马表计算时间，每张画成以后，主试者把纸拿下来，注明时间与日期以及本日第几次的说明。这样，每天做 10 次。

不过一个活泼的儿童，受这样的严格试验，总有些兴趣不佳。开始几天还不觉得，过了几天，他不高兴画了。所以主试者用种种鼓励方法，如画成后四角加圈，或用言语奖励，十张画完以后，给他吃东西等。

日期：民国十四年（1925 年）十二月二十八日

时间：13 时 8 分

错误：二次

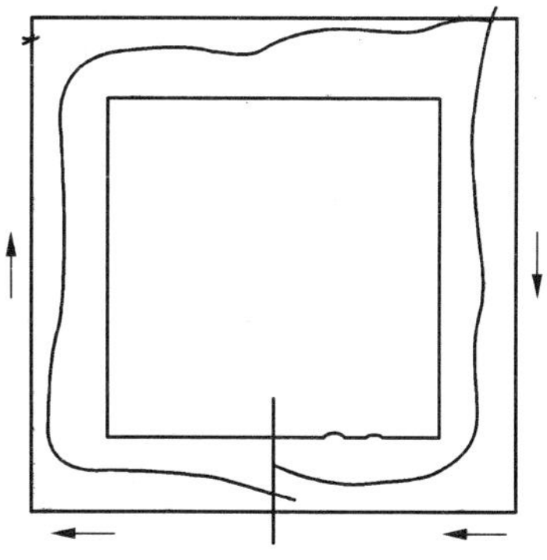

图 1　影画试验用纸图

说明：此纸长阔都是 7 英寸又 5/8。方框外线长阔各 4 英寸又 4/8，内线 3 英寸又 2/8，框之中线为 4 英寸，内外两线相距为 5/8 英寸。底有一竖线从左边出发止于右边。

（五）解释

这个试验因为人数与时日关系，得不到多大结果，但是根据成绩，也可以看出以下几点来：

1. 时间与错误进步都很快。

2. 在开始时，错误的进步比时间来得快；但是不久发现迟缓的现象，或者到了高峰期,时间的进步始终没发现高峰,或者因为时日太短。

3. 错误之多少,与时间相关为 0.73。如此相关可算是很大(此数用 Pearson's method $r=\frac{\varepsilon xy}{N\sigma_x\sigma_y}$ 的公式求得)。

表 1 陈一鸣影画试验成绩(共 14 天)

项目 时期	时间	错误(次)
民国十四年(1925 年)十二月二十日	30.7″	7.7
民国十四年十二月二十一日	25.0″	1.9
民国十四年十二月二十二日	20.3″	2.5
民国十四年十二月二十四日	18.3″	3.1
民国十四年十二月二十六日	18.6″	1.5
民国十四年十二月二十七日	15.7″	1.0
民国十四年十二月二十九日	14.4″	1.2
民国十四年十二月三十日	13.0″	0.6
民国十四年十二月三十一日	13.2″	1.0
民国十五年(1926 年)元旦	9.2″	0.7
民国十五年一月五日	9.1″	1.7
民国十五年一月六日	9.7″	1.8
民国十五年一月七日	10.1″	1.1
民国十五年一月八日	6.8″	1.8

(表中数目为每天十次之平均数)

4. 此次所得成绩,与从前试验陈尧庭、陈尧圣的成绩有些不同。① 从前的,关于时间的进步状况很好,错误的进步状况很不好,几乎练习了五十几天,看不出进步。这次的成绩,错误方面的进步状况也很好,因为这次试验时很注意于错误,当受试者一张画成,主试者必说"画得很好",所以受试者于错误方面非常注意。但是到后来几

① 参看《心理杂志》第一卷第四号。

天，忽然又不好，为什么呢？这是因为他的兴趣很难维持了，所以常常发生错误。

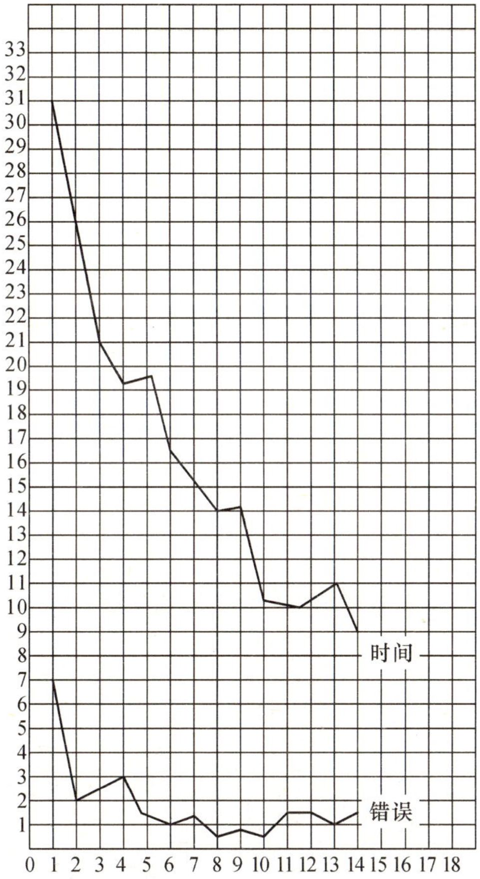

图 2 陈一鸣影画试验的两条曲线（时间与错误）

5. 错误与时间曲线，从学习曲线的原理上看来，都是常态，有起伏，非直线的进步，这两条曲线虽然为时甚暂，但是也可以见得此类曲线与成人的学习曲线相仿。

二、第二个试验——投箭学习

（一）主试者与被试者

主试者张宗麟、陈荣庭。被试者鼓楼幼稚园儿童 5 人，年岁自 4 岁以上，6 岁以下，男孩 4 人，女孩 1 人，又男教师 1 人。儿童与主试者的关系为很密切的师生。

（二）材料

木杆铁头、有羽毛的短箭（木杆及箭头共长 12 英寸，羽毛为硬鹅毛）20 支，英尺一

把，木板一块。板面画九个圆及一个圆黑点，圆黑点之半径为 1/4 英寸，最外一圆半径为 1 英尺 6 英寸，最内一圆半径为 1 英寸，从大圆到圆黑点依次注明 1、2、3……10。以圆黑点为 10。又，全块板长阔各 2 英尺 3 英寸，板的两旁有两根木条，可以架板成角度的。又小椅子两把。

(三) 时间

大约在下午 4 时以后，亦有提早至 3 时者。

(四) 试验的方法

把木板架在地上，板旁两柱与地面垂直，板面与地面成一很大的钝角，从板边着地之线起量 5 英尺之距离，画一条与板着地线之平行线，把两把小椅子横放做界限。然后主试者请被试者面向板立，左足与小椅相接触。右足在后，右手用大、食、中三指执小箭，先向后作势，然后向前掷去。主试者并对儿童说明，掷在小黑点算顶好。一支掷后，主试者又给他一支箭。如此掷箭 20 支。每掷一次，主试者报告一次，另有一人在旁记录。

男教师做的试验方法与儿童的相同，不过距离改做 10 英尺。男教师每天必在儿童试验以后方才试验。

表 2　投箭试验成绩

试验日期	每日试验 ① 得中成绩平均数 ② 所得零的数	姓名						
		薛尔信(男)	陈一鸣(男)	陆卓如(男)	邵爱莲(女)	华俊良(男)	5 个儿童的平均数	陈荣庭(男教师)
一	1	2.4	2.0	.8	.6	.9	1.3	4.4
	2	10	6	15	17	13	6.1	无
二	1	2.8	2.0	1.0	1.0	.9	1.5+	4.8
	2	4	8	11	15	13	5	无
三	1	1.8	2.6	.9	1.0	1.1	1.5−	5.6
	2	5	6	14	12	10	4.7	无
四	1	2.8	1.2	.5	2.0	1.6	1.6	5.5
	2	5	13	16	9	11	5.4	无
五	1	3.3	1.6	.5	1.5	.9	1.5+	5.6
	2	4	9	17	11	12	5.3	无
六	1	3.4	1.7	1.4	1.2	.7	1.7−	5.7
	2	3	8	10	1.7	14	5.2	无

续 表

试验日期	每日试验 ① 得中成绩平均数 ② 所得零的数	姓 名						
		薛尔信（男）	陈一鸣（男）	陆卓如（男）	邵爱莲（女）	华俊良（男）	5个儿童的平均数	陈荣庭（男教师）
七	1	2.1	2.2	2.5	.9	.8	1.8＋	4.3
	2	7	5	7	9	14	4.2	2
八	1	1.9	1.4	2.1	.9	1.4	1.5＋	4.5
	2	5	10	9	13	14	5.1	1
九	1	2.1	1.3	.7	2.1	.8	1.5－	5.2
	2	6	13	12	8	15	5.4	无
十	1	2.5	1.9	1.2	1.5	1.0	1.6－	5.8
	2	8	10	11	8	14	5.1	无
十一	1	3.5	1.8	1.1			2.1＜	
	2	5	10	12			4.2＜	

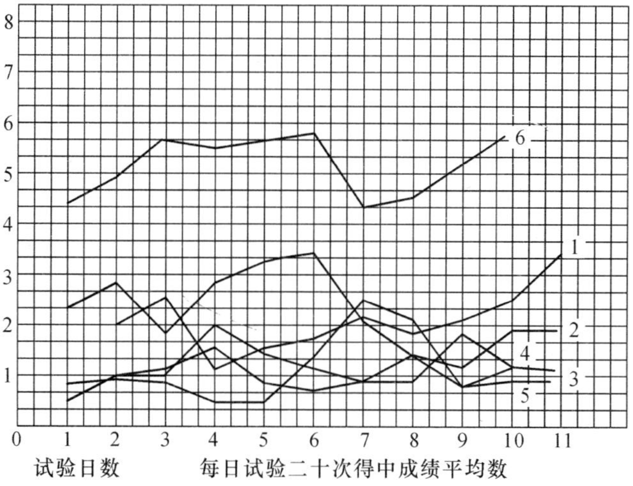

图3 六条投箭试验得中成绩曲线

1. 薛尔信的 2. 陈一鸣的 3. 陆卓如的
4. 邵爱莲的 5. 华俊良的 6. 陈荣庭的

（五）成绩

6岁以下的儿童做这类试验，似乎难以维持他的兴趣。所以我们只试了11天，已经感觉到很勉强了。这11天里，有几天因为有风，所以试验的地点不是固定的。

（六）解释

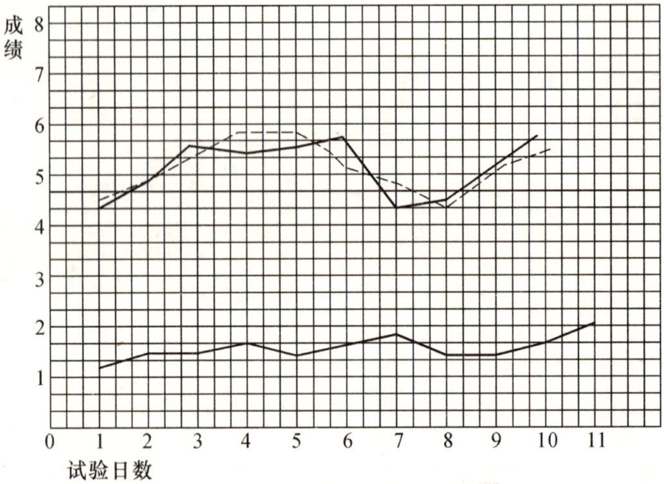

图 4 两条投箭试验得中成绩曲线及弧线

图下方曲线表示 5 个儿童投箭得中成绩平均数
图上方曲线表示陈荣庭投箭得中成绩平均数
图上方弧线表示陈荣庭投箭得中成绩平均数

11 天的掷箭试验,被试者倘若只有 1 人,无论如何是得不到结果的,因这非有 1 至 2 月长时期的试验不可,幸而我们有 6 人之多,所以有上述的成绩。下列有几条解释。

1. 6 岁以下的儿童,对于此种投掷动作是可以学习的。学习以后是有进步的。在个人的成绩里或不易看出,然而在 5 个儿童的平均数曲线及弧线上,显然看得出有进步(5 个儿童成绩平均数之曲线,即根据 5 个儿童的成绩,求其平均数。弧线用 Smoothing method $A=\frac{2A+B}{3}$ $B=\frac{A+B+C}{3}$…… 的公式求得)。

2. 此种学习,在曲线上很能显出个性的差异来。有的起初很低,渐渐进步;有的始终是低的;有的开始就高;有的开始高而无任何进步。此中有什么缘故,不得而知。不过据观察所知,薛尔信身体较强壮;陈一鸣开始时兴致勃勃,以后就很不愿意做;邵爱莲与华俊良身材较小、较弱;至于有否因男女性别之分,那是不敢在此武断,因曲线上并没有显示出来。

3. 儿童与教师做学习上的比较,是一件很有趣的事。教师开始时确实比儿童好,并且成绩始终在儿童之上,不过论到进步的比例,也未见得比儿童高多少。并且到后来几天，忽然发现射不中(零数)，难道教师的兴趣也受儿童的影响吗?

4. 儿童在第二次试投时，每人都有进步，到了第3天，就发生变化了。此中因为天气不好，常常有大风。还有儿童的兴趣是否只有2天，那就很难说了。

三、结论

(一) 以上两个试验大部分都是关于手与手臂部分的动作学习，同时须眼睛注视的。倘若用生理学的观点来解释，那是用到了神经与肌肉，情况很复杂。影画的较投箭的尤其来得复杂。

(二) 影画的学习比投箭的学习容易有进步。我们不用一鸣个人的成绩来比较，可以用团体的投箭成绩与一鸣的影画成绩来比较，也显然有别。按学习心理的原则，凡是愈复杂的学习，进步愈快;愈简单的学习，进步愈慢。影画的学习，在实际上确实比投箭学习复杂，所以所得的成绩并不与学习心理的原则相冲突。

(三) 这两种学习曲线与成人同类的学习曲线并不相悖。并且与普通一般的学习曲线也不相悖。不过在成绩上有高下之分。

(四) 从这两个试验看来，我们可以说，关于感动性的学习，6岁以下的儿童是可以学习的，不过想要他维持兴趣，是一件很不容易的事。因此，我们可以推想到6岁以下的儿童教育应该用怎样的方法，采用怎样的教材。

老年人和儿童学习能力之比较[1]

老年心理，古来素少研究。近年来我做了一个试验，试验的目的，是要知道究竟年老的人能否学习一种新的动作。我们知道年幼的人学习的能力很强，但对于年老人的学习能力，我们都不晓得。因此我于 1921 年 9 月间，同时用镜画试验和理解性学习试验，试验我的老母与我的两个侄子。对于我的两个侄子的镜画试验，我已经在《心理》杂志第一卷第四号详细报告过了。若要知道那个试验的手续、材料等等，请参看该文。

一、试验理解性的学习能力

这个试验，是美国丕包台教育院丕德生教授发明的。我已经把它试验过 106 个中国儿童。他的试验方法和结果，我已经在《心理》杂志第一卷第二号上发表过。现在我只报告试验家母与两侄的结果。至于详细的试验方法，请看上次的报告，我先把试验这三位的结果，列表于下，以资参考：

表 1

姓名：陈母　性别：女　年龄：65～66 岁　学校　　年级　　10 月 14 日生

次数	试期	错误	父 4	母 8	伯 3	叔 7	兄 5	弟 2	姐 6	妹 1	总计	次数	时间
一	民国十年（1921 年）十一月十二日（下午）	普通	23	15	55	38	16	50	39	18	254	27	57′20″
		大错	0	1	10	15	12	34	35	18	125		
		特错	1	2	4	4	0	20	0	5	36		
		总计	24	18	69	57	28	104	79	36	415		
二	距第一次十二小时（上午）	普通					4				4	6	3′
		大错											
		特错											
		总计					4				4		

① 本篇原载《心理》1923 年第二卷第一号，题目为编者所拟。原题是“老年人的学习能力”。

续 表

次数	试期	错误	父 4	母 8	伯 3	叔 7	兄 5	弟 2	姐 6	妹 1	总计	次数	时间
三	民国十年(1921年)十一月二十二日下午(距第二次十天)	普通										2	20″
		大错											
		特错											
		总计											
四	民国十一年(1922年)一月十三日(距第三次一个月二十三天)	普通										2	60″
		大错											
		特错											
		总计											
五	民国十一年(1922年)十一月十四日(距第四次十个月二天)	普通										2	
		大错											
		特错											
		总计											

表 2

姓名:长侄　性别:男　年龄:13～14 岁　学校:高师附小　年级:高一　月　日生

次数	试期	错误	父 4	母 8	伯 3	叔 7	兄 5	弟 2	姐 6	妹 1	总计	次数	时间
一	民国十年(1921年)十一月十三日第一点钟(上午)	普通	9	12	16	8	13	9	10	6	83	9	9′45″
		大错			4	2	6	4	8	6	30		
		特错					1	2	1	1	5		
		总计	9	12	20	10	20	15	19	13	118		
二	第二点钟(距第一次一时)	普通										2	35″
		大错											
		特错											
		总计											

续　表

次数	试期	错误	父 4	母 8	伯 3	叔 7	兄 5	弟 2	姐 6	妹 1	总计	次数	时间
三	第四点钟(距第二次二时)	普通										2	35″
		大错											
		特错											
		总计											
四	第七点钟(距第三次三时)	普通										2	30″
		大错											
		特错											
		总计											
五	第十一点钟(距第四次四时)	普通										2	40″
		大错											
		特错											
		总计											
六	民国十一年(1922年)二月十三日(距第五次二个月一日)	普通							3		5	3	1′48″
		大错							3		3		
		特错											
		总计	2						6		8		
七	十一月十四日(距第六次十个月二日)	普通	1	6	1	3	3		5		19	4	
		大错				1	1		3		5		
		特错							1		1		
		总计	1	6	1	4	4		9		25		

表 3

姓名:次侄　性别:男　年龄:11～12 岁　学校:高师附小　年级:高一　月　日生

次数	试期	错误	父 4	母 8	伯 3	叔 7	兄 5	弟 2	姐 6	妹 1	总计	次数	时间
一	民国十一年(1922年)十一月十三日第一点钟(上午)	普通	6	1	3	7	1		3	3	24	6	3′35″
		大错				2			3	3	8		
		特错											
		总计	6	1	3	9	1		6	6	32		

续 表

次数	试期	错误	父 4	母 8	伯 3	叔 7	兄 5	弟 2	姐 6	妹 1	总计	次数	时间
二	第二点钟(距第一次一小时)	普通										2	35″
		大错											
		特错											
		总计											
三	第四点钟(距第二次二时)	普通										2	35″
		大错											
		特错											
		总计											
四	第七点钟(距第三次三时)	普通										2	24″
		大错											
		特错											
		总计											
五	第十一点钟(距第四次四时)	普通					1					2	30″
		大错											
		特错											
		总计											
六	民国十一年(1922年)一月十三日(距第五次二个月一日)	普通		1	3	2		1	1		8	4	1′26″
		大错											
		特错											
		总计		1	3	2		1	1		8		
七	民国十一年(1922年)十一月十四日(距第六次十个月二日)	普通		4		2	1	1	5		13	3	
		大错							3		3		
		特错							1		1		
		总计									17		

看了上面的表格，我们要记住以下几点：

1. 家母能学习理解性的东西。

2. 家母的理解性学习能力，比两侄弱得多。

3. 家母的记忆力比两侄的强得多。过了一年后，她仍记得那八个字和相配的八个数目，但二侄过了一年工夫，忘记了好几个数目。总结起来，我们可以说：

1. 家母能够学习新的动作。

2. 家母能够学习理解性的东西。

3. 不过学习的能力，都比两侄薄弱一些。

4. 但对于记忆力，家母比两侄强得许多。

5. 我们不能说，凡年老的学习能力，总比年轻的或年幼的来得薄弱；我们也不能说，凡年老的记忆能力比年轻的或年幼的来得强。这是因为我们不能以一二人的试验结果概括人人。

6. 虽然如此，我们这几种试验结果，很可以引起大家的兴趣和注意。倘使大家也从事这种试验，而所得到的结果与我们所得到的一样，那么对于心理学是一种大贡献，在教育上恐要为年老的人发起一种教育运动了。

二、试验学习新动作的能力

镜画试验，是试验学习新动作能力的一个最好试验。因此我采用它来试验我的家母。试验的日期，是从1921年9月18日起，至1922年2月2日止。共试验了129天，约4个月有余。除了三四天因事不能试验外，其余天天试验，虽星期日也没有间断过。试验的时间，每天总是在午饭后1时至4时。每日共画11张，右手10张，左手1张。

镜画试验的结果：现在我把试验的结果详细登出来，以资参考。

表4　陈母影画试验成绩

(从1921年9月18日试起至次年2月2日止)

日数	左手		右手	
	时间	错误	时间	错误
1	68.0″	23	78.4″	23.3
2	85.0″	20	67.1″	19.7
3	105.0″	21	78.5″	16.8
4	83.0″	12	73.9″	13.2
5	102.0″	21	82.6″	13.1
6	93.0″	21	73.5″	14.0
7	100.0″	12	68.5″	4.3
8	99.4″	10	67.4″	5.5
9	90.0″	9	60.7″	5.0
10	81.0″	10	51.0″	3.5

续 表

日数	左手		右手	
	时间	错误	时间	错误
11	88.4″	16	57.9″	3.5
12	73.0″	6	52.3″	2.7
13	63.4″	12	45.6″	2.3
14	55.0″	7	40.0″	2.2
15	61.0″	9	39.8″	2.8
16	62.0″	8	42.7″	3.1
17	58.8″	5	37.0″	2.3
18	62.0″	6	37.8″	2.0
19	55.0″	4	38.1″	2.2
20	56.0″	5	37.5″	1.62
21	60.0″	4	45.7″	1.4
22	60.0″	7	38.0″	1.3
23	49.0″	6	36.5″	1.7
24	47.0″	8	34.5″	1.3
25	45.4″	2	31.9″	2.5
26	57.0″	4	34.6″	1.6
27	47.0″	7	32.5″	1.6
28	39.8″	3	27.3″	2.0
29	42.7″	3	26.8	1.9
30	39.5″	3	25.4″	1.9
31	46.0″	5	24.1″	1.7
32	39.0″	3	26.7″	1.5
33	42.4″	6	26.8″	2.4
34	40.2″	6	28.3″	2.1
35	38.4″	6	25.0″	1.7
36	33.2″	4	23.8″	2.0
37	33.8″	2	23.4″	1.6
38	31.2″	3	22.0″	1.8
39	28.0″	6	20.4″	3.6
40	26.1″	5	20.0″	3.3
41	34.7″	3	21.7″	1.8
42	27.6″	8	19.2″	3.0
43	26.5″	8	18.5″	2.4

续 表

日数	左手		右手	
	时间	错误	时间	错误
44	24.3″	9	18.4″	2.9
45	23.0″	8	16.9″	3.7
46	27.0″	9	18.2″	2.4
47	21.2″	4	15.8″	1.62
48	20.4″	7	15.7″	3.9
49	26.0″	9	15.6″	3.1
50	23.3″	4	16.7″	4.5
51	23.6″	14	14.4″	3.4
52	19.1″	7	15.9″	5.2
53	19.5″	12	14.1″	6.0
54	20.8″	8	15.4″	4.5
55	18.8″	8	15.1″	5.5
56	20.0″	10	12.4″	7.0
57	16.7″	14	11.2″	6.7
58	17.5″	10	12.3″	7.7
59	15.9″	11	12.9″	7.6
60	19.0″	15	12.9″	6.6
61	17.2″	10	13.7″	7.0
62	26.5″	12	16.3″	8.0
63	25.3″	11	15.7″	5.8
64	19.8″	9	13.7″	4.8
65	22.0″	5	14.8″	4.3
66	19.5″	8	14.9″	5.5
67	20.9″	9	14.7″	5.4
68	13.3″	15	12.8″	6.8
69	16.8″	8	13.2″	5.0
70	17.3″	6	13.9″	6.3
71	19.3″	5	14.0″	5.7
72	13.2″	8	13.7″	4.9
73	16.8″	9	13.0″	5.9
74	17.8″	3	13.2″	6.6
75	18.8″	11	13.5″	5.4
76	18.4″	8	13.7″	5.6

续　表

日　数	左　手		右　手	
	时　间	错　误	时　间	错　误
77	17.3″	11	13.2″	5.9
78	20.0″	11	13.9″	5.2
79	18.5″	8	14.0″	5.8
80	16.4″	12	13.6″	5.1
81	16.9″	16	13.6″	4.5
82	16.3″	8	12.1″	6.0
83	19.0″	9	12.6″	6.4
84	16.9″	9	12.6″	5.3
85	17.0″	7	12.0″	7.2
86	17.8″	10	12.6″	7.0
87	16.1″	10	12.4″	8.0
88	15.1″	9	11.3″	5.9
89	17.2″	14	11.6″	7.6
90	16.6″	5	12.4″	7.6
91	15.4″	8	11.3″	8.4
92	12.1″	6	12.2″	5.2
93	14.8″	12	11.5″	5.0
94	15.5″	7	12.8″	6.2
95	14.9″	13	11.5″	5.9
96	14.9″	7	11.3″	5.7
97	16.4″	14	13.1″	6.2
98	16.4″	12	12.9″	5.4
99	15.6″	11	11.3″	6.3
100	12.5″	17	12.0″	6.1
101	13.0″	10	10.2″	7.2
102	14.2″	8	10.2″	5.2
103	14.7″	9	10.5″	5.1
104	12.3″	10	10.1″	5.3
105	12.8″	11	10.3″	5.4
106	12.1″	12	10.2″	6.3

续 表

日 数	左 手		右 手	
	时 间	错 误	时 间	错 误
107	12.8″	10	9.5″	7.5
108	11.3″	10	9.0″	5.5
109	11.6″	8	9.5″	7.5
110	11.2″	11	9.4″	6.6
111	12.6″	11	8.6″	6.8
112	11.4″	7	9.1″	7.1
113	12.9″	9	8.7″	6.8
114	11.4″	10	9.0″	7.5
115	11.5″	8	8.9″	7.1
116	11.5″	9	8.6″	6.2
117	13.1″	7	8.7″	5.9
118	12.5″	9	8.9″	5.6
119	10.8″	7	8.3″	5.2
120	12.0″	14	8.3″	6.7
121	12.6″	9	8.9″	6.5
122	12.3″	8	8.3″	5.4
123	13.3″	6	8.5″	6.3
124	12.2″	6	9.0″	5.3
125	12.5″	8	8.7″	6.7
126	11.3″	9	8.6″	6.6
127	12.7″	12	8.4″	6.7
128	14.3″	8	8.7″	5.9
129	13.8″	11	8.6″	7.8

从下边的几根曲线看来，我们可以得到以下几个结论：

1. 家母对于动作的学习，起初很难，但是进步很快。看从第 1 天至第 31 天的那一段曲线，就明白了。

2. 后来进步稍缓一些。看从第 31 天至 57 天的那一段，右手曲线，就可明白。

3. 从 57 天至 100 天，她右手的进步很少，有时反见退步。这一段曲线我们普通叫它“高原期”(plateau)。

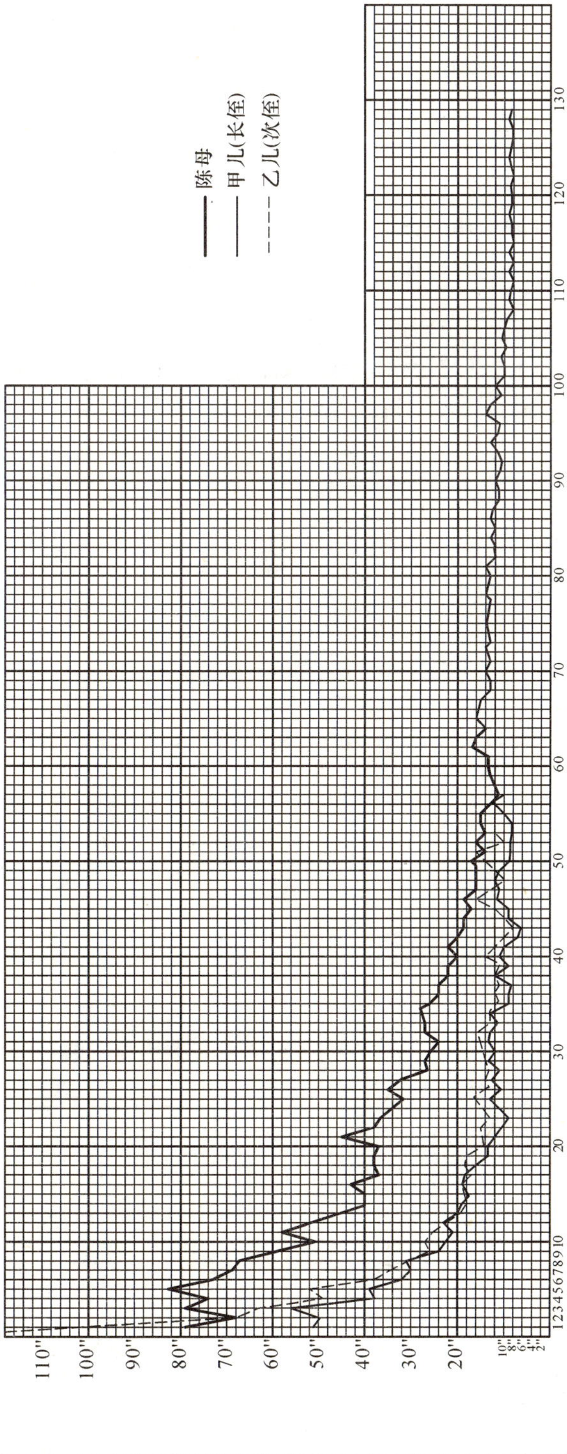

图1　三条右手镜画时间曲线图

4. 从101天至129天，这一段右手曲线，比从第57天至101天右手曲线，来得低一点；我们可以叫它第二个高原期。

5. 倘使我再试验下去，恐怕她还能进入一个或二个高原期，也未可知。

6. 左手的时间曲线，与右手的时间曲线，大概相仿佛。

7. 总而言之，家母的动作学习途径，与普通青年的学习途径，是相仿的。

8. 再看我两个侄子的曲线，他们的学习进步途径与家母的相同。不过他们的进步，比较快些。

9. 是否个个年老的人学习动作，都像家母的进步一样，那是一个疑问。现在我们不能概括说，凡老年人学习的进步，与幼年人一样快。

儿童的年龄[①]

儿童的年龄，骤然看来是没有什么可以讨论的。父母教师差不多都很明白儿童的年龄，譬如说："李家的小玲，今年是两岁了。""两岁了"这不就是儿童的年龄吗？儿童的年龄还有什么可以讨论的呢？

的确，儿童的年龄，从表面上看来，也真是简单得很，但是，精细地分析起来，情形可就不同了。好像前面所说"两岁了"，只不过是告诉我们小玲是在去年出世的，是去年正月里还是12月里出世，可都没有交代清楚，这种以一年为计数单位的年龄，叫做"虚年龄"，虚年龄顾名思义也就知道它是虚假的，因为同一虚年龄的两个儿童，其相差的月数可能有12个月之多。因此虚年龄除了日常应对的方便之外，在学术研究上的价值，是非常微小的。

为了补救这一种缺点，知道儿童较为准确的年龄，我们便另外找寻一种计算的办法，就是不以生年为单位，而以生月为单位计算年龄，叫做实足年龄。比方说，小玲是去年正月里诞生的，现在是第2年的6月，那么，小玲的实足年龄是1岁5个月。很明显，这种以月为单位计算的年龄是比较准确的，因为同一实足年龄的两个儿童，其间所相差的最大距离不会超过2个月，较之那有12个月之差的虚年龄，自然要精细得多了。

实足年龄的用处，现在是一天一天地普遍起来了。在法律上、教育上，或者是心理测验方面，或者是医药方面，差不多是广泛地采用了实足年龄，一则因为它计数简便，再则因为它比较准确。不过虚年龄或实足年龄，都只是以时间为标准的。因此，同一虚年龄或同一实足年龄的儿童，只不过是说明他们出生后到今天，在时间上相近罢了。至于生理发育的程度，智力发展的过程，及其适应社会生活的能力是否均齐，则并不顾及。因此，在儿童的研究方面，我们又开辟了另外的途径，来表示儿童生理

① 本篇原载《活教育》1948年第五卷第三、四期。

发育、智力发展，及适应社会的程度，这样，就出现了生理年龄、智力年龄、社会年龄与情绪年龄等。

生理年龄，是以儿童生理上发育的程度为标准的。譬如说，儿童的身长与体重以及各种生理上成熟的程度，在某一年龄中，往往能达到相当的一个阶段，这种以生理发育为准绳的年龄单位，便叫做生理年龄。生理年龄相同的儿童，其实足年龄往往不相同；同样的，实足年龄相同的儿童，由于生理发育的迟速之差异，亦表示着不同的生理年龄。从生理年龄与实足年龄的差异度，我们可以考查一个儿童健康的状况。

在心理学上用得最普遍的年龄要算是智力年龄了。智力年龄，首先是由比奈与西蒙二氏所创造。比奈、西蒙根据其对儿童智力测验的结果，定出儿童智力发展程度的高下，这种智力发展程度高下的时间的表示，就是智力年龄。据比奈、西蒙的意见，凡是儿童能够通过智力测验中各项问题的，则其所得的分数(月龄)之总和就是儿童的智力年龄。所以，智力年龄的核定，必须要通过一组客观的智力测验之后，才可以得出来。从儿童心理发展的研究方面看来，这种年龄的规定，自然是比较科学的。但是因为一种标准的智力测验之不易制定，客观代表性愈差的智力测验，愈无法正确地发掘儿童智力发展的真实程度。因此，我们想利用智力测验来厘定儿童的智力年龄，实在不易，这不能不说是智力年龄运用上的限制。

此外，在儿童年龄表示方面，还有两个方式，其一是情绪年龄，其次是社会年龄。情绪年龄是指儿童情绪发展的阶段，而社会年龄则在表示儿童社会适应能力的发展。心理学家布里奇斯(Bridges)曾经就儿童情绪及社会性的发展，订了一个量表。这个量表是积数年的研究与观察而制成的，根据儿童活动的记录，归纳成一种儿童情绪与社会性发展的一般趋势。然后，再依据这种趋势，来测量出各个儿童在这个量表中所占的地位，以此来计算他们的年龄。以情绪发展为标准的，是情绪年龄。以社会性发展为标准的就是社会年龄。前者简写为 E. G.，后者简写为 S. G.。情绪年龄与社会年龄，在儿童心理研究的领域中，已被重视。然而，我们却还很少提到这两个年龄。

儿童心理学[①]

引　言

对于儿童，做父母、做教师的责任，便是如何教导他们，使之成为健康活泼、有丰富知识、有政治觉悟和良好体魄的现代中国儿童、现代中国人。

做父母、做教师的这个责任是重大的。漫不经心与敷衍塞责的作风，不但永远完不成自己的任务，而且，对于整个民族的子孙，也会种下深刻的祸害。如何建立父母与教师的人生态度？如何改变旧社会成人对儿童的不良影响？这不仅是一个教育问题而已，整个社会与制度都负有责任。

不过我们从事教育的朋友，却决不能轻忽这个问题，甚且弃之而不顾。我们应当在教育的可能范围以内，来促进儿童教育的改善，来保证儿童教育的完成。

做父母、做教师的，要怎样来实践他们教导儿童的责任呢？我觉得可靠的途径之一，便是要了解儿童，儿童的喜怒哀乐、儿童的生长与成熟、儿童的学习与思想、儿童的环境以及从儿童新生到成长的整个过程当中所产生的一切变化与现象，我们都应有相当的研究与认识。只有在了解儿童之后，我们对儿童的教导，才能确实有效。

凡稍明事理的人，都知道儿童不但是难养而且是难教的。有时候他非常来得倔强，你不晓得骂他好呢，还是打他好；让他去好呢，还是抑制他好；有时候他睡在床里哭喊，你不晓得去抱他起来摇摇好呢，还是让他大哭大喊的好；有时候他要出去玩玩，你不晓得让他去玩好呢，还是禁止他好；有时候他要东西吃，你不晓得给他吃好呢，还是不给他好；有时候他要唱歌、他要画画，你不晓得怎样教他唱、教他画。能了解儿

① 本篇是陈鹤琴1952年在南京师范学院讲授儿童心理学课程的讲稿摘录。

童,这许多问题就容易解决,儿童也就不见得怎样的难教与难养了。

但如何才能了解儿童呢?这不得不靠儿童心理学的帮助。儿童心理学,顾名思义,便是一种研究儿童心理发展规律的科学,它是以儿童为研究对象,以心理发展为研究主题的科学。研究儿童心理学,便可以知道儿童的感觉发展的情形,动作发展的程序,他的情绪的变化与发展,他的记忆与遗忘,他的习惯与思想。凡儿童的生活现象,儿童心理学都应予以严密的研究。

因此,我们要了解儿童,要教育儿童就得老老实实地来研究儿童心理学。

也许大家要问,儿童心理学究竟要怎样去研究呢?是不是多看几本儿童心理学的书籍,多读几家儿童心理学的理论,就算是研究儿童心理学了呢?自然,读书是必要的,但这是不够的。因为书本上得到的知识,都是间接的知识,它是别人的经验,而并非自己所有的经验,并非直接获得的知识。间接的知识,别人的经验,我们固然要学,但是单凭读书看书所得到的知识与理论,往往是不够的。研究任何一门学问,我们还应当直接地去调查,去观察与实验,用事实来证验理论,这样的学问,才算是真学问。所以,研究儿童心理学,首先要运用唯物辩证的方法,经过调查、观察和实验,来探求儿童心理发展的客观规律。

第一章　新生婴儿之研究

第一节　新生婴儿观察实验的步骤

儿童心理学的研究，一般都是从研究新生婴儿开始的。当我们开始研究新生婴儿的时候，无疑地，也应当从观察实验入手，但在观察实验开始之先，我们还应当做一步调查登记的工作，以便把婴儿的状况与他家庭的情形，以及主试者的情形详细地记录下来（见表 1 - 1）。填写完毕后保存起来，以便做比较参考之用。

现在让我们来观察实验一个新生的婴儿，最好是生后第一天的，或者第一星期以内的，按照下面所列举的提示，细心地加以观察，并把结果（即日期或现象）记录在下面的括弧内，以资跟别人的观察实验之结果相比较。

一、感觉的观察与实验

（一）视觉

1. 婴儿的眼睛，生后多久才能张开？…………………………………（第一天）
2. 婴儿的双眼，张开后能多久才闭合？………………………………（　　）
3. 什么时候，婴儿的双眼才能转动？…………………………………（　　）
4. 婴儿的双眼，是否能各自独立反应？………………………………（　　）
5. 眼睛是否常常注视天花板，这种情形什么时候产生？……………（　　）

表 1 - 1　观察实验调查表

<table>
<tr><td rowspan="6">被试者</td><td>姓　名</td><td></td><td>性　别</td><td></td><td>生　日</td><td></td></tr>
<tr><td>生产后重量</td><td></td><td>生产后身长</td><td></td><td>单胎或双胎</td><td></td></tr>
<tr><td>研究日重量</td><td></td><td>研究日身长</td><td></td><td>曾患何种病</td><td></td></tr>
<tr><td>研究日牙齿情形</td><td colspan="5"></td></tr>
<tr><td>晚间每次睡眠时间</td><td colspan="5"></td></tr>
<tr><td colspan="3">晚间共醒次数(自下午 6 时到次晨 6 时)</td><td colspan="3">日间共醒次数</td></tr>
</table>

续　表

<table>
<tr><td rowspan="5">被试者家庭</td><td colspan="2">父亲职业</td><td colspan="2"></td><td colspan="2">生育被试者时年龄</td><td colspan="2"></td><td>教育程度</td><td></td></tr>
<tr><td colspan="2">母亲职业</td><td colspan="2"></td><td colspan="2">生育被试者时年龄</td><td colspan="2"></td><td>教育程度</td><td></td></tr>
<tr><td colspan="2">看护者性别</td><td colspan="2"></td><td colspan="2">年　龄</td><td colspan="2"></td><td>教育程度</td><td></td></tr>
<tr><td colspan="2">同居者人数</td><td colspan="2"></td><td colspan="2">与被试者关系</td><td colspan="4"></td></tr>
<tr><td colspan="10">兄弟姊妹人数与年龄</td></tr>
<tr><td rowspan="3">主试者</td><td>姓　名</td><td></td><td>年　龄</td><td></td><td>性　别</td><td></td><td>教育程度</td><td colspan="3"></td></tr>
<tr><td colspan="2">与被试者关系</td><td colspan="3"></td><td colspan="2">与被试者相识否</td><td colspan="3"></td></tr>
<tr><td colspan="2">研究日期</td><td colspan="3"></td><td colspan="2">住　址</td><td colspan="3"></td></tr>
<tr><td>其他</td><td colspan="10"></td></tr>
</table>

6. 能双眼聚集视线于一物否? ……………………………………………… (　　)

7. 眼睛能看灯光。 ……………………………………………………… (　　)

8. 眼睛能左右追看灯光。 ………………………………………………… (　　)

9. 眼睛能上下追看灯光。 ………………………………………………… (　　)

10. 眼睛能否追视物件做圆旋的反应? ………………………………… (　　)

11. 用我们的拳头靠近婴儿的眼睛时,是否能发生眼皮骤闭的眨眼反应? ……………………………………………………………………… (　　)

12. 一只眼睛受刺激时,是否两眼瞳孔同时都有反应? ……………… (　　)

13. 明度的变化,能否引起瞳孔的反应? ……………………………… (　　)

14. 强烈的光线,能否引起呼吸、眨眼、四肢、头颈、脉搏等的急剧变化? ……………………………………………………………………… (　　)

(二) 听觉

1. 婴儿能听得到人声。 …………………………………………………… (　　)

2. 我们在婴儿旁边弹指或吹指做声,他能听到否? ………………… (　　)

3. 关门做声或用物件碰撞婴儿的睡床时有何反应? ………………… (　　)

4. 声音的大小,与婴儿的反应有何关系? …………………………… (　　)

5. 柔和的声音能否引起儿童的反应? ………………………………… (　　)

6. 重复的声音能否引起适应作用或抑制作用? ……………………… (　　)

7. 连续的大声,能否产生反应? ……………………………………… (　　)

(三) 触觉

1. 用玻璃棒轻触婴儿的舌尖有什么反应发生？ ……………………（　　）
2. 用玻璃棒轻触婴儿的舌后根有什么反应发生？ …………………（　　）
3. 用一片棉花拨弄婴儿的鼻子，是一种洗净的动作，而不要触着黏液膜，看他有什么反应发生。 ………………………………………………（　　）
4. 用我们的手指轻触或轻弹婴儿的面额，有何反应？………………（　　）
5. 轻触婴儿皮肤的任何部分，有何反应发生？………………………（　　）
6. 用手指轻触婴儿展开的手掌，有何种反应产生？…………………（　　）
7. 用羽毛触婴儿的鼻孔，看反应如何？………………………………（　　）
8. 当婴儿醒时，用细玻璃棒轻触他眼睛的明角时，有何反应？ ………（　　）
9. 当婴儿醒时，用细玻璃棒轻触他眼睛的眼毛时，有何反应？ ………（　　）

（四）其他感觉

1. 用细玻璃棒滴盐溶液于婴儿的舌上时，有何反应？………………（　　）
2. 用细玻璃棒滴酸汁液于婴儿的舌上时，有何反应？………………（　　）
3. 用细玻璃棒滴苦液于婴儿舌上时，有何反应？……………………（　　）
4. 用细玻璃棒滴甜液于婴儿的舌上时，有何反应？…………………（　　）
5. 婴儿对于盐水与母乳的吸吮有何不同的反应？ …………………（　　）
6. 婴儿对于阿摩尼亚的气味有什么特殊的反应？ …………………（　　）
7. 用针轻触婴儿的任何部位，有否反应？……………………………（　　）
8. 用针轻触婴儿的面部与腿部，有何不同的反应？…………………（　　）

二、动作的观察与实验

（一）口的动作

1. 吸吮反射何时发生？ ………………………………………………（　　）
2. 呵欠反射何时发生？ ………………………………………………（　　）
3. 喷嚏的反射何时发生？ ……………………………………………（　　）
4. 睡时，口的动作如何？………………………………………………（　　）
5. 当婴儿睡时，用铅笔触他的上唇有否反应？………………………（　　）
6. 当婴儿睡时，用铅笔触他的下唇有否反应？………………………（　　）
7. 用细羽毛轻触婴儿的鼻基时，有什么结果产生？…………………（　　）

8. 笑的动作,什么时候发生? …………………………………………………… (　　)

9. 用手轻触婴儿的面额或抚摩他的面部,能否产生笑的反应? ……… (　　)

10. 哭的反应,何时发生? ………………………………………………………… (　　)

(二) 头部与四肢的动作 ………………………………………………………… (　　)

1. 直抱时,婴儿的头能否支持片刻? ……………………………………… (　　)

2. 用针轻触婴儿的面部时,他的头部能否有躲避的动作? …………… (　　)

3. 婴儿的头部,能否左右转动? …………………………………………… (　　)

4. 把婴儿的手指放进他的口里,有什么动作发生? ……………………… (　　)

5. 婴儿吸指时有声音发生否? ……………………………………………… (　　)

6. 用一件东西触婴儿的手时,能产生握掌反射否? ……………………… (　　)

7. 婴儿握掌时,手指的位置怎样,大拇指在内或在外? ……………… (　　)

8. 笑时,婴儿的四肢动作情形怎样? ……………………………………… (　　)

9. 用物件触足底时,婴儿的足趾有何反应? ……………………………… (　　)

10. 用手轻击婴儿的膝盖,有何反应发生? ……………………………… (　　)

11. 用一纸板盖住婴儿的脸孔,有什么反应发生? ……………………… (　　)

三、情绪的观察与实验

1. 婴儿哭时有否眼泪? ……………………………………………………… (　　)

2. 当婴儿哭时,我们用手按着他的头顶,哭能否停止? ……………… (　　)

3. 当婴儿哭时,我们用口吹各种曲调给他听,哭能否停止? ………… (　　)

4. 用冷水继续不断地滴在婴儿的额面上,他是否皱眉? ……………… (　　)

5. 在温水沐浴时,他是否显出快乐的样子,即有展开手指,打开眼睛等动作表现出来? ………………………………………………………… (　　)

6. 对于节奏动作,如有节拍地摇着摇篮等,是否感到快乐? ………… (　　)

7. 把婴儿从高度 2 尺的地方骤然坠下,有何反应? …………………… (　　)

8. 当他躺在床上时,我们突然牵动床褥,他会惊举手臂吗? ………… (　　)

9. 当他睡着时,我们把门关得太重,发出很大的声音时,他会惊举手臂而哭起来吗? ………………………………………………………… (　　)

10. 对骤然发生的大声,有何反应? ………………………………………… (　　)

第二节 新生婴儿的生理现象

新生的一刹那间，在人类的生命过程中来说，实是一个重要的关键，从这一新生的刹那间开始，婴儿便永远地脱离了他那曾经居住了十个月的老家——母体的子宫而进入了新的世界。在这里，他开始接受无限复杂的刺激。新陈代谢作用，也不再和他的母体发生联带的关系了，从这一刹那间开始，他便逐渐地向着独立的生活发展。

当胎儿还在子宫里的时候，他的一切养料供给和废物的排泄，都是有赖于母体的。所以，在那时候，他的肺脏也都没有什么活动。但肺的动作，究竟在什么时候开始，现在还不曾有个定论。从一般的情形说来，例如触压、温度、气压、胸部的活动以及静脉血所引起的呼吸中枢的神经冲动，可以说都是促成肺部发生活动的条件。

在婴儿新生的时候，他的循环系统的变化，也非常显著。脱离母体前，胎儿靠脐动脉和脐静脉从母体血液中获得发育所需的氧和营养物质，排出二氧化碳；婴儿出生后，开始用肺呼吸，不再依靠母体，而有自己的循环系统。新生婴儿的心跳较成人为速，血压较成人为低。他的呼吸也与成人的不同，仅就呼吸的次数来说，每分钟约有37次，比起成人的呼吸次数，至少多1倍。因此，一般生理学家每利用婴儿呼吸次数或囟门跳动的变化，来探求刺激对婴儿所生的影响。

胃壁的收缩，是饥饿感觉的重要因素。所以，胃壁的收缩动作，也叫做饥饿收缩。造成这种饥饿收缩的主要原因，便是胃部的空虚，实际上在胃部未完全空虚之前，饥饿收缩就已经开始了。因此，饥饿收缩的过程，往往是由弱而强，一阵一阵地发作，当他发作的时候，对于婴儿的行为，确有重大的作用。每当饥饿收缩发生变化的时候，婴儿的动作，也能随之而变化，通常由局部的吸吮动作而变为觉醒、哭喊，甚至于全身的乱动，必须在给予哺乳之后，哭与乱动才渐渐停止，吸吮的动作也慢慢地趋于一致，直等到胃部完全被乳液充满之后，胃壁收缩的现象，才不会产生，吸吮的动作就渐停止。由于各种动作所产生的疲乏，至此，又使婴儿慢慢地安静下来，重新入睡。根据各种研究的结果，饥饿收缩约在三四小时之后，即能发生一次。因此，最理想的哺乳时间，便是每间隔3小时至4小时施行一次。

在内分泌方面，婴儿也有无管腺与有管腺。前者如甲状腺、副甲状腺等；后者如汗腺、泪腺、乳腺、口津等等。有一种无管腺叫做胸腺的。这种腺液的分泌，在生前与生后,都非常的发达,但每因年龄的增大而退化,到成年时候,胸腺似乎完全没有了,有人以为这种腺体的作用,便在于制止性的发育,这是否可靠,还不敢武断。其次,乳腺在婴儿也是一种很有趣的东西,不管男性或女性的婴儿,最初都能有乳液的分泌。这种现象,究竟有何作用,现在也还无法解释。

假使我们把婴儿的形态与成人来比较。那么,我们真会以为婴儿与成人是所属两种不同类的动物。婴儿的手臂与腿,是那样地矮短,头却特别地大。一个新生儿的头围,比之他的胸部来得更大。由于牙床未曾发达,婴儿的脸孔,也显得异常地短,在整个头的部位上看起来,他好像特别地低下。下面的一个图,就是表示胎儿从第 2 个月到第 10 个月时的身长比较。

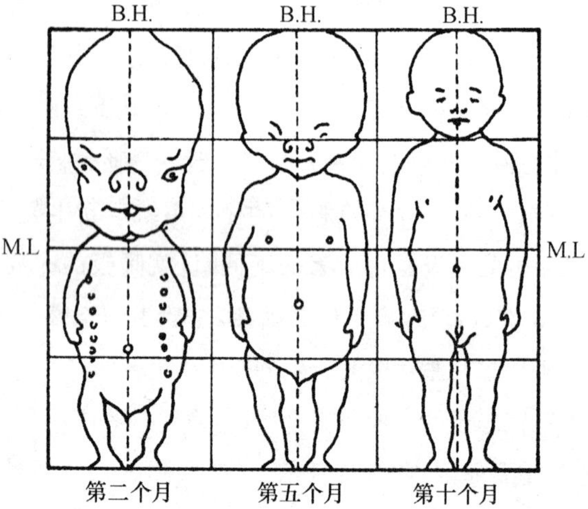

图 1-1 胎儿生活中身体比例之变迁
(B. H. 指身体高度,M. L. 表示中线)

至于新生婴儿的体重,一般在生后一星期内,都有减轻的倾向,到第 7 天之后,才能慢慢地恢复原有重量,并继续增加起来。所以,当新生婴儿体重减退的现象发生时,我们切不可认为婴儿有病等。在第 1 星期到第 4 星期间,体重的增加每日平均有一两。

新生婴儿的骨骼,主要的是所谓软骨,因此,它并不如我们成人那样硬和脆。但是骨骼的成长却非常地迅速,除非是遭遇到特殊的不利条件,以致变成了软骨病。在新生婴儿的头顶骨间还有一个相当阔大的裂口,同时,在后面也有一个较小的裂口,这些裂口或囟门究竟有些什么作用呢？一般地说来，由于这个囟门的存在，在生产的时候，使头部的大小能有伸缩的可能，使婴儿临盆较为畅易；同时，这个囟门的存在，使脑的生长，不致受到头盖骨的限制。囟门的痊合，在额后的一个约当生后两个星期就要关闭起来，至于头顶的那个囟门，每每到生后 18 个月之后，才会关闭起来。

总之，新生婴儿的生理现象是复杂的，他的生长则非常地迅速。

第三节　新生婴儿的感觉

现在我们再来谈谈儿童感觉发展的情形。根据专家们的研究，新生婴儿的感觉，在胎儿期中，已有显著的发展。库斯莫(Kussmaul)与别的研究者，都曾对胎儿的感觉发展做过研究。比如职司味觉的味蕾，派克(Parker)[①]认为在胎儿第 3 个月内便已发生。裴普尔(Peiper)曾用记录器来测量胎儿的听觉，认为胎儿对于听觉刺激已经具有反应。不管这些实验与观察的正确性究有多少，但一个新生婴儿的感觉，在胎儿的时期中，已开始萌芽，则已无疑。

一、视觉

因为胎儿在母体内，不能感受光线的刺激，所以，真正视觉的产生，应当是在婴儿新生之后。现在把各家对视觉发展研究的结果，引录下来，以资参考。[②]

根据我个人的观察结果，新生婴儿视觉发展的过程是这样的：

第 1 天

生后 21 分钟，双眼开了几秒钟工夫。

第 2 天

两眼开了 1 分钟左右就闭上。

第 3 天

开了很久，醒时两眼能够转动。不过当婴儿睡时，我看不出他的眼睛的转动。

---

① 派克(Francis Wayland Parker，1837～1902)，又译帕克。美国教育家，美国进步教育运动的领导人之一。他主张学校要适应儿童，重视儿童个性的发展，应以儿童为中心。学校要增设手工、游戏等科目，对课程与教育方法进行改革。主要著作有《教育方法谈话》等。

② 表见本书第 106 页。

现在,他的目能闪了,但当我把铅笔慢慢地向他的眼睛移近,约相距一厘米时,仍旧不会闪目。

晚上我用烛光试验他能否追看亮光,结果知道他还不会看。

第 4 天

眼睛仍旧不能追看灯光。

第 5 天

能看灯光,但不能追看灯光。

第 2 星期末

醒着时,两目不停地转动。

第 23 天

今天能追看灯光了,他的头也随目转动。

第 27 天

当他看人物的时候,双目都往里相斗,这种现象的发生,可能是因为眼肌还不曾发达完全的缘故。

关于新生婴儿视觉的现象,我们所知道的,确实还非常的贫乏,在普拉特(Pratt)①的书中曾就婴儿对于明度的反应,做了以下的报告,现在,特别把它介绍给大家做参考。②

1. 足月或不足月的婴儿,能因明度的变化而引起瞳孔反射。左右两瞳孔反射是连带的,当一只眼睛受刺激时,两眼瞳孔同时都能发生反射,不过,在生后 3 小时内,瞳孔反射的发生较慢。

2. 视、听、压觉的刺激,都能引起眼皮骤闭的反应,这是生而有的,所以称为眨眼(blinking)。把物件伸向两个月前后婴儿的眼睛,与他的眼睛相接触,这时也能引起骤闭的动作,有人以为这种反应是获得的,所以,称之为闪眼(winking)。

3. 注视明亮物体的能力,大约生后不久即已发生,不过此时两眼球的筋肉还不曾有调节的能力,故不能同时注视一个方向。有人以为真正的注视,非至第 3 个月,不能发生。瑟曼(Therman)曾在生后第 34 小时,找到注视动作的显著进步。

---

① 普拉特(Karl C. Pratt),在美国中央州立师范学院任教。论著有《新生婴儿》等。

② 参看 Pratt:《新生婴儿》,孙国华译,刊于《儿童教育》第六卷第八、九期。

4. 在生后两个星期，慢动的物体即可引起头颈反射。眼与头随着物体转动，当眼球的动作有了进步时，头的转动，亦渐减少。

5. 婴儿也有培尔金基现象（Purkinje Phenomenon）①，即视网膜对于光线的强弱变化发生的顺应作用。

6. 强烈光线所引起的反应为头颈与四肢的骤动、眨眼、呼吸与脉搏的变化。

二、听觉

其次，我们再来看新生婴儿听觉发展的情形。初生的婴儿，实是一个聋子，这个原因，或者是因为新生婴儿的中耳与外耳充满着液体，致使接受刺激的通道闭塞，或者是因为声膜与中耳听骨的动作不大灵活，或者是由于听觉神经发展未健全，但究竟是由于何种缘故，迄今尚无确切的答案。

听觉是知识之门，婴儿听觉发展的程序，大体有以下几个步骤：

第一步　发生听觉，婴儿一有了听觉，就进入了声音的世界。

第二步　能感觉各种平常的声音。

第三步　听觉再发展便是能找寻声音，婴儿能转眼运头去找寻声音的来处。

第四步　能认识声音，假如他听到父母的声音就知道自己的父母来了。

第五步　他能辨别声音的性质，凡高声低声，大声细声，他都能分别开来。

现在把各研究者对于听觉发展时期的研究结果，列表如下。②

关于听觉之发展，我在研究我的小孩一鸣之后得出的结果是这样：

第1～13天

从一鸣诞生后，不论他睡着或醒着，我总是时时试验他的听觉。试验的方法有二种，其一是弹指，其二是吹指，即用自己的手指吹做小鸟惊吓求救的声音。生后到第7天，他都没有现出听闻这些声音的表示。

第7天

当我摇炉灰的时候，把摇铁打击了火炉，他就立刻举起双臂。后来我轻轻地走过

① 培尔金基现象（Purkinje Phenomenon），现译为扑金耶现象。扑金耶（Purkinje J. E，1781～1869），捷克学者。他发现了颜色感觉随照明强度的改变而发生明暗度变化的现象。人因对光谱的各种不同的光具有不同的感受性，从而引起不同的色感觉。由于这种现象是扑金耶发现的，故称之为扑金耶现象。

② 表见本书第108页。

去,站在他的后面,使他不能看见我,这时,我就吹出尖声来,但他一点也没有表示。因此,我断定当初他之所以举起双臂,并非由于听觉的刺激,而是由于感觉震动的结果。

第14天

当他睡眠时,我吹指,他微微地开了一眼,并且把他的颈向发声处一转。我又吹,他又开了一眼,不过,当我吹第三次时,他就不再开眼了。

第19天

当他正在熟睡时,我又吹指,此时,我的指离他的左耳约5尺之远,他就大开一眼,如是者再,不过对于第三次吹声,他没有反应。

第27天

当他半醒半睡时,他的祖母稍微说得响一点,他就惊动。是晚,当他睡眠时我一吹指,他就立刻举起双臂,开了两眼并稍举起头来,不过,立刻他就闭眼睡了。从此,他的听觉便一天敏锐一天。

第31天

他的母亲关门太重一点,他就惊哭。

总括地说,重复的刺激,能产生顺适作用,不足月的婴儿,反应时间较足月的慢,足月的较成人又慢,根据裴普尔的研究,两个月的婴儿的听觉反应为25%秒。

三、触觉

视觉、听觉都是专门的感官,惟有触觉,乃是一种普通的感官。人体周身,可以说都有触觉的能力,不过有些地方特别敏锐些而已。婴儿触觉最显得敏锐的区域,便是舌尖、鼻孔、眼和手掌。

1. 舌尖。舌的上面与舌尖,是触觉最敏锐的区域。库斯莫用玻璃条触着新生儿的口,婴儿就发生反应;倘使玻璃条触着舌尖,两唇立刻前伸,舌头含住玻璃条成吸乳的姿势;倘使玻璃条触着舌头的后根,婴儿就发生呕吐的现象。

2. 鼻孔。鼻孔的薄膜,也有灵敏的触觉。第一天的婴儿就有这种触觉。库斯莫曾经说过,倘若你用羽毛轻触婴儿的鼻孔,那么,婴儿就皱眉闪眼。

3. 眼部。眼毛、眼睑、明角三部分中,以眼毛的触觉为最敏锐。库斯莫以为在婴儿醒的时候,你用玻璃条触着他的明角,他的眼尚不会闭合起来。但,如果你稍微刺激一下眼毛，则眼睛立见闭合。可是另外的研究者吉斯默（Ganzmer）和普莱尔（Preyer）都以为明角的触觉比之眼毛的触觉灵敏得多。

4. 手掌、足掌、臂腋、膝弯、腰部、面额等处，也都有灵敏的触觉。当我们的手指一触到婴儿的手掌时，他就做握的反应，而且能把我们的手指握得很牢。假使用我们的手指轻触或轻弹婴儿的面额时，就可以看到头的转动，与张口伸唇的动作。假使这个触觉刺激是一个足以引起不快感觉的负的刺激，那么，一种逃避的现象便能产生出来。

四、其他的感觉

新生儿的感觉除视、听、触三种比较易于观察和研究之外，其他如味觉、嗅觉、痛觉、温度觉等，比较难于观察，现有研究的报导，也非常地缺乏。偶然我们也可以看到一些关于这些感觉的报告，比如有人以为生后 2 日的婴儿，对于触觉的反应，即有显著的表示。对于各种不同的味，如苦、甜、咸、酸都能做不同的反应。嗅觉的发展，比较地迟缓，婴儿对各种乳味的辨别，总需在出生 10 天以后，才有可能。带有刺激性的化学物如阿摩尼亚所引起的动作，大约都是压觉与痛觉的反应。

通常人们总以为新生的婴儿是没有痛苦的感觉。这种见解，并不正确。因为，一个未足月或足月的婴儿，显然已有痛觉的存在。施尔曼曾用针轻刺婴儿的面部，发现生后半点钟至 41 点钟间，痛觉反应所需的刺激次数可从 6 次降至 1 次，足见婴儿对于痛觉感受性进步之速。不过痛觉感受性每次因接受刺激的区域不同而有别。对针刺的反应，面部比腿部发生较早，面部所需的刺激次数，也较腿部为少。

在普通情形下，痛觉刺激所引起的反应，大都是啼哭的反应。

第四节　新生婴儿的动作

新生婴儿动作的发展，以往有两种歪曲的观点。其一是认为儿童的动作，先天地已经存在着一种型式，儿童动作的发展，只不过是把这种潜存的型式予以发展、予以完成而已。自然，这种见解现在已经过时了。心理学家都一致公认，儿童原先并无任何未完成的动作存在着。其次一种见解，是把儿童的所有动作都当做反射——即机械的反射来看待。因此，他们认为婴儿的动作的发展，便只是一连串反射的联合或交

替。这种见解,与事实并不一致,因为婴儿的动作,本来是整个的、全身的,到后来才慢慢地特殊化。

所以新生婴儿动作的发展,既非根据于已存的型式,也不是机械的简单的反射。婴儿的动作,我们可把它分成两种,一种是无谓的动作,另一种则是反射的动作。

婴儿的动作是非常复杂的。根据普拉特的研究,婴儿在新生后 15 到 18 小时以内,可以肉眼观察得到的动作,有 500 至 3 000 次之多,能用自动记录器来记录下来的动作,则有 1 万至 4.5 万次之多。在这当中,有许多是无谓动作,他并非被特定的刺激所唤起,或具有任何目的的动作。当婴儿静睡在床上的时候,他的面部肌肉便无时无刻地不在那里活动,他的四肢、手与脚也都不断地在那里玩弄、活动。这许多并非为某一特定的刺激所唤起的动作反应,我们便称它为无谓的动作。

但婴儿有许多动作是被某一特定的刺激所唤起,而且往往是非常固定。这种动作,我们便叫它做反射的动作。比如当他的脚底被触着时,他的脚趾便会展开。他的手掌被触着时,他的手掌便会合闭。当他的唇被触着时,他就做出吸吮的反射。这些动作是非常固定的,给他某一刺激,他必然地会给你某种反应,一点都不会落空。无怪乎竟有人因此而认为婴儿是一种反射的生物(creatures of reflexes)。

在婴儿的反射动作中,最显著的要算是巴宾斯基反射(babinski reflex)。这种以刺激加之于婴儿的脚底所引起的展趾的反射动作,根据明考斯基(Minkowski)①的研究,在胎儿第 4 个月的时候就已经产生出来了。婴儿几乎没有一个不具有这种反应动作。

除了巴宾斯基反射之外,吸吮反射也发展得很早。根据鲍拉非奥与阿顿(Bolaffo and Artom)的研究,第 6 个月的婴儿,如果他的嘴受到刺激,便能产生这种吸吮反射。

吸吮反射,在婴儿的动作中,可以说是出现的次数较多而变化较少的反射动作。这种动作虽然称为反射,其发展的过程中,是有更变的。在吸吮反射继续进行一些时间之后,他的调节作用便能显出进步的现象,他的牵动域也能由大而小,由普遍而变为局部。有时候,一种不适当的或不相干的刺激,也能引起婴儿的吸吮反射。这种由特殊的变为概括的现象,也是吸吮反射的一种特性。

把握反射,在一个新生婴儿是很明显的。假使我们给婴儿一条棍子,那他便握住

---

① 明考斯基(Minkowski)研究婴儿的运动。他很早就发现婴儿能为种种反射运动,如瞳缩、抓爬等。

棍子，握得非常地牢，甚至当你把棍子往上提时，婴儿亦会跟着悬挂起来。但在我自己的实验中，一鸣虽会把握物件，却无法把他悬空挂起来。

自古以来，最令人惊异的事情，莫过于哭的动作。为什么婴儿新生，第一声便要哭呢？古来有许多哲学家、神学家，对这个问题做了许多神话式的解释。有人认为哭是“新生的仙乐”，是“父母深夜的音乐”。康德(Kant)①也曾经这样说过：我们所听到的婴儿新生时的哭，并非是表示悲剧的声音，实是一种愤怒的呼喊，其原因并非由于什么东西使他痛苦，实由于什么东西使他激怒，似乎是因为他需要活动的时候，感觉到什么东西的束缚，以致剥夺了他的自由。

但根据现代科学的研究，新生婴儿的哭也是一种反射动作，其产生的原因是由于空气冲击肺部、鼻腔及急促吸吮的结果，以往许多臆测，显与事实不符。

现在，我把自己研究婴儿的动作的结果，写在下面，以供大家参阅。

第 1 天

1. 吸吮反射动作尚未发生：生后 10 分钟，我用手指触他的嘴角，他并不转头或做声。

2. 生后 45 分钟打呵欠：生后 2 点 44 分钟又打呵欠，继续打了 6 个呵欠。打喷嚏两次。

3. 睡时做吸乳动作：

① 睡眠时嘴唇微动做吸乳的动作。

② 睡时，我用铅笔头触他的上唇，他就做吸乳的动作，不过他并不左右转动，那时是生后 5 点 13 分。

③ 睡时，触他的下唇与嘴角，他并没有发生反射动作，这时是生后 7 点钟。

由上面几点看来，他的上唇比嘴角和下唇来得灵敏。

4. 吸乳的动作完全发展了：生后 17 点 30 分，他发生完全的吸乳动作，就是两唇裹着舌头，做成一个小洞的样子。

5. 偶然他把他自己的手指放进口里：生后 20 分钟，他自己偶然把左手几个指头

---

① 康德(I. Kant，1724～1804)，德国哲学家。他的心理学思想散见于他的哲学著作中。他是近代心理学知、情、意三分法的倡导者，认为这三种官能是独立存在的，其中任何一种都不能由其他一种派生出来。他提出人的认识能力有感性、悟性和理性三种形式。他重视统觉在认识过程中的综合统一的作用等，康德主张教育具有伦理的理性主义特点，同时重视儿童身心发展，又含有明显的自然主义因素。这两个互相对立的方面，在他的教育思想中是辩证地结合着的。康德的哲学和教育思想，对后世都有很大的影响。

放进嘴里,但并不吸指。

6. 后来,他自己吸他的右食指。

7. 吸指做声:生后1点30分钟,他吸自己的右手并且吸出声音来。

8. 四肢上下动作:他哭时,手臂往上交换地互相展动,同时两腿上下伸缩。

9. 足的反射动作:用冷的刺激(金属尖笔)触他的足底,他足就缩起。

第18天

头能支持不垂:直抱的时候,把他的头扶正了,他的头就能稍微地支持片刻。

第20天

1. 咬的动作的发生:吃了一点乳之后,他用上下牙盘咬了乳头。

2. 摇头的反射动作:今天给他吃牛奶,我们用橡皮乳头叫他吸,因为乳管太大,牛乳来得太多,致使他来不及吸吃,就不吃了并且摇头两次。

第21天

左手玩弄时,右手举起:他睡在床上的时候,他玩弄他的左手并且举起他的右臂来。

第27天

要举头:抱的时候,他要举起头来,但是举不起来。

第28天

握力:今天早晨洗澡时,又试验他握的能力,他能紧紧地握住我的自来水笔笔杆,但是不能够全身荡起来。

第五节　新生婴儿的情绪

关于新生婴儿的情绪问题,心理学家的意见,颇为分歧,直到今天为止,我们还无法对新生婴儿的情绪变化做出相当的结论。在近代儿童心理学的科学研究上,华生(Watson)应用实验的方法对婴儿的各种反射活动、情绪表现等做了研究。根据华生的意见,所谓情绪便是一种遗传的模式反应,包括全体机构的重大变化,特别是内脏及腺液的变化。华生把情绪分成三大类,即惧怕、愤怒与情爱,并且认为束缚——即压抑婴儿的胳膊使他紧靠腰间,会使婴儿发怒。但普拉特用同样手续来实验66个新生的婴儿,不但没有发现怒的反应,反而一些约束的刺激,倒能引起婴儿的安静。

或许是因为新生婴儿的情绪表现不易观察的缘故，对于新生婴儿的情绪的研究，确有待于我们今后的努力。

第六节　新生婴儿的教育

从以上的研究看来，新生婴儿第 1 月的生活，在其生理与心理发展的过程中，实占有重要的地位。通常一般人每有一种谬误的见解，以为新生婴儿，年纪既那样幼小，能懂得什么？因此，对于新生婴儿的生活，除了喂奶之外，便什么都不去理会他，自然，教育更谈不到了。在这种观念支配之下，真不知有多少儿童，终身受其祸害！根据科学的研究，每个儿童自出生之日起就已开始学习（甚至可以说在胎内已开始学习）。

马奎斯夫人（Mrs. Marguis）把 10 个新生婴儿分开，两个不接受交替训练，八个接受交替训练。交替训练的手续是这样的：在每回哺乳之前，给婴儿 5 秒钟的声音刺激。然后，再把乳头放进他的口里，同时再给他 5 秒钟的声音刺激，直到婴儿吃乳完毕为止。自婴儿生后 24 小时便开始训练，照每 4 小时哺乳一次的办法，每天可以试验 6 次。非训练组的婴儿，其他条件均跟训练组的相同，只是不给声音的刺激。在试验过程中，训练组婴儿的吸吮动作，与非训练组婴儿的吸吮动作，竟有显著的不同（他们的动作，都用仪器记录下来）。训练组在开始时，只有声音的时候，他们只是哭，而且还有其他部分的动作。到第 4 天，声音的刺激便能使他们张口的动作增加，而其他动作减少。在 10 天内，有 7 个婴儿，一听到声音即开始吸吮动作，这时候，声音已成为乳的替代刺激了。非训练组则没有这种现象发生，这可见听音与乳之间已有了密切的关系了。

我们所以引用这个实验，就是要说明即使是新生婴儿，学习能力却已开始这一事实。不仅新生婴儿已经开始了学习，而且新生婴儿的教育，每能影响儿童的一生，其身体是否健康，关系更大。不过新生婴儿教育的重点，在于建立儿童健康身体的基础，同时使优良习惯的形成有一个初始的基础，兹就管见所及，略述数端于后。

一、环境

新生婴儿自脱离母体之后，便开始进入一个新的世界，当他还在子宫里的时候，所受的刺激是单纯的、有限的。而现在，他的四周到处都是新的刺激，环境的变化与繁复,新生儿都能做相当的反应,以适应新的环境。但新生婴儿对于环境适应的能力是薄弱的,做父母的应当援助婴儿来控制环境,使适应于婴儿各方面的要求。

首先,我们应当使环境安静,婴儿更不应当终日感受外界强烈的刺激。心理学家告诉我们:刺激与反应是互为因果的,感受了何种刺激,一定会引起相当的反应,刺激越猛,则反应越强,这是不易的道理。尤其我们的脑系组织,在幼稚的婴儿时代,是非常纤弱的,仿佛是含苞未放的花朵,最经不起蜂蝶的摧残与风暴的打击。做父母的诚然不应用种种刺激在婴儿面前如演新剧一般地时常表演,更不应当以为他好玩,某叔来了抱抱他,某婶来了抖抖他,一日之间常常受着猛烈的刺激,无怪到后来,精神显得不稳定的样子。

其次,房间的空气要流通,最理想的是房间中能有通风的设备。通常我们可以利用窗户,装上一个风隔板来交换空气。空气固需流通,即室内的温度也应当有适当的调节,最好是维持 68 度到 70 度(华氏)之间。如果在室内能备置一个寒暑表,那是更好的。

房间温度有了调节,同时光线也应当予以相当的注意,尤其在冬天气候寒冷的时候,我们每因顾到房中的温度而把窗户一齐闭上,致使房间中的光线黑暗,终天不见太阳光,这样缺乏阳光对于婴儿的发育是有妨碍的。最好我们的房间能有几个可以放进阳光的窗户,每天至少要打开两三次,一方面可以调换新鲜的空气,另一方面也可以使阳光进来。

二、饮食

新生婴儿主要的饮料,便是乳汁。所以哺乳在新生婴儿的生活中非常重要。哺乳最要紧的是有定量和定时。假使量太多了,往往引起婴儿的消化不良,食料无法吸收,便发生泄的现象。假使量太少,那么又无法解决婴儿的饥饿,于是他便时常啼哭。所以食的分量,要能适当。

至于进食的时间,我们先前已经说过,按照胃肠的生理机能,最好是每隔 3 小时进食一次。但照普通一般母亲的做法,往往不按哺乳的时间,只要婴儿一啼哭,就把婴儿抱在自己的怀里,然后把乳头塞进婴儿的嘴里。这样做不仅容易养成婴儿爱抱的坏习惯,母亲乳量的分泌又无法控制,有时母亲为了使婴儿不哭,虽然乳汁已没有了,还是让孩子含着自己的奶头。婴儿进食不能定时、定量,对健康实有莫大的害处。

哺乳固须有定时，且大小便也应当在新生的时候起养成定时的习惯。在大小便时，母亲的举动声音最好有相对的固定性，当习惯养成之后，婴儿一觉到这种举动声音，马上就开始大小便，在时间方面可以节省许多。

在饮食、排泄养成定时的习惯之后，一旦发现婴儿有怪常的情况时，我们立刻予以注意，或者请教医生，看看有否什么病症发生或将发生。对于疾病，如能事先预防，就可以避免，这对于婴儿未来的健康，实有重大的关系。

三、睡眠

睡眠是婴儿主要生活之一部分。一个新生婴儿，除了哺乳、饥饿或外界刺激过大的时候才醒着以外，其余的时间，总是在睡眠之中。有时候，他要睡眠 20 小时之久。所以，有人认为婴儿睡眠的时间愈长则愈健康，可见睡眠对婴儿是如何重要。如何养成睡眠的优良习惯，在新生婴儿教育领域中的重要性，也就可想而知了。

睡眠的习惯，第一是要养成独睡，第二是要养成熄灯睡，第三不要抱着睡。

第一，独睡。通常，母亲总是跟婴儿同床而睡的。因为，她们以为同床睡是就近可以照顾，其实，同床睡的害处很多。

1. 养成婴儿的依赖性。因为婴儿跟着母亲睡在一起，以后，母亲如一离开，他便会啼哭吵闹，这种依赖的坏习惯，将影响于婴儿未来的独立生活。

2. 容易被母亲压死。婴儿身体弱小禁不起大人的一压。所以，做父母的一不当心，往往会把婴儿压死。这样跟婴儿同床睡觉，不但没有利于婴儿，反而害了婴儿。也许大家以为这样的事情决不会发生的，但我记得有一个 3 个月的婴儿是压死在他的母亲的手臂之下的。

3. 容易被被服窒死。婴儿睡在大的被服底下，受不住被服的压迫，往往有因此而窒死的。从前我的邻居十仓老的孩子，就是这样被被服窒死的。

4. 不卫生。母子同睡，使空气变得很污浊。先前我们已说过婴儿是非常需要新鲜空气的。最好是让婴儿独自睡在一个房间里更是理想。

5. 不安宁。婴儿睡眠，最忌吵闹和震动。母子同睡，母亲一动，便易惊醒婴儿，这对婴儿健康的害处是不难想见的。

照这样的情形说来，婴儿是应当独睡一床的。做父母的如果为防小孩受寒，那么只需把他盖好，用大的别针把被夹住就是了。

第二,熄灯睡。点灯睡有许多坏处,点灯睡觉,最易养成怕黑暗的坏习惯。当小孩大了的时候,灯一熄,就害怕起来,如果是在一黑暗的房间中,他根本就无法入睡。要消除这种坏习惯,也惟有从小教起,第一勿点灯睡觉。

点灯睡觉,害处很多,通常做母亲的每以点灯、熄灯麻烦,总是让灯点着睡觉,怎知就因这一点的疏忽,而贻害婴儿非浅。

第三,不应抱着睡。婴儿每要大人抱着睡,而父母因为爱婴儿,且不愿让他哭吵,总是抱着他睡。其实抱睡的习惯,对婴儿与母亲两方面都有许多害处。做母亲的因为手里抱着婴儿,不能够做事情,即使做也是很不方便的。婴儿因为抱在母亲的手里,容易动醒,即使不醒来,也不能安安稳稳地睡着。

还有一个更坏的习惯,也是因为母亲宠爱婴儿而产生的,那便是当婴儿哭时,母亲便连忙把他抱起来,一面拍拍他一面抖抖他,有时还踱来踱去地直等到他睡着为止。当他睡着之后,母亲如果再把他放进摇篮时,他马上大哭起来,于是母亲又把他抱起来,拍拍、抖抖、踱踱,结果便使婴儿非抱、非拍、非抖、非踱就睡不着,甚至连母亲离开一步他都要哭。这样的坏习惯一旦养成,对婴儿的健康既然无益,且母亲的痛苦,亦非常地酷烈。所以这种习惯,应从小就设法免除。

坏习惯如果已经形成,父母当耐心来使他改正,我们当知道,让婴儿哭几声对于他是没有什么关系的,只要让他哭几阵,坏习惯也就渐渐地消除了。切不可怕他哭而姑息他。

第二章　乳儿心理的发展

第一节　乳儿观察实验的步骤

在观察实验开始之前，我们所应有的手续，如填写调查登记表等，都与第一章中所述的新生婴儿观察实验中所应用的手续相同。不过在本节，我们所从事观察实验的对象，则以生后到1岁之间儿童为准。观察实验的内容，则着重于较复杂的联合运动及情绪的表现和发展过程。

一、感觉

1. 转头向着有声音的方向。 ………………………………………………（　　）
2. 静听一种乐器的声音或铃的声音。 ………………………………（　　）
3. 听到一种延续的声音时，头部发生寻找的动作。………………（　　）
4. 对两种不同的声音，如锣声与铃声有分别反应。………………（　　）
5. 当儿童哭时，实验者如和他谈话数十秒钟，儿童即停止哭，表示对人的声音发生积极反应。 ………………………………………………（　　）
6. 注视一种光。 ……………………………………………………………（　　）
7. 视线能跟着一件动的东西转动，或者追着一个人。……………（　　）
8. 离儿童面部1尺远处，摇动拳头，发现闪眼，张口微笑。………（　　）
9. 能看远处东西，如月亮。………………………………………………（　　）
10. 抱起来时，向四面观望。 ……………………………………………（　　）
11. 能寻找一件忽然不见的东西。………………………………………（　　）
12. 观察刺激(羊毛)与听觉刺激(铃声)同时出现时，反应如何？ ………………………………………………………………………………（　　）
13. 看有色的纸张比看着白色的时间较长。…………………………（　　）
14. 当你对着他咕咕谈话时，他表现友爱的微笑。 …………………（　　）

二、运动

1. 用手指触他的下颌，他便张嘴咬手指。……………………………（　　）

2. 把手指伸入他的口中,他便用牙床咬住手指。…………………… (　　)

3. 吃奶后,咬住乳头往后拉。……………………………………… (　　)

4. 他常常吃自己的指头。 ………………………………………… (　　)

5. 他看见别人吹灯,也能做吹的动作。…………………………… (　　)

6. 用手捏住儿童鼻孔,看他能否用口来呼吸。…………………… (　　)

7. 能把嘴里的东西吐出来。 ……………………………………… (　　)

8. 看别人吹烛,他能否吹烛?……………………………………… (　　)

9. 能把叫子吹出声音来。 ………………………………………… (　　)

10. 直抱的时候,头能左右转动。 ………………………………… (　　)

11. 把他背天而卧,他能举起头与脚来,使面孔不致贴着被头。
………………………………………………………………………… (　　)

12. 仰天躺在床上时,他会举起头与脚来,做要起来的表现。
………………………………………………………………………… (　　)

13. 示以食物,他便会低头来吃。 ………………………………… (　　)

14. 他常常左右摇头。……………………………………………… (　　)

15. 他能够点头。…………………………………………………… (　　)

16. 当他吃饱奶的时候,便用手推开母亲的胸膛。 ……………… (　　)

17. 当他吃左边的奶乳时,能用左手来抚左奶(表示左手能单独动作)。
………………………………………………………………………… (　　)

18. 他自己能使两手的手指互相接触。…………………………… (　　)

19. 他能够拿一个茶杯到自己口里。……………………………… (　　)

20. 把他扑在地上,他能用四肢撑起来,把身体完全举在空中。
………………………………………………………………………… (　　)

三、行走

1. 在第四个月中,他能否站立数秒钟?…………………………… (　　)

2. 在第五个月中,他能站立多久?………………………………… (　　)

3. 他喜欢扶着东西站立,这是行走的初步。……………………… (　　)

4. 他能扶着椅子的靠背,从地板上站起来。……………………… (　　)

5. 他站着时两膝已由弯屈伸直。 ………………………………………… （　　）
6. 在第四个月中，把他背天躺在床上，看能做爬行的动作否？ ……… （　　）
7. 现在他能自由地向前爬行。 …………………………………………… （　　）
8. 他能爬过一个相当高的门槛。 ………………………………………… （　　）
9. 他能扶着东西行走。 ……………………………………………………… （　　）
10. 他能独自行走数步。…………………………………………………… （　　）
11. 他能从地上站起来，而且还能行走几步。 ………………………… （　　）
12. 他能行走二三十码远的路。………………………………………… （　　）
13. 他能向后行走。………………………………………………………… （　　）
14. 他能向左右行走。……………………………………………………… （　　）

四、情绪

1. 他睡在床上，如果牵动他的床褥，他会举起手臂吗？ ……………… （　　）
2. 他醒着时，你突然在他旁边发作大声，他会举臂张眼表示惊惧吗？
……………………………………………………………………………… （　　）
3. 假使有人以恐吓的态度，如用手指他的眼睛，他会举起双臂，表示惊惧否？ …………………………………………………………………… （　　）
4. 假使你对他做怒容，他是否会牵动口角表示要哭的样子？………… （　　）
5. 对于骤然而至的声音，会使他闪眼否？……………………………… （　　）
6. 假使你用根羽毛或头发接触他的手臂，他的手臂会缩回否？……… （　　）
7. 对于从未见过的东西，如牛、马、狗等，他会产生惧怕现象否？
……………………………………………………………………………… （　　）
8. 他惧怕雷电吗？ ………………………………………………………… （　　）
9. 他惧怕黑暗吗？ ………………………………………………………… （　　）
10. 他惧怕皮毛的东西吗？……………………………………………… （　　）
11. 他惧怕带着手套的手吗？…………………………………………… （　　）
12. 他惧怕黑色的衣服吗？……………………………………………… （　　）
13. 假使你刺激他而至于使他哭，那时，你把手指放进他的口里，他会咬你的手指吗？……………………………………………………… （　　）

14. 假使你刺激他而至于使他哭，那时，他会骂人吗？怎样骂？ ……（　）
15. 假使你一定要他吃一件他所不要吃的东西，那时，他会用手抓你吗？ ……（　）
16. 当他一定要爬上一张桌子，而你阻止他，而且把他抱下来，那时，他会摇头，乱撞，表示愤怒的样子吗？ ……（　）
17. 当他发怒时，立刻给他一个玩具，结果如何？ ……（　）
18. 当他发怒时，是否有抛掷物件的现象？ ……（　）
19. 当他睡醒时，用手拨他的下颌，他能否微微地笑出声来？ ……（　）
20. 用手向他的腋下呵痒，他会大笑否？ ……（　）
21. 同时向他的颈上或背上呵痒，他也会大笑否？ ……（　）
22. 睡醒后能否自己大笑？ ……（　）
23. 当他笑时，有人站在他前面大笑，他也会出声大笑吗？ ……（　）
24. 他会假笑吗？ ……（　）
25. 当他快乐时，便会伸出舌头来。 ……（　）
26. 当他快乐时，他便会脚踢手舞。 ……（　）
27. 当他快乐时，他便转头，喊叫。 ……（　）
28. 置儿童于暗室中，突然用报纸燃起火，如何？ ……（　）
29. 置儿童于明亮之室中，忽放入一动物，如何？ ……（　）
30. 他如果惧怕黑的颜色之后，对于其他黑色的东西，也都惧怕吗？ ……（　）
31. 如果他看见猫便惧怕，那么，当他惧怕时，你便用语言来讥笑他，他的惧怕情绪是否会减低？ ……（　）
32. 如果他看见猫便惧怕，那么，你令一不怕猫的儿童来跟猫共同玩，这时他是否会减低惧怕？ ……（　）
33. 如果他看见猫便惧怕，那么，当他进食时，让他看见猫，并逐日把猫移近他，则惧怕会减低吗？ ……（　）
34. 如果他看见猫便惧怕，那么，在很久时间内，不让他看见猫，以后再见了猫，他会惧怕否？ ……（　）

第二节 乳儿的意义

在解释乳儿的意义之先，我们先须明白人生发展的过程究属如何。

“人生的过程，是一个连续不断的发展过程”这个概念，我相信不会有人怀疑。正因为人生的过程是继续不断的发展过程，所以，我们如果想就这个过程来划分成几个阶段，实在是非常困难的。可是自古以来的哲学家、大文豪，总喜欢把人生的过程，分成几个阶段。莎士比亚(Shakes-peare)①在他的《如愿》(*As You Like It*)一剧中，便曾把人生描写成七个不同的阶段。在这里，我们不妨写出来让大家看看：“世界就是一座舞台，一切男女，不过是演员罢了，他们都要登场，也都要退场。一个人在他一生中扮演着好几个角色，他一生的行事，可以分做七个时期。最先是婴孩，在奶娘的怀抱里，时而啼哭，时而呕吐。其次是哀哀哭哭的小学生，手里拿着书包，早晨满面红光，懒洋洋地，像蜗牛爬行一样，老大不愿意，走上学堂。再到恋爱时期，长吁短叹，好像炉子风箱的声音，唱出了悲哀的情歌，呈献给他的恋人。再其次便成为好兵士，满嘴奇怪的誓语，满面胡须，像豹子一样，对荣誉非常羡嫉，与敌人交战，非常敏捷，寻求昙花泡影般的荣誉，甚至寻到炮口里。再则变成了法官，吃得个大肚囊，鼓溜溜地装满了许多食物，他有严肃的眼睛，时髦的胡须，嘴里充满聪明的格言和时髦的例证，他就是这样演他那个角色。第六时期来到了，把他变成一个瘦削的拖着鞋的老顽固，眼镜横悬在鼻梁上，身边挂着鼻烟袋；青年时代的裤子，好好收藏，现在若是穿在干缩的腿上，觉得太宽大了；他的宏亮的声音，又变成儿时的细嚼，说话就像吹笛吹哨。最后一期来到了，这一段奇怪多端的故事就此完结，他不过又回到童年的混沌，忘记了一切，没有牙齿，没有眼睛，没有口味，什么都没有了。”

莎士比亚的分法，是以诗人、文学家体验人生现实生活为依据的，在心理科学的研究上，他的科学性自然是值得怀疑。因此，后来也有许多研究者，就个人与社会关系，或教育可能性的增减大小，内分泌的变化，死亡率的统计等等立场，来尝试人生阶

---

① 莎士比亚(Shakespeare，1564～1616)，文艺复兴时期英国著名的剧作家和诗人。作品语言丰富多采，题材广泛，描绘了英国从封建社会向资本主义过渡时代的面貌。作品中贯穿人文主义思想，主张国家统一，歌颂友谊和爱情，揭露现实社会的黑暗。代表作有《哈姆雷特》、《威尼斯商人》等。

段的分期。虽然这种分期,在儿童心理学方面的意义并不重大,但为了读者了解起见,我们仍旧把它略举如次。

一、就社会关系来分

基尔帕特里克(Kilpatrick)根据人对于社会化的兴趣的观点,把人生的发展,分成六个阶段。

1. 未社会化时期(presocial)。在此时期中,儿童像动物一样,其感受事物及人类的影响,几乎全是客观的,受别人的思想感情的影响则甚少,也许毫无。

2. 模仿及社会化时期(imitative and socializing)。在此时期中,儿童逐渐易于感受心理的影响,其心理状态,大都决定于周围的人的心理,此期约在 3 岁左右终止。

3. 个人化时期(individualizing)。此一时期以 6 岁为最高点,在此一时期中,个性渐有分明的趋势,不仅同化别人的特征,并且,还能自我表现。

4. 竞争的社会化时期(competitive socialization)。在这一时期中,儿童与更扩大的社会环境相接触,竞争、好胜的欲望甚为显著,12 岁为本期的终止。

5. 发身期或过渡期(puberty or transitional)。以到达 18 岁为限,在此时期中的男女,对于以往所不能感受的许多社会影响,都表现相当敏锐,男女性的兴趣,亦有新的发展。

6. 青年后期(later adolescence)。在此时期中,个人都进入一个更广大的思想与行为的世界,准备发展为一个完全的男人或女人,去参加种族的种种活动。

二、就死亡机会来分

这种分期的方法,是人寿保险家们所用的方法。其标准并非在于人生活的过程,而是以死亡的机会的多少来做分期的准则。皮尔森(Karl Pearson)①曾就同年生的 1 000 个男人在各年龄上的死亡数制成一条曲线,再就此曲线分成若干段,各段集中所在的年龄各不相同,以表示若干不同的死亡原因。

皮尔森还画了一个图来表示他的意见,他画的五个死神(five deaths)向着在人生之桥(bridge of life)上的生命行列射击,生命行列的不同部分,即代表各不同的年龄,各死神所瞄的目标是这样的:老年死神持来福枪射击 67 岁至 72 岁的一段;中年时代

---

① 皮尔森(Karl Pearson,1857~1936),英国数理统计学家。伦敦大学应用数学和力学教授。

的持大口径枪射击42岁；青年时代则是弓箭，目标在23岁；儿童时期则以机枪瞄准幼儿园时期，幼稚时期的死亡率甚高，死神射击的目标，显然是在胎儿最后一个月的初始。根据这样的分法，皮尔森认为人生的时期可分为五个不同的阶段，即幼稚时期、成童时期、青年时期、成年或中年时期及老年时期。各时期的死亡数是246‰、46‰、51‰、173‰及484‰。就全部时期加以考察，我们可以看出死亡机会的分配是极有规律的，就是说它是集中于某一时期，然后向两边低落。

三、就教育能力来分

甲：桑代克(Thordike)以教育为着眼点，把人生分为六个阶段。

1. 婴儿时期(infancy)。由诞生至1岁左右，其所表现的各种心理生活与下等动物的心理生活相当。

2. 幼稚时期(baby hood)。从1岁上下至5岁上下，在此时期内，一般的人类机能逐渐出现。

3. 成童时期(childhood)。从5岁左右至12岁左右，儿童已能满足其自身的需要，不再像过去一样需要别人照顾。

4. 过渡时期(transition)。约自12岁到14岁，心理与生理均显现急剧的改变。

5. 青年前期(early adolescence)。约自14岁到18岁。

6. 青年后期(later adolescence)。由18岁至25岁。

乙：霍林沃思(Hollingworth)从人生心理发展与教育的立场，认为人生应有十个阶段。

1. 种质期。是生物遗传的种原质演化时期，即近祖与远祖的决定素分配的时期。

2. 胎儿期。从受精卵发展至诞生一段时期，亦即胚胎的生活时期。

3. 新生期。最初数周或数月的新生个体。

4. 婴儿期。最初3年的时期，直到不能做完规定的智力测验，仍然还处于“白痴”的状态。

5. 好问期。约当通常入学的年龄在6岁左右，直至不能通过规定的智力测验，仍然还在“低能”时期止。

6. 大活动时期。约到达11岁为止，此时如不能通过规定的智力测验，便被称为“愚鲁”。

7. “笨拙期”青年期。即通常所称的中学时代，约当18岁为终止。在此期内，个别差异甚大。

8. 成年期。是能担负政治、经济、家庭各方面的责任的时期,直到 70 岁为其终止。

9. 衰老期。衰颓萎钝的时期,甚至有退化或老衰的现象发生。

10. 死后期。即个人死后的影响所存留的时期,其久暂长短均视个人生前的事业为定。

四、就内分泌来分

这是以内分泌腺液的更变为根据的分期法,就目前的情形来说,这种尝试可谓有相当的价值。伯曼(Berman)认为根据人生腺液分泌的更变,可分为五个不同的时期。

1. 幼稚时代,即胸腺时代。

2. 成童时代,即松果腺时代。

3. 青年时代,即生殖腺时代。

4. 成年时代,即各种腺的活动均在有机体控制下的时期。

5. 老年时代,即各种内分泌腺均表现缺乏的时期。

现在,我们所要问的,就是为什么我们要把人生分成如许的阶段呢?在前面,我们曾经提到过人生的发展与成长是继续不断地进行着的,你根本不能把它截然分割成几个阶段。可是,现在我们又提出了许多的分期的方法来,这不是很难使人了解吗?是的,我们觉得这种分期,实际上并无多大的真确性,不过,为了要叙述或研究人生过程中的繁杂变化起见,把它勉强地分成几个段落,也是有必要的,同时,使各时期的教育有所依据。所以,哪种分法更能便利叙述研究与教育,那么,我们就以哪种方法为标准。

为了研究人生的整个过程和进行教育,我们需要把人生过程分成几个小阶段来估计。现在我们要研究的是儿童的心理生活,要进行的是儿童的教育工作,所以,我们也就有把儿童的生活过程分成几个段落的必要了。

儿童的分期,前面所举各人,亦均有涉及,他们大都以 1 岁为一个阶段,3 岁左右为一个阶段,6 岁为一个阶段,12 岁为儿童期之终止时期。这样的分期方式,就大体上看,我们并无异议,不过我们认为儿童时期的重要,就在于他是人类独立人格生活的奠定基础的时期。人类独立人格的生活方式,包括反射生活、感觉运动生活、情绪生活、智慧生活与社会生活。这四种生活内容,在人类生活的过程中虽然是统一表现、相互发展的，可是，就其发展的程序上看，他们都是在相当的年龄中有先后发达的趋势，大概感觉运动生活在新生后1个月左右就已发展，情绪生活则在新生1月后至1年左右亦具有发展的初型，其后到6岁为智慧生活奠基之时，到12岁则社会生活亦均有显著的发展。这样的情形，我们就从下面的吉赛尔（Gesell）①的图形亦可以看出，虽然，吉赛尔的是以年龄5岁为限，不过，在这5年以内，儿童心理发展的程序，大体也是如此。

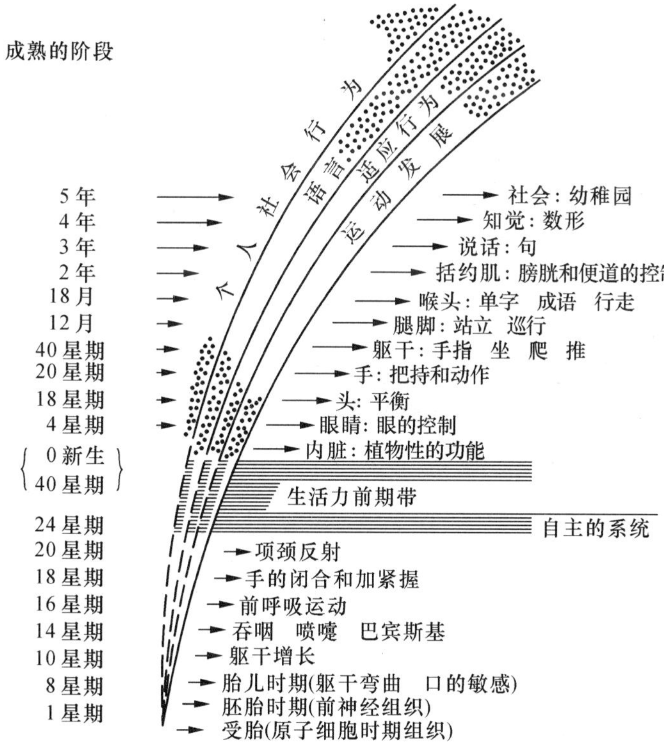

图2-1 个体发展的倾向和程序

（译自 A. Gesell and C. S. Amatruda：Developmental Diagnosis — Normal and Abnormal Child Development，New York，1941）

所以，我主张把新生到学前儿童时期分成四个阶段，每一阶段，都包含一个特征，

① 吉赛尔（Arnold Lucius Gesell，1880～1961），美国儿童心理学家。他一生主要研究儿童的生长和发展的问题。他是一个成熟论者，认为生长的倾向是生活中最强的力量，不可能为环境因素所影响。曾制定测量幼儿发育的量表——“吉赛尔智能量表”至今仍是评价婴幼儿发育的有效工具。他的主要著作有《幼儿行为图表》、《幼儿生命的第一个年头》、《狼孩与人孩》、《五岁到十岁儿童》等。

这四个阶段即：

1. 新生婴儿期——新生。

2. 乳儿时期——新生后到1岁左右。

3. 步儿时期——1岁左右到3岁半左右。

4. 幼儿时期——3岁半左右到6岁左右。

从6岁到12岁是学龄儿童时期。

上章我们已说过了新生婴儿的心理生活，本章则叙述乳儿时期。

为什么把这一时期规定为“乳儿”这个名称呢？原因非常简单，因为在这一时期儿童的生活固然充分地表现着情绪生活的发展，人生最重要的活动之一，亦即人类所最宝贵的行走运动，也在这一时期内奠定了基础。但是，这时期儿童最显著的特征，便是哺乳。我们之所以把这一时期称为乳儿时期，也就是认识了哺乳这一特征之重要而已。

第三节　乳儿期各种动作的发展

乳儿时期，儿童的生活已开始从新生时的反射生活范围而发展为许多复杂的、联合的运动的范围。在这一阶段中，哺乳的动作自然是很重要的，因为在新生婴儿一章中，我们曾经叙述过哺乳的基本动作，所以，为节省篇幅起见，本节中不拟再予重述。除了哺乳动作之外，有许多运动，对于儿童后期生活大有影响的，便是坐、立、爬行等动作的发展。就一般情形来说，儿童后来所以能独立、行走、跳跑，许多基础都建立于本期中的坐、立、爬行诸活动。因此，我们也可以把坐、立、爬行诸活动视做行走前期的活动。

3个多月的儿童，大概都开始坐的姿势了。满4个月的儿童，便有爬行及站立的初步表现。12个月的儿童，大概都能站立得稳了。①

儿童坐的动作，立的动作，爬行的动作的进步发展的情形，各儿童也有不同，有些儿童先滚转，再经爬行与匍匐的时期，然后才能起立及步行。有些儿童也许不经过滚

① 关于乳儿坐的动作的发展、爬行的发展、立的发展，此处略，请参考本书《儿童心理之研究》中所做的实验研究——编者注。

转时期，便能够自由爬行。但也有少数儿童，停滞于原始的移动身体的方式而无法向行走阶段发展，遇到这种情形，成人便须分外注意，以改变其习惯。

第四节　情绪的表现与发展

一、情绪的表现

在第一章新生婴儿中，我们曾经说到过，婴儿情绪的表现，是非常地难于确定的，就是说，我们对于婴儿的各种表现，很难断定他究竟在说明什么。但这并不是说，新生婴儿没有情绪的表现。

根据许多研究的结果，所谓情绪的表现，大概是有赖于几个方面：

（一）生理上的变化

当情绪激动时，儿童生理上便要发生极大的变化。譬如，血液中激素的分泌，脉搏的增减，心跳的缓急，胃液的分泌抑止，以及其他种种有机的变化，情绪都有明显的表现。

（二）面部的表现

通常我们所认识到某人发怒或者惧怕，大都是由他的面部的表情来决定的，面色的涨红或苍白、眼色的变更、嘴角的形状，以及面部筋肉的紧张与松弛，也都是以表示个人情绪的改变与激动。

（三）全身筋肉的变化

情绪激动时，每可以使全身的筋肉发生紧张或松弛或痉挛诸现象。

（四）声音的表现

哭声、泣声、笑声、惊叫、扬声都可以表现情绪的变化。

（五）动作的表现

头部、手足、躯体各种运动的变化，也是情绪表现的一种方式。

假使我们用两手紧抱住儿童，而且把他的两手紧压在他的腰部，使他不能动弹，儿童显然是被我们束缚住了，这时候，儿童一定表现着有力的反抗。他先是仰头，红脸，发出声音来，最后，他便会号啕大哭了，像这样的现象，我们常认为儿童是被我们激怒了。

当儿童正在兴致极浓地玩弄一个嘴上装有橡皮球的喇叭时，我们用手捏橡皮球，

使喇叭突然地发出大声来，这时，如果儿童是被人抱着的话，他一定立刻把玩物推开，笑容收起，身子向后转，把面孔贴住在成人的肩上。这种现象，我们便认为这儿童已陷入惧怕的情绪中了。

较年长的儿童，在看到陌生客人的时候，便会合起眼睛，牵着母亲的衣角而躲到母亲的背后。这种现象，我们将毫不迟延地说，这个儿童怕羞。假使我们对儿童做轻微的笑语，或者我们用笑向儿童的腋下呵痒，则都可引起儿童的欢愉与爱悦，这时，我们便认为儿童表现的是快感。

二、情绪的研究

为了要使儿童的情绪表现与发展能得到科学上的认识，那么仅仅是凭常识来猜测，往往会造成许多的错误。所以，我们欲对儿童的情绪有严密而正确的研究，首先，就要考虑我们应用些什么方法。关于情绪的研究方法，迄今为止尚未有完善的成就，不过普通所用的有观察法、联想法、等级评定法与控制实验法。对于年幼的儿童，通常以观察法与控制实验法为普遍。

（一）观察法

所谓观察法，就是察言观色的方法。这种方法，便是要我们跟儿童生活在一起，随时观察儿童的言行态度，从这些观察中，来看出儿童情绪的变化及对其教育的方法。但这种方法的流弊很大，因为它不能使我们透彻明了儿童情绪表现的真实原因。同时，其有机的变化多无法考察，甚至于这种察言观色的结果，是否正确也都有问题。在孟德尔·舍曼和艾琳·凯斯·舍曼(Mendel Sherman and Irene Case Sherman)合著的《人类行为发展》(*The Process of Human Behavior*)一书中，曾经报导过这样一个事实，即是让一群心理系毕业生来观察一个电影(motion picture)，这个电影中是一群婴儿被四种不同的刺激所唤起的情绪反应，观察者得精细地观察婴儿的各种反应，如手臂、下肢及躯体的运动、面部的表情、持久的哭泣，然后再来判断其表现是属于哪一种情绪。这四种刺激即饥饿、从二三尺高处突然落下、遏制其头部和面部、用针刺面部等。判断的结果，足以表示仅仅的察言观色其正确度可谓很少。譬如对于饥饿的反应来说，32 个观察者中，有 13 个人说是“发怒”，7 个人说是“惧怕”，有 3 个人说是“痛苦”，有 1 人说是“悲伤”，又 1 人说是“恐怖”，只有 7 个人才说是“饥饿”。现在我们把这个研究结果摘录于后，以备大家参考(见表 2－1)。

表 2－1　情绪判断的记录

判　断	饥　饿	坠　落	遏　制	针　刺	合　计
发　怒	13	15	16	9	53
惧　怕	7	5	5	9	26
饥　饿	7	6	2	2	17
痛　苦	3	3	4	3	13
悲　伤	1	1	1		3
恐　怖	1	1			2
不　安			2		2
无				1	1
欲　睡			1		1
深　恶		1			1
合　计	32	32	31	24	119

（二）实验法

因为观察法既然不能得出真实可靠的结果，所以，在科学心理学的研究中，每每以实验法来代替观察法。所谓实验法，便是由实验者布置特殊的情境，或者利用特殊的仪器，控制儿童的行为，以求出情绪变化的因果关系与发展过程。从效果上看，这种方法自然比较观察法来得切实可靠。但是，这种方法用之于动物，或许不会有什么问题，用之于人类则困难仍然很多。首先从人类本身来看，儿童情绪发展的过程比较长，进程也很迟缓，如用实验法来控制其行为的发生与发展，有时确属不可能，这是困难之一。其次从社会观念来看，如果用实验法来控制儿童的行为，或者把儿童置入某种实验情境之中，每易引起社会一般人的责难，我们以人道观念，来批评这种儿童情绪实验的不宜。诚如华生（Watson）所说的，为父母者，每不愿把自己的子女供给实验者做研究的对象。做父母的如果听到说自己的子女在被做实验研究的对象，则必忿怒若狂。① 所以，用实验法，确实是困难重重。

但科学家往往会不顾一切地冲开重重难关，以获取研究的成功。尽管情绪的研究，存在着这样的困难，他们已从这些困难中找出儿童情绪的发展。可是正因为情绪的研究如此困难，所以，对于情绪问题，各研究者都持有不同的见解。

三、情绪的分化

情绪究竟有哪几种？它们是先天具有的呢，还是后天习得的？是一成不变的呢，

① 见华生《情绪之实验的研究》一文。

还是永远发展变化的？关于这些问题，我们先应予以讨论。

关于情绪的种类，许多研究者都各持己见，其中最为人们所熟悉的便是华生，因为他把儿童的情绪分成惧怕、忿怒和情爱三种原始的模式，而以为儿童情绪的发展，是一个交替的过程。

华生认为惧怕的情绪，可以由大声来唤起。例如用铁锤重击铜条，便能使儿童发生以下的反应：惊跳；呼吸停止之后，忽又急剧起来；眼睛突然闭合；手紧握。并且，由年龄的大小，还表现啼哭扑地、爬开或逃走等情形。身体失其依凭时，也能引起惧怕的反应。

凡是儿童，都易忿怒。这种反应，每每是持续的，直到恼怒的情境消灭，甚至也有持续到消灭以后的。忿怒的情绪所表现的状态是全身僵硬，手臂与腿乱动，呼吸停止，甚至面现青色。

至于情爱的反应，大都可由搔痒、摇摆及抚摸皮肤等刺激而引起。如果性觉如乳头、嘴唇或生殖器受刺激，更容易激起情爱的反应。6个月至8个月的儿童，受搔痒时便手舞足蹈而笑。华生认为他的情爱的反应，范围很广，一般人所说的“亲爱”、“和善”、“仁爱”以及成人两性间的反应，都属于情爱之中。

情绪既然有这三种模式，那么儿童为什么后来会怕蛇、怕狗或爱别的东西呢？关于这个问题，即情绪由简而繁的问题，华生认为它是交替反应的结果。儿童本来是不怕蛇的，但是如果大声与蛇同时出现数次之后，儿童便因怕大声的关系，结果也怕蛇了。或者把大声与狗同时出现，那么，儿童便会因怕大声的关系，而怕起狗来了。这样，怕蛇、怕狗都只是怕大声的交替反应而已。其他一切的分化，都是这样相同的过程。

但布里奇斯(Bridges)①所持的见解与华生不同。布里奇斯认为人类情绪，最初只有一种原始的兴奋(primitive excitement)，这种兴奋，即初生婴儿所出现的不分化的情绪，任何强烈的刺激，都能引起这种反应，它是普遍的弥散于失调的活动之中的。由于这种兴奋，在生活的发展中，与某几个情境或某几种运动反应相结合，便发生情绪的分化现象，构成了日后的各种独立的情绪。下表即表示布里奇斯的原始情绪因年龄而分化的阶程。

至于情绪发展的过程，华生的交替反射学说，并不为霍林沃思所赞成，因为霍氏

① 布里奇斯(K. B. M. Bridges)，英国心理学家。曾在麦克基尔大学任教。主要著作有《学前儿童社会性和情绪的发展》。

认为情绪发展的过程，是一种激烈简约的过程，这就是说，本来某一情境的全部所引起的反应，后来可由该情境中的某一因素而引起。根据这一论点，霍林沃思提出他所认为的发展过程约有这样几个步骤与性质：

1. 整个的刺激情境引起原来的反应，不过这些情境还没有分析为原素。

2. 刺激情境的某一部分原素，后来会引起一种反应，这种反应与整个情境所引起者相似。如果这一部分原素出现于一种新的关系中时，亦属如此。

3. 此种部分原素所引起的反应，其强度通常都比较原来的反应为弱，存在的时间也许较短，范围较小。甚或有别的差异，但情绪性质或情调则始终是一样的。

4. 数种先行情境的原素所引起的反应，往往因助长的趋势或各种关系原素和环境所引起的阻抑，数种先行情境发现的时间的距离以及相对的效力、相似的因素而略有不同。

5. 集合原素，即属于数种先行情境的若个原素，往往是相互助长的，因此所产生的反应，其完备性便有各种程度的不同，而原来的“全或无”的反应性，也随而发生程度的差异。

从以上简略的叙述中，我们可以知道，对于情绪的分化问题，是众说纷纭，莫衷一是的。

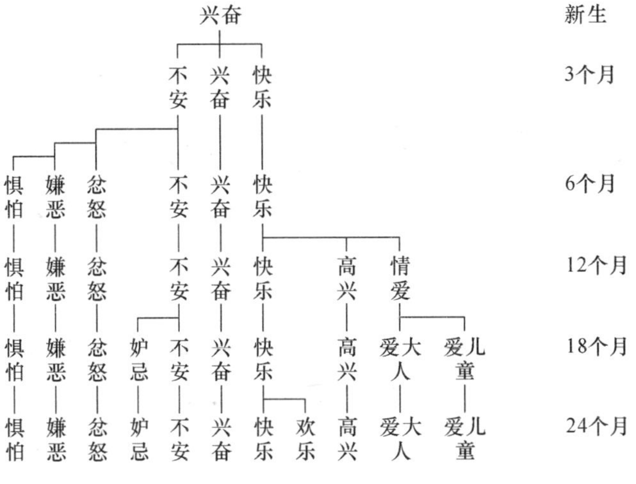

图 2－2 最初两年内儿童各种情绪的分化

（译自 K. M. B. Bridges：Emotional Development in Early Infancy，*Child Development*，1932，3）

四、情绪的发展

情绪既然是发展的,那么,它的发展程序如何?欧美学者从事于儿童情绪研究的,实不乏其人,如布里奇斯、华生、吉赛尔等都有过严密的实验和研究,这里因为篇幅所限,无法详加引述。我所做的几种特殊情绪——笑的发展、快乐的发展、愤怒的发展、惧怕的发展等实验研究的结果,请见拙作《未达学龄的儿童之研究》及《儿童心理之研究》两文。

总括地说,儿童情绪的发展,在乳儿时期中,可谓占重要的地位。成人所表现的情绪反应,其基础皆在乳儿时期中即已开始奠立。这一点,在研究儿童情绪问题时,必当予以注意。

第五节 乳儿的教育

近代许多心理学家,都认为一个新生婴孩,其所过的都还是植物性的生活。这就是说,新生婴儿的生活以营养生活为主,他只在饮食与排泄之间生活,除了几种简单的反射运动之外,大部分时间都在睡眠之中。可是到了乳儿时期,儿童生活的空间一天一天地扩大起来,儿童生活的植物性,也一天一天地淡下去。如果新生婴儿的教育,我们所注意的是生理方面的调护(如何养成婴儿的饮食、睡眠的优良习惯,如何使这新生命得到合适的环境,便是新生儿教育的重点),则乳儿的教育,我们不仅要注意到他的生理调护,而且还应有正确的教育。这都是本节中所要讨论的主题。

一、动作的教育

首先,我们要谈谈动作的教育。就是儿童身体筋肉活动时,所应受的指导与维护。一个成年人的体态与各种活动的姿势,可以说在乳儿时期,就已具备了雏形。因此,在乳儿时期的儿童体态教育,实在需要加倍地注意。

(一) 衣服

适宜的衣服,是要合乎卫生、舒适、自由、方便,并使穿者觉得愉快等条件。因此,对于衣服的设计,必须要顾到简单、容易洗涤、轻暖、合身、舒适和没有紧系的带子。我们时常看到有许多父母,因为他爱儿童,往往高兴把儿童打扮得神仙一样。至于儿童穿了这种衣服是否能自由活动，是否能保暖，是否妨碍他的发育，是否经洗耐用，这些问题，他们每每忽视。这样把儿童打扮得漂亮，非但无益，反而有害。所以对于儿童的服装，做父母的应特别注意。特别是对乳儿，衣服应当宽大轻松，以勿妨碍儿童的站立、爬行为主。

（二）鞋袜

在乳儿开始学习走路时，鞋袜的大小、质料，都要细心研究。尤其是鞋子，对于儿童走路的姿态与足的发育，影响更大。袜子最好要宽大，使脚趾有自由的活动余地。袜子的大小应当比脚大半寸或 3/4 寸。除非天气很冷，我们最好勿让孩子穿绒袜。用纱质的袜子，一方面较为柔软轻松，同时对于足的运动比较方便与自由。

小孩子的脚尖，是非常柔软的，很容易因鞋子的式样而更改形状。在做鞋的时候，应当照儿童的足去做，大小最好能长半寸或 3/4 寸，阔 1/4 寸。坚硬的鞋底，对儿童学习行走有很大的妨碍，因为足部是维持身体平衡的部分。在站立时，脚趾与地板必须有密切的接触才不至于跌倒，而硬鞋底却正妨碍这种趋势的表现。我觉得我们家庭中儿童常穿的软布鞋与软布袜，实是既经济又合格的好鞋袜，只要在制作的时候，能注意到应有的条件就好了。

（三）父母的态度

有许多父母，深恐儿童爬行时会跌伤或是把衣服弄脏，便禁止儿童爬行。哪知道爬行是儿童学习行走的最好练习机会，儿童可以因爬行而使背肌充分地发展。禁止儿童爬行，无异于剥夺儿童学习行走的机会。父母的这种态度，首先必须改变。

儿童学习运动的进程中，不免要跌跤，甚至跌破了头或擦破了膝盖。如果遇到这种情形，做父母的切不可谴责或打骂儿童，我们应当用很好的话来鼓励他，以维护他的学习兴趣。

固然，妨碍了儿童的运动是不正常的教育，但是儿童的脚尖与筋肉，没有充分地发展到足以支持全身的重量，即是说儿童行走的生理进程尚未成熟之前，做父母的便把儿童置于行走的情境中，所得的结果，正如妨碍儿童运动机会一样的于儿童无益，甚至使儿童脚骨发展成不正常的姿态。所以，我们应当根据儿童行走发展的阶段，给以正确指导，始能有益于儿童的发展。

总之，行走的活动，虽然是儿童生长过程中自然的趋势，但成人能给儿童以适当的指导则可以促进儿童行走活动的发展。

二、优良情绪的培养

一个成人的情绪表现,有许多都是由他幼小时代情绪生活来决定的。吕浮斯(Rivers)①曾经说起一个患幽闭恐怖病(claustrophobia)的成人,他不敢单独在空屋子里,推究其原因,实由他幼小时的经验所致。因为他小时曾在甬道中被一只恶犬袭击过,甬道虽有门,但因为把手太高,无法打开,使他受到极度的恐吓。又有一次,他被父母强迫去睡在一张小床里面,外边则是他的哥哥,正好阻挡着他的出口,他躺着时总是惧怕,以后到了成年,他一到关闭的空屋中,便不自主地发生这种惧怕的反应。像这样的例子,的确很多。在我们的时代里,真不知有多少成人,他们的不良情绪反应,是由于小时经验的结果。所以,在儿童幼小时来培养其优良习惯,的确是非常重要的。如何培养儿童的情绪呢?现略举数点如次:

(一)做父母的切不可暗示儿童使他害怕

我们可以普遍地发现不少父母用种种惧怕的暗示来对待儿童。比如儿童哭的时候,他们便会说:“野猫来了,狼来了,小宝宝不要哭,再哭狼会来把小宝宝拖走的。”有许多父母以为用言语来威吓小孩子不够,还要故意敲敲桌子、板凳,表示狼真的来了的样子,哪晓得这样威吓,是替儿童日后情绪失常播下了种子。所以儿童哭时,父母切不可这样来威吓,以免引起他的惧怕。更忌用“父亲”的名义来恐吓儿童。

我们还看到有些父母,在雷电交作的时候,就惊慌失措,连忙闭着窗户,并且紧抱小孩,要他不要做声。结果使得小孩大了也惧怕雷电。其实,雷电是自然界很美丽的现象,对较大的小孩,我们正可利用雷电的时候,启发引导他们来研究雷电的现象,提高他们对科学研究的兴趣。至于幼小的儿童,我们也决不可暗示他们,以免使他发生惧怕。

有时候,儿童因为某种关系,表现出不高兴的样子,这时,成人切不可暗示他哭。儿童在学习行走时,跌跤是常事,如果小孩子跌跤了,做父母的最好是说:“不要紧,不

① 吕浮斯(W. H. Rivers,1864~1922),又译为里佛斯。英国精神病理学家。在剑桥大学任教。创立了实验心理学的剑桥学派。被聘为圣约翰学院的研究员。主要著作有《本能和无意识》、《心理学和政治学》等。

要紧，宝宝起来得快。”这样，小孩子便爬起来，一点都不在乎，反而高兴起来。有许多父母，不知道这一点，一看到孩子跌了，马上大惊小怪地跑过去，把孩子抱起来说：“宝宝，跌痛了吗？”结果，儿童便呱地大哭起来。原来没有事的，现在反而闹出事来了，本来他一点都不在乎的，现在反惊慌而大哭了。

（二）做父母的要避免儿童哭泣

健康的儿童，是很少哭的，大凡儿童哭泣的原因，不外乎：

1. 小孩子一醒来，每每会哭。所以，小孩将醒时，应有人在旁看着，待他一醒来便跟他说说，这样他的哭就可减少。

2. 下身湿的时候，小孩也会哭的。当小孩大小便之后，当把尿布换掉。

3. 换尿布每易使小孩子哭。所以，在换时或之前，最好能先给他一有趣的玩物，这样可以使他忘记了换尿布这回事。

4. 儿童的饥渴或冷热过度都可以激起他的哭，父母应当找出他的原因而消弭他的哭。

5. 疲乏也可以引起儿童的哭。

6. 在屋内待得太久，使他烦闷起来，也会哭。

7. 受到突然而来的惊慌，也会哭。

8. 睡眠不足，也易于哭。

9. 失去了动作的自由时，也会哭。

10. 受暗示便能激起儿童的哭。

找出儿童哭的原因，然后，设法消弭之，则哭自然可以减少了。养成儿童乐观的情绪，这是一个很重要的步骤。不过，我们还得注意的，便是我们切不可因使儿童勿哭而陷入溺爱儿童的泥沼。假使儿童由于你的不允许他什么东西，而以哭来相要挟的话，那么，你应当让他去哭好了，这样，使他知道哭是达不到目的的。以后也就不会利用哭来做手段了。

（三）勿以刺激来加强儿童的情绪反应

当儿童惊惧的时候，如再听到其他声响或其他的震动，那么，他这种惊惧，便会更加厉害。所以，当儿童的情绪被激动时，最好的办法是如何使他安静，避免任何其他的声音或震动的刺激，以防止儿童情绪反应的加强。

(四)勿叙述恐怖故事

当儿童能够了解语言的时候,成人切勿向儿童叙述鬼怪故事。一个成人的怕鬼怕怪,可以说完全是由幼时所听故事的影响。有许多人总喜欢讲些鬼怪故事给儿童听,以儿童的惊怕做玩笑的资料,这是最不应该的。

在儿童情绪发展的过程中,我们随时注意与指导,固然可使发展的道路趋向于正确的方向。但如果儿童已经养成了许多不良的情绪反应,那么,我们应当用什么方法去教育他,去纠正他,这是值得研究的。

通常纠正不良情绪的方法,不外乎以下几种:

(一)隔离法

隔离法也可以叫做废止法,就是说把足以引起儿童不良情绪反应的刺激,跟儿童隔离开来,不再呈现在儿童面前,使儿童对这种刺激的观念,慢慢淡漠下去,以至于全部忘记了。如儿童因为特殊的缘故,一见猫就表现强烈的惊惧,那么,我们就让猫与儿童隔离开来,不再使它呈现在儿童面前,日子久了,使儿童忘记了怕猫的事实。这种方法,乃是从"用进废退学说"为出发点的,也是桑代克练习律的应用。因为这条学习定律,是认为刺激与反应之间的联结是与练习次数成正比的。可是,事实上这种改造情绪的方法,却并不有效。

(二)抑制法

其次一种常用的方法,就是抑制法。这是以外界压力来使儿童改变其反应态度的方法,就是说当儿童的不良情绪发作时,大人就笑他或骂他,使儿童勉强地抑制住这种反应的出现。这种方法,一般父母用的比较多,不过很可惜的便是这种方法的危险性很大,因为儿童可能因大人的笑骂而养成不良的习惯与情绪。

(三)同化法

这是以外界的影响,来同化儿童情绪的方法。譬如,儿童怕猫,那么,我们就让其他不怕猫的儿童在他面前玩猫。他看了别人不怕猫,自己也就慢慢地不怕猫了。这种方法的效果相当好,尤其是在集体的生活中,作用更大。不过这种方法,在运用时困难还是有的,因为许多儿童原来不怕这东西,一旦看到别人怕,则自己也怕了。这样不但没有纠正别个儿童的情绪,反而使他也发生惧怕反应了,这不能不说是一个大遗憾。

（四）更替法

行为主义心理学家提出了一个新的方法，即更替法。华生认为这种方法是改造惧怕情绪的惟一有效的方法，因为他认为儿童的情绪既可以由交替而形成，自然也可以用交替来消灭。根据这一论点，他曾用小孩彼得的实验，来说明这种方法的成功。彼得对于日常生活的情境，都能善于适应，不过，惟一的缺点就是他所惧怕的东西特别多，而这种惧怕的形成，都起于其家庭生活。从实验中，所看到惧怕的情形是这样的：

情境	反应
游戏室与床	选取玩具而置入床内
白球滚入	取而执之
毛毡挂在床上	啼哭至毛毡取去方止
皮衣放在床上	啼哭至皮衣取去方止
棉花	惊退而哭
粗布制成之兔	既无积极的反应亦无消极的反应
木制之洋娃娃	既无积极的反应亦无消极的反应

后来在彼得进餐的时候，再来做实验。餐室长约 40 英尺，彼得坐在高椅上，靠近小桌旁边。正当其进食时，你把兔子放在铁丝笼中给他看。第 1 天呈现的距离较远，使彼得不能发生惧怕为度；第 2 天距离较近，以略使彼得发生惊惧为度；第 3 天也如此，惟距离更加移近；逐日试验，后来笼放到桌上，甚至放到彼得的膝上；这时，彼得不但不怕，而且还用一手来触兔以取乐了。由此可见其内脏与手都已经因训练而发生改变了。

当惧怕兔的反应消灭之后，再试以其他东西，结果如棉花、皮毛等东西，都不会引起儿童的畏惧。不但不畏惧，并且还发生积极的反应。

惧怕情绪，既可由更替法而改造，则其他情绪反应，亦必有同样的可能，因此这种更替法从华生提出之后，在教育上已起了一定的影响，值得我们注意。

第三章　步儿心理的发展

第一节　步儿观察实验的步骤

现在，我们将进而讨论步儿时期的儿童心理及其教育。所谓“步儿”，顾名思义，就是指开始步行的儿童。在这一时期中，儿童心理上最大的表现，便是“步行”。他学习步行，开始步行，乐于步行。于是，跑呀、跳呀，他都特别感兴趣，并迅速有所进步。但是这并不是说，在步儿期间，儿童除了步行的发展之外，便没有其他的活动；相反，儿童的语言、智力，在这里都表现着显著的进步。所以，当我们要观察步儿的心理活动时，要注意他的步行的发展，以及语言的及智力的演变。

步儿时期是儿童 2 岁到 3 岁半的时期，因为这时期相当的长，为了观察上的便利起见，我们特将它分成几个小阶段。至于观察的手续，如填写调查登记表等，均同于第一章新生婴儿的观察步骤：

一、两岁的前半年(即生后第 12 个月～18 个月)

(一) 一般活动

1. 他能用两根棍子互相摩擦与敲打。……………………………… (　　)
2. 看着镜子里，能够拿着一块饼干。…………………………………… (　　)
3. 用两根棍子，模仿打鼓。………………………………………………… (　　)
4. 要有色的图画而不要无色的。 ……………………………………… (　　)
5. 在两个叠起的盒子之一个下面，找到了一块饼干。……………… (　　)
6. 他能够运用自己的手臂，把抽屉拉开。……………………………… (　　)
7. 他能够以摇头来表示“不要”。 ……………………………………… (　　)
8. 他能够伸手要东西。 ………………………………………………… (　　)
9. 他能够自己站起来，坐下去，转到东、转到西的游戏。……………… (　　)
10. 他能够找寻失落的物件。…………………………………………… (　　)
11. 他常拖别人的手去拿他所要的东西。……………………………… (　　)

12. 他能够用匙拨饭进口。…………………………………………………… (　　)
13. 能够用口来吹灯、烛。 ……………………………………………… (　　)
14. 他能知道火炉是热的，不敢伸手去摸。 ………………………… (　　)
15. 当他看到一幅有趣的图画时，便哈哈大笑。 …………………… (　　)
16. 能够分辨他人的表情，如允许、嗔怒或喜欢等。………………… (　　)
17. 能够知道家庭的用具。……………………………………………… (　　)
18. 能够知道食物放置的地方。………………………………………… (　　)
19. 喜欢跟年龄相似的儿童玩。………………………………………… (　　)
20. 能从照片中指出熟人来。…………………………………………… (　　)
21. 用手掌拍着口，同时发出“a—a”的声音。 ……………………… (　　)
22. 他能够用舌把嘴里的东西拣出来。………………………………… (　　)
23. 能用火钳夹起一团棉线。…………………………………………… (　　)
24. 用四肢撑着爬行。…………………………………………………… (　　)
25. 能扶着摇篮的边站立许久。………………………………………… (　　)
26. 能从地下站起来。…………………………………………………… (　　)
27. 喜欢爬梯子。………………………………………………………… (　　)
28. 能够往后倒爬。……………………………………………………… (　　)
29. 现在他停止了爬行的活动。………………………………………… (　　)
30. 现在他能自己摇摆身子。…………………………………………… (　　)

(二) 行走活动

1. 他能够扶着东西，行走 2 尺远。……………………………………… (　　)
2. 他常常扶着摇篮或桌子绕圆圈。 …………………………………… (　　)
3. 他第一次能独自行走一两步。 ……………………………………… (　　)
4. 他能从地上站起来行走几步。 ……………………………………… (　　)
5. 他能两手扶着东西蹲着。 …………………………………………… (　　)
6. 现在不要扶着东西，也能蹲着。…………………………………… (　　)
7. 他能够独自行走二三十码远的路。 ………………………………… (　　)
8. 能跨上 3 寸高的梯子，跨过 2 寸高的门槛。……………………… (　　)

9. 能两膝不屈地跑了,这是跑的初步。……………………………………（　　）

10. 跑得相当地快。……………………………………………………………（　　）

11. 扶着物件行走时,手里还可以提一件东西。……………………………（　　）

12. 他能以双手扶着别人的手从1尺高的凳子上跳下来。…………………（　　）

（三）言语

1. 当你叫他的名字时,能表示回答。…………………………………………（　　）

2. 能够了解以下各问句吗?

(1) 头在哪里? ………………………………………………………………（　　）

(2) 灯在哪里? ………………………………………………………………（　　）

(3) 门在哪里? ………………………………………………………………（　　）

(4) 爸爸在哪里? ……………………………………………………………（　　）

(5) 你的帽子在哪里? ………………………………………………………（　　）

(6) 爸爸眼睛在哪里? ………………………………………………………（　　）

(7) 姊姊的或妈妈的头发在哪里? …………………………………………（　　）

(8) 你的鼻子在哪里? 我的鼻子在哪里? …………………………………（　　）

(9) 你的耳朵在哪里? 还有一只呢? ………………………………………（　　）

(10) 把你的手臂交叉起来。…………………………………………………（　　）

(11) 拾起这样或那样东西。…………………………………………………（　　）

(12) 举起你的手帕。…………………………………………………………（　　）

(13) 把桌子上的手帕拿到这里来放在椅子上。……………………………（　　）

3. 你叫他不要动,他就有所表示。……………………………………………（　　）

4. 用手势表示"给我"的要求。………………………………………………（　　）

5. 说爸爸、妈妈等字清楚。……………………………………………………（　　）

6. 能说出两个字来。……………………………………………………………（　　）

7. 说出三个字来。………………………………………………………………（　　）

8. 说出五个字来。………………………………………………………………（　　）

9. 能模仿动物的叫声。…………………………………………………………（　　）

10. 能以声音表示痛的意思。…………………………………………………（　　）

二、两岁的下半年(即自19个月～24个月)

1. 对采集花草,表示兴趣。…………………………………………………( )
2. 在家人面前唱歌有点怕羞。 ………………………………………………( )
3. 知道把东西收藏起来。 ……………………………………………………( )
4. 以双手玩弄自己的生殖器。 ………………………………………………( )
5. 喜欢玩水。 …………………………………………………………………( )
6. 认识照片。 …………………………………………………………………( )
7. 模仿别人扫地。 ……………………………………………………………( )
8. 能做想象的游戏,例如以藤篮当帽子。…………………………………( )
9. 能够爬上一张椅子。 ………………………………………………………( )
10. 能与别人共同玩一件玩具。…………………………………………………( )
11. 能够连接两根粗细不同的棍子。……………………………………………( )
12. 利用一根棍子拨一件东西。…………………………………………………( )
13. 他看见别人的衣服上有血痕,便表示痛的样子。 ………………………( )
14. 喜欢搬运东西。……………………………………………………………( )
15. 能够辨别立体与平面。……………………………………………………( )
16. 能够辨别大小。……………………………………………………………( )
17. 能分辨图画中的男孩与女孩。……………………………………………( )
18. 对别人哭表示同情。………………………………………………………( )
19. 他能双脚从地上跳起来。…………………………………………………( )
20. 他能够站住用脚来踢东西。………………………………………………( )
21. 他用动词抑用实词来表示他的欲望。……………………………………( )
22. 他用动物的叫声来指明动物呢,还是直接叫出动物的名字? ……( )
23. 说出物品的名称。…………………………………………………………( )
24. 说出书中图画的名字(如狗、牛、马)。……………………………………( )
25. 能够招呼,如说“再会”等。 ……………………………………………( )
26. 首次用代名词。……………………………………………………………( )
27. 首次用句子。………………………………………………………………( )

28. 能够用手势来代表意思。…………………………………………（　　）

29. 能够说出四五个字的短句。………………………………………（　　）

30. 能够说出意思完全的句子否?……………………………………（　　）

三、三岁到三岁半(即生后25个月～42个月)

1. 能够做欺骗式的游戏(匿藏别人的东西做游戏等)。 ………………（　　）

2. 看见客人来,他能够进来报讯。……………………………………（　　）

3. 能够把积木块放进匣子里去,用不到别人的帮助。………………（　　）

4. 能辨别衣服的新旧,当穿新衣服时特别现出快乐。………………（　　）

5. 妒嫉心发生(如母亲抱别个孩子时,他也要抱)。…………………（　　）

6. 能够双脚同时离地跳起,但不甚高。………………………………（　　）

7. 容易受暗示。 ……………………………………………………（　　）

8. 能够把鼻涕擤在手帕里。 ………………………………………（　　）

9. 能够拿着小凳子走路。 …………………………………………（　　）

10. 能跨过2寸高的门槛。……………………………………………（　　）

11. 大小便时能先通知。………………………………………………（　　）

12. 模仿的游戏(如装瞎子、跛子之类)。 …………………………（　　）

13. 能够听别人的指挥,做以下的事:

(1) 能开门。…………………………………………………………（　　）

(2) 能关门。…………………………………………………………（　　）

(3) 拿东西来。………………………………………………………（　　）

(4) 拿东西去。………………………………………………………（　　）

(5) 叫别人来。………………………………………………………（　　）

14. 能记忆过去所做的事情。…………………………………………（　　）

15. 他喜欢用颜色的方块来拼花样。…………………………………（　　）

16. 知道时间。他要东西时,叫他“等等”也能了解。 ………………（　　）

17. 能够扣一个扣子。…………………………………………………（　　）

18. 事情成功则快乐,不成功则发怒。 ………………………………（　　）

19. 能够用感叹词。……………………………………………………（　　）

20. 他现在能答以下的问句吗?

(1) 你叫什么名字? ………………………………………………………… (　　)

(2) 这是什么东西? ………………………………………………………… (　　)

(3) 这个东西有什么用处? …………………………………………………… (　　)

(4) 这个怎样做? …………………………………………………………… (　　)

(5) 你要什么? ……………………………………………………………… (　　)

21. 他现在能够做以下的问句吗?

(1) 问含有"哪里"的问句。 …………………………………………………… (　　)

(2) 问含有"谁"的问句。 ……………………………………………………… (　　)

(3) 问含有"什么"的问句。 …………………………………………………… (　　)

(4) 问含有"怎样"的问句。 …………………………………………………… (　　)

(5) 问含有"为什么"的问句。 ………………………………………………… (　　)

22. 整两岁时,他所能说出的字汇是多少个? ……………………………… (　　)

23. 整两岁半时,他所能说出的字汇是多少个? …………………………… (　　)

24. 整三岁时,他所能说出的字汇是多少个? ……………………………… (　　)

第二节　儿童行走的发展

一、行走的重要

行走是一件宝贵的活动,在地球上除了人类能直起身子用两脚行走之外,再也找不出第二种动物来。我们通常所看到的猩猩或猴子,它们虽然也能偶尔站起来行走几步,但是,无论如何,它们总不能走得像我们人类一样。因此,也有人认为人类之所以能成为万物之灵,直身行走亦是主要因素之一,足见行走是怎样的重要。

二、行走的因素

行走的活动,在儿童时期,已有完成的趋势,这种运动的构成,是有赖于儿童主观的与客观的原因的。兹略举如次:

(一) 健全的骨骼、筋肉和神经的作用

行走是骨骼、筋肉和神经之三方面的联合活动,当身体未有健全的发展时,儿童

便无法支持其身体的重量,以供前进。同时,筋肉的运动与神经的作用,都是行走的主要因素。所以,我们说行走的第一个因素,便是健全的骨骼、筋肉与神经的作用。

(二) 适当的智力程度

行走的发展,尚有赖于儿童的智力,就是说,儿童必须有起码的学习行走的心理准备,儿童智力高者,其行走便发展得较早。

(三) 有行走的动机

行走的动机,可以视做儿童对于行走有内在的要求。这种要求,一方面固然是出之于儿童内心的要求,同时也是儿童接受社会刺激的结果。儿童好动,这是谁都不能否认的,当儿童在生理上已具有行走的能力时,他便会做行走的尝试,这可以说是很自然的趋势。但这种自然趋势与要求,每能因周围的人的鼓励和赞许,或特殊情境的布置而使其更加浓厚起来。同有无行走的伴侣,也很有关。

(四) 有行走的机会

当儿童已具有行走的能力的时候,成人应当给以行走的机会与自由。行走的活动,是从爬行、站立诸种动作发展而来的。假使儿童失去了爬行、站立或初步尝试行走的机会,那么,对于行走的发展,自然会遭受很大的阻碍。所以,行走的发展,尚须视儿童对于行走的机会是否充足而定。

三、成熟与学习

在这里我们还须提及一个成熟与学习的问题,这也是历来心理学上争点之一。就是说,究竟成熟重要还是学习重要,行走在有机体未成熟之前,能否因学习而获得,或者不经学习,只须有机体已进入成熟的阶段,行走便能自然发生。对于这些问题,我们不妨以下面几个实验来做考察。

第一个实验是由汤普森(Thompson)和吉赛尔(Gesell)对两个完全相同的双生女孩所做的研究。这个专门研究的目的,在于说明特殊学习对于攀登一个专供实验用的楼梯及理解立方体积木的影响。前一个问题,直接有关于我们现在的研究。其实验是这样的:当两女孩年满47星期时,是初具攀登能力的时候,从这开始,实验者每天早上都把女孩中之一“T”送进一个适宜的房间内,使与另一女孩“C”隔离。在这房间中,实验用一定的刺激与指导,使“T”在地板上发生以下各种向前移动的活动:

1. 攀登楼梯。

2. 向附近一件足以引起其获取兴趣的物件爬行。

3. 向一个立足地倾移。

4. 扶着椅子或床栏前行。

5. 扶着实验者的手前行。

在这些活动之中,以攀登的活动所受训练为最多,每日 10 分钟,延续 6 星期不断,直到达 53 星期的时候,实验者便把从未受过特殊训练或鼓励的另一女孩"C"也放置在这样的情境之中,经过鼓励之后,她竟能连续攀登楼梯 7 次,而每次所需要的时间是 43 秒钟到 47 秒钟。同日,双生女孩"T"也受同样的测验。她所用向前转动的方法与"C"的大略相同,不过她向前倾斜的趋势,比较"C"更为厉害,并且使身体直起来时,更加能利用她的两臂,而所消耗的时间只有 17 秒钟,但是,当双生女孩"C"从事与"T"介于第 53 星期与第 55 星期之间做同样的练习时,她能非常迅速地补偿所落后的时间。

第二个实验是由考恩(Cowan)所指导的。他曾经利用体格锻炼的方法,使一个行走失常而一切运动均呆笨而滞拙的女孩救治与纠正过来,使其变成一切运动及行走都能适应的儿童。这女孩所以患此障碍病症的原因,是由于她曾患重病而禁锢在床上前后有数月的缘故。考恩报道之后,曾这样说过:我们愈加深信,K 之所以缺乏某种能力实系她缺乏健康儿童所特有的肌肉活动的缘故。现在,当 K 达到应有自动动作能力的年龄之后,用人为的方法,以加强其肌肉活动,借此促使她发生在幼稚活动中本应发生的种种动作。

仅就这两个实验报告,我们已不难看出成熟与学习的相互关系来。就第一个实验的结果来说,证明:

1. 成熟后的学习,特别见效。

2. 未成熟前的学习,其对有机体的影响,甚为微小。

由第二个实验则证明一种机能成熟之后如不予适当的练习与运用,每能发生呆滞现象。因此,行走的活动应当有及时学习的必要。

这样,我们认为成熟与学习二者,在心理生活的发展上,都不能有所偏废。成熟,我们只能把它视做生长之相对的可能性而已,如果过分地重视了成熟,那么每易流于自然生长的"等待主义",其对人的心理发展,实是莫大的危害。因此,在说到成熟与

学习的问题时,我们不能不重视学习的效用。黑兹利特(Hazlitt)①于其《幼儿心理学》(*The Psychology of Infancy*)一书中,曾指出成熟与学习的问题,有三点是值得我们来考虑的。现在不妨引述于下,以资参考:

1. 绝对剥夺练习与鼓励练习,两者对于成熟的效果的差异必须加以考虑。事实上很可能是这样的:如稍稍练习,儿童后来对于成熟的活动,便能做得很为完满。如练习的次数较多,便能获得便利,但是这种便利将是递减的。如完全无练习,后来的行动,便会做得很拙劣。这种见解与大多数的论据相符合的。

2. 各种最基本的活动,其出现的情形的个别差异范围亦很广。由此可知生理的成熟虽能限制一种活动的出现的可能性,但并不能保证其出现都与预先设想的一般。关于这点,最好的例子,便是儿童的匍匐活动。各种记录证明有若干健康而常态的儿童,均发展成为四肢落地而爬行。他们的生理成熟都是完全的,因为当他人鼓励其以双脚而行的时候,他们也动作得很好。所以,我们推测这些儿童所以养成四肢落地爬行的习惯,系因其起立的练习受到阻碍的缘故。情绪的特质——例如因严重的不幸事件而生的极端警戒或恐怖——也可以与生理的妨碍同样发生作用。

3. 成熟与练习,表现其对于各种活动的关系很不相同。根据一般观察幼儿所得的结果,可知我们的行为由简单而渐趋于复杂,而练习亦随之而愈较成为重要。因为练习的能力,均受情绪的及智力因素的影响,故整个问题又因此而更加复杂了。

四、行走的发展

说到行走的发展,我们不能不再提及儿童站立、爬行、直坐等等动作的发展。因为行走动作不仅有赖于儿童双腿肌肉之健全与骨骼之生长,而且与儿童已往的各种动作习惯,亦都有很大的关系。譬如头部的运动、爬行运动及站立直坐等动作能力,以及身体各部分的联合作用,都有很大的关系。就一般的情形来说,儿童在4个月左右,便能使头部竖起而直坐;满4个月以后,便开始爬行的运动;在12个月前后,能够立稳了。关于这些情形。在前一章中,我们已经做过叙述,兹就作者对行走发展的观察记录,介绍于下,以资参考。

第398天

① 黑兹利特(Victoria Hazlitt,1882～1932),英国伦敦大学贝德福夏学院心理学讲师。著有《幼儿心理学》。

行走的动作：他近来能够扶着车而开步行走 2 尺远，到了今天他最喜欢行走，假使在他腰里用带子拉住，能走得很远。

第 427 天

喜欢绕圈行走：近来他喜欢扶着摇篮、桌子绕圆圈。

第 480 天

独自行走：今天他第一次独自开步行走，不过走了几走就跌倒了。

第 490 天

从地上站起来行走：他自己要从地上站起来，走了几步就跌倒了。从前他只能在床上爬起来站住，现在从硬的地板上也能爬起站着。

第 493 天

走比爬多：现在爬的动作仍旧不是很多，不过行走比爬来得更多。

第 512 天

走的动作进步：他现在能够走二三十码远的路了。

第 610 天

向后行走：现在他不但能够向前行走得很好，而且也能够向后走了。

第 612 天

向左右行走：他又能向左右行走。

第 720 天

跕足行走：他现在又能跕足行走。

在说明儿童行走发展的同时，我们还必须来看看他的其他各种活动的情形。因为，这些活动与行走的发展是交互进行的。他的爬行、跳跑、四肢的各种活动，即使在开始行走之后，还会继续不断地发展。

根据作者的研究，一个 455 天的儿童，能够用四肢直撑住身体，往前爬行。他看见一只猫在床上，他两手抓着床边的横档，举起右脚去触它，当别人扶着他的腰部时，他的两足便交换地举起来踢那只猫。从此以后，他的四肢运动是这样：

第 468 天

蹲的动作：两手扶了桌脚蹲着。

扶手行走：近来顶喜欢扶着一只手行走，同时也喜欢爬行，两星期前要两手扶着始能行走。

第 474 天

蹲的发展:现在能不要扶着东西蹲了。

第 489 天

1. 倒爬:现在他能往后倒爬。

2. 扶物踮足:能够两手扶着椅子,把足踮起。

第 490 天

钳物:他用火钳夹起一团棉线。

第 501 天

1. 抛球动作的进步:他现在能够将球用力地抛到地上,使球跃起,高过他的人。

2. 用锤敲打:他能用大锤子敲钉子,他左手扶着钉,右手敲着,并且不会敲空,也能把钉子敲牢。

第 503 天

站的进步:他现在从地下站起来很容易了。

第 505 天

爬行动作停止了:到今天爬的动作是没有了,但是专门地学走。

第 511 天

跳舞的动作:现在别人一叫他在地上跳舞,或他一听到留声机的音乐或看见别人跳跃,他能够两脚跳跃,身子与手上下摆动。

第 540 天

跨的动作:现在 3 寸高的梯子,他能够跨得上,2 寸高的门槛他也能跨得过。

第 625 天

站着踢物:他用右足游戏似的踢他堂兄。

第 690 天

现在,他能踢地板上的皮球,不过他的膝并没有弯曲。

随着行走的发展,儿童跳跑的活动也迅速获得了进步。据作者观察,生后 568 天的儿童,便稍能两膝不屈地跑了,到了第 576 天,跑的动作得到显著的进步。现在他能够赤着足跑步,第一次用 7 秒钟跑 22 尺,第二次只费 6.6 秒钟,就跑完这段路。

至于跳的动作,也是如此。650 天,他能两手扶着别人的手,从 1 尺高的椅子跳下来。而且在 662 天的时候,他能双脚从地上跳起来。不过这时候,他的双脚还不能平跳起来，乃是一高一低的，两足离地的距离也很低。

总之，这时儿童的大筋肉活动，是在迅速地发展着。由于儿童活动空间的扩大，使他从一个不独立的或半独立的个体，而进于独立的个体。

第三节 儿童的言语

言语是人类建立社会关系的主要因素之一。人们借言语之助，使思想的交换成为可能，固然在社会关系的沟通方面，图画、文字等也非常重要，但最简单而最基本的工具，还是要算言语。

儿童获得言语的过程，儿童如何学习说话？学习言语途径如何？儿童言语的发展与年龄有何关系？与智力有何关系？与性别以及其所受的教育有何关系？这许多问题，都曾有人做过详细的研究与报告。早在1907年，多兰(Doran)已经搜集了36个关于儿童言语的研究情况。到1910年时，裴尔斯马(Pelsma)搜集得73个研究情况。到1915年，格兰特(Grant)竟搜集得85个研究情况。近30年来，研究儿童言语发展的人，有增无减。就一般情形说来，儿童言语的研究法不外以下几种：

一、长期研究法

德国的普莱尔(Preyer)与美国的摩尔(Moore)等皆运用此法来研究儿童的言语。这种方法就是把儿童所发的声音、句子，自生后开始，长期地记录下来，普莱尔一直记到3岁为止，摩尔则记到2岁为止。他们不仅记录儿童所发的每一新声音、新字或新句，而且当时的情境(situation)也都详细地记载下来。譬如儿童快乐时发什么声，说什么字；饥饿时发什么声，讲什么话；遇到危险时做什么声；看见父母时发什么声；有人问他怎样回答，诸如此类，全被记下。

二、逐期研究法

因为长期研究法未免太耗费时间与精力，因此便有逐期研究法出现。所谓逐期研究法，就是在儿童生日前后两三星期内将儿童所发的字语详细记载下来。记载的方法与记载的材料，我们可以根据裴尔斯马的研究，略述如下：1. 凡儿童对人闲谈时所用的字语，而且这些字的意义是儿童确实知道的。2. 凡儿童答对他人询问时所用的字语，而且这些问题必须没有暗示的性质。3. 凡儿童遇见外来的事物时所用的字

语。这些事物是研究者特意设置的。4. 凡儿童同别的儿童谈论时所用的字语。

把儿童在以上四种情境中所发生的一切字语分门别类，编成一种统计式的样子，使阅者易于了解。奈斯(Nice)曾用此法研究他的小孩的字语，他将他的小孩从 18 个月起一直研究到 6 岁为止。

三、一天研究法

研究者选择一个日子，把这一天中儿童从早晨醒时到晚上睡时所说的话记录下来，一字一句，记录无遗。记录时不可使儿童对于记述有所注意。

四、字语意义研究法

儿童之能言语与否，不仅视其所用字多少，还必须视其所用字语之意义是否适当，是否明了。因此，研究儿童言语发展，便有研究字语意义之必要，以此来考察儿童对于字语理解的程度。比奈(Binet)、肖(Shaw)、巴恩斯(Barnes)、钱伯斯(Chambers)、张伯伦(Chamberlain)都曾以此法来研究儿童的言语。

由于科学的进步，研究儿童言语的工具也得到许多方便，扩音器及电视录音机的应用，在研究方面，必得很大的帮助。

虽然儿童言语发展的研究方法有了，工具也日渐改变了，但由于言语发展本身的复杂性，以及时间与种种条件的限制，使我们对儿童言语发展的标准，依然没有确切的规定，每因各研究者所用的方法与材料不同，所得结果也就互异。如何归纳出一种儿童言语发展的常模来，尚有待来日的努力。

通常所认为的儿童言语发展的阶段，都以吉赛尔所制的美式儿童常模为根据。他们都认为言语发展分四个阶段。

1. 言语模仿的开始：年满 9 个月的儿童，除“妈妈”“爸爸”外，如有一个或两个字的，便是早慧。有两个字者，不到 20%；有一个字者，不到 50%。满 12 个月而有五个字者，差不多占 50%。

2. 将字结合：年满 18 个月而能将两个字恰当地、有意义地结合起来的不到 20%，直到第 3 年开端，这种能力才算普遍出现，不过在儿童能结合单字之前，已能用一个字表示句子。

3. 应用代名词与复数：能于两岁时应用“我”“你”“他”及复数、过去式的不到 20%，满 3 岁时才算普遍。

4. 应用叙述字:应用画片测验,年满3岁的儿童之能应用者不到20%,而满48个月的儿童则能自动应用这些字样。

据斯托恩(Storn)的意见,儿童言语的发展,必须经过这样几个时期:

1. 最初期(自诞生至第1岁末)——含糊的乱语,只是声音模仿,这时儿童也知要求。

2. 初期(约自1岁1个月至1岁6个月):精熟单一字音。是单一字句的时期。

3. 第二期(约自1岁6个月至2岁):开始联合字句,且每物予以一个名字。

4. 第三期(自2岁至2岁6个月):能够询问东西的名字,或何处、什么、消息等。

5. 第四期(自2岁6个月至4岁):附属句与言语的精细分化迅速发展,这时儿童喜欢询问为什么及一般的问句,对于时间先后关系及因果关系,颇感兴趣。

黑兹利特(V. Hazlitt)也曾经做了一个言语发展的分析大纲,以六个时期来概括发展的趋势:

1. 生后9星期:呀呀学语,鸪鸪做声,并无用意,继而发生声音,并表示很大兴趣。

2. 满6个月时:母音及子音已经发生。

3. 满12个月:大多数儿童均能模仿一二个字。

4. 满18个月:字数大增,且能应用简单的句子。

5. 满2岁:大多数儿童均能应用句子,不过这些句子均有幼稚的特质。

6. 满3岁:对于大多数语形变化的复杂方法均已熟练,其言语与成人的或无大异,其进一步发展,为理解的增加,字数的增加,以及句子构造的复杂性的增加。[①]

第四节 步儿的教育

说到步儿时期的教育问题,在实际上是决不仅限于行走与言语的教育而已,其他诸如习惯的发展,心智活动的显露,都得有适宜的辅导,但为叙述上的方便,使读者对问题的理解较为完整起见,我们拟将其他部分留待以后再谈,这里还是先来说说行走与言语的教育。

---

① 陈鹤琴关于一个儿童语言的发展所做的研究报告,已载于《儿童心理之研究》第十六章《言语》,请参阅——编者注。

行走是儿童全身各部分大联合的最显著的活动之一,同时也是一种大筋肉的活动。这时候成人所应注意到的服装与其他各种问题,在前一章中曾经谈到过。这里要说的,即对于儿童的行走,我们必须顺应其自然的发展趋势,而后给予正确的指导,操之过急,固有害于儿童,但姑息阻止,也是会妨碍其正常发展的。总之,积极的暗示与鼓励,乃儿童行走发展的一大推动力。

不过在儿童大筋肉活动的过程中,适当的设备,也是不可缺的。如果是一个托儿所,那么,如围杆(供儿童扶立或扶行之用)、梯架(供儿童握爬之用)等设备更属必要,即使在通常的家庭中,也应当有类此的设备,以供儿童使用。我们中国常有一种四轮的坐椅,关于这种坐椅,如能予以适当的改良,使之用于坐、立及儿童推着行走,这样,可以说一物三用,在经济上是合算的,也很实用。

关于言语教育,首先要紧的就是使儿童把学习言语作为游戏一般乐于接受。许多父母往往深恐儿童言语发展得太迟,有碍于做父母的面子,于是,每有拔苗助长的企图,勉强儿童学习说话,致使儿童对于言语发生厌恶恐惧的心理。如此,不但无益于儿童的言语发展,反而阻塞了发展的道路,这是成人们切忌之一。

我们知道,儿童的言语,在开始时总是说得不正确的,当儿童发音不正确的时候,最好是能立予纠正。但有两种态度成人必须予以革除。第一种态度,便是讪笑,每每成人看见儿童说错了音,便哄然大笑起来,这样很易使儿童的言语动机受到严重的抑制;第二种态度便是模仿。每每成人听到孩子说错了字音,以为很好玩,便故意来模仿这种孩子话。儿童对于这种孩子话的模仿,是可能发生很大的兴趣的,但对儿童言语上的发展,则遗下了劣根。后来有许多年长的儿童,每每停滞在孩子话的阶段,造成言语上的缺陷,与此实有很大的关系。

不仅成人不应当模仿儿童的孩子话,而且,成人跟别人说话时,应当特别注意到儿童的模仿。儿童每每在看到成人的谈吐态度之后,而留有深刻的印象,甚至把成人的谈吐态度,转变为自己的谈吐态度。因此,成人不良言语的习惯,每易遗留给儿童。正因为这个缘故,所以,假使你要儿童讲话清楚而且态度谦和,那么你在他的面前和别人说话时,应当说得清楚而且态度谦和。你对儿童说话时,也应当保持这种态度。

当儿童厌倦或情绪激动的时候,他的言语每不能跟他的思想相一致,这时,他便能发生口吃的现象。如儿童不去注意口吃,往往很快就会消弭这种口吃。成人发现儿童口吃时,应即冷静地观察其缘由,切不可惊慌失措或讥讽嘲笑。不过儿童故意模仿别人的口吃时，我们便当设法禁止。

最后，我们还要提一提所谓"不说话的儿童"。当我们发现一个儿童到了能说话的年龄而仍然不说话的时候，我们便更应审慎地考察其说话的各种机构以求出其中的缘由，再来纠正他。必要时，还得请教医师与专家。

通常说话有赖于生理的与心理的条件。生理方面，可以分成三个部分。

1. 接音部：就是耳、听觉神经末梢。

2. 联音部：大脑听觉区、语言动觉区。

3. 发音部：就是咽喉、气管、腭、舌、唇、齿。

心理方面，则以情绪与思想关系很大，假使一个不说话的儿童是由于心理上的缺陷，那么这种缺陷还会表现于其他的方面，如愚钝、运动控制力薄弱等。

言语机构的缺陷，我们应当及早发现，而予以纠正。

第四章　幼儿心理的发展

第一节　幼儿观察与实验的步骤

3 岁以上的儿童，由于他的生活圈子不断扩大，行为活动也日新月异，变化无已。所以，对于一个幼儿的观察与实验，较之新生婴儿、乳儿、步儿实觉困难得多。但科学的研究，正需要打开困难，冲破障碍，只要我们精密审慎，时时注意，处处留心，运用正确的方法，观察儿童发展，则困难与障碍自然能克服。

因为这个时期，包括了将近三个年头，所以为了方便起见，我们就把它分成几个小段落，即 3 岁半到 4 岁，4 岁到 5 岁，5 岁到 6 岁。不过在观察与实验开始的时候，我们仍旧要填写调查表，以做比较之用。

一、3 岁半～4 岁

1. 他能指出身体上的各部分，如嘴、鼻、眼、耳、头发等。在应用这种实验法的时候，我们必须双目注视儿童，以表示我们的态度的专意。同时，向儿童说："你的嘴巴在哪里？""你用指头指指你的嘴巴。"不过，在做这个实验时，我们当极力避免态度的严肃，以免引起儿童心理的紧张。用一种游戏的方式来进行这个实验，乃是最理想的。

……………………………………………………………………（　　）

2. 他能够复述两个数目字，如 1—2，1—8，2—3，等等。主试者在开始时，先对着儿童朗读一个数字如"5"，而后要儿童跟着读出"5"。于是，主试者再慢慢地读出两个不连接的数字如"5—9"，两个数字之间约有半秒钟的时距。儿童重述时，如有错误或不清楚，便要重新再读一遍。重复三次中，如有二次对的，便可以算是成功了。那么你再来三个数目字、四个数目字，甚至五个数目字。通常在说三个数目字的时候，就表示相当的困难了。在以前，我们曾要儿童重述句子，现在我们又要他重述数目字，在活动的性质上，可以说没有什么大的差别，只是数字的连接是无意义的，在儿童试起来，不大感兴趣，因此，困难也就比较多了。 ……………………………（　　）

3. 他能够举出图画中的物件。主试者给儿童看一幅图画，然后要他说出图画中的物件来。智力高的儿童，不但能说出图中具体物件的名称，如人、老人、狗、桌子、椅子等，而且，他还可以说出图中的行为、故事，如人坐车、老人睡觉等。图画是儿童个个喜欢的，所以，用图画来试儿童的认识活动、言语活动、推理活动，可以说是最好的工具。 ………………………………………………………………………… （　　）

4. 他能够说出自己的性别。主试者用本地的方言来问儿童，意思就是“你是男孩子呢还是女孩子?”“你是一个男孩子吗?”或者“你是一个女孩子吗?”对于这个问题，3 岁多的儿童是很容易答错的，假使他能够答出“是”或“不是”来，也就算不错了。不过，4 岁的儿童，对这个问题应该答得很自如。 …………………………………………………… （　　）

5. 他能够说出自己的姓名来。通常 3 岁半的儿童，被问到“你叫什么名字?”或“你姓什么?”的时候，应该答得很自如。 ………………………………………… （　　）

6. 利用工具以取得物件。假使我们把一些儿童所喜爱的东西高挂起来，在旁边放着一张椅子，儿童如欲取得高挂的东西，非要把椅子搬在这个东西下面而自己爬上椅子不可。这时，看他是否能够做得来。 ………………………………………… （　　）

7. 能够重述六个字的句子。主试者可以向儿童朗读六个字的句子，如“宝宝肚子饿了”，然后要儿童跟着读出来。当然，所用的字应该是很普遍的，或者都是儿童能够听得懂的。 ………………………………………………………………………… （　　）

8. 能够找寻藏着的东西。主试者当着儿童的面，把儿童爱玩的东西藏在一个橱子抽屉里，假使说是洋娃娃、皮球、手摇铃三件玩具，藏了以后，再要儿童自己去找寻，寻找不到时，主试者便把抽屉打开，让他看见，之后又试他。如此三四次后，把橱子移开 20 分钟，再要儿童去找寻被藏的东西，看他能否找得出来，且能找到几件。 ……………… （　　）

9. 模仿建筑。他能否用种种木块来建造各种东西? …………………… （　　）

10. 模仿游戏。他能否模仿家庭生活或普通职业等以做游戏? ……… （　　）

二、4 岁～5 岁

1. 他能够比较两根线的长短。我们可以用一张白纸，在那上面用墨水画出两根直线来，其一长 5 厘米，另一长 6 厘米，其二线中间，可以相距 3 厘米。然后，问儿童“这两根线哪一根长呢?”最好要他立刻说出来或用手指出来。 …………… （　　）

2. 他能够重述三个数目字，至少是三个数目字。方法与以前所述同。

………………………………………………………………………………… （　　）

3. 他能够拿着一杯水,走 5 米远而不至于颠翻。……………………（　　）

4. 他能够模仿画一个圈。……………………………………………（　　）

5. 他能够告诉你一种计划。譬如你问他“你饿了的时候,怎样办呢?”或者“我给你一些钱,你拿去做什么用呢?”像这些问题,一个 4 岁的儿童,应该能告诉你他自己的计划与想象。……………………………………………………………（　　）

6. 他能够学会唱一首短短的歌词。…………………………………（　　）

7. 说出实物的名字。我们指定一样东西,如刀子或书本,或钞票,要儿童看了之后说出它的名字来。这种实验方法,比之用图画来让儿童说出其中的东西来要困难得多,因为在图画中儿童可以选择自己所知道的东西说出来,而现在实物是固定的东西,没有选择的余地,自然比较艰难得多了。……………………………………（　　）

8. 从一个钩上取下一个环来取得一件东西。关于这个实验的布置是这样的,在两张椅子的背上,各钉着一个螺丝钩,用一根两端有环的绳子,挂在两个钩上,绳子上还套着一个茶杯。然后,要儿童去拿取茶杯,并注意他是否把环从钩上脱下来以便取得茶杯。…………………………………………………………………（　　）

9. 他能够把不同颜色的纸条,或不同形状、不同大小的白纸分起种类来。

……………………………………………………………………（　　）

10. 给儿童看一张简单的图画,同时,要儿童来解释图中的意义,或者说出图中的故事。有时候,儿童不肯自动地说出来,那么,我们便不妨用一些问题来启发他,比如“这些人在做什么呀?”“那个狗在做什么呀?”以诱导他说话。…………（　　）

三、5 岁～6 岁

1. 他开始做简单的追随游戏、短距离的赛跑。……………………（　　）

2. 他能做简单的猜想游戏、惊骇性的游戏或者手诀等等。…………（　　）

3. 搜罗各种物件,如石子、棒头、木块、树叶、飞虫、图画、旗子、纽扣,以及各种有鲜明颜色的布和纸头,他都显示充分的收集兴趣。……………………（　　）

4. 能够知道左右。如左手、右手、左眼、右眼,都可以指出无误。……（　　）

5. 他能够比较两个轻重的物件。我们用大小相等、形状相同而轻重各异的几个方块子,两个两个地试验儿童,让他说出孰轻孰重。…………………（　　）

6. 学会读一句较长的歌词,或者重复四个数目字。…………………（　　）

7. 模仿画一个棱柱形或三角形。 ……………………………………………… (　　)

8. 把两张三角形的卡片,依样拼成一个长方形。 ………………………… (　　)

9. 利用积木,造成一个拱门形。 ……………………………………………… (　　)

10. 他能够自己穿衣服,戴帽子。 …………………………………………… (　　)

11. 能够说出两张图画中较美的一张。 ……………………………………… (　　)

12. 能够说出自己的年龄。 …………………………………………………… (　　)

13. 能够懂得一个笑话。 ……………………………………………………… (　　)

14. 能够画一幅有组织的图画,如房子、人、树木、山、太阳。 …………… (　　)

15. 能够说出各种颜色,如红、蓝、绿、黄。 ……………………………… (　　)

16. 能够依从命令,同时做三件事情。例如我们用一块饼干和钥匙给儿童看,然后对他说:"把这个钥匙拿去,放在那张椅子上,然后关上门,再到这里来拿这块饼干。"在说到最后一句话的时候,我们把饼干放在桌子上。为了清楚起见,我们可以再说一遍。 ………………………………………………………………………… (　　)

17. 重述10个字一句的话。 ………………………………………………… (　　)

18. 以物件的用处来说明物件的定义。如"筷子是什么?""马是什么?""桌子是什么?""椅子是什么?"等。 ……………………………………………………… (　　)

19. 连续数13个铜元或其他东西。铜元必须平摆成一排。 ……………… (　　)

20. 能说出四种票面不同的货币,如一元、二元、五元、十元。 ………… (　　)

以上所举各种观察与实验的材料,大部都曾经过实验的。不过,诚如大家所知道的,儿童的活动是善变的,其发展是多方面的,自然还有许多的心理特征还没有归纳进去。在读者进行实验的时候,自然还可以有许多新的材料发现,这里所提的,不过只是一部分而已。

第二节　思想的活动

一、好问

在霍林沃思(Hollingworth)的书中,曾就儿童好问的主题,设想了一个例子,颇饶风趣。他假设有三个人,一个是母亲,一个是年长的姐姐,第三个正是在怀疑时期的幼年弟弟。他们穿过某大学的大厅,经过一道门,由门口恰恰看见大学里的水手在那儿练习游船的机器,当听见使用机器所发奇异的声响时,就停住在门口看了。然后又继续前进,在这当儿他们做了这样的谈话。

问:母亲,他们正在做什么?

答:他们正在练习驾船。

问:母亲,什么叫做驾船?

答:就是使一只船在水中行走。

问:但是他们并没有船呀?他们有吗?

答:是的,他们并没有船。

问:一只船一定要在水中行走吗?不一定吗?

答:当然,当然。

问:但是他们并没有水呀?那么怎样行走呢?

答:船并不行走,不过他们把船推动,好像行走的样子。

问:但是他们并没有水呀?他们在水中推吗?

答:不,不,确实是不动的,他们并没有水。

问:哦,姐姐,如果他们没有水,他们怎样能驾船呢?

答:只要他们有推进的东西就行了。

接下去的问题一定还很多,但结果,则是儿童的好奇心不得满足,而母亲与姐姐则感到厌烦而不高兴起来!

我还记得一位心理学家曾举出这样一个例子,他说有一个儿童在问了许多问题之后,对被问者说:“是不是因为我问了这许多问题而使你厌烦?”这说明当儿童在4岁前后,对于好问更有自觉的倾向。

儿童的好问,是由好奇的动力所驱使的。他犹如原始人对一切自然界的及人类界的现象,都觉得好奇,都想去了解。最初,他们可以用幻想来做想象的解释,犹如原始人类,对于自然界种种现象没法解释的时候,便把“神”来做最后的归宿以自圆其说一样。但现在,儿童要向外来求解释,他不以自己想象为满足,他要直接去考察事物的发展,他要借助成人的知识,借助语言的交流,以获得解释。这样强烈的倾向,构成了儿童的好问。这种态度,可以说是一切科学研究的基础。

儿童的好奇心并不是一成不变的。他的方式,他所需求回答的对象,都随年龄的增加及经验的变化而有异。基尔帕特里克(Kilpatrick)在他所著的《儿童学原理》(*Fundamentals of the Child study*)中对于这一点说得很清楚。现在,把它译述出来以供读者参考。他说:“当儿童能行走以前,他的主要兴趣,即在于经历新的感觉,并注意感觉的关系。但当儿童一能讲话,就要问他所经历的东西的名字,如‘这个是什么?’‘那个是什么?’若得到一个名字的答案那就知足了。等到熟悉各种事物并名字之后,他的兴趣就变了,他现在常常要问‘这个什么用处(Use)?’‘你怎样做的?’或者‘你为什么这样做的(How and Why)?’,有时,他要究根溯源,问‘这个东西从哪里来的?’”

儿童的好问,在其心理发展的过程中,究竟有些什么意义?根据作者研究儿童的结果,至少可以得到下面几个结论:

第一、从问句可以知道儿童的知识与经验。问句的性质,如属于“这个什么东西?”“那个什么东西?”是显出儿童知识的缺乏。假使问句是“自来水是怎样来的?”“吃蟹为什么用醋?”是表示儿童知识及经验已经较为丰富了。由问句,做父母或教师的便可以知道他的子女或学生的知识程度。

第二,由问句可以看出儿童的兴趣。在工作室中,有一件事情使人最觉得头痛的,就是儿童不注意工作,做教师、父母的每想出种种方法,以引起儿童的兴趣,但如果没有了解儿童的兴趣所在,也是徒然无功的。事实上,大凡知识相当、年龄相同的儿童,兴趣也是相仿佛的。所以,只要我们平时注意他的问句,也就可以看出他的兴趣了。

第三,好问是求知之钥匙。常人的通病,就是对于儿童的好问,不予理会,甚至更厌恶儿童的好问,而斥之为饶舌,禁止他们发问。殊不知,好问实是儿童追求知识的钥匙,儿童可以借好问而获得丰富的知识与经验。

总之,好问是儿童心理发展过程中很有意义的一种思想活动。

二、思考

儿童好问,但儿童同样也好思考。

1. 有一个3岁的孩子,吃饭之前,他的母亲总是替他洗手的,并且替他梳头发。有一天来了一位女客,他便跑过去对她说:“请把我的手脸洗洗,头发刷刷,我肚里饿了。”

2. 有一个3岁的孩子,从他姨母那里得了一角钱,就跑到外面去,不多时便欢欢喜喜地回来对母亲说:“妈妈,我们就要发财了!”母亲问他是什么缘故,他说:“我已经把一角钱种在地下,不久,就有许多钱长出来了。”

3. 又有一个5岁的小孩子,他想天上的雷和工场里放出来的嗡是一样的东西。

4. 又有一个7岁的小孩子,他惧怕吃苹果的籽,因为怕苹果的籽在肚里生长出来。

但儿童的思考,每每是很天真的,也就是说他们所思考的不一定正确,不一定合乎事实的真情。儿童所以没有正确思考的原因,我想不外这样几点:

1. 是由于儿童的知识未充足的缘故。儿童的知识,多半是片面的,如上面所说的,小孩子不充分了解洗脸洗手是卫生的缘故,却把它当做了吃饭的信号。

2. 是由于儿童的注意力薄弱的缘故。思考一件事情,必须从头至尾,就是说要看清事情的因果关系才行。而儿童的注意力,每不集中,也不持久,有时注意这样,有时又注意别样,把原来的意思,也都变更了。

3. 是由于儿童的经验没有系统的组织。儿童的经验,大都是零星破碎的,没有系统的组织,因此,儿童所能想的也是零乱无组织的。

4. 是由于儿童缺乏甄别选择的能力。思考的准确,基于审慎的选择。譬如发生一个问题,在我们的脑海中就有一个观念随之而起,但这个观念是否对,就要看我们有无精细的判断而定。儿童正缺乏这样的判断能力,因此,他所思考的便不免有所错误。

儿童的思考,虽然说容易错误,但这种过程,在人生的发展中,显然是非常重要的。思考在儿童是怎样发展起来的?根据作者的观察,其因素可有下列数种:

1. 儿童初生,是茫然无知无识的,由于他与环境接触的机会日多一日,因此慢慢地经验便丰富起来了,到1岁的时候,对环境如形状、颜色、声音、物体等等,才稍有领会。这时候,他有许多单独的观念,以及少数联属的观念(association of ideas)。

2. 后来,他的记忆力渐渐地发展了,就开始把各种单独的观念或联属的观念,积记脑中。

3. 到学会言语,儿童便以言语表达他的意思。以前他只能用符号式的言语来表白他的简单意思,现在他能言能语,他的思考力,自然大有进步了。

4. 后来，儿童的理解能力增长，他能比较人物，例如以自己与桌子比较高矮。他的好问也渐渐发展起来，所谓概念亦显雏形了。

5. 到了3岁的时候，他的想象能把单独的经验变成有系统的。比如儿童见了草上的露珠，不大明白其究竟，但却明白人的眼泪，同时，他自己也曾有过眼泪的经验。现在见了露珠不明白，就想这露珠大概就是草的眼泪了。这种想象的思考，虽没有论理的思考来得重要，但对于儿童，这是不可缺少的东西。

6. 儿童经验日渐充足，知识逐渐丰富，他的思考力亦因之渐渐发展。

儿童的思考，显然与成人的不同，这种不同首先是表现在数量方面。儿童思考的数量，没有成人的多，这原因，是由于儿童专力于活动的与感觉的生活，如他要学习行走等，所以没有时间来从事于精细的思考。同时，成人抑制了儿童的思考，与思考激起的动境的缺乏，也都可以视为儿童思考不及成人众多的原因。其次在思考的正确方面，儿童不及成人，在思考的性质方面，也与成人的不同，大概成人的思考多属于经济的与社会的事情，而儿童则多半是属于自然物的与游戏的而已。

第三节　社会性的发展

儿童是好群的，甚至年岁很幼的儿童，也不愿意独自孤处。有时候，他看见母亲离开他，便要哭了，母亲在他旁边，就显出安静与舒适的样子。因此，儿童对于人与人关系的感觉的发生，可以说是很早的。不过，真正社会生活的发展，应当是在3岁前后。以前他是独自游戏，或者看别人游戏。现在他开始对其他儿童的活动发生了兴趣，他回答他们的问题，并向他们问许多问题。接着便参加了其他儿童团体，共同来进行游戏。对于成人，以前，他总是采取依赖与期待的态度，他要成人给他穿衣，他要成人给他饭吃，甚至他要成人给他东西玩；而现在，他一切都开始借自己的力量来做自己所要做的事情，他开始自己穿衣，自己吃饭，他要什么东西玩，他就自己去取，对于成人的帮助或干涉每取强烈的反抗。但他自己，却非常高兴帮助其他儿童，尤其是帮助年龄较幼的儿童。

幼儿社会性的表现，究竟有哪些种类？我们从什么地方可以看出这些东西来？据布里奇斯(K. B. M. Bridges)研究50多个儿童的结果，认为儿童社会性发展中所表现的特质是：

儿童曾否（the child has or has not）[1]：

1. 与其他儿童游戏？

2. 与其他儿童说话？

3. 偶尔碰触或推摇别的儿童而造成社会的接触？

4. 模仿其他儿童行动？

5. 模仿儿童的话语？

6. 模仿儿童的笑声？

*7. 常常跟其他儿童说话？[2]

*8. 主动与另一儿童玩新的游戏？

*9. 参加到正在游戏的儿童群中？

*10. 寻求其他儿童的赞许？

*11. 请求其他儿童的帮助？

*12. 总是在适当的请求下放弃玩具？

13. 常常会等待按次序轮到自己？

14. 试求保护自己对物品或地方的权利？

*15. 指出别人的错误？

*16. 尝试帮助他人？

*17. 停止工作来帮助别的儿童？

*18. 安慰在悲伤中的人？

儿童不曾或曾经（the child has not or has）：

19. 转身或避开其他儿童的友好表示。

*20. 常常在集体行列或游戏中停止不动。

*21. 要求别人的玩具。

*22. 干扰别人的工作。

23. 破坏别人的工作。

*24. 扰乱团体的秩序或对人调皮捣蛋。

---

① 参看 K. B. M. Bridges：Social and Emotional Development of the pre-School Child。

② 据布里奇斯解释，带有＊记号的项目是从发展观点看最具有意义者，下同。

*25. 经常推拉别人。

26. 经常为了自己的目的在大人面前抱怨别人。

27. 用讥笑或躲避来捉弄新来的儿童。

28. 多次打击或拧痛别人来取乐。

29. 以打别人或对别人吐唾沫取乐。

30. 以其他逗弄人的方法来引起激怒与难堪。

以上 30 条,都是对年龄在 2 岁到 5 岁之间儿童的。下面 20 条,则是对年龄在 3 岁半到 5 岁之间的儿童。

儿童曾否:

31. 把东西分给其他儿童?

32. 自愿把玩具或糖果带到班里来让大家共享?

33. 带玩具给别的儿童?

34. 自动地在桌上传递东西给别的儿童?

35. 保护较小的儿童的权利?

36. 模仿集体的活动?

37. 帮助新来的儿童成为集体的一分子?

38. 带赞赏地讲别的儿童?

39. 对别的儿童的工作做赞赏性的评论?

40. 带修饰或不带修饰地重述小朋友的意见?

41. 不借助成人而尝试改正他人?

42. 被侵犯时好言对侵犯者?

43. 错误时向别人道歉?

儿童不曾或曾经:

44. 自己的东西被移动时,粗暴地推拉别人。

45. 打击幼小儿童。

46. 辱骂奚落其他儿童。

47. 经常命令或管别人。

48. 强行帮助幼小儿童,而违反他们的意志。

49. 常常在户外单独游戏。

50. 为团体所责骂或回避。

以上50条,是儿童对儿童的。现在,我们再来看儿童对成人的态度如何。

儿童曾否:

*1. 常常跟大人讲话?

2. 常常与学校的常规合作?

3. 坚持自己的权利反抗大人的命令?

4. 寻求大人的赞许?

5. 愿意接受帮助?

*6. 需要时要求帮助?

7. 没有帮助的时候,尝试自助?

*8. 常常为自己寻点什么事做?

*9. 在取出更多玩具之前,把原有的玩具收好?

*10. 对成人叙述自己的经验?

儿童不曾或曾经:

11. 远远避开大人。

*12. 经常拒绝做大人要求做的事情。

13. 经常不服从命令。

*14. 常常反抗大人的暗示。

*15. 固执地拒绝进餐。

16. 对大人不赞成,漫不经心。

17. 常常到大人面前,受其抚爱。

18. 常常要等别人说明东西的用法。

*19. 以消极的等待来求得帮助。

20. 完全依赖大人帮助脱衣。

*21. 吃饭时等待喂食。

22. 上盥洗所要完全依赖帮助。

23. 故意地毁坏东西。

24. 夺占别人的位子,以引大人注意。

25. 经常跟随大人以博其注意。

以上 25 条，以年龄在 2 岁到 5 岁之间的儿童为准。以下 10 条则是指 3 岁半到 5 岁间的儿童。

儿童曾否：

26. 让大人知道自己做的好事？

27. 当教师不在时，能按学校常规去做？

儿童不曾或曾经：

28. 当大人不在时，做禁止的事情。

29. 对错误与过失，表示歉意。

30. 在大人面前掩饰行为。

31. 辱骂大人。

32. 在没有帮助的时候，拒绝尝试自己穿衣或脱衣。

33. 经久地讨大人的注意。

34. 连续不断地请求赞许与同意。

35. 讲假话对大人施加影响。

布里奇斯在研究之后，曾就儿童对儿童及成人的社会关系，做了这样的结论：他以为儿童在最初的阶段或者说是依赖的时期内，他们总是被动的，且依附于成人的帮助。到了第二个时期，2 岁半到 3 岁之间的儿童，则表现着反抗成人的影响，寻求力量，走向自立。此后，儿童的行为，逐渐由固执的、对抗的而转变为合作的、友谊的。希望博取成人的赞许，避免成人的责罚的心理，也迅速地滋长起来。会话发展了，论题从保护的与希望的转变为描写某些事情。第三时期，约当儿童 4 岁到 5 岁之间，儿童表现充分的自信与互信，跟成人更有着友谊的合作。

从布里奇斯的叙述中，我们已不难看出儿童社会性的一般情形。其实，所谓儿童的社会性，尚不仅是指儿童与儿童，或儿童与成人的个别关系而言，儿童的社会性，其真实的意义，应当在于社会的组织性的活动的建立。假使仅就儿童对周围人的个别关系而言，那么，远在儿童出生后的数月之内，这种关系的感觉就会发展了。根据赫塞(Herzer)和图德·哈特(Tudor Hart)的试验，126 个年龄在 1 天到 5 个月的儿童，对各种声音(包括人声在内)的 1 461 种反应中，人声所能引起的反应，便占了 31%强。由此足见，即使年龄很幼的儿童，对人的关系的感觉亦已存在。虽然那时候他们的反应是简单的，或者是微笑，或者是目光的移动，或者是手足的舞动，甚至在六个月以前的儿童,只能对成人发生反应,而对儿童则没有发生什么反应来,但谁能否认,儿童对人的关系不是出现得很早呢?

所以我们认为儿童对人的关系的感觉是很早就出现了的。但儿童社会性活动的发展,他加入了团体建立了有组织的社会生活,实开始于这个幼儿时期。假使前期的儿童是喜欢独自游戏的话,那么,现在他们对于社会合作是感觉到浓厚的兴趣了。

儿童社会性的发展,并不是完全一致的,它表现着充分的个别差异。不仅各个儿童具有不同的社会态度,就是每一不同的时期,儿童的社会态度也都在不断地变化。人们以为儿童社会态度具有各种不同的类型,有的认为常态的儿童,社会态度表现于下面三种型式:(1)社会盲目型(the socially blind);(2)社会依赖型(the socially dependent);(3)社会独立型(the socially independent)。有人以为儿童社会性的状态表现于两种型式,一是护卫型(protective type),其特点是自大,专横,领袖才能,惟在社会上常属失败者。二是诚挚型(devotional type),他们常是和蔼可亲的,虽然不一定长于社交,但总成为一群伴侣的中心,可是他根本不是一个领袖,仅是一种吸引力的中心。这种种分类,自然并非绝对的,每个儿童由于环境和教育的不同,都具有自己特殊的社会态度。

第四节　情绪的转变

在前面,我们曾经讨论过情绪的一般性质及各家对情绪问题的意见与理论。但在这里,我们却又提出了情绪的转变问题,这究竟是什么意思呢?我想有加以说明的必要。我们已经知道,在儿童的初期,他们情绪的表现,大都是由自身生理上的要求所激起的。他们的惧怕、愤怒与情爱的情绪之激起,一般说来,只能与周围的环境发生简单的关系。但是,由于儿童心理生活的逐日增进,生活的范围也慢慢地扩大起来,到了幼儿时期,儿童与环境之间的关系,表现得空前繁复。这时候,儿童情绪的激起,由之于社会环境的刺激者,也与日俱增。儿童情绪表现的这一转变,就是儿童情绪从自我的到他人的,从机械的到繁复的,从个人的到社会的这一转变,与儿童日后的生活,具有极大的关系。尤其是社会性的发展,对儿童情绪生活的转变,关系更大。

在近世，讨论儿童情绪生活转变情形的，有精神分析学派的弗洛伊德(Freud)①。弗洛伊德是以性本能作为人类一切行为的源泉的，认为在情绪方面，脱不了性欲的支配，认为性的发展，有三个重要时期：第一个是自恋时期。这时期，儿童性欲的满足，是刺激其自身的感觉区。到了2岁时，由于儿童自我意识的发展，性本能开始把自己当做爱的对象，这一个时期，弗洛伊德就给它一个名字，叫做“Narcissus”。第二个时期是性欲潜伏期。这时期约在5岁前后，儿童用喧闹的行为或者为炫示自己的身体而裸体奔走来获取满足，兴趣则集中于母子之间或与保姆的互相拥抱。这时羞耻亦已开始，性的对象，集中于别人的身体方面。到了第三个时期，即所谓发身时期。儿童性欲的满足，已不仅限于身体上感觉区的刺激，儿童开始向外界寻求爱的对象，直到最后，发现一个终生的伴侣为止。儿童的情绪，如停滞在任何一个时期，那么，都可能构成心理的失常。

对于弗洛伊德的学说，由于他过分地强调性欲本能而忽视了其他的因素，实使人不敢苟同，因为在整个心理生活的发展过程中，性欲只是其中的因素之一，却并不是惟一的因素。

根据布里奇斯的研究，儿童在2岁到5岁之间，其情绪的表现，是相当繁杂的，以下是他对儿童情绪表现的详细描写：

一、痛苦与哭泣

A组(2岁～5岁)

儿童不曾或曾经：

1. 哭，当入到幼稚园或托儿所(统称“学校”)时。
2. 哭，当带领来校的保姆离开时。
3. 哭，当保姆到校带他回家时。
4. 哭，当进校脱衣或检查身体脱衣时。
5. 哭，当上厕所时。

*6. 哭，当小睡时。

① 弗洛伊德(Sigmund Freud，1856～1939)，奥地利心理学家、精神病医师。精神分析学派创始人。他把意识分为意识、前意识和潜意识三部分。他认为性的扰乱是精神病的根本原因，儿童幼时的性的经验是与神经的形成有关。他的主要著作有《梦的解释》、《精神分析引论》、《日常生活的心理病理学》。

7. 哭,或呜呜低泣要母亲。

8. 哭,当被要求让出珍爱的玩具或衣物时。

9. 哭,当被单独置在房中时。

10. 哭,当被惩罚而带开时。

*11. 哭,当被惩戒时。

12. 哭,当因敲击或跌倒而轻微受伤时。

13. 受伤时忍着直到大人注意时才哭。

14. 当不喜欢一件东西或一件事情时不加诉说就哭起来。

15. 当想要某物时,没有表示要,就哭起来。

16. 哭,当东西或位子被拿走或移动时。

*17. 哭,当被别的儿童推打或捉弄时。

18. 哭,当预料有不高兴的事情发生时。

19. 哭,当从集体中被单独带去测验时。

20. 哭,当别个小孩哭时。

*21. 哭,当努力影响别人失败时。

22. 哭,当作业被毁坏时。

23. 哭,当自己的活动失败时。

*24. 一日中哭四次或四次以上。

25. 大声吵闹或急促突然大吵大闹地哭。

26. 哭,当被什么东西绊着时。

27. 哭,当靠近狗时。

*28. 在其他的情形下哭。

儿童曾否:

29. 企图控制流泪而抽噎啜泣?

30. 在数秒钟内转哭为笑?

儿童曾否不哭,但表现为有的动作:

*31. 喊叫,当被敲击或跌倒受伤时?

32. 静默,当被敲击或跌倒受伤时?

33. 用手擦擦碰撞处,但不叫喊,当受伤或跌倒时?

*34. 叫喊，当玩具被拿走时？

35. 静默，当玩具被拿走时？

36. 叫喊，当作业被破坏时？

*37. 静默，当作业被破坏时？

38. 被别个儿童打时回击？

*39. 被别个儿童打时不回击而只喊叫？

40. 被别个儿童打时静默而消极？

B组（A的补充，3岁半到5岁）

41. 受侵犯时，低声哭泣或频频诉苦。

42. 身体不舒服时烦恼地叫苦。

43. 对一些事物烦恼地叫苦。

44. 对不喜欢的食物叫苦。

45. 因冷或热而诉苦。

二、惧怕与警戒

A组（2岁～5岁）

儿童不曾或曾经：

*1. 号叫，号啕大哭，乱跳，当受伤时。

2. 号叫，看到自己流血时。

*3. 号叫，在身体检验室中。

4. 号叫，被带去检查身体时。

5. 号叫，当被单独置于室中虽并非作为惩罚。

6. 号叫，当靠近狗或其他动物时。

*7. 有闹声发生，站立不动，显出惊惶的样子。

*8. 屹然站立，睁眼注视，当面对新情境时。

9. 抓住大人，当面对新情境时。

10. 盼寻鼓励，在冒险做一件新事情之前。

11. 面色转为苍白，在感受痛苦或不快的经验之后。

12. 回避那曾经有不快经验的地方。

*13. 见生客掉头他去,或者缩回。

*14. 在校中拒绝盥洗。

15. 在校中尝试拒绝就寝。

16. 拒绝吃不熟悉的东西。

*17. 在体力或智力测验时,从某些器具前缩回。

18. 在量体重器上发抖。

19. 拒绝玩某种玩具。

20. 拒绝从斜坡滑下。

*21. 遇到狗,跑开或缩回。

22. 遇到猫,跑开或缩回。

23. 在众人前逃避或躲入墙角。

24. 见了某些儿童则回避和寻求保护。

25. 回避其他某些事物。

儿童曾否:

26. 不迟疑地走向生客?

27. 不迟疑地走向未见过的动物?

*28. 单独探索未知道的房间?

*29. 容易地试用新的器具或玩具?

30. 不迟疑地爬至棚顶?

B组(A的补充,3岁半~5岁)

儿童不曾或曾经:

31. 要求从可怕的事物离开或取得保护。

32. 叙述幻想的恐怖。

33. 以说谎来避免谴责。

34. 做错事后不听大人的叫唤,以免受其责备。

35. 当大人注意到,就立刻改正错误。

三、愤怒与烦恼

(2岁~5岁)

儿童不曾或曾经:当自己欲望的满足受到阻碍时——

*1. 尖声喊叫与呜咽啜泣。

2. 毁坏物件。

*3. 躺卧地上,用脚乱踢。

4. 反抗与挣扎。

5. 高声辱骂。

6. 咬触犯的人。

*7. 顿足。

8. 噘嘴努唇。

*9. 红脸。

10. 脸色发青。

儿童不曾或曾经:当他被要求做他不喜欢的事情时——

11. 尖声喊叫与呜咽啜泣。

12. 毁坏物件。

*13. 躺卧地上,用脚乱踢。

*14. 反抗与挣扎。

15. 高声辱骂。

16. 咬触犯的人。

*17. 顿足。

18. 噘嘴努唇。

19. 红脸。

20. 脸色转白。

儿童不曾或曾经:

21. 尖声叫喊,当受罚单独放在房间中时。

*22. 打别人,当工作被阻扰或玩具被拿走时。

23. 顿足,当工作被别人破坏时。

*24. 长声尖叫,当工作被阻扰或玩具被拿走时。

25. 皱眉表示不赞成,当工作被阻挠或工具被拿走时。

*26. 打贪得东西的小孩。

*27. 常常在被拒绝之后继续要求所想望之物件。

*28. 在做困难的作业中,打掉或拆散物件。

29. 在做困难的作业中,推拉和猛敲物件。

30. 在完不成作业时,试着毁坏物件。

31. 在自己作业失败时,破坏别人的作业。

32. 在作业失败后噘嘴努唇,并拒绝继续做它。

33. 受责备或惩罚时,皱眉头表示不满。

34. 受责备或惩罚时噘嘴努唇。

*35. 受责备后,又做其他不端的行为。

36. 试着向触犯者报复。

37. 从烦恼恢复正常往往需要两分钟以上时间。

*38. 持久地反对某些成人。

儿童曾否:

*39. 想要的东西被拒绝后,立刻转向其他东西?

*40. 想要做的事被拒绝后,寻找做其他适当的事?

*41. 无抗议地做不喜欢的事?

42. 无抗议地让另一儿童保存当他不在时拿去的东西?

43. 当作业被别人毁坏时,不加责骂而重新做过?

*44. 要求妨碍他工作的儿童不要碰他的作业或玩具?

45. 继续但不是仓促地做困难的作业?

四、愉快与情爱

A组(2岁～5岁)

儿童曾经或不曾:

1. 当游戏活动时笑。

2. 很自然地愉快跑着。

*3. 对事或物快乐时拍手。

*4. 无困难地参加到活动的游戏中。

5. 热切地参加滑雪或滑板。

6. 大声喧闹发笑。
7. 当椅子翻了发笑。
8. 笑他童所做的鬼脸与怪声。
9. 别人笑自己也笑。
*10. 为引起别人笑而笑。
*11. 笑自己的错误。
*12. 笑别人的错误。
13. 笑不常有的或背理的事情。
14. 对自己的成功欢呼或微笑。
*15. 显示或要人注意自己的工作。
*16. 展示新的衣服或所有物。
17. 自唱小曲调。
18. 对图画或事物高兴地欢呼。
19. 见到动物高兴地欢呼。
*20. 对花高兴地欢呼。
*21. 热切地听讲故事。
22. 对大人在可笑的故事中所做暗示发笑。
*23. 对幽默的情境或故事微笑。
24. 对别人微笑。
25. 别人对他微笑，他也报以微笑。
26. 与别的儿童紧紧地挤坐。
27. 紧站或紧坐在熟悉的大人旁边。
28. 紧站或紧坐在陌生人旁边。
29. 到达时与保姆亲密地拥抱。
30. 亲密地拥抱其他儿童。
31. 亲密地拥抱保姆之外的别的大人。
32. 很自发地与别的儿童亲吻。
33. 紧抱或亲吻洋囡囡或动物玩具。

B组(补充A组，3岁半～5岁)

儿童曾否：

34. 快乐地从一个地方跳到另一地方或做一件事换做另一件事？

35. 常加入集体歌唱？

36. 要求做某些游戏或唱某些歌曲？

37. 要求被选为饭桌服务？

38. 在智力测验室中，要求看或玩弄玩具？

39. 欢呼和欢迎某些食物？

40. 对别人的工作高兴地欢呼？

41. 对别人的所有物高兴地欢呼？

42. 讲些无意义的话引起别人发笑？

43. 在团体游戏中握住一个婴儿的手？

44. 要求准许或被挑选出来坐在一个婴儿的旁边？

45. 要求准许或被挑选出来看顾一个婴儿？

五、激动与遗尿

(2 岁～5 岁)

儿童不曾或曾经：

*1. 在户外尿湿衣服。

*2. 在室内没有进行什么活动的情况下尿湿衣服。

3. 在室内当有客人来时尿湿了衣服。

4. 在室内当努力做一件困难的事时尿湿了衣服。

*5. 在室内正从事于有趣的活动时，尿湿了衣服。

6. 当对某事兴奋时尿湿了衣服。

7. 小睡时尿床。

8. 每间隔不到一小时即要求去厕所。

*9. 当检查身体时要求去厕所。

*10. 当智力测验时要求去厕所。

儿童不曾或曾经：当他被同伴所激动时——

11. 哭了起来。

* 12. 畏缩或走开。
13. 局促与不讲话。
14. 跳跃与做手势。
15. 红脸。
16. 提高嗓子或叫喊。
* 17. 窃笑或笑。
18. 冲撞别人。
19. 对家具或玩具以粗暴行动击之。
20. 对作业草率或心不在焉。

儿童不曾或曾经:在某特别事件发生前后或当儿——

21. 提高嗓子或叫喊。
22. 窃笑或笑。
23. 冲撞别人。
* 24. 对家具或玩具以粗暴行动击之。
25. 对作业草率或心不在焉。
26. 红脸。
27. 脸色转白。
* 28. 用餐比平常吃得少。
* 29. 局促与不讲话。
* 30. 颤抖。
* 31. 哭了起来。

儿童不曾或曾经:

32. 当客人在的时候冲跑。
33. 当客人在的时候高声或叫喊。
* 34. 当参观者在的时候用餐较平常为少。
35. 当参观者在的时候常停止工作。
* 36. 当参观者在的时候表现局促与不讲话。
37. 对自己的成功做兴奋的跳跃与叫喊。
* 38. 在热烈的兴趣中很快地做完一个作业又做一个作业。

39. 在同天之内,从激动到沮丧或烦躁的不同表现。

40. 逐日地从激动到沮丧或烦躁的不同表现。

六、习癖与不正常的说话

A组(2岁~5岁)

儿童不曾或曾经:当发现完成作业困难时——

1. 歪斜着头,挺直身体,拒绝继续做。

2. 不愉快地傻笑。

*3. 在座位上蠕动。

4. 摇动身体。

5. 抖动脚。

6. 叹气。

7. 开着口。

8. 伸舌。

9. 咬唇或吸唇。

*10. 吸吮大拇指或手指。

*11. 挖鼻孔。

12. 骚扰。

13. 扭咬手指或衣服。

14. 显露其他习癖。

儿童不曾或曾经:当被大人观察或讲到时——

*15. 静静地歪斜着头。

16. 摇动头部。

*17. 显露其他习癖。

儿童不曾或曾经:当对成人说话时——

18. 歪斜着头并向上斜视。

19. 显露其他的习癖。

儿童不曾或曾经:当无事做或对活动感到怀疑时——

*20. 吸吮大拇指或手指。

*21. 吸吮物件。

22. 装假。

*23. 跳上跳下。

24. 玩弄生殖器。

25. 蠕动或不安宁。

26. 表露其他习癖。

儿童不曾或曾经：

*27. 当被斥责时，显露习癖。

*28. 呕吐不喜欢的食物。

29. 重复叙述某种感情的观念。

30. 表现出呆板的或自动的行为。

B组(补充A组，3岁半～5岁)

儿童不曾或曾经：

31. 保留着发音不清的“婴儿语言”(baby-talk)。

32. 说话模糊不清。

33. 说话迟缓而断续。

34. 口吃。

35. 常低声耳语。

从布里奇斯的详细描写中，我们已不难看出幼儿情绪的表现已不如初期的单纯与机械。尤其是在情绪所激起的情境方面，其繁复的程度，更非昔日可比。在这里，社会刺激的力量日趋繁复，实是幼儿情绪发生转变的重要原因。

第五节 幼儿期的教育

无论在生理方面或心理方面，幼儿期的教育，都是非常重要的。儿童对社会适应得是否健全，儿童生理方面或心理发展的程度，是否表现着常态的前进，儿童对于卫生习惯有否养成，以及儿童身体健康，是否得到健美的发展，幼儿期的教育都该担负相当的责任。所以世界各国对于婴儿学校或者幼稚园的教育，都予以严密的注意，原因即在于此。幼儿期的教育，究竟要怎样实施的，有些什么原则值得注意，关于这些

问题,在拙著《家庭教育》一书中,已经有过详细的叙述。现在,为了读者的方便起见,再综合地介绍一下:

第一,以积极代替消极。很明显,所谓教育,它所要求的是积极地发展儿童的才能,积极地提高儿童的兴趣。但一般人,每受传统的教育所影响,而把教育看做了消极的管理,忽视了积极的启发,反而限制儿童的活动;另一方面,他们不积极地暗示儿童、鼓励儿童,而是处处批评儿童,讥笑儿童,殊不知道这种不良态度,正足以摧残儿童的成长。

我们知道,每个儿童都是喜欢奖励,不喜欢抑制的。你愈奖励他,愈肯学习,愈抑制他,愈不肯学习。愈喜欢学习,经验便愈发丰富,学习的能力,便发展得愈大。学习的能力愈增加,所学习的事情,也就容易成功,对于儿童的自信心,也就能坚强起来。不仅学习如此,任何工作无不皆然。所以,积极代替消极,确是很重要的一点。

第二,不姑息,不严厉。积极地鼓励儿童工作,并不是要对儿童姑息。有许多家庭,每因过分地溺爱子女,于是,什么都听其自便。他要饼吃,就给他饼吃;他要打人,就让他打人;他要骂人,就让他骂人。这种姑息迁就,适足以发展儿童的自私心,对于儿童心理生活,为害很大。另外有一些家庭,他们把儿童当做一个具体而微的成人,处处用成人的意志来要求儿童,用成人的道德规范儿童,他要玩玩水,母亲就说:"衣服要搅湿的!"他要跟别的小朋友玩玩,他母亲就骂他说:"你要造孽了!"他在吃饭的时候发表意见,他的母亲就会说:"小孩子吃饭,不许饶舌!"他在家中游戏,父亲就要说:"不要顽皮!"做父母的根本不把儿童当做儿童,他们把儿童当做自己的附属物,以自己的意志做儿童的意志,以自己的性情做儿童的性情,管理儿童可以说极其严厉。结果,儿童一切活动的倾向都给摧残掉了!

姑息儿童固然不妥当,严厉管束,同样地对儿童无益。做父母或教师的,对这一点应当有适当的调节与改进,以教育儿童来作为自己的责任。

第三,让儿童使用自己的手脑。儿童有自己的思想,儿童有自己的力量,不让儿童自己去做他所能做的事情,不让儿童去想他所能想的事情,等于阻止了儿童心身的发展。所以让儿童使用自己的手脑,确是一件要紧的事情,但一般父母、教师,往往忽视了这回事。

我们常常看到六七岁的小孩子,做父母的或成人还是替他喂饭,替他穿衣,替他开闭门户,替他收拾东西。小孩子要摇铃,做父母的就摇给他听,小孩子要敲鼓,就敲给他看。其实，对这些游戏，小孩子都喜欢自己去做的，听听看看不能使他满足。由大人代替小孩子做，害处是很大的：

一是剥夺了小孩子肌肉发展的机会。

二是养成小孩子怠惰的习惯。

三是养成小孩子不识世务，不知劳苦的习性。

四是阻止儿童发展独立自主的神精。

能够让儿童自己去做，其所得的益处，正与上述相反，所以，我们要想儿童的发展不受障碍就应该让儿童自己去做他所能做的事情。至于思想也是一样，凡是儿童自己能够想，你切不可代他去想，使儿童获得充分思想的机会，并当特意发生种种新的动境，新的问题让儿童来适应，来解决。经验是思想的根本，语言是思想的利器，使儿童能获得丰富的经验，教儿童能喜用语言文字及学习种种美术，都是我们做父母、教师的责任，至于改正儿童谬误的思想，那么更需要有积极的态度。

第四，让儿童自己有活动的园地。许多的父母教师或者是因为过分疼爱小孩子的关系，不让儿童有适当的游戏场所或者适当的伴侣，他们总喜欢把儿童关在房间中，让他一个人自己孤处。这种办法，在年幼的儿童，当他没有社会活动的必要的时期内，可说是合适的处置，但现在儿童已开始找寻游伴，而且，在许多活动方面，都开始扩展其范围，如果你还是把他关在冷静狭隘的房间中，不但无益，反而会限制儿童正常的发展。

第五，发展儿童的好问心。幼儿的好问，在前面我们已经叙述过，很明显，对于儿童好问心的处理，很多成人是犯了错误的。有一个小孩子，已经 5 岁了，他看见素来没有见过的东西，总是要问。有一天，小孩看见一只乌龟，就问他的母亲，那个会爬的是什么东西。他母亲回答说是乌龟。他又问她说："那个东西有几只脚?"答说："四只。"他又问道："那么，那个东西为什么有这样硬的壳呢?"他母亲厉声地回答说："尽管会呆问的，乌龟自然有硬壳的，走开去！我没有工夫!"这个母亲的斥责，可能就把儿童求知好问的欲望阻抑了，使他长大了，对于任何事情都不敢发问，对于万物探索了解的那股雄心，也许因此磨灭。一个贤明的母亲是应当详细地启发儿童利用他的发问而进行教育工作，即使自己不知道，也应老实地告诉他，我不晓得，或者要他去问爸爸或哥哥。我们不但是有问必答，而且，最好的是要常常带儿童出去看看外面的情形，借以激发他的好问心来丰富他的知识与经验，在生活中来教儿童，实是一种最好的教育方法。

第六,父母、教师应以身作则。儿童富于模仿的,所以,任何事情,他都能模仿。尤其是跟他最接近的人,如父母或教师的一举一动,他都会去模仿,父母与教师的行为举动,不能不谨慎。

因为儿童善于模仿,我们就可以利用模仿来教育儿童。好比说,我们要儿童待人接物有礼貌、有条理,那么自己在儿童面前,也应当有礼貌、有条理。不但对别人要这样,就是对儿童最好也能如此。我们教儿童,对人应当客气,要人家拿东西给你时要说"请"或"谢谢",儿童是否会学会这种习惯呢,就要看父母、教师本身是否能做到这一点,自己要儿童拿什么东西时,是不是用一个"请"字或"谢谢"等的语气。如果你自己一时命令儿童做这样做那样,而想要儿童不以命令来对待别人,那是绝不可能的。当然,说一声"请"或"谢谢"还不算是怎样了不起的大事情,但可见父母、教师是否以身作则,对于儿童优良习惯的养成关系是很大的。

低能儿童之研究[①]

引　言

智力测验的鼻祖比奈，曾经同一个儿童做过这样的试验，他从坐椅上站起来，举起椅子，然后与儿童进行以下的问答：

比奈：这是什么？

儿童：椅子。

比奈：大错特错，这不是椅子，这是螺旋锥。（少停）现在我们看看这是什么？（举椅子）

儿童：一个螺旋锥。

比奈：你坐在什么东西上？

儿童：坐在螺旋锥上。

像这样一个儿童，控制力非常薄弱，几乎完全受他人的暗示支配，这种情形在七八岁以上的常态儿童，决不会发生的。否则他准是一个无能或是白痴。

霍林沃思（Hollingworth）他曾记述过一个法官与罪犯的问答。犯罪者年龄已经三十有五岁了，但心理年龄只有六岁四个月，从他们的问答中，我们看到犯罪者是怎样一种人。

法官：这是什么地方？

罪犯：（举视四周）一间房子。

法官：哪一种房子呢？

---

① 本篇是陈鹤琴1948年至1949年初期间，在上海国立幼稚师范专修科讲授儿童研究课程的讲稿中低能儿童部分。题名是编者加的。

罪犯:一个很大的房子。

法官:你为何被送到这里来?

罪犯:法官说这里将优待我。

法官:你怎么会捉到我这里来的?

罪犯:我在勃朗克斯公园有些喝醉了。

法官:(做激怒责骂状)你喝醉了吗?

罪犯:(遑急)不!不!我没喝醉。

法官:你来到公园以前,是在什么地方?

罪犯:在感化院里。

法官:什么是感化院?

罪犯:就是你住宿和工作的地方。

法官:你住在那里做什么?

罪犯:好像勃辣克威尔斯岛。

法官:勃辣克威尔斯岛是何等地方?

罪犯:你工作地方像监狱。

法官:什么地方叫做监狱?

罪犯:你做工的地方。

法官:你这时喝醉了吗?

罪犯:不!不!我不喝酒。

法官:(做严厉语气)你曾经喝过酒吗?你喝不喝?

罪犯:(急答)是!喝过的。

很明显的,这罪犯是一个莫名其妙的人,他极易受暗示,前后回答毫不相关。这个罪犯者曾有过八次犯罪,而被送进贫民习艺所及感化院,这一回是因为冬天避入货车内被捕的。

在罪犯中低能的例子,是不胜枚举的。以前,日本曾有过这样一个人,寄了一封恐吓的信给一个京都的名人,信的内容是这样的:“预备好几千元,我将于某月、某日、某时来领取,否则我就要烧你的房子。”某名人接信后,自然是非常惊慌的。因为他既然胆敢指定时日,亲自来取,当然是一个了不得的绑票。于是,连忙报告警察局派了许多武装朋友来保护,可是,到时候来的却并非什么大汉,而是一个十五六岁的文弱少年。他伸出手来说:“请你把准备好的钱交给我。”这自然是使人吃惊的,经过讯问之后,才知道他是一个“无能”者。

无能、白痴,都是低能中智力较低者。低能究竟是什么?让我们首先来予以解答。

第一章 意 义

“低能”(feeble-mindedness)是什么？关于这个问题，国内尚少有人研究，即在国外，亦未有定论。通常我们总以为低能便是天才的另一终极。假使说天才是智力特别聪慧的人，那么，低能便是智力特别低落的人。但这样的解释，因为太笼统了，它既没有给低能一个确定的范围，在科学研究上是绝难令人满足的。

可是低能这个名词，在人类社会生活中是无法避免的。无论在法律上、医学上，人们总时常会遇到这种低能的事实，而且必须要为这种事实冠上一个确当的名词。在法律上，布莱克斯通(Blackstone)曾经这样说过，他说：“一个白痴或先天傻子是从他的天赋没有理性的人，为此而被法律假定为永不能获得任何理性。”在医学上，它是把低能作为一种疾病来看待的。达尔波(Delboe)就是以这种观念来下低能的定义的。他说：“许多愚笨人的情形，必被视为疾病。因为他们不能推理，也不能辨别因果。”

这些关于低能的原始的定义，并不能显示出低能的具体特性，尤其是低能之社会的关系，也没有给我们一个明确的概念，因此低能定义问题的解决还是有赖于后来心理学家的努力。

首先用科学的方法来研究低能的，要算是心理学家戈达德(H. H. Goddard)①，他在一本《*The Criminal Imbecile*》的书中，对低能这个名词，做了以下的解释：“‘无能’(imbecility)在我国的法律上常认为是一种由大脑发展不完全所引起的心理缺陷，在儿童出生时或早年即已存在，其结果是使他不能完成自身的事务或者一个社会成员应有的责任。‘高级的无能’(the high-grade imbecile)如英国人所称的低能或美国人所称的下愚(moron)是一类人，他能在优惠环境之下谋生活，但因早年或出生时便有心理缺陷，所以不能(1)以平等的条件与其常态的伴侣竞争或(2)以寻常审慎处理他自身或自己的事务。”这个定义原系英国皇家医学院(The Royal College of Physician

① 戈达德(Henry Herbert Goddard，1866～1957)，美国心理学家。1906～1918年在新泽西州创办并主持意志薄弱儿童训练学校。1922～1938年任俄亥俄州立大学变态和临床心理学教授。曾将“童样白痴”(moron)这个名词引进到心理学里。主要著作有《意志薄弱》、《缺陷儿童的学校训练》、《在原子时代的我们的儿童》等。

in England)所公布，而为英国皇家低能养护委员会(The Royal Commission on the Care Control of the Feeble-minded)所承认的。目前，凡说到低能这个名词，大都还考虑到这个意义。

然而，所谓低能的定义，迄今尚未有个标准，往往因为大家所着眼的重点不同，而有很大的差异。

1911 年美国低能研究会(American Association for the Study of the Feeble-minded)根据智力年龄的高下而采用了以下的定义，即：(1)低能是用来包括所有为停顿或不完全心理发展之各种程度的心理缺陷而言，这种缺陷的结果，使一个人不能与常态的友伴在同等的条件下竞争，或以寻常的审慎处理其自身或自己的事务；(2)下愚(即白痴)是具有那样深重的缺陷的人，其心理发展未超过 2 岁常态儿童；(3)中愚(即无能)是那些人，他的心理发展较下愚略高，但不超过 7 岁的常态儿童；(4)上愚的心理发展比中愚较高，但不超过 12 岁的常态儿童。多尔(Doll)也认为低能是一种发展停顿的状态，尤其是普通智力，这种状态限制一个人的心理发展，使其只能达到 12 岁的常态儿童。

美国低能研究会以及多尔的意见，很明显的都是以儿童的智力发展为着眼点，而以智力年龄做区分的限阈。在这里，我们又不能不提到智力测验的鼻祖比奈与西蒙(Simon)。在 1904 年，法国教育部长聘请了当时的名医、科学家以及教育家，组织了一个专门研究低能儿童的委员会，其中委员之一，便是比奈，当时他担任 Sorbonne 生理、心理学实验室的主任，他和西蒙共同进行智力测验的研究。1905 年初次发表他们的智力测验量表①。1908 年经过一次修正与补充，并采用了智力年龄作为智力发展的尺度。这个量表到 1911 年又经过一次修订，根据比奈的意见，低能儿童可分为三个等级：即白痴(idiot)，心理年龄是 0 到 2 岁。无能(亚白痴 imbecil)，心理年龄 2 岁到 7 岁。下愚(moron)，7 岁以上。这个意见在特曼(I. M. Terman)的手里得到了发展，创造了智商(intelligence quotient)作为度量智力的标准。他曾经用斯丹福-比奈量表(Stanford-Benit scale)②来测量人们的智力，认为低能是智商在 70 以下的人。在这 70

① 比奈-西蒙量表是指法国心理学家比奈和西蒙于 1905 年根据法国教育部的意见，为解决法国教育工作中面临的低能儿童的教育问题，共同制订的第一份智力测验量表。

② 斯坦福-比奈量表(Stanford-Benit Scale)，经美国心理学家、斯坦福大学教授特曼修订的比奈-西蒙智力量表，称之为斯坦福-比奈量表。

以下的一组中,又可分成三类:在50与70之间的属于下愚,在50与15之间的属于无能,而15以下到0的是白痴。

但以智商作为低能定义的标准,曾引起许多人的反对。在谢德曼(Scheidemann)①的《特殊儿童心理学》(*The Psychology of Exceptional Children*)一书中,就用过以下几点意见来说明用智商做标准之所以不正确的道理。

1. 除了非常明显的例案之外,我们无法发现某一特别的智商来证明低能。因此,以智力量表从常态中分别出低能,难能使谨慎的研究者同意。

2. 智商完全是对常态儿童言,儿童的智商在智力量表的两极之间波动是很大的。

3. 就其本身来说,智商亦未能说明智力的等级及诊断。例如,一个4岁、一个8岁和一个16岁的儿童,他们的智商都是50,则他们的心理年龄当为2岁、4岁、8岁,那么这个4岁的儿童,以智商来看,应当是一个无能者,但以其心理年龄来看,却是一个白痴,而且他们的智商虽都相同,但心理的等级及诊断却各异。

无可讳言,用智商来确定低能,确实具有某些缺点,因此有人主张以统计学的方法区别低能与常态。他们主张以智力的常态曲线上最低的百分数来作为低能的范围,但这个百分数究竟是多少呢?佩特森(Paterson)说是3%,迈纳(Miner)说是5%,伯特(Burt)说是15%。究竟以百分之几为标准,确难确定,因此,今日对于低能这一名词的意义还没有一个定论。

为了叙述上的方便起见,低能的定义,不能不有一个较确切的规定。现在我们且认为低能是一个由于遗传原因或生命早期而引起的心理缺陷的人,其智商在70以下,心理年龄不能超过12岁,其对自身及周围的事务,无法以寻常的审慎来处理,因此,他只能生活在优越的环境之中,且不能跟常态的友伴在同等的条件之下竞争,通常所说的白痴、无能、下愚都归属于低能之中。

① 谢德曼(Norma V. Scheidemann),美国南加州大学教育学院心理系教授。他对特殊儿童进行过大量的研究,著有《特殊儿童心理学》、《普通心理学的试验》及《对用左手书写者的研究》。

第二章 分 类

如上所述，低能乃是一个由遗传原因或早年即有心理缺陷的人，他们只能生活在优越的环境之中，且不能跟常态的友伴在同等条件之下竞争，也不能以寻常的审慎处理自身及自己的事务。像这样的人，范围自然并不狭窄，即以智力年龄或智商的等级而言，就可分成白痴、无能、下愚三种。事实上是否只有这样三种，而且这些不同等级的个别特性又是如何，都值得我们来加以探讨。

根据多尔(Edgar A. Doll)"The Feeble-minded Child"一文中所引述的方式来说，通常的低能的分类，大体上可归纳为这样三种分法：1. 形式，2. 等级，3. 类型。

1. 形式的分法，是根据病原学(aetiology)的假定，依此假定认为低能可分为三种不同的形式。

(1) 初级式心理缺陷(primary mental deficiency)、遗传性的(hereditary)、内发性的(endogenous)，凡是由家庭的遗传而得的情形，在受胎或孕育过程中就已发生。

(2) 次级式痴呆(secondary amentia)、获得性的(acquired)、外发性的(exogenous)，其原因是由于发展的失常、意外的打击或疾病所起，以致毁坏了他的健全的禀赋。这种现象，在怀胎到成人之间，随时都可发生。

(3) 混合式(mixed form)，是由遗传以外再加上发展障碍的影响所促成的形式，这种外来的暂时的打击，其与心理缺陷的型式及程度尤具密切的关系。

2. 另有一种分法，就是以等级来做衡量的，他把低能分成三个等级即白痴、无能、下愚，而每一个等级，又再划分为三个小阶级，即下、中和上。

(1) 白痴(idiot)，是心理缺陷的程度最深的一个等级。这种人，不能照护自身，不会运用命令的词句，最简单的职业工作无法管理，在平常所谓危险的条件之下，更不知自救。这种人比之较高等级的低能具有更严重的病症，生长普遍地停滞，身体有缺陷，生理有异态，动作迟缓，病癎特殊，以及机体上的其他病候都非常明显。学习、情绪、模仿都表示着婴儿的阶段，如以比奈智力年龄来说，则在3岁以下。年龄10岁的社会年龄(social age)约在4岁以下。

(2) 无能(imbecile)，他可以被教会去照护他自己的需要或在寻常所谓危险的境

况之中保护自己,也能在监视之下做一些粗易的工作。说话的意义不明白,智力年龄是3岁到7岁,普通年龄15岁的社会年龄约4到9岁。

(3) 下愚(moron),是低能中的最高等级。他在优越的环境之中,能照顾自己,做粗易的工作,也能学会做一些简易的技术工作,在学校中第五级以下的功课也能做一点,但在实用上不会有什么成就。除非在优越的条件之下,否则他们决不能营独立的生活,他们虽然也可以参加某一项工作,但到后来他总是远落常态标准之后。他们在心理上虽有缺陷,而机体往往很健全。这一等级的低能,智力年龄约为8岁到12岁,年龄20岁的社会年龄约为10到18岁。

迈克姆西(Helen Macmurchy)在其《*Organization and Management of Abnormality Class*》一书中,设计了这样一个表格,来说明低能等级的各种特点:

表2-1

智力年龄	工　作　类　别	等　级
1岁以下	a. 一无所助 b. 能走 c. 自动注意	下白痴
1岁	自己进食,东西乱吃	中白痴
2岁	捏食	上白痴
3岁	无工作,略做游戏	下无能
4岁	尝试工作	下无能
5岁	很简单的工作	中无能
6岁	略久工作,洗碟子	上无能
7岁	家庭中细微差遣,打扫	上无能
8岁	差遣轻便工作,整理被褥	下下愚
9岁	重的工作,洗擦、砌砖块、管理浴室	下下愚
10岁	很好的助手,粗浅工作	中下愚
11岁	能偶然地观察及从事较复杂的工作	上下愚
12岁	运用机器,管理动物,不用人监视,不能计划	上下愚

3. 第三种分类的方式,是以临床的类型(clinical type)为标准。根据这种分法,低

能除去初级式心理缺陷(primary mental deficiency),还有唐氏综合症(Down's Syndrome)[①]、诞生损伤(birthlesion)、小头病(microcephaly)、脑水肿(hydro-cephalus)以及其他一些与低能有关的特殊病症。

初级式心理缺陷是一种最平常的型式,它们仅仅表示着一种发展的阻碍,其数目约占所有低能的1/3,甚至2/3,但我们通常所了解的心理缺陷,往往是指那些特别引起我们注意的而已,能得到我们临床研究的,不过是全体低能的1/10,而多数遗传的低能很容易为我们所忽略。

唐氏综合症最明显的特征,就是有一只杏仁状倾斜的眼睛,短小的头颅,平坦的后脑,横裂的嘴唇,深陷的舌头,粗糙浮肿的皮肤,以及其他种种特点。此外如低矮的身材,幼稚的身架,短短的双手,不良的循环与嗄嗄的声音。

据杰维斯(Jervis)的意见,唐氏综合症每出现于社会地位较好的家庭,且与母系的年龄略有关系。从形态学上的观点看,这种病状与内分泌的恶性代谢(dys-metabolism)相关,尤其是甲状腺甚至生殖腺(gonads),因为由甲状腺所引起的克汀病(cretinism),在生理方面与唐氏综合症有些相似。

唐氏综合症患者的智力往往很低,他们的智力年龄能达到6岁或8岁的,可以说是非常的希罕。他们的寿命都很短促,大都在婴儿时代死亡,最高的寿命,也不过是30岁或40岁。这种低能类型,在1866年,首先由兰登(Langdon)和唐(Down)[②]所叙述,其原因究竟是什么,现在学者还有很大的分歧。

其次一种类型,叫做头盖内的出生损伤(intracranial birth lesion),此种病状之发生,是由于婴儿在子宫内或刚诞生时或诞生后的早期,其头盖内部中央神经系统受到偶发的损伤所致。这种损伤包括发展的变态、传染病、出生损伤、初生时的呼吸停止、生后早期的损伤、早熟、急产、婴儿照料失宜以及其他在生时或生后所发生的意外事件。其最基本的特征便是脑的损伤,尤其是大脑皮层或基础的神经节。

由于出生损伤所引起的心理缺陷的病者,其在运动方面所表现的特点,便是剧性痉挛(spasticity)或手颤病,同时,还包含许多不甚明显的障碍,如普遍的(generalized)

---

① 唐氏综合症(Down's Syndrome),这种低能类型于1866年首先由兰登(Langdon)和唐(Down)所研究和描述,故称"Down's Syndrome",今又名先天愚型或伸舌样白痴。

② 唐(J. L. H. Down 1828～1896),英国医生,1866年和兰登首先对先天性的严重智力障碍有所研究、描述,故将此病症称为唐氏综合症(Down's Syndrome)。

或局部的(localized)运动失调以及视觉、听觉、发言、呼吸、消化、循环等方面的障碍。这些障碍不仅是表现运动方面的特征,同时,对整个人格的缺陷、行为的错乱与心理发展的失常,都有影响。

小头病(microcephaly)是因为患者具有一个很小的头脑而得名的,因此,我们可以从患者的头形看出这种病来。比较正确地说,凡是头盖周围少于 440 毫米,或者头盖容量不满 1 000 立方厘米的都可以说是小头病。患者头颅的大小,不及一个两岁的常态儿童,其原因或许是由于头顶囟门闭合过早致使脑的生长受到阻碍的缘故。

小头病患者除了精巧的工作之外,普通的动作发展,往往是很好的,他们的行为等级属于高白痴与下无能之间,智力年龄约为 2 岁至 4 岁,具有模仿的特征,还带有轻快的意向与制约习惯的学习(habit continued learning),语言的发展贫瘠、固定,且有模仿语言病(echolalia)。

脑水肿病(hydrocephalus)之产生,是由于脊髓液过多,使头盖部分所受压力太大,致令头顶囟门不得闭合,甚至头盖也因此而特别向外膨胀。假使这种病症发生于产前,则婴儿势必难产,而大多数则在生后几个月内出现,从病患者的尸体解剖中,发现其膨大的头盖内仅有一个很大的脑室而已。

脑水肿病患者,大多在婴儿时期便致死亡,假使程度较浅而仍能活着的则其心理发展的缺陷亦必甚深,甚至是一无所助的白痴(helpless idiocy),肌肉脆弱,调节困难,对于身体活动的控制力亦很微弱。在数量上说起来,这种低能的出现次数是很少的,通常每二三百个心理缺陷者之中,或可有一个如此。

此外,从临床的类型看来,还有一种叫做克汀病(cretinism)。此种病态的产生,是由甲状腺的分泌失调所致。其生理方面的特征,是身体矮短而肥胖,皮肤干燥而粗厚,色黄且多皱纹,头大,鼻扁阔,嘴唇肿厚,舌常粗大,腹部突出,下肢短曲,春情发动期很迟,患者大多不能生育,其心理方面都属低能的智力,动作很迟缓。不过在心理缺陷的个案研究中,这种病症出现的次数并不多,较之小头病、脑水肿病更为稀少,大概在四五百个有心理缺陷的个案中,才能发现一次而已。

以上我们已经把低能的分类说了一个大概。在这里我们知道有些是以低能的形式来分的,有的则根据他们智力高下的等级来分,也有是根据临床的类型作为分类的标准。这种种分类法,都是以科学观点出发的,但现在还有一种分法,它是根据行政的观点,以方便社会的保护和教育为目的。这种分法,曾经为白宫儿童保健会议

(White House Conference on Child Health and Protection)所采用。根据此一分类,低能应包括以下的几种行政上的不同等级。

1. 一无所能的低级(helpless low-grade)。从整个能力上看,这一类的低能,往往具有很严重的缺陷,日常生活中最简单的工作,也都需要别人帮助。这种人是家庭的重负,也会给邻友带来烦扰,大多数家庭是不可能照顾这样的低能的。因此,他们惟一的出路,就是由公立或私办机关来收养。

2. 适应不良的高级(maladjusted high-grade)。这一等级中,包括着的是青年与成年早期的心理缺陷者。在程度上看来,这些心理缺陷是比较轻微的,大多是在生活的处理与道德方面有些问题,因而要求别人的照顾。他们每被学校所开除,且不安守自己的职业,一旦失去严密的管理,他就会犯罪入狱,或送入感化院。为他个人着想,以及为家庭和整个社会着想,都需要一种管理的机关为他们服务。

3. 身体缺陷的高级(physically handicapped high-grade)。他们是较为聪明的高级低能,假使没有身体上的缺陷,他们也许可以过着平常的生活,现在也需要有一种优惠的环境来过平常的生活。

4. 适应良好的青年高级(well-adjusted young high-grade)。这是一种潜伏的下愚(potential moron),在家庭或社会中,他们能够自己处理事情,但是由于他在公立学校中普通学习不适合以及许多社交的摩擦结果,他们也是一种烦累。这种低能在条件优惠的家庭中,将不致发生严重的问题,假使公立学校能为他们开设一个特殊班级,他们仍可以受到良好的教育。如果这样尚都不可能的话,那么,社会应当建立一种保育机关,给他们短期的训练,尤其是正当学龄后期或青年时期更需要这样的组织。时常举行家庭访问与父母教育,则对此等儿童及其家庭,裨益匪浅。

5. 适应良好的老年高级(well-adjusted older high-grade)。此类低能的年龄较高,他们在福利工作与安定职业的情形之下,尚能在社会中自立。

6. 衰老的高级(aged and infirm high-grade)。这一组的人是由于生命活力的消失或者身体衰老的呈现,因而使他们的依赖性增强。

7. 临床的变态(clinical anomaly)。在这一组中,患者多少是需要医药治疗的,其中有些也可以由家庭自行养护,但因为医药上的问题,往往普通的家庭难以解决得了。因此,最好的办法,还是让他们住在医院中,做有系统的治疗与训练为佳。这种病患者,以唐氏综合症或出生损伤占大多数。

8. 精神病者(psychiatric cases)。这一种等级中包括的有如癫痫病(epilepti)、精神变态(phychopa thic)及其他精神失常的低能。这些人在通常的家庭中或社会的组织中都无法获得适当的养护,只有让精神病院中的特殊的低能部或者其他机构中的精神病治疗部来负担这个养护的任务。

低能的分类,已如上所述,由于学者之观点不同,致有各种不同的分法。根据病原学来分,未免失于笼统,尤其有许多种低能,其病原学上之考察,尚未能有正确之结果,更难作为定论。根据临床之观点来分,方法虽属科学而客观,然属于临床各类型之低能,在整个心理缺陷人数中,只占有极少的数目,事实上难以概括一般,因此,亦不能作为完善的分法。至于以社会的观点,为了教育实施上的方便而把低能分为八种。就其社会的意义上说,固然也是很适当的,但问题是我们的分类方法,不仅是把低能分列为几个不同的种类就算完了,而主要的,还是从各个不同的种类中,应当能看出其所具的个别的特性来。以社会的观点作为分类的标准,其对于此一重点,未免有所忽视。因此,我们觉得以智力的标准作为低能分类的准绳,实较其他分类方法为妥,虽然智力测验本身还不甚健全,其客观性之多寡,也还值得考虑。但就这种方法本身来说,确实是可以作为分类的方法的,问题是我们应如何求得一个比较客观的智力测验而已。

第三章　特　　性

从低能种类的繁多看来，真使人眼花缭乱，尤其每一种低能，本身都有特殊的属性，似乎在个别低能之前，我们是无法把握住它的一般性了。但科学的任务，不仅是了解到个别的现象就算完成，它并要求我们从个别的现象中去寻求概括的一般，因此，对于低能一般所具备的特性，还得予以讨论。

低能究竟有些什么特性，研究者的意见并不一致。据福克斯(Fox)的意见，所谓低能大多具有这样的性质：他们只知道关于交替的测验，对于接受命令、计数、认识关系、比较和辨别大小的测验，则并不擅长。伍德洛(Wood-row)认为同年龄之低能儿童与常态之儿童有同形状的学习曲线，并且他们的训练转移之数量也相同。诺克斯(Doctor Knox)认为具有心理缺陷的低能，表现着下面几个最普通的特性：

1. 对自己所获得的知识不能运用。

2. 不善于推理及判断，对于大小、形状、形式不能正确地分辨。

3. 缺乏天赋的才能与创造的能力。

4. 不善于注意与记忆。

5. 自尊心过分。

6. 自私、缺乏利人的思想。

7. 情绪不稳，喜怒无常。

8. 暗示感受性极强。

9. 不能抵抗引诱。

10. 脑部早衰，缺少支持的力量。

但这许多特征，非低能的人们中，亦往往能够发现。如果人们缺乏良好的教育或者有其他特殊的原因，每能发生以上所举的各种特性。因此，这些特性，不能代表低能的特质，那么低能究竟有些什么特性呢？事实上这绝非几句话所能说明得了。因为，人终究是人，他的生活的由来是多方面的，对于低能的特性，我们亦应当从多方面来加以考察。

首先，我们要从低能的身体方面来加以研究，目的在探讨一般低能在生理方面所表现的特性。其次，再就他们的感觉、运动、智力、情绪及社会性等方面，探究其心理的特质。

一、低能的身体

低能在生理方面，就是说他们的身体构造与组织，与常态的有没有什么不同？根据一般学者的研究，一致认为低能的身体与常态的是有某种差异的。属于临床类型的各种低能，如克汀病、唐氏综合症、小头病、脑水肿等患者，其身体的全部或者局部都具有与常态不同的显著特征，就是其他由遗传所致的低能，其在身长、体重以及脑部与神经的组织方面，也都有某些特征。

(一) 脑

低能的与常态的脑究竟有些什么差异，直到今天，我们所知道的还是很少。从解剖学上看来，低能脑的大小、形状，往往与常态脑没有多大的不同，除非是小头病之类的心理缺陷，则又当别论。甚至我们从脑内的旋纹(convolutions)来看，低能与常态之间，究有多少不同，也很难说。假使这里有100个脑，其中一半是属于心理缺陷者的，现在我们要从它们的外形及旋纹的情形来加以分别，看哪些是常态的，哪些是低能的，哪些是低能的等级较高的，哪些是较低的，甚至是白痴的，这一种工作，就是一个神经学家，虽然他们对脑的旋纹非常熟悉，恐怕也未必能够正确地加以分别。上面所示的两个脑，一个是科普教授(Porf. E.D. Cope)的，另一个是15岁的白痴的，请看他们究有多少分别。

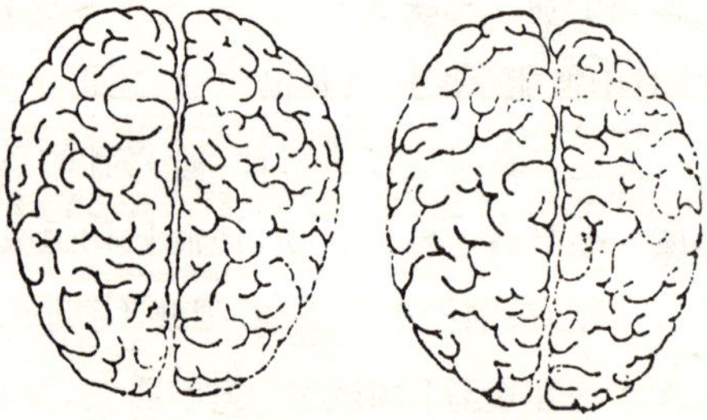

图3-1 科普教授和15岁白痴脑的比较图

这样看来，低能的脑与常态的不是完全相同吗？其实不然，因为我们所说的不过是说明二者在大体上或者在外表的结构上看不出什么差别而已。至于其内部的情形以及神经的化学变化，则并不受此规束。

哈姆伯瑞(Hammarbery)是最先研究低能的大脑的人，他的研究是基于4个白痴和5个无能，其中有一个是生活32个月死亡的，一个下无能是20个月，另一个白痴是3岁，其余的大多在12岁与26岁间死亡。除一个是属于癫痫病外，差不多都有明显的病征。

哈姆伯瑞所进行的研究，在数量方面不够普遍，其可靠性也很有限度，不过他的研究对我们认识脑的奥秘，不能说没有贡献，因此，在这里略为介绍实属必要。

根据哈姆伯瑞研究的结果，认为白痴神经系的发展，停滞于胎儿的第6至9个月之间，无能则停滞于胎儿的后期与生后第1年之间，这样说来，低能的神经系与常态的是有不同了。图 3 - 2 就是哈姆伯瑞所发现的神经细胞的差异。

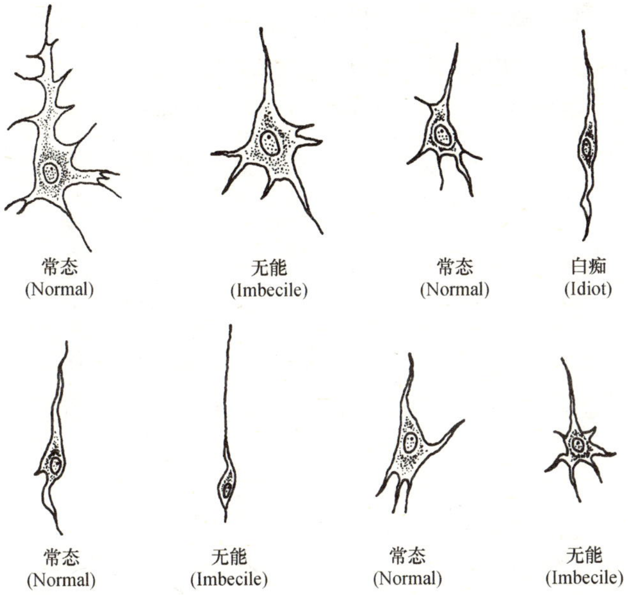

图 3 - 2 脑细胞比较图

从这里，我们也可以看出，一个低能发展的停滞，其程度之深浅、等级之高下，便完全视神经系发展停滞的时间来决定了。

现在，我们再来看看大脑皮层。在大脑皮层部分我们发现某些区域，即使在白痴等心理缺陷者病例中，也都有健全的发展。这些区域，就是通常所说的视觉区、听觉区、感觉区等。但皮层部分除了这些中枢之外，还有许多部分，它们并没有职司特定的心理功能，这些部分就叫做联合中枢(association centres)。联合中枢且包含大量的纤维，它们惟一的功能，是沟通其他的中枢，如感觉中枢与运动中枢，由纤维构成的联合中枢，其本身虽然没有管辖某种特定的心理功能，但对于人类精神生活所起的作用则非常重要。海利克(Herick)曾经说过："我们必须记住，人类大脑皮层中最重要的部分，就是联合中枢，这一中枢，惟独在人脑中特别发达，就是高等的猿类，也远不能及此，在后者的脑重之所以远落于人类之后者，大概就因为这种联合中枢不够发达的缘故。"

博尔顿(Bolton)也曾说过："前联合中枢是大脑中最后发展而最先衰退的部分，在痴呆病的各个等级中，它没有充分发展，在衰退病的各种程度中，它表现萎缩。"

詹姆斯(James)在说到人类与低等动物之间的区别时，曾认为低等动物接受刺激(感觉)发出反应(运动)是直接的过程,而人类则不然,刺激由感觉传入,先经联合中枢然后才发出反应。人类所以能进行判断与论理的分析,就依赖于这个联合中枢,假使联合中枢未有健全的发展,则这种人便失去了判断与推理等心理生活。

于此,我们不难想象,所谓低能与常态,在脑的部分除了神经组织的差异之外,还有联合中枢的不同。联合中枢发展健全的是常态的脑,联合中枢发展停滞或根本缺陷的则是低能的脑。

(二) 身高、体重

低能的身高、体重与常态之间的差别,远不如心理差异之甚。就一般情形看来,低能在身高与体重方面均不如常态,其相差的程度,随心理缺陷的深度而增加,就是说下愚略次于常态,无能次于下愚,白痴则又在无能之下。从图 3-3、图 3-4 的曲线,可以看得更清楚。

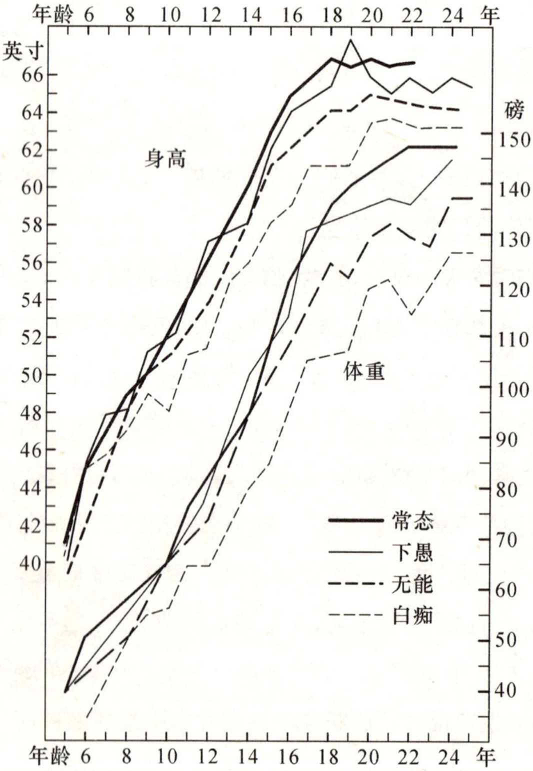

图 3-3 低能男童与常态男童身高体重曲线的比较

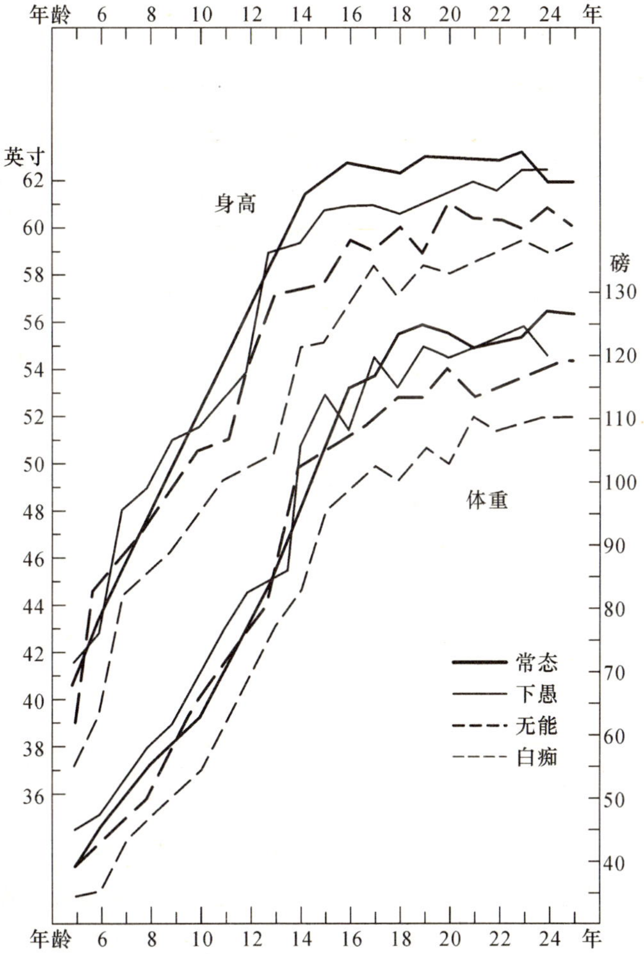

图 3-4 低能女童与常态女童身高体重曲线的比较

(三) 退化的缺点

所谓退化的缺点,其意即指身体方面的变态,这种变态,有时候在常态儿童中也能发现,但在低能中则更普遍。这种退化的缺点,其程度及其出现的次数,亦因心理缺陷的程度而有所不同,即是说白痴的缺点较无能为明显,为严重,而较之下愚则为更甚。

在低能中,我们通常所见到退化的缺点,约可归纳如下:最普通的是头部形状的不对称,头特别小或特别大,前额过分斜倾或后头过分退后,颚部是马鞍形或 V 字形。

他们的下牙床每不规则，同时，牙齿也很不整齐，门牙则凸出，一般说来，其出牙的时间甚晚，智齿经久永不出现；手的缺点，如缺指头、多指头、连皮指和骈指手。在这一类病中，也有四个手指合骈成一片且无法分别出各个指头的。

低能的耳朵与眼睛，每每也表现着种种畸形。耳朵方面，左耳与右耳常有不同的形状，也有一只耳朵是畸形的。至于眼睛，低能也往往表现着许多特征，譬如斗眼(cross-eyed)，或两眼有不同的形状、颜色或部位，则非常普遍。此外，还有一种眼睛的颤动，在这种情形之下，眼睛左右转动得非常迅速，尤其当他的眼睛转向某一方向的时候，这种现象便更加明显。

关于低能感觉器官的畸形，在勒普其(Lapage C. P.)所著的《学龄儿童中之低能》(*Feeble-mindedness in Children of School Age*)一书中曾有较详撰述，低能不仅感觉器官有特殊的征象，此外如残缺的嘴巴、宽厚的嘴唇以及畸形的鼻孔等病状亦常能发现。

二、低能的感觉

在感觉方面，低能也具有数种特性。

(一) 视觉

高级低能，对于形状、大小、颜色常不能做精确的分辨，许多无能与白痴，对颜色的知觉，似乎只限于红色，但患色盲的却并不较常态的为多。

(二) 听觉

高级低能，在听觉方面，并无重大的缺陷，在低能中耳聋是不常见的，因为他们的听觉不如常人的敏锐，因此大家每以为他们的听觉有毛病，尤其是无能或白痴，其对别人的说话或其他各种声音，每每不予注意，其实这种漠视外界的声音，并非由于听觉的缺陷，实由于他们缺乏注意的兴趣之故。假使你用一个碟子或钥匙击出声音时，他们也许立刻就会注意这种声音了。

(三) 味觉

当儿童新生的时候，视觉能力就开始活动。稍后，听觉、味觉、嗅觉亦均出现。但低能儿童却并不如此，在味觉方面高级低能也不若常态之灵敏，但不严重，而白痴与无能则常缺乏味觉的能力，他们对于糖、奎宁、肥皂，分别不出其异味，假使在他面前的是泥土或玻璃，他都全塞进口中去，有人更说无能的味觉在发育的早期就根本缺乏了。

(四) 嗅觉

高级低能对于强烈的气味,每能辨别得来,虽然辨别的能力不如常态的敏锐,但是在程度较深的低能,则常常缺乏嗅觉,即使处于强烈的恶臭中也不感什么不适。有些白痴对于阿摩尼亚的臭味,也不做任何反应。

(五) 皮肤感觉

较高级的低能对于皮肤感觉方面的敏锐远逊于常态的人,在无能与白痴中,这种感觉的缺陷更深,有些白痴即使曝于烈日之下或寒风之中,也不会有什么不适的感觉,甚至身体受到损伤,拔去一根头发,拔掉一个牙齿,也都不会表示痛苦。

(六) 其他感觉

低能在肌肉、筋腱、关节方面的感觉,常不如常人,有机的感觉如饥、渴、性欲等在高级低能都可以经验得到,尤其是后者——性欲,每有过分的发展。下等的白痴,缺乏痛觉的经验,他们没有疼痛的感觉,假使你不给他食物吃,饿死尚无人发觉。这种白痴在诞生时,吸吮动作大都是缺乏的。

三、低能的运动

根据研究的结果,低能在动作的控制方面,每不及常人,从把握自由运动的速度及肌肉联合动作的测验看来,低能的成绩均次于常人,他们常表现一种运用左手的倾向,不然则两手的能力亦不相上下。低能联合动作的发展较迟,其学习跳跃、攀缘、下梯等需要联合的动作,均感困难。

有时白痴竟费几点钟于无因之动作,如身体的前后摇摆,走前退后,自己批掌自己的面额,撕拉自己的耳朵,揪抓自己的头发,顿足,佯笑及点头等状态,其原因迄未可知。

四、低能的智力

低能在智力方面的缺陷,极其明显,在前面我们已曾有过零星的报导,兹为明了起见,特结合叙述于后:

(一) 学习

低能儿童虽然也能因学习的次数增加而有所进步,但其结果远不如常态儿童所能获得之成就。现在,使同年龄的常态儿童与低能儿童共同学习一样东西,从他们的学习曲线,就可以看出此期间所有差异是如何的明显。在这条学习曲线中,我们看到低能儿童在学习方面所表现的进步是怎样迟缓,其与常态儿童之间的距离,非但不能相合,而且愈趋愈远。这说明低能儿童在学习上是无法与同年龄的常态儿童竞争的。

同年龄的低能儿童与常态儿童的学习差异,已如上述。但心理年龄相同的低能与常态儿童是否也有什么差异?关于这个问题,伍德洛(Woodrow)的试验可以说明。伍氏曾在明尼苏达州立低能学校试验一班低能儿童,他们的年龄最大的19岁,最小的10岁,平均是13岁8个月,心理年龄平均是8岁10个月。另外又取一班常态儿童,年龄最大为10岁,最小为8岁,平均是9岁1个月,心理年龄平均是9岁1个月,因此,这两班的心理年龄都可以假定为9岁,于是让他们来做同样的试验,即几何图形分类的测验。几何图形共有五种,分别贴在厚纸块上,凡属相

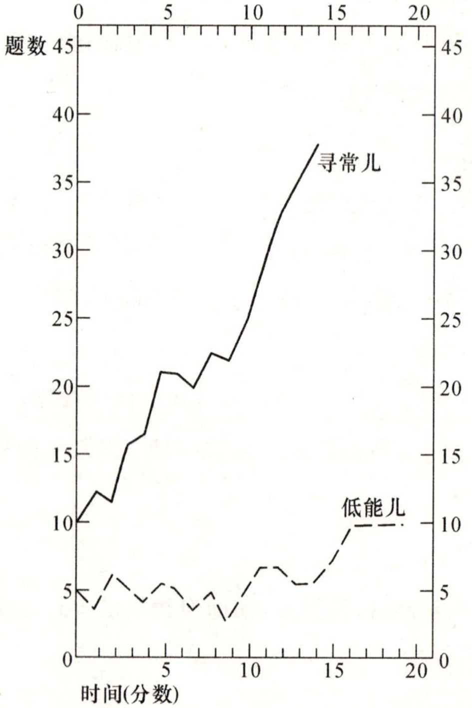

图3-5 同年龄的寻常儿童与低能儿童学习曲线之比较

同的图形都投入一个箱子内,如此继续练习 13 天(星期六与星期日例外),从他们的学习曲线看来,知道这两班儿童的学习能力,并无多大差异,尤其在开始时差不多相等。

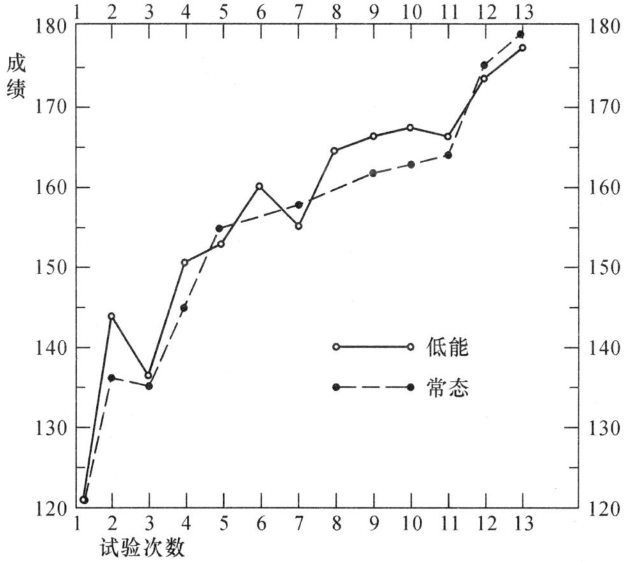

图 3-6 同心理年龄之常态儿童与低能儿童之学习曲线

但这里必须附带说明的,就是这里所说的学习能力之相差无几,只不过是指 13 天内情形而言,假使他们共同学习某种东西,一年或相当长远的时期后,则其进步的差异,立刻可以看得出来,因为在一年之后,常态儿童的心理年龄已是 10 岁了,而低能儿童差不多还是 9 岁光景,因此学习能力就大显其差别。

低能儿童在学习的转移方面,也不如常态儿童,甚至当学习的情境略有改动时,他们的学习亦就显示出种种困难。曾有一个低能儿童学习做床,经过数次教导之后,练习已算成熟,后来为了加工赶造,就叫一个女孩与他合作,这时即发现这个低能儿童不能应付工作,必须要重新教过之后,工作才能继续进行。就此可见,低能儿童对学习的理解方面是没有什么活用的能力的。

此外,又有三个低能儿童擦一大方块地板,他们的心理年龄约自 3 岁至 5 岁,在开始时,每人各擦一小方块,从打水、抹肥皂、擦地板、洗去肥皂直到揩干净,都一手做成。后来要他们三人合作,令其中的一人专门打水,另一人专门摩擦,第三个人则专门揩净地板,可是当这个命令一下时,他们马上表现出手忙脚乱,不知所措。于此可见,低能儿童对复杂的学习、工作是不甚相宜的。

(二) 记忆

记忆包括回忆与再认。一种优良的记忆,还有赖于注意力、意志力与判断力。因此,在通常的场合之下,低能的记忆力是不及常态的优越。话虽这样说,但低能中也有记忆天才的存在。这种天才对机械的记忆力特别强。例如记忆日期、面孔、名字、数目、不甚重要的事件以及背诵诗篇等等,都表现出一种怪异的天才,但他们对于通常的事情的记忆,却又显得低落了。

(三) 注意

注意可以划分为两种不同的类型,一种叫做“无意的注意”(involuntary attention),比如闪光等,你即使不去注意,可是它却无形中会吸引你注意,这种注意便属于无意的注意。另一种叫做“有意的注意”(voluntary attention),比如平淡的气味等,其本身并无特殊的引力,人们必须付出主观的努力,才能去注意它,这种注意便属于有意的注意。

低能的注意,大都是停滞在婴儿的阶段,最下级的低能甚至连无心的注意也都缺乏,他们或者是专门注意面前的某一东西,或者对什么也都不去注意,即使你对他说话,也得重复几遍之后,才会引起他的注意。

一般的低能,在有意的注意方面,都表现着很大的缺陷,他们甚至根本不能做有意的注意,缺乏有意的注意,其结果是注意力无法持久,在他面前的任何刺激,都足以引起他的注意,因此他们没有休息的机会。

(四) 想象

想象的过程,是和注意、记忆、感觉以及思维的组织等历程紧密地联系着。因此,低能对于想象的过程,也表现着许多的缺陷。根据特雷德戈德(Tredgold)的意见,认为心理缺陷的儿童,在图画、积木及制造模型的学习上,只能按原有的样式模仿,却不能别出心裁来创造,这是他们与常态儿童之间的最大不同点之一。尤其在白痴与无能之中,这种情形便更加显著。低能想象能力不如常态儿童,同时研究者发现他们的联想能力,也同样的不如常态儿童。

（五）推理和判断

推理和判断是心理历程中最高级的作用，下愚与无能大都缺乏这种能力，白痴几乎是完全不可能有这种活动。特雷德戈德曾经用过这样的报告来说明他们的推理能力。他说有两个低能儿童，一个是下愚，一个是无能，在一阵大雨的时候，被命令跑到花园中去采一朵花，另外有一把伞则放置在门的旁边，下愚打开门之后，看见大雨倾盆，稍停，然后拿起雨伞来用。而无能则不管大雨，一开门就跑向雨中去了，假使没有人叫他回来，那一定是淋得满身湿透为止，即使有人把雨伞递给他，他也不知道在出门之前把伞打开。于此，我们不难想见，判断与推理的能力在低能是如何的缺乏与薄弱。

（六）说话

说话与智力的关系非常密切。因此，在低能的诊断上，说话占据着重要的地位。常态儿童的说话能力，就在生后 15 个月便开始学习。智力低下的儿童说话竟有迟到 2 岁以后才开始的。米德（Mead）①曾就 25 个常态男孩与 25 个常态女孩及 56 个低能男孩与 56 个低能女孩做了研究，其结果说明低能儿童较常态儿童开始说话的时间要迟 18 个多月。现在且把他的结果列表如下：

表 3－1　儿童初说话的年数

智力等级	初说话之年龄均数（以月计）	常态儿优于低能儿者（以月计）
常态儿童	15.8	18.6
低能儿童	34.44	
常态男孩	16.5	19.28
低能男孩	35.78	
常态女孩	15.5	14.50
低能女孩	30.00	

谢德曼（Scheidemann）也曾在其《特殊儿童心理学》（*The Psychology of Exceptional Children*）一书中引用了这样一个报告，于此，我们又可以看出智力与说话及行走的关系来。

① 米德（George Hebert Mead 1863～1931），美国哲学家。

例案的等级	行走的平均年龄	说话的平均年龄
高级的 61 人	1.5 岁	1.8 岁
中级的 44 人	1.8 岁	2.0 岁
末级的 50 人	2.2 岁	3.0 岁
说话正常的 88 人	1.6 岁	1.0 岁
说话缺陷的 64 人	2.2 岁	3.2 岁

低能儿童的说话,不仅是发展较迟,而且其发音每不正确,尤其是有许多音,他根本读不出,因此,遇到这些音时,常常就用别的音来代替。现在,我们把一般研究者所发现的,依次排列如表 3-2。

此外,我们还知道有些低能是患模仿语言病(echolalia)与秽亵语言病(coprolalia)的。前者是指那些低能,他们只会重复别人的问句,比如你问他:“你的名字叫什么?”他也会告诉你:“你的名字叫什么?”后者是指那些低能,他们只善于说污秽的话,这种情形在一些教养不良的家庭中,常态儿童也常会发生的。

(七) 白痴学者(idiots savants)

在低能的智力发展中,一般说来都有相当的缺陷存在,以致他们的表现,无论如何不及常态的人。这里我们所要介绍的一种白痴,他们却在某一方面是天才学者,有时候,他们在这一方面的表现远超过常人。比如说,有些“白痴学者”具有一种特异的机械记忆(rote memory)的能力,这种人能够记得一个机关中每个职员进来的日期,有的则能记述一个伟人传记中的重要日期及其他事件,凡他们读了或听了之后,都能一句一字地重述出来,丝毫无误。尤其还有一种叫“数学怪物”的,他们可以记住一个很长的数目,这种能力,简直使人惊异。白痴天才,不仅发现于记忆方面,甚至如图画、雕刻等也往往能够发现,不过成绩的表现虽然非常优良,但是,却没有加入任何思考的成分,同时,他们又只能限于一定的环境之下工作,否则就无法适应。

五、低能的情绪

低能的情绪不如常态的稳定。最下级白痴(lowest-grade idiots)似乎没有什么情绪的与情感的反应,在高级白痴,才有快与不快的情感。无能在情绪方面则较为复杂,他们有怕、怒、忧愁、惊讶、情爱、厌恶等情绪的表现。下愚则更加繁复,但多半是暂时性的。

表 3－2

		音	代替音	字例	
				正确	错误
最常见的缺陷	1	Th	F	Thump thank	Fumb fank
	2	R	Y	Rabbit	Yabbit
	3	Y	R	Yellow	Rellow
	4	S	T	Sissors	Tissors
	5	G	D	God sugar	Dod sudar
	6	Ng	D	String	Strind
	7	Sh	T	Sheep	Tsheep
	8	K	T	Cat coat	Tat toat
	9	V	B	Violet	Biolet
	10	L	Y	Leg	Yeg
	11	F	Th	Free fink	Three think
	12	Z	Dse	Noise	Nodse
	13	W	R	West	Rest
	14	P	D	Paper	Dader
	15	N	D	Nose	Dose
	16	D	T	Door	Toor
	17	T	D	Teeth	Deeth
	18	M	B	Jam	Jab
	19	B	P	Bag	Pag

六、低能的社会性

低能在社会性的发展上，一般显示落后，他们对于社会生活适应能力非常缺乏，日常生活中，处处都需要别人的帮助。一方面他们很易接受别人的暗示，另一方面他们又不敢向别人发问，因此，低能儿童最易听从别人的指挥，甘自屈服。但也有一种低能却表现着极恶劣的行为倾向，这种低能，我们名之曰“道德的无能”(moral imbecility)。具有这种缺陷的低能，几乎完全失去了道德心的控制。曾经有一个儿童，弄死了一个小孩；又有过一个女孩，先后在几个家庭中做保姆，她为了制止婴儿哭而害死了许多婴儿。也有情形不如此严重的，但他们都有一种道德上的缺陷。

总之，低能本身具有许多特异之点。这种特征，归纳起来，可以从身体上、感觉

上、智力上、情绪上以及社会性上表现出来。这许多特质,虽然并非每个低能所同具,但凡是低能,总具有其中的某些部分,至多也不过是程度深浅不同而已。

于此,我们可以断言,低能儿童的诊断,必须要依据于多方面的审密的材料。现在按照诊断时应有的步骤与方式,把低能的诊断列举为心理测验、访问调查、生理检验、个性考察四项,并逐项分述如次:

(一) 心理测验

心理测验的目的,在于明了对方心理活动的状况。心理测验的种类很多,有所谓性格特质测验,如自信性和果断性测验、忍耐性测验、信赖性测验等;社会性测验,如社交的行为测验、社会的态度测验等;道德判断测验,如道德的语汇测验,道德的行为鉴别测验等;情绪测验,如联想法的情绪测验,情绪不安定性测验等。此外,还有气度测验,如内倾、外倾测验,墨汁痕迹测验以及非文字的意志气质测验和智力测验等。这许多种心理测验,在诊断低能心理的时候,自然无法全部应用,我们只能择其要者加以运用。前面当我们讨论低能的分类时,曾经提到过的比奈-西蒙智力测验,就是应用得最普遍的一种。

比奈-西蒙智力测验量表,在美国经特曼修订而成为斯坦福-比奈-西蒙量表。在中国,陆志韦先生做过修订,其在1936年由商务印书馆出版的第二次修订比奈-西蒙智力测验量表,可说是比有较合于中国实际情形的智力测验,但因它距离今日为时已十年,有许多地方,颇有修订必要。根据陆先生当时订正本的,其中共有试题54个,这些试验,除一部分由原来测验中留下外,尚有一部分试题是从特曼的测验中采摘下来的。测验的性质大约可分为文字、语言、数目、解图及机巧等四类。自3岁到11岁之间,每岁均有试题6个,每题代表智龄两个月。12岁和13岁,各有试题3个,每题代表4个月。自14到15两岁间共有试题6个,每题代表4个月。16岁、17岁、18岁共有9个试题,每题也都代表4个月的智龄。从大体上看来,这个测验只能适用于6足岁到14岁。至于6岁以下的儿童,有时虽也可以勉强应用,但所得的成绩,恐不易正确。兹为明了起见,特把陆志韦、吴天敏①第二次订正的比奈-西蒙智力测验量表内

① 吴天敏(女)(1910~?),中国现代心理学家。北京大学心理系教授。专长智力测验和儿童心理学。早在30年代和陆志韦一起第二次修订比奈-西蒙测验量表。1984年她又做第三次修订。对智力测验的研究和实践起了积极推动作用。主要论文有《关于智力的本质》、《儿童心理学简史》、《评智力的因素论》等。

容(其中 3∶1 代表 3 岁 1 个月,其余类推),略举于后:

3 岁

试题 1	比较线的长短(3∶1)①
试题 2	说出自己的姓(3∶2)
试题 3	数铜元 4 枚(3∶3)
试题 4	说出自己的年龄(3∶4)
试题 5	指出身上各部(3∶5)
试题 6	顺背数目(3∶6)

4 岁

试题 7	辨别形式(4∶1)
试题 8	数铜元 13 枚(4∶2)
试题 9	说出颜色(4∶3)
试题 10	说出物名(4∶4)
试题 11	三种差遣(4∶5)
试题 12	模画方形(4∶6)

5 岁

试题 13	问手指数(5∶1)
试题 14	上午与下午(5∶2)
试题 15	倒数数目自 20 至 1(5∶3)
试题 16	三角形拼成长方形(5∶4)
试题 17	说明性别(5∶5)
试题 18	简单的迷津(5∶6)

6 岁

试题 19	解说图画(6∶1)
试题 20	学说语句(6∶2;9∶5;10∶2)
试题 21	顺背数目(6∶3)

① 莱氏品质评定量表由萧孝嵘氏订正。

试题 22　有意义的记忆(6：4;8：1;10：4;14～15：6)

试题 23　方形分析(6：5;8：4;12：1;14～15：2)

试题 24　指出谬误(6：6;13：3)

7 岁

试题 25　作语句(7：1)

试题 26　对较(7：2)

试题 27　指出图中缺点(7：3)

试题 28　找寻失物(7：4)

试题 29　对答问句(7：5;10：3)

试题 30　解决问题(7：6;11：2)

8 岁

试题 31　有意义的记忆(8：1)

试题 32　默写(8：2;13：2)

试题 33　找寻数目(8：3)

试题 34　方形分析(8：4)

试题 35　学说语句(8：5)

试题 36　说出日期(8：6)

9 岁

试题 37　找寻图样(9：1)

试题 38　正确答案(9：2)

试题 39　填数目字(9：3)

试题 40　描画图样(9：4)

试题 41　顺背数目(9：5)

试题 42　心算(9：6)

10 岁

试题 43　词句重组(10：1;16～18：4)

试题 44　学说语句(10：2)

试题 45　对答问句(10：3)

试题 46　有意义的记忆(10：4)

试题 47　数学巧术(10∶5;16～18∶1)

试题 48　剪纸(10∶6)

11 岁

试题 49　时辰计算(11∶1)

试题 50　解决问题(11∶2)

试题 51　填字(11∶3)

试题 52　数立方体(11∶4;14～15∶3;16～18∶9)

试题 53　倒背数目(11∶5;14～15∶5)

试题 54　比喻(11∶6)

12 岁

试题 55　方形分析(12∶1)

试题 56　迷津(12∶2)

试题 57　匣子计算(12∶3)

13 岁

试题 58　几何形分析(13∶1;16～18∶3)

试题 59　默写(13∶2)

试题 60　指出谬误(13∶3)

14 岁、15 岁

试题 61　归纳测验(14～15∶1)

试题 62　方形分析(14～15∶2)

试题 63　数立方体(14～15∶3)

试题 64　顺背数目(14～15∶4)

试题 65　倒背数目(14～15∶5)

试题 66　有意义的记忆(14～15∶6)

16 岁、18 岁

试题 67　数学巧术(16～18∶1)

试题 68　三物相同之点(16～18∶2)

试题 69　几何形分析(16～18∶3)

试题 70　词句重组(16～18∶4)

试题 71	心算(16～18：5)
试题 72	复杂的填字(16～18：6)
试题 73	分别抽象学(16～18：7)
试题 74	理解问题(16～18：8)
试题 75	数立方体(16～18：9)

当我们进行这种个别智力测验的时候，首先要把儿童的实足年龄调查清楚，然后根据实足年龄来决定试验的试题，并根据试验的成绩，逐题给予相当的智力月数。这种智力月数的总和，便是儿童的智力年龄。再后求智力年龄与实足年龄的商数，即得儿童的智商。智商简称 IQ，IQ 在 70 以下的，暂定其有低能的可能，然后我们还须采用其他的方法，来做最后的诊断。

智力测验是低能诊断过程中最重要的一种心理测验，此外我们还得用内倾与外倾品质量表来补充，以明了儿童的品质的趋向和情绪的状态。

内倾与外倾品质量表(Scale for Measuring Introversion Extroversion Qualities)通常都采用莱尔德(D. A. Laird)所制的测验。其目的在测验一个人的情绪有内的趋向抑或外的趋向，这二种趋向并不能截然划分，而且在程度上又有很复杂的差别。只有当这种倾向出现于极端的时候，我们才可以认其为变态。通常如早衰病、妄想狂都代表着内倾的一类。有几种瘫痪病则表现极端外倾的趋向。莱氏的量表，共包含 41 个问题，每题之后有 5 个答案，一端代表内倾，另一端代表外倾，在测验进行的时候，被试者必须先读其各题后面的全部答案，然后按自己最近数月来的情形，把答案内相当的一项上做出一个“○”或“√”的记号来。有时候这种测验，被试者可以不必亲自来做，由别人来报告登记或根据被试者自己的报告来登记，报告者所报告的也应当是被报告者最近数月内的情形。现在，我们把萧孝嵘[1]订正的莱氏量表引录于后，以资参考。[2]

---

① 萧孝嵘(1897～1963)，中国现代心理学家。1930 年任美加利福尼亚大学研究助理和儿童福利研究所研究员。1931 年回国后曾任中央大学、复旦大学、华东师大心理系主任、教授。他以最早研究德国的格式塔心理学派闻名于中外心理学界。他对儿童心理学和学习心理学的研究也有显著的成果。主要论著有《格式塔心理学原理》、《实验儿童心理学》、《教育心理学》、《学习定律之实验研究》等。

② 表内文字均按萧孝嵘著《教育心理学》。

表 3－3　莱氏品质评定量表④

受评定者：……

评定者：……

日　期：……

地　点……

指导：请接受品质评定者答复下列各种问题。每个问题后面有五个短句。每个短句上面有一横线。若有一横线而无短句，则此横线代表前后两个短句中间的情形。先将一个问题后面的各种短句读完，然后决定何种可以描写受评定者在最近数月内的情形，于是在其横线上做一“√”记号。评定者应注意受评定者平日的行为与思想。

评定时间不加限制。评定者必须读完一个问题后面的一切短句，方可做记号。只须注意受评定者在最近数月内通常的思想与行为。在答复每个问题时，只应做一个记号。

(1) 他每日所做的工作无间断否？	连续工作至毕而止	有时停止工作	时做时辍
	常思交谈或休息	无故停止工作	
(2) 他对于不幸事件采取什么态度？	极多忧虑	有时谈及忧虑之事	似将忧虑抑制不使表现
	颇少忧虑	以为世间无可忧虑之事	
(3) 与他有关之言辞或动作对于他的情感有何影响？	极易发怒或受激动	常受激动	间或受激动
	不易受激动	全不受激动	
(4) 他如何体谅别人的情感？	直言而不顾他人的情感	常直言无讳	时或体谅他人

续 表

	坦白而机警	竭力避免伤人情感	
（5）他的社交如何？	常处领袖地位	善于交际	交际有限
	常回避	害羞不易与人交游	
（6）他对于做事的记忆如何？	时常忘怀	间或遗忘	遗忘次要之事
	常能记忆	很少遗忘	
（7）他的谈风如何？	喋喋不休	善于辞令	倾向于听
	只答复问题	寡言	
在做记号时须彻底明了每行的意义，并须注意所考虑的事只以最近数月为限。			
（8）他时常找寻理由来解释他的行为与决断否？	解释过分	对多数事件加以解释	解释某些重要事件
	很少解释	任性行动	
（9）他对于借贷一事采取什么态度？	有求必应	借钱与人颇为容易	借钱与人之事很少
	从未借钱与人		
（10）他对惩戒和督促采取什么态度？	绝对服从	常自愿服从	以审慎处之
	怀恨而仍服从	置若罔闻	

续 表

(11) 他在受人赞许时做何反应?	其工作反逊于前	与以前相同	有时较优于前
	每有进步	多半较优于前	
(12) 就大体言他的行动如何?	迂缓而审慎	急促之事甚少	不浪费时间
	每每迅速	不思而行	

将接受评定者的情形在横线上做一记号。只须注意他在最近数月内的情形。在做记号以前,须将每行仔细读过。

(13) 他怀疑别人否?	多疑	有怀疑别人行动之倾向	企图揭破他人之重要动机
	对于别人行为具有兴趣	对于别人毫不关心	
(14) 他和别人的谈论如何?	只回答别人的问题	沉思寡言	兴至则谈
	语言流利	多言	
(15) 他对于宗教及社会变化等问题做何反应?	促进激烈的变化	赞成许多变化	表示很少的意见
	赞成保守的意见	极为稳健	
(16) 他常有独自工作之倾向否?	常常独自工作	乞助之事甚少	有时求助于人

续 表

	求助于人毫不犹豫	多受别人的援助	
(17) 他的服装和仪表如何?	似不崇尚时式	以适体为度	衣裳整齐
	注意服装	装饰特别特髦	
(18) 他对于用具、首饰等注意如何?	稍有损坏即加修理	仅注意高贵首饰	注意之时甚少
	常轻忽之	轻忽之至	
(19) 他对于运动与求知两事兴趣如何?	最喜运动	其主要兴趣在运动	二者并重
	余暇时常好读书	好劳心之工作	
(20) 失败对于他的行为有何影响?	忧闷不乐	每每忧虑	时或忧郁颓丧
	忧闷不乐之时甚少	全无影响	
(21) 他对于忧虑和困难之叙述如何?	畅述其所有之困难	每每谈及其所忧虑之事	偶或述其困难
	很少述其困难	全不述其困难	
(22) 他对于异性的交游如何?	回避	与异性交游若有不适	不追求异性

续 表

	乐与异性交游	常常寻求异性	
(23) 在危险与困迫的情境中他的举止如何?	沉着镇定	善自处理	力图镇静
	气馁而不稳定	茫无所措	

将接受评定者的情形在横线上做一记号。只须注意他在最近数月内的情形。在做记号以前,须将每行仔细读过。

(24) 在需要勇敢时他的举止如何?	不顾利害率性而行	坚毅镇定	气馁而不畏缩
	在可能时设法避免	回避一切患难	
(25) 他对别人的厄运做何反应?	易于感动流涕	表示同情与仁爱	当别人受苦时亦感不快
	仅以知友受苦为忧	无动于衷	
(26) 在许多不相识者之前他的举止如何?	手足无措	微露气馁	多半不注意
	继续工作而无惊扰	似乎毫不注意	
(27) 他善于公开谈论否?	找寻谈话的机会	可谈则谈	气馁而迟疑
	在公众场所不能坦然讲述	回避	

续 表

必须看过一行的语句方可做记号,且所须注意的事只以最近数月为限。

(28) 在需要毅力时他的态度如何?	沉着镇静坚定	可靠	无把握而能行其内份事
	气馁且不可靠	一蹶不振	
(29) 他长于何种工作?	粗笨的工作	惮烦	精确仔细
	耐劳刻苦		
(30) 他对于辩论一事有何态度?	寻求机会	辩护自己的主张	不得已而后辩论
	立即放弃争端	避免一切争论	
(31) 他与他的朋友在学问上之比较如何?	远胜于他们	稍胜	大约相等
	稍逊	远逊	
(32) 他对于交友的态度如何?	极谨慎	须相识甚久	择交尚谨慎
	易于交友	人尽可友	

将接受评定者的情形在横线上做一记号。只须注意他在最近数月内的情形。做记号以前,须将每行仔细读过。

(33) 他与他的朋友在身体上之比较如何?	远胜于他们	稍胜	大约相等

续 表

	稍逊	远逊	
(34) 如无显著的原因他的性情有何变化?	每由忧闷而欣喜	稍有变化	性情变化甚少
	性情恒久不变		
(35) 如有某种原因他的性情有何变化?	反应迅速	易受影响	须有充分理由而后改变
	很少变化	全不变化	
(36) 他对自己的能力做何估计?	轻视自己	极谦逊	自信
	深信自己的能力	颇为自负	
(37) 他害羞否?	可因细故而害羞	易于害羞	有时如此
	很少	从不害羞	
在做记号时须看过每行的语句,并须注意所考虑的事仅以最近数月内为限。			
(38) 他的语言与文字以何者为优?	文字特优	倾向于文字	两者相同
	倾向于语言	语言特优	
(39) 在事情做错时他的态度如何?	对之悲伤	引以为虑	设法矫正
	仅稍加考虑	坦然置之	

续 表

(40) 他对于施与的态度如何?	施与之事很少	能施与而非自愿	其施与仅限于朋友	
	很少迟疑	随时可以施与		

心理测验材料除了上面所举的两种以外,应用于学前儿童的还有明尼苏达州学龄前量表(the minnesota preschool scale)、吉塞尔(Gessel)的儿童发展记录表(development schedules),这些都是很适用的材料。

(二) 访问调查

经过心理测验之后,儿童心理发展的状态,大致可以确定。现在我们之所以再提出访问调查与生理检验及生理考察来加以补充,原因即由于心理测验的结果,每受测验情形与儿童教育环境及生理状态等的影响。比如说在嘈杂的情境之中进行测验,其结果与在宁静的情境中显有差异。以儿童所熟悉的人来主试与儿童所陌生的人来主试,亦必产生不同的结果。所以,谁都无可否认,单凭心理测验,是不足以确定低能或心理缺陷的,我们必须在测验之后,再来一个详细的访问与调查,从侧面来证实心理测验的正确性。

那么,访问与调查应该向谁去访问,向谁去调查呢?简单地说,访问调查可向三个方面去进行。第一,是家庭;第二,是邻友;第三,是学校。家庭的访问与调查,是以父母兄长为对象的。因为他们知道自己的子弟较为清楚,对于他们的家庭,也比较了解透彻。所以向家庭去访问调查,不能不说是诊断材料的主要来源。但家庭访问调查,并非没有缺点,尤其在我国一般人对面子问题非常重视,在家丑不可外扬的传统观念支配之下,家长们很少愿意把家庭的及儿童的奇异情形告诉别人。因此,必要时我们还得向儿童的邻友去进行访问与调查。儿童的亲戚与邻居,他们站在第三者的立场,可能告诉我们一些客观的事实,因此,向邻友去进行访问调查,足以补充家庭访问调查之不足。在我国曾经有长期的战争,无数儿童流离失所,既无父母,又无邻友,在这种情形之下,假使儿童已收入教养院或其他救济场所,或者儿童业已入学,那么,我们当可向学校方面去进行访问调查。换句话说,就是去请教儿童的教师，希望他们能把儿童身心各方面的状态告诉我们，尤其关于儿童平日学习的情形与社会适应的行为，教师知道得比谁都清楚。同时，一般学校的教师，都曾受过教育的专业训练，其本身就是一个儿童的研究者，他们对儿童心理曾有相当的基础，他们也是惟一同情与资助我们的研究的人。因此，一个优良的教师，必然会告诉我们许多可贵的材料，有时候为了考察方便起见，我们甚至可以拟定几个问题，请教师协助来考察。教师在访问调查的过程中如给予协助，将是一个很大的贡献。

访问调查既然可以向家庭、邻友、学校三方面去进行，但现在的问题，却是我们究竟要访问些什么？调查些什么？在访问调查进行之前，我们不得不先来考虑这个访问调查的内容问题。

根据低能心理生理的特性，并参照普雷西(Sidney Pressey)所拟的个案研究，许弗的个案历史研究大纲，以及渥德华等的情绪测验和比奈、西蒙的智力测验的材料，我们拟具体访问调查的内容如下：

表 3－4

儿童姓名	性　别	籍　贯	出生年月	实足年龄

一、儿童的家庭史

1. 家族中有否患精神病、神经病或心理缺陷者？
2. 儿童近亲中有否死于如肺痨等传染病者？
3. 家庭中有否患肺疫、花柳病等传染病者？
4. 家庭中有否近亲结婚者？
5. 家庭中有否不守常规、酗酒、犯罪者？
6. 父母的职业是什么？工作的表现如何？
7. 家庭的经济状况怎样，借何种方法维持生活？
8. 家人中有受过教育的吗？受何等教育？在学情形如何？
9. 家人和睦否？有否破裂的事件？
10. 家族中有否自杀者？
11. 家庭在社交上占怎样地位？
12. 家庭的邻里环境如何？

二、儿童的生活史

1. 儿童在产前发育是否正常？孕育期内母体是否患有疾病？是否难产？

续　表

2. 儿童曾患肺炎、白喉、梅毒等传染病或其他疾病否?
3. 儿童出牙、行走与语言何时开始?
4. 儿童曾否有过意外的损伤? 身体有否畸形?
5. 儿童有否特殊的才能或无能?
6. 是否愿意与儿童共同游戏? 与哪些儿童共同游戏? 做些什么游戏?
7. 儿童在家庭中的地位如何?
8. 儿童曾否进过学校? 几岁时进学校? 功课如何?
9. 儿童曾否进过救济机关或犯过罪? 什么原因?
10. 儿童曾否有过恶癖? 情绪发展是否正常?
11. 儿童曾否晕倒过? 为什么?
12. 曾否患过痉挛?
三、儿童的现状
1. 儿童是否健康? 营养情况如何?
2. 儿童体态是否正常?
3. 儿童牙齿是否正常?
4. 儿童是否患有疾病? 何种疾病?
5. 儿童有否与他儿童游戏? 和谁游戏?
6. 儿童是否为他人嘲笑之对象?
7. 儿童工作时,是否容易疲劳?
8. 儿童现在是否在学校中? 几年级? 受何种教育?
9. 近来显示何种特殊的才能或无能?
10. 儿童说话能力如何?
11. 儿童感官有否缺陷?
12. 儿童近来进行何种工作或作业?

访问与调查的内容可以说是非常的复杂,我们访问调查要能得完满的结果,则访问调查的技能,不可不予以注意。

第一,我们要了解访问调查的目的与意义。

第二,我们要有和蔼、客观、谦虚的态度。

第三,我们要让对方多说,自己多听少说。

第四,我们要采用有目的的攀谈,不能做户口调查式的诊问。

第五,我们要把访问调查视做教育方式之一。

经过心理测验及访问调查之后,我们还不能对儿童的状态做最后的决定,因为我们所考虑到的还只是片面的事实。

(三) 生理检验

生理检验的目的,在于发掘低能儿童生理方面的原因。生理原因,包含体内一切过程的化学变化,以及身体发展的状态,儿童身体方面的发展,例如身高、体重和感觉运动能力,固然可借各种机械的帮助而测量出来,但体内化学变化的历程,却不能从外表的考察而得明了,必须要经过严密的化学检验之后,才能揭露其中的疾病障碍。因此,有低能可能的儿童,其生理的检验,实是一个复杂的过程,根据一般生理检验的方式,大概可以分为以下数种:

1. 身体的检查:包括身高、体重、头围、胸围的测量,视力、听力、握力、血压的检查。身体发育的状态与心理状态的关系,我们已经讨论过,因此,从身体发育状态测量的过程中,多少可以作为诊断的参考,尤其是瘫痪之症候,其程度亦可用量力器测量出来。

2. 神经的检查:神经检查的目的,是在明了心理缺陷是否由神经缺陷所引起。神经检查,有时可以借助反射动作,即表面或皮肤反射(skin reflexes)、深反射(deep reflexes)、脏腑反射(visceral reflexes)、脊髓自动反射(the spinal automatic reflexes)。

我们可以从反射出现时间的迟速,反射程度的深浅,以及反射两侧的均匀与否等方面,来断定神经的健全状态。

3. 血液的检查:血液在人体中的重要性,早为人们所洞悉,它一方面运输化学物质以营养全身的细胞;运输氧气以供身体燃料之需要;运输酵素以激发体内的消化过程;运输内分泌物以增减生理过程之速度。另一方面,它也运输由疲劳所产生的废物与产生于体内外的毒素,所以血液在身心健康中占有很大的因素。检查血液,足以增加我们对儿童心理缺陷原因之诊断。血液检查的方式之状态,以及运输碳氧化合物能力的检定等,都是血液检查中最重要的步骤。有时,我们还要求检查病者的脊髓,或者内分泌的药物检验等。

(四) 个性考察

根据心理测验的结果及访问调查与生理检验的结论。个性考察是要研究者预定一个相当的日子,实地来观察儿童的言行、思想,并积极地施以个别的教导,从他们平日的各种表现,来确定我们初步的诊断。

第四章　原　　因

从以上的叙述，我们已知道低能的意义、种类及其所具的特性，至此我们不能不再追问，即低能究竟是怎样产生的？为什么他不会是一个常态的人，竟而是一个低能呢？关于这个问题，学者们的回答各不相同。戈达德（Goddard）在研究朱克斯（Jukes）的家族之后，特别重视低能的遗传原因。此后许多研究者，如哥斯德（Kostir）在1916年，凡尔登斯可夫（Wildenskov）在1934年，沃茨（Watts）和波尔特、特里德戈德（Tredgold）在1937年，彭罗兹（Penroze）在1938年以及汤（Town）在1939年，都把自己的理论傍倚在遗传的研究之上，特别强调低能的先代所赐给他们的影响。

在戈达德的《低能》（*Feeble-minded：The Causes and Consequences*）一书中，曾分析其所研究的327个例案的家庭，并就他们的原因归纳成以下数类：

1. 由于遗传的原因而引起的有164个低能，占全部的54%。

2. 可能是由遗传而引起的有34个，占全部人数的11.3%。

3. 有37个低能占全数的12%，是由于家庭有神经病者。从他们的家庭历史看来，可以发现他们的先代曾有各种大脑缺陷，例如神经麻痹（paralysis）等神经性的病症。

4. 由意外（accidental）的原因所引起的，有57个例案，约占19%。

5. 属于原因不能确定的有8个例案，约占全部的2.6%。他们的家庭每每很好，所以这8个例案是属于无原因组。

6. 其余还有27个是未归类的。

如此我们知道在327个例案中，由遗传而引起的占65.3%。难怪戈尔德重视低能的遗传原因了。

然而事实告诉我们，低能之成因，并非完全决定于遗传的因素，此外如疾病、意外的损伤，都足以产生低能的倾向。戈尔德也承认低能有极少部分的原因并非属于遗传的。而康克林（Conklin）也认为低能除了遗传的原因之外，还有其他几种因素，亦能影响其心理的缺陷，比如酒精中毒、梅毒、血统的关系、父母的年龄、脑的损伤，以及内分泌失调等都足以促成低能。

萧孝嵘在叙述到低能的原因时，也曾举出以下几点：

1. 有所缺乏之胚种。

2. 脑之因素。

3. 发展之缺点。

4. 生产时和儿童早年之损伤。

5. 传染病之原因。

谢德曼也认为低能的原因，大部是由于遗传所致，其次则为获得的原因，包含生前的获得、生时的获得及生后的获得。为了明了起见，现在特归纳各家的研究，把低能的原因分述于后：

一、遗传的原因

据一般统计，由遗传所致的有 90%，仅仅 10%是由于其他的原因。我们可以说，至少有 2/3 以上的低能是由遗传而来，足见遗传在低能的产生上是多么的重要。

所谓遗传的原因，表现于这样的两个方面。第一，其先人亦有低能者，或者说低能的原因，是发生于神经原能感受外界的刺激之前。第二，大脑的构造有所缺陷，或者神经原在数量上不足（尤其是皮质部为然），神经原不规则的发展，或个别神经细胞发展不充分所致。

为说明遗传原因的情形起见，兹引述戈达德的一个例案如下：

例案 140：尼里年龄 24 岁，心理年龄 2 岁，在维尼兰学校已收养了 17 年。生于美国，先代皆美国人。她是一个癫痫病者，痉挛开始于生后 3 个月。4 岁时，曾患过百日咳。其家谱如图 4－1：

这是一个智力最低下的儿童，连糖果与木头都不会分辨，脾气很坏且时常哭，从她的家谱看起来实可称为一大低能家族。

虽然低能的产生大部是由遗传的力量所支配，那么孟德尔定律（Mendelism Law）① 是否仍然适用？根据戈达德的研究结果，认为低能的遗传也是按照孟德尔遗传定律的，即显性单位遗传定律。根据孟德尔定律，低能的遗传其可能产生的型式如图 4－2：

① 孟德尔定律（Mendelism Law），由奥地利遗传学家孟德尔（G. J. Mendel，1822～1884）所发现。孟德尔经多年实验，总结出两条遗传基本规律，即“基因的分离规律”和“基因的自由组合规律”。

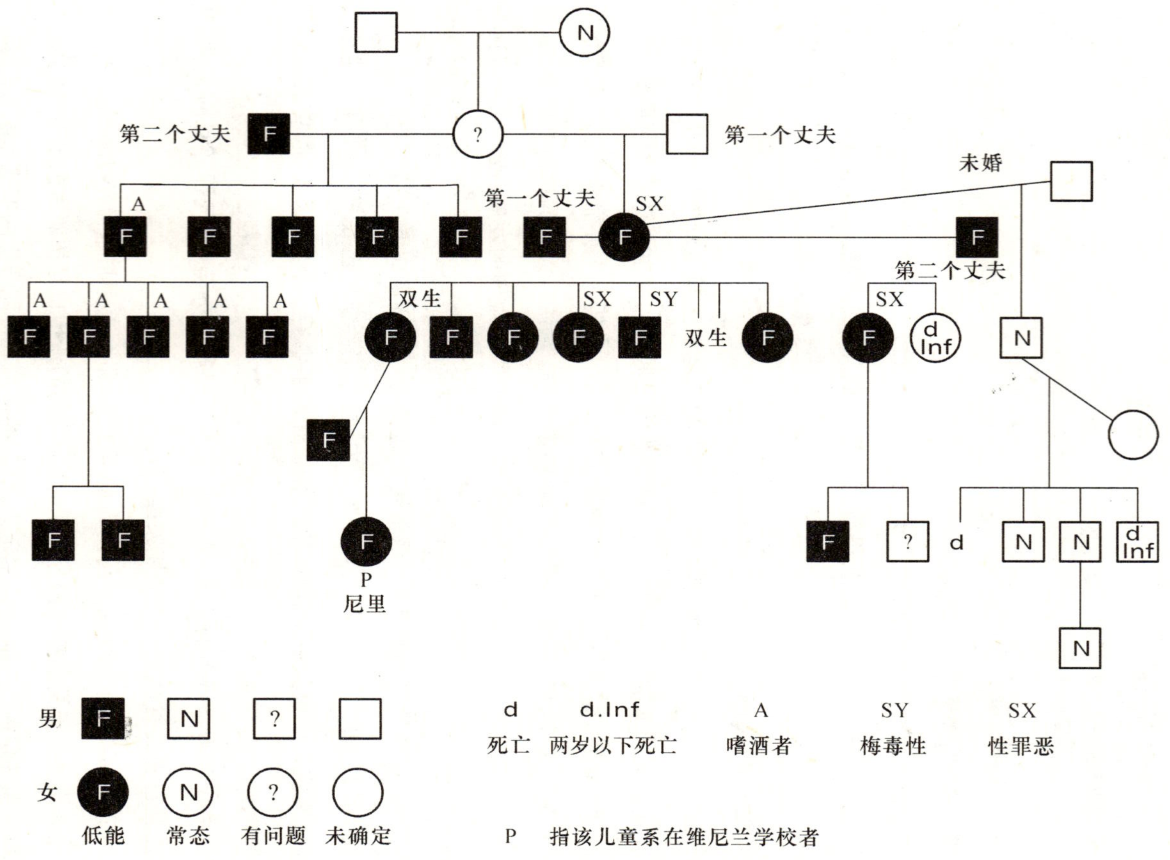

图 4-1　尼里的家谱(低能家族)

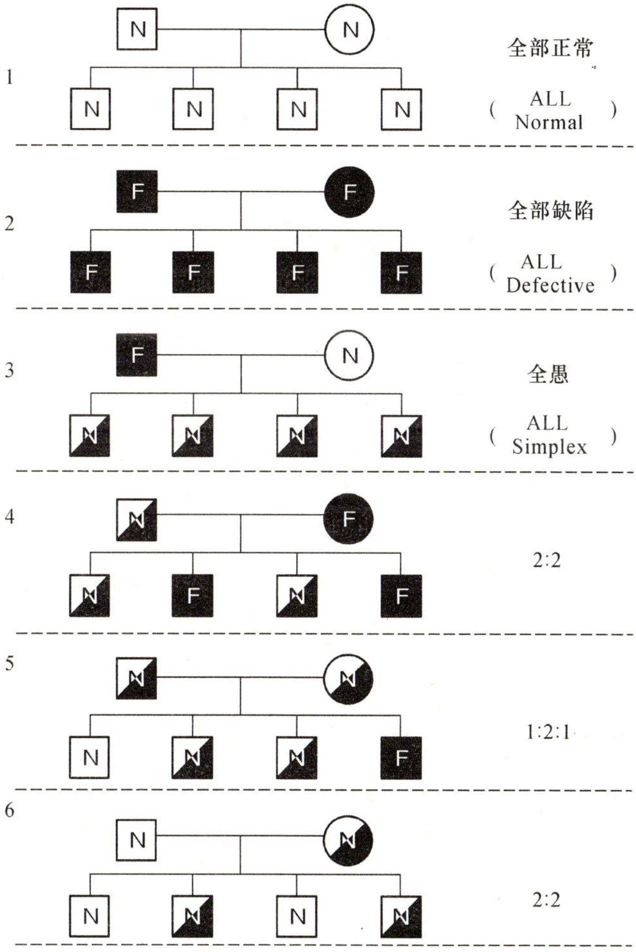

图 4-2 根据孟德尔定律低能的遗传型式

因此，我们可以得到这样的结论：

(1) 配偶(NN—NN)，其子代实际上并不会有心理缺陷，除非是意外的损伤。

(2) 配偶(FF—FF)，其子代全部是有心理缺陷者。

(3) 配偶(GF—IYF)，其子代一半是常态，一半有缺陷。

(4) 配偶(NF—NF)，其子代的常态与缺陷是 3∶1。

二、疾病的原因

低能由遗传而产生的约占全数的 2/3 以上，这前面已经讨论过，至于其余的 1/3

中,则大多是由于身体上的疾病所致。这里所说的疾病的原因,不仅是指儿童本身具有的病患而言,同时,在受精及怀孕时期中父母身体上的恶态现象亦皆包含其中。因此疾病的原因实可分成三类:(1)母体的疾病影响胎儿者;(2)内分泌腺有疾病者;(3)生后患传染病者。现在分述于后:

(一)母体疾病影响胎儿者

一个孕妇的生理状态,对于其子代的心理是常态或变态影响甚大,例如母体患病或心理上的忧郁及神经病等,都足以影响其子代的智力。又有人认为父母酗酒或者在酒后受精,也可能产生低能的子代。至于父母的梅毒传染病对其子代的影响将更显著。

(二)内分泌腺有疾病者

由内分泌腺的病态而引起心理低能的事实,已为人们所公认。如克汀病是由于甲状腺分泌失调所致,唐氏综合症亦可能是由于脑基腺(pituitary)患病所致。

(三)生后患传染病者

儿童本来可能有常态的发展,但后来遇有传染病、发热、痉挛等现象,过后,儿童的心理发展便失去了正常的状态。在这些传染病中,以脑炎为最重要,其他如脑膜炎、结核病、百日咳等病亦甚为重要。

三、损伤的原因

意外的损伤有时候正足以引起儿童心理发展的停滞,这种例案为数虽然很少,但在许多研究的过程中,亦每能发现。在损伤的事例中,以脑部受伤所引起的最为普遍。尤其在难产的时候,经过机械手术而诞生的婴儿,可能性为更大。此外如儿童偶然跌撞使脑部受伤等,亦足以引起心理障碍的现象。

四、营养的原因

健康的儿童不仅有赖于先天的遗传的赐惠,同时后天的营养,关系至钜。儿童需要空气、日光、温暖及适宜的食物,这些物质的条件,不仅影响于儿童的生理健康,并且心理健康的获得亦有赖于此。因此,营养不足亦能产生心理发展的障碍。

低能的原因,非常复杂,除了上述各点之外,还有许多迄今尚未为研究者所洞悉的原因。普通所谓低能,原因大多是属于以上所述的几种,即遗传的、疾病的、损伤的以及营养的原因等。低能儿童的原因既如上述,但我们究竟怎样才能把真正的低能认识出来呢?那便有赖于诊断了。

第五章 诊　　断

低能儿童的数目，据估计约占全体儿童数的2%。我们要从全部儿童中把2%的真正低能辨别出来，倒不是一件容易的事。我们常常听到许多错误的见解，以为一个儿童不知道一加一等于二，就说他是“低能”，或者某人对于某件事情做得不好，就认为他是低能。这样随随便便拿低能的帽子给别人戴是非常危险的。常识的错误，有时候情有可原，但教师与具有专门知识的人们，如果也有这样的见解，那就使人难以明白了。

我们常常看到一些教师与研究者，把学生留级、不驯服、偷窃等与低能相提并论。斯特耶(Strayer)调查大城市132处(人口在2.5万以上者)及小城市186处(人口在2.5万以下者)的学童，有1/3的学童留过级，约5%的儿童曾留级3年以上，15%的儿童曾留级2年以上。明尼苏达城村55所，留级学童占30.9%，内布拉斯加(Nebraska)城村96所，留级学童占38.6%，而乡村学童留级者更多。盖洛克斯(Gaylox)调查伊利诺伊乡村学校139所，发现53.6%的学童，至少留级1年，其中有28.4%留级1年以上。这样看来，在外国学童留级的现象是很普遍的。在中国虽未有缜密的调查，但情形当不例外。留级学童数目的众多，这在教育的实施上确是一个污点，也是社会的浪费，但留级的原因是不是完全因为低能的关系呢？显然不是的。如果留级的儿童都是低能儿童，那其数将不堪设想，假使单凭留级便判断儿童属于低能，那该是多大的错误。有许多发明家与科学家，如爱因斯坦等少年时在学校中也不曾表现着特异的成绩。所以，儿童留级与否，不能视做低能的标准。

此外，学校教师每以为不守校规的儿童，都是不可教育的儿童。加利福尼亚州普雷斯顿工业学校心理学家报告，犯罪儿童有30%～35%确属低能，还有一大部分是愚笨，只有一小部分是寻常儿。所犯的罪恶是：谋杀、殴击、淫乱、穿窬、盗劫，屡戒不悛等，至于犯罪而未被逮捕的，还没有计算在内。这样看出，犯罪作恶的都属低能所为了。固然从上面讨论中我们曾经知道低能大多易于受暗示，且情绪不稳定，故很易因外界情境的刺激而发生各种过激的反应，也是很可能的，但是，如果说有犯罪行为的便是低能，则确属不妥。因为，有许多低能，是非常驯顺与缄默的，他们决不会做犯罪行为的尝试，何况犯罪行为的标准各有不同，且行为的认识，亦互有迥异，如以犯罪与否作为低能标准，也值得考虑。

至于以贫困与职业的性质来估计低能，那更易发生流弊。大家都知道，大科学家达拉第少时便是一个钉书的童工，爱迪生也是卖报的孩子，他们的家庭很贫困，职业地位也很低。何况上面曾经说过，有些低能是产生于环境非常优越的家庭之中，他们的智力虽属低下，但由于家庭地位高，他们仍旧可以占居较高的职业位置。尤其在现今的社会制度之下，人事关系并未确定，职业与智力，自难有正确的关联。

贫困与职业性质之不足以作为诊断低能的标准，在革命后的苏联社会主义社会中，得到更明确的证据。这里有几个例子是可以用来说明的。

许多人都知道，在苏联有一个世袭的老鼓风炉工人科洛鲍夫的家庭。科洛鲍夫从 1946 年起，是苏联最高苏维埃的代表。他的儿子之一——巴维尔，现在是黑色冶金部的副部长。另一个儿子尼古拉，则是东乌兰尔冶金管理局的总工程师。第三个儿子伊利雅，是乌克兰彼得洛夫斯基大冶金工厂的厂长。但他们的家庭，却是一个穷困的贫户。

泰梯雅娜·费道洛娃的生活道路，也颇可证明。当她还是一个 18 岁的少女时，她曾参加过莫斯科地下铁道的建设，做过装运工人、三合土工人、大理石砌匠。后来她进了交通学院，毕业后竟以工程师的资格回到地下铁道工作，并获得苏联政府所颁发的勋章与奖牌。现在，她也是苏联最高苏维埃的代表。

另外有一个例子，一个名叫卡里金娜的，原是一个不识字的农家姑娘，十月革命后她才进城做事，入工厂食堂学习烧饭，同时开始在普通教育学校读书，不久任命她做厨师，后来又变为工人饮食部的主任。在 1938 年，人们选举她当奇鲍克洛尔城的城市苏维埃主席，后来又被选为最高苏维埃代表。不久以前，她从食品学院毕业，如今却担任了丘瓦什自治共和国食品工业部部长。

苏联科学院最著名的学者特洛菲姆·莱辛科是一个农民的儿子。三次荣获苏联英雄名称的亚力山大·鲍克雷什金，在同希特勒作战以前，是工厂中的铁匠。

这一切都证明了家庭的贫困与职业性质是不能作为诊断低能的标准的。因此，当我们进行低能的诊断与调查时，切不可为这一种片面的见解，即其家庭的经济与职业地位所迷惑，以致造成严重的错误。

即使说用智力测验来评量低能，也都不一定可靠。我们知道，有许多在智力测验中所得分数较低的儿童,并非真正的低能。他们或者是由于生理上的某种缺陷,以致阻滞了智力的发展,而一旦生理障碍去除,智力便可很快地发展,显然,他并不是一个真正的低能。

因此,从任何一个片面来评断心理的低能都不可靠。所以,心理学家以及一般研究者在评断低能的时候,总不厌其烦地从多方面来详加考察。

普雷西夫妇(Sidney L. Pressey and Luella Winifred Pressey)在《*Mental Abnormality and Deficiency*》一书中,曾提出几点意见,作为诊断低能的要点。书中提出:"诊断应该审慎地根据一系列的事实,这些事实是:(1)明显地不能适应学校功课。大多数低能儿童在学校中不能超越第五级,他们的年龄常较其所在级大2岁、3岁或者3岁以上。(2)低能成人,经济状况贫困,职业工作简贱,不安于职业,或者失业。(3)无论低能成人或儿童,都有社会适应不良的现象。低能儿童不常和同年龄的其他儿童游玩,有时还是大家开玩笑的对象,或者看起来似有一种很好的忍性。低能成人在其自然的团体中,不如其他的成人,他虽然不被人怠慢,但一种自卑的情感,常很浓厚。(4)用简单的问题来试验低能,如算术,用判断等来进行智力测验,其结果显示低能的成绩远逊于常态。他的智力年龄,决不高于10岁。所以这四种事实,即(1)教育适应不良,(2)职业低能,(3)社会适应不良,(4)智力测验结果的等级较低,是一个真正低能的要素。"

其实,普雷西的意见并不完整,康克林在其《变态心理学原理》一书中,提出以下的意见,作为诊断低能所应注意的条件:"在诊断低能的时候,我们应当格外注意,仅仅从一种智力测验来证明是不适合的。测验的价值,已经证明仅可以作为帮助,任何智力测验,都必须拿一个人的详细个案历史来补充,而且必须要熟悉变态心理学的普通事实的人才能解释。因为心理变态的情形有时是很复杂的,仅用智力测验看不出。智力测验之后,必须靠一种医理上的考察来补充。比如由测验而发现一个儿童的智力比那个儿童的实足年龄所应有的智力低很多,因此,便将这个儿童归入智力有缺陷的一类。其实这种所谓智力的缺陷,只是由于某种可以治好的生理状况阻止了发育,以致在智力上发生障碍。有许多不幸的情形,大都是由于这种错误造成的。如果这种儿童所有发生阻碍的生理状况已经由医药或外科手术治好了,他们便很快地进步而变为常态。在这种情形之下,心理学家还要注意当儿童知道是低能时,这种儿童也许会相信他们不能与别人相等,因此,随即发生许多痛苦,这种情形,即可成为一种情绪,如不善加指导,很可能影响他们将来适应社会的能力。所以在许多情况下必须施

以教育,以使达到较好的状况。还有些是低能而兼有其他障碍的,因此,仅有一次考察会使一个表现在智力量表上的地位远低于其实在的能力;若用训练,也可以减少一些障碍的影响,可以将他们实在的能力表达出来,而使他们现在的状况大大地改进。”

儿童的诊断,可说已有初步的确定。为了精确起见,在诊断过程中我们还需要有第四个步骤,即个性考察。个性考察是要研究者预定一个相当日子,实地来观察儿童的言行思想,并积极地施以个别的教导,根据他们平日的各种表现,来确定我们初步的诊断。这种个性考察的过程,可视为我们对儿童施教的开始,这种再诊断过程,重要性实不亚于原始诊断。

总之,低能儿童的诊断,应根据以上的全部过程,而其具体内容之来源当根据以下所举的各项详细内容:

表 5-1 低能儿童诊断表

<table>
<tr><td>儿童
姓名</td><td></td><td>性
别</td><td></td><td>籍
贯</td><td></td><td>出生
年月</td><td></td><td>年
龄</td><td></td></tr>
<tr><td>现在学校
或 机 关</td><td colspan="2"></td><td>年级</td><td colspan="2"></td><td>智龄</td><td></td><td>智商</td><td></td></tr>
<tr><td colspan="10">1. 家庭史简述</td></tr>
<tr><td colspan="10">2. 生活史简述</td></tr>
<tr><td colspan="10">3. 家庭现状简述</td></tr>
<tr><td colspan="10">4. 儿童现状简述
A. 心理状况
B. 身体状况
C. 神经状况
D. 血液状况</td></tr>
<tr><td colspan="10">5. 初步诊断</td></tr>
<tr><td colspan="10">6. 个性考察简述</td></tr>
<tr><td colspan="10">其 他</td></tr>
<tr><td>诊断者</td><td colspan="4"></td><td colspan="2">诊断日期</td><td colspan="3"></td></tr>
</table>

第六章 教　育

由于低能的智力的缺陷，使我们的社会蒙受很大的影响。低能不能与常态的人一样来处理自己的日常生活，因此，在家庭中他往往是一个讨厌的牵累，尤其是那因智力的缺陷而引起的犯罪行为，更使社会遭受很大的损失。据一些囚犯心理调查的结果，约有25%～50%的囚犯，是具有心理缺陷的。从下面的统计，可以看出低能在一般救济性机关中所占的百分数。

机关名称	低能百分率
明尼苏达圣克劳感化院	54%
新泽西雷威感化院	46%
纽约贝德弗感化院	80%
马萨诸塞省兰克斯特尔女子感化院	60%
马萨诸塞省兰克斯特尔被赦女子院	82%
马萨诸塞省维斯巴罗里满男童学校	28%
伊利诺伊省宾同菲尔小学校	40%
刚果马萨诸塞省感化院	52%
新泽西留华尔克儿童法庭	66%
纽约厄耳密拉感化院	70%
伊利诺伊省日内瓦	89%
俄亥俄男童学校	70%
俄亥俄女童学校	70%
弗吉尼亚山感化院	79%
新泽西省立女儿院	75%
宾西法尼亚省格勤美斯尔女校	72%

从以上的统计数字看来，我们虽不敢说在这许多机关中，低能儿童占有80%或70%，但我们却可以肯定其间平均至少有50%是属于低能儿童。即使就普通的人口

来看,低能所占的数目也很可观。根据英国皇家委员会在1908年调查的结果,认为人口中的0.4%是低能。特曼在1916年调查美国的情形,则认为有2%的人口是属于低能的。根据1929年英、美两国的调查情况看来,低能的百分数又见增加。英国有0.73%,美国则为4%。由于各人所采用的标准与方法不同,所以大家所得的百分率难免有所出入。假使我们用一个平均数来估计的话,每百个普通人口中,平均约有二个是属于低能的。如以这个比例来计算,我们中国人口中低能的人口约有900万之众。如以儿童占全人口的1/4计算,那么,我国当有225万的低能儿童。这个数目与挪威全国人口比较,相差无几(挪威人口为281万)。如此庞大数目的人口,任其自生自灭,一方面会增加社会救济的负担,另一方面社会又失去了这样众多人口所可能贡献的力量,出入之间,损失极重。在讲求社会效能的今天,对于这许多无辜的心理缺陷者的教育工作。我们自不能熟视无睹。

低能是可以教育的,他们虽然不能如常态儿童一样地接受普通学校教育,但他们都可以在优良的指导之下发展成一个有用的人。换句话说,他们都可以在可能范围以内,不必依赖社会的消极救济来过活(斯米特1931年开始的教育低能工作足以证明。《活教育》五卷二期有介绍)。但历史的道路是无情的,直到最近几世纪来,低能才被人们所发现,真正的教育在最近数年来,才有所建树。现在,我们且把历来社会对低能的态度,分成三个时期:一是愚昧期,二是发现期,三是教育期。

1. 愚昧期是以18世纪末期为界限。在此之前,人们对低能的态度,始终为迷信邪说所蒙昧。他们或者认为低能是受恶魔侵害的人,因此,备受人们的轻卑、摧残;或者认为他们也是上帝的子孙,应有常人的平等待遇,于是许多救济低能的工作因而得到发展。低能虽免于非人的祸害,但也未得正当的待遇。

2. 发现期是以1798年亚维隆野童(wild boy of Aveyron)的发现为中心。亚维隆是从森林中由猎人发现的一个十一二岁的儿童。亚维隆的发现,不仅是教育上的一个极大的转捩,就是哲学界与科学界亦因此而激起很大的波澜。当这个孩子被带到巴黎的时候,育婴院比塞特(Bicetre)主任医师冰耐(Pinel)宣布这个孩子是属于低能的,而唯实派哲学家德孔帝耶克(De-condillac)的门徒却说他是一个缺乏普通经验的常态个人。因此,他认为从这个野童的教育中可以观察到人类从野童时期进入文明时期的过渡中,是如何地利用新的感觉所形成的新的观念的历程。这个教育的工作,结果由聋哑院的医生名叫伊太特(Itard)的来担任。他虽然十分热情地来肩负这项史无前例的工作，可是到后来，终究没有把野童教育成跟常态的人一样。伊太特失望了，但他从没有想到自己的工作，却已促成了人类社会中低能的发现。因为伊太特的门徒舍金(Seguin)①亲自看到老师的所为，对野童受教育后所获得的进步大为惊异。于是在1837年便开始训练几个低能儿童。到1842年他更说服了政府当局，专改善在比塞特育婴堂里的低能儿的教育，后来更被任命主持这个机构，开创了世界第一所公立的低能院。舍金所著的《白痴之道德待遇，卫生与教育》成为“白痴的解放宣言”。这一时期，不能不说是低能的发现期。

3. 教育期可以说开始于19世纪的中叶。当时由于低能的发现，各国教育界都掀起了低能教育的热潮。德国自1846到1881年间共设立了35所低能学校，设备的精良，无可伦比。这些学校都受政府的管理，教员也都有政府颁发的执照。1846年设于巴斯(Bath)的学校及1848年设立于科切斯特(Colchester)的帕克院(Park Homes)，算是英国低能儿童教育的滥觞。自1913年心理缺陷儿童处理规程公布后，英国对心理缺陷儿童的教育制度，遂成为世界上比较完备的国度。

美国在1840年，便已开始低能的教育。第一所私立的低能儿童学校创设于1848年，其后发展甚速。据1920年的调查，美国公私立学校有心理缺陷的儿童共40 519人。其中男童有20 123人，女童有20 396人。根据1935年的报告，美国47个州中有低能儿童教养机关130所，低能儿童84 000人。低能儿童教育可谓相当发达。

此外，也有专设特别班来教育心理缺陷儿童的，如德国在1859年便开始在哈勒(Halle)创设这种特别班。奥国始于1885年。瑞士始于1888年。挪威始于1889年。英国始于1892年。美国与荷兰始于1896年。比利时在1897年。丹麦在1900年。法国在1909年。中国在1950年(南京实验小学)都先后成立特别班。1935年，美国在43个州、643个城市学校中设立了特别班，受教育的儿童共有99 621人。

低能儿童教育，20世纪以来已有长足进步，但这只能说是教育期的开始，其发展还有待努力。

在这里，我们不免有所疑问，即低能儿童是否可以因教育而有所改进与发展？假使他们完全缺乏可塑性或可教性，那么，即使为他们设立了特殊的教育机关，那又有什么用处呢？所以，在讨论低能儿童教育实施之先，对于这个问题，应先有所认识。

---

① 舍金(Edouard Seguin 1812～1880)，又译为瑟甘。法国医生、心理学家，从事低能儿的研究工作。

上面我们已经说到过的亚维隆野童,可以说就是一个很好的证明。亚维隆在伊太特的教育之下,虽没有变成文明的寻常的人,但他的进步还是可观的。这样惊世的成绩,甚至启发了舍金等对低能儿童教育的认识。足见低能儿童的可教性在相当的限度内,还是存在的。两位普雷西曾在他们的著作中说到低能儿童的可教性,他们认为只要有优良的教育与指导,低能儿童仍然可以成为社会上有用的人。现在把原文引录于后,以资说明。他们写道:"低能可以通过正确的训练得到改进;低能儿童经过训练可以学会生活和小心地管好自己。这就是说,如果一个低能儿在身体上和情绪上都在较为健康的环境中成长,如果他被送去进行仅仅限于他力所能及的正式学习和训练;如果他在离开学校后就能受到适合于他能力的职业训练和获得工作;如果社团、教会或者其他什么团体能使他获得健康的娱乐和社会接触,事实已表明,他就通常能成为一个自立的、有道德的和快乐的社会成员。"①

这样说来,低能的教育是可能的。现在的问题,并非要不要教育或能不能教育的问题,而是如何教育的问题。以下我们将分举教育机关的建立,教材、教法及教师等方面,简略叙述如下。

一、低能教育机关的建立

从上面低能教育发展的历史看来,为低能而设立特种学校与特别班,已成为现代低能教育既成的事实。这样看来,低能教育之需要建立独立的机构与特别班,几已成为定制,谁也无法予以怀疑了。的确,根据低能的特性,其在心理发展上,实无法避免本身所具有的局限性,他们不能与常态儿童在同等情形之下,共同进行学习。假使这些儿童在同一学校受同样的教育,在时间上说是浪费,在经济上说也是浪费。许多有心理缺陷的儿童,便因为追不上常态的同学,以致停学,永远失去了其应受教育的机会。让低能儿童在普通学校中受教育,对社会是损失,对儿童本身也是损失。所以,从教育的消极功能上说,建立低能教育的独立机构或特别班,自属必要。

其次,就教育的积极功能来说,教育的职责是促使儿童的生理、心理的充分发展,追随文化的进展,以满足社会的要求。因此,教育的方法是多方面的,是千变万化的。只要能贯彻教育的功能,任何方法都可采择,低能儿童不宜与常态儿童共同学习,当

① 引自 Pressey: Mental abnormality and Deficiency。

他们有了自己特殊的学校之后，一方面可以解除常态儿童所给予的刺激，以防止他们自卑心理的形成，同时教师在教育与指导方面，也可以专门注意他们所发生的问题，不必受常态儿童的种种牵累。向低能儿童进行个别的考察与教育，足使低能儿童在可能范围内，获得充分的发展与进步。

低能儿童需有特殊的学校与特别班来担任其教育。不过当儿童进入这种学校之前，应有详细而精密的诊断，在儿童心身状态未能确切断定为低能之前，最好仍让他们在普通学校中生活。因为所谓低能儿童的教育机构，名称上既冠着一个低能儿童，因而，凡入学的儿童自然要被视为低能了，因此每易刺激在校的儿童，使其自信心锐减。因为这个缘故，最好的办法，是这种为低能教育所特设的机关，在字面上不必标出“低能”来，如此，或可避免一些不良的后果。

把低能儿童设立特别学校来进行教育，也许会招致某些人士的反对。因为他们以为民主主义教育，是以教育机会均等作为最高的准则，现在既然把低能儿童从普通学校中赶将出来，其对于教育机会均等的民主原则，不免有所损害。因此，他们便反对独立设校的计划与实施。实际上，民主的教育理想，虽说力主教育机会均等，而这里之均等，决非人们所想象的那样，以为教育机会均等，便是教育内容同一。而真正的所谓教育机会均等，只不过是说使人人都能得到受教育的机会，各就其便来发展能力。甲对医学有丰富的常识与浓厚的兴趣，便可以继续获得医学教育的机会；乙对工程感兴趣，便可以获得工程教育的机会，以发展其工程能力。这样，教育机关可以不一致，教育的内容也可不相同，各视所需，各学所能，这便是真正的民主教育理想。因此，建立特别机构来教育低能，不但不违反民主教育的理想，而且还足以使民主教育得到贯彻。有了特别为低能儿童而设立的学校或班级，则使原本无法获得正当教育的低能儿童，原本被排斥在学校大门之外的低能儿童，亦将因此而获得教育。建立特殊学校与班级，其必要性无庸置疑。

二、教育目标

低能教育该由特别的学校或特别班来负专责，已如上述。但我们进行低能儿童的教育，目标是什么？其与常态儿童的教育目标，应否有所不同？关于这个问题，我们不能不从通常所说的教育目标说起。

从一般的情形说，教育的目标是无法恒久不变的。教育是社会文化形态之一，社会文化每因整个历史的演变而随之改进,每一特定的时代与社会,都有其自己所特具的社会文化形态,所以,教育的目标及其具体任务,要想得到一个恒久的固定的尺度与准则,实属难能。

今日中国还处于半封建、半殖民地之状态中,民族危机深重。所以,今日中华民族之任务,是在肃清封建残余,争取民族独立,并确立世界和平之基础。因此,今日教育的目标应该是在人性的解放上,培养适应这一要求的人。这是做中国人,做世界人的主旨。

教育目标既如上述,而我们从事于低能儿童教育的,是否也与此相同,还是一个问题。根据常识的判断,低能儿童既属心理缺陷者,那么,低能教育的目标,应当与常态儿童的教育目标有些不同。其实这种看法是一种偏见,因为低能儿童在心理上及生理上虽具某种局限性,不能与常态儿童一样接受普通教育,但这只能说教育方法、教材选择以及教育作用上具有差异而已。至于整个教育目标,则绝无丝毫差异。因为低能儿童同是这个时代中的人,同是这个社会中的人,他们同样无法避免时代与社会所给予的制约作用,尽管低能儿童教育的过程,具有显著的特殊性,而目标则仍然是做人,做中国人,做世界人。教育者应以各种方法使其在可能范围内,实现这一目标,除非是最低级的低能,只宜于消极的救济与收养。

1. 改进低能的健康状态,使能担负日常劳动。

2. 建立低能的思想态度,使能了解自身的工作。

3. 培养合作习惯,使能适应集体的生活。

4. 训练生产技能,使能维持自己的生活。

三、教材内容

现在我们要探讨的就是低能教育的教材应怎样选择的问题。无疑地,低能教育的教材,与普通教育的教材有所不同。安德森(Anderson)根据特里德戈德与戈达德的低能分类,规定各种类型的作业内容如下:

1. 白痴:实际上白痴没有机会入特别学校。

2. 无能:

(1) 下无能:① 个人清洁。

② 感官训练。

③ 技艺训练，如运用大肌肉的粗易的工作，标明一种制造的欲望。

④ 日常工作的训练，如洗刷等。

⑤ 体育，包括各种律动、跳、跑、土风舞。

⑥ 音乐。

⑦ 语言。

(2) 中无能：炊事，洗涤碗碟、清洁炉灶。

(3) 上无能：① 商务，练习时常用到的简单问题。

② 体操，各种律动、命令和模仿工作，哑铃、土风舞及球赛等。

③ 音乐，唱歌。

④ 技艺训练，编篮子、做刷子、制粗布、纺纱、做籐椅等。

3. 下愚：

(1) 下下愚：① 炊事：较复杂的切菜与洗菜，清洁壁橱、门窗及烹调等。

② 商务：学习有商业价值的问题。

③ 体操：律动、土风舞、哑铃等。

④ 音乐，唱歌。

⑤ 技艺训练，较复杂的编篮子、做刷子、制粗布及纺纱等。

⑥ 学科：语言、读法、计数、书写、常识。

(2) 中下愚与上下愚，其作业内容与下下愚相同，惟兴趣与较新的问题必须予以注意。

安德森对于低能教育内容的规定，可说是非常地详细，他按照低能的等级，分别予以教育的方法，是值得我们效法的。不过课程方面是否需要条分缕析的呆板规定，还有考虑的余地。在今天，普通教育都已开始采用单元活动，因为单元活动更适合于儿童心理的发展，更接近于现代社会文化错综复杂的组织。常态儿童可以运用单元法，低能儿童更应采用单元活动，使教学、做人、生活打成一片。课程方面，运用“五指活动”[①]。至于教材内容，更应采取大自然、大社会的直接知识。凡日常生活习惯、职

① “五指活动”是指陈鹤琴所倡导的《活教育》的五指活动。他主张幼儿园的课程应是整个的、连贯的，是活的，互相联系，可以伸缩，如同生长在儿童手掌上的五指。五指活动包括儿童健康、儿童社会、儿童科学、儿童艺术、儿童语文五个方面，在儿童生活中结成一个教育的网。一切活动要注意儿童的心理和生理的发展，但不脱离社会实际，领导儿童做合理的活动，予以适当的教养。

业技艺教材,都是低能儿童最需要的东西。不过当我们选择这些教材的时候,应注意以下几个原则:

1. 教材是简易具体的。

2. 教材是实际切用的。

3. 教材是适合个性的。

4. 教材是生动有趣的。

四、教学方法

低能儿童教学方法极其重要。因为低能儿童创造自动的能力非常有限,其学习端赖优良教法之督导。所以,凡讨论低能教育者,都特别注意教法之运用。最普通的是如下数种:

1. 启发教授法。主要是根据儿童已知与未知的事物,引导其观察、分析、比较诸事物间的关系,并使其用自己的文字符号或动作表现自己的知识及思想。

2. 渐进教授法。这是根据儿童的程度由浅易渐进于艰深,由小渐进于大,由近渐于远,使儿童的知识逐渐丰富,逐渐扩大。

3. 实物教授法。是教学过程多多利用实物的观察与实地的考查。例如实物、过程、活动、设计、实例、表演、图画、影片、实物教课、实地考察及旅行等法教授儿童,而不应专重文字、标记、规则、程式或原则等。

4. 设计教授法。所谓设计教授法,在普通教学中应用很普遍。其方法就是在生活环境中用具体材料从事建设活动。其主要的观念,就是把各科教学集中于一个中心活动,儿童可以从中广泛地学习知识、练习技能。

低能儿童教学方法虽然很多,但当我们采用任何一种方法的时候,都应注意以下的几个原则:

1. 以做为中心。任何活动都以做为出发点,让儿童在做中学,让教师在做中教,让大家在做中求进步。做并不是被动的,主要的是启发儿童、鼓励儿童自动自发地去做。

2. 从观察入手。教学所得效果,所学如得真切,惟一办法就是从观察入手,即领导儿童从事于实际的观察。这样一方面可以增进教学的兴趣,同时,也可以学习一些直接的知识,使儿童易于接受。

3. 利用暗示心理。低能儿童对暗示感受性每每很强烈，因此，在教育过程中可多多利用这种心理特质。消极的可以解除儿童不良的习惯与态度，积极的还可以养成儿童优良的倾向，所以利用暗示方法，在低能教育的过程可说是非常重要的一点。

4. 交替方法的运用。交替反应的原则(the principle of conditional refex)在教学上是一个很重要的基础。在普通教学中，无时能脱离这种方法。在低能教学方面，交替方法更不能缺少。尤其是积极交替反应的引起，在养成儿童生理的及心理的习惯方面更为重要。

此外，如教学故事化，教学游戏化及兴趣原则等，在低能教学中，都须应用。

五、教师修养

低能教育中，教师的条件非常重要。除了普通教师所应具的条件之外，低能儿童的教师，更须有特别的修养。因为低能儿童的教师，教学对象是低能。所以，有人认为低能儿童的教师除了具备普通教师应具有的条件之外，还要有下列几项标准：

(1) 言语要清楚。 (2) 语言要庄重。

(3) 态度要和善。 (4) 说话要多反复。

(5) 态度要快乐。 (6) 态度要真诚。

(7) 对儿童要亲切。 (8) 对儿童要多鼓励。

(9) 对儿童的成绩勿奢望。 (10) 要有忍耐性。

(11) 要有音乐才能。 (12) 要有劳作才能。

(13) 要有看护本领。 (14) 要有高尚人格。

(15) 要会讲生动的故事。 (16) 要会做有趣的游戏。

(17) 要会做精巧的玩具。 (18) 要有敏锐的目光。

(19) 要有会意的本领。 (20) 要存同情的心理。

标准如此繁复，真是不胜枚举。事实上，感于低能教育的艰巨，凡从事低能教育的，则不能不注意几个最基本的条件。

1. 曾有专业训练。凡从事特殊儿童的教育者应有专业的训练。有关特殊儿童的基本问题，均先有概略的认识，然后，才知如何着手进行教育，低能儿童的教师亦然。

2. 要有学者的态度。低能教育是要求很高的工作，教师须具备学者的态度，把教育作为不断研究的过程，随时发现问题，随时解决问题。他是研究者，同时也是科学家。他可以用最大的努力来发掘新的方法。因为,低能教育在今日还不曾有轨道可循。

3. 要有医生的精神。医生对病者是无微不至、无微不察的。低能儿童教育,一方面固然说是教育的过程,同时,也正如医生对病者一样兼有医疗的过程。低能心理的停滞现象至为微细,教师对儿童的观察,须有这种医生精神。

4. 要有事业的意志。从事于低能教育的教师,不能视这种工作为寻常的职业。他应明了自己的任务,把这种教育工作作为自身终生的事业,为低能教育,亦即为自己的事业前途,亦即为全社会的进步而努力。具有事业的意志,我们才能以最大的坚忍与效率来推动这种教育的发展。

5. 要有慈母的心肠。低能儿童需要我们去同情、去感化。一个低能儿童的教师,对儿童尤应视同自己的子女,以爱、以德来温暖儿童,使他们在心灵的深处获得人们的同情,因而安于自己的生活与学习。

低能儿童的教师非常重要。所以,在教师就职之前,不能不先有缜密的考虑。

结　　语

低能儿童，在今日中国社会中尚未引起普遍注意，研究低能儿童心理的，既寥若晨星，低能儿童的教育工作，则更少见。因此，本篇取材，不得不以国外研究之成果为主。其与我国实际情形，或有所差异，而作为今后我国低能儿童研究及教育之参考，亦未使不无少补。

本篇编著，旨在供幼稚师范专修科儿童研究一课参考之用。因篇幅限制，只能做概略之介绍。尤其是教育的实际方法更感粗简。凡有志低能儿童教育之同志，还得参考后列诸书，本篇仅不过是引言而已。

参考书目

1. H. H. Goddard. Feeble-Mindedness，its Causes and Consequences.
2. H. H. Goddard. The Psychology of the Normal and the Subnormal.
3. L. S. Hollingworth. The Psychology of Subnormal Children.
4. J. E. W. Wallin. Clinical and Abnormal Psychology.
5. J. E. W. Wallin. The Education of Handicapped Children.
6. H. Woodrow. Brightness and dullness in Children.
7. S. L. Pressey and L. W. Pressey. Mental Abnormality and Deficiency，An Introduction to the Study of Problem of Mental Health.
8. N. V. Scheidemann. The Psychology of Exceptional Children.
9. A. F. Tredgold. Mental Deficiency (Amentia).
10. C. P. Lapage. Feeble-Mindedness in Children of School Age.

哑巴会说话

编者按:《哑巴会说话呢!》一文是陈鹤琴先生于1939年12月在宁波躲避汪伪特务暗杀期间所写。同时写的短文还有《圣诞老人》、《竹管里有空气吗?》、《煨粥也有科学吗?》和《手足怎样地成残废的?》。1940年12月,上述5篇文章汇编成儿童读物《圣诞老人》小册子,由江西省教育用品厂在泰和文江村省立幼师所在地出版发行。作者为此书出版写了如下《卷头语》:

亲爱的小朋友:

这里有几篇短文,原是我写给我的七个小孩子的。

现在圣诞节到了,新年快来了。我没有什么好的礼物送给你们。这几篇短文,我仔细想了一想,是很值得你们看的,我就很诚恳地把它们作为送给你们的圣诞和新年礼物吧!

鹤琴(一九四〇年)十二月十七日

哑巴会说话呢!

写于宁波青年会　二十八年十二月二十八日

"哑巴会说话",这不是奇闻吗?这不是奇事吗?小孩子,这不是奇闻,也不是奇事,我亲眼看见过,亲耳听见过的,我来告诉你们吧!1918年春天,我还在美国纽约哥伦比亚大学师范学院读书。有一天,我去参观在美国纽约著名的一个聋哑学校。小孩子,哑巴做手势,表情达意,这是没有什么稀奇,我在国内早已看见过的。这一次我去参观聋哑学校的目的究竟在哪里呢?我想去看看美国人究竟怎样教聋子哑巴的?他们的哑巴是否也用手指说话的?

我到了学校门口,看见一个五十来岁的门房,就递给他一张名片,告诉他,我姓陈，是中国人，现在哥大师院读书，特来参观贵校，不知可否？他立刻回答说，“可以！可以！你随我来。”就转过身去在前面走，我在后面跟着。我就问他说：“贵校校长是男的，还是女的？”“他叫什么名字？”“这里有多少学生？”“这个学校开办有多少年？”我问了一大串，他一句也不答。我很奇怪，以为是我这些话不应该问他。我就跨上两步把他拉住说：“方才我问了你，你为什么不回答？”他立刻很流利地说道：“我是聋子，听不出声音。”我就问他说：“既然听不出声音，怎样会说话呢？”他说：“我看你的嘴巴。”怪哉，怪哉！哑巴会说话，我心就想道。他继续说道：“你随我来，看小孩子怎样学话呢！”我说：“好极了，好极了！”我就一面两脚跟着，一面心里有说不出的快乐。

到了办公处，一位四十来岁的女校长出来欢迎，我把来意说一遍，她就带我到各教室参观了。

走进一个幼稚园，看见十几个天真的活泼的小孩子正在那里做手工。他们一看见我进去，都显出很快乐的样子，校长就对幼稚园教师说：“某女先生，这是从中国来的陈先生，他要看看小孩子怎样说话呢！请你做给他看！”

她说：“好的，好的！”就用手招呼一个六岁光景的小孩子来，小孩子走过来，站在她的面前，看着她的嘴巴。

她先把小孩子的右手贴在她的颔上，再自己张开嘴巴，发出很长很响的“爱”的声音，小孩子看着她的嘴巴张开，并用手放在她的颔上，也就张开嘴巴喊出“爱”的声音。别的字音，她也照样发出，小孩子也照样模仿。我就问她：“小孩子的手为什么要放在你的颔上呢？”

她说：“我们说话，不仅用嘴，还要用肌肉，颔上的肌肉颤动的特多，小孩子一方面看见你嘴的姿势，一方面学着你颔的颤动，就慢慢儿模仿发音了。”

她说了，就指着挂在壁上的一面大镜子，叫小孩子转过身来，立在镜子的面前。

她也向镜子说：“爱！”

小孩子先看看她的嘴巴，也说：“爱！”

这时候，小孩子就可以看见自己的嘴巴了。若是小孩子说得不对，就叫他在镜中看她嘴巴的姿势。

教师用这种方法，一个一个地教着，据说，这班小孩子不久就能把第一步的说话工作——发音学会了。

参观之后，我向教师道了一声“谢谢”，向小朋友摇了几摇手，表示再会，就与校长出了教室,走进一年级教室。一年级的教师也是一位女的,经校长把我介绍之后,就试验给我看看。

这里也有十几个小朋友,他们不但能发音,而且能说简单的字句了。她叫小朋友做了一种很有趣的游戏给我看。

她说:“站起来!”小朋友都站起来。

她说:“走过来!”小朋友就走过来。

她说:“停止!”小朋友就停止。

她说:“跳起来!”小朋友就跳起来。

小朋友个个露着笑容,表示非常快乐。

二年级的小朋友能读书了。

中年级小朋友的程度更高了。高年级的学生能自由说话。他们说起话来虽没有像那个门房说得流利,却也清楚可听了。

最后校长带我去参观唱歌,一走进音乐室,看见十几个十五六岁的女学生,围着钢琴正在那里唱歌。校长叫我走到琴边看看,我一看,心里很奇怪,为什么这些学生一方面嘴里唱歌,一方面围着钢琴,把手搁在琴上呢?我就以这样的疑问问校长。

校长笑嘻嘻地说道:“陈先生,她们的耳朵都是聋的。她们的手指就是她们的耳朵。钢琴一弹,琴上就发出颤动,她们的手指一感到颤动,便能欣赏钢琴所奏的音乐了。”

我听了,恍然大悟。看看时间已不早了,就走出教室,向校长告辞说道:“多谢多谢!这次参观真是使我万分满意,万分快乐。听着哑巴会说话,看见聋子会听音乐,真所谓‘见所未见,闻所未闻’,世界上有多少人有了嘴巴而不会说话,有了耳朵而不会欣赏音乐呢!”

校长说道:“是的是的。”我就说声再会回去了。“哑巴会说话”这个印象,就深深地刻在我脑中而永远不能忘了。

谈谈儿童绘画[①]

小孩子生来是无知识的，他虽然有眼睛、嘴巴、耳朵，但是我们可以说他是一个瞎子，一个哑巴，一个聋子。为什么呢？因为对于围绕在他四周的事物，他是毫无认识的。慢慢地他能看东西、能听声音，由咿呀发声，然后会说话，会唱歌，由拿着笔乱涂，然后会画出很像样的东西，会写出很好的字体，用以表达自己的思想和感情。显然，随着生活范围的扩大，他能认识事物的形态，了解事物的性质，能掌握事物发展的过程和规律，他的知识，一天天丰富起来了。现在我们要问，他的知识是怎样丰富起来的呢？毫无疑义，小孩子的知识是依靠他的感觉器官，从实验经历中得来的：通过他的眼睛，他认识了各种事物的形状，了解了事物发展的过程；通过他的听觉，他能明了他人的思想意识，以及自然界的各种声音；通过他的双手，他了解了各种物体的性质，也学会了处理日常生活中所发生的事情。毛主席的《实践论》明确地提出了“一切真知都是从直接经验发源的”这一论断，否定了唯心论，奠定了唯物论的基础。我根据毛主席所指出的真理，就下面几点，来跟大家研讨研讨有关儿童绘画这一个课题。

一、小孩子为什么喜欢绘画

谈到小孩子为什么喜欢绘画，唯心论的心理学家，便立刻会很肯定地说：“小孩子喜欢绘画，是因为他内心有一种冲动，所以他喜欢拿起笔来画图。”假使我们再追问：“这种冲动是哪里来的呢？”他会毫不迟疑地说：“是天赋的。”这一个论调，流行了不知多少年代，也有形无形地不知支配了多少人，一直到现在，还有不少的人持有这种观点。我们可以说小孩子欢喜绘画，从生理的机能上说，可能产生一种刺激，可是这仅仅是原因之一，而不是惟一的原因，因此，我们可以拿几个很普通的事实，用来否定这一个论调。比方一个八九个月的小孩，看见前面有一个鲜红的苹果，他会很快地爬向

① 本文系陈鹤琴1951年的一次演讲，由喻品娟记录，曾发表于1951年《新儿童教育》杂志第七卷，第一期。

前去,伸出手来拿,拿得到拿不到,当然是另外一个问题;一个三四岁的小孩看见桌上有糖果,也会情不自禁地伸手去拿;再如一个坐在室内做功课的小孩听见门外锣鼓响,脚板底就发痒了,立刻会三步并成二步地跑出去看。这些事实,到底说明什么呢?很显然地说明了小孩子的一切动作,都是受了外界事物的刺激而发生的。因为他看见前面有苹果,所以要爬向前去拿;因为他看见桌上有糖果,所以要伸出手去拿;因为他听见锣鼓响,所以要跑出去看。根据这些事实,我们可以明确地说,小孩子喜欢画图,并不是内心有一种天赋的冲动,而是受了外界事物的刺激,在他脑子里留下一个深刻的印象,于是他借画图表达出来。在幼稚园,在小学里,我们可以看到许多写实的图画,比如小孩子看见反对美国扶植日本的示威大游行,回来之后,拿起笔来很自然地会画上一大队的人手拿着旗子游行,或者是画出一幅人民解放军打倒美国反动派的图。有时听先生讲了一个三只羊的故事,他可能也会画出来。有时在户外看见一只羊在草地上吃草或是一个人牵着一头牛,或者他自己去了一次电影院,跑了一趟公园,只要是他看见的事情、听见的事情,以及在他四周所发生的许许多多的事情,他都尽可能地把它们画出来,画得像不像,那又是另外的一个问题。因此我们可以知道,图画是小孩子表达思想的一种方式,因为他词汇很少,不能用语言来表达他所看见的、听见的以及他自己所想的,但是小孩子受了外界事物的刺激,一定要反应,于是就用图画来表达他的思想和情感,这是小孩子喜欢画图的主要原因。

二、小孩子绘画的发展途径

研究小孩子绘画最普遍而又最精细的恐怕要算德国克申斯泰纳(Kerschensteiner)①,他花了七年工夫,察看了5.8万个儿童绘画的发展,一共研究了30万张图画。所得结果如下:

(一) 实验前期(涂鸦期)

大概2岁到4岁的小孩子,在此期内,只能绘画人物的局部,毫无系统,毫无秩序,需要儿童自己加以说明是牛是马。

(二) 定型图式期

小孩子到此期,稍为可以绘画,不过所画的东西,仅仅是一个图式,如以圆圈代表

---

① 克申斯泰纳(G. M. Kerschensteiner),德国教育家。

人面或者是动物面；以两条直线代表两条腿。至于图画的内外面、远景、空间等，儿童毫无所知。

（三）线与形色期

到此期，儿童对于怎样长的线，怎样大的形式，可以分辨出来了。

（四）平面画期

儿童眼睛所能看到的部分，大都能画出来，只是对于远近、大小、明暗等精巧处，儿童还不能画。

（五）立体画期

能辨别高深阔三边之形式，他可以画三边形的图画了。

下面，我再以儿童画人形画为例，用来说明儿童绘画的发展途径：

1. 线条：儿童最初所画的是顺着手势，从肩节或肘节来回摆动，画出一堆连接的、倾斜的、微曲的线。

2. 圆圈：比线条更进一步是圆形线，这种旋转的动作，大都是顺着时针走的方向转的。而动作的发展，是从大肌肉的动作到小肌肉的动作。

3. 定型：儿童画人的发展规律，可以说与人在胎内的发展是相同的。儿童在胎内的发展，首先是头的生长，然后是身体，由身体的生长然后到四肢，可以说是从上到下，由内到外的发展。儿童画人也是如此，首先是画一个大头，然后以两条直线代表身体，由躯体然后到四肢，最后是画手指。人的形状画成功了，于是，就会由画正面人而侧面人，最后是画人的各种动作。①

三、图画应该怎样教

上面我们已经谈到，儿童绘画的动机，是受外界事物的刺激所致，根据这一个论点，我们对于以往图画教学的方法，可以做一次彻底的检查，将以往临画的方法，予以否定。今天，我们教儿童画图，首先，要扩大儿童的眼界，丰富儿童的经验。因此，要指导儿童向大自然大社会去取材，带领儿童对自然界中的山川河流、苍松翠柏、飞禽走兽、五谷六畜以及围绕在我们四周的各种事物进行精湛的观察，以扩大儿童的眼界。对大社会中所发生的千千万万的事物，亲身体验，以丰富儿童的经验。这样，我

① 参看《活教育》六卷二期。

们可以看到儿童许多真实而有意义的作品。这是我们今天教图画的一个正确方向,循着这个方向,配合儿童五爱教育,使儿童从图画的教学当中,不仅得到某些技术,更重要的是对新社会新事物有一个正确的观念。

下面,我就图画教学提出几点来跟大家讨论一下:

1. 我们应不应该叫儿童画了再画?

2. 我们应不应该校正图画的错误?

关于这两个问题,十几年前,我曾经做过一个试验,很可以提出来给大家做个参考。

我的大孩子一鸣,有一天他拿了一张他所画的兔子——记忆画给我看,我看了之后,便叫他把我们所养的一只小白兔捉来写生,我的三个小女孩子看见一鸣画兔子,大家也要来画。

我们把兔子放在一个积木搭成的圈子里,他们大家拿着铅笔画,他们画一张,给我看一张,我就指出图中的错误地方,如是有的画了四张,有的画了六张,兹将受试者的图画列后:

一鸣(11岁5个月)的图画

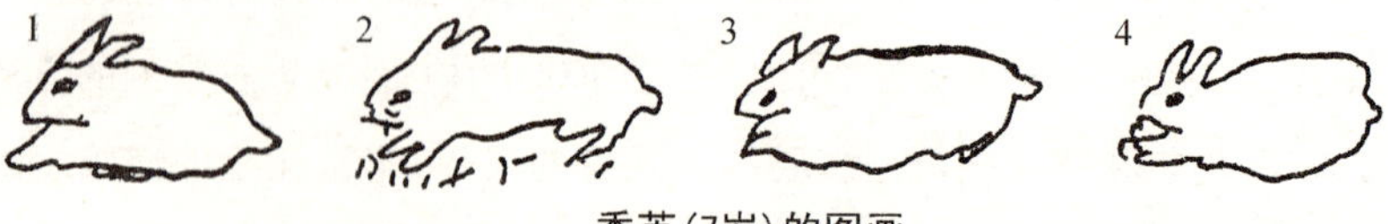

秀英(7岁)的图画

秀霞(9岁2个月)的图画

秀云（4岁8个月）的图画

根据一鸣、秀霞、秀英、秀云的图画，作为我们讨论的张本，可以得出以下的结论：

第一点，儿童年龄愈大，他的写生能力愈强，他能够：1. 集中注意；2. 分析对象的部分；3. 描写对象的形状。

一鸣年龄最大，画得顶好，秀霞次之，秀英又次之，秀云年龄顶小，画得最坏，到后来甚至画得像人了。她画的时候，没有看了兔子画，她只晓得画兔子，就随便在纸上乱画，她不能集中注意，不能分析对象的部分，更不能描写对象的形状。

对于画了再画的问题，我们可以说年龄大的小孩子是应当再画，我们看一鸣、秀霞的图，尤其是一鸣画的，就可以证明年龄大的小孩子，重画的价值更大。我记得当时他们画的时候，一鸣、秀霞对于画的兴趣很浓厚，但是秀英、秀云对于重画，没有多大的兴趣，而所画的图画也没有多大的进步。

第二点，我们可以说年龄愈大的儿童愈能领会错误，也愈能校正自己的错误，看了以上的图，我们就可以明白。

总之，对于年龄大的——9 岁以上的小孩子，我们不妨叫他重画；画得不对，可以校正他的错误，而对于年幼的小孩子重画和校正没有多大价值。

最后，我们再来谈谈工具问题。毫无疑义，工具愈多，变化愈多，儿童对于图画的兴趣也愈浓厚。因此，教儿童画图不限于蜡笔画、铅笔画，还可以用水彩画、木炭画以及木刻等等。尽可能地在现有的条件上创造多种多样的画图方式，以培养儿童的图画兴趣，发挥儿童的图画才能。

总括以上所述，今日的图画教学，根据唯物的观点，在新的教育方针下，有它新的动向和内容。很显然，图画教学也必须负起培养儿童五爱的任务，引导儿童从社会中取得真实的材料，描写自然界中的真实现象。就儿童图画心理的发展，分别采取不同的教学方式，随时随地指导儿童观察，以培养儿童正确的观念，启发儿童的思想。用图画的方式，让儿童多多发表自己的思想和情感，以完成图画教学的新任务。

从一个儿童的图画发展过程看儿童心理之发展[①]

一、儿童绘画研究史简述

绘画像音乐、言语一样，是人类表情达意，交流经验，记录史事以战胜空间、时间的最早、最有效的一种工具。世界各国的文字，也都是从图画演变过来的。我国的汉字，就是从象形文字开始的，到今天还保留着一些象形的痕迹。

历来教育家都很重视儿童的绘画。苏联的儿童教育专家克鲁普斯卡娅曾给绘画以高度的评价。绘画可以依据儿童第一、第二信号系统的相互的作用来促进儿童思维的发展，儿童能在绘画中反映他所看见的，以及叫出名字的东西，并用言语来说出东西的名字。通过绘画这种手和眼的联合动作，儿童还可以更好地理解周围的事物，并巩固所得的观念，通过绘画还可以培养儿童良好的情感和道德品质，这就为唯物主义的世界观打下了初步的基础。

绘画对于儿童是有强烈的吸引力的，没有一个儿童不喜欢画画。一个二三岁的儿童就会握着蜡笔或铅笔在纸上乱涂乱画，你若不给他适当的纸张，他就会在墙上乱涂！

因此儿童的绘画，从古以来，就引起了哲学家、教育家、心理学家和精神病学家等的浓厚的兴趣。

早在公元前 4 世纪，古希腊的哲学家亚理士多德（公元前 384～前 322 年）讲到图画教育的意义和必要性时曾说："必须用三种艺术的表现方式来教育青年，即：色彩和形状的表现方式；声音和文字的表现方式；和谐和节奏的表现方式。"[②]这里所说的色彩和形状的表现方式，就是绘画。

---

① 本文是陈鹤琴 1956 年 12 月在南京师范学院第一次科学讨论会上所做的报告，同时展出一鸣从 1 岁到 16 岁 561 张图画中的 205 张。

② 转引自孔达赫强：《中小学图画教育法》第 2 页。

通过儿童绘画的研究，我们可以更好地来理解儿童心理之发展。世界各国谈到儿童图画的研究的书籍论文，到今天为止，不下 600 多种，进行这类研究的心理学者竟达到 500 人以上。① 由此可见，儿童的图画不仅是一个重要的儿童教育问题，也是一个重要的儿童心理问题。

1887 年意大利人里奇(Corrado-Ricci)研究意大利儿童的图画，这恐怕是第一次有系统的研究。

关于儿童的图画，最广泛而最有价值的个别研究恐怕要算法国的卢马(Rouma)了，他研究了六组儿童的图画，在 1913 年出版了《儿童的绘画语言》(*Le Language Graphique de L'Enfant Brussels*)，他的儿童画的分类法是很有参考价值的。

真正具有价值的个别儿童的图画的系统研究，要算法国心理学家鲁奎(Luquet)的研究了。鲁奎研究他女儿从 3 岁 3 个月到 8 岁半的五年三个月间所画的图画约 1 500 张。这些图画可说完全没有受到成人的影响而画出来的。鲁奎把他女儿的图画全部印了出来，这是一个埋头苦干、长期劳动而获得的丰硕成果，因此，是一本很有参考价值的研究儿童画的书。但是，书中没有他的女儿在 3 岁 3 个月以前的图画，从儿童绘画发展过程中的完整性来看，这是一个缺陷。

麦卡蒂(Stella Agnea McCarty)主持的美国世界幼儿教育协会的儿童研究会也进行了研究，②他们研究了 31 239 张儿童图画之后，把儿童的图画分成四个时期，即：

1. 涂鸦期：儿童开始时都是随便乱涂的，纯粹是为了满足他自己用画笔在纸上随便画来画去的愿望，至于所画成的东西还是没有意义的。

2. 象征期：在这个时期里，儿童把自己涂鸦出来的东西开始赋予了意义。如一个圆圈成了一个人，一条直线就是树，这样，虽有一定的象征意义，但还不能真正地表现出对象的真面貌。

3. 定型期：在这个时期里，儿童所画的图画已能表达出对象的某些特点。例如人是有圆圆的头的，头上还有鼻子、眼睛等。这些外形已和别的动物不一样了，但还是呆板的、无生气的，缺乏透视和立体感，也不能表达出光线的明暗。在这个时期，儿童的图画说明了他所画的仅是他所知道的，而不是他实际所看到的。

---

① 参看 B. W. Wolf：The Personality of the Pre-school Child 一书所附参考书目录。

② 参看麦卡蒂：《儿童图画》。

4. 写实期：儿童的图画发展到了这个时期，可以说是最高的阶段了。在这个时期里儿童的图画除已能正确地画出事物的形状外，还能注意到透视、明暗、气氛、结构等方面，试图表达出事物的真实感和审美感。

这种图画分期的方法对儿童图画的研究是很有帮助的。但是麦氏对各期的特征还没有更具体、更详细地指出来。

1937 年黄翼①出版了《儿童绘画之心理》，他以考夫卡(Koffka)的完形心理学的观点来解释儿童的图画，是值得研究和商榷的，也是我下面要谈的。

二、研究的目的、对象和方法

(一) 研究的目的

我们研究的目的是想从一个儿童的绘画中，来了解儿童心理之发展。儿童的心理是在遗传的影响下，通过生活经验和教育实践，由简到繁逐渐发展的。它们的范围也很广泛，不能一一论及，这次我们研究的具体要求是下列几点：

1. 通过一个儿童的图画的研究来了解他某些知觉和概念的发展情况。
2. 了解一个儿童所绘的图画的本身的发展过程和阶段。
3. 儿童图画与其感知认识间的关系。
4. 儿童绘画与其生活经验和教育实践间的关系。
5. 关于完形心理学派对儿童绘画看法的一些意见。

(二) 研究的对象

研究的对象是我的孩子一鸣，从 1 岁 1 个月起到 10 岁 8 个月止所画的 431 张图画。

为了要更好地分析、研究儿童的图画，我们应当先对绘画的儿童本人有个适当的了解，因此我就把一鸣的情况简单介绍如下：

一鸣是个男孩子，他生于 1920 年 12 月 26 日，出生以后，他的身心发展一般都在水平以上，他是我研究儿童心理和儿童教育的对象。

到了 1 岁 1 个月，当他还不会走路、不会说话的时候，我就让他坐在我的身上，靠着桌子，教他握着铅笔在纸上绘画。当他自己会坐的时候，就为他特制了尺寸合适的桌椅，并且充分供给他纸张、蜡笔、铅笔等，让他乱涂乱画，还常鼓励他说："画得很

---

① 黄翼(1903～1944)，中国现代心理学家，专长儿童心理学、实验心理学。浙江大学心理系教授。主要著作有《儿童心理学》、《心理学》、《儿童绘画之心理》等。

好。”开始的时候，我还把他的画钉在墙上，以启发他的兴趣。这样他对于绘画渐渐感到莫大的兴趣。有时候我先画一张给他看，来启发他的绘画兴趣。有时候我带他到书店里去买一些画片、连环图书等，有时候家里来了会绘画的客人，也对他的图画给予一些鼓励和指导。到了小学年龄时，我常带他出去玩，在游览的时候，他也带了画具到处写生。一鸣顶喜欢替别人画像，他能在10分钟之内完成他的速写。因此他画的图是很多的，上述400多张图画不过是其中的一部分。

（三）研究的方法

一鸣开始作画的时候，我总是尽可能地坐在他的旁边，注意他画并加以鼓励，他画好之后，我总是问他画的是什么，然后在他的图画边上，注上他绘画的日期、内容，必要时，把他当时绘画的情况加以注明，注好后我就把他的图画放在抽屉里保存起来，并且告诉他说：“我把你的画收起来。”这样他绘画的积极性更高了。后来我把贴他图画的本子保存了二三十年，其中除了一小部分在《儿童心理之研究》及《一个儿童的人形画之研究》①一文中谈过外，其余的直到今年秋天才加以利用。我把这些图画撕下来，分别贴在纸上，每一张都算出他绘画的年龄，然后根据其绘画时间的顺序和主题分别编号，再根据其绘画的程度分成四个时期，最后研究这四个时期中的心理发展情况，根据这些材料得出总结。

三、材料的分析

为了要进一步了解儿童的绘画心理，首先我们应当对儿童的一些心理、生理情况，特别是对这个时期的心理发展要有个初步的了解。

感觉是儿童心理活动的基础，是人类认识的最初阶段。外界事物的种种刺激影响着外部的感觉器官，如眼、耳、鼻等，引起了神经的兴奋，这种兴奋沿着神经纤维进入脑中，形成了相应的神经兴奋中心，从而产生感觉过程，如看到颜色或闻到气味等。

在这种种感觉的基础上，儿童的经验积累起来了，他的知觉也就丰富起来。儿童到了6个月，通过听觉、运动觉、肤觉、嗅觉等等的分析器，特别是视觉分析器，就能分别感知、认识各种物体的颜色、形状大小以及各种动作。

通过儿童实际生活经验，儿童大脑皮质的各种暂时联系就形成起来，儿童与周围世

---

① 《教育杂志》1926年第十八卷第8号。

界的关系愈复杂，他的分析器的活动也就愈完善，感受性与差异感受性也愈为发达。

儿童知觉中比较复杂的就是空间知觉与时间知觉，前者如物体的远近、大小、形状等，后者如白天、黑夜等。我们怎样才能辨别它们呢？我们主要的是靠视觉、触觉和运动感觉等。在这些感觉的基础上，才建立起我们的知觉。而这些感觉、知觉的东西就是我们第一信号系统的材料。

不过学前时期的儿童的大脑皮质活动中兴奋过程比抑制过程来得强，这种现象在象征期开始时顶突出，因此儿童对外界的各种刺激是很敏感的，他可以忽而哭，忽而笑，忽而这样，忽而那样，不能自我控制。这在图画中也能充分表现出来，例如他可以一会儿画个蝌蚪，一会儿画一头象，一会儿又出现了鞋子，这就是为什么儿童时期特别是二三岁儿童，图画的画面比较混乱的原因。

儿童在生活经验中从第一信号系统所感受的无数信号，通过语言达到了抽象化和概括化的地步，因此儿童的思想也就有条件发展了。他的观察力、辨别力、组织力也就逐渐地发展起来。这一简单的儿童心理发展过程，我们可以从一鸣的图画中得到证实。

从生理方面来说，走路对这个时期的儿童是一件很重要的事。走路是战胜空间的重要活动，也就是使他与周围世界接触的范围扩大了。通过与各种事物的接触，他的感觉、知觉更加发展，各种条件反射也渐渐地建立起来，这也就是说他生活的经验更加丰富了。这些都是为丰富他的绘画内容创造了良好的条件。

从儿童的骨骼来讲，1 岁到 3 岁的儿童的骨化过程是很强烈的。他们手指间的软骨正在开始形成。腕骨中间的骨头正在逐渐长大，骨与骨之间的空隙逐渐缩小，肘部和肩部的骨骼也有逐渐骨化和变硬的情形，这些发展使得儿童渐能执笔画图了，但还不够正确；到了七八岁，他的腕部骨骼的骨化作用渐渐完成，所以他的图画就更能正确地表达客观事物而进入到“写实期”了，这一点，从一鸣的图画中也可以得到证明。

如上所述，儿童图画的发展是随着他的身心的发展而发展的。也就是说儿童的图画是受着生活的经验和教育实践的影响的。它是一个继续不断、逐渐发展的过程。为了便于说明问题，我把一鸣的图画分成四个时期，但这四个时期里面都有过渡期，这些图画与其上一期和下一期的图画都发生密切的关系，因此过渡期的图画是两期都可以列入的。

第一期　涂鸦期　1～2 岁　共 21 张

第二期　象征期　2～3 岁　共 45 张

第三期　定型期　3～7 岁　共 241 张

第四期　写实期　7 岁以后　共 124 张

由于各个儿童的身心发展、生活经验和教育实践各不相同，儿童图画发展的速度也不一样，所以上述各期的年龄划分，各个儿童是不一样的。世界各国对图画分期的名称可能也不一样，但这种发展的过程和发展的顺序却大致相同。

（一）涂鸦期

儿童图画的涂鸦期就好像儿童在 1 岁以前发音期一样。在发音期里儿童常常自发地发出一些无意义的声音，开始时常常是一些单音的重复练习，如“ă、ă、y、y、e、e”等，就好像图画中从左到右的弧形线条的重复出现（波形图）；三四个月时儿童会发出“a-yee、tsa、m-ba、m-by、kêh-kee、ya-ya”等多种多样的声音，就好像在儿童的图画中出现了许多杂乱的、不同方向的、无意义的线条（乱丝图）；到了六七个月后，儿童会吹口涎发出“bōō-bōō”的声音来了，而且往往一吹吹上四五分钟，正如儿童在纸上持续的画圆圈（圆形图一样）。这些声音是儿童的发音游戏，儿童早期的图画也可以说是一种绘画的游戏。通过这些游戏，儿童逐渐不自觉地学会了发出各种声音和执笔画图的方法。

所以，在涂鸦期里，儿童的图画可以分成三个阶段：

1. 波形图。

儿童开始画图时，常常是一种从左到右的继续不断的弧形线条，而这些线条总是略微向上的，见图 1，2（1. 0. 13）（文中小括弧内的数字是指绘画时的年龄，如 1. 0. 13 即 1 岁零 13 天，其余类推）。这两张图中也有一些较乱的线条，但真正的从上到下的线条是到图 2 才出现的。这说明从左到右的线条比从上到下的线条容易得多，因为儿童的手臂总是靠着桌子画图的，他绘画的动作主要在手腕，而手腕从左到右的执笔动作也远较从上到下容易。到第四张图，他改

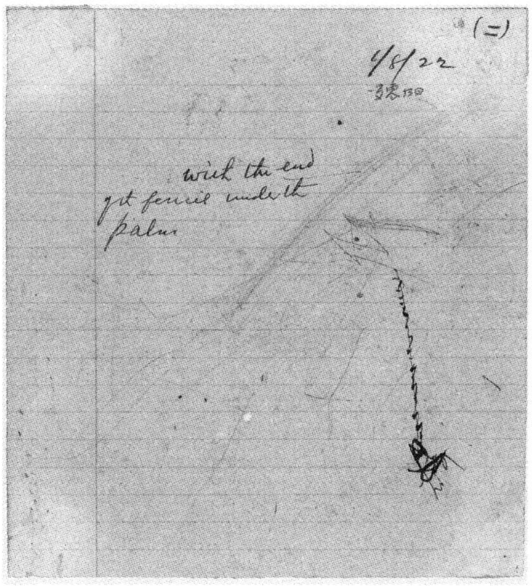

图 1

1. 小孩子初次所画的图大概是从左到右，不是从上到下的。
2. 这怕是因为左右的动作比上下的动作容易做些的缘故。

用了一般执笔的方法(本来是用手掌包住铅笔的一端作画的),画时肘部又提了起来,才有画从上到下的线条的可能。这个理论也可以证明,我国近来实行的从左到右的文字的新的写法是合乎儿童手臂自然动作的要求的,比原有的从上到下的写法来得优越。

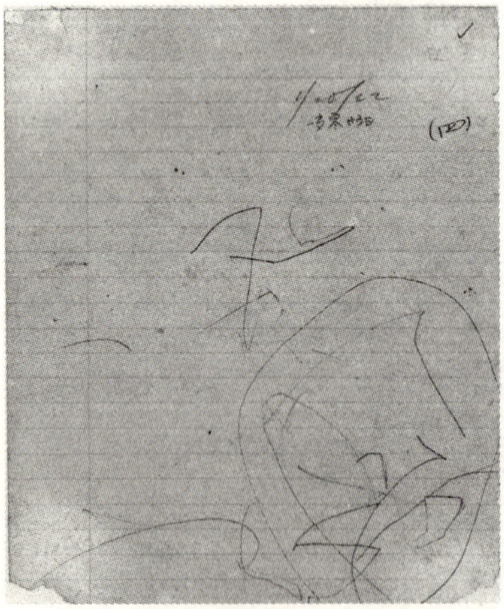

图 2

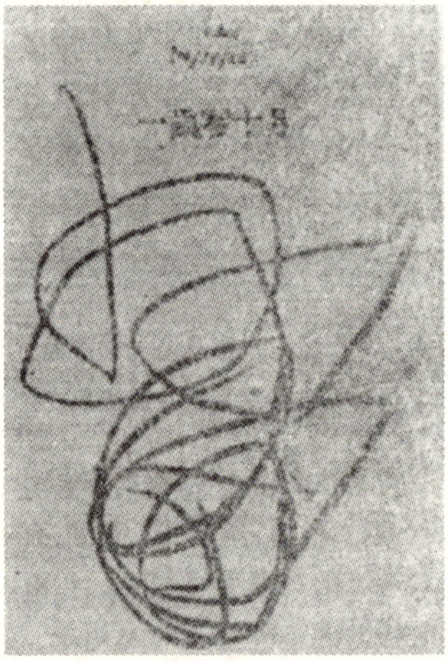

图 3

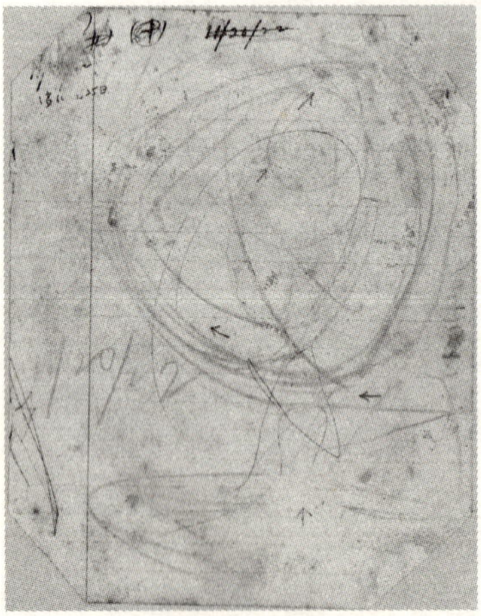

图 4

1. 小孩子未能画成人物之先常有这种画圈的步骤。
2. 小孩子画圈的方法是顺时针方向的,这一点与书法应有重大的关系。

2. 乱丝图。

在这个时期儿童试画着不同方向的直线和曲线,他想表达出自己的意思,但是画不出来,只好乱丝似的涂鸦(见图 1),到了图 3(1.9.11)出现了三个突出的部分,在这三部分中,出现了圆圈,这样就逐渐到了圆形画的阶段了。

3. 圆形图。

此时儿童对于执笔作画已有了相当的经验,他能用劲地画了。他画圆圈的方向一般是顺时针的。这样的画法也是有其物质基础的,因为从手臂到手腕的动作来看,顺时针的方向比逆时针的容易得多,这是儿童画圆圈的一般情况。到了 1 岁 11 个月,他所画的圆圈就更圆了(见图 4)。

(二) 象征期

在这个时期，儿童的图画由圆形逐渐分化。他的图画虽已渐能表达出自己的意思了，但是看起来还不像真的，仅有象征的意义，所以叫象征期。到了后来他就渐能画出物体的特征而进入定型期。

在象征期里的图画，我们可以分成三个阶段，即：

1. 普遍性的象征阶段。

在这个阶段里的图画，仅有普遍性的象征意味。如图 5(1.11.0)，他以一个圆形来代表鼓，事实上这个圆形是可以代表各种各样的东西的，而鼓的主要的特性却并没有因此真正地表达出来。又如他画了许多无组织、无联系而不规则的圆形，画好后他指着一个圆形说是“面包”，指着另一个圆形说是“桃子”，对于其他的许多圆形就未加说明了，实际上这些圆形是都可以指为面包、桃子或其他的东西的。在另一张图中，他画了几个圆圈后，指着其中的一个说是“一鸣”，这样他竟以一个圆圈来代表一个人了，这种象征是太广泛了。

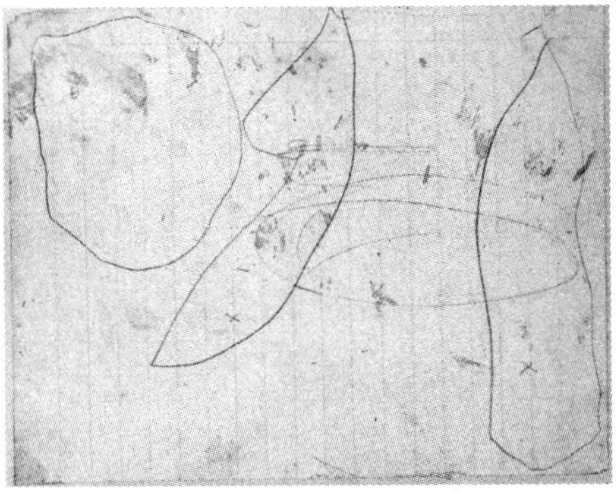

图 5 一般性象征——可以象征任何东西。

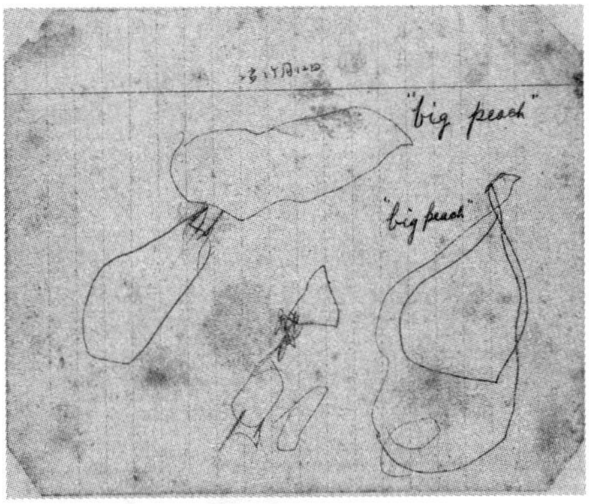

图 6 类别性的象征——凡是上尖下圆形的水果都像。

2. 类别性的象征阶段。

在这个阶段里，他所画的图形，虽能代表某一类东西的特征，却还不能代表某一个特定的东西。如图 6(2.1.12)他画了三个一头较尖的圆圈，他指着两个大的说“big peach”(大桃子)，指着其中另一个较小的说是小桃子，该图中的圆圈确已具有一些桃子的特征了，但是要说这些一头尖的圆圈是与桃子同类的水果“梨”又有什么不对呢？因此我们说这张图仅有类别性的特征(水果类)，还没有出现个别性的特征。不过，从大、小桃子的对比中，我们可以知道他已有大、小的观念了。而且他还学会了以轮廓来代表一件东西了。如图 7(2.11.0),他在圆圈的较大的一端画了几点说是眼睛,又在较小的一端画了几条线说是脚,画好后说这是“horse”(马)。在这张图里有两点是可以注意的,一是他以圆圈来代表马头的轮廓的,二是马身上最引起他注意的是眼睛,其次是脚,所以画中只有眼睛和脚。为什么眼睛和脚会引起他的注意呢?因为它们是会动的,所以儿童就注意它们。这张图是象征一般动物的,因此它的象征性还是较广的。

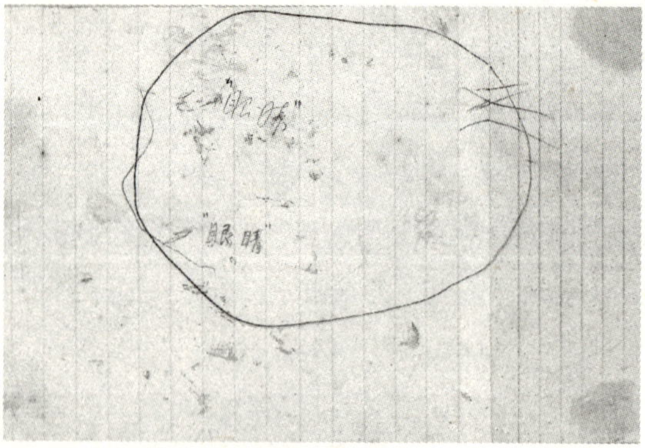

图 7 小孩子当初画动物与画人是没有什么分别的。

我们再看图 8(2.11.16),上面画的是一只头向左的侧着站的鸟,头上只有一只眼睛,这是他第一次的侧面画,也是第一次头向左面的图画。究竟为什么要头向左边呢?这个问题是很值得研究的,据我的估计他开始画画的时候,线条总是从左到右

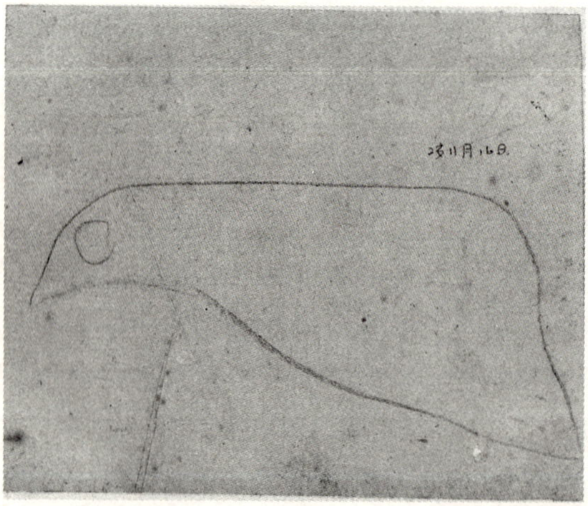

图 8 特殊的象征——表现出鸟类某些特殊的形状。

的，所以他开始画动物时也是从左到右，而把头放在左边了；同时从手腕的动作来说，从左到右是顺时针方向，画起来比较方便些。在另一张图中，他画了一只鸟，也是一个侧面画，画得很正确。证明上述从左到右的方向是较易画的。我们再看图9(2.11.27)，上面的蝌蚪也是一个侧面画，当他从左到右的画成一个圆圈时，他本来按照上述原则把眼睛画到左边去的，但是他发现圆圈的右部要大得多，因此他才根据蝌蚪头部较大的原则把眼睛画到右边去。这可以证明，他在差别较小的程度内也能辨别大小了，他的辨别大小的能力已使他克服了一般头向左的绘画趋势了。在图的下部左方画了一个三角形的东西，右方画了一些零乱线条的另一个三角形，他指着第一个三角形说“man’s shoe”(人的鞋子)，又指着右面的说“elephant”(象)，又在二者中间联了根线说“band”(带子)。这张图说明了下列几个问题：

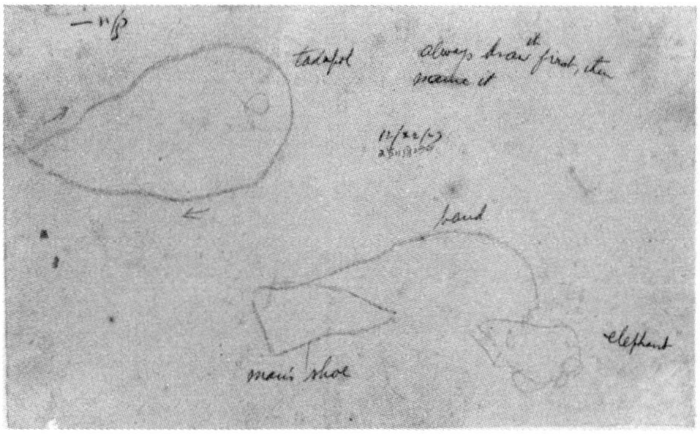

图9 象征期特性之一。忽略了大小比例，
但正确地重视了物体的形状。

(1) 他并不是事前想好了要画什么然后再动手的，而是根据随意画出来的图形，联想到自己经验中所看见过的形状类似的东西，然后予以适当的名称的。

(2) 在日常生活中，我们都知道真正的象远比鞋子为大，在图中看起来，二者却差不多大，这是不是说明他没有大小观念呢？不是的，好久以前他就知道桃子有大小之别了。在这里他已把物体的特性分成主次了，他认为形状的相像是主要的问题，所以就不去考虑大小的问题了。这就是儿童的图画在成人眼中往往显得很奇特的原因之一。但它们却是富有创造性而别出心裁的。

3. 个别性的象征期。

个别性的象征期的图画，已能表现出某种东西的特性了。我们再看图10

(3.0.1),这里,他画了许多不规则的圆圈,在大的圆圈里他画了一些曲线说是"mountain"(皱纹),然后又画了鼻子、嘴和头发等说是"face",这样就表现出了人面的特性了。但是够不够呢?还是不够的,他没有把人的主要东西——眼睛画出来,反而把头发等次要的东西画出来了。他为什么不画眼睛呢?因为他先没有想到要画人,后来在大圆圈中逐件添上去的,等到画眼睛时就没有地方画了。这里有一个心理的现象,就是他已有了人脸的概念了。这个脸的概念比鼻子、嘴巴复杂多了,因为要包括圆圆的脸和其上的五官,这些东西合起来才叫脸,这比单独的物名复杂多了。

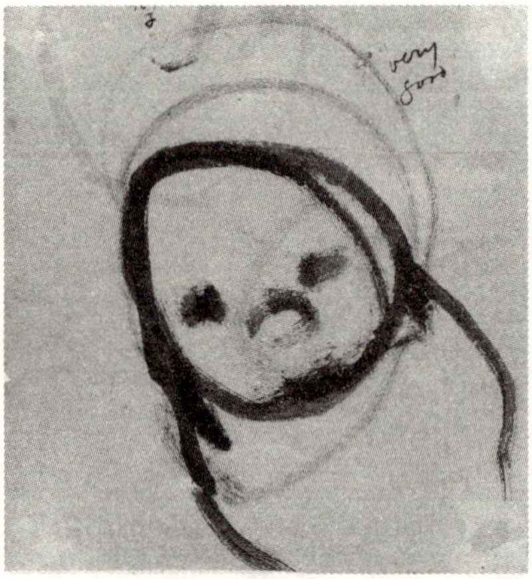

图 10

1. 平常小孩子画面孔总是先画一个外缘再画口眼鼻的。
2. 这三件东西的地位大概不会颠倒的。
3. 小孩子之所以先画口眼鼻而后画耳眉发等物者,大概是因为口眼鼻较为显著的缘故。
4. 这张图上的头发是例外的。

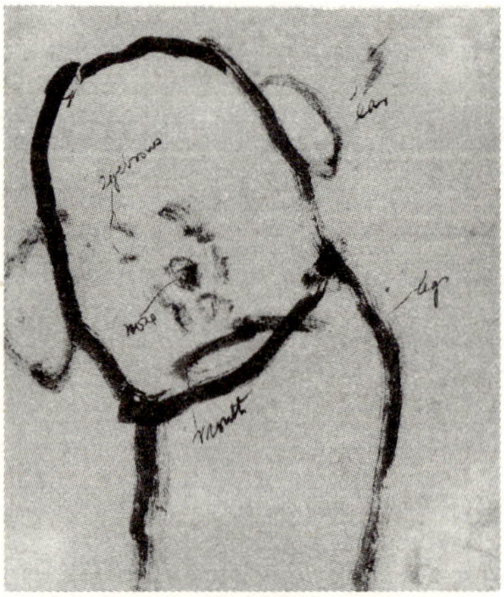

图 11

1. 耳朵眉毛发现了,腿亦发现了。
2. 身子较腿发现迟些。

图 11(3.1.20)画的也是人脸,在这张画里,我们要提出下列几个问题:

(1) 儿童的人型画是用什么图形来代表的?他们不是用一点来代表眼睛就算是人了,也不是用一个小圈来代表嘴就算是人了,而是用一个大圆圈来代表人的脸的。如上述的图中他画了一个圆圈来代表他自己。因为人是有面积有轮廓的,而圆圈是简单的,最容易画的,又能代表面积的方法,还有人的面孔一般是圆形的,所以要用圆形来代表;人的主要特征是脸,而人对儿童印象最深的也是脸,因此他就常用一个圈来代表一个人。

（2）在这张图里人的面孔的特点是什么呢？最主要的是眼睛，其次是嘴巴，再次是鼻子，为什么呢？眼睛能动能看人，嘴巴能吃东西、发声音，也是能动的。鼻子主要的是突出在脸的中央而引起儿童的注目的。头发、耳朵以及其他东西在儿童的眼光看来，一般都是次要的。因此在儿童画人的时候，这些部分常常是出现得较迟。两只腿因为走路的关系，引起儿童的注意，而且一般人对“人”的概念，都是从头到脚才算完整的，所以脚也是为儿童所重视而出现得较早的。

（三）定型期

一鸣的图画从涂鸦期逐渐发展经象征期，而进入定型期了。他的图画的发展是随着其心理发展而发展，也是随其绘画技能的发展而发展的。因此在这期的图画的特点不是固定不变的，而是发展的，但儿童绘画技能总是落后于他心理的发展的。黄翼说到定型画的特点时，曾提出：“定型期的图画是一些呆板的、固定的、拘执一定格式的模型和公式。”虽然定型期的图形曾经有人称为设计的画形（schematic drawings）或定型画（formalized drawings），但实际上定型是有一个过程的，从一鸣的图画中检查起来这是正确的，下面我预备详细地谈一谈。

定型画发展的特点：

1. 从简单到复杂，这里有几点可以说明的。

（1）从线、圈发展到面：在涂鸦期我们已指出儿童开始是画从左到右的弧形线，从上到下的圈，这是合乎他手腕动作与要求的。我们知道点是较难的，因为点是用小肌肉的精细的动作。如图 11，人脸、耳朵都是圈，眼、鼻等都是不规则的小圈、短线。到 6 个月之后的图 12(3.7.2)中，虽出现了点，但这里的点还不过是一根短的线，真正的点还要到 4 岁 4 个月时才在图中出现。我们看图 11、图 12 的脚和手都是以线来表示的，到了 3 岁 11 个月才出现有面积的脚和手。

（2）脚的演变：一鸣 3 岁 1 个月时，他画的人的两只腿仅是两条直线，而且是腿脚不分，直接长在头的下面，因为那时还没有头颈和身体。到 3 岁 11 个月时，腿脚已能分别开来了，但是很粗陋。之后大腿小腿有了区别，脚和腿也区别开了，还出现了走路的姿势。

（3）手脚的出现问题：一鸣图画中的手比脚出现得晚，到图 12 才有手。在麦卡蒂图画测验的最初的人形画图 903、473、502 中，[1]黄翼《儿童绘画之心理》第 14 页图 5、6、7

① 参看 McCarty：Children's Drawing。

中及拙著《儿童心理之研究》第323页的图3中,都是先有脚的。其原因前面已经谈过,这里就不再重复了。

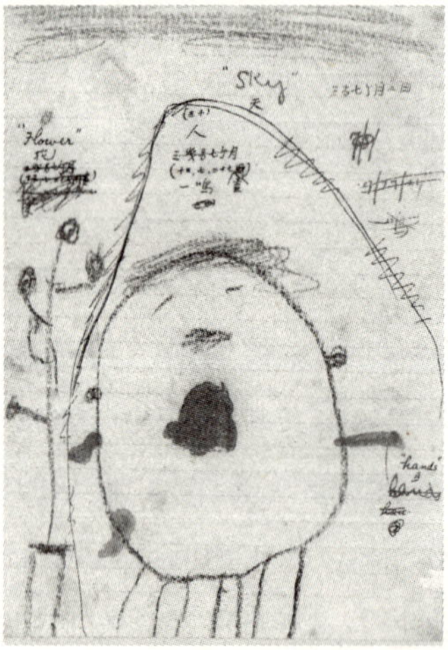

图 12

1. 这里的头发画得很有意思了。
2. 添了两只手而手之地位画错了。

图 13

1. 人在水中游玩。
2. 加了一项帽子。

(4) 手的演变:在图12中,在头的两边出现了两只手。在这里我们要说明手的位置虽有错误,但图画中手的方位是正确的(两边),而且两手长在同一个平面上的,这种观念我们看了其他的图也是如此的,如黄翼著《儿童绘画之心理》第16页图8也是这样的。到了图13(3.9.8)出现了身体,手就下移到身上了,说明有了身体才有正确的位置。手与手臂的划分,到3岁11个月才开始。手指到4岁2个月才开始出现,但手指数目是不是正确的呢?在这一张图中两只手都是三个手指;到4岁6个月一张图中,有一个人是四个手指,有一个人是八九个手指;到4岁7个月画的人的右手已是五个手指了,但另外一只却是一个手指;到了4岁8

图 14

1. 这个工人画得不错了。
2. 有帽子有颈项。
3. 手有五指了,从前只知道手有指而不知有五指的。

个月两只手的手指都对了，这说明数目1，2，3发展得较早。3以上的数目要到4岁8个月时才清楚。手臂从图12中出现后，一直到3岁11个月时的图中才由线变成面积，到图14(4.8.17)中，还出现了手掌，手指也成为有面积的了。但真正有皮有肉、发展完整的手是到4岁10个月时才有(见图15)。

图15　二妹半岁，有几分象。

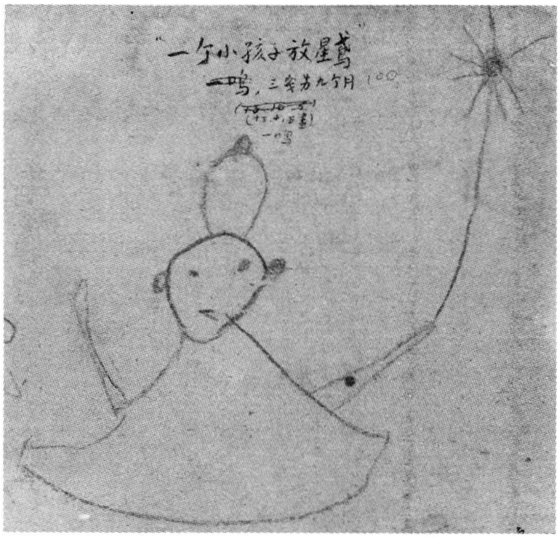

图16　用一条线来表示动作。

(5) 手的动作：在一鸣的图画中，最早表现用手拿东西的是图16(3.9.10)，他用一根线条作为手臂，上面联着一些符号来表示手放风筝。到了4岁6个月，他会把手和所要执握的东西画在一起了，但还不会用手去握它，到了6岁1个月开始有了执握的姿势，但正确地拿东西，要到写实期才能画出来。

2. 从正面到侧面——方位观念的发展。

儿童画人一般都是正面的，为什么呢？因为儿童所看见的人总是正面对着他的，因此正面的人对他的印象特别深刻。动物则不然，因为一般动物都是四脚横立的，所以儿童对它们的侧面的印象特别深刻。如图17(3.1.20)画的牛。一鸣开始画的人都是正面的，至图18(3.1.0)中爬山的人就侧过来了，到了图19(3.9.26)时，画中的动物虽已侧过来了，但人却还是正面的，就充分说明了这个问题。这两张图中的人都应当是侧面的，所以身体和头都要转过去，腿有一条不能画出来，这是较难的，要到以后才能做到。当时虽然实际上他看见的骑马的人只有一条腿看得见，但是他也只好根据他所知道的人有两条腿的认识作画，这就是一般心理学家常说的："儿童是画他所知道的，而不是画他所看见的。”到了3岁10个月时，他已会画侧过来的单独的人了；到了5岁时，他画的侧面的人和鸟已经很好了(见后两图37、38)；但在图20(4.10.0)中所画的骑在马上的人，又侧不过来了，这里他是不是不知道要侧着画骑马的人呢？不是的，他不是不知道，而是他不会画，所以上面那一句传统的解释是不够正确的。实际上儿童是想按照他所看见的去画的，但他不会画，所以只好画他所知道的。一鸣到了6岁已能画真正的侧面图了，这是比较早的；在6岁7个月时，他画了一个壮年的男子，侧着身子在看书，他的低头看书，伸手执书，两脚分立的姿势都很准确，神态也是一副看书的样子。另外，他以简单的几笔线条，画出两个人侧坐着吃饭的姿势，他们手的长短虽不正确，但姿势却很生动，椅子和桌子的脚的排列也是颇有立体感的；不过正确地画出骑马的侧面人，要到写实期才出现。

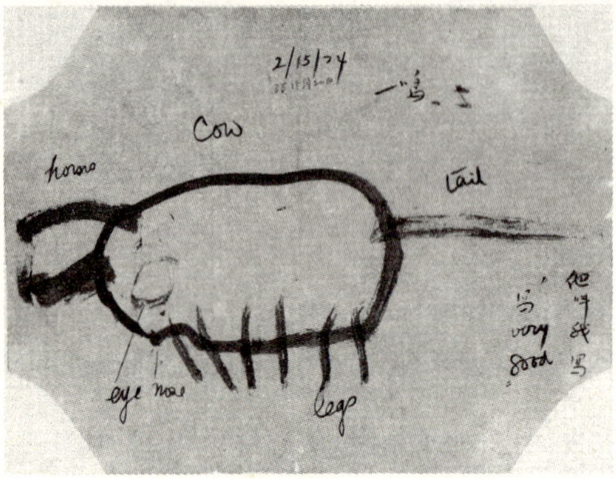

图 17

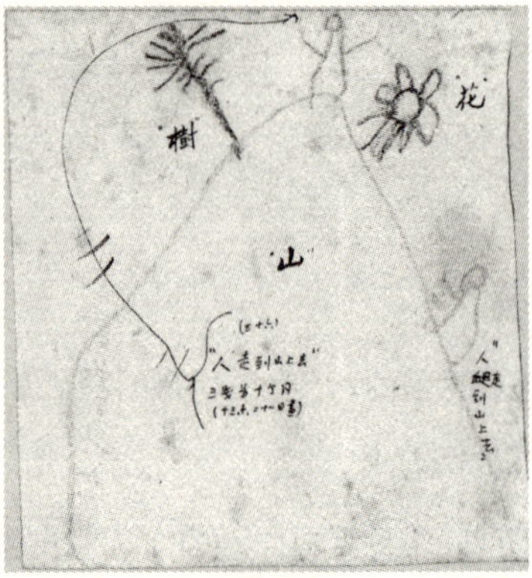

图 18

1. 人到山上去采花。
2. 有侧面画的雏形了。

3. 从呆板到有生气。

这里我所说的“呆板”，就是机械的和没有生气的，所说的有“生气”，就是位置、比例、结构、形状都是相当正确，而又有一定动作和神态的；开始时一鸣的图画都是没有生气的，到4岁时画中的人就有活的意思了，因为他的头、身体等的比例基本上正确了，身体的各部分也较完整，穿了衣服，低了头很生动。又如他在4岁5个月画的关公和4岁8个月画的诸葛亮，他能把关公红脸、黑须的特征和竖眉、倒眼的英武姿态都画出来；他也把诸葛亮手执鹅毛扇，脸上平和安详和额上多皱深思的样子表达出来，这张画显然不是一般呆板、机械的形象，而能各自表现其不同的特点。

我们再看图 19、图 20，就可以发现这两个人的姿势差不多，而两匹马就显然的不同了：花马的头、身、尾虽有面积感，但脚还是简单的几条线，头的形状也不够正确；在这方面图 20 中的马的头、身体、尾巴和腿的比例就很确当了，而且马的姿态也很有生气。至图 21(5.0.9)老人图中出现了牙齿、胡须和耳朵等，各部分都较合比例。此外，老人还戴了一副眼镜，抽着一支烟雾袅袅的烟斗，真为图画生色不少，大有活的感觉。图 22(5.0.12)是一张记忆画，画的是一个有眼病的小女孩，也画出了小女孩的神气。

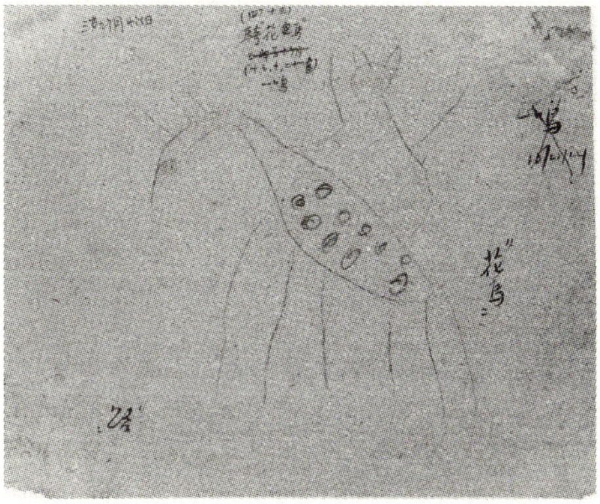

图 19

1. 小孩画动物大概把动物头画在左边的。
2. 骑马人的面孔还是正面的。

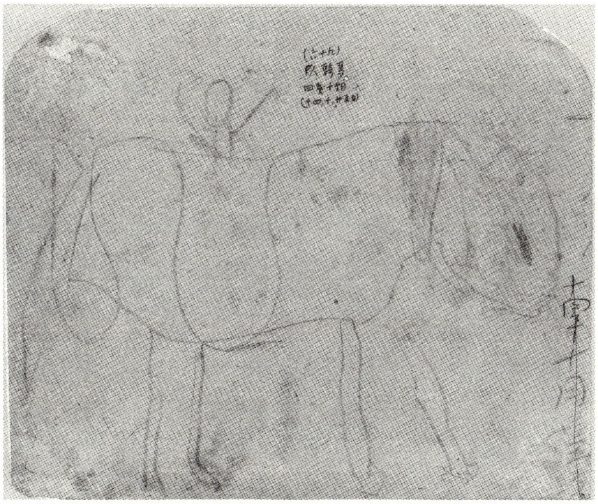

图 20

1. 马画得不错。
2. 人还是画得不对，好像立在马背上的样子。

4. 性别和年龄的辨别。

儿童画的人，开始是男女不分、长幼无别的，到后来他的神经系统起了分化作用，

图 21

图 22

1. 人有牙齿了。
2. 老人画得象活了,不像从前那样呆板。

他对人也就有了男女老幼的分别。一鸣开始时所画的人都还是一般性的人,到了图 23(3.10.6)就出现了明显的女孩子的画像,头上有横梳着的女式头发,两边还有两个圆圆的发髻,还有小小的嘴,小小的鼻子,一看就知道是个女孩子。图 24(4.10.25)、图 15 都是他的写生画,当时他还不到 5 岁。照今天的学制他还是个幼儿园中班的儿童,写生的技巧当然还不够好,但是两个图中人的性别差异却很明显了。

图 23 开始辨别男女孩子了。

其次是年龄的问题，到了图 23 他画的人显然是个孩子，但还看不清是什么年龄，到了 4 岁 11 个月时，他画的小孩就能看出是一个半岁的女孩子了（见图 15）；到了 5 岁多，他画中的人有三四岁的孩子，有三十来岁的壮男，也有五六十岁的老人。这些画的年龄特点和性别特点都很明显了。

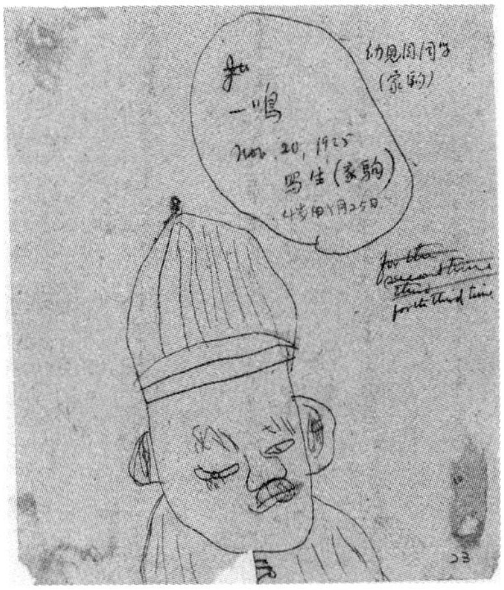

图 24 那天他看见他人写生也要写生，不料他竟能画得这样不错，可见小孩子学画常要有人指导暗示。

5. 时间观念。

在时间方面有早晚、快慢和日夜之别，儿童画在开始时是没有时间性的表现的，到图 25(3.10.7)这张《蝴蝶和仙人比飞》的图中，他说："蝴蝶飞得快，仙人飞得不快。"这说明他已有快慢的认识了；图 26(4.5.6)他画了个月亮表示是晚上，图 27(5.1.7)《小朋友们出去玩》，他画了个太阳表示是白天，这说明他已能分别日夜了。

6. 空间观念。

(1) 上下的观念，很早就开始有了。在图 12 中，天是在人的上面的，图 19、图 20 的马在人的下面，说明他已有了上下的观念。

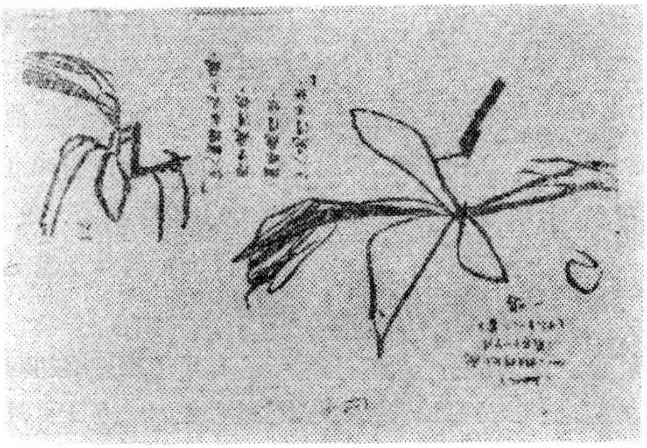

图 25

1. 图中的话是他说的。
2. "仙人"虽没看见过，但仙人的图画以及关于仙人的故事曾经看过听过，所以对于画仙人很有兴趣。

(2) 里外的观念:里外的观念也是较早的,3岁9个月画的《小孩子在房子里》,图28(3.10.0)中的小孩在船里,图26中的两个小孩都在房子外面,说明他已有了里外的观念;图29(3.10.12)中他画了大象和小孩子,大小的分别也是很显然的。

图26

1. 人形画得比较活一点了。
2. 一鸣知道水能反影的。

图27 画出了上下、前后的位置。

(3) 先后的问题:在图30(4.9.6)《月夜追野牛》中画的是月夜,野牛在前面跑,人

图28

1. 一幅风景画,一船一人。
2. 近来一鸣看见了江边的轮船,所以对于画船就有兴趣了。从前因没见过船或看过而没有记得的缘故,就是关于船的画图也是不注意的,这也可见得经验之重要。

坐了马车在后面追，这就是先后的观念。

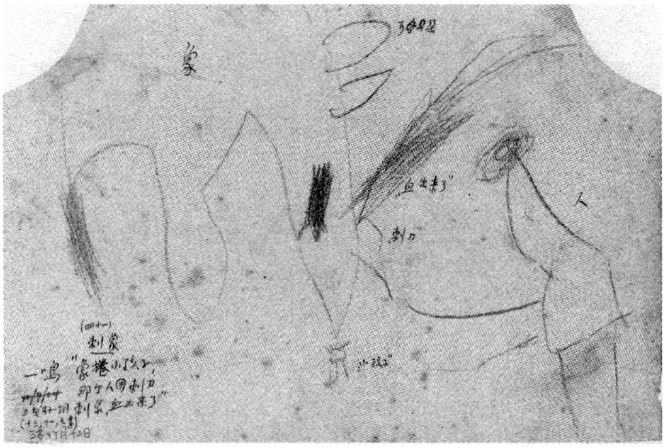

图 29

1. 象正要卷小孩子的时候，那个人来了用刀刺象，血出来了。这种故事他也能画得出来了。
2. 人有腿，也有身子了。

图 30 都是侧面，画出追和逃的姿势。

（4）远近观念：在图 27 中，我们可以很明显地看出一个亭子和一个小孩子在前面，其他两个小孩在后面。

（5）朝向的问题：图 29 中，象朝着小孩子要卷他，人朝着象去刺它，方向是很正确的。在另一张图中，左右的两个人都是面对着中间的两人，方向也是正确的。

（6）高低的观念：在图 18 中，有的人已高高地站在山顶上了，有的人还在山底下爬，就是高低观念的表示。

7. 动作。

一鸣早期的图画都是静止的，开始有动作的是图 31(3.7.16)，图中有许多人在舞蹈。图 32(3.9.25)中有两个人在玩跷跷板，手伸起了表现跷的动作。图 17 中有人侧面向上爬的动作。图 25 用伸展的翅膀来飞。图 29 有刺刀刺的动作。图 33(4.8.21)右边的人用三个箭头表示刺人的连续动作，这是他创造性的动作。

图 31

1. 能画故事画了。
2. 要描写动作了。

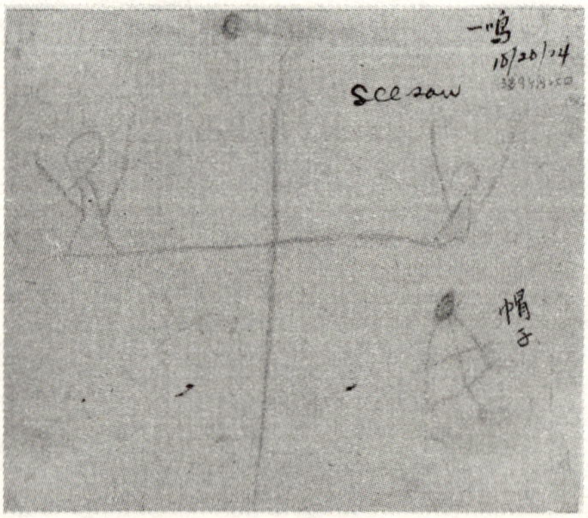

图 32 有均衡感了。

8. 组织力的发展。

早期儿童的图画，在开始时所画的东西是分散的，逐渐到有组织的地步。在 3 岁 8 个月的画中，他把人、枪、旗罗列在图中，但彼此之间还没有关系；虽然有了手，但还不能应用；到图 16，人和东西就用一根线联起来了。到了后来，他就能画出有情节的图来，如图 29 就画出了象卷小孩，人刺象的情节；画中由于篇幅的关系而不能全画出来时，他就能将有代表性的部分，如象的鼻子、人的上身等画了出来，这说明他有选择和辨别的能力，也表现了一定的思维活动。我们再看看图 30 中画的月夜人坐马车，在斜斜的山坡上追野牛的画，这个布置是相当生动的，前面人坐马车去追野牛是个主体，在画面中显得很突出；在前面小山的下面有一条河，河里有水，这样使图的下部不致很空洞；在天空中他又画了一个月亮，这不但表现出月夜的情景，而且也使天空中不致太单调。这一张图的构成也是要经过相当思考的，画面的细致之处，还可以从水里的一条鱼看出来，一般鱼的画法是从左到右，但为了配合整个画面，他把头倒了过来。我们再看图 27，三个女孩子拿了旗子在外面玩，天上还有太阳和云彩，表示了晴朗的天气，显得太阳的光芒万丈，照耀大地，三个儿童手中所执的旗子都是朝左，而且都是左手执着的。

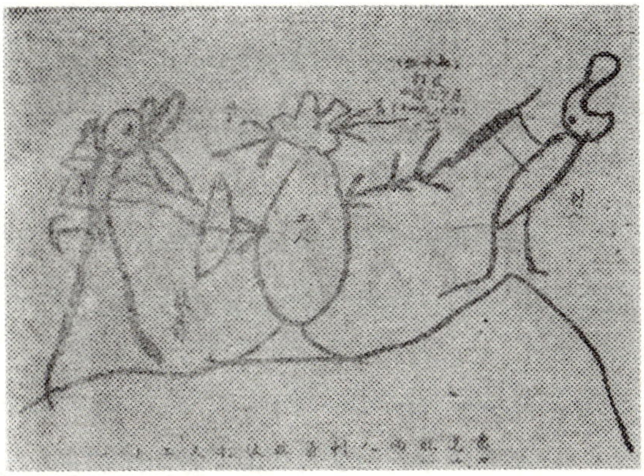

图 33

1. 工人打仗放箭刺人尚能达意。
2. 近来所画的大概是描写故事的图。

前面的这张画，使得图画看起来很一致，很有组织；又从亭子在前面的山上，一个女孩在后面，两个女孩跟在后面的高山上，看起来这张图的层次是很分明的。我们再看图 34(5. 7. 11)《渔翁捉鱼》捉鱼的布局，也表现出他是经过相当思考的。图中的主要对象是侧着身体拿鱼网在捉鱼的渔翁，所以放在图的中间，横的来讲，水的面积占

图 34 有均衡感，表现出远近。

了 2/3，路和陆地占了 1/3；纵的来讲，地平线以上的天空占了 1/3，其余的是水和陆地；为了不使水的面积太多太空，就点缀了几条鱼在其中，为了平衡左边的树林和亭子，他在右边也画了一棵树。由此可知虽然他没有正式学过绘画的理论，但是在生活实践和教育中，他已初步掌握了一些平衡对称等构图原则了。

9. 语言的发展。

语言是第二信号系统，是人们高级神经活动的表现之一，从语言可以看出儿童的生活经验，也可以看出他的知觉概念和思维的发展。图画中表现的语言虽是只能表现概念思维的一部分，但是从这部分里，我们也可以了解到儿童心理发展的情况。一鸣在开始的时候，总是用个别的词汇来说明他的图画的。在象征期开始的时候，他从左到右乱画，他口里说"a、b、c、d……"后来在别的图画里，他又边画边说出桃子、面包、铜鼓、手、鸟、脚、鞋子、象等等的名词。到 3 岁 1 个月，他就会用鼻子、男人、耳朵、眉毛、嘴、腿来说明他画的图，还要别人在他的画上写"very good"(很好)的评语。到 3 岁 7 个月，他用天空、花、房子、跳舞来解释他的图。到了 3 岁 8 个月，他会说旗子、枪、鸢子、帕子等。到了 3 岁 9 个月，他会用短句来说明问题了，如"人在房子里"，"一个小孩子放星鸢"，"人和船"等。他也会写"中"和"由"字了。

他画了一个方方，里面画了一个中央的"中"字来说明钟表的钟，就是以同音字来代替他所不晓得的字，这就是以符号来代替音的方法；这基本上与拼音文字的构造是相符合的。

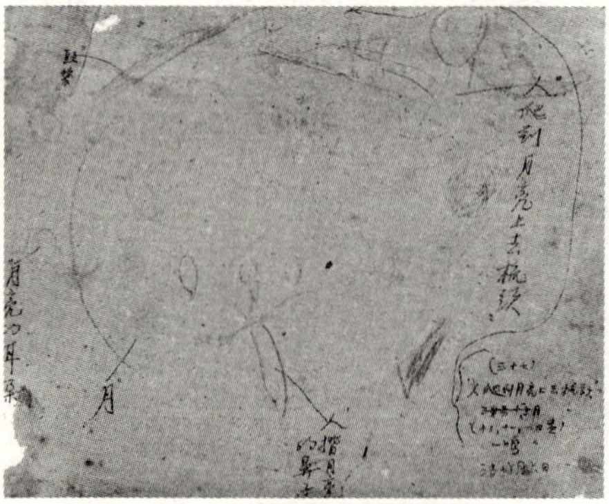

图 35　朴素的想象。

到了图 35(3.10.6)，他能用一些句子来描写较复杂的动作了，但是这些句子，还没有很好地组织起来。图 35 中，他画一个人在月亮上梳头，他说人爬到月亮上去梳头了。在下面又画了一个人，说人揩月亮的鼻子。就在第二天，他就能以连续的短句构成一段有系统的话了："仙人和蝴蝶在天上飞，哪个飞得快？蝴蝶飞得快，仙人飞得不快。"(见图 25)

在图 29 中，他还用语言将图中主要

内容构成一个小小的故事:“象卷小孩,那个人用刺刀刺象,血出来了。”到了 4 岁 5 个月的时候,他说的话真像一首诗了,这真可以说有点诗中有画、画中有诗的味道。他说:“月亮出来了,有两个小孩子看见天上的月亮掉下水里去了。”(见图 26)

后来到了 5 岁 7 个月、5 岁 11 个月时,虽然没有用话来说明内容,但是人们已能一目了然他是画的人吃饭和捉鱼了。所以这不是说明他语言的退步,而正好证明他图画技术的提高,因此不用语言的帮助已能很好地表达自己的意思了。

10. 想象力的发展。

儿童是富于想象的。这在一鸣的图画中也有一些表现,除《爬到月亮上去梳头》(图 35)和《蝴蝶和仙人在天上比飞》(图 25)以外,还有图 36(4.7.5),两个小弟弟在天上的虹桥上跳舞。实际上,天上的虹是没有桥墩的,地上的桥虽有桥墩,但桥面上也没有那么多色彩,他的想象把二者结合起来而成了两个孩子在虹桥上面跳舞。这说明儿童的想象的因素是一定有其物质基础的,要使孩子想象力丰富,必先丰富其生活经验。前二图中,孩子曾看见过蝴蝶在天上飞,也听见过仙人会飞、有翅膀的故事,才出现了蝴蝶与仙人比飞的图。他在故事中也听到过月亮婆婆和月亮姐姐的事迹,生活中又有过梳头、擦鼻涕的经验,所以他就画出了人替月亮梳头、擦鼻涕的图来,也是同样的道理。

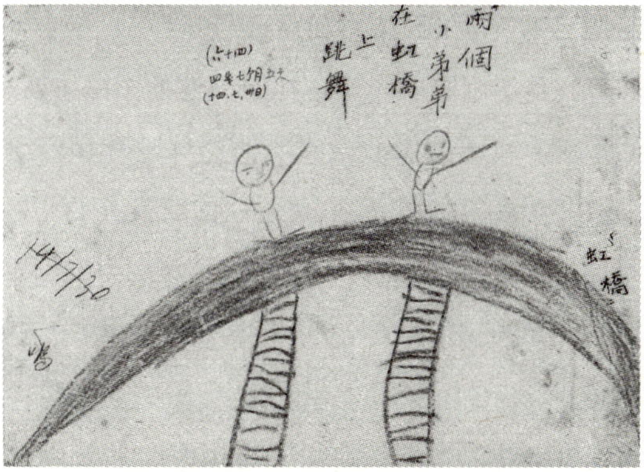

图 36 在想象中把地上的桥墩和天上的虹结合起来了。

11. 道德观念与社会意识的发展。

从一鸣 3 岁到 7 岁的定型期图画中,看出他的社会经验还很少。如图 31 中表现的集体生活,图 35 中从替月亮擦鼻涕表现他的爱清洁整齐,看了人刺象的图,他明显地表现出了保卫弱小和与坏人进行斗争的思想。到 1935 年“一二·九”运动以后,爱国青年学生在全国掀起了热烈的爱国高潮,他也参加了游行,体会到反动派的镇压,在他的图画中也有反映。同时他受到进步思想的影响,画了许多劳动人民苦难形象的生动作品,反映了他的思想感情的变化。

(四) 写实期

写实期的图画比定型期的要求更高了。这个时期的图画可以表现出绘画的技术了,能基本上反映客观的现实。定型期儿童的绘画技术是不能充分反映客观现实的。在定型期,儿童画还需要用文字来加以说明,但到了写实期,图画本身就可以基本上反映客观现实,不用文字说明,看了也能了解了。在写实期,儿童在技术方面已能掌握绘画的基本方法,就是能掌握立体布局、色彩、动态等基本绘画技术。定型期儿童的图画,主要还是自由画,儿童绘画的方法是多种多样的。但在这个写实时期,儿童的绘画已有写生画、临画和意愿画了。对一鸣来讲写生画在这个时期是主要的(见图37、38)。至于画画的内容也比定型期的图画丰富得多了,这是由于他生活范围扩大了,生活经验丰富了的缘故。例如他到普陀和镇江金山寺去游览,就画了不少的海船、风景、庙宇、和尚等的风景画,这是以前所没有的内容。通过他的生活经验和绘画实践,他的眼界扩大了,认识提高了,观察力、辨别力加强了,这促进了他的绘画技术的提高。绘画能给儿童无穷的乐趣,一鸣很喜欢画图画,一有机会,一有时间,就挥笔作画。

图 37

1. 这个侧面画画得还好。
2. 有嘴巴有鼻子有项颈。

图 38 这只鸟的姿势、神态较好。

1. 写生画。

写生画是写实期顶多的作品,分人和风景两种。

(1) 人的写生:写生中人的正面坐姿是较困难的,他 7 岁 7 个半月画的一张画中,人是正面坐着的,脚是表现了两脚交叉的意思,但实际上还没有画得很正确,他的平面的姿势、帽子、脸部都有立体的感觉,连衣服的皱纹也表达出来了,但整个地说来还是很粗糙的。7 岁 7 个月时画的画中,人骑马的姿势是相当地正确了,以前他的两只腿总是看起来如像站在马背上的,这一张画的人和马都是侧面的了,而且从人的脚只画出一只,马的脚都有在左右前后的分别这一点,可以证明过去他只会画他所知道的,不会画他所看见的,现在已能画他所看见的了。换句话说,他的绘画技术已赶上他的认识了。但这里人的表情还不够,还没有表现出人与马的情感来。这里他画的船较小,马较大,正是表达了远近的距离;鸟有大小,表现了位置的远近。不过这样表现是否正确呢?还是值得考虑的。总之,这时的画已有远近立体感了,人左手拉缰,右手执鞭,这说明他观察正确和细致了。

7 岁 7 个月时所画的小妹妹秀英就较像了。这时秀英大概是 3 岁半,头发的深浅表现了她头的立体感;粗粗的几笔他就能很生动地表现袖子和领带,衣服上涂了颜色,这就更加表现出她身体的立体感;脸上的神态显得不大高兴,有点站得不耐烦的表情,这种表情是二年前(4.10.28)画中所没有的。他所画的图 39(9.6.14)中,秀英已是 5 岁半了,就画得更生动了,在头的后面他用线条涂暗来衬出她的脸,又在脸上画了一些线条来表示脸部的凹凸,头部轮廓很正确,头部五官除了两眼距离大了些,其他比例很正确,眼、鼻、嘴的特点也很像。这三张画一看便可以看出是一个人,有同一个性,但是表示了不同的年龄(半岁,3 岁半,5 岁半),而且图画技术也有了不同程度的提高。

图 39 写实前期,人物写生《幼年的二妹秀英》。

图 40(9.5.4)是自画像:光线是从右面来的,头发很有立体感,神态很愉快而富有生气,鼻子的阴面还用影子来表示高度;在图 41(9.4.28)用色彩来表现立体感,脸颊两边的线条表示了立体和笑容,下边线条也有同样的作用,两眼表情活泼,圆圆的脸较上一张更年幼,而且一看就知道是个女性。图 42(9.5.2)表现一个少女,神态端庄、娴静。

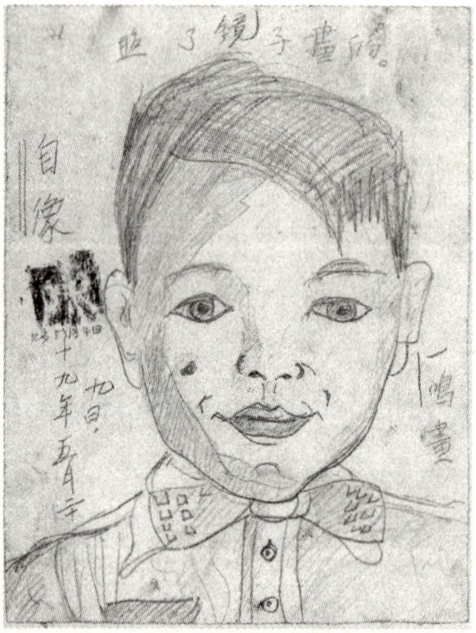

图 40　写实前期,人物速写《自画像》(照镜子画的)。

图 41　写实前期,临画《女孩子》。

到了 9 岁半的时候,他的逐渐发展着的写生的技术,与他逐渐发展着的观察力、鉴别力就很接近了。我们看图 43(9.6.14)、图 44(9.6.14)、图 39,他画了老年的祖

图 42　写实前期,临画《小姑娘》。

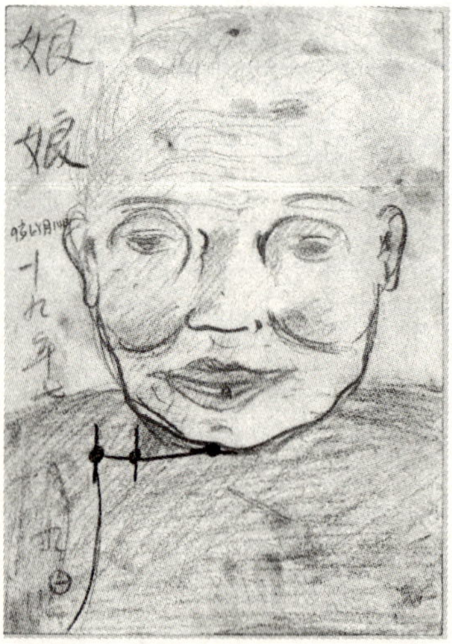

图 43　写实前期,人物写生《老年的娘娘》。

母、中年的姨母和只有5岁多的妹妹。这三个都是女性，却代表着三代人，从三个人的面孔、神态来讲都有相似之点，同时三代的年龄特点都很明显地表达出来了。

9岁7个月我带他到普陀去玩，他在赴佛头山的路上见到一个和尚，就把他画了出来。这是在短的时间内画好的，这个画像连和尚本人也说画得很像。

图44 写实前期，人物写生《中年的干娘》。

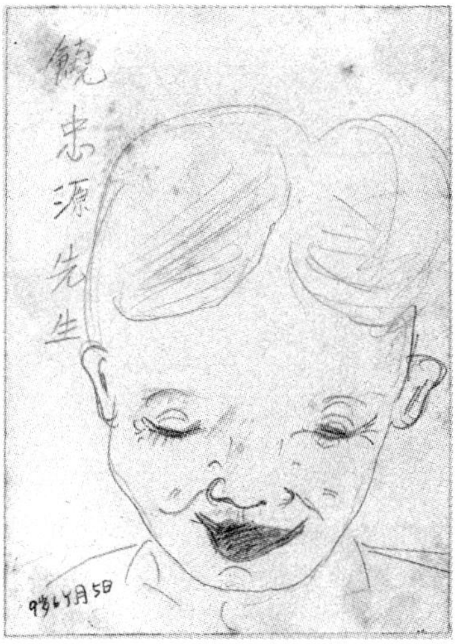

图45 写实前期，人物速写。

速写的练习对写生是有很大帮助的。一鸣从小就到处速写，到4岁半时，他就替他的小朋友家驹速写了(见图24)，而且画得也有几分像。我们就上面说过的，他画他的大妹妹的像来看，它比画家驹的像多了。这是个侧面的画，但是立体感还不够，特别是肩部、手臂太短了。到了9岁半时，他速写的技能又提高了。图45(9.6.5)是张低着头的画，还有的是背面的、正面的，正面笑着的、正面秃头的，都画得比较逼真，而且各人的特点都画出来了。

到了10岁3个月，我带他到镇江去玩，在火车上他画了两个乘客的速写，笔调已相当老练而准确了，因此画像也比较逼真(见图46)。到了金山寺，他看见和尚们正在做功课，他就把他们也画了下来。图中有侧、背面的和尚各一，还有木鱼和磬，人物的大小、布局都配得很好，和尚的动作姿势也很好。

(2) 风景写生：一鸣在4岁11个月所画的房子，已经有立体的表现了，如图47

图 46　写实前期,人物速写。

图 47　现在他能画立体的房子了,不过屋顶的左右两面,多画了一面。

(4.11.12),图上还有一个错误的地方就是左边的屋顶。到了 5 岁 3 个月时,他画的房子就完全是立体化了(见图 48),画中的路也是前宽后狭,表现出立体的意味;图 49(7.7.15)中,他画的紫金山写生,山的形状很像,顶上还有两个山峰,主峰的前面还有一个小山,选色也很正确,就像夏末秋初的景色,也表示远近的距离。图 50(7.7.15),大树后面有许多树远远地在地平线上边,大树的形状很像,草也画得很有劲,就好像是一棵常绿树在初春时正在发芽的样子。图 51(7.7.14)中的楼很像真

图 48　正确地画出了房子的三面。

图 49　写实前期,风景写生《紫金山》。

的鼓楼，而且有了立体感，楼前还有树木，笔调虽然不够老练，但是外形还是正确的，颜色也使用得很正确。

图 50 写实前期，风景速写《大树》。

图 51 写实前期，风景写生《鼓楼》。

一年以后他又画了一张紫金山，现在除了远近之外，已有阴暗面了，画草的方式也有了改进，线条也老练多了。图 52(7.7.15)是一张速写，从两只不同大小的船，可

图 52 写实前期，风景速写《帆船》。

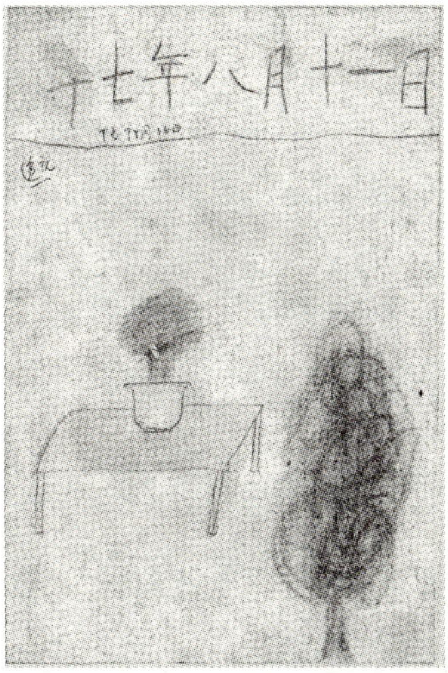

图 53 写实前期，这是第一次有了透视的明确表示，花盆后面的桌子部分没有画出来，桌子画得比较立体。

知已有远近了,地平线上的山也有了远近的意味。

图 53(7.7.16)桌面的画法和脚的排列方法,说明桌子已有了立体感,花盆后面的线条已经不露出来了,这个说明他已能照他所看见的画出来,而不是照他所知道的画了。

图 54(9.0.6),画云的方式很突出,船的线条也很正确。

图 54　写实前期,风景写生《海上之舟》。

图 55(9.7.1),是他乘舟山轮到普陀去时在船上画的,不单有远近,画得正确而细致,连船上的人也画出来了;图 56(9.3.11),他画出了天上的闪电和海中的波浪,相当逼真。

图 55　写实前期,风景写生《浦上叶舟》。

图 56　写实前期,风景写生《在暴风雨中》。

到了普陀,他又画了几张图画,计有紫竹林的香炉、盘陀石和法华寺等等,都画得很像，且有立体的感觉。

图 57(12.3)是一张静物写生，花和叶子画得逼真，色彩也很鲜艳调和。

2. 想象画。

儿童绘画的兴趣，随着年龄增长而多样化起来，画的方法也越来越多样化了。对于画人形画来讲，除了写生、速写及记忆画之外，他还画滑稽画，而滑稽画中也是多种多样的，每张都能表现一定的人的性格。在他9岁6个月的一天中，他一口气画了六七张图画，没有一张是相同的。如其中的小黑人，画着卷曲的头发和黑黝黝的脸，一看就知道他是个小黑人。

图 57

9岁3个月时，他画的《小爸爸》(见图 58)充分表现出小爸爸的神色，下部像一个小孩子，但眉、眼、头发、眼镜和小胡子却表现出爸爸的形状，他的神色和笑容表现得很调和。这里他的技术已能表达出他的意志了，这对9岁多的小孩来讲，是一件不容易的事。在同一天，他又用了直的线条创造出了三个神态不同的滑稽人，这也表现出他丰富的想象力。这样画法可能是从杂志上看来的，他就用来丰富自己图画的内容。最后他在9

图 58 写实前期，漫画《小爸爸》

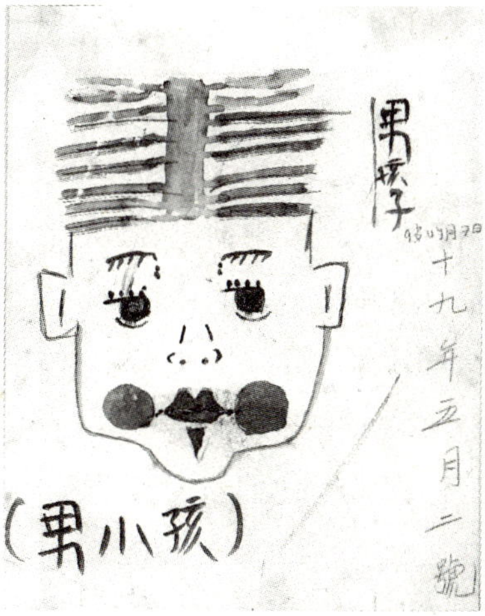

图 59 写实前期，漫画《男孩子》。

岁 4 个月画了一个滑稽小孩子(见图 59),从脸部头发看来他不是青年或女孩,而是一个七八岁的小男孩。这也说明他的绘画的技术与他的意愿已经一致了。

他的滑稽画又有多样的变化,在 9 岁零 6 天他画了一张卡通,是侧面的老鹰将军含着烟斗,拿着指挥刀,竖着眉毛,瞪着眼睛,好一个威风凛凛的老鹰将军。不过这里还有一个缺点,是他两脚的涂色浓淡画错了,如果把后一只脚涂得深一点就更正确了。

9 岁 1 个月 11 天,他画了一张《一个大肚子的大麻子》(见图 60),这里走路的姿势比较正确,有立体感,他使用的颜色也调和,画的神态也是栩栩如生的。

图 60 漫画《大肚子》。

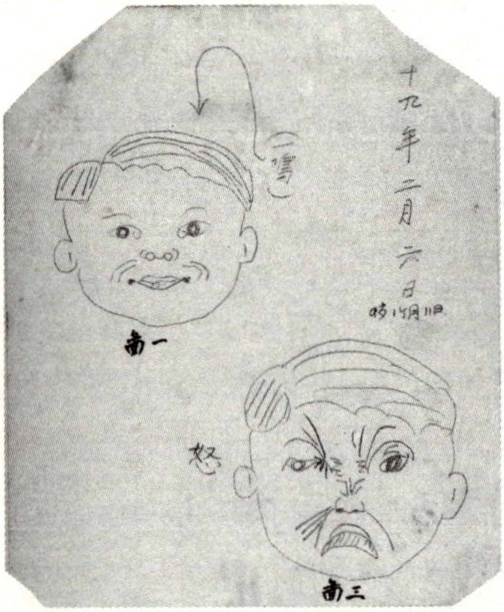

图 61 写实前期,人物速写《笑和怒》(照镜自画像等)。

后来,一鸣尝试着把喜、怒、哀、恨、惊几种情绪表现出来。我们先看看他 9 岁 1 个月所画的自己的喜、怒的面容,在图 61 中的第一、三图,不仅表现出喜、怒的情绪,而且也很像他自己。

图 62(9.6.8)、图 63(9.6.6)表达怒、恨的情绪的画中,人脸上紧张的肌肉、闭紧的嘴巴、皱紧的鼻梁都表达了这个情绪。

再看图 64(10.7.21)所表现的笑、哭、怒、惊,也是通过五官的位置、形状等来表现的。特别是他用大张的眼和跳起来的帽子来表示“惊”的情绪,真做到了恰到好处的地步了。之后,他又画了大胖子、王先生(见图 65)等,也是富有滑稽的卡通意味的。王先生的正面的鞋子是画得很好的。

图 62　写实前期，漫画《怒》。

图 63　写实前期，漫画《恨》。

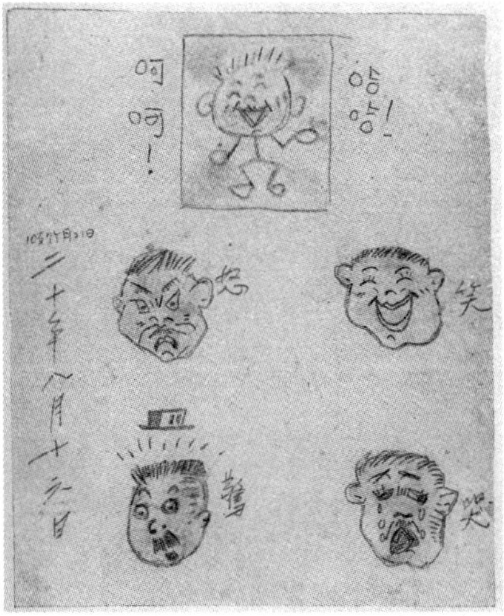

图 64　写实前期，漫画《笑、哭、怒、惊》。

图 65　写实前期，漫画《王先生》。

3．意愿画。

（1）意愿人物画：他的意愿画到了 9 岁的时候已有相当的进步了。在一张画中他描绘儿童的新年之乐，图画里三个儿童站在不同的地位，表现出三个不同的姿势，一个是完全侧面，一个是半侧面，一个是侧头的，姿势都是很正确的。

(2) 意愿风景画:到了写实期的意愿风景画,是有远近明暗和立体的意味了。如图 56,海船在大浪中颠簸,天上有暴雨、闪电,海里波涛汹涌,是很生动的,画中的笔调很有力,布景也很紧凑。又如图 66(9.1.16),图 67(9.4.3),笔调很细致,颇有工笔画的意思,还画出了船上的船夫用篙撑船,这里的树和山都有远近,而且表现得很正确。再如图 68(9.6.0),色彩浓厚,合乎夏天的意味。图 69(9.6.22),山、船都有远近的感觉,不过根据透视原则来讲飞鸟的大小是画错了,画面高处的鸟较近,应大一点;反之则小一点,所以鸟的大小弄错了。图中的太阳在中间,所以左面的三棵树的影子就画在左边,右面的影子画在右边,中间就没有影子。这些都说明光线的方向与明暗的关系。他在河边的远处淡淡地画了一只小船,船上隐隐约约地可以看到三个小人,这些都表示他细致的地方。

图 66 写实前期,想象画《捉鲸鱼》。

图 67 写实前期,风景写生《太阳出来了》。

图 68 写实前期，风景写生《夏日西沉》。

图 69 写实前期，风景写生《野渡》。

4. 临画。

在这里我首先要声明的是我个人对临画是有一些看法的，我一向不主张儿童用临画的方法来学画的。我时常鼓励一鸣自己去写生，有时他也自动去临画。如有一次，他临一张半侧的人形画，这里他充分表现了一个五十来岁的男子，从眼镜里看到的眼睛很生动，眼镜也富有立体感。眼镜的脚与眼镜本身都是用铅笔画的，假使用画眼睛的钢笔来画的话，就不能表达得那么鲜明了。

又有一次，他临摹一张画（9.0.6.），一看就是林肯，又一张画的一看就是个孙行者。以上的图画一般都画得不错，说明这个年龄的儿童是可以临画的。通过临画，他扩大了自己绘画对象的范畴，也学到了一些配色和用线条等的绘画技术。

总结：

现在我把以上所提出的材料加以总结如下，不过要声明的是这些总结只是从一鸣一个人的材料得出来的，所以它们仅有参考性的价值。

（一）儿童画是一种帮助我们了解儿童心理发展的良好资料

图画是一种表情达意，反映客观现实的有效工具。我们看了一鸣从涂鸦期到写实期的十年中所画的图画，就可以知道一鸣的认识在开始时是模糊的，随着生活经验的积累,他的空间观念和时间观念等等就逐渐发展起来了,通过与周围环境的接触,他的语言也丰富起来了,他的思维能力包括一切的高级神经活动也相应地得到了发展。这证明有计划、有系统、长期地收集观察和研究儿童的图画,对了解儿童的心理之发展是有帮助的。

（二）儿童的图画发展体现了由量变到质变的过程

我们看了一鸣1岁到2岁的图画,就发现在这个时期里他的图画没有表现出什么具体的东西,只是一些弧形线和圆圈构成的涂鸦而已,一鸣的1岁到2岁的图画都是这样的,这类图画我们叫做涂鸦期。再看看他在2岁到3岁的图画,我们发现已有事物的某些特征了,但还不像真的,仅有象征的意义。这些物体的特征是由事物的普遍性的发展到事物的类别性,再进入到事物的个别性的。这个时期的图画我们叫做象征期的图画。在一鸣3岁到7岁左右的图画中又出现一种新的特征,就是通过他的生活经验和教育实践,他能逐渐地掌握关于表现空间、时间等的知觉概念的绘画技术,因此他画的图画就能正确地表达出人物的特征了,但还不能如实地绘画出来,还有眼高手低的情况。这个时期的图画,我们叫做定型期的图画。他7岁以后所画的图中,绘画的技术更能体现他的认识水平。在图画中,他渐能表现透视、明亮、气氛、结构等方面的正确性,也能够表达出事物的真实感和美感,因此这个时期的图画,我们称为写实期的图画。

上面所讲儿童图画发展的四个时期与麦卡蒂、古德纳夫等氏的划分方法大致是相同的。这说明世界各国的儿童的心理发展过程是一致的,但是儿童绘画时期划分的年龄是各有不同的。从一鸣的图画看来,他的绘画技巧的掌握是较早的,这正如上面所说的是由于丰富的生活经验与正确的教育实践对他起了一定影响的缘故。

（三）儿童先会画线,后会画圆,然后才会画点

儿童开始画的线条,是弧形线,这种弧形线一般是略微向上,从左到右,而且是顺时针方向的。其原因可以用物理学原理来解释。儿童绘画时,手臂和身体不是成直角而是成一锐角。因此他所画的线是与身体的左边成一锐角的。儿童执笔画画的时候,他的支点主要是肘部,其次是手腕,再次是肩膀。假使他用肩部做支点来画的时候,画的线条可能是从上到下的,但一般的都是靠着桌子,以肘或腕为支点,这样最容易画的是从左到右的弧形横线。我们看了四个幼儿园儿童的图画,发现他们的画也是这样的。这说明儿童绘画技巧的表现是合乎他的生理发展的。

其次,为什么儿童常常画圆圈,而且所画的圈一般都是顺时针方向的呢?这个道理是很容易解释的。

从上面我们已经知道儿童开始画的是从左到右的顺时针方向的弧形线,之后他把弧形线延长,就成了圆圈。圆圈既是弧形线延长遇合而成的,则它的方向也必然是顺时针方向的。

再次,我们平常总是认为一切的事情都是从简单到复杂的。对于儿童图画方面,这个原则也是正确的。但是我们发现一鸣开始执笔涂鸦时,他总是画弧形线,而不是画点。线是点组成的,按照由简到繁的原则,儿童应该先画点,后画线。但是为什么他不先画点呢?

从生理发展的观点来看,儿童的大肌肉比小肌肉先发达,因此对儿童来说用手臂的大肌肉来画线比用手腕的小肌肉来画点容易得多。这可从儿童用线穿针的困难情况得到证明。

(四)儿童绘画技能的增进,落后于他的感知认识

从一鸣的整个绘画的过程看来,他的绘画技能在早期远远落后于他感知认识的水平,到后来,他的技术水平与认识水平逐渐接近,到最后二者间的距离就更加缩短了。

在涂鸦期,儿童的绘画能力,虽然只限于画弧形线和圆圈,但他认识的东西还是不少的,这说明在这个时期,儿童的绘画技能和他的认识水平是相差很远的。到象征期,儿童的表达能力有了进一步的发展,但是他还不能很好地画出他所知道的,更谈不到画他实际所看见的。

到了定型期,他的绘画技能就逐渐接近他的发展着的认识水平了。在这个时期,他常常画他所知道的而不画他所看见的。如他从侧面看骑马的人时只看见他的一只脚,但因为他知道人有两只脚,所以他画人骑马时还是画上两只脚,他不会画他所实际看见的情形。这就是传统心理学派所说的"儿童画他所知道的,不画他所看见的",其实他不是不想画他所看见的,而是他不会画。我们看一鸣定型期中的两张画,一张是3岁9个多月画的"人骑花马",一张是4岁10个月画的"人骑马",可以看出他还不能画他所看见的正确的样子——人的一只脚可以看得见,另一只则被马的背挡住了。他是不是不想正确画出来呢?不是的,是他不会画。这是他绘画的能力落后于他认识水平的缘故。要画出他所看见的那种立体场面是需要比较高的绘画技术的,这也说明在这个时期的儿童绘画技能还赶不上他的认识水平。

这种现象到了写实期就基本上消失了。他在7岁7个半月所画的人骑马的图，只画了一只脚，这就说明到了写实期，他的技能和认识就更加接近，而渐能画出他所实际看见的了。

（五）儿童图画是反映对他印象最深的客观现实的

儿童首先是注意会动的东西，其次是有声音的东西，再次是色彩鲜艳和形状奇特的东西。所以在儿童的人形画中，首先出现的是会动的眼睛，其次是嘴巴，再次是鼻子。

由于儿童身材矮小，看到高大的成人时，总是先看见他走动着的腿，所以虽然手在人身上占了很重要的地位，但在儿童的人形画中，人的脚还是比手先出现。

我们看了许多别的儿童的图画，发现它们也都有这种主从分明的现象。但是儿童的选择是根据他们的主观印象来决定的，因此常有某些东西在逻辑上有很大的意义，而由于儿童认为不重要而忽略了，或不重要的小节和根本看不到的东西却占了重要的地位的情形。前者如画人不画手，后者如画的人有口袋，口袋里还画了刀子的情形，这就是为什么有时候从成人的眼光看来，儿童的图画十分奇特的原因之一。

（六）儿童绘画技能与他的生活经验和教育实践是分不开的

一鸣从小与自然界接触的机会是很多的，当时我们家中，养了狗、猫、兔子、羊、鸟、金鱼、蜜蜂和鸡、鸭、鹅等。在园子里，我们还种植了许多花草树木，从而他对于动植物有了初步的接触。到3岁时他进幼儿园过集体的生活，他经常在园地上种菜种豆，观看植物的生长，园中老师每周还带他们到野外及附近的菜园、花圃去玩。到了春光明媚或秋高气爽的时候，他们还到附近的名胜地去远足。再大一点，我就带他去看电影、看戏、看展览会以及各种集会。6岁以后，他的体力强了，到10多岁我曾先后带他到镇江、黄山、普陀、南通等地游览以扩大他的眼界，丰富他的生活经验。

为了鼓励他画画的兴趣，我从小为他创造绘画的条件，我充分供给他蜡笔、颜色、纸等等的画具和合乎身材的桌椅，还买了画册等给他观摩，这样通过经常的实践，他绘画的技术得到了提高。

他的兴趣确实是很浓厚的，他从小就喜欢画，到大一点，他经常带了画册在路上写生，画了馄饨担等各种小商小贩。到少年时，有一次他画了一张街头流浪儿童的速写，刻画了苦难的人民。陶行知先生看见了大为赞赏，说他能以人民群众作为他绘画的对象(见图70、71、72、73)。

图70 写实后期,人物写生《拾垃圾的孩子》。

通过以上种种的生活经验和教育实践以及教师的具体指导,一鸣的绘画技能有了相当的提高,这一点我们可以从一鸣的绘画技术的具体表现得到证明。从他的图画中看来,他的写生能力发展得较早,他的人形侧面画出现得较早,他的图画内容也比较丰富而且是多种多样的,这些可以证明他的绘画技能是发展得较快较好的(见图74、75、76、77、78、79、80、81)。

图71 写实后期,人物写生《在街头风寒中》。

图72 写实后期,人物写生《背着婴孩拾木柴的妇人》。

图 73　写实后期，人物写生《人力车夫》。

图 74　写实后期，人物写生《水上孩子》。

图 75　写实后期，风景写生《树》。

图 76　风景写生《白塔》。

(七) 对完形心理学以唯心的观点来解释知觉的固定性的意见

历来心理学者对于儿童绘画的看法是很多的，其中有一种唯心的看法就是完形心理学派对知觉固定性的看法是比较突出的。他们怎么会提出这个问题的呢？因为完形心理学派对传统心理学派的“儿童画他所知道的，不画他所看见的”说法提出唯

图 77 人物写生《母亲》。

图 78 人物写生《父亲》。

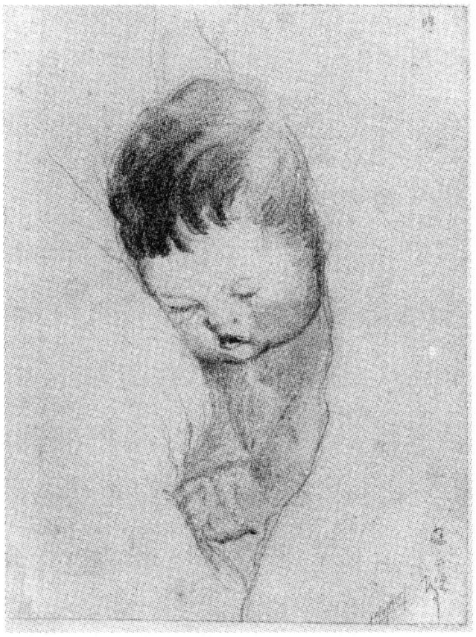

图 79 人物写生《小妹秀兰(几个月)午睡》。

图 80 人物写生《心小弟(三岁)午睡》。

心的解释。他们认为儿童只画他所知道的不画他所看见的，根据是在儿童定型期的图画中对物体的远近一般是不分的，就认为儿童只知道它的大小，所以放在远近都没有关系，而物体是有固定性的，因此小孩就按照他原来知道的大小画了。

完形心理学派是怎样解释知觉的固定性呢？要了解这个问题，我首先要说明什么是知觉的固定性。我们看物体的大小形状不是依照原理而来看的(例如一张椅子先放在2尺远的地方,后来又放在4尺远的地方),照光学的道理,放在4尺远的椅子看上去要比放在2尺远的小一倍,但实际上二者大小是没有什么两样,如果再放远一点也没有影响,这一种"物体保持它原来大小的趋向"叫做物体大小的固定性。[1] 对于物体的形状、方向、颜色,照完形心理学派来说都是固定的,这种固定性,我们也有同样的看法。但是他们对这一种知觉固定性的解释是唯心的,我们是不能同意的。完形心理学派认为物体的各种固定性不是靠生活经验和教育的实践得来的,也不是知识、思想的产物,乃是"最原始、简单、天真、自然的现象"。[2]

图81 人物写生《乡人福全叔》。

实际上物质的固定性是怎样来的呢?我们就以上面所说的例子来说,我们看这把椅子放在不同的距离的地方大小,是要靠几种不同的感觉的。我看这把椅子的时候,通过眼睛里小肌肉的动作就感知到椅子的大小,同时我又联想到在日常生活中,我只要坐在椅上通过皮肤的感觉就可以感知到这个椅子的大小,于是在我的大脑皮质上,在视觉分析器和肤觉分析器之间建立了暂时联系。现在我们把这把椅子放在离开我2尺、4尺甚至10尺远的地方,我看到这把椅子时,就通过暂时联系,感知到这把椅子的大小。实际上,在不同的距离上来判断这把椅子的大小,我们的运动感觉也起了一定的作用,这个道理和上面所说的是一样的。完形心理学派不了解物体的固定性是要通过这种实际生活经验而表现出固定性的现象,这种现象并非像他们所说那样是什么"最原始、简单、天真、自然的现象"。

① 见黄翼《儿童绘画之心理》第82页。
② 黄翼《儿童绘画之心理》第11页。

【附录】

陈鹤琴对儿童绘画及艺术教育的研究和主张

陈一鸣

在我的儿童和少年时代，祖国壮丽的崇山、峻岭、碧波和勤劳、苦难、奋斗的劳动人民的生动形象，就铭刻心灵，发展了我的思想感情。这是在父亲对我的培育之中形成的，特别是通过鼓励我绘画，引导我对大自然的风光和大社会的人们进行观察和写真，发展我对美的欣赏力、想象力，发展我对艺术的表现力、创造力中逐步形成的。

对儿童、少年的绘画研究和艺术教育，是陈鹤琴丰富的活教育思想的重要部分。这是同他热爱儿童，为振兴祖国、培养健全的全面发展的现代人的教育目标相联系的；是和他尊重儿童的独立人格，从儿童的发展特点出发，将体德智美等素质的教育相互渗透的教育思想相联系的；是和他研究儿童，细致精密地考察、探索儿童身心发展的规律的科学实践相联系的；是和他从儿童的实际生活出发，从儿童实践活动中去启发儿童的兴趣，发挥儿童主体的主动性和创造性，以求得进步的教育原则相联系的。

他的丰富经验之谈和科学的真知灼见，在今天仍具有生命力和启迪作用。在此，提出以下认识和体会，供参考。

第一，陈鹤琴对儿童绘画的科学研究，是以他亲自对儿童绘画做有计划的、长期系统的搜集、观察、实验、探索儿童心理发展的规律为基础的。

从我1岁零1个月起，当我还不会走路和说话的时候，父亲就让我坐在他身上，靠着桌子，教我怎样握铅笔在纸上绘画。当我会坐的时候，他就为我特制了尺寸合适的桌椅，并充分供给我大的纸张和铅笔、蜡笔等，让我任意涂画，还鼓励着我画。3岁多时，我能着色了，当我着不好时，启发我怎样着。每当我画好后，总是先问我画的是什么，然后在画的边上注明绘画的内容和日期，加以存档并做研究记录。他还告诉我把我的画很好地收藏起来了，以提高我的积极性。

父亲对我图画研究的最初分析,发表在1925年出版的《儿童心理之研究》一书的第十八章"儿童的绘画"以及在同年出版的《家庭教育》一书中。他在上述文章中论述了儿童绘画的特质和发展的规律等。解放后的1956年,他在任南京师范学院院长期间,又进一步将我的1岁到16岁的561幅图画做了全面研究,着重分析了从1岁1个月到10岁8个月的431幅画。他在学院的第一次科学讨论会上,做了《从一个儿童的图画发展过程看儿童心理之发展》的学术报告(同时,展出我从1岁到16岁的图画中的205幅)。他从我的绘画,研究儿童的心理在遗传的影响下,通过生活经验和教育实践,如何由简到繁逐渐发展。分析了儿童的绘画如何以儿童生理的发展为前提和受心理发展的制约。

父亲将我的画分成四个大时期,并根据我的情况划分年龄。第一期为涂鸦期(1岁到2岁),第二期为象征期(2岁到3岁),第三期为定型期(3岁到7岁),第四期为写实期(7岁以后)。对各个时期的绘画特点,联系我的画,又做出科学的、具体细致生动的说明。如第一个时期中,是从左到右的波形图,发展到画不同方向的线条的乱丝图,然后能画圆形图了。这时期所画的东西还是没有意义的。第二个时期的图画,已渐能表达出自己的意思了,但仅有象征的意义,还不能真正表现对象的真面貌。开始,画的是普遍的象征意味,如我画一个圆形来代表鼓或一个人,后来成为类别性的象征,如我画了3个一头较尖的圆圈,指着说是大小桃子。这是水果的类别,但还不能和其他水果的特征相区别。然后发展到个别性的象征,如我画一个大圆圈,作为人脸就代表人,加上印象最深的眼睛、嘴巴和鼻子,再是两腿。第三个时期是定型期,已能表达对象的某些特点,但还是呆板的。他根据我的画,又分析了定型的发展过程:从简单到复杂(从线、圈发展到面,脚的演变,手脚的出现问题,手的演变),从正面到侧面——方位观念的发展,从呆板到有生气,性别和年龄的辨别,时间观念、空间观念(上下、里外、先后、远近、朝向、高低等观念)的表示,动作、组织力的发展,语言的发展,想象力的发展,道德观念与社会意识的发展,共11个方面。第四个时期是写实期,画图基本上能反映客观的现实,能表现出透视、立体布局、色彩、动态等基本绘画技术。随写实的水平发展,分为写实前期和后期。从定型期的自由画为主发展到以写生画为主,所画的写生画,分人的写生和风景的写生。其次,还有想象画,包括漫画,再是意愿画,分人物和风景,最后是临画。

陈鹤琴根据上述资料的细致分析研究,概括了几条很重要的结论,这些结论的题目是:(1)儿童画是一种帮助我们了解儿童心理发展的良好资料;(2)儿童的图画发展体现了由量变到质变的过程;(3)儿童先会画线,后会画圆,然后才会画点;(4)儿童绘画技能的增进,落后于他的感知认识;(5)儿童图画是反映对他印象最深的客观现实的;(6)儿童绘画技能与他的生活经验和教育实践是分不开的。

第二,陈鹤琴对儿童绘画教育价值的全面认识和高度评价。

早在《儿童心理之研究》一书中,他就明确指出:"凡属人种都有图画之贡献,凡属儿童都有绘画之兴趣。绘画是语言的先导,表示美感之良器。"绘画之价值是:"(1)绘画可以表现儿童的美感;(2)绘画可以发展儿童的思想;(3)绘画可以增进儿童的知识;(4)绘画可以练习儿童的目力与手力。"在《从一个儿童的图画发展过程看儿童心理之发展》一文中,他进一步指出:"绘画可以依据儿童第一、第二信号系统的相互作用来促进儿童思维的发展,儿童能在绘画中反映他们看见的,以及叫出名字的东西,并用言语来说出东西的名字。通过绘画这种手和眼的联合动作,儿童还可以更好地理解周围的事物,并巩固所得的观念,通过绘画可以培养儿童良好的情感和道德品质。"他认为,"这就为科学的世界观奠定了初步的基础"。

父亲在他早年著作《家庭教育》的第七章"游戏就是工作,工作就是游戏"中,就提出"小孩子应有画图的机会"、"小孩子应有看图画的机会"、"小孩子应有剪图的机会"、"小孩子应有着色的机会"等多项原则。他主要以我为对象举例,如从 2 岁到 3 岁就能画有些意思的东西,能发表简单的思想,学会了各种颜色的中英文名字,并开始学一些汉字。让我独自翻阅图画书,可以提高美术欣赏能力,陶冶优美的情绪,并养成独自消遣的习惯。他鼓励家长们都要重视给子女们这种机会。在《幼稚生的图画》(1927 年)一文中,他指出:图画不但能表意使儿童快乐,并且可以灌输知识,颜色、数目和浅近的事物以至汉字,都可以从图画中学得。有时候儿童画得不像实物,我们可以拿实物给他看,叫他比较,以前他不注意的就可以注意到了。以后他对各种事物都学会去注意观察,以丰富他的知识。图画也是怡养性情的工具。

1950 年,陈鹤琴在《怎样做人民的幼稚园教师》一文中的"要了解怎样发展艺术教育"部分,提出要发展儿童爱美的天性,要用诗歌、图画、音乐、舞蹈、各种手工等,去发展儿童的创造性。"做教师的应该去鼓励儿童创作,以发展他的创造性,发挥他的艺术天才。"

第三,陈鹤琴的艺术教育主张是要启发儿童绘画的兴趣与动机,主张儿童的自由

画,以发展儿童的创造力,反对传统死板的“依样画葫芦”的指定、模仿教法。同时,他又主张对儿童做必要的指导,使儿童能逐渐掌握正确的技能,不断进步。

父亲在《幼稚园的图画》(1927年)及《创造的艺术》(1930年)等文章中反复指出:儿童原是喜欢画的,要善于去启发他们画画的动机,介绍新异的事物,讲好听的故事,都是能引起他们有兴趣自由去画的,或者由他们自己去发动。如教师机械地在黑板上画个样子,要儿童也照样画,或由教师指定一个要画个什么,或者拿了一些实物来叫儿童们画,会使儿童感到画不出来,会使他们丢失了画画的兴趣,这就束缚了他们的自由思想,埋没了他们的想象力,摧残了儿童的个性。陈鹤琴主张:“一要自己画。小孩子开始的时候,最喜欢照自己的意思去画,我们尽管让他自己画,不要用范画去限制他,虽然他画得不好,但是能慢慢地发展自己的表意的能力。若是小孩子一画,做教师的就去帮助他,替他画,那小孩子的图画总是画不好的。”他以两个儿童的画做比较,一个儿童临画的技能虽然还可以,但是自己画的能力非常差,因为是缺少自由绘画的机会,也是依赖别人的缘故;另一个儿童,自己画得很多,有时候指点指点他,他的绘画技能不错,自由发表的能力更加大了。他又说:“二要指导的。图画要自己画的,但是必须指导的。小孩子只是随便自己乱画,没有教师的指导,那也万万画不好的。有许多地方他想画出来,但是画不出来,或者竟画错了。”怎样指导法,他提出一种是示范法,由教师画给儿童看,再叫儿童自己画,一种是校正法,看什么地方画错了,最好让儿童互相批评,互相校正。绘画还应该用各种多样的方法辅助,并常常变化,才能避免单调,使兴趣浓厚,如着色、剪贴、轮廓画、影印画、填图、比较、塑图等等。

20世纪30年代,他亲自考察研究了欧美著名的艺术教育后,写了《创造的艺术》和《奥国的儿童画家》两文,赞扬了奥国三位画家注重儿童的个性和创作,校正了以往只注重艺术的知识和技能教育的偏向。文中还介绍了创造艺术的实施有两个条件,一是供给多种艺术材料(如雕塑、黏土、漆画、染色、石刻等),二是将艺术科和各科联络,打成一片,在地理、历史、工艺等各科中贯穿艺术活动。陈鹤琴要求我国也应以创造的新精神来改变陈腐、呆板的艺术教育。早在1928年,他就在南京倡导了“整个教学法”,将多种艺术活动和整个教学融成一片。在他创办的多所上海工部局小学和幼儿园中,也开展了中国化的创造艺术教育。如他鼓励指导虞哲光老师创造了儿童木偶戏等各种艺术手段教育的新实验,并且将艺术活动融入整个教学活动中去。陈鹤琴此后在江西办幼师时倡导的“五指活动”,也是将艺术和其他学科密切结合的。

但是陈鹤琴对于奥国画家中的西石克采取的完全不校正儿童的画，给儿童极端自由创作的主张，是不赞成的。他说："艺术的技能，究竟要不要教儿童，这是一个很重大的问题。儿童若是没有相当的技能，断画不出很好的作品。艺术是一定要教的，倘使不教而让儿童自己去瞎摸，那是太不经济了。我们人类所有的经验，是应当利用的。"他指出：大概在9岁以前的儿童，要注意想象的一方面，注意儿童天真的作品，就是尊重儿童的个性。但也不是一点不要教授关于艺术的知识和技能，在儿童觉得有意思而技术不及，不能发表的时候，尽可能暗示和指点他。倘使儿童没有觉得需要，我们当然不必帮助他。按儿童的需要指点的教法，正是解除儿童的痛苦，发挥儿童的意思，并不是干涉，是会受到欢迎的。孩子大了些，到了9岁、10岁以后，觉得有许多意思难以用艺术工具发表时，就可以乘机慢慢教导，可是不能过分地注意艺术技能，而忽略了思想，也不要只顾收效，而不顾儿童能不能领会你的教法。我们教艺术的时候，要顾到他们的能力，"循循善诱"、"因材施教"。

他曾对11岁的我以及我的9岁多、7岁、4岁多的三个妹妹做过一次有兴味的写生画的实验，看是否要重画和是否能校正错误。发现我和大妹妹两人是越画越有兴趣和越正确，而两个小妹妹，因为年龄较小，是难校正错误，也难以保持兴趣的。

他这种从儿童发展的实际出发，因势利导的教育方法，既尊重儿童主体的主动性、创造性，又发挥了教师指导作用的辩证的教育方针，从我的艺术活动实践中，得到了效果的检验。在他长期的鼓励和指点下，我不仅在幼儿时代画过许多富有想象力的创作画，如小朋友在五彩的虹桥上跳舞、人们向野兽射箭的战争等等，7岁以后，特别是9岁以后，我对自然景色和人物的写生，在掌握特征、透视、比例等表达能力方面，也有了较大的进步。由于我热爱美术，在我10多岁时，除了在上海工部局东区小学里受美术老师虞哲光的熏陶外，父亲曾先后请过三位外国美术家教我画画。一位是俄罗斯画家，教我素描写生的基本功，一位是哑巴的英国漫画家，教我画钢笔画，另一位英国女画家，教我画色彩画。在我13岁时，父亲就将我的一批钢笔画作品——反映现代中国诗人作家的诗歌的画，送上海举办的国际儿童画展展出。父亲还鼓励我欣赏世界许多美术大师的作品，参观徐悲鸿、刘海粟等美术展览会，开阔我的艺术视野。在不断的练习下，我14岁时的素描写生作品，在表情达意和线条技巧熟练方面，已经像一位老练的成人艺术家的作品了。

第四，陈鹤琴主张以实际的大自然和大社会为观察、写生的对象，提倡让儿童和

少年在现实生活和艺术实践的锻炼中,丰富经验和思想感情,发展绘画的技能。

在《谈谈儿童绘画》(1951 年)一文中,父亲以生活实践的观点阐明儿童绘画的动机,认为主要原因是在于儿童通过感官,从实践经验中接受外来的刺激,产生深刻印象,因此要借图画来表达思想感情。根据这一论点,他认为应否定以往的临画教学法:“首先,要扩大儿童的眼界,丰富儿童的经验,要指导儿童向大自然、大社会去取教材,领导儿童对自然界中的山川河流、苍松翠柏、飞禽走兽、五谷六畜以及围绕在我们四周的各种事物进行精湛的观察,以扩大儿童的眼界,对大社会所发生的千千万万事物亲身体验,以丰富儿童的经验。这样,我们可以看到儿童许多真实而又有意义的作品。这是今天我们教图画的一个正确方向。”

我从小和自然界的接触是很多的,当时在南京鼓楼的家中,从小就和狗、猫、兔、羊等家畜做朋友,3 岁进幼儿园后,又经常看家里和园里种的菜、豆、花等各种植物的生长。父亲和老师经常带我到野外、山间去观察自然、玩水和采集树叶、矿石等标本,使我深爱自然。因此,幼儿时代所画的是红墙的鼓楼、紫色的钟山、彩色的夕阳……那些形象和色彩,至今铭刻心灵。幼儿园的同学、父亲和母亲、祖母和姑妈、弟弟和妹妹、家中的来客,也都成为我童年时代的写生对象。九、十岁起,父亲先后带我到镇江、南通、普陀、黄山等地游览,鼓励我带着速写本写生,使我大开眼界。海上的帆船、车上的旅客、路上的馄饨小贩、挑着孩子进城的农民、街头的工厂、庙里的和尚……都是我观察和速写的对象。十四五岁起,随着了解祖国遭受侵略的现实,参加“一二·九”学生运动,接受先进文化思想的影响和同情人民大众观念的发展,上海街头苦难的流浪儿童、寒风中背着婴孩拾木柴的母亲、奔跑流汗的人力车夫……都成了我写生和创作的题材。有一次陶行知先生来到我们的家,对我画的一幅街头流浪儿童的油画大为赞赏,认为我的画富有人民性。1937 年夏,16 岁的我随父亲到北京参加他主持的中华儿童教育社年会,在华北各地和返沪的长江轮上,我画了许多写生画,刻画了祖国的名胜古迹和质朴的劳动大众。同年底,父亲带我参加旁听著名美国作家斯诺的一次报告会。斯诺介绍了访问西北地区中国共产党领导人和红军的经历。会上,父亲要我替斯诺画一张速写画像,我很快画好送给了斯诺。

在这些写生锻炼的基础上,我在少年时代做出一些创作。我为父亲编写的国语、英语教科书和读物,翻译的《穷儿苦狗记》和为广大民众编写的拉丁化新文字课本画了插画,也为一批进步的文学作品和学生刊物,创作了反映时代斗争要求的图画、木刻和宣传画。

我的绘画经历，充分证实了父亲艺术教育思想的可贵。他在《怎样做人民的幼稚园教师》一文中谈道："做教师的人要指导儿童欣赏自然的美，注意劳动人民的劳动歌声和动作，使儿童从大自然、大社会中，从劳动里体会到自然的雄伟壮丽和劳动人民的伟大。"他在《活教育的教学原则》中提出要"鼓励儿童去发现他自己的世界"的原则。他说："儿童的世界，是儿童自己探讨、去发现的。他自己所求的知识，才是真知识，他自己发现的世界，才是真世界。"这是发人深思的。我深切体会到，我的人生道路，是父亲为我奠定了最好的基础。这也包括鼓励、引导我去认识、欣赏、探索大自然和大社会中人民的美，在不断绘画的过程中，孕育了我热爱祖国、热爱人民大众的感情，培养我立志服务奉献人民的人生观。

（载《我的绘画世界——在父亲陈鹤琴的培育中成长》，
2006 年 10 月　上海人民美术出版社）